作 者 简 介

黄 瑶

中山大学二级教授、博士生导师，逸仙学者，南方海洋科学与工程广东省实验室（珠海）海洋法团队首席科学家，中山大学涉外法治研究院首席专家，中山大学海洋法治研究中心主任，《地方立法研究》主编。主要研究领域为国际法基本理论、海洋法、使用武力法、涉外立法等。著有《论禁止使用武力原则——联合国宪章第二条第四项法理分析》《联合国全面反恐公约研究：基于国际法的视角》《菲律宾南海仲裁案核心问题法理分析》等多部专著，在《中国社会科学》《法学研究》《中国法学》等国内外主要学术刊物上发表论文百余篇；作为首席专家主持国家社科基金重大项目两项。论著获评中国法学优秀成果奖一等奖、钱端升法学研究成果奖二等奖、广东省哲学社会科学优秀成果奖一等奖、中国法学教育研究成果奖一等奖等。

李任远

广东省社会科学院国际问题研究所副研究员，法学博士、法学博士后。研究领域为国际公法、国际海洋法。在《太平洋学报》《国际论坛》等国内外刊物发表中英文论文十数篇；出版学术专著《国际法中的历史性权利研究》等；担任国家社科基金重大研究项目的子课题负责人，主持并完成中国博士后基金等科研项目多项。

南海主权与海洋权利法理研究

Sovereignty and Maritime Rights in the
South China Sea:
A Jurisprudential Study

黄瑶 李任远 等 著

国家社科基金重大项目：
南海断续线的法理与历史依据研究（14ZDB165）成果

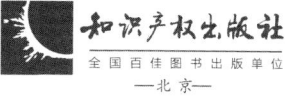

知识产权出版社
全国百佳图书出版单位
—北京—

图书在版编目（CIP）数据

南海主权与海洋权利法理研究/黄瑶等著．—北京：知识产权
出版社，2023.12

ISBN 978 - 7 - 5130 - 8953 - 1

Ⅰ.①南… Ⅱ.①黄… Ⅲ.①南海—主权—海洋战略—研究
②海洋法—法的理论—研究—中国 Ⅳ.①D993.5

中国国家版本馆 CIP 数据核字（2023）第 200491 号

责任编辑：薛迎春 责任校对：王　岩
封面设计：乔智炜 责任印制：刘译文

南海主权与海洋权利法理研究

黄　瑶　李任远　等著

出版发行：知识产权出版社 有限责任公司	网　　址：http://www.ipph.cn
社　　址：北京市海淀区气象路 50 号院	邮　　编：100081
责编电话：010 - 82000860 转 8724	责编邮箱：471451342@qq.com
发行电话：010 - 82000860 转 8101/8102	发行传真：010 - 82000893/82005070/82000270
印　　刷：三河市国英印务有限公司	经　　销：新华书店、各大网上书店及相关专业书店
开　　本：710mm×1000mm 1/16	印　　张：41.5
版　　次：2023 年 12 月第 1 版	印　　次：2023 年 12 月第 1 次印刷
字　　数：675 千字	定　　价：198.00 元

ISBN 978 - 7 - 5130 - 8953 - 1

前　言

　　本书的核心主题是依据法理，运用历史证据，论证南海断续线在国际法上的合法性，明确中国在南海断续线内的权利内容包括对南海诸岛的领土主权及其享有的各项海域权利，并在此基础上提出有效维护断续线内领土主权和海域权利的具有全局性、针对性和可操作性的对策建议。鉴于此，本书分为如下五编：中国开发与管辖南海地区历史资料的证据价值、中国对南海诸岛领土主权的历史及法理依据、南海诸岛的群岛主权与海洋权利整体性、中国在南海的历史性权利，以及南海断续线的外部质疑与中国的法理应对。

　　第一编主题为"中国开发与管辖南海地区历史资料的证据价值"，从国际法视角探讨南海历史资料的证据可采性与证明力，主要内容包括：（1）研究国际法意义上的证据规则，确定在国际法层面，哪些类型的历史资料可以被采纳为证据，以及不同类型的证据在确定法律事实方面的效力有何差异；（2）通过对国际司法及仲裁案例的研究，特别是在研读国际法院有关判例的基础上，确定在领土争议中，哪类历史资料具有证据可采性和较强的证明力；（3）将上述研究与南海地区有代表性和关键性的历史资料相结合，对各类相关历史资料进行考察和筛选，分类整理历史资料中的原始证据和传来证据、官方证据和民间证据，明晰各类证据的效力，详细研究历代南海岛礁、水域的称谓与地理范围，使不同年代的历史资料与南海地区的地标更准确对应，强化证据运用的准确性；（4）分别对涉及南海断续线、南海诸岛领土主权以及南海断续线内海域法律地位的证据进行系统分类和整理，为本书其他部分的研究奠定基础。

　　第二编"中国对南海诸岛领土主权的历史及法理依据"的主要研究内容包括：（1）从国际法上的先占规则和时际法概念角度，论证中国对南海断续线内南海诸岛的原始所有权。（2）因应近年来国际法院运用有效控制规则解决领土争端的趋势，对有效控制规则的发展与变化、适用条件、基本内容及其存在的问题进行深入研究。通过对关键日期等问题的研究，结合历史和法律事实，分析中国与其他争端当事国有效控制主张及其强弱程度，捍卫中国主权。(3) 对涉及南海岛礁主权的条约进行研究，有关条约或协议包括：1885 年《中法会订越南条约十款》与 1887 年《续议界务专条》、1954 年中法《日内瓦协定》、1943 年《开罗宣言》、1945 年《波茨坦公告》、1951 年"旧金山和约"、1952 年所谓的"台日和约"等。这些国际文件是研究西沙群岛和南沙群岛领土争议问题的一个重要方面，能为中国拥有西沙群岛、南沙群岛的主张提供重要佐证。(4) 从承认、默认和禁止反言等国际法概念及规则论证中国对南海诸岛的领土主权。例如，越南曾经在 20 世纪 50 年代发表声明和外交公函，承认中国对南沙群岛和西沙群岛的主权，越南现在极力否认范文同公函违反国际法上的禁止反言原则。(5) 探讨南海断续线作为证明中国对南海诸岛领土归属的证据及其背后的历史和法理依据。

第三编"南海诸岛的群岛主权与海洋权利整体性"，侧重从群岛整体性考察中国对南海暗礁、浅滩和其他水下自然地形（地物）的主权。中国对南海断续线内岛礁的主权主张并非只针对某一个或某几个岛礁的主权主张，而是概括性地对整个南海断续线内的所有岛、礁、滩、沙等提出的主权主张。本编主要研究内容包括：(1) 梳理群岛的概念渊源及含义；(2) 从历史渊源的角度研究中国对南海诸岛的整体性主权主张，并进一步探究整体性主权主张在国际法上的效力；(3) 研究《联合国海洋法公约》（以下简称《公约》）中有关整体性的规定，其体现在《公约》要求构成群岛国的群岛之岛屿、水域和其他自然地形（地物）在本质上构成一个地理、经济和政治的实体，或历史上构成此种实体，这为认定中国整体性主张提供了"地理实体""经济和政治实体""历史上构成此种实体"等方面的思路和国际法规则；(4) 分析和研究在国际上既有的将某一海域的岛礁作为一个整体，概括性地取得岛礁主权，并据此划定直线基线、主张整体性海域权利的实践；(5) 论证南沙群岛和西沙群岛属于国际法上的"群岛"，中国对南沙群岛、西沙群岛整体性取得主权，并由此取得《公约》规定的海域权利。

第四编"中国在南海的历史性权利"，分析了中国在南海断续线内水域部分的权利内容和权利依据。南海断续线对于中国而言，既是岛礁归属线，也是一条历史性权利线。中国在南海断续线所包围的海域内一直拥有对各类海洋地物资源的权益，这些海洋权益在以《公约》为代表的现代国际海洋法诞生前就得到习惯国际法的认可与保护，并为国际社会所承认。鉴于此，本编的主要研究内容包括：（1）历史性权利具有强烈的"个案性"，其内涵随着实践不断发展、丰富和扩大，可通过充分的立法、司法和外交实践研究并总结历史性权利的国际法理，并据此为中国的历史性权利主张提供国际法理基础。（2）明确历史性权利与《公约》的关系，从《公约》的序言、具体制度安排等说明《公约》对历史性权利的态度。（3）中国对南海断续线内的海域权利主张经历了不同历史阶段的演变，对这些主张的梳理可以证明中国持续不断地对断续线内海域主张各类历史性权利。最后，结合中国不同历史阶段在南海地区开展渔业、航行活动，并对其他各种资源进行勘探开发的实践，分析中国在南海断续线内所享有的历史性权利的内容及其性质，并运用前述有关证据的研究结论，论证中国的历史性权利主张满足有关的构成要件，是一项合法有效的海域权利主张。

第五编"南海断续线的外部质疑与中国的法理应对"，主要对外国有关非法主张与质疑进行法理批驳，进而探讨中国未来的相关策略。主要内容包括：（1）归结本书前四编的研究论点，提出中国关于南海断续线内领土主权和海域权利的诸项法理依据，提出和构建中国南海断续线的法律地位理论，全面认识南海断续线的法律意涵，为反驳外国质疑南海断续线提供理论基础。（2）系统梳理和比较分析其他南海周边国家和域外国家关于南海问题的立场，并对国外学术界为支持其本国立场所提供的研究资料进行剖析，明晰外国立场的本质和国际学术研究的动向，辨析其对中国的利弊。在掌握外国官方和国外学者有关南海断续线证据的基础上，运用证据法，结合中国关于南海断续线内领土主权和海域权利的法理依据，对外国的非法主张与质疑进行批驳。（3）针对菲律宾"南海仲裁案"裁决，对菲律宾在该案中关于南海断续线的主张以及该案仲裁庭的错误观点，包括菲方 2013 年提交的声明和 2014 年提交的仲裁申请中有关否认中国南海断续线内海域权利的诉求等，结合菲方在仲裁案前后所有相关表态进行综合分析，在此基础上有理有据地反驳菲方和"南海仲裁案"仲裁庭的论点。（4）在世界百年未有之大变局背景下，提出做好法律风险应对和"法律战"准备，多措并举巩固中国在南海断续线内的主权和海洋权利的未来策略和建议。

目　　录

第四编　中国在南海的历史性权利

第一编

中国开发与管辖南海地区
历史资料的证据价值

引　言

　　中国长期以来坚持的对南海地区的权利主张及开发与管理南海地区的历史，两者是密不可分的。具体而言，中国开发与管理南海地区的历史事实，用胡伯（Huber）仲裁员在著名的帕尔马斯岛仲裁案中的话来说，本质上是一种"持续和平稳地行使领土主权"，这构成一种确定的权源（a definite title）。[1] 关于领土主权的"权源"（title，又译为"权利依据"）一词的含义，詹宁斯（Robert Jennings）教授指出：权源的存在与否最终取决于某些事实是否存在，权源的基本含义即法律认可的能够创设权利的事实。[2] 据此，中国开发与管理南海地区的历史事实能够创设南海岛礁的领土主权和水域权利。但是，对于国际社会和其他国家而言，中国开发与管理南海地区的历史事实并不是不证自明的。要说明这段历史事实，并提出令人信服的法理依据和历史叙事，往往需要根据一定的标准，提供相应的证据。特别是需要做好法律上的准备，以便在面对可能的国际司法或仲裁程序时，有效地提出有利于我方的证据及相应的诉讼、仲裁策略。从这个角度看，必须考虑的问题是：在国际司法和仲裁程序中，法律要求某一事实的主张者提供什么样的证据？更具体地说，如果我国参与国际司法或仲裁程序，国际法对我国作为南海地区开发与管辖历史事实的主张者在证据方面有哪些要求？

　　解答这一问题具有十分重要的意义。包括越南、菲律宾在内一些外国的法律和历史学者挑战中国在南海断续线内的合法权益，声称中

---

〔1〕　Island of Palmas Case（USA v. Netherlands），Award of 4 April 1928，R. I. A. A.，Vol. II，2006，p. 869.

〔2〕　Robert Jennings，*The Acquisition of Territory in International Law*，Manchester University Press，1963，p. 4.

国的相关主张缺乏法律依据，某些相关证据具有高度的不准确性、偏向性或事后性，无法证明有关的领土和海洋权利主张。研究国际法对证据的要求，有助于我国以更令人信服的方式从国际法的角度证明中国开发与管辖南海地区的历史事实，从而更好地主张因这一历史事实而产生的权利。理解国际司法和仲裁关于证据的法律实践，能令中国在对抗周边国家对南海地区的权利主张的过程中更有效地避免陷入被动的局面，并相应地调整好我方的法律宣传策略，以使我方无论在国际舆论场域、国际法学术研究领域，还是在国际法律实务中都保持积极主动的地位。同论证中国对南海岛礁和海洋权利的法理依据一样，研究支持中国权利主张的证据之价值，对于中国主张相应的权利和反驳周边国家的主张具有非常关键的作用：后者保障前者有坚实的事实基础。那么，如何解答这一问题呢？

　　概言之，解答这一问题的关键在于明确国际法在证据方面的相关规则。这首先是一个法律渊源的问题。比起国内法，明确国际法在这方面的规定要困难得多，因为以国际社会为基础的国际法，有不同于国内法的特征，"在国际层面没有一个像国会那样的统一的立法机构，也没有一个创制了涉及多方面的各种先例的统一的司法管辖体系"[1]。本编拟引用《国际法院规约》[2]（以下简称《规约》）第38条第1款有关国际法渊源的规定，来理解国际法上关于证据问题的法律渊源，该条款被认为是关于国际法渊源的最权威且完整的表述。[3] 根据这一规定，宽泛意义上的国际法包括国际条约、国际习惯、一般法律原则和确定法律原则之辅助资料（即司法判例及各国权威最高之公法学家学说）。下文将通过对国际条约和其他国际法渊源，尤其是对国际司法与仲裁实践的研究，确定国际法中关于证据的规则与通常做法，为后续判断中国南海地区哪些历史资料可作为证据以及证明力的大小提供基本标准。

---

〔1〕 Hugh Thirlway, "The Sources of International Law", in Malcolm D. Evans（ed.）, *International Law*, 3rd edition, Oxford University Press, 2010, p. 96.

〔2〕 《国际法院规约》（1945年6月26日）的全文，参见王铁崖、田如萱编：《国际法资料选编》，法律出版社1982年版。

〔3〕 See Ian Brownlie, *Principles of Public International Law*, 6th edition, Oxford University Press, 2003, p. 5.

第一章　国际法中领土主权问题的
证据可采性与证明力

第一节　《国际法院规约》及《国际法院规则》的
相关条款分析

　　国际条约，根据《国际法院规约》第38条第1款的规定，包括一般国际条约和特别国际条约。按照国际法院在缅因湾区域海洋边界划界案中的说法，一般国际条约亦即多边条约。[1] 考察国际条约中有关证据的规定，首先应当考虑多边条约的规定，因为多边条约拥有较多的缔约国，获得比较广泛的承认和适用。谈及有关证据规定的多边条约，作为《联合国宪章》组成部分的《国际法院规约》具有毋庸置疑的重要地位，其与证据直接相关的条款有8个，包括：第43—45条，以及第48—52条。此外，《国际法院规则》（以下简称《规则》）中的一些条文对这些证据规定进行了具体化。以下将结合其中有关证据可采性及证明力的规定进行论述。

　　本书所指称的"可采性"是指证据材料表面上（prima facie）符合国际法关于证据的规定。实际上，英美法系国家的证据法把重心放在审判过程中对证据的筛选或采纳，其主要表现是大量证据规则都与证据资格或证据的可采性有关。而大陆法系国家的证据法则侧重于证据的收集和提取，其主要表现是证据法的大量内容都与证据调查程序有关。

---

〔1〕 Alain Pellet, Article 38, in Andreas Zimmermann, Christian Tomuschat, Karin Oellers-Frahm and Christian J. Tams (eds.), *The Statute of the International Court of Justice: A Commentary*, Oxford University Press, 2012, pp. 692-693.

正如有学者指出的，"证据的可采性"（admissibility of evidence，又译为"证据的可接受性"）是英美法系国家证据法中的用语，而在大陆法系国家的证据法中，习惯使用的对应概念是"证据能力"（competency of evidence）。张卫彬教授认为，"证据的资格""证据能力""证据的可接受性""证据的可采性"，这几个词虽然称谓不同，但它们的内涵基本相同，都意指当事方提供的证据具有证明事实的能力，因而能够为法院所采纳。[1] 在英美法系国家的证据法语境中，司法机关审查一个证据是否具有可采性，一般应从两个方面进行考察：其一是考察该证据是否与案件事实具有关联性；其二是考察该证据是否具有合法性。[2]

需指出的一点是，本书采用"可采性"这一提法，并不表示笔者认为应当按照英美法系国家的思路来理解国际法的证据规则，而且下文也提及，美利坚大学名誉教授桑迪弗（Sandifer）认为国际法庭（含国际司法与仲裁机构）在证据采纳的实践中发展出了一套与民法法系国家程序中的自由心证[3] 相当的模式。

一、证据材料普遍具有可采性

《国际法院规约》第 43 条第 2 款规定："书面程序系指以诉状、辩诉状及必要时之答辩状连同可资佐证之各种文件及公文书，送达法院及各当事国。"根据这一条的规定，可以认为国际法院对证据的种类并未做出严格的限制，即证人证言、鉴定意见、书证及其他文件均可作为证据，换言之，这些证据一般情况下都具有可采性。提供和交换各类证据是当事人的一种诉讼权利，[4] 该权利的行使一般不会受到国际

---

〔1〕 张卫彬：《国际法院证据问题研究：以领土边界争端为视角》，法律出版社 2012 年版，第 46—47 页。

〔2〕 参见何家弘、姚永吉：《两大法系证据制度比较论》，载《比较法研究》2003 年第 4 期，第 56—57 页。

〔3〕 证据法上的"自由心证"是指证据的取舍及证明力的大小及其如何运用，法律不做预先规定，完全交由法官秉诸良心、理性自由判断，形成内心确信，从而对案件做出结论。李祖军：《自由心证与法官依法独立判断》，载《现代法学》2004 年第 5 期，第 102 页。

〔4〕 有学者认为，提供和交换证据也是法律义务，但考虑到法院无法惩罚拒绝提供所需证据的当事人，仅能据此做出对其不利的推论，认为举证是当事人的法律义务似有不妥。See Anna Riddell and Brendan Plant, *Evidence before the International Court of Justice*, London: British Institute of International and Comparative Law, 2009, p. 49.

法院过多的限制。

关于国际法院对证据可采性的规定，对《国际法院规约》和《国际法院规则》的分析显示：法院拒绝采用列举的方式表明哪些证据会被接受，而是在相关规定中表明哪些情况下证据会被拒绝采纳。由此可见，一般情况下当事方提交的证据都会被采纳，拒绝采纳是例外。时任国际法院院长的希金斯（Higgins）法官于 2007 年在联合国大会的发言中提及："当事人有权期待我们审查他们向我们提交的任何一项证据，而我们也这么做了。"[1]这表明国际法院承继了其前身常设国际法院时期的做法。对此，常设国际法院的安齐洛蒂法官（Judge Anzilotti）认为，当事人所提供的任何证据应被自动采纳，这一原则已被国际法院所接受[2] 这种做法与国内证据法，尤其是强调"最佳证据规则"（best evidence rule）的普通法传统，是有区别的。正如菲茨莫里斯（Sir Gerald Fitzmaurice）法官在巴塞罗那电车、电灯及电力有限公司案的个别意见中所提到的："（对国内法庭来说）若能提供信托契约的话，这种证据会构成普通法上所谓的最佳证据，除非能证明其已灭失或毁坏，否则国内法庭不采纳有关其内容的二手证据。（但）国际法庭不受这种严格的规则约束，这样的规则大都不适用于政府间的诉讼。"[3]"国际法庭在证据采纳的实践中发展出一套与民法法系国家程序中的自由心证相当的模式"，而这套模式不存在基于证据内在关联度（intrinsic relevance）、证据资格（competence）或实质性（materiality）的证据排除规则（rules of exclusion）[4] 考虑到国际法院没有这类关于证据采纳的排除性规则，有关证据提交的规定就显得更加重要了，因为这些规定实际上具有限制当事人提交证据的效果[5]

---

[1] Speech by H. E. Judge Rosalyn Higgins, President of the International Court of Justice, to the General Assembly of the United Nations, 1 November 2007.

[2] Publications of the Permanent Court of International Justice, Series D: Acts and Documents Concerning the Organisation of the Court, No. 2, Preparation of the Rules of Court, 1922, p. 210.

[3] Barcelona Traction, Light and Power Company, Limited, Separate Opinion of Judge Sir Gerald Fitzmaurice, Judgment, I. C. J. Reports, 1970, p. 98, para. 58.

[4] See D. Sandifer, *Evidence before the International Tribunals*, Charlottesville: University Press of Virginia, 1975, pp. 176, 179.

[5] Anna Riddell, Brendan Plant, *Evidence before the International Court of Justice*, London: British Institute of International and Comparative Law, 2009, p. 159.

二、证据提供的时限影响证据的可采性

影响证据可采性的其中一个因素是证据提供和交换的时限。根据《国际法院规则》第 31 条和第 44 条第 1 款，院长须确定当事人对程序问题的意见，法院据此决定举证期限；证据提供时限由法院依职权确定，诉讼当事人也需要在指定的时限内交换证据。显而易见，未在指定的期限内提供证据，对一方是不利的。有关证据提交的规定，除了《国际法院规约》第 43 条，还有第 52 条之规定："法院于所定期限内收到各项证明及证据后，得拒绝接受当事国一造欲提出之其他口头或书面证据，但经他造同意者，不在此限。"应结合《国际法院规则》来理解《规约》的这一条规定。根据《规则》第 56 条第 1 款和第 2 款，书面程序完结后任何一方不得再行提交文件，除非另一方当事人同意，或者另一方当事人不同意而法院在听取双方意见后认为有必要。这一规定是基于程序公平（procedural fairness）原则，即保护一方当事人免遭证据偷袭（unfair surprise），以及遵照公正司法（good administration of justice）等原则的考虑。[1] 基于程序公平原则，一方当事人不同意将导致另一方当事人逾期提交的证据不被采纳；考虑到公正司法原则，在一方当事人不同意的情况下，法院还能依职权采纳另一方当事人逾期提交的证据。这里存在一个十分棘手的问题：在处理逾期证据时，法院需在这两种冲突价值的要求下实现平衡。对此，《国际法院规则》没有提供具体的指引，但相关情形的处理方式在国际法院发布的《实践指引（第九号）》（Practice Direction IX）中有所提及：在未取得其他当事方同意的情况下，法院只有在其认为有必要，并且在诉讼程序进行到该阶段提供该文件具有正当性的例外情形下，才能够授权一方当事人提供新文件。[2] 不过，关于"例外情形""有必要的""正当性"的判断都没有客观的规则和标准。也就是说，逾期证据的可采性，最终仍取决于法院的自由裁量。

[1] Andreas Zimmermann, et al. (eds.), *The Statute of the International Court of Justice: A Commentary*, Oxford University Press, 2012, pp. 1054-1055.

[2] See International Court of Justice, Practice Direction IX (promulgated on 4 April 2002; amendment promulgated on 13 December 2006), paragraph 3, available at: https://www.icj-cij.org/en/practice-directions, last accessed on 23 December 2019.

值得注意的是，根据《国际法院规则》第 44 条第 3 款，证据提供时限并非一次确定，当事人可以请求延期。由于很难完全排除利用这一机制恶意拖延诉讼的可能性，当出现这种情况时，被拖延的一方当事人也需要维护自己被损害的诉讼权益。为此，该条赋予当事人对延期提供证据表达意见的机会。不过，最后是否准予当事方延期提交证据，仍由法院自由裁量。如果一方当事人反对另一方当事人延期提供证据，法院虽然并不必然因此拒绝另一方当事人的延期请求，但在决定是否准予迟交证据时会考虑该反对意见。

三、证明责任与证明标准

从罗马法沿用至今的国内司法程序的证明责任原则——"谁主张，谁举证"（*Actori Incumbit Onus Probandi*），在国际诉讼中依然得到奉行。一般而言，"谁主张，谁举证"原则指出了原告和被告之间证明责任的分配关系，原告主张权利，则负有相应的证明责任，而被告仅对反驳理由承担证明责任。然而，国际法上关涉领土主权（包括领陆主权和领水主权）的诉讼并不对当事方做这样明确的二元区分，而是任何一方在反对对方的主张时除需要举证之外，还必须提供解释和证据以请求法院支持自己的权利主张。正如国际法院在敏基埃和埃克里荷斯群岛案的判词中所提到的："当事方在提起诉讼时一致表示'不影响关于证明责任（burden of proof）的任何问题'，这一问题应由法院来决定。考虑到当事方的立场，双方均主张对同一领土的主权……法院认为各方均需证明其主张的权源和所依据的事实。"[1]这一判决似乎暗示：当事方某种程度上甚至可以对证明责任进行约定，国际法院在确定证明责任时需考察当事方对此是否已做出约定。此外，法院实际上没有局限于所谓原被告举证责任的区分，由于双方均对涉案岛屿提出主权要求，那么它们都应对其主张承担证明责任。在柏威夏寺案（又译"隆端古寺案"）中，国际法院再次确认了这一点："至于证明责任，必须指出的是，尽管从形式上看，柬埔寨是提起诉讼的原告，但泰国也是主张权利的一方（claimant），因为其主张涉及同一片领土的主权。柬埔寨和泰国都将其主张建立在各自所主张或提出的一系列事

---

[1] The Minquiers and Ecrehos Case, Judgment, I. C. J. Reports, 1953, p. 52.

实和争点之上。有关的证明责任自然落在了主张和提出的一方。"[1] 当一方未能对其主张的权利充分履行证明责任，而另一方对反驳理由充分履行证明责任时，并不能必然判决前者败诉。只有当后者能对其主张的权利充分履行证明责任时，才能判决前者承担不利的诉讼后果。当然，在有关领土主权的司法实践中，"主张权利"和"反驳"之间并不能做到泾渭分明，两者往往是同时进行的。

因此，尽管《国际法院规则》使用了"被告"（respondent）这一表述，但不能就此认为其就是按国内法上原告和被告那样分配证明责任的。其实，《规则》的这种表述是考虑到拟定条文的便利，仅对当事方形式上的地位做出安排。[2] 从这个角度说，考察国际法院对证明责任的分配，仅看《规约》和《规则》是远远不够的，必须结合国际法院处理的具体案件，才能形成较为准确的判断。正如之前讨论过的，国际法院处理证据问题的职权在很大程度上是一种自由裁量权，其具体行使裁量权不由条文规定，证明责任问题亦如此。虽然法院在分配证明责任上具有自由裁量权，而且能够因此对证据的提交做出相应的自由裁量，[3] 但这种裁量权的行使不应令当事方陷入不平等的地位，否则就背离了诸如和平解决争端、国家主权平等、善意等国际法原则。

应指出的是，对证明责任的理解应当结合证明标准的问题进行考虑。正如学者所指出的："国际法院的实践表明，不存在适用于一切相关法律事实的单一标准。这完全取决于所涉及的法律规范和法院对情形的合理评判。在这个问题上，法院的自由裁量的范围相当可观。"[4]

---

[1] Case Concerning the Temple of Preah Vihear（Cambodia v. Thailand），Merits，Judgment，I. C. J. Reports，1962，pp. 15-16.［hereinafter Temple of Preah Vihear Case］

[2] Shabtai Rosenne，*The Law and Practice of the International Court* 1920 – 2005（4th ed. ），Martinus Nijhoff Publishers，2006，p. 526.

[3] 这点主要体现为《国际法院规则》第 62 条第 1 款："法院得随时请求当事方提供相应的证据或解释，当法院认为这对于争议事项某方面的释明有必要性时，或者法院为此目的可自行搜集其他信息。" The Court may at any time call upon the parties to produce such evidence or to give such explanations as the Court may consider to be necessary for the elucidation of any aspect of the matters in issue，or may itself seek other information for this purpose. 王铁崖、田如萱编：《国际法资料选编》，法律出版社 1982 年版，第 992—1031 页。

[4] Robert Kolb，*The International Court of Justice*，Hart Publishing，2013，p. 944.

国际法院通常不会对用来评估证据的证明标准进行详细讨论，也不会在判决书中清楚地解释用了某个证明标准。[1] 表面证明标准（prima facie）、优势证明标准（preponderance）、清晰并有说服力的标准（clear and convincing）、排除合理怀疑的标准（beyond a reasonable doubt）等都可能被适用于处理某个具体案件。[2] 有观点认为，优势证明标准的应用在国际司法程序中居于主导地位，[3] 但这缺乏确切的统计数据支撑。不过，在领土主权的司法案例中，尤其是涉及有效控制时，国际法院几乎都会通过对比双方行使主权的证据来确定哪方有更好的权源，这种方法在证据法的视角下就非常类似于优势证明标准。对此问题的具体探讨将在有关中国对南海诸岛领土主权的第二编展开。

第二节　其他国际条约有关证据的规定

国际法有关证据的规定，除《国际法院规约》外，还散见于其他的多边或双边国际条约。正如桑迪弗教授所指出的，理论上说，双边条约比多边条约更有可能在证据问题上做出详细的规定，因为几乎不存在任何因素妨碍当事国将它们自身认为适当的证据规则纳入案件的处理。但实际上，国家间的仲裁协议往往对证据规则只有简略的表述，证据规则的具体化仍然依赖于仲裁庭，某些情况下仲裁协议甚至赋予仲裁庭在证据处理方面无条件的裁量权。[4] 尽管每个国际司法或国际仲裁机构都有自己关于证据的规定，但这些证据规定其实也存在一定共性；在没有办法且没有必要对各种国际条约的证据规定罗列进行分析的情况下，尝试使用一种建立在共性基础上的分析框架，有助于我们把握国际条约中证据规定的概况。

国际条约有关证据规定的一个鲜明共性体现为裁判者具有较大的

[1] Chittharanjan F. Amerasinghe, *Evidence in International Litigation*, Martinus Nijhoff Publishers, 2005, p. 232.

[2] James A. Green, "Fluctuating Evidentiary Standards for Self-defence in the International Court of Justice", *International & Comparative Law Quarterly*, Vol. 58, 2009, pp. 166-167.

[3] Mojtaba Kazazi, *Burden of Proof and Related Issues: A Study on Evidence before International Tribunal*, Kluwer Law International, 1996, pp. 347-350.

[4] D. Sandifer, *Evidence before the International Tribunals*, Charlottesville: University Press of Virginia, 1975, p. 35.

自由裁量权。根据证据规定的自由裁量空间的大小，国际司法或国际仲裁机构的证据规则可以大致分为四类：硬性规定、相对硬性规定、相对弹性规定以及弹性规定。进而言之，硬性规定几乎不存在自由裁量空间，裁判者仅能依照法律条文处理证据问题；相对硬性规定存在十分有限的自由裁量空间，裁判者在行使这种自由裁量权时，可能对当事方的诉讼地位造成不利影响；相对弹性规定存在较大的自由裁量空间，这一类自由裁量权的行使对当事方影响较大，裁判者尤其需要谨慎行事；而弹性规定跟没有规定区别不大，裁判者实际上没有受到条文的约束。对证据规则做这样的分类是出于方便当事方运用的考虑：四类规则中，相对硬性规定和相对弹性规定尤其值得关注，因为这涉及比较多的当事方之间、当事方和裁判者之间的互动；硬性规定也重要，但它对当事方之间、当事方和裁判者之间的互动影响有限，因为当事方和裁判者的行为已被严格框定。

（1）硬性规定。在国际法中，关于证据可采性和证明力的硬性规定是罕见的。之前提到过，国内法对证据形式有比较严格的要求，不符合法定证据形式的证据不予采纳，而国际法很多时候则没有这种严格的规定，而是交由裁判者在个案中认定。从增加法律适用的确定性或裁判的可预测性的角度来说，在国际法的证据规则中增加硬性规定是有意义的。例如，美国和加拿大在缅因湾区域海洋边界划界案中达成的特别协议，实际上就是增加了硬性的证据规则。该协议第 5 条第 1 款规定：双方 1969 年以来在海洋划界协商或讨论中的建议或回复不得被引为证据。[1] 双方协议增加这样的硬性规定，也是一种积极行使诉讼参与权的表现。如果当事方自己不行使这样的权利，那么证据效力的认定就完全属于裁判者的职权范围。

（2）相对硬性规定。证据提交期限的规定就属于比较典型的相对硬性规定。裁判者是否接受一方提供的逾期证据，主要取决于逾期提交证据方的相对方的态度，例外情况下由裁判者自行决定。这类规定的特点是裁判者拥有自由裁量权，但这一自由裁量权受到当事方较大的约束。在这类规则下，当事方有较大的机会防止裁判者不当行使自由裁量权，影响一方和另一方原本平等的诉讼地位。关于维持当事方

---

[1] Case Concerning Delimitation of the Maritime Boundary in the Gulf of Maine Area, Judgment, I. C. J. Reports, 1984, p. 254.

诉讼地位平等这一点，即使相关国际司法或国际仲裁机构在各自的规则中未明确提及，其重要性也是不容忽视的。这是国家主权平等这一实体法原则在程序领域的必然延伸，裁判者在行使自身职权时亦不能破坏这种平等。然而，裁判者在行使职权的过程中是可能导致双方诉讼地位不平等的，比如接纳逾期证据。譬如，伊朗-美国求偿法庭认为，是否接受逾期证据要考虑平等和公平对待当事方等基本要求，以及接受证据可能对另一当事方造成的伤害[1]。赋予可能受害的当事方否决权，或至少是充分表达反对意见的诉讼权利，对维护当事方诉讼地位平等十分关键，也可避免裁判者不当行使职权。在裁判程序中，当事方需要特别重视这样表态的机会，利用这种机会影响裁判者对证据的采纳和心证过程。

（3）相对弹性规定。裁判者自行取证的规则，包括自行任命鉴定人的规则，属于相对弹性规定。裁判者行使这一职权，理论上不取决于当事方的态度。这类规定的特点是裁判者的自由裁量权较大，没有明文的限制。不同于相对硬性规定将征求当事方意见明文记录于条款中，相对弹性规定往往没有这种明文限制。当然，从合理行使自由裁量权的角度看，不能认为没有明文限制就是没有限制。应当说，在没有明文限制的情况下，裁判者更需要考虑法律原则提供的弹性约束：包括主权平等原则、合作原则在内的国际法原则实际上依然构成对裁判者行使自由裁量权的约束。

（4）弹性规定。证据规则的弹性规定相当于对裁判者没有实际约束，除非有特别的条款规定，裁判者几乎拥有完全的自由裁量权。这类规定有时候在条文中没有明确提及，[2] 但它在任何裁判中都不可能缺位。比如，裁判者在任何案件中都需要分配证明责任和决定采用某种证明标准，而如何分配证明责任和采用哪一种证明标准，几乎是裁

---

〔1〕　Middle East Management and Construction Corp. v. The Islamic Republic of Iran, Award No. 202-292-2, 25 November 1985, pp. 3-4.

〔2〕　正如阿梅拉辛赫（Amerasinghe）教授指出的："公认的规则是国际法庭有权决定哪一方在确定的情形下要承担证明责任……这一内在的权力并不需要在法庭的规约或规则中提及。" See Chittharanjan F. Amerasinghe, *Evidence in International Litigation*, Martinus Nijhoff Publishers, 2005, p. 75. 德国学者本青（Benzing）博士认为："国际法院的组织文件（constitutive documents）在证据标准问题上是沉默的。" See Markus Benzing, "Evidentiary Issues", in Andreas Zimmermann eds. , *The Statute of the International Court of Justice: A Commentary*, Oxford University Press, 2012, p. 1053.

判者根据案件具体情况自由决定的。在国内法这样严格区分原告和被告的语境下，证明责任的分配原则相对清楚一些：通常情况下，当事实难以确定时，原告方需承受主张不能实现之结果。然而在国际司法和仲裁中很多时候并不能严格区分原告和被告，这增加了证明责任分配的模糊性。考虑到存在其他的对证明责任的分配可能产生影响的因素[1]，证明责任的分配实际上没有规则可循，因而当事方对此无法进行预测。证明标准也是这样：在国际司法和仲裁实践中，裁判者对一个案件采用了哪一种证明标准，都是在分析判决书后才能大致确定的。不过，如前所述，在领土争端案件中，国际司法或国际仲裁机构在判断有效控制时可能会使用类似优势证据的证明标准。

第三节　条约之外的国际法渊源关于证据的规则与通常做法

一、习惯国际法中的证据规则

国际司法机构或国际仲裁机构往往都有自己的证据规则，因而对习惯国际法意义上的证据规则的讨论十分有限。而且，习惯国际法上的主体仅是主权国家，因为主权国家的反复实践和法律确信是习惯国际法的构成要素。但国际法中证据规则的形成，其参与主体不仅是主权国家，还有裁判者，即国际司法机构或国际仲裁机构。从这个角度看，关于证据可采性和证明力的习惯国际法跟我们通常讨论的习惯国际法确实有较大区别。在这里讨论习惯国际法关于证据的规则，主要是为了解决这样一个问题：当某一个国际司法机构或国际仲裁机构自己的成文证据规则不够完善时，是否存在可以对此进行补充的习惯国际法。

一个值得思考的先决问题是：是否存在这样的法律规定，其禁止一个国际司法机构或国际仲裁机构在处理证据问题时借鉴其他机构的证据规则或实践经验呢？严格来讲，国际法庭在处理证据的时候没有

---

[1]　例如，科艾曼斯（Kooijmans）法官在刚果诉乌干达刚果境内的武装活动案所发表的个别意见中指出，乌干达主张的刚果政府边境管控的缺位不应由乌干达承担证明责任，而应由负有这项职责的刚果政府证明自己努力履行职责并且遇到了什么样的困难。Armed Activities on the Territory of the Congo（Democratic Republic of the Congo v. Uganda），Separate opinion of Judge Kooijmans，Judgment，I. C. J. Reports，2005，p. 325，para. 82.〔hereinafter Armed Activities on the Territory of the Congo Case〕

权力逾越创立该法庭的协议的规定和基于这种协议制定的规则[1]，但这并不意味着一个国际法庭不能借鉴其他国际法庭的规则或实践经验，而这些规则和经验经过反复实践并被主权国家认可，可能形成证据规则意义上的习惯法。这里讨论的不是一种替代关系，而是一种补充关系。也就是说，国际习惯并不是对成文条约的替代，而是对成文条约未能明确规定的问题的补充。一个国际司法机构或国际仲裁机构在处理证据问题时借鉴其他机构的规则或实践经验，或者说，适用习惯国际法，并不是罔顾自身的规则，而是为了弥补自身规则的不足。因此，一般情况下可以认为不存在法律规定禁止一个国际司法机构或国际仲裁机构在自身规则不够完善的情况下，借鉴其他机构的规则或实践经验处理证据问题。

尽管理论上习惯国际法的证据规则具有这种存在的必要性，但实践中并没有国际司法机构或国际仲裁机构在处理证据问题时明确承认自身的证据规则不够完善而需要借鉴其他机构的证据规则或实践经验。这其实也不难理解。一方面，国际司法机构或国际仲裁机构都需要维护自身的公信力；另一方面，即使自身的成文证据规则确实需要他者的证据规则或实践经验进行补充，裁判者完全可以通过灵活解释既有规则的做法达到同样的效果。正如上一节分析过的，证据规则中存在大量相对弹性规定和弹性规定，裁判者对这些规定享有较大的甚至是完全的自由裁量权。

目前看来，由于国际上的司法机构、仲裁机构的证据规则各有不同，关于证据规则的习惯国际法还非常少，现有的主要发展集中在比较原则性的规定上。例如，对可采性问题，有关的习惯法规则是：证据普遍具有可采性，除非超过时限、证据本身系伪造或获取途径违法等；[2]而关于证据证明力则还较多停留在个案判断的层面上。

二、一般法律原则的有关规定

这里所指称的"一般法律原则"，采用实证主义学者和童金教授

---

〔1〕　D. Sandifer, *Evidence before the International Tribunals*, Charlottesville：University Press of Virginia, 1975, p. 44.

〔2〕　See Chittharanjan F. Amerasinghe, *Evidence in International Litigation*, Martinus Nijhoff Publishers, 2005, pp. 177-180, 183-184.

等苏联学者的观点，意指国际法基本规则或原则。[1]

谈到证据规定的程序法时，我们能即刻联想到的一般法律原则就是"谁主张，谁举证"。之前分析过，这一原则在国际法院处理证据的实践中有所体现。这类源于国内证据法的原则尽管重要，但无法体现国际法的特殊性：国际法的证据规则之特殊性很大程度上源于它是国际法的一部分，因此这里要强调的是国际法上的法律原则对证据规定的影响。这些在前文分析对自由裁量权的限制时也有所提及，包括国家主权原则、合作原则、善意原则及和平解决争端原则。这些原则是解读国际司法机构或国际仲裁机构在证据处理方面的职权行使问题的关键。

从之前的分析中能够发现，与国内法要求的证据相比，国际法上允许的证据有比较显著的特点：其法定形式没有要求，不坚持最佳证据规则，当事方约定可以排除国际法院审查某些证据的职权……这其实体现出一种矛盾：一方面，由于缺乏具体规定，更多问题都留给国际法庭进行自由裁量，这似乎意味着国际法庭比国内法庭拥有更大的裁量权；另一方面，国际法庭审查证据的职权受到当事方约定的影响，而在国内法庭则罕见这种对裁量权的限制。这种矛盾的特点，只有结合这些一般法律原则才能恰当地解释。

关于国家主权原则与国际法庭的自由裁量权。不同于国内法庭，国际法庭的职权源于争端当事国的主权。更具体地说，将争端诉诸国际法庭，这是当事方自主选择的结果，并非基于国际法庭固有的权力；国际法庭是主权国家直接或间接创立的[2]，它拥有的职权具有附属性[3]。这一区别决定了国际法庭和国内法庭所享有的自由裁量权也是不同的：国际法庭的自由裁量权具有附属性，而国内法庭所享有的自由裁量权是其固有权力的一部分。如何理解国际法庭自由裁量权的这种附属性呢？当事方约定可以排除国际法庭审查某些证据的职权就是

---

[1] 童金等苏联学者认为，"一般法律原则"是对国际法基本规则（原则）的重申。Malcolm N. Shaw, *International Law* (6th edition), Cambridge University Press, 2008, p. 99.

[2] Chittharanjan F. Amerasinghe, *Evidence in International Litigation*, Martinus Nijhoff Publishers, 2005, p. 9.

[3] Markus Benzing, "Evidentiary Issues", in Andreas Zimmermann eds., *The Statute of the International Court of Justice: A Commentary*, Oxford University Press, 2012, p. 1002.

这种附属性的体现：当事方可以通过约定对国际法庭在具体案件中处理证据的职权做出一定的限制。国内法庭的职权因为是其所固有的，所以一般不受当事方约定的限制。同时，值得关注的问题是，当事方约定不明且国际法庭规则也不够明确时，国际法庭应如何行使职权。考虑到国际法庭职权的附属性，其有必要和当事方积极合作，基于当事方的合意行事。当事方在这个过程中新达成的合意，其实就是一种对不够明确的证据规则的补充约定；不同于国内法庭在规定不明时会考虑"法官造法"来弥补，国际法庭应更多考虑的是促进当事方达成新的合意来弥补之前约定的不足。

关于合作原则与国际法庭解决争端职能的履行。主权国家创立国际法庭，目的在于和平解决国际争端，而不是制造更多争端。基于这一点，国际法庭更有必要在诉讼程序中与争端双方合作，避免在程序中产生新的矛盾。之前提到过，当国际法庭不当行使自由裁量权处理证据，破坏了当事方平等的诉讼地位时，就是在程序中制造新的矛盾，与和平解决争端这一目的和原则背道而驰。这种新的矛盾是国际法庭与当事一方的矛盾，国际法庭的公信力会因此受到影响。为了防止这种情况出现，国际法庭需在不影响争端双方平等诉讼地位的前提下行使处理证据的自由裁量权，而这就要求争取当事方的同意与合作。

特雷尔冶炼厂仲裁案展示了给予争端当事方时间进行合作研究解决或减少它们之间问题的做法非常有助益[1]。国际法院在渔业管辖权案中表示，指引争端方进行协商对本案来说是一种恰当地行使司法权的方式[2]，当事方合作的重要性在乌拉圭河沿岸的纸浆厂案中被再次强调[3]。如果说合作原则对这些案例中的问题的解决具有积极的作用，那么就不能否认合作解决作为整个问题中的一部分的证据问题同样具有积极意义。

简言之，国家主权、合作、善意、和平解决国际争端这些国际法原则，是国际司法机构或国际仲裁机构在相关条约规定或习惯国际法

---

〔1〕　Caroline E. Foster, *Science and the Precautionary Principle in International Courts and Tribunals*, Cambridge University Press, 2011, p. 32.

〔2〕　Fisheries Jurisdiction (United Kingdom v. Iceland), Merits, Judgment, I. C. J. Reports, 1974, p. 32, para. 75.

〔3〕　Pulp Mills on the River Uruguay (Argentina v. Uruguay), Judgment, I. C. J. Reports, 2010, p. 101, para. 266, p. 105, para. 281.

规则不够明确时，行使自由裁量权处理证据问题的核心参考因素。

三、国际判例中的有关意见

根据《国际法院规约》第 38 条第 1 款第 4 项，司法判例和公法学家学说是确定法律规则的辅助资料。前国际法院首席法律秘书、日内瓦高等研究院国际法教授瑟尔威（Thirlway）指出，"（《规约》）第 38 条列出的前三项是国际法的形式渊源，第四项是实质渊源，但实质渊源亦具有相当的权威性"；目前来看，权威公法学家学说的重要性已让位于司法判例。当然，这二者很大程度上也是相融的，因为裁判者很多时候自己就是知名学者或实务工作者[1]。

需要留意的是，司法先例对国际司法机构或国际仲裁机构的约束并不像普通法系那样严格[2]。《国际法院规约》第 59 条规定："法院之裁判除对于当事国及本案外，无拘束力。"然而，国际司法判例尤其是国际法院的裁判不容小觑，因为一般而言，"国际法院的实践是认真回顾它自身的相关判例法，较少偏离其先例的方向。至少，判例构成了法院分析的起点"[3]。国际法院在喀麦隆和尼日利亚间陆地和海洋边界案中指出："要尼日利亚遵循法院此前做出的案例之判决并不是问题。真正的问题是在这个案子中是否有理由不去遵循之前的案例的论证和结论。"[4]

具体到证据问题，应当承认，有关证据的国际法的很多细节问题的把握都需要借鉴具体案例。之前反复提到，成文证据规则往往过于概括，很多问题留给了裁判者自由裁量。裁判者如何在各种具体情况下运用自由裁量权处理某种证据，只有结合案例才能完整地理解。理解关于证据的国际法，不仅需要关注成文规则、习惯规则、一般法律原则这些相对宏观层面的内容，而且要熟悉有关案例这些相对微观层面的内容，因为宏观和微观这两个层面共同组成了国际证据法律体系。

---

[1] See Hugh Thirlway, "The Sources of International Law", in Malcolm D. Evans（ed.）, *International Law*（3rd edition）, Oxford University Press, 2010, p. 110.

[2] Anna Riddell, Brendan Plant, *Evidence before the International Court of Justice*, London: British Institute of International and Comparative Law, 2009, pp. 28-49.

[3] Malcolm N. Shaw, *International Law*（6th ed.）, Cambridge University Press, 2008, p. 110.

[4] Land and Maritime Boundary between Cameroon and Nigeria, Judgment, I. C. J. Reports, 1998, p. 275, para. 28.

司法和仲裁案例是有关证据证明力规定的最主要来源，也是难以宏观概括的抽象内容，只有在具体、微观的案例中才能得到确认。比如，成文的条约规则很难说清地图证据的证明价值，但国际法院在布基纳法索与马里边界争端案中，对地图证据在判定争议领土的地位和作用上的归纳和总结，就为理解这个问题提供了极其有益的思路。[1]

如前所述，目前，国际法尚未形成一套体系性的证据规则。因此，研究国际法中的证据问题，需要从国际司法和仲裁实践入手。通过对相关国际司法案例中双方提交并公开的证据材料和法院或仲裁庭的裁决意见进行分析，总结出领土主权和海洋历史性权利具体争议中关于证据的惯常做法，进而为南海地区相关证据的研究提供指导。在下一章，我们将集中讨论国际司法与仲裁机构如何处理不同种类的证据。

本章小结

本章从国际法渊源层面切入，依次从国际条约、习惯国际法、一般法律原则和司法判例等角度探寻关于证据问题的国际法规则或通常做法。在证据问题的国际条约方面，重点分析了《国际法院规约》以及对其进行具体化的《国际法院规则》的相关条款，发现国际条约中的证据规则与国内法上的证据规则高度相异：国际条约中往往不存在关于证据采纳的排除性规则，证明责任和证明标准也高度取决于裁判者的自由裁量；争端国也可以通过双边协议为彼此设定证据规则，裁判者亦需尊重这样的规则。国际条约中的证据规则大体分为四种类型：几乎不存在自由裁量空间的硬性规定，存在十分有限的自由裁量空间的相对硬性规定，存在较大的自由裁量空间的相对弹性规定以及充满自由裁量空间的弹性规定。争端国需要特别警惕裁判者的自由裁量空间，因为自由裁量权的不当行使会将争端国置于不平等的诉讼地位。

就习惯国际法关于证据的规则而言，鉴于国际司法机构或国际仲裁机构本身的成文证据规则可能不够完善，需要能够对此进行补充的习惯国际法。目前尚不存在禁止一个国际司法机构或国际仲裁机构在处理证据问题时借鉴其他机构的证据规则或实践经验的法律规定，因

---

[1] 孔令杰编著：《领土争端成案研究》，社会科学文献出版社2016年版，第152页。

此理论上存在习惯国际法的适用空间。然而，考虑到现实中裁判者在证据问题上具有广泛的自由裁量权，即使成文证据规则不够完善，运用自由裁量权亦可做出有效补充，而不必依赖相关习惯国际法。

国家主权原则、合作原则、善意原则及和平解决争端原则，这些国际法上的一般原则是解读国际司法机构或国际仲裁机构在证据处理方面的职权行使问题的关键。这些原则为争端国通过双边协议为彼此设定证据规则并约束裁判者的自由裁量权奠定了法律基础。国际法的证据规则之所以有别于国内证据法，跟这些原则密切相关。

先例对国际司法机构或国际仲裁机构的约束并不像普通法系那样严格。研究国际判例中证据规则的意义在于，成文证据规则往往过于概括，很多问题留给裁判者自由裁量。裁判者如何在各种具体情况下运用自由裁量权处理某种证据，只有结合案例才能完整理解。宏观层面的条约规则、习惯规则、一般法律原则的相关内容只有结合微观层面的案例，才能做出相对精准的解读。

第二章　领土主权争端案件中证据的证明力

　　本章旨在通过对国际司法机构和仲裁机构（或统称为国际法庭）代表性案件的梳理和分析，从实践经验中归纳和总结历史资料、地图、国家政府文件、新闻报道及学术著作等作为呈交国际法庭的证据的证明力大小，并模拟中国在面对国际诉讼时提交证据的情景，为中国采取法律对策提供相应的参考。本编主要关注不同类型的证据对于证明领土主权取得的证明力大小，即关注有关证据如何形成领土的权源[1]，因此，本章着重考察的是具有代表性的领土主权争端案件。

　　所谓证据的证明力（weight of evidence，也译为"证据的分量"），英国的基恩（Keane）教授认为，它是指证据相对于所涉争议事实的说服力（cogency）或证明价值（probative value）。[2] 也可以说，证据的证明力一般是指证据对案件争议事实的可能性价值或说服性价值。[3] 探讨证据的证明力问题旨在明晰不同类型的证据在确定法律事实方面的分量有何差异。

---

〔1〕 "权源"用以表示产生一项特别的权利的来源，但同时也可以用来指能够证明该权利存在的证据，即既是权利的来源，又是证明权利存在的证据。See Andrea Gioia, "Historic Titles", para. 1, *Max Planck Encyclopedia of Public International Law*, Online Edition, last accessed on 3 July 2018. 在中文中，"title"又可译作"权利""权原""所有权""权利依据"等，本书除"历史性权原"外，以"权利来源"之意，将"title"译作"权源"。

〔2〕 Adrian Keane and Paul McKeown, *The Modern Law of Evidence*, 11th Edition, Oxford University Press, 2016, p. 33.

〔3〕 张卫彬：《国际法院证据问题研究：以领土边界争端为视角》，法律出版社 2012 年版，第 83 页。

第一节 关于历史文件的证明力

当事国在很多情况下并非针对近年来的争端或者纠纷提起诉讼，更多的是在争端（特别是涉及领土主权问题的争端）久而未决的情况下提起诉讼。因此，国家间诉讼的时间与争端发生和持续的时间往往存在较长的历史迟延。在此种情况下，出于诉讼目的，当事国可能提交大量非当代的，甚至溯及远古时期的资料作为证据。事实上，在许多领土争端案件中，当事国经常向国际法院提交近则数十年前，远则数个世纪前的历史资料作为证据，以证明其有关领土主权的主张。[1]

然而，需要指出的是，历史资料（史料）与法律证据是有差异的。历史资料反映的是一种客观事实，但客观事实并不等同于法律事实，历史资料只有经过法律的认可，才能转化为法律事实，成为主张权利的事实依据。并非所有的历史资料都可以作为证据使用，若不加区分地将历史资料作为证据使用，可能会由于证据存在瑕疵而使国家的权利主张无法成立。因此，为了证明中国对南海诸岛的主权和在南海的历史性权利，有必要对不同历史资料能否作为国际法上的证据以及证明力如何进行区分。也就是说，在论证中国在南海地区领土权利和历史性权利的合法性时，应解决历史资料向法律事实进行有效转化的问题。

中国在南海的领土主权向来为我国历史、国际政治、国际法学界研究的重点，国内学者经常提及"历史证据"（historical evidence）这一名词。2015 年在南京大学举办的"南海维权：历史与法理斗争研讨会"上，国内的历史学者和国际法学者对"历史证据的法律运用"进行了探讨，并注意到历史资料与法律证据之间存在"桥梁"的缺失。对此，沈固朝教授建议，借助法律证据规则的指引，历史团队从史料中收集证据时会更有针对性、指向性和启发性。[2] 经过上一章对国际法中证据规则的分析，可以明确的是，需要通过对具体案例的分析才能较好地把握某种证据在判定争议领土归属上的地位和作用。因此，

---

[1] See Anna Riddell, Brendan Plant, *Evidence before the International Court of Justice*, London: British Institute of International and Comparative Law, 2009, p. 297；张卫彬：《国际法院证据问题研究：以领土边界争端为视角》，法律出版社 2012 年版，第 191 页。

[2] 参见谈中正、王婷婷：《"南海维权：历史与法理斗争研讨会"综述》，载《亚太安全与海洋研究》2015 年第 3 期。

下文将分析国际法庭在具体案例中如何判断历史资料的证据价值。

在进入主题讨论之前，有必要对本编的"历史证据"做个简要说明。顾名思义，历史证据是与过去在时间和空间上曾经发生或存在过的事实有关联的证据。根据李将博士对国家领土争端中的历史证据的研究，"历史证据"可以理解为在领土主权确立或变化的历史进程中积累和形成的，具有特定独立或附属、直接或间接的法律功用，能够支撑领土诉求、支持或否认领土权源主张的条约、文献、实物等[1]。

由于本编的目的在于运用中国开发管理南海地区的历史证据来佐证中国对南海地区的领土主权和历史性权利主张，所以这里的"历史"侧重于与主权活动相关的历史。但是，历史证据强调的是过去形成的、对历史上领土主权或主权活动具有证明作用的材料，并不强调某证据材料是在较长时间前形成的。国际法庭判断与主权行使相关的历史资料的证据价值的过程，也就是历史资料能否升级为历史证据的过程。了解这一过程有助于预测我国现有的历史资料可能的证据价值。

应该注意的是，从证据法上看，不少历史证据属于间接证据，即不能直接、单独证明案件事实，而要与其他证据结合起来使用。例如，对于领土争端，需证明的事实主要包括针对争议领土的国家主权行为、行使主权的意图。因此，一些针对该地区的地理、水文记录和文献，不能直接证明以上两类事实，就属于间接证据。同时，即使是主权行使行为的记录也可能成为间接证据，因为主权行使的地理位置和范围可能模糊不清，以至于无法直接说明具有针对性的事实。这类证据即使具有很高的可信度，其证明力也比较有限。

另外，大量的历史证据属于传闻证据，即通过案件事实非经历者的转述、转载展现的证据，或案件事实的直接经历者通过书面等非当庭作证的方式产生的证据。在英美法系司法观念的影响下，传闻证据的证明力往往也比较弱。

一、1953 年敏基埃和埃克里荷斯群岛案

敏基埃（Minquiers）和埃克里荷斯（Ecrehos）两组小岛处于不列

---

[1]　参见李将：《国际领土争端中的历史证据：概念、法律功用与证明力要素》，载《中山大学法律评论》2016 年第 2 辑，第 43 页。

颠海峡群岛的泽西岛与法国海岸之间。英国和法国都主张对这两组小岛的原始权源，即原始的主权。[1] 为确定这两组小岛的主权归属，英国和法国提出大量涉及远古权源（ancient title，也译为"远古权利"）的证据[2]，如双方在不同年代签订的条约。通过对所提及条约的详细分析，国际法院认为，这些条约并未具体说明英法在海峡群岛中分别实际占据的岛屿，因此，法院并不能从条约文本中推断出相关事实，进而判断这两组小岛的主权归属。然而，法院认为提交的资料在一定程度上证明了争议岛屿被占据的情况。[3]

在英国方面，它提交了英王约翰颁布的特许状、授权书，并且主张海峡群岛在中世纪被视为一个整体，即使其中某些岛屿在这些文件中未被提及，也并不意味着它们不属于海峡群岛的一部分。依据上述文件，尤其是 1200 年和 1203 年的授权书，加之考虑到包括海峡群岛在内的整个诺曼底在 1066—1204 年均为英王领土，国际法院认为可以较肯定地推定（strong presumption）支持英国的上述主张。法院指出："若某些法律文件没有专门提及敏基埃和埃克里荷斯群岛，则可能是因为它们的重要性在当时并不突出，即使是更重要的萨克岛（Sark）和赫姆岛（Herm），在那个时期的文件中也只是偶尔被提及。"但是法院强调，上述分析并不能确定敏基埃和埃克里荷斯群岛的主权归属，这一问题的答案最终依赖于与这两组小岛占有情况直接相关的证据。[4]

法国主张其基于诺曼底公爵是法国的附庸以及 1066 年后英国国王以诺曼底公爵的身份从法国国王手中获封公爵领土这一事实得到原始权源。法国政府还提及 1202 年 4 月 28 日的法国法院的判决，在该判决中，英王被判处没收他从法王处获封的所有土地，包括整个诺曼底。对此，英国则反驳，法王对诺曼底领地的封建权源只是名义性的，英国否认诺曼底公爵从法王处获封海峡群岛，并且认为 1202 年的判决不

〔1〕　See The Minquiers and Ecrehos Case, Judgment, I. C. J. Reports, 1953, p. 53.
〔2〕　张卫彬教授将"ancient title"翻译为"远古权利"，参见张卫彬：《国际法院证据问题研究：以领土边界争端为视角》，法律出版社 2012 年版，第 192 页；而孔令杰教授则将"ancient title"翻译成"权源"，参见孔令杰编著：《领土争端成案研究》，社会科学文献出版社 2016 年版，第 140 页。
〔3〕　See The Minquiers and Ecrehos Case, Judgment, I. C. J. Reports, 1953, p. 54.
〔4〕　See The Minquiers and Ecrehos Case, Judgment, I. C. J. Reports, 1953, p. 55.

仅无效甚至是不存在的。对此，国际法院认为，双方对遥远的封建时期的真实情况存在相反的看法，但就本案的判决而言，解决这些历史争议并无必要，即便法王对海峡群岛确实享有原始的封建权源，该权源也必定因 1204 年及之后发生的事件而失效，除非被另一有效权源所替代，其有效性源于替代发生时的法律。针对法国提出的 1202 年的判决，法院认为，即使该封建判决事实上被宣告了，也只针对当时的海峡群岛有效，在经过 7 个世纪后重新赋予该判决法律效力似乎远超出合理的法律考虑范围。[1]

国际法院在考察双方提交的历史文件所涉及的封建时期的事实时指出：具有决定性意义的不是从中世纪的事件中做出的间接推定，而是与占有埃克里荷斯和敏基埃两组群岛直接相关的证据。法院在考察双方提交的与主权活动相关的证据、分析埃克里荷斯群岛的主权归属时认为：在英国提交的多个方面的事实证据当中，法院特别重视与行使管辖、地方行政管理以及立法相关行为的证据的证明价值。[2] 阿尔瓦雷斯（Alvarez）法官在判决的最后指出：从书面程序和口头辩论中可以清楚地看到，双方过于重视古代权利，没有充分考虑到国际法的现状或其在领土主权方面的当前趋势。他强调，国际法院的任务不是通过适用传统的或古典的国际法来解决国际争端，而是通过适用现存的、符合国际生活的新条件并以进步的精神发展国际法来解决国际争端的。[3] 在该案中，英国和法国都提出了许多重要的证据，法国的证据大部分是历史证据，英国的证据则侧重于 19 世纪以来其所做出的行政、司法和立法的行为。相比之下，英国的证据显得比较有力。国际法院最后判定，敏基埃和埃克里荷斯两组小岛的主权均属于英国。[4]

二、1975 年西撒哈拉问题咨询意见案

该案是在非洲殖民运动时期提出的，西班牙在西撒哈拉实行殖民化引起了与西撒哈拉有长久历史联系的国家或实体的反对。摩洛哥和毛里塔尼亚对西撒哈拉提出了领土要求。国际法院应联合国大会的要

---

〔1〕　See The Minquiers and Ecrehos Case, Judgment, I. C. J. Reports, 1953, pp. 56-57.

〔2〕　See The Minquiers and Ecrehos Case, Judgment, I. C. J. Reports, 1953, pp. 57, 65.

〔3〕　See The Minquiers and Ecrehos Case, Judgment, I. C. J. Reports, 1953, p. 73.

〔4〕　参见陈致中编著：《国际法案例》，法律出版社 1998 年版，第 136—137 页。

求，就西撒哈拉在西班牙殖民时期的法律地位问题发表咨询意见，涉及两个问题：第一，西撒哈拉当时是否为无主地（terra nullius）；第二，若西撒哈拉并非无主地，西撒哈拉与摩洛哥王国和毛里塔尼亚实体分别具有何种法律联系。[1]

就第二个问题，摩洛哥主张，鉴于其数个世纪以来对西撒哈拉进行了连续、不受争议且公开的主权行使，其与西撒哈拉自古以来存在主权关联。为证明该主张，摩洛哥提及可追溯至公元 7 世纪阿拉伯征服北非以来的一系列事件，但此类证据大部分是从历史著作（historical works）节选而来。国际法院指出："由于大多数的事件都具有跨度长、间隔大、临时性等特点，故将相关的历史资料作为领土占据情况的证据或多或少存在一定的问题。"[2]

摩洛哥还提到其内部权力行使的权威展示，其中首先涉及撒哈拉部落对苏丹效忠的证据，诸如酋长委任状、摩洛哥王国诏书等。针对这些证据，西班牙指出以下几点：其一，这些文件均与西撒哈拉无关，只涉及摩洛哥南部地区；其二，酋长委任状实际上是一种荣誉称号，酋长无须对苏丹效忠；其三，酋长与苏丹是基于尊重和利益的平等关系，毛尔-艾尼人并不代表苏丹在西撒哈拉行使国家权威。国际法院最终并未根据这些证据支持摩洛哥对西撒哈拉的领土主权主张，但亦未排除苏丹对西撒哈拉的某些部落行使主权的可能性。而针对摩洛哥提交的涉及摩洛哥王国向当地部落征收《古兰经》或赋税的证据，法院认定该证据并未充分证明摩洛哥的征税行为。此外，法院亦不认为摩洛哥提出的联合抵御外敌入侵的"军事决定"构成摩洛哥行使主权的行为，法院认为这是合作而不是结盟或效忠。[3]

为证明摩洛哥对西撒哈拉的主权主张得到相应的国际承认，摩洛哥提交了以下文件：第一，摩洛哥于 1767 年、1836 年、1856 年、1861 年分别与西班牙、美国、英国和西班牙签订的关于在努恩（Wad Noun）及其附近海域进行海难救助的条约。在摩洛哥与西班牙签订的条约中，摩洛哥对努恩地区扩大解释为包括德拉阿和赛基特-埃尔-哈姆拉（Dra'a and the Sakiet El Hamra）。而西班牙依据当时的地图以及

---

〔1〕　See Western Sahara, Advisory Opinion, I. C. J. Reports, 1975, p. 14, para. 1.

〔2〕　See Western Sahara, Advisory Opinion, I. C. J. Reports, 1975, pp. 42-43, paras. 90-91.

〔3〕　See Western Sahara, Advisory Opinion, I. C. J. Reports, 1975, pp. 45-48, paras. 99-105.

旅行者和探险者的证人证言否定该扩大解释。国际法院认为，摩洛哥并未清楚地说明其对"努恩"一词进行特殊解释的合理原因。请求海难救助也不是对主权的认可，而只是显示苏丹对西撒哈拉地区的影响力。第二，摩洛哥认为它于 1895 年与英国缔结的条约显示了英国承认德拉阿（Wad Dra'a）和博哈多尔角（Cape Bojador）之间的领土及处在其后方的岛屿均属摩洛哥领土。法院指出，该条约与大量提及麦肯锡交易站的外交函件中描述的事实不相符，该条约仅表示英国同意日后不质疑苏丹对德拉阿和博哈多尔角之间领土的主权要求，而非英国承认摩洛哥对这些地区的现有主权。第三，关于《得土安（Tetuan）条约》第 8 条提及的外交照会，以及宣称和西班牙签订的与之相关的1900 年协议，摩洛哥认为这些证据表明西班牙承认摩洛哥主权向南达至博哈多尔角。但由于摩洛哥未提交相应的文件原本，西班牙和毛里塔尼亚质疑该文件是否真实存在。西班牙认为，除了媒体报道，并未发现任何相关协议。毛里塔尼亚认为在缺少直接证据，并且二手资料对地理范围的提及非常模糊和概括的情况下，很难认定西班牙承认摩洛哥的领土主张。不过，法院回避对该争议问题的解决，认为无须将可能存在的文件纳入考量。第四，关于 1911 年法国与德国的往来函件，其中有文字表示"摩洛哥包含了阿尔及利亚、法属西非以及西班牙殖民地里奥–德奥罗（Rio de Oro）中间的北非部分"。对此法院认为，摩洛哥和西班牙提及的一系列条约或者协定的证据价值有限，它们只表明一方承诺给予另一方在特定地区的自由或者不干涉该方，这类条约和协定在本质上具有"合同性"[1] 事实上，法院判定此类条约包含对法国和德国的势力范围的承认，而非对摩洛哥在西撒哈拉的主权承认。法院的结论是，它收到的资料不足以证明摩洛哥王国或毛里塔尼亚实体与西撒哈拉领土之间有任何主权关系。

三、1986 年布基纳法索与马里边界争端案

布基纳法索和马里这两个西非国家以前同为法属西非的殖民地，两国独立后就前法国殖民地时期的行政边界发生争端。该案由国际法

---

[1] See Western Sahara, Advisory Opinion, I. C. J. Reports, 1975, pp. 52-56, paras. 116-126.

院组织分庭审理，但国际法院分庭面临历史资料缺失或模糊的情况。确定两国争议地区在 1932 年时的边界线是本案的关键，为此，分庭需要参照当时法国的殖民立法和行政管理文件来判断。然而，这些文件有些没有公开出版，相关的地图也存在各种不一致的情况，起草相关文件的政府机构被撤销已近 30 年，因而只能从各种文件汇编中获取这些文件。尽管双方努力提交完整的证据，分庭仍无法基于这些证据材料查明全部与本案相关的事实。[1] 在这种情况下，"分庭以未证明有关的事实为由驳回一方的主张，并不意味着分庭支持与其相对的主张，而是分庭仍需要依据双方提交的文件和其他证据来确定两国在争议地区的边界"。[2]

对历史上的殖民立法的证据价值，分庭认为：国家边界虽是国际法问题，但争端双方均承认应依据法国的殖民地法解决两国的边界争端。两者先前的殖民管理边界在两国独立时成为它们的国家边界，具体来说，需要确定的是 1959—1960 年两个法国殖民地之间的行政管理边界，该边界不应依据国际法而是根据适用于这些领土的法国的殖民地法划出的。如果这些殖民地法有什么作用的话，它只能像其他事实材料一样，作为一种事实因素或证明"殖民遗产"情况的证据，作为证明在关键日期时的"殖民地继承"的证据。[3]

四、2007 年尼加拉瓜和洪都拉斯加勒比海领土和海洋争端案

在该案中，洪都拉斯为证明其对争议岛礁的主权，主张本国对争议岛礁行使了立法和行政管理权力，并提交了一组相关证据，包括不同年度（1957 年、1965 年、1982 年）的宪法和 1936 年的土地法，并声称立法中提及的岛礁应被视为包括了位于其附近的本案所涉及的争议岛礁。尼加拉瓜则认为，洪都拉斯提交的立法证据并没有专门提及争议海域或表明其任何规制岛礁上的活动的意图。国际法院认为，上述法律文件均未提及四个争议岛礁，即伯贝礁（Bobel Cay）、南礁（South Cay）、皇家港礁（Port Royal Cay）和萨凡纳礁（Savanna Cay），

---

〔1〕　See Frontier Dispute（Burkina Faso/ Republic of Mali），Judgment，I. C. J. Reports，1986，p. 587，para. 64.〔hereinafter Burkina Faso/ Mali Case〕

〔2〕　孔令杰编著：《领土争端成案研究》，社会科学文献出版社 2016 年版，第 143 页。

〔3〕　See Burkina Faso/ Mali Case，Judgment，I. C. J. Reports，1986，p. 568，paras. 29-30.

并且没有证据表明洪都拉斯以任何特定的方式将上述法律文件适用于这些岛礁，故法院认为洪都拉斯声称其对争议岛礁行使了立法和行政管理权力的主张缺乏说服力。[1]

为证明自己的主权，洪都拉斯主张其民法和刑法已经在争议岛礁上得到了适用与执行，并提供了相关实例：洪都拉斯法院受理了许多发生在萨凡纳礁和伯贝礁上的盗窃和人身攻击案件；1993年，洪都拉斯有关部门和美国缉毒局联合开展了被称作"卫星行动计划"的禁毒执法行动，该行动列明的区域包括伯贝礁、南礁、半月礁（Half Moon Cay）和萨凡纳礁等岛礁。但尼加拉瓜认为有关洪都拉斯主张的活动发生在尼加拉瓜主张的关键日期（1977年）后，且洪都拉斯法院受理相关案件可能是基于属人管辖，而不是属地管辖。[2]

国际法院最终判定洪都拉斯提交的有关适用其本国民法和刑法的证据具有法律意义：其一，法院认为本案所涉领土争端的关键日期为2001年，所以发生在20世纪90年代的活动并不影响其与本案的关联；其二，刑事案件也具有关联性，因为犯罪行为发生在本案所涉的南礁和萨凡纳礁；其三，尽管1993年的禁毒执法行动并不是适用洪都拉斯刑法的典型实例，但该行动表明洪都拉斯当局授权美国缉毒局的飞行器飞越争议海域相关岛礁的上空，这种授权及在相关文件中对本案四个争议岛礁的特别提及可被理解为一国在争议海域进行的有效的主权活动。[3]

此外，洪都拉斯提出了本国对争议岛礁的移民进行管理的证据。其移民登记中关于外国人在洪都拉斯的信息涉及伯贝礁、萨凡纳礁、皇家港礁、南礁和格尔达（Gorda）礁。1999年和2000年，洪都拉斯在移民和工作许可方面对相关争议岛礁上的居民实施了大量的管理活动。譬如，1999年12月，伦皮拉港（Puerto Lempira）区域移民局向洪都拉斯人口和移民政策部发函；1999年，洪都拉斯当局访问并考察了南礁、皇家港礁、萨凡纳礁和伯贝礁，除了伯贝礁当时无人居住，

---

[1] See Territorial and Maritime Dispute between Nicaragua and Honduras in the Caribbean Sea（Nicaragua v. Honduras）, Judgment, I. C. J. Reports, 2007, pp. 713-714, paras. 178-181.［hereinafter Nicaragua and Honduras Case］

[2] See Nicaragua and Honduras Case, Judgment, I. C. J. Reports, 2007, pp. 714-715, paras. 182-184.

[3] See Nicaragua and Honduras Case, Judgment, I. C. J. Reports, 2007, p. 715, para. 185.

对于居住在其余三个岛礁上的外国人的信息均予以详细记录。洪都拉斯还提及本国一名移民官的证词，他表示伦皮拉港市政府向居住在争议岛礁且尚未取得合法居留权的牙买加、尼加拉瓜等其他国家的国民发放了临时工作许可证。再者，洪都拉斯提交的一份文件表明其批准了居住在萨凡纳礁和南礁的三名牙买加国民的签证延期申请。对此，尼加拉瓜认为上述活动仅可追溯至 1999 年，即关键日期之后，因而否认洪都拉斯进行移民管理活动的证据的价值。[1]

　　法院最终认定洪都拉斯提交的移民管理证据具有法律价值，可以作为其行使主权的证据。理由有三：一是向牙买加和尼加拉瓜国民发放工作许可证和签证是洪都拉斯行使管理权的表现；二是洪都拉斯移民官视察相关岛礁也是管辖权的体现，尽管其目的在于监控而不是管理岛上的移民；三是虽然这些主权行为持续的时间较短，但只有洪都拉斯在该海域采取了主权活动，尼加拉瓜却不曾主张其于 20 世纪 90 年代前后在争议岛礁实施了移民管理。[2]

　　洪都拉斯同时主张本国对争议岛礁实施了渔业管理，比如，向渔民颁发捕鱼许可证，为此洪都拉斯向法庭提交了 28 名渔民的证词，其中 24 人谈及在争议岛礁开展洪都拉斯政府批准的捕鱼活动。洪都拉斯提交的证据还显示在萨凡纳礁建设房屋经过伦皮拉港当局的批准和授权，两名牙买加国民的证词体现了这一点。此外，洪都拉斯称，渔民可凭当地政府颁发的捕鱼许可证，在南礁存放捕鱼设备，这也体现于一个证人的证词中。尼加拉瓜认为，洪都拉斯提交的渔业管理证据并不能证明其对争议岛礁的权源，而且洪都拉斯混淆了海洋划界相关的活动和确立主权权源的活动的区别。[3]

　　法院认为，对于洪都拉斯管理争议岛礁附近海域的捕鱼活动是否构成行使主权的活动，还需要进一步分析。从整体上看，尽管捕鱼许可证并不针对特定的海域，但洪都拉斯当局清楚持证人会在争议岛礁附近的海域捕鱼，并为方便渔民捕鱼而批准在岛上建设房屋，因此法院认为洪都拉斯当局颁发捕鱼许可证时相信本国对岛礁周围的海域享

---

〔1〕 See Nicaragua and Honduras Case, Judgment, I. C. J. Reports, 2007, pp. 715-716, paras. 186-188.

〔2〕 See Nicaragua and Honduras Case, Judgment, I. C. J. Reports, 2007, p. 716, para. 189.

〔3〕 See Nicaragua and Honduras Case, Judgment, I. C. J. Reports, 2007, pp. 716-717, paras. 190-193.

有法定权利，这源自洪都拉斯对这些岛礁的主权权源。洪都拉斯对渔船和岛上建筑的规制属于立法和行政管控。洪都拉斯政府允许在萨凡纳礁建设房屋、伦皮拉港市政府允许渔民存放捕鱼设备，这些也可视为行使国家权力和进行主权活动的证据。[1]

洪都拉斯主张本国自 1976 年起在争议岛礁周围开展海军巡航和其他巡查活动，以维护国家安全和实施国家法律。对此，曾在海军服役并随军巡航的一名移民官员和伦皮拉港的主管提供了相关的证词。此外，巡航日志和其他文件资料显示，洪都拉斯对北纬 15 度线以北海域内的岛礁进行巡逻，而且有两艘巡逻船访问争议岛礁并实施定期巡航。尼加拉瓜对洪都拉斯的主张进行了反驳，它强调洪都拉斯的军事和海军巡航活动均发生在本国主张的关键日期之后，并且尼加拉瓜自身亦在这些岛礁附近开展了军事和海军巡逻。国际法院认为，双方提交的有关海军巡逻的证据较少，两国与争议岛礁之间是否存在直接关联并不明晰，这些证据不足以说明存在与争议岛礁相关的主权活动，进而亦不能推导出两国将争议岛礁视为处于其各自的主权之下。[2]

五、2008 年白礁岛、中岩礁和南礁领土主权案

马来西亚和新加坡关于这三个岛礁的主权争端产生于 20 世纪 70 年代末。该案首先涉及关键日期的问题。对白礁岛（Pedra Branca）主权争端的关键日期，马来西亚和新加坡同意为 1980 年，国际法院将之具体确定为新加坡外交照会马来西亚抗议其 1979 年出版地图的日子，即 1980 年 2 月 14 日。对中岩礁（The Middle Rocks）和南礁（The South Ledge）主权争端的关键日期，双方意见不统一：新加坡主张和白礁岛同一个日期，马来西亚则认为是 1993 年 2 月 6 日，即双方第一次就这两个岛礁进行双边讨论的日期。法院支持马来西亚的主张，因为新加坡未能证明其 1980 年 2 月 14 日的照会还包括中岩礁和南礁。[3]

---

[1] See Nicaragua and Honduras Case, Judgment, I. C. J. Reports, 2007, pp. 717-718, paras. 194-196.

[2] See Nicaragua and Honduras Case, Judgment, I. C. J. Reports, 2007, p. 719, paras. 199-201.

[3] See Sovereignty over Pedra Branca/Palau Batu Puteh, Middle Rocks and South Ledge (Malaysia v. Singapore), Judgment, I. C. J. Reports, 2008, p. 28, paras. 33-36. [hereinafter Pedra Branca/Palau Batu Puteh Case]

关于白礁岛,马来西亚主张本国拥有该岛的原始权源,新加坡在该岛的存在仅仅为建设和运行灯塔,这并不足以使其获得主权。新加坡在诉讼过程中提出了不同的抗辩:新加坡起初在本国的诉状和辩诉状中均未明确提出白礁岛为无主地。但在本国的答辩状中新加坡明确提出白礁岛在 1847 年属于无主地。在口头答辩中,新加坡又提出了新的主张以取代先前声称白礁岛为无主地的说法,即白礁岛在被英国占领时,其法律地位处于不明确的状态,但它没有对此做出更深入的论述。无论表述如何,新加坡的主张本质上就是马来西亚对白礁岛的原始权源的主张并不成立。马来西亚称,白礁岛自古为柔佛苏丹(柔佛苏丹国是马来西亚的被继承国)的领土,不得被视为无主地并主张先占取得。类似奥地利与匈牙利仲裁案的裁决结论,"自远古以来的占有已经存在了很长一段时间,以至于无法提供证据证明存在不同的情况或不同的说法"[1]。

新加坡主张白礁岛 1847 年前属于无主地,被英国于 1847—1851 年合法占有,然而没有提供具体证据;新加坡还主张没有证据能证明柔佛苏丹在任何历史阶段对白礁岛实施了有效控制,而且根据柔佛政府 1949 年的年度报告,18 世纪末、19 世纪初这一帝国甚至处于解体状态。[2]

对于 19 世纪早期的情况,法院注意到英国驻新加坡总督克劳福德在 1824 年所写的三封信具有相关性。第一封是克劳福德于 1824 年 1 月 10 日给印度政府的信,在该信中克劳福德介绍了英国在 1819 年成立新加坡殖民地据点时柔佛苏丹的领土范围,其甚至包括远离新加坡海峡东部的纳土纳群岛(The Natuna Islands)。第二封信是写于 1824 年 8 月 3 日的有关 1824 年《克劳福德条约》的信,克劳福德在信中报告柔佛割让的领土不只是新加坡主岛,还延伸到距主岛海岸 10 海里内的海域、海峡和岛礁。第三封信是 1824 年 10 月 1 日致印度政府的,克劳福德提到 1824 年《英荷条约》排除英国与新加坡海峡以南岛屿上的酋长建立政治关系可能造成的不便。基于对以上文件的分析,

---

[1] See Pedra Branca/Palau Batu Puteh Case, Judgment, I. C. J. Reports, 2008, pp. 29-32, paras. 37-42, 48.

[2] See Pedra Branca/Palau Batu Puteh Case, Judgment, I. C. J. Reports, 2008, pp. 32-33, paras. 49-51.

法院认为，至少从 17 世纪到 19 世纪初，柔佛王国的领土就覆盖了马来半岛的相当一部分，横跨新加坡海峡，并涵盖海峡中的岛礁，具体而言，该区域即包含了白礁岛所处的地区。尤其重要的一点是，白礁岛一直被视为新加坡海峡这一东西方海上贸易重要通道的航行危险物，故白礁岛不可能是不为人知的领土，由此推测白礁岛被视为柔佛苏丹国领土的组成部分是合理的。此外，"在柔佛苏丹国的历史中，没有证据表明曾有针对新加坡海峡中的岛屿的对抗性主张被提出"[1]。

为说明缺乏对抗性主张的重要性，国际法院援引了常设国际法院在东格陵兰岛法律地位案中的判决："在裁定对特定领土的主权主张时，国际法庭必须考虑的是其他国家同时对该地主张主权的程度。在提交国际法庭裁判的涉及领土主权争议的大多数案件中，往往存在两个对抗性的主权主张，法庭必须裁定两者中何者更强。在本案中，1931 年以前，除丹麦之外没有其他国家对格陵兰岛提出主权主张。并且在 1921 年以前，亦未曾有国家对丹麦的主权主张提出异议。"鉴于不存在其他国家对格陵兰岛提出主权诉求，加之该岛处于极地且难以接近的情况，常设国际法院判定丹麦和挪威对该岛行使权力足够赋予该国有效的主权主张，并且不仅限于格陵兰岛的殖民区域[2]。法院认为，如果上述结论适用于人口稀少且未被殖民的东格陵兰岛地区，它同样应适用于本案这种无人居住且不适宜居住的小岛，并且从 16 世纪初到 19 世纪中叶并没有其他国家对该岛提出主权主张[3]。

国际法院指出："视个案的具体情况，国际法对国家权力行使的程度要求不同。"[4]正如帕尔马斯岛仲裁案的裁决指出的，主权的行使不必于"任何时间在领土的任何地点"存在。"主权行使必然会存在时间上的间歇和空间上的间断……一国未能证明本国对领土某一部分的主权行使并不能即刻解读为主权不存在。每个案件应根据具体情况进

---

〔1〕　See Pedra Branca/Palau Batu Puteh Case, Judgment, I. C. J. Reports, 2008, pp. 32-35, paras. 49-51, 56, 59, 61-62.

〔2〕　See Legal Status of Eastern Greenland (Denmark v. Norway), P. C. I. J. Series A/B No. 53, 1933, pp. 46, 50-51. Pedra Branca/ Palau Batu Puteh Case, Judgment, I. C. J. Reports, 2008, p. 36, paras. 64-65.

〔3〕　See Pedra Branca/Palau Batu Puteh Case, Judgment, I. C. J. Reports, 2008, p. 36, para. 66.

〔4〕　Pedra Branca/Palau Batu Puteh Case, Judgment, I. C. J. Reports, 2008, p. 36, para. 67.

行评估。"[1]基于对古柔佛苏丹国历史和地理背景的考虑，法院认定柔佛苏丹的领土涵盖了新加坡海峡中的全部岛礁，其中固然包含白礁岛，加之未曾有国家对此提出质疑，这就满足了持续和平稳地行使领土主权的要求，因此柔佛拥有白礁岛的原始权源。[2]

在该案中，法院再次遇到当事国提交的证据材料信息表达模糊不清的情况。例如，巴特沃斯（Butterworth）总督致函印度政府称白礁岛是建设灯塔的最佳地点，但双方对以下一句话的解读存在分歧："the whole of the details for the care/case of Light House as set forth"。新加坡认为该词应当是"care"，表明仅涉及在白礁岛建设的灯塔的维护和运行，而马来西亚认为是"case"，包含了柔佛当局对灯塔建设的授权。法院承认存在两种解读的可能，但根据案件的卷宗，法院认为在该问题上无法做出结论。[3]事实上，在该案中，法院延续其在其他案件中的做法，拒绝承认信息模糊的证据材料的证据价值。

该案另一个值得关注的证据问题是，1953年6月12日新加坡殖民总督致函英国驻柔佛苏丹国顾问的信件以及柔佛代理国务卿的回信对判断白礁岛主权归属的影响。1953年6月12日，新加坡殖民总督致函英国驻柔佛苏丹国顾问询问白礁岛的信息以确定殖民地领水的边界，同年，柔佛的代理国务卿回信称柔佛政府不对白礁岛主张所有权（ownership）。此后双方没有进一步的通信往来，新加坡当局也未采取任何公开行动。[4]

双方在诉讼中对通信的重要性持不同态度。马来西亚认为：首先，新加坡政府在发给柔佛的信件中询问白礁岛的地位意味着它并不确信白礁岛是其领土的一部分，希望明确在灯塔管理和控制方面的权利和义务；另外，马来西亚提请法院注意同时期新加坡官员之间有关领海的通信中亦谈到了1824年条约和1927年协定，这表明新加坡当局清

[1] Island of Palmas Case, Award, 1928, R. I. A. A., 2006, pp. 840, 855, 转引自 Pedra Branca/ Palau Batu Puteh Case, Judgment, I. C. J. Reports, 2008, pp. 36-37, para. 67。

[2] See Pedra Branca/Palau Batu Puteh Case, Judgment, I. C. J. Reports, 2008, p. 37, paras. 68-69.

[3] See Pedra Branca/ Palau Batu Puteh Case, Judgment, I. C. J. Reports, 2008, pp. 59-60, paras. 147-148.

[4] See Pedra Branca/ Palau Batu Puteh Case, Judgment, I. C. J. Reports, 2008, pp. 73-74, paras. 192-196.

楚地认识到该殖民地的主权范围不包括白礁岛。针对柔佛的回信，马来西亚认为表意不清，而且仅涉及白礁岛的所有权而非领土主权，柔佛的代理国务卿缺乏撰写回信的法定权力，新加坡当局在收到回信后亦未采取措施主张白礁岛的主权。而新加坡对信件做出了另一种解读：它承认致函柔佛意在请求柔佛提供信息以澄清白礁岛的地位，这关乎新加坡殖民地领海界限的确定；1824 年条约和 1927 年协定与该问题并不相关。针对柔佛的回信，新加坡认为其内容是非常明确且浅显易懂的，信件中所谈及的"所有权"显然指的是白礁岛的主权。在收到该回信后，新加坡的内部通信表明新加坡当局现能将白礁岛视为本国的领土，因为柔佛明确放弃领土主张的表示消除了因档案不完整而产生的疑惑。法院认为，"该信件往来及其解释在确定双方对白礁岛主权的认识上至关重要"。欲确定新加坡这一殖民地的领海范围，即需明确白礁岛的主权归属，为此，新加坡于 1953 年 6 月 13 日去信希望求得白礁岛的信息。信中对《克劳福德条约》的谈及亦显示出它对白礁岛主权的关注。同时，去信人指出，根据该条约，白礁岛不在柔佛割让给东印度公司的领土范围之内，由于该条约无法确定白礁岛的地位，去信人才有必要征询相关的信息。法院认为，该信件的内容表明，新加坡当局对在一个世纪前发生的事件存疑，不确定自己的档案是否完整，向柔佛征求信息是一种合乎情理的谨慎做法，并非如马来西亚所主张的新加坡并不确信白礁岛是本国领土的一部分。[1]

在分析柔佛代理国务卿的回信时，马来西亚主张，根据 1948 年 1 月 21 日柔佛和英国的协定及英国与九个马来半岛诸州（Malay States）关于组建马来亚联邦的协定，柔佛作为一个主权国家将本国涉及国防和外交的所有权利、权力及管辖权转交给英国，这些权力只有英国任命的高级专员可以行使，所以柔佛代理国务卿无权处理外交事宜。但新加坡认为，问题不在于代理国务卿是否有权放弃、否认或确认柔佛对任何领土的权源，而是通过宣称柔佛不主张白礁岛的主权，这封信具有确认新加坡对白礁岛的权源的效果。此外，由于英国并非"外国"，柔佛根本无须在获得英国同意之后再答复英国发来的信函，双方信件往来所涉的五位高级官员均不认为国务卿处理该事宜有任何问题。

---

[1] See Pedra Branca/ Palau Batu Puteh Case, Judgment, I. C. J. Reports, 2008, pp. 74-76, paras. 197-205, 208-209.

法院认为：由于通信由英国发起，故 1948 年的协定与本案无关；对信息请求的回复也不属于行使行政权威的行为。基于此，法院不支持马来西亚关于代理国务卿无权进行回信的说法。法院承认所有权和主权有别，但去信询问针对的是新加坡对白礁岛的主权问题。在国际诉讼中，所有权有时被用作主权的同义语；结合新加坡当局去信请求柔佛提供关于白礁岛地位的信息，柔佛的回信显然针对白礁岛的主权问题。据此，法院认定柔佛的回信表明柔佛认为其对白礁岛不享有主权，根据这一答复，新加坡当局没有理由再怀疑英国对白礁岛的主权。[1]

新加坡主张，自 1920 年起其通过调查和通报白礁岛领海内的航行风险及发生的海难事件对该岛行使了主权，而马来西亚对此提出的唯一一次抗议发生在 2003 年。马来西亚则表示，这并非主权行为，只是《联合国海洋法公约》和《国际海上人命安全公约》赋予相应的义务，新加坡践行而已。法院在意的是，长期以来对海运事故进行调查的主体是新加坡而非柔佛当局，故该调查能有力支持新加坡的主张。[2]

新加坡称其对白礁岛的访问和利用进行了专属管控，并批准本国和包括马来西亚在内的其他国家的官员造访白礁岛。尤其是，新加坡要求欲前往白礁岛进行科学调查的马来西亚官员须获得本国政府的许可才可赴岛，马来西亚对此却不曾提出抗议。马来西亚回应说，这种控制只是灯塔管理者对进出灯塔及周边区域的常规和适当管理。法院同意马来西亚的看法，认为新加坡人员因灯塔维护和运行而访问白礁岛于本案而言并不重要，但马来西亚官员于 1974—1978 年的访问值得重视。1974 年，来自印度尼西亚、日本、马来西亚和新加坡的专家团要进行为期 7—8 周的潮汐调查，新加坡港口管理局的一名官员致函马来西亚皇家海军调查船的指挥官称，为便利有关政府部门做出必要的批准，要求对方提供一份在灯塔上停留的马来西亚官员的名单，并列出其姓名、护照号码、国籍、滞留时间等信息。由于该专家团实际上已经到达白礁岛，新加坡官员便在信中做出临时许可。马来西亚的指挥官提供了四人的名单及其详细信息。1978 年，西马来西亚测量部门

---

〔1〕　See Pedra Branca/ Palau Batu Puteh Case, Judgment, I. C. J. Reports, 2008, pp. 77-80, paras. 211, 214-215, 218-220, 222-223.

〔2〕　See Pedra Branca/ Palau Batu Puteh Case, Judgment, I. C. J. Reports, 2008, pp. 82-83, paras. 231-234.

的两名工作人员欲在白礁岛进行三角测量观测，灯塔守护者提醒他们需要事先获得新加坡港口管理局的许可，两人随即离开，马来西亚没有提出抗议。然而这一行为确实引起吉隆坡的关注，马来西亚政府对新加坡在霍士堡灯塔所在岛上的某些行为感到有些沮丧："一是新加坡在白礁岛升起了本国的国旗；二是当马来西亚的船舶试图在岛岸边停泊并开展一些勘测调查工作时，船上人员被拒绝登岛。"法院认为这种行为可被视为新加坡对白礁岛行使主权的活动，新加坡批准或拒绝马来西亚官员访问白礁岛并不只关涉灯塔的维护和运行，还涉及马来西亚在白礁岛周围海域的测量活动，新加坡对这些活动的批准有力地支持了其对白礁岛的主权诉求。[1]

马来西亚和新加坡都主张本国自组建海军以来对白礁岛周围海域的巡逻和演习构成主权行使活动。法院认定双方的行为均不具有重要性：其一，军舰从新加坡港出航经常需要经过白礁岛是地理原因所致；其二，海军巡逻是根据双方共同参与的协定进行的。马来西亚和新加坡还提交了与各自海军行动相关的文件，法院认为这些文件不为对方所知，在本诉讼程序前皆未公开，不具备重要价值。[2] 马来西亚主张本国1969年的立法将马来西亚的领海拓展至白礁岛及其以外的海域，而新加坡并未提出抗议。新加坡则回应认为，本国根本没有理由提出抗议，因为该法并未确定马来西亚的领土、领海基线及其外部界限和领海区域。法院支持新加坡的观点，认为马来西亚1969年的立法概括性太强，需要大比例尺地图对其精确化。[3] 国际法院最后判定，白礁岛的主权归属新加坡，中岩礁归马来西亚，南礁的主权则归于拥有它所处领海主权的一方。

六、2012 年尼加拉瓜与哥伦比亚领土和海洋争端案

在该案中，国际法院将一国主权行为与相关国家对该国行为的态

---

〔1〕　See Pedra Branca/ Palau Batu Puteh Case, Judgment, I. C. J. Reports, 2008, pp. 83-85, paras. 235-239.

〔2〕　See Pedra Branca/ Palau Batu Puteh Case, Judgment, I. C. J. Reports, 2008, pp. 85-86, paras. 240-243.

〔3〕　See Pedra Branca/ Palau Batu Puteh Case, Judgment, I. C. J. Reports, 2008, pp. 89-90, paras. 254-256.

度相结合进行判断。该案尤其受关注的是争端当事国如何利用第三国的立场或态度服务于本国对争议领土的主权主张。在相关国家的态度方面，哥伦比亚列举了其他国家的承认，包括英国、美国及加勒比海周边国家。哥伦比亚指出，英国政府的各种报告、备忘录、外交照会及其他通信显示，英国将圣安德烈斯群岛（San Andrés）视为一个整体，并且承认其为哥伦比亚的领土。哥伦比亚进一步主张，所有的邻国均承认哥伦比亚对包括争议岛礁在内的圣安德烈斯群岛拥有主权，为此专门谈及其于 1976 年与巴拿马签署的海洋和海底区域划界与相关事宜条约、1977 年与哥斯达黎加之间的海洋和海底区域划界与海洋合作条约、1980 年与巴拿马和哥斯达黎加之间的海洋划界和海洋合作条约、1986 年与洪都拉斯签署的海洋划界条约、1981 年和 1984 年与牙买加之间的渔业协定，以及 1993 年与牙买加达成的海洋划界条约。哥伦比亚还将其于 1972 年与美国缔结的条约作为证据，以证实美国承认其对龙卡多尔礁（Roncador）、基塔苏埃尼奥礁（Quitasueño）和塞拉纳礁（Serrana）的主权。[1]

尼加拉瓜则辩称，在 1972 年条约中，美国放弃了其对争议岛礁的主权主张，但这不代表美国支持或是承认哥伦比亚的主权主张。它还指出，美国曾于批准该条约时向其保证，该条约不会为第三国创设权利或义务，亦不会损害第三国尤其是尼加拉瓜的主张。此外，尼加拉瓜指出，包含那些与哥伦比亚签署海洋划界条约在内的任何第三国对哥伦比亚权利的承认都不能用来对抗尼加拉瓜。[2]

国际法院认为，相关证据表明英国政府认为圣安德烈斯群岛是哥伦比亚的领土，并据此承认阿尔布科克礁（Alburquerque Cays）、巴约努尔沃礁（Bajo Nuevo Cays）、龙卡多尔礁、塞拉纳礁和塞拉尼拉礁（Serranilla Cays）属于哥伦比亚。1972 年条约并没有确切的条文表明美国承认哥伦比亚对基塔苏埃尼奥礁、龙卡多尔礁和塞拉纳礁的主权，尽管某些用语可能暗示美国承认龙卡多尔礁和塞拉纳礁是哥伦比亚的领土，不过尼加拉瓜提出抗议后，美国否认对哥伦比亚与其他国家之

---

〔1〕 See Territorial and Maritime Dispute（Nicaragua v. Colombia），Judgment，I. C. J. Reports，2012，p. 659，para 92.［hereinafter Nicaragua and Colombia Case］

〔2〕 See Nicaragua and Colombia Case，Judgment，I. C. J. Reports，2012，p. 660，paras. 93-94.

间关于这些海洋地物的主权主张持有立场。哥伦比亚与邻国签订的条约符合其对岛屿的主张，但这不意味着其他缔约方对哥伦比亚的这些主权主张予以明确承认。无论如何，这些条约不应损害作为非条约当事方的尼加拉瓜。法院综合考虑第三方国家实践的证据之后认为，这些证据并不构成第三方对哥伦比亚享有这些海洋地物主权的承认，但对哥伦比亚的论证有一定的支持作用。[1] 国际法院一致判决哥伦比亚获得全部争议岛屿的主权。

本节小结

国际法院在多个案件中对历史资料的证明力进行了分析和评估，受制于相关档案文件和历史资料来源不完整、破碎、陈旧，当事国经常对相关历史资料做出完全相反或者矛盾的解释和阐述，因此评估此类资料的证明力对国际法院的法官而言是一项具有挑战性的工作。

从以上的案例研究中可归纳国际法院处理历史资料的几点做法。

第一，国际法院认为历史资料的权源证据价值具有时际性（temporality）。在某个历史阶段这些历史资料具有权源证据价值，但这并不意味着这种证据价值不受政权更迭影响。若要古时的权源不失效，随后各个时代的历史资料必须证明权源只发生更替而未消失，否则难以对抗现时占有状态可能产生的权源。

第二，国际法院重视历史资料与权利主张之间的直接相关性，主张某一地理区域的主权应提供明文涉及该区域的历史资料。国际法院在采纳历史资料作为主张领土主权的证据时持谨慎的态度。例如，法院在 1953 年敏基埃和埃克里荷斯群岛案中指出，对领土占据具有决定意义的因素并非从历史事实中得出的推论，而是与有效行使国家权力直接相关的证据。随后，在 1975 年西撒哈拉问题咨询意见案中，国际法院判定："事件跨度长、间隔大且具有临时性"的历史事件的证据价值有限，并再次重申证据材料和权利主张必须存在对应关系，主张对某一地区的领土主权，就应提供明确涉及该地区的证据材料。在 2007 年尼加拉瓜和洪都拉斯加勒比海领土和海洋争端案中，法院进一步指出，主权行使的地域范围必须明确，尤其要明确包含争议地区。如果

---

〔1〕 See Nicaragua and Colombia Case, Judgment, I. C. J. Reports, 2012, p. 660, para. 95.

地域范围不能明确体现包含争议地区，跟主权行使相关的证据材料就不会被判定具有证据价值。在 2008 年白礁岛、中岩礁和南礁领土主权案中，法院再次确认主权行使的程度要求和争议领土的地理特征是密切联系的，对荒凉偏远的领土并不要求高强度的主权行使。这意味着，对有关主权行使的证据材料的量的判断亦会受到影响。至于哪些活动属于"主权权力行使"，国际法院在 2007 年尼加拉瓜和洪都拉斯加勒比海领土和海洋争端案中做了比较详细的分析。持续和平稳地行使主权是一种确定的权源，能创设法律权利，立法和行政管理、司法、移民管理、渔业管理、海域巡航等都可能被视作行使主权的措施。表明这些活动发生的历史资料，就可能成为相关的证据。诚然，行使主权的活动还需要达到一定的时间长度。不过，如果只有一方采取了行使主权的措施，法院可能会考虑放宽对时间长度的要求。

第三，由于领土争端关键日期之后的证据（包括政府行为和文件等）本身对领土主权的归属不产生影响，只能作为对主张国自己立场的强化，因而需探讨的历史证据就限于那些产生在关键日期之前的。也就是说，"历史证据"中的"历史"截至法院确定的关键日期之前，产生于其后的国家主权活动的相关材料不能成为证据材料，尽管当事方可能并不赞成法院确定的关键日期。在 2007 年尼加拉瓜和洪都拉斯加勒比海领土和海洋争端案中，国际法院表示，行使主权的活动必须发生在争议形成的关键日期前，否则相关的证据材料不具有证据价值，因为关键日期后的这类活动可能只是为了强化主权主张。这与帕尔马斯岛仲裁案仲裁庭的做法一致：仲裁员未考虑当地居民提供的涉及西班牙近期主权活动的证词，如西班牙船舶甚至军舰定期巡逻和征税，因为证据采集于争端发生之后。而且，关键日期是法院确定的，可能和争端方认定的日期不一致。此外，还应当注意的是，从 2008 年白礁岛、中岩礁和南礁领土主权案中可以得出，一个案件的关键日期并不是唯一的，法院会对领土争端涉及的岛礁确定不同的关键日期。从当事方举证的角度考虑，争取确定有助于本方举证的关键日期（及数量），具有重要的意义。

第四，因为历史资料有大部分属于间接证据，而国际法院会采用"优势证据"这样的标准，所以量的积累以及证据之间的有效衔接很重要。国际法院在 2008 年白礁岛、中岩礁和南礁领土主权案中确认了在领土争端中"优势证据"这一证明标准适用的可能性：裁定两个对抗性的主权主张哪个更强，实际上就是比较哪一方相关证据材料具有优势。在该案中，法院认可一方有而另一方没有的行为对主权主张的证据价值，比如海难事故调查。而对于双方都有的行为，比如海军巡航，对其各自的主权主张的证据价值则不予认可。在处理领土主权争端时，历史资料经常只能作为一种间接证据，而非能够独立证明主权权源的直接证据。因此，历史证据只是证据链条上的一环，它需要和其他证据有机结合共同发挥作用。基于这一点，间接证据的协调性颇为重要。当间接证据之间存在矛盾，无法相互印证时，其证据价值也是难以确认的。与此同时，在考察历史资料的证据价值时，需要关注不同时期历史资料的有效衔接问题。不过，因各种历史资料的证据价值有所不同，当事方很难预测国际法庭会如何排序。例如，在1986年布基纳法索与马里边界争端案中，国际法院在各种历史资料中就尤其重视宗主国在某一时点的国内法规定。

第五，一国的历史资料可能构成承认或默认的证据，这对于判定争议领土主权归属意义重大。从国际法院在2008年白礁岛、中岩礁和南礁领土主权案中的态度可以看出，一国的承认与默认对领土主权的判定非常重要。相应地，外交抗议对于领土主权归属的判断也十分重要。争端一方会以另一方未进行抗议为由论证本方主权主张的合法性。

第六，争端解决程序进行时已经失效的国内法、争端一方和第三国缔结的国际条约在一定情况下也具有证据价值。国际法院在1986年布基纳法索与马里边界争端案中对殖民地立法的态度表明，失效的国内法可作为证据发挥作用，这一思路值得借鉴。在2012年尼加拉瓜与哥伦比亚领土和海洋争端案中，国际法院的态度表明，第三方的立场可以用来支持争端一方的主权主张，但无法用来对抗争端另一方的主权主张。譬如，与第三方签署的条约对于论证本方的主张有所帮助，但无助于削弱对方的主张，这是由条约相对性原则决定的。

第七，当对一个地理名称的具体范围存在不同的解读时，主张某一种解读方式的当事方负有举证责任。诚然，首先需要当事方对此说明理由，之后法院对这种理由进行判断，不能认为这种解读方式可以被直接采纳。

对国际法院评估历史资料的模式，国际法学者提出一些意见。张卫彬教授指出，国际法院评价历史证据具体部分的真实性和证据价值的时候，必须先了解有关的历史背景，不然这类证据会失去应有的证据价值的语境。他认为，根据既往的判例，国际法院在考察历史证据的价值方面存在一定的问题，并未充分行使其调查、获取补充证据、委派专家的权利，多采取回避的态度。[1] 英国国际法与比较法研究院（British Institute of International and Comparative Law）的两位研究员里德尔（Anna Riddell）博士和普朗特（Brendan Plant）博士对法院的态度委婉地进行了批评，希望法院在未来的案件中对历史资料的证据证明力的阐述可以更加清晰和细致。[2]

第二节 关于地图证据的证明力

在领土争端案件中，地图能够对领土主权归属提供有用的证明，特别是在边界争端案件中地图是一种很重要的证据形式。就领土争端的解决而言，地图可起到补充说明作用，也可以具有决定性意义，这取决于地图与其他法律文件的关系。正如学者所指出的，在一些情况下，地图构成一份独立的文件，或者作为其他法律文件的附录，在后者情形下，它们以图表的形式解释法律文件；在其他情况下，地图明确地或者完全地被纳入条约，作为条约的构成部分，此时地图对确定边界起到了决定性作用。[3]

一般而言，国际司法和仲裁机构在评估地图的证据价值时十分谨慎，国际法庭更倾向于使用地图辅助证明其他证据证成的事实，并给予地图有限的证据价值。国际法庭对待地图证据采取谨慎态度的原因主要有两点：其一，在过去，由于地图制作者缺乏精确的地理数据，地图地理信息可能存在不准确的地方；其二，地图可能用于服务国家主权利益。[4]

地图证据的实际价值由一系列相关因素决定，其中涉及地图的技

---

[1] 张卫彬：《国际法院证据问题研究：以领土边界争端为视角》，法律出版社 2012 年版，第 196—197 页。

[2] Anna Riddell, Brendan Plant, *Evidence before the International Court of Justice*, London：British Institute of International and Comparative Law, 2009, pp. 304-305.

[3] Anna Riddell, Brendan Plant, *Evidence before the International Court of Justice*, London：British Institute of International and Comparative Law, 2009, p. 255.

[4] Ian Brownlie, *The Rule of Law in International Affairs*：*International Law at the Fiftieth Anniversary of the United Nations*, The Hague：Martinus Nijhoff, 1998, p. 229.

术可靠性。20 世纪 50 年代以来，航空和卫星影像技术的日益进步使得地图的技术可靠性得到明显的提升，然而这也仅是提高了地图所蕴含的地理信息的准确度，地图所标绘的人文和政治等信息的可靠性却无法得到提高，如地名、自然边界和政治边界等。[1]

一、1928 年帕尔马斯岛仲裁案

（1）关于地图证据的一般证据效力。独任仲裁员胡伯在具体分析本案前，对地图类证据的证据效力进行了一般性的说明：其一，在决定帕尔马斯岛的领土主权归属时，仲裁庭需要极其谨慎地考虑（with the greatest caution）地图作为证据的效力；其二，一切没有明晰帕尔马斯岛领土政治归属的地图均与本案无关，但自身准确无误的地图可用来协助核准相关的地理名称等客观事实；其三，比起直接参考现有地图所制的地图，基于制图目的而精细缜密收集信息制作的地图通常更具价值；其四，官方和半官方地图具有更大的证据价值，其中当事国并非出于提出或强化其领土主权主张的目的而绘制的地图的证据价值尤其突出；其五，当地图制作的信息来源不明时，若仲裁员认可与制图师在该地图上所陈述的信息相矛盾的法律事实，那么无论地图数量多少或者地图是否受到一般性的承认，仲裁庭都拒绝给予该地图证明力。[2]

（2）关于地图的准确性。胡伯仲裁员认为，地图作为证据的首要条件是地理准确度，但在本案中，无论是古代地图还是现代地图，即便是官方和半官方地图似乎也缺乏准确性。如提交给仲裁庭作为证据的几张地图（甚至是近期的地图）部分或全部显示了帕尔马斯岛附近的圣约安尼斯群岛（St. Joannes Islands）、亨特岛（Hunter's Island）和马塔岛（the Isle of Mata），但经过对比，几乎可以肯定马塔岛不存在，而圣约安尼斯群岛和亨特岛实际上是同一个岛：美国提交的地图中，《世纪地图集》（Century Atlas）和美国岛屿事务局于 1902 年出版的地图均标记了 "Mata I." "Palmas I." "Haycock or Hunter I."；由美国战争部转载的西班牙蒙特罗上校（Captain Montero）地图也提到了这三个岛屿，但 "Haycock I." 和 "Hunter I." 是不同的岛屿；1885 年

〔1〕　See Burkina Faso / Mali Case, Judgment, I. C. J. Reports, 1986, pp. 582-583, para. 55.
〔2〕　See Island of Palmas Case, Award, 1928, R. I. A. A., 2006, pp. 852-853.

"挑战者"探险队（Challenger Expedition）的地图也提及了上述岛屿。荷兰提交了唯一的基于实地考察和研究所绘制的大型地图即英国海军部第 2575 号图，但该图并未显示马塔岛或亨特岛的存在，更值得关注的是海科克岛（Haycock）的位置与之前《世纪地图集》和美国岛屿事务局出版的地图标注的位置都不相同。对此，胡伯认为，即使美国提交的地图具有官方或半官方属性，但因它们与英国海军部地图（无论其准确性如何）存在矛盾，因此应谨慎地使用这些地图来判断帕尔马斯岛的主权归属。仲裁庭进一步认为，蒙特罗上校地图并没有明确相关区域的政治边界，美国岛屿事务局地图只是明晰了 1898 年《巴黎和约》确定的边界，"两者除了具有显而易见的不精确性之外，亦与本案待确认的法律事实没有任何联系"[1]。

（3）关于地图的官方性质与详细程度。本案中，美国主张荷兰提交的两幅地图具有官方性质，且说明荷兰将帕尔马斯岛排除在其领土外。第一幅图于 1857 年由皇家军事学院的平版印刷师博格尔兹（M. Bogaerts）制作，并献给该机构总督，该图或表明帕尔马斯岛在该时期不被视为荷兰领土而是西班牙领土。美国认为该图具有官方性质，但荷兰不同意这种观点。仲裁庭认为，地图除非附在法律文件之后，否则不意味着承认或放弃权利。因此，"这张地图的证明力大小只能结合 1857 年之前或之后的事实来判断"。美国主张的第二幅地图是荷兰海外殖民事务部于 1897—1904 年发布的一套地图集。美国强调该地图集的总图将帕尔马斯岛排除在荷兰领土之外，但该观点为荷兰所驳斥。荷兰指出，同一份地图集中有关争议区域的详图明确标注帕尔马斯岛属于荷兰；从技术的角度讲，总图只是标绘出各国殖民统治区域之间的分界线，而详图则采用了彩色等高线画法，并且使用荷兰语"Amerikaansch"标注了萨兰加尼（Sarangani）群岛，意思是该群岛为荷兰所有。仲裁庭裁决详图的证明力优先于总图，即便总图比详图出版时间晚 3 个月。[2]

二、1962 年柏威夏寺案（隆端古寺案）

1904 年，法国与暹罗（当时泰国被称为暹罗）就边界问题展开谈

〔1〕 See Island of Palmas Case, Award, 1928, R. I. A. A., 2006, p. 853.
〔2〕 See Island of Palmas Case, Award, 1928, R. I. A. A., 2006, pp. 853-854.

判，边界委员会最终确定扁担山（Dangrelc）的分水岭为泰国与柬埔寨之间的边界，两国依该协议签订了条约。根据该条约，柏威夏寺（又译为"隆端古寺"）应属于暹罗，但暹罗委托法国绘制的地图却将柏威夏寺划在柬埔寨一侧。法国将绘制的地图交给暹罗，暹罗未提异议。[1] 1908 年，地图在法国巴黎出版，被暹罗正式使用。在该案中，柬埔寨认为，根据这一地图，柏威夏寺已划归柬埔寨。国际法院指出，地图由法国官员应暹罗政府请求绘制，由知名的地图公司出版，这些特征表明地图具有官方性、技术权威性，它的来源公开且明确，但鉴于地图并非联合划界委员会的勘界结果，它在出版时对双方并不具有拘束力。不过，泰国政府却以其自身的行为明确地表达了承认。一方面，该边界地图曾经被分发给所有的利益相关方，包括"重要国家的主要地理协会，暹罗驻英国、德国、俄罗斯和美国使馆，以及法国和暹罗在联合划界委员会中的全部代表"，但泰国却"没有在合理期限内对地图表示异议或者认为地图存在任何重大问题，这即构成泰国对该边界地图的默认"。另一方面，泰国之后依旧继续甚至以公开、官方的目的使用法国绘制的边界地图，并且未曾就地图的问题与法国或柬埔寨进行交涉。[2]

国际法院最终将柏威夏寺主权判给柬埔寨，并非单纯依据地图本身的效力，而是结合泰国政府对标示该边界的地图前后一致的默认，兼之泰国也不能以地图错误为由进行抗辩。[3]

需指出的是，本案判决存在一个瑕疵。一般而言，条约中的文字表述要比地图上标绘的边界线更能真实反映缔约双方的本意，而且条约是地图的基础，故大多数国际法学者认为边界条约约文的效力大于条约附图。[4] 国际法院在该案中判定，若缔约方接受了标绘边界的某地图，它可以构成与该条约明确用语不同的解释。[5] 尽管法院强调是泰国对错误的接受导致了边界地图效力高于边界条约，但错误是否能

---

〔1〕　See Temple of Preah Vihear Case, Merits, Judgment, I. C. J. Reports, 1962, pp. 16, 20.

〔2〕　See Temple of Preah Vihear Case, Merits, Judgment, I. C. J. Reports, 1962, pp. 21, 23, 27.

〔3〕　See Temple of Preah Vihear Case, Merits, Judgment, I. C. J. Reports, 1962, pp. 32-33.

〔4〕　例如，周鲠生教授认为，"遇有附图与约文矛盾之处应以约文为准"，参见周鲠生：《国际法》（下册），商务印书馆 1982 年版，第 429 页。

〔5〕　See Temple of Preah Vihear Case, Merits, Judgment, I. C. J. Reports, 1962, p. 34.

导致某一证据形成对另一证据的优势地位，仍需进一步探讨。

三、1986 年布基纳法索与马里边界争端案

布基纳法索（1960 年独立时国名为"上沃尔特"）和马里曾同为法属西非殖民地，两国独立后，对前法国殖民地的行政边界产生争议。国际法院分庭在该案判决中对地图证据做了一般性说明，指出了多种可以影响地图证明力的考虑因素，主要有：第一，在国际边界争端和领土争端中，地图只构成在个案中准确性不尽相同的信息。第二，地图存在本身并不构成领土的权源，地图不是国际法认可的为创设领土主权之目的而具有内在法律效力的文件。第三，在某些特殊情形下，地图可能会取得法律效力，但这并非仅源于地图的内在价值，而是因为这种地图构成有关一国或多国意思的有形表示，例如，地图附在官方文件之后，它作为该文件整体中的一部分而产生法律效力。除此之外，地图只是一种可靠或不可靠的外部证据（extrinsic evidence），可被用于同其他证据一起确定或重新确立待证事实。第四，地图证明力的大小与制图技术可靠性相关。基于航空和卫星技术逐渐发展，地图的可靠性增大；但人工添加的地图信息，例如地名、地理特征和对边境或其他政治边界的描述，其可靠程度并未因此提高；实地验证固然可以在一定程度上提高地名信息的可靠性，但边界信息存在表述错误的现象依旧十分常见，尤其是在难以进行实地调查的边境地区。第五，地图来源的中立性也会影响其证据价值。[1]

当事国双方此前一致同意，在前殖民地国家独立后，根据原殖民体系下的立法和法规所创设的国家主权权源具有优先性。马里认为，对其他证据（包括地图），应依据一套特定的标准判定。布基纳法索认同立法和行政文件的效力优先于地图，但认为权源既可由文件亦可由地图展示。[2] 这里可以推导出一个评价地图证据价值的标准：由于原殖民地法创设的边界效力高于地图证据展示的边界效力，因而那些与原殖民地法确定的边界相吻合的地图，其证据价值优于其他地图。

但法院分庭认为，"当事国在该案中提交的所有地图都不足以反映

---

〔1〕 See Burkina Faso/ Mali Case, Judgment, I. C. J. Reports, 1986, pp. 582-583, paras. 54-56.

〔2〕 See Burkina Faso/ Mali Case, Judgment, I. C. J. Reports, 1986, p. 582, para. 53.

殖民当局在相关文件中对边界事项所表达的意图"。1947 年 9 月 4 日法国颁布的法令《重建上沃尔特领土》中没有提及任何地图。布基纳法索和马里都不能准确指明存在某份可以被 1947 年法国立法者用于更清楚地了解边界情况的地图。马里提交了一份印有"上沃尔特和尼日尔的新边界（基于 1927 年 8 月 31 日法令所做勘误表）"的地图，但分庭认为，该地图并未提供何种官方机构制作该图或者哪个行政机构批准了该图所载的边界信息。马里还援引另外两幅地图以支持它的边界主张，但分庭指出，各方均未找到这两幅地图的实物。因此，分庭面对着一种不寻常的状况，地图证据不仅没有降低法庭裁定边界的难度，反而增加了困难，主要有两点：一是当事方所提交的大量地图都不能对四份殖民时期边界相关文件中的表述给予直接的官方说明；二是大量的地图中并不存在一条没有争议的边界线。另有一个不寻常的事实是，附属于法规或包含在分庭需要解释的行政文件之中的地图都已佚失。这些情况导致分庭在审查地图时应特别谨慎。[1]

在提交的所有地图中，有两幅地图的证据效力被当事国认为较前述地图有明显的提高。其中第一幅简称"布隆迪红色地图"，它在 1925 年由达喀尔法属西非地理部绘制、由布隆迪红色出版社在巴黎出版。该图比例尺为 1∶500000，在 1960 年前一直是法属西非地理部绘制的最大比例尺地图。依据 1930 年 2 月 4 日第 93CM2 号行政指令（原件佚失）及相关的 1935 年 7 月 11 日通信，西非当局在确认或修改行政边界时必须参考当时存在的最大比例尺地图。但分庭认为通信内容并未对当局的定界行为规定一种义务，这幅图只是行政当局在制作各类地图时需要参考的一份底图，这个参考行为本身不具有官方权威性质。[2]

第二幅地图是法国国家地理学会于 1958—1960 年出版的比例尺为 1∶200000 的地图。总体上，双方当事国对该图的制图机构中立性、技术精确性、官方权威性及所绘地形没有太大的争议。更重要的是，制作该图的法国国家地理学会在 1975 年 1 月 27 日做了一份说明，根据该说明，这幅地图的绘图依据来自马里、布基纳法索两国独立前的

---

〔1〕 See Burkina Faso/ Mali Case, Judgment, I. C. J. Reports, 1986, p. 584, paras. 57-58.

〔2〕 See Burkina Faso/ Mali Case, Judgment, I. C. J. Reports, 1986, pp. 584-585, paras. 59-60.

一次实地调查。调查者发现描述边界的文本记录存在不准确之处，因此，地图上呈现的实际边界源于边境地区首领提供的信息，还有现场从村长及当地居民处获得的信息。对此，分庭指出：一方面，地图本身是已知文本和实地获取信息的视觉描绘，并不足以让分庭认定这些十字图例所示边界线完全对应着当事国从殖民当局继承得来的边界，分庭须考虑该地图或任何地图提供的证据在多大程度上能佐证（corroborate）其他证据。当地图与其他涉及殖民政府意图的可靠信息相冲突时，分庭便不能支持地图上的信息。另一方面，考虑到调查的日期和来源的中立性，分庭认为，如果缺乏其他证据，或者其他证据无法展示一条明确的边界线，那么，法国国家地理学会制作的地图的证据价值就变得具有决定性。[1]

四、1999 年卡西基利/塞杜杜岛案

1996 年 5 月 29 日，博茨瓦纳和纳米比亚两国就它们之间现存的关于卡西基利/塞杜杜岛周围疆界和该岛法律地位的争端诉诸国际法院。根据 1890 年《英德条约》，两国在卡西基利/塞杜杜岛地区应以乔贝河的主航道中心线为界，但条约并未明确该主航道的位置，纳米比亚主张航道应为岛屿以南的南部航道，博茨瓦纳主张主航道应为岛屿北部和西部的北部航道。[2] 主航道确定后，国际法院可依据 1890 年《英德条约》判定卡西基利/塞杜杜岛的主权归属。

国际法院对两幅疑似与 1890 年《英德条约》直接关联的地图进行研判。第一幅是英国（博茨瓦纳原保护国）政府制作的 1889 年官方地图。1890 年《英德条约》第 3 条第 2 款规定："根据为英国政府制作的 1889 年官方地图来大致确定边界的走向。"法院认为该地图不仅没有标示边界线，也没有附在条约后，仅是该地图的一个后续版本与条约一起被归入英国外交部门的档案中。第二幅地图是英国学者赫斯莱特（Hertslet）1909 年所著《基于条约的非洲地图》（*Map of Africa by Treaty*）中的"1890 年《英德条约》第 3 条示意图"，该图没有标示边界

---

〔1〕 See Burkina Faso/Mali Case, Judgment, I. C. J. Reports, 1986, pp. 584-586, paras. 59, 61-62.

〔2〕 参见孔令杰编著：《领土争端成案研究》，社会科学文献出版社 2016 年版，第 185—186 页。

线，当事国双方对该图的准确来源也有分歧。因此，国际法院认为，不存在可以表示英德双方边界意图的条约附图。[1]

呈交法院的其他地图与 1890 年《英德条约》无直接关联，早期地图多由德国（纳米比亚原保护国）绘制，也有若干幅由英国绘制，后者包括了《伊森船长报告》和《英国殖民地办公室报告》中的地图。晚近的地图包括一些英国准备的地图（其中一幅由 1933 年贝专纳战争办公室制作，该地图后来成为若干其他地图的基础），南非 1949 年西南非洲地区官方地图，博茨瓦纳独立后出版的地图以及联合国出版的地图。[2]

纳米比亚主张，本案双方所提交的大多数地图都将乔贝河的南部航道作为两国在卡西基利/塞杜杜岛周围的边界，这构成 1890 年《英德条约》的一种特殊形式的嗣后实践，也证实了纳米比亚对岛屿行使管辖、获得他国默认从而因时效取得主权。纳米比亚还特意指出贝专纳在 1965 年之前一直使用 1933 年贝专纳战争办公室地图，该图并未将卡西基利/塞杜杜岛划入贝专纳领土范围之内。[3] 根据 1962 年柏威夏寺案判决，如果缔约方接受了某张标绘有边界的地图，那么该图可以构成与该条约明文规定所不同的解释。[4] 纳米比亚还认为，该图和其他地图体现了与边界存在最密切联系的三个国家（英国、德国和南非）的连续性行为，这些支持岛屿主权归属纳米比亚的行为构成对 1890 年《英德条约》的合理解释，也证明了纳米比亚依时效取得和保持占有原则取得主权。[5]

相反，博茨瓦纳对地图证据的依赖程度较低，其特别指出由于早期地图大都存在标绘细节信息过少、比例尺太小等问题，进而证据价值低。首先，博茨瓦纳认为北部航道被熟知并经常被标绘出来，证据是 19 世纪 60 年代以后欧洲探险家基于实地测量制作的三幅反映该地区细节的地图。其次，考虑到地图的精确性、一致性等因素，上述三幅地图中有一幅支持边界是北部航道，另两幅支持南部航道，但后两

〔1〕　See Kasikili/Sedudu Island（Botswana/Namibia），Merits，Judgment，I. C. J. Reports，1999，pp. 1098-1099，para. 84.〔hereinafter Kasikili/Sedudu Island Case〕

〔2〕　See Kasikili/Sedudu Island Case，Judgment，I. C. J. Reports，1999，pp. 1096-1097，para. 81.

〔3〕　See Kasikili/Sedudu Island Case，Judgment，I. C. J. Reports，1999，p. 1097，para. 82.

〔4〕　See Temple of Preah Vihear Case，Merits，Judgment，I. C. J. Reports，1962，p. 34.

〔5〕　See Kasikili/Sedudu Island Case，Judgment，I. C. J. Reports，1999，p. 1097，para. 82.

幅存在技术问题，支持南部航道是主航道的地图在一致性上更弱。基于这两点，博茨瓦纳认为国际法院应该寻求一幅可以展示当事方之间合意的地图，即南非和博茨瓦纳《1985 年联合测量报告》所附的地图，该图标绘南非（1920—1990 年实际统治纳米比亚）和博茨瓦纳的边界是北部航道。[1]

最终，国际法院援引了布基纳法索与马里边界争端案判决对地图证据效力的一般性评述，针对本案的关键地图证据，指出主要几点：第一，1890 年《英德条约》之后出版的其中两幅地图将南部航道作为边界，但没有证据显示这些地图是遵循 1890 年《英德条约》所制成；第二，在边界争端出现后，两国的分歧表明这些地图不构成条约的嗣后实践，上面标绘的边界更得不到承认，相反，当事国基本上忽略这些地图；第三，博茨瓦纳独立后，博茨瓦纳和南非出版的地图甚至跟过去的不一致，将边界定在了北部航道；第四，正是这种长期的分歧导致南非和博茨瓦纳决定在 1985 年对该地区进行联合测量。兼之地图相互间不一致，于是国际法院指出："鉴于缺乏任何反映 1890 年条约缔约国意图的官方地图，也不存在当事国之间就地图上标绘边界之有效性的明示或默示协议，以及地图资料的不确定性和不一致性，法院不能从本案地图证据中得出结论。"[2]

五、2002 年利吉丹岛和西巴丹岛主权争端案

利吉丹岛（Ligitan）和西巴丹岛（Sipadan）位于婆罗洲岛（Borneo）东北面的西里伯斯海（Celebes Sea），两岛相距 15.5 海里。印度尼西亚称婆罗洲岛为"加里曼丹岛"（Kalimantan Island），该岛全境由文莱、马来西亚和印度尼西亚三国管辖。因印度尼西亚和马来西亚在 1969 年开始大陆架划界谈判，两国对这两处岛屿的主权争端得以明确化。1997 年，两国将该争端提交国际法院解决。[3]

---

[1] See Kasikili/Sedudu Island Case, Judgment, I. C. J. Reports, 1999, pp. 1097-1098, para. 83.

[2] See Kasikili/Sedudu Island Case, Judgment, I. C. J. Reports, 1999, pp. 1098-1100, paras. 84-87.

[3] See Sovereignty over Pulau Ligitan and Palua Sipadan（Indonesia/Malaysia），Judgment, I. C. J. Reports, 2002, pp. 634, 642, paras. 14, 31. [hereinafter Pulau Ligitan and Palua Sipadan Case]

马来西亚是英国的前殖民地，印度尼西亚是荷兰的前殖民地。1891 年英国与荷兰缔结条约，划定了两国在婆罗洲岛所占领土的边界，其中第 4 条规定："从北纬 4 度 10 分线在婆罗洲岛东海岸的那一点起，边界线继续沿该纬线向东延伸，穿过石巴迪岛（Sebatik Island）。该岛位于该纬线以北的部分属于英属北婆罗洲公司，以南的部分属于荷兰。"争端当事国就该条款的解释存在争议。印度尼西亚认为，英荷边界线应继续沿该纬线向东延伸，不止于石巴迪岛。马来西亚则认为"穿过石巴迪岛"仅指从石巴迪岛的东端穿越到其西端，而不是指穿越该海域。[1] 双方当事国在本案审理中提交了不少地图证据。根据当事国关于每份地图的法律价值的不同认识，这些地图可分三类：第一类是可以作为 1891 年《英荷条约》缔约背景的地图；第二类是附属于 1915 年和 1928 年两份英荷内陆领土划界协议的地图；第三类是在 1891 年《英荷条约》之后制作的地图，它们可以构成适用条约的嗣后实践。

（一）关于 1891 年《英荷条约》缔约背景的地图

印度尼西亚向法院提供了荷兰依据条约第 8 条规定的生效条件随即制作的地图，它将边界沿着北纬 4 度 10 分线向东延伸至石巴迪岛以外的海域。该地图与一份解释备忘录一起作为提交荷兰国会的立法草案的附件，这份草案涉及批准 1891 年《英荷条约》的意见。同时，该图也被英国驻海牙外交官提交给英国政府，印度尼西亚认为英国政府也知悉该图的存在，除非有反证，则该行为隐含英国对地图所绘边界线的默认，即英国同意用此线来分割婆罗洲以东海岛的主权。印度尼西亚依据《维也纳条约法公约》有关条约解释规则的第 31 条第 2 款[2]（a）项，认为这种英国和荷兰之间的"互动"形成了两国间的一项关于石巴迪岛以东的边界协议；同时，依据第 31 条第 2 款（b）项，这种互动表明荷兰为 1891 年《英荷条约》所制作的文书也为英国所接受而作为条约的相关文书。针对该地图，马来西亚认为其不能构

---

〔1〕 See Pulau Ligitan and Palua Sipadan Case, Judgment, I. C. J. Reports, 2002, pp. 646-647, paras. 39-40.

〔2〕《维也纳条约法公约》第 31 条第 2 款规定："就解释条约而言，上下文除指连同弁言及附件在内之约文外，并应包括：（a）全体当事国因缔结条约所订与条约有关之任何协定；（b）一个以上当事国因缔结条约所订并经其他当事国接受为条约有关文书之任何文书。"

成解释 1891 年《英荷条约》的相关合意或文件，因为该图完全是基于荷兰内部需要而准备的，从未对外发布，荷兰政府或国会也从未将其纳入条约中。关于两国的所谓"互动"，马来西亚认为该地图未曾成为两国谈判的对象，荷兰政府从未通过官方渠道将其送交英国政府；即便认定英国经由驻荷兰外交代表知悉该图，这种情况也不要求英国做出任何具体的回应，因为该图从未在荷兰国会辩论中被提及，没人在意地图上的边界向东延伸至海上。[1]

对此，国际法院做出两点认定：第一，这幅地图标有 4 条不同颜色的界线，其中红色线的确沿着北纬 4 度 10 分线向东继续向海延伸至马布岛（Mabul Island）以南，地图显示红色线是两国最终谈判接受的边界。不过，该线以南的海域，除了少数礁石，没有标示任何岛屿。条约的解释备忘录也没有提到利吉丹岛和西巴丹岛。这意味着，荷兰国会很可能不知道红色边界线以南还有这两处岛屿。因此，没有证据表明英荷在缔约之时存在关于利吉丹岛和西巴丹岛的领土归属争议，不能认定红色边界线向东延伸的目的是将两个岛屿的主权划归荷兰。[2] 第二，法院不同意印度尼西亚对这幅地图法律价值的评价。因为该图只是由驻海牙代表而非由荷兰政府转交英国政府的。英国驻海牙外交代表并没有提请其政府注意地图上的红色线，英国政府也没有对外交代表的来信予以回应。在这种情况下，"缺乏回应本身不能被视为默认接受地图上的红色线"，因此不构成《维也纳条约法公约》第 31 条第 2 款（a）项所指的"当事国间因缔结条约所订与条约有关之任何协定"，以及第 2 款（b）项所指的"当事国因缔结条约所订并经其他当事国接受为条约有关文书之任何文书"。[3]

（二）1915 年和 1928 年英荷划界协定的附图

1915 年和 1928 年，英国与荷兰根据 1891 年《英荷条约》第 5 条的规定达成了两项关涉内陆领土的划界协定。两项协定的附属地图都没有将边界沿着北纬 4 度 10 分线向东继续延伸至海上。印度尼西亚和

---

〔1〕 See Pulau Ligitan and Palua Sipadan Case, Judgment, I. C. J. Reports, 2002, pp. 648-649, paras. 44-45.

〔2〕 See Pulau Ligitan and Palua Sipadan Case, Judgment, I. C. J. Reports, 2002, p. 650, para. 47.

〔3〕 See Pulau Ligitan and Palua Sipadan Case, Judgment, I. C. J. Reports, 2002, pp. 650-651, para. 48, p. 656, para. 61.

马来西亚都同意两幅附图构成 1915 年和 1928 年划界协定的不可分割的部分，与划界协定具有同等的法律效力。[1] 但双方就附图能否证明 1891 年《英荷条约》第 4 条所规定的边界可以确认对利吉丹岛和西巴丹岛领土主权的问题存在不同理解。

马来西亚强调，1915 年协定所附地图不支持印度尼西亚对 1891 年《英荷条约》第 4 条的解释。马来西亚结合 1915 年协定的内容解释协定附图，认为"条约一开始声明边界线经由石巴迪岛，沿着该岛东、西海岸所标的北纬 4 度 10 分线向西继续延伸"。马来西亚认为附图确认了这一规定，边界线的起始点是石巴迪岛东海岸，向西延伸，不关涉利吉丹岛和西巴丹岛；假设英荷有意让边界向石巴迪岛东面的海上延伸，那应该在地图上用线标示出来，因为，为了表示北纬 4 度 10 分线边界的西部终点没有向西继续延伸，地图清楚地标出边界向南延伸。马来西亚的这些观点也适用于 1928 年协定。此外，马来西亚强调 1915 年的附图具有高于其他地图的证据价值，"它是缔约国唯一同意的官方地图"。印度尼西亚则认为，就沿着北纬 4 度 10 分线所绘的边界线是否继续向海延伸[2]这个问题而言，1915 年和 1928 年协定的附图的证据价值小于 1891 年荷兰解释备忘录的地图。[3]

法院基于对 1915 年协定所做的条约解释，认为从该协定的序言、测量委员会的报告等因素可知，1891 年《英荷条约》所规定的边界确实终止于石巴迪岛的东海岸，附图确认了这一解释。法院基本采纳了马来西亚关于 1915 年、1928 年附图的观点。[4]

（三）1891 年后制作的其他地图

印度尼西亚提交了一些制作于 1891 年之后的其他地图，包括：一幅摘自 1953 年印度尼西亚地图集的婆罗洲地图、英国斯坦福于 1894年、1903 年和 1904 年出版的三幅地图、英国于 1965 年制作的斗湖地图（Tawau Map）、两幅 1966 年的马来西亚地图、马来西亚于 1967 年

---

〔1〕　See Pulau Ligitan and Palua Sipadan Case，Judgment，I. C. J. Reports，2002，p. 658，para. 67.

〔2〕　此处国际法院判决原文表述为"向海延伸"，表达了向西延伸之意。

〔3〕　See Pulau Ligitan and Palua Sipadan Case，Judgment，I. C. J. Reports，2002，pp. 658-659，paras. 67-69.

〔4〕　See Pulau Ligitan and Palua Sipadan Case，Judgment，I. C. J. Reports，2002，pp. 661-662，para. 72.

出版的仙本那地图（Semporna Map）、1968 年显示马来西亚石油特许
经营区国际边界的地图、马来西亚国家地图制作部门于 1972 年出版的
地图，以及美国在帕尔马斯岛仲裁案中提交的《世纪地图集》。印度
尼西亚基于两点理由认为这些地图有较高的证据价值，能支持其边界主
张：第一，这些地图所绘边界与 1891 年荷兰解释备忘录的地图是一致
的，这种一致性增强了地图的证据价值；第二，尽管地图本身不能产生
领土主权权源，但它们客观地表达了有关国家划分领土之意图。[1]

马来西亚提出反证，认为印度尼西亚所提交的地图的证据价值有
限。首先，存在诸如 1897—1904 年、1914 年出版的荷兰地图，把沿着
北纬 4 度 10 分线的边界的终点定在石巴迪岛，而印度尼西亚无法提供
任何印度尼西亚或荷兰出版的，显示利吉丹岛和西巴丹岛归属于印度尼
西亚的地图。其次，印度尼西亚在其 1960 年群岛地位正式声明的地图中
不把这两个岛屿视为其所有，即使 1969 年后出版的印度尼西亚地图也是
如此。最后，即便是印度尼西亚提供的那些一致显示边界继续向东延伸
的地图，它们的数量较少，其法律效力也因各自包含一项关于边界准确
性的免责声明而降低，且利吉丹岛和西巴丹岛在大部分地图上根本没有
显示，或位置出错，抑或没有标明属于马来西亚还是印度尼西亚。[2]

除了反驳，马来西亚也提交了其他地图以支持其主张。其中有荷
兰在 1905—1941 年制作的描绘荷属婆罗洲殖民地的多幅地图，英国于
1952—1958 年出版的三份描绘英属北婆罗洲殖民地的地图，印度尼西
亚出版的 1960 年印度尼西亚大陆架地图，以及马来西亚出版的 1976
年地图。马来西亚认为所有这些地图都清楚地表明利吉丹岛和西巴丹
岛为英国或马来西亚的领土。针对马来西亚提交的地图的证据价值，
印度尼西亚指出：在所有地图中没有一幅地图确切地将两处岛屿标绘
为马来西亚所有，它们在两岛领土主权问题上是中立的。其中，仅有
一幅地图做了标示，但该图是马来西亚在 1979 年制作的阐明其在相关
海域主张的地图，制作于两国争端明确化之后，与本案无关。[3]

---

〔1〕　See Pulau Ligitan and Palua Sipadan Case, Judgment, I. C. J. Reports, 2002, p. 665,
　　　paras. 82-83.

〔2〕　See Pulau Ligitan and Palua Sipadan Case, Judgment, I. C. J. Reports, 2002, pp. 665-
　　　666, para. 84.

〔3〕　See Pulau Ligitan and Palua Sipadan Case, Judgment, I. C. J. Reports, 2002, pp. 666-
　　　667, paras. 85-87.

对这些地图，国际法院再次援引了 1986 年布基纳法索与马里边界争端案和 1999 年卡西基利/塞杜杜岛案判决对地图证据价值的意见，指出两点：一是关于印度尼西亚提交的其他地图，法院不认为这些图在边界线问题上表现出一致性，向东延伸的程度各不相同，有些尚未达到利吉丹岛和西巴丹岛的经度。二是关于马来西亚提交的地图，法院认为这些地图是出于各自目的而制作的，故不能从它们身上得到任何关于 1891 年《英荷条约》第 4 条所指边界线的确切结论，另外，马来西亚驳斥印度尼西亚的一些理由也不充分。[1]

因此，国际法院认为在本案的所有地图中，不存在可以反映 1891 年《英荷条约》缔约方一致意思的地图，不能显示缔约国对边界线是否继续向东延伸以分割两国领土的官方意志。也就是说，本案中直接关涉当事国对海上岛屿主权的条约并不存在证据效力较高的附图。在本案所有地图当中，只有 1915 年协定的附图可以为 1891 年《英荷条约》第 4 条的含义做出解释，即沿北纬 4 度 10 分线向东延伸的边界线的最东端为石巴迪岛的东海岸，不再继续延伸至海面。[2]

六、2004 年在被占领巴勒斯坦领土修建隔离墙的法律后果咨询意见案

在该案中，国际法院注意到以色列政府在其国防部网站于 2003 年 10 月 23 日发布的一幅地图，其中显示了很多有关修建隔离墙的路径的细节。法院部分依据这份电子地图来确定现有和未来可能在巴勒斯坦被占领土修建隔离墙的位置。[3]

该案值得注意的要点是，国际法院采用的地图证据源自当事国一方的官方网站，这揭示了国际法院处理地图的实践会随着技术进步而发展，也提示争端当事国留意从对方官方网站获取包括地图在内的于本方有利的证据材料。

---

[1] See Pulau Ligitan and Palua Sipadan Case, Judgment, I. C. J. Reports, 2002, pp. 667-668, paras. 88, 90.

[2] See Pulau Ligitan and Palua Sipadan Case, Judgment, I. C. J. Reports, 2002, pp. 667-668, paras. 88, 91.

[3] See Legal Consequences of the Construction of a Wall in the Occupied Palestinian Territory, Advisory Opinion, I. C. J. Reports, 2004, p. 168, para. 80.

七、2005 年贝宁与尼日尔边界争端案

尼日尔与贝宁对双方独立时尼日尔河的主河道位置和岛屿的主权归属存在争议，双方提交了大量的地图作为证据，这些地图的制作日期、技术质量以及准确性各异。[1]

尼日尔提及以下地图：第一，霍斯特中校（Lieutenant Commander Hourst）于 1896 年在调查尼日尔河的法律制度及其适航性的基础之上绘制的尼日尔河地图；第二，1929—1930 年，由本尼顿（A. Beneyton）率领的团队对尼日尔河在尼亚美与加亚之间的河段的适航性进行研究并绘制的比例尺为 1∶10000 的地图；第三，1949 年，依据贝宁-尼日尔总督的指示，在对尼日尔河在尼亚美与马朗维尔（Niamey and Malanville）之间的河段进行勘测的基础上形成的调研报告所附的地图；第四，尼日尔地形管理和土地注册局（Topographic Service and Land Registry of the Republic of Niger）于 1965 年编制的有关河流适航性的研究报告中的地图；第五，根据达荷美、马里、尼日尔和尼日利亚四个沿岸国的请求，荷兰 NEDECO 公司自 1967 年起对尼日尔河有关河段的适航性进行研究所绘制的地图，该公司于 1968—1969 年进行了实地调查，并于 1970 年编制了最终的调查报告；第六，法国国家地理学会于 1979 年对尼日尔河进行调查研究之后所绘制的比例尺为 1∶50000 的尼日尔河地图。另外，法属西非在 1955 年和 1960 年公布的西部非洲地图均以尼日尔河为殖民地之间的边界。[2]

贝宁认为，提交给国际法院分庭的源于殖民时代的地图材料表明，制图者当时并未将尼日尔河的航道视为达荷美和尼日尔之间的边界；尼日尔提交的地图材料也无法确认独立那个时间点的航道位置或河中岛屿的归属。于是，贝宁委托法国 IGN 公司在 2003 年为了本案进行了地理调查，调查展示了河道和岛屿 50 年来的变化。[3]

对地图证据价值的判断，国际法院仍然遵循布基纳法索与马里边

---

〔1〕 See Frontier Dispute（Benin/Niger），Judgment，I. C. J. Reports，2005，p. 117，para. 40.

〔2〕 See Frontier Dispute（Benin/Niger），Judgment，I. C. J. Reports，2005，pp. 117-118，para. 41.

〔3〕 See Frontier Dispute（Benin/Niger），Judgment，I. C. J. Reports，2005，pp. 117-118，para. 41.

界争端案的判决法理。双方均不主张这些地图具有任何固有的法律效力或表达了国家的意愿。国际法院分庭注意到，在该地区曾进行过数次水文和地形测量，其中四项调查最具相关性：一是霍斯特中校在1896年绘制的地图；二是本尼顿在1926—1932年所做的任务报告；三是荷兰NEDECO公司在1967—1970年所做的关于尼日尔河适航性的最终调查报告；四是一系列于1975年拍摄并于1979年出版的法国国家地理学会的一份报告中的带注释的航拍照片。经过对比分析，分庭观察到每张地图确定的主要通航航道的位置是相似的，这就表明河床是相对稳定的，已发生的任何淤积很少导致主航道位置的显著变化，在殖民地和后独立时期似乎都是如此。[1]

为确定两国独立之时边界的走向，分庭认为NEDECO公司的报告提供了有关关键日期情势最有用的信息。考虑到河床的相对稳定性，可以推定1967—1970年的情况和1960年的情况类似。分庭基于以下因素认为1967—1970年NEDECO公司的调查报告具有重大的证据价值：其一，该报告是由一家以其专业性知识和经验闻名的独立公司制作的；其二，调查结果提交给四个沿岸国政府，该报告的内容在发表时未受到质疑，并被早期和后来的研究所证实。分庭进一步指出，NEDECO公司的报告所附地图非常详细，且其所附地图确定的主要航道通航位置与1896年霍斯特地图和1926—1932年本尼顿地图所标示的通道一致或非常相似。[2]

在本案中，关于分庭应依据何种证据判定两国的共同边界，尼日尔主张分庭应根据最接近两国独立之时的证据来确定，因此，除了两国独立前的证据，亦需要两国独立后的证据来判定边界和领土的状态。贝宁则认为，分庭应以关键日期之前的证据作为本案裁判的基础。[3]分庭认为，在适用保持占有原则过程中，两国独立后的证据可能与证明领土和边界在独立之时的状态相关。在任何情况下，由于"保持占

---

〔1〕 See Frontier Dispute（Benin/Niger），Judgment，I. C. J. Reports，2005，pp. 119-120，para. 44；p. 134，paras. 107-108.

〔2〕 See Frontier Dispute（Benin/Niger），Judgment，I. C. J. Reports，2005，pp. 134-135，paras. 109-112.

〔3〕 See Frontier Dispute（Benin/Niger），Judgment，I. C. J. Reports，2005，p. 109，para. 26.

有原则具有冻结领土权源的效果"[1]，因而除非两国独立后的文件清晰地表明双方均同意发生改变，否则这些文件并不能改变领土在关键日期时的"状态"。[2]

八、2007 年尼加拉瓜和洪都拉斯加勒比海领土和海洋争端案

尼加拉瓜和洪都拉斯在请求国际法院划定它们在加勒比海域的边界时，补充请求法院对争议岛礁的主权归属做出裁判。双方提供大量地图来支持自己的主张，但均认为地图本身不构成领土的权源，也不能证明岛礁主权归属，因此它们的证据价值有限。[3]

为证明争议岛礁的领土主权，尼加拉瓜向法院提交了英国水文专家肯尼迪（Commander Kennedy）在 1958 年绘制的一幅地图，并声称该地图包括了本案所涉的全部争议岛礁。法院注意到，虽然该地图确实包括本案所涉的争议岛礁，但该地图制作者并不认为争议岛礁清楚且毫无疑问地属于尼加拉瓜，他指出："这些岛礁可能会被声称位于洪都拉斯的大陆架上，这将取决于大陆架的最终划界情况。"此外，肯尼迪并非根据英国政府的授权绘制该地图。[4]

洪都拉斯提交了其在 1994 年发布的官方地图，该地图把位于"尼加拉瓜海隆"的几个岩礁划入洪都拉斯。对此，同年尼加拉瓜就以外交照会的形式提出抗议，认为"尼加拉瓜海隆"的岩礁属于尼加拉瓜，洪都拉斯的官方地图不具有划分岩礁主权的法律效力。[5]

法院首先梳理了其过往在利用地图判断主权归属上的做法——"对于鲜为人知或不为人知，且在其上从未实施过任何行政控制的领土，尽管其地图的证据价值微乎其微，我们也应该考虑它们。"[6]当双方对地图的观点相互矛盾时，法院通常要审慎地考虑地图的证据价值，

〔1〕　Burkina Faso/ Mali Case, Judgment, I. C. J. Reports, 1986, p. 568, para. 2.

〔2〕　See Frontier Dispute (Benin/Niger), Judgment, I. C. J. Reports, 2005, p. 109, para. 26.

〔3〕　See Nicaragua and Honduras Case, Judgment, I. C. J. Reports, 2007, p. 722, para. 209.

〔4〕　See Nicaragua and Honduras Case, Judgment, I. C. J. Reports, 2007, pp. 718-719, paras. 197-198.

〔5〕　See Nicaragua and Honduras Case, Judgment, I. C. J. Reports, 2007, p. 684, para. 71.

〔6〕　Honduras Borders (Guatemala, Honduras), Award of 23 January 1933, R. I. A. A., Vol. Ⅱ, 2006, p. 1325.

"地图的证据价值还取决于其来源的中立性"[1]。本案中，由于双方提交的官方地图和地理机构制作的地图既不是现行有效的法律文件的一部分，也不是尼加拉瓜和洪都拉斯缔结的边界条约中的内容，因而这些地图的证据价值十分微小，故法院最终裁定双方提交的地图证据本身均无法支持本方关于争议岛礁的主权诉求。[2]

九、2008 年白礁岛、中岩礁和南礁领土主权案

马来西亚和新加坡在该案中对白礁岛的主权归属有争议，两国均向法院提交了地图。双方认可这些地图均不能创设领土权源，但双方对具体地图的证据价值存在异议。[3]

马来西亚主张，"在所有提交给法院的地图中，只有一幅于 1995 年出版的地图将白礁岛划入新加坡的领土范围之内"。而马来西亚联邦和海峡殖民地测绘局于 1926 年和 1932 年出版的三幅地图则显示白礁岛是柔佛的领土（柔佛苏丹国的继承国是马来西亚）。法院认为，即使这些地图具有证据价值，马来亚和马来西亚后续及新近出版的地图的证据价值也远远大于这些地图的价值。[4]

后来出版的地图包括马来亚以及马来西亚测绘部于 1962 年（两幅）、1965 年、1970 年、1974 年和 1975 年出版的六幅都标有白礁岛的地图，并且图上标注有下列信息："第 28 号灯塔，白礁岛（霍士堡灯塔），新加坡"。相同的"新加坡"字样注释亦出现在上述地图中另一处于新加坡主权之下的岛屿的名称下方。但是，在同一系列的地图中，一幅与香蕉屿（Pulau Pisang）相关的地图并没有对新加坡管理的灯塔加以类似的注释，这一遗漏表明相关注释与灯塔的所有权或管理并无联系。据此，新加坡认为上述六幅地图是驳斥马来西亚关于白礁岛的主权主张的重要证明。马来西亚则认为："其一，对地图注释可以有相异的解读；其二，地图并不具有创设领土权源的效力；其三，

---

〔1〕　Burkina Faso/ Mali Case, Judgment, I. C. J. Reports 1986, p. 583, para. 56.

〔2〕　See Nicaragua and Honduras Case, Judgment, I. C. J. Reports, 2007, pp. 723-724, paras. 217-219.

〔3〕　See Pedra Branca/ Palau Batu Puteh Case, Judgment, I. C. J. Reports, 2008, p. 94, para. 267.

〔4〕　See Pedra Branca/ Palau Batu Puteh Case, Judgment, I. C. J. Reports, 2008, p. 94, para. 268.

在地图没有被纳入条约或者并没有在国家间谈判中被使用的情况下，地图不构成一国的承认；其四，上述六幅地图都包含免责声明。"[1]

针对马来西亚的第一个观点，法院认为地图的注释是明晰的，其支持新加坡的主张。针对第二点，法院认为新加坡的主张更具有说服力，即地图虽然不能创设领土权源，但它们却很好地展示了马来西亚的官方立场。针对第三点，法院认为在有关情况下可以认定一国做出了承认。针对第四点，六幅地图的免责声明指出：地图不应被视为对国际或其他边界划界的权威表述，然而法院在这里关注的并不是边界，而是一个岛屿的主权归属。边界委员会在厄立特里亚与埃塞俄比亚陆地划界案中指出："地图是对地理事实的陈述，当地图对国家造成负面影响甚至是违背本国利益之时，国家所制作并传布的地图更是如此。"最终法院判决，虽然新加坡直至 1995 年才将白礁岛视为其领土，但是该行为的影响力远远小于马来亚和马来西亚地图的证明力，法院认为这些地图证实了马来西亚承认白礁岛归属新加坡。[2]

十、2012 年尼加拉瓜与哥伦比亚领土和海洋争端案

1928 年哥伦比亚与尼加拉瓜缔结领土条约规定了圣安德烈斯群岛属于哥伦比亚，但未谈及圣安德烈斯群岛的具体范围。本案的争议点之一是阿尔布科克礁、巴约努尔沃礁、东 - 东南礁（East-Southeast Cays）、基塔苏埃尼奥礁、龙卡多尔礁、塞拉纳礁和塞拉尼拉礁是否是圣安德烈斯群岛的组成部分。[3]

哥伦比亚认为，以上争议海洋地物是其领土，其官方地图也一直把这些地物标识为圣安德烈斯群岛的组成部分。为此，哥伦比亚提交了其外交部于 1921 年和 1931 年出版的两幅官方地图，它们都显示圣安德列斯群岛是哥伦比亚领土，且标识了全部争议海洋地物。另外，1931 年地图沿西经 82 度标出一条线，线的西面注明"尼加拉

---

[1] See Pedra Branca/ Palau Batu Puteh Case, Judgment, I. C. J. Reports, 2008, p. 94, paras. 269-270.

[2] See Pedra Branca/ Palau Batu Puteh Case, Judgment, I. C. J. Reports, 2008, p. 95, paras. 271-272.

[3] See Nicaragua and Colombia Case, Judgment, I. C. J. Reports, 2012, p. 646, paras. 40, 42; pp. 648-649, paras. 52-54.

瓜共和国"。[1]

第三国出版的多幅地图也支持哥伦比亚的主张，这些地图对圣安德烈斯群岛标注或详尽或粗略的信息，其中没有任何一幅地图显示争议岛礁或其他位于西经 82 度线以东的海洋地物是尼加拉瓜的领土。尼加拉瓜于 1980 年之前出版的地图亦表明，除玉米岛（Corn Islands）外，尼加拉瓜不曾将争议海洋地物视为其本国的领土。[2]

尼加拉瓜质疑哥伦比亚提交的地图的证据价值，它认为这些地图都不含任何图例或注释说明，意思模糊，它们至多仅能表明西经 82 度是圣安德烈斯群岛和普罗维登西亚岛（Provedencia）及它们附近的岛礁与玉米岛之间的分界线。[3]

法院认为，尽管哥伦比亚提交了本国、第三国和尼加拉瓜出版的地图支持自己的主张，但"根据法院的一贯法理，地图证据在证明主权权源方面的作用通常有限"。然而，法院注意到，一方面，尼加拉瓜于 1980 年之前出版的地图均未将争议海洋地物标识为本国的领土；另一方面，哥伦比亚乃至尼加拉瓜的地图至少将某些较为重要的海洋地物标识为哥伦比亚的领土。因此，法院认为尽管地图的证据价值有限，但它对哥伦比亚的主张予以一定程度的支持。[4]

本节小结

对国际司法与仲裁实践的研究可归纳出地图可被用于证明的事项范围。英国国际法与比较法研究院的两位研究员里德尔博士和普朗特博士认为，可用地图证明的事项包括：（1）当地图作为条约的一部分或被纳入条约或者作为条约准备工作的一部分时，地图可用以证明边界的位置；（2）边界条约的目的或解释；（3）基于边界条约所形成的当代或持续的国家实践；（4）对争议领土的主权管辖行为或管理行为；（5）诉讼当事国的目的；（6）一国对占领的承认或知晓他国的主

---

[1] See Nicaragua and Colombia Case, Judgment, I. C. J. Reports, 2012, pp. 660-661, para. 96.

[2] See Nicaragua and Colombia Case, Judgment, I. C. J. Reports, 2012, p. 661, paras. 97-98.

[3] See Nicaragua and Colombia Case, Judgment, I. C. J. Reports, 2012, p. 661, para. 99.

[4] See Nicaragua and Colombia Case, Judgment, I. C. J. Reports, 2012, pp. 661-662, paras. 100-102.

权要求；（7）对其他国家主权的承认；（8）技术细节、官方或非官方的观点和地理信息等[1]。

经考察国际司法及仲裁实践，可以认为国际法院和仲裁庭在评估地图证据价值时，会重视以下几点：

第一，地图证据之间的不一致性会严重影响国际法庭对地图证据价值的判断。如在博茨瓦纳与纳米比亚的卡西基利/塞杜杜岛案中，当事国和法院均反复强调地图证据的一致性。也就是说，多幅地图关键信息相互之间应保持一致，地图所欲证明的事实与其他证据所证事实之间也应一致。这其实就是间接证据的运用规则：证据材料（地图）本身传递的信息要清晰，与其他证据能相互印证。

第二，地图的准确性、绘制地图的目的及制图者信息来源的可靠性与中立性是影响其证据价值的重要因素。在国际法证据问题上具有深远影响的帕尔马斯岛仲裁案中，胡伯仲裁员就指出，在判断地图证据价值时，应将地图的准确度、地图制作者的信息来源、地图制作目的、地图与其他证据之间是否相互印证纳入考量，这一评估地图证据的模式为国际司法和仲裁实践所遵循。尽管胡伯在该案中未探讨绘图专家作为鉴定人的问题，但他主张的这种地图评估模式已经暗示了这种潜在的需要。又如，在布基纳法索与马里边界争端案中，国际法院发展了对地图证据证明力的考量因素，指出地图证据的价值还取决于制图者对所涉争端及争端当事方的中立性。其实，柏威夏寺案也存在类似问题：基于法国和柬埔寨的特殊关系，法国方面绘制的地图本身就值得怀疑。不过，暹罗自愿委托法国绘图，因此不能断然否定这一地图的证据价值。

第三，与非官方地图相比，能反映国家意志的官方地图和半官方性质的地图往往更权威。进而言之，有四点值得提出：一是条约官方附图的效力大于其他地图。国际法院在卡西基利/塞杜杜岛案、利吉丹岛和西巴丹岛主权争端案等案例中处理地图证据的做法，均是结合条约判定地图的证据价值，认为条约附图的证据价值高于为其他目的制作的地图。例如，在利吉丹岛和西巴丹岛主权争端案中，印度尼西亚和马来西亚运用条约法对地图证据价值进行解读。如果能将地图解读

---

[1] Anna Riddell, Brendan Plant, *Evidence before the International Court of Justice*, London: British Institute of International and Comparative Law, 2009, pp. 257-258.

为条约的补充协定，对于提升地图的证据价值是大有裨益的，这可以作为一项证据运用策略。二是国家在领土边界条约缔结后的行为，包括出版地图标绘边界的行为，或可构成适用条约的嗣后实践，可与条约的上下文共同解释条约，但前提是当事国或缔约国的实践必须一致、形成共识。对此，国际法院在卡西基利/塞杜杜岛案中予以确认。换言之，在条约缔结后出版的地图，即便与条约存在直接的联系，但只要无法反映当事国/缔约国之间共同、真实的意志，便不能构成对条约的解释。这里的"解释"指的是有权解释。条约的有权解释是条约全体缔约方同意的解释。而任何一方的单方解释对另一方都没有约束力。因此，通常只有双方联合绘制的地图，才构成适用条约的嗣后实践，才能作为条约双方联合解释的证据。三是一国出版的官方地图，如果不利于支持本国的权利主张，其证据价值很可能被法庭认可。亦即，如果一国的官方地图支持本国的权利主张，它的证据价值被法庭认可的可能性较低；但若不支持本国的权利主张，它的证据价值反而很可能被认可。国际法庭的这种处理方式是否恰当值得商榷。曾经出版的地图是否能构成承认或默认，在什么情况下能构成承认或默认，这需要更充分地探讨。诚然，国际法庭的这种做法提示争端当事国在收集地图证据时应关注对方国内曾出版过的地图，也警示当事国注意在本国出版的地图中避免这样的错误。该观点在2008年白礁岛、中岩礁和南礁领土主权案以及2012年尼加拉瓜与哥伦比亚领土和海洋争端案中均有体现，其中法庭对前述做法的肯定还与争端双方各自出版的地图未导致显著相异的结论有关：两国出版的地图都将某些较大的海洋地物标为同一国的领土。四是随着科学技术的进步，从争端当事国官方网站上获取的包括地图在内的材料也可作为证据使用，国际法院在2004年在被占领巴勒斯坦领土修建隔离墙的法律后果咨询意见案中就采信了来自当事国一方官方网站的地图。

第四，地图只能作为证明领土主权归属相关法律事实的间接证据，仅具有辅助的证据价值，并不能直接证明相关的主权活动。1928年帕尔马斯岛仲裁案已经确认地图仅能作为一种间接证据而非直接证据，判定地图的证据价值时须遵守间接证据的一般规则。胡伯仲裁员在该案中阐述的"谨慎对待地图在领土争端案件中作为证据"的观点被后续的案件所援引，并且得到了国际法学者的广泛认可。英国的布朗利教授认为，国际法院将地图视为不可靠的证据是"恰到好处的谨慎"[1]，并强调地图最多只能辅助证明已经被其他证据证明的事实或结论。曾任美国国际法学会会长的海德（C. C. Hyde）教授也赞同应谨慎地对待地图的证据价值。[2] 此外，国际法院在 1986 年布基纳法索与马里边界争端案中明确强调了地图本身不可以构成领土主权的来源，也不必然构成一项证明边界的有效证据，除非地图是国家意志的实际表现。因为如果地图构成这种证据的话，它们将形成一种不可反驳的推定，而这种推定实际上相当于一种法律权源。地图的唯一证据价值在于其辅助证明或验证其他证据所证之事实，因此，它们不会形成一项可反驳的推定（无反证则成立），也不会导致举证责任倒置。[3] 它可以直接证明国家行使主权意图的存在（或不存在）。不过，实际上，即使地图是国家意志的实际表现，它对于证明主权归属的证据价值依然有限，因为在领土争端中存在国家意志的冲突，即不同的地图反映对立的国家意志。像柏威夏寺案中一幅地图无与争锋的情况是极为罕见的。在 2007 年尼加拉瓜和洪都拉斯加勒比海领土和海洋争端案中，国际法院再次清晰地表明，地图上的标示未必能影响法院对领土主权归属的判断；即便是能展示国家意志的官方地图，也未必能支持其相应的权利主张。诚然，如前文所述，如果地图展示的不是争端一国的单方意志，而是两国的共同意志，那么地图的证据价值就更可能获得法庭的认可。

第五，国际法庭运用地图证据时会考虑事实推定。国际法院分庭在贝宁与尼日尔边界争端案中对地图证据的处理除沿袭之前的做法外，还适用以下推定：因为殖民地独立时点的河道具体位置并没有相应的地图证据材料，所以国际法庭在考察对比了一系列证据价值较高的地图后推定了航道的位置。这种推定是可以反驳的，因该推定承受不利后果的一方需进行积极反驳。所以，如何避免法庭在处理证据的过程中形成不利于本方的事实推定，是一个值得重视的问题。

正如学者所指出的，现代制图技术和准确性已经通过科技的发展

---

〔1〕 Ian Brownlie, *The Rule of Law in International Affairs: International Law at the Fiftieth Anniversary of the United Nations*, The Hague: Martinus Nijhoff, 1998, p. 156.

〔2〕 C. C. Hyde, *International Law: Chiefly as Interpreted and Applied by the United States*, 2nd Edition, Boston: Little Brown, 1947, p. 496.

〔3〕 Burkina Faso/ Mali Case, Judgment, I. C. J. Reports 1986, p. 583, para. 56.

获得提升，故并不能因为缺少准确的技术和地理信息而拒绝给予现代地图证据价值。[1] 然而，国际法院在重视绘图技术可靠性的同时，仍十分谨慎地判定地图的证据价值。国际法院在布基纳法索与马里边界争端案中就指出，即使绘图技术变得更可靠了，地图最多也只能作为辅助证据，用于协助确认法院通过地图之外的证据所得出的结论。也就是说，绘图技术的进步不会改变地图作为间接证据的根本属性，只是优化了间接证据的信息表达，间接证据的运用规则依然适用于地图证据。

第三节　国家官方文件的证明力

国际法和国际诉讼与国家的行为相关，因此当事国在国际诉讼中经常提交大量的国家机构或部门、国家代表等制作或发布的文件，称之为国家文件（national documents）。事实上，诉讼当事方习惯性地援引国家立法、政府报告、官方记录和国家代表的公开声明作为证据。[2] 这些官方文件既可能是当事国当代政府制作的文件，也可能是其所继承的政府或国家在历史上不同时期制作或发布的文件。

一、国内立法的证明力

国内或国家立法（national legislation）能作为证据用于国际诉讼，这在之前讨论历史资料的证据价值时已有所提及。在英伊石油公司案中，为了证明伊朗排除了国际法院对本案的管辖，伊朗政府提交其国内的法律以证明伊朗做出接受常设国际法院管辖时的意图，即常设国际法院的管辖权限于伊朗批准声明（1932 年）后所缔结条约引发的争端，而英国所依据的条约于该时间点之前缔结，故常设国际法院不具备管辖权。鉴于国际法院是常设国际法院的继任者，故伊朗主张国际法院亦不可管辖本案。英国政府对此表示反对，主要理由是该国内法律并未提交给国际联盟（常设国际法院是国际联盟的司法机关），该

---

〔1〕 Anna Riddell, Brendan Plant, *Evidence before the International Court of Justice*, London: British Institute of International and Comparative Law, 2009, p. 256.

〔2〕 See Anna Riddell, Brendan Plant, *Evidence before the International Court of Justice*, London: British Institute of International and Comparative Law, 2009, p. 251.

一国国内文件并不为其他国家政府所知晓。国际法院最终没有接受英国的反对意见，认为该法颁布已经20年了，其他国家在这段时间内完全可以获悉其内容。法院认可伊朗的主张，依据伊朗的国内法解释伊朗做出接受管辖条款声明时候的意图。[1]

应指出的是，国内法文件在国际诉讼中的证据价值应逐案进行判断。国际法院在英伊石油公司案中认可了国内法文件对于佐证国家做出声明时的意图的证据价值，不代表国内法文件的证据价值在其他案件中也能被认可。

二、官方声明和公开声明的证明力

（一）公开声明作为证据的相关案例

在国际司法中，当事国经常把政府官员所做的公开声明文件提交法庭作为证据。从证明的事实内容来看，这些文件涉及国家行为以及政府官员在特定场合发表的言论。

在1928年帕尔马斯岛仲裁案中，美国主张，缺乏证据支持的声明不应在国际仲裁中加以考虑，而荷兰主张，一国政府关于本国行为所做的声明自身便构成证据且无须辅助证据（Secondary evidence，又称次级证据）加以证明。当事国对证据的观点差异是一个程序问题，而仲裁过程中的任何问题由仲裁庭决断。仲裁庭指出，这种声明并非法律文件，比如可创设权利的宣言，只是关于历史事实的陈述。对于这种声明的价值和证据分量，仲裁庭只能参照全部的证据、其他当事方的声明以及仲裁庭熟知的事实进行判断。[2]

在1980年在德黑兰的美国外交和领事人员案中，大量的公开声明作为证据被提交给国际法院，法院对声明的证据价值进行了比较具体的分析。根据伊朗政府发言人和革命卫队行动指挥官的声明，伊朗政府未曾尝试清理使馆驻地，营救人质，劝阻军事人员停止针对使馆的行动；伊朗总理霍梅尼指责美国对伊朗国内问题负责的声明和祝贺军方行动的声明，也不能改变军方最初袭击使馆的独立性和非官方性质；占领使馆和拘留外交人员的法律属性的改变源于霍梅尼后来的

---

〔1〕　See Anglo-Iranian Oil Co.（United Kingdom v. Iran），Judgment, I. C. J. Reports, 1952, pp. 106-107.

〔2〕　See Island of Palmas Case, Award, 1928, R. I. A. A., 2006, pp. 840-842.

政策声明，在该声明中他明确表示，除未从事间谍活动的黑人和妇女之外，伊朗不会允许释放其他的外交人员，他们将被拘留直至美国政府按照伊朗的意愿采取行动。对于伊朗方面声明中屡次提到的美方外交人员的间谍行为，法院认为需要提供相关证据才能形成司法意见。[1]

在1986年在尼加拉瓜和针对尼加拉瓜的军事和准军事活动案中，国际法院较为详细地评估了公开声明的证据价值。这些声明是由国家代表做出的，有的甚至出自最高政治级别的国家代表。有些声明是对国家官方机构或者国际组织或区域组织的官方机构做出的，存在于这些机构的官方记录中；其他的在新闻发布会或采访中做出，经国际或国内的媒体报道。法院认为这些高级别的政治人物做出的声明，如果承认了对其本国不利的事实或行为，则具有特殊的证据价值，可被视为承认的一种形式。尽管如此，法院还是表示需谨慎处理这类声明：要根据其公开的方式，比如是在国家或国际层面的官方出版，还是在书籍或报纸上发表，区别对待其证据价值；还需留意官方声明的文本是以原文件形式还是翻译件形式存在；是否以符合《国际法院规约》和《国际法院规则》的要求提交给法院；法院有时需要对这些声明进行解读以确认它们在多大程度上构成对事实的承认。国际法院表示，要考虑的声明不限于在诉讼程序中提交的，也不限于当事国做出的；为追求真相，当事国代表或者其他国家代表在国际组织发表的声明以及国际组织通过或讨论的决议，如果事实上相关（so far as factually relevant），不论当事国是否关注，法院都需要注意。[2]

在2005年刚果诉乌干达刚果境内的武装活动案及2007年波斯尼亚和黑塞哥维那诉塞尔维亚和黑山《防止及惩治灭绝种族罪公约》的适用案中，国际法院延续其在在尼加拉瓜和针对尼加拉瓜的军事和准军事活动案中评估公开声明的证据价值的路径。在刚果境内的武装活动案中，法院认为高级军事官员所做于本国不利的声明具有特殊的证

---

[1] See United States Diplomatic and Consular Staff in Tehran, Judgment, I. C. J. Reports, 1980, p. 13, para. 18, p. 30, para. 59, pp. 34-35, paras. 73-74, p. 38, para. 82. [hereinafter Diplomatic and Consular Staff Case]

[2] See Military and Paramilitary Activities in and against Nicaragua (Nicaragua v. United States of America), Merits, Judgment, I. C. J. Reports, 1986, p. 41, paras. 64-65, p. 44, para. 72. [hereinafter Nicaragua Case]

据价值。此外，这类声明经过宣誓并且是对由乌干达政府设立的调查非法开采刚果共和国自然资源和其他资源指控的司法委员会，即波特委员会（Porter Commission）这样的权威机构做出的，[1] 这些因素有助于该声明的证据价值获得认可。2007 年波斯尼亚和黑塞哥维那诉塞尔维亚和黑山《防止及惩治灭绝种族罪公约》的适用案中，法院在判断塞尔维亚和黑山共和国部长理事会所做的官方声明能否被"视为承认或默认将斯雷布雷尼察大屠杀归咎于南斯拉夫的决定性证据"时指出，这项声明的本质是政治性的，显然不是能产生法律效果的承认，否则和当事方庭前的表现存在冲突，因此该声明对法庭处理它所面对的问题没有帮助。[2]

由上述国际司法和仲裁实践的分析可得出以下三点认识：第一，官方声明和公开声明的证据价值需要结合具体情况逐案进行认定。发表声明的场合、刊登声明的出版物、是否经过宣誓、与其他证据材料的关系等诸因素，都需要予以考量。第二，一方做出的不利于本方的声明的证据价值易获得承认，但国际法庭对这种承认或默认的处理应有更统一的判断标准，以避免出现不公平的情况。第三，排除政治性声明的证据价值是合适的，但区分政治性声明和非政治性声明往往并不容易。因为可能一份声明某一部分是政治性的，而另一部分则不是。处理这样的声明的证据价值难度比较大。

（二）国家单方声明证明该国承担义务的证据价值

国家的单方声明是单方行为的一种。并非所有的国家单方声明都可作为证据，只有构成国际法意义上的单方声明方可被国际法庭考量作为证据，因为这种单方声明对于发出声明的国家有拘束力。王铁崖教授认为，国际法上的单方声明是指发出声明的国家或其他国际法主体使该声明有法律上承诺的性质，同时国际法赋予该声明以这样性质。因该声明而承担国际义务的拘束力是以"诚实"为依据的。[3] 这方面

---

[1] See Armed Activities on the Territory of the Congo Case, Judgment, I. C. J. Reports, 2005, p. 179, para. 18, p. 201, para. 61, pp. 206-207, para. 78.

[2] See Application of the Convention on the Prevention and Punishment of the Crime of Genocide (Bosnia and Herzegovina v. Serbia and Montenegro), Judgment, I. C. J. Reports, 2007, pp. 198-199, paras. 377-378. [hereinafter Genocide Convention Case]

[3] 参见王铁崖总主编:《中华法学大辞典: 国际法学卷》, 中国检察出版社 1996 年版, 第 83 页。

的经典案例是 1974 年的核试验案。

国际法院在 1974 年澳大利亚和新西兰分别诉法国的核试验案中判称：根据法律和事实的情形，通过国家单方行为做出的声明可能具有创制法律义务的效果；当做出声明的国家意在受声明措辞的约束时，这种意图更授予声明法律承诺的性质，国家因此需要做出符合声明的行为；这类承诺，如果是公开做出并包含受其约束的意图，尽管不是在国际谈判中做出的，也是有约束力的。在这种情况下，声明发生效力并不需要对方进行利益交换（quid pro quo），也不需要对声明表示接受，甚至不用其他国家做出回应，这就是法律行为单方属性的体现。对于单方声明国家意图创制的法律义务的含义和范围，由法院自行判断，不受其他国家意见的约束。法国向全世界宣布这将是最后的核试验，表明其终止核试验的意图，其他国家有理由相信这一表态的效力。从法国表态的实质内容以及做出表态的情形，能够推导出单方行为的法律内涵。表态的内容是明确的而且面向整个国际社会，法院认为这构成了具有法律效力的承诺。[1]

在 1986 年在尼加拉瓜和针对尼加拉瓜的军事和准军事活动案中，美国将支持尼加拉瓜反对派的行为与指控尼加拉瓜政府"违背对尼加拉瓜人民、美国和美洲国家组织的庄严承诺"相结合，指称尼加拉瓜国家重建军政府（Junta of the Government of National Reconstruction of Nicaragua）与美洲国家组织的通信和附随的"保障和平计划"构成了法律承诺。但国际法院不认为这属于法律承诺，因为军政府明确表示邀请美洲国家组织监督尼加拉瓜的政治生活不能影响尼加拉瓜人民自主决定内政的事实，而通信和"保障和平计划"中提及的尼加拉瓜国家重建军政府向美洲国家组织和本国国民提出的进行自由选举的目标本质上只是一种政治宣示（political pledge），无论是从单方承诺还是从双向承诺的角度看，都不具有法律效力，不能推导出尼加拉瓜因此做出了进行选举的承诺。[2]

在 1986 年布基纳法索与马里边界争端案中，国际法院分庭对马

〔1〕　See Nuclear Tests（Australia v. France），Judgment，I. C. J. Reports，1974，pp. 267-269，paras. 43，48，51.

〔2〕　See Nicaragua Case，Merits，Judgment，I. C. J. Reports，1986，pp. 130-132，paras. 257-261.

里总统的单方声明的证据价值进行研判。双方都同意非洲统一组织成立的调解委员会并非司法机构，也无权做出有拘束力的决定，而且委员会实际上并未完成它的工作。但是，布基纳法索主张，由国家首脑峰会批准的法律小组委员会的报告对马里具有拘束力，因为马里总统通过声明表示该国受报告的约束。马里对布基纳法索的这种解读表示反对，理由有二：一是委员会必须有决定权，而本案不属于这种情况；二是总统的言论不过是经常出现在新闻发布会上的俏皮话而已，只想表达马里考虑委员会建议的迫切心情和善意。法院在判决中指出，对于不指向任何具体接收方的单方声明，法院有义务表现得更为谨慎；不同于核试验案中只能用单方声明表达受约束意愿的法国政府，本案中当事方可以通过常规的做法表达接受非洲统一组织调解委员会结论约束的意图，即缔结正式的协定。因不存在这样的协定，故没有理由将马里总统的声明解读为具有法律含义的单方行为。[1]

上述国际法院的司法实践带来如下启示：第一，判断单方声明能否创制法律义务或作为要求声明发布方履行义务的依据，只考察声明的文义是不够的，声明针对的事项、声明做出的背景、声明的接收方等等都需要纳入考量。国际法庭在判断声明发布方是否存在受约束的意图这一问题上表现得比较谨慎。第二，通过单方面声明确定当事方意图的难度较大，尤其是在双边关系中，因此还是应当尽量争取用条约来确定彼此对某一问题的态度。

三、内部文件的证明力

内部文件（internal documents，或译为"国内文件"）指的是一国政府部门所制作的文件或报告。有些内部文件可被国际法庭视为有证据价值，不过其作为证据的价值依然是有限的，即使内部文件既不存在诸如签名缺失这样形式上的缺陷，也不缺少对资料来源的解释，但却是对本方有利的。个中原因，一是内部文件本身的立场对相关信息搜集会形成干扰，二是类似庭审的程序要求一般也难以满足。请看两

---

[1] See Burkina Faso/ Mali Case, Judgment, I. C. J. Reports, 1986, pp. 573-574, paras. 38-40.

宗国际法院的相关案例。

在 2005 年刚果境内的武装活动案中，乌干达对刚果使用武力进行自卫所依赖的文件中包括一份讯问被捕的刚果解放民主联军成员的报告，该成员承认参与对基丘万巴地区（Kichwamba）的袭击，并提到有意获取刚果政府的后勤支持和庇护，但该成员未在这份报告上签字，这份报告也没有涉及民主刚果共和国。提及刚果参与对乌干达袭击的一些内部文件是未签字的证人证言，而关于刚果卡比拉总统暗中支持刚果解放民主联军的内部文件通常也缺乏可靠性，包含未签字甚至是字迹无法辨认的证人证言。这样的证据材料无法满足国际法院的要求。同理，另有乌干达提供的某些内部军事情报，它们不仅逾期才被提交，而且对信息如何取得也没有说明，因而未被国际法院认可。[1]

在 2007 年波斯尼亚和黑塞哥维那诉塞尔维亚和黑山《防止及惩治灭绝种族罪公约》的适用案中，国际法院指出，官方机构或独立机构做出的报告的证据价值取决于三个因素：一是文件中的证据的来源，比如考察这些证据是否具有倾向性；二是文件的产生过程，例如，该文件是产生于匿名媒体报道，还是庭审程序或类似庭审程序的产物；三是是否含有有违本方利益的声明、对一致同意的或无争议的事实的描述等文件内容。[2]

四、第三方国家的官方文件

诉讼当事国之外的国家即第三方国家，这类国家向国际法庭提供的文件的证据价值取决于它们是否参与诉讼。争端国可能会对第三方国家的文件做出不同的解释，而只有第三方国家自身最清楚文件的真实意思。若第三方国家不参与诉讼，则没有办法澄清有关质疑。关涉第三方国家应要求其向国际法庭提交证据材料的实例，国际法院成立后受理的第一个案子英国诉阿尔巴尼亚科孚海峡案即是。在该案中，英国指出铺设水雷的是南斯拉夫军舰，但其是在阿尔巴尼亚政府知情和纵容之下所为。因为这一论点，南斯拉夫政府授权阿尔巴尼亚政府

---

〔1〕　See Armed Activities on the Territory of the Congo Case, Judgment, I. C. J. Reports, 2005, p. 220, paras. 133-134; p. 221, para. 137.

〔2〕　See Genocide Convention Case, Judgment, I. C. J. Reports, 2007, p. 135, para. 227.

代为提交南斯拉夫政府的文件。国际法院急于揭示真相，因此并未拒绝接受这些文件。但由于南斯拉夫没有参加诉讼程序，法院只能有保留地接受这些文件作为证据，并且认为没有必要对其证据价值表达意见。[1]

本节小结

国家的官方文件是国际司法和仲裁程序中的重要证据，在证明国家意图、立场及其变化方面具有重要的价值，尤其是在国家对领土主权的承认和默认问题上，立法、国家声明等文件可以说是最直接有力的证据。然而，由于国家文件往往带有政治或利益倾向性，国际司法及仲裁机构仍然会综合文件的中立性、来源、产生程序及与其他证据的一致性等因素，进行个案的裁量。一般来说，那些立场中立甚至与自己利益相悖、来源明确且经过特定程序产生、得到其他证据或他国文件支持的官方文件，具有较高的证据价值。

第四节　新闻、出版物的证明力

国际法院在评估报纸、杂志、书籍、网页或电视广播中以新闻报道形式呈现的文件证据时相当谨慎小心。正如学者所指出的，法院一般将此类新闻报道视为辅助证据，即便它们具有较高质量，其本身也不可以作为证据证明事实，但可以佐证已被其他形式证据所证明的事实。[2]

一、1980 年在德黑兰的美国外交和领事人员案

1979 年 11 月 4 日，伊朗的群众示威游行队伍闯进美国驻伊朗大使馆，扣留了使馆内的美国外交和领事人员以及其他一些美国国民，把他们扣作人质。在该案中，美国声称，由于人质事件，美国无法接触其外交和领事人员代表、大使馆以及文件等，因此无法提交人质事件

〔1〕　See Corfu Channel Case, Judgment, I. C. J. Reports, 1949, pp. 15-17.
〔2〕　Anna Riddell, Brendan Plant, *Evidence before the International Court of Justice*, London: British Institute of International and Comparative Law, 2009, p. 276.

的具体事实证据。为证明美国在临时措施申请和书状中所提及的事实，美国提交了伊朗与美国的官员在新闻发布会、广播、电视等媒体上的发言节选。[1]

国际法院需要处理的问题是，"在世界范围内通过广播和电视广泛传播的公众认知"能否作为证据。法院认可美国基于广泛传播的新闻报道支持其主张，主要基于以下理由：美国所依赖的报纸、广播和电视报道经过全权处理伊朗危机的美国高级官员证实；法院获得来自不同信息源的大量信息，包括伊朗和美国政府的官方声明等；美方提交的这类信息经法院传递给伊朗方面，并未引起伊朗方面的否定和质疑。[2]

该案有两个特点：其一，该案是国际法院首次处理以大量新闻报道作为证据的案件。法院认为，当新闻报道与其他主要的事实完全一致，且证据交换后争端另一方政府对此未予否定或质疑，那么其作为证据具有较大的价值。其二，该案存在两个特殊情况：一是被告当事国伊朗未对新闻材料进行否定或质疑；二是由于客观原因，美国无法获取相关的信息和证明资料。这两个特殊情况也为美国依赖大量新闻证据提供了合理性。如果争端另一方对新闻材料进行否认或质疑，或者将新闻材料作为证据提供给法院的当事方本可以提供其他的证据材料，那么法院未必会对新闻报道的证据价值做出同样的判断。

二、1986 年在尼加拉瓜和针对尼加拉瓜的军事和准军事活动案

尼加拉瓜指控美国在尼加拉瓜港口布雷，袭击尼加拉瓜的石油设施和其他目标，侵犯尼加拉瓜的领空主权以及支持尼加拉瓜反政府武装。在本案诉讼中，尼加拉瓜和美国都提交了大量包括新闻稿件和书籍摘要在内的文件作为证据。国际法院在判决中指出，法院需要"非常谨慎地对待这些文件，即使这些文件满足了较高客观性的要求，依然不能视之为能证明事实的证据，它们只是在一定的情况下有助于确证事实存在的材料，如作为其他证据来源的说明性资料"。虽然新闻报

---

[1]　See Diplomatic and Consular Staff Case, Judgment, I. C. J. Reports, 1980, pp. 9-10, paras. 11-12.

[2]　See Diplomatic and Consular Staff Case, Judgment, I. C. J. Reports, 1980, pp. 9-10, paras. 12-13.

道本身不应被视作司法证据，但通过这些信息构建的对一项事实的公众认知具有一定的证据价值。同时，法院进一步强调，被广泛知晓的事实可能产生于同一个信息来源，这样的新闻报道，无论数量多少，其证明力都小于原始资料。为证明在尼加拉瓜曾经发生的攻击，法院决定赋予几份媒体报告一定的佐证价值，因为它们与尼加拉瓜提交的宣誓书和口头证言相符合，而且美国政府也未予否认。[1]

本案中，国际法院对新闻的采信态度做了调整或细化。首先，关于公众知晓的事实的证据效力，与在德黑兰的美国外交和领事人员案相比，国际法院的态度变得尤其谨慎；[2]其次，法院仍认可新闻报道作为辅助证据，并在共同证明事实时具有一定的说服力，但法院强调多个新闻报道可能来源于同一份文件，而源自同一份文件的新闻报道的数量再多也不会提升新闻材料的证据价值；最后，在法院看来，新闻信息的辅助证据价值跟争端方的默认密切相关。

三、2003 年石油平台案

在该案中，伊朗指控美国袭击伊朗石油平台违反两国 1955 年缔结的《友好、经济关系和领事权利条约》第 5 条第 1 款，侵犯了贸易自由。为了证明在波斯湾进行的针对美国的袭击是由伊朗发起的，美国提交了劳埃德海洋信息服务报告、英国海运总委员会报告、《简氏情报评论》（*Jane's Intelligence Review*）以及其他来源的报告。国际法院援引 1986 年在尼加拉瓜和针对尼加拉瓜的军事和准军事活动案判决的论点，即来自同一个信息来源的报告无论数量多少，其证据价值都小于原始资料做出结论：这些公共信息属于辅助证据，而且法院并不清楚这些信息的原始资料来源，因此不足以支持美方的主张。[3]

显然，国际法院在该案中处理新闻报道类证据材料的做法再次表明原始出处对于判断有关证据价值的重要性。

---

[1] See Nicaragua Case, Merits, Judgment, I. C. J. Reports, 1986, p. 40, paras. 62-63, pp. 48-50, paras. 81-84.

[2] See Nicaragua Case, Merits, Judgment, I. C. J. Reports, 1986, p. 41, para. 63.

[3] See Oil Platforms (Islamic Republic of Iran v. United States of America), Judgment, I. C. J. Reports, 2003, p. 190, para. 60; Nicaragua Case, Merits, Judgment, I. C. J. Reports, 1986, p. 41, para. 63.

四、2005 年刚果诉乌干达刚果境内的武装活动案

1999 年，刚果就乌干达在刚果境内实施的武装侵略行动向国际法院提起诉讼。双方当事国均提交了大量用于证明该案事实的文件资料。为证明乌干达支持"刚果解放运动"，刚果提交了国际危机组织 1999 年 11 月 17 日出具的报告、人权观察在 2001 年 3 月做出的报告以及 2000 年 9 月 4 日联合国秘书长就驻刚果特派团报告节选等。但国际法院拒绝依据这些证据做出结论，因为这些文件并未经过证实，是基于二手资料做出的报告，未能说明刚果主张甚至有失公正。法院指出，它比较偏重于从直接了解情况的人员那里获得同一时期的证据，尤其看重由代表某国的人提供的承认不利于该国的事实或行为的证据，也重视其内容正确性未受到公正人士质疑的证据。法院适当考虑了波特委员会的报告，因为该委员会就是以这种方式收集证据的，而且自从该份报告公开发行以来，其可信度未受到质疑，且双方当事国已接受了该份报告。法院回顾了其对在德黑兰的美国外交和领事人员案的判断，即新闻报道只有在完全与主要的事实相符合的情况下才能作为证据。法院认为，基于单一信息源，或者非中立的信息源，或者完全不知道其来源的新闻和杂志文章是不能揭示真相的。[1]

该案有以下三点值得关注：第一，国际法院加强了对新闻报道信息来源的重视程度，这种重视甚至体现在审查非新闻机构做出的相关报告上；第二，法院重申，新闻报道只有在与被其他证据证实的主要事实一致的情况下才能被采信；第三，法院对波特委员会所做报告的重视似乎表明，专门委员会的调查比新闻机构的调查更有说服力。

五、2007 年波斯尼亚和黑塞哥维那诉塞尔维亚和黑山《防止及惩治灭绝种族罪公约》的适用案

在这一案件中，波斯尼亚和黑塞哥维那指控塞尔维亚违反《防止及惩治灭绝种族罪公约》，针对非塞族男性实施性暴力以使其丧失生育能力。为此向国际法院提交的证据包括法国《世界报》（*Le Monde*）上

---

［1］ See Armed Activities on the Territory of the Congo Case, Judgment, I. C. J. Reports, 2005, p. 201, para. 61, p. 204, para. 68, pp. 225-226, para. 159.

的一篇文章，该报道主要内容是由世界卫生组织所做的一项研究，并且将一位非政府组织的负责人的言论作为证据，用以证明在波黑存在针对非塞族男性的性暴力行为，受害者大约 5000 人。国际法院认为该文章只能被视为二手资料，世界卫生组织的研究仅是初步性质的，也未说明如何统计出 5000 名受害者。[1]

本案的启示在于，即使新闻报道引用权威机构的研究，其证据价值也未必能因此而有所增加；如果权威机构出具的研究报告不利于本方，可以考虑从研究阶段、结论推导过程等角度削弱报告可能产生的证据价值。

六、2008 年白礁岛、中岩礁和南礁领土主权案

该案中，为确定白礁岛的主权归属，国际法院首先需要判定柔佛苏丹在 1847 年前是否拥有对白礁岛的原始权源。在考察白礁岛是否处于柔佛苏丹领土范围之内的过程中，法院提到了 1843 年 5 月 25 日刊登在《新加坡自由报》上的一篇文章，该文报道了新加坡邻近海域经常遭受海盗侵扰，并称该区域为柔佛苏丹的领土，更确切地说属于柔佛天猛公，因为他才是真正的主权者。鉴于这份证据没有指明信息来源与作者姓名，新加坡据此高度质疑其证据价值。国际法院认为该报道可以佐证其他证据以证明柔佛对争议地区拥有主权这一事实。[2] 遗憾的是，法院未能对新加坡质疑的部分做出解释，而根据法院之前处理新闻类证据的实践，新加坡的质疑完全有道理。

关于官方出版物，马来西亚称，描述本国领土的新加坡官方出版物提到了约 60 个岛礁，但未提及白礁岛。1972 年出版的《新加坡：事实和图片》一书的目录中甚至列出了面积比白礁岛更小、无人居住且建有灯塔的岛屿，但却没有提及白礁岛。直到 1992 年，该出版物的新版本才首次将白礁岛纳入本国领土。类似地，新加坡农业局 1953—1956 年的年度报告也不涉及白礁岛。对此新加坡回应说，《新加坡：事实和图片》并未从法律角度全面介绍本国领土，而只是提供一般性的信息。1972 年的版本和 1992 年的版本都既不全面，也不权威，仅具有

---

〔1〕 See Genocide Convention Case, Judgment, I. C. J. Reports, 2007, p. 191, para. 357.

〔2〕 See Pedra Branca/ Palau Batu Puteh Case, Judgment, I. C. J. Reports, 2008, pp. 34-35, paras. 57-58.

参考价值而不具有行政效力。此外，该书 1972 年的版本关于新加坡岛领海中的小岛的目录至少遗漏了 8 个属于新加坡的小岛；农业局的报告也存在遗漏的情况，且农业局这种扩张管辖权的做法源于选区界限的改变。国际法院认为，上述出版物虽是官方出版物，但鉴于其目的及其非权威性与描述性的属性，也不认为它们有任何证据价值。[1]

本案中，国际法院对官方出版物的分析并不令人满意，因为实际上法院只是在重复新加坡的回应，而没有做出自己的判断。其实，法院可以从新闻、出版物只能作为辅助证据用以印证事实的角度，来解释其为何拒绝承认该书的证据价值。

本节小结

从上述国际法院的司法实践不难看出，包括书籍摘要、期刊文章、媒体报道等在内的新闻、出版物作为证据的价值很有限。关于国际法院评估新闻、出版物的证据效力，可以归纳出以下几点：第一，在因特殊原因而无法取得第一手资料且新闻报道未引起争端方否认或质疑的情况下，新闻报道的证据价值有较大可能性被认可。第二，国际法院对新闻报道的来源非常重视，会拒绝认可那些信息来源不明的新闻报道的证据价值，源自同一出处的报道数量再多也不会增加其证据价值。法院甚至会审查一些机构做出的报告的信息来源，以此判断其证据效力。第三，国际法院强调新闻证据材料佐证其他证据材料的功能，但这种做法在现实中会引起这样的问题：可能佐证其他证据材料的是一个来源不明的新闻报道，而认可这样的报道的证据价值有悖法院对信息来源一贯重视的做法。

第五节　专家报告的证明力

本节所称的专家报告与《国际法院规约》第 50 条所规定的调查、鉴定所产生的报告不同。该条规定："法院得随时选择任何个人、团体、局所、委员会或其他组织，委以调查或鉴定之责。"而与该条相关

---

[1]　See Pedra Branca/ Palau Batu Puteh Case, Judgment, I. C. J. Reports, 2008, p. 92, paras. 261-262.

的是《国际法院规则》第67条和第68条。第67条规定："1. 如果法院认为有必要安排调查或鉴定，须在对双方进行审讯后，发布命令对调查或鉴定的主题做出定义，陈述调查人员和鉴定人的数量及任命模式，规定要遵循的程序。适当的时候，法院须要求任命的调查人员和鉴定人做出庄严的声明。2. 每一份调查的报告或记录和每一份鉴定意见须跟当事方进行交流，当事方对此有进行评论的机会。"第68条规定了法院安排的调查和鉴定在适当的时候由法院的基金承担费用。可见，正如国际法院在其他证据问题上享有广泛的自由裁量权一样，在依职权调查或鉴定的问题上亦然。《国际法院规约》和《国际法院规则》在这个问题上没有很具体的规定，法院用发布命令的方式对其中的细节问题做出具体的规定。解读这一条的关键是法院处理证据的职权和当事方诉讼地位平等二者的关系。如果法院不能保证它所任命的鉴定人的中立性和专业性，那么依职权鉴定就会产生使当事方诉讼地位不平等的风险。

依赖鉴定意见会产生一定的风险，国际法院对此是清楚的。在柏威夏寺案中，菲茨莫里斯法官指出："在不存在善意缺失的情况下，依赖鉴定人技能的后果是必须遵守鉴定结果，简言之，这类似于买方自慎（caveat emptor）原则。各行各业都是这样。咨询律师、医生、建筑师或其他专家，就是……接受专家犯错或者专家的工作存在瑕疵这样的可能性。像其他人一样，专家也会出错。除了在奉行绝对风险或绝对责任的情况下，法律作为一般性的规则并不对适格的专家在善意且无过失情况下犯的错误提供救济途径。鉴定意见的风险只能在这种情况下被接受。"按照菲茨莫里斯法官的解析来理解法院寻求鉴定意见的职权，会意识到这样的问题：当法院任命的专家出错时，最终要由没有任命该专家的诉讼当事方承担由此引发的不利的诉讼后果；根据买方自慎原则所体现的法理，这对当事方不够公平。当然，这个问题是可以解决的。如果法院任命鉴定人的具体程序能为当事方提供足够的参与机会，让当事方的意志尽可能体现在任命过程中，即使鉴定人出错，要求当事方承担相应的不利后果也不违背类似于"买方自慎"的法理。[1] 但问题是法院的实践并不支持当事方参与鉴定人任命。法

---

〔1〕 See Temple of Preah Vihear Case, Separate Opinion of Judge Sir Gerald Fitzmaurice, I. C. J. Reports, 1962, pp. 58-59.

院寻求鉴定意见会采取一种非正式的做法，回避《国际法院规约》第50条的规定。詹宁斯教授指出："国际法院常雇用制图专家、水文专家、地理学家、语言学家甚至专门的法律专家来协助理解案件中的问题。法院认为这不需要公开，甚至不需要通知当事方。"[1]

就本节的研究目的而言，这里只讨论当事国提交的专家报告，而不包括国际法院自行组织的调查、鉴定报告。由于证据涉及很多技术性问题，提交和使用专家报告成为当事国经常运用的一个方法。本节主要以2012年尼加拉瓜与哥伦比亚领土和海洋争端案为例，分析专家报告的运用。

在该案中，尼加拉瓜主张基塔苏埃尼奥礁实为高潮时没入水中的浅滩，并引用哥伦比亚外交官员在1937年的测量报告，该报告称不存在基塔苏埃尼奥礁，该海洋地物无固定的陆地，因此无鸟粪或鸟蛋。但哥伦比亚提交了两份报告：一是哥伦比亚海军在2008年完成的基塔苏埃尼奥礁和阿尔布科克礁的调研报告，二是史密斯（Robert Smith）博士在2010年完成的关于基塔苏埃尼奥礁及其基线、领海和毗连区的专家报告。该报告认为，基塔苏埃尼奥礁含34个独立的海洋地物，这些海洋地物符合岛屿在高潮时露出水面的特征，另外至少有20个低潮高地位于这些岛屿12海里以内。尼加拉瓜则指出，哥伦比亚提交的两份报告均是该国为本案专门准备的。尼加拉瓜反对史密斯博士采用的测量方法，认为格勒诺布尔全球潮汐模型（Global Grenoble Tide Model）不适用，并引用美国国家航空航天局的说法，即该模型对于较浅的海域中的地物的测量极其不准确，并不适用于航行或者其他实际应用。对此哥伦比亚回应称：国际法并未明确规定使用任何特定的潮汐测量方法，史密斯博士对很多地物的测量结果都准确无误，而且他是依据最高天文潮位而非平均高潮这种保守（或传统）的方法，得出海洋地物在高潮时露出水面的结论。尼加拉瓜认为，英国水道测量办公室使用的"海军总潮汐模型"（Admiralty Total Tide Model）更适合用来确定基塔苏埃尼奥礁的高度，因为它对深度较浅的水域

[1] Robert Jennings, "International Lawyers and the Progressive Development of International Law", in Jerzy Makarczyk (ed.), *Theory of International Law at the Threshold of the 21st Century: Essays in Honour of Krzysztof Skubiszewski*, Kluwer Law International, 1996, p. 416.

的测量结果更准确。[1]

对此，国际法院援引其在乌拉圭河沿岸的纸浆厂案中的判决："法院在本案中无须对双方的专家和顾问提供的文件和研究的相对优势、可靠性和权威性进行一般性的讨论。法院只需要注意以下事实，即虽然双方提交了大量复杂的事实信息，但法院有责任在仔细考虑当事方提交的全部证据的基础上，确定相关的事实，评估证据的证据价值，并从中得出适当的结论。所以，遵循过往的实践，法院将基于双方提交的证据自行确定事实，进而将国际法的相关规则适用于法院确认存在的事实。"[2]

国际法院要解决的问题是基塔苏埃尼奥礁是否属于高潮时高于水面的自然形成的陆地区域。法院认为在本诉讼程序之前很多年（某些情况下是数十年）进行的调查与解决该问题是无关的。尼加拉瓜所依赖的海图也不具有多少证据价值，因为这些海图意在展示基塔苏埃尼奥礁海域的航行危险，并非为了区分有关海洋地物在高潮时高于或低于水面。法院认为与该问题相关的是当代证据，其中史密斯博士的报告是最重要的，因为它基于对基塔苏埃尼奥礁的实际观察和对这些情况的科学评估，但法院仍认为必须谨慎对待报告的结论。依据史密斯博士的报告，除了编号 QS32 的海洋地物，其他海洋地物在高潮时位于水面以上的高度均小于 0.3 米。但是，即便采用尼加拉瓜提出的潮汐模型，QS32 仍在高潮时位于水面以上约 0.7 米。QS32 面积小并不是问题，因为国际法并未规定可视为岛屿的海洋地物的最小规格，所以法院判定 QS32 属于可被占据的岛屿，哥伦比亚提交的其他证据并不足以证明基塔苏埃尼奥礁中的其他海洋地物构成国际法上的岛屿。[3]

国际法院在该案中对专家报告的评估，有三点值得提出来：其一，不同于对地图、国家官方文件、新闻报道等证据材料的处理方式，法院对专家报告不进行形式审查，所以专家就职的机构以及专家是否中立等问题都不予考虑；其二，法院认为专家报告也具有时

---

〔1〕 See Nicaragua and Colombia Case, Judgment, I. C. J. Reports, 2012, pp. 642-643, paras. 28-31.

〔2〕 Pulp Mills on the River Uruguay, Judgment, I. C. J. Reports, 2010, pp. 72-73, para. 168.

〔3〕 See Nicaragua and Colombia Case, Judgment, I. C. J. Reports, 2012, pp. 644- 645, paras. 35-38.

效性，与争端发生时点相隔数十年的报告会失效；其三，判断科学证据材料的证据价值时，法院会考虑制作该科学报告的目的与证明对象的关系。

本章小结

本章探讨了历史资料、地图、政府文件、新闻和其他出版物以及专家报告作为证据在国际司法与仲裁中的适用问题，经分析和对比相当数量的有关国际司法与仲裁案例，总结出以下几点认知：首先，国际司法与仲裁程序中证据的类型是多种多样的，故而在考虑向国际法庭提交证据时不需要像国内诉讼那样关注证据类型的问题。其次，国际法庭在审查证据时采用高度灵活的"自由心证"原则，所以在提交证据时需要关注证据本身是否能比较清晰地传递相关信息，以促进法官形成有利于本方的心证结果。再次，"自由心证"原则下某一项具体证据的证明力是不易预测的，总的来说，国际判例往往只明确一些证据种类的证明力，而不会指出哪类证据具有较高的证明力。正因为如此，提交多项证据或者说在证据数量上形成对比优势是合理的选择。最后，提交证据时需要谨慎考虑对该证据是否可能做出不利于本方的解读，以免被国际法庭视作对主权的承认或默认，而对方提供的证据也可能做出有利于本方的解读，这点需要加以利用从而力促法院认定对方存在对主权的承认或默认。

第三章 南海地区历史资料的证据价值评析

基于本编第二章对国际司法和仲裁机构处理证据的相关司法实践的研究，本章选取了几类中国在南海问题上的重要资料，从国际法的角度对历史资料在南海主权问题上的证据价值进行分析。同时，本章尽可能兼顾研究资料的"一手性"，对学界研究中经常出现的"二手文献"的原始资料进行研读，以使本编的研究更客观地呈现这些资料的证据价值。

第一节 重要地图资料的证明力

本节主题主要属于南海诸岛主权归属证据研究，因为南海断续线被标示在地图上。正如国际法院的李维·卡内罗（Levi Carneiro）法官所言，地图虽然不是领土主权问题的决定性证据，但地图对证实领土占据情况或者行使领土主权的事实起到较大的作用。[1] 下文将对涉及中国南海主权的重要地图的证据价值进行分析。

一、中国的早期地图

为证明中国很早已将南海诸岛纳入中国的版图范围内，学者们经常提及明清时期的地图，但大部分学者运用的地图都存在一定的问题，主要体现在两方面：一是很多地图原图已佚失，学者在运用此类地图中包含的信息时多通过"相互转引"；二是即便早期地图的原图存在，地图所载的内容也缺乏精确性，无法有效传达相关信息。

（一）《郑和航海图》[2]

1405—1422 年，郑和船队六下西洋，时值明宣宗酝酿再下西洋、

---

〔1〕 See The Minquiers and Ecrehos Case, Individual Opinion of Judge Levi Carneiro, I. C. J. Reports, 1953, p. 105.

〔2〕 中国台湾地区"内政部"编印：《"中华民国"南疆史料选辑》，2015 年，第 35 页。

全体下洋官兵守备南京期间，明宣宗派人综合整理了船队历次下西洋的航程，绘制成著名的《郑和航海图》，这一整幅下西洋全图原名为《自宝船厂开船从龙江关出水直抵外国诸蕃图》[1]。

　　然而，这一航海图原图现已散佚，目前我国学术界可找到的航海图载于明代茅元仪辑《武备志》中。该志载有郑和下西洋之航海图，记述了郑和船队穿越南海时经过石星、石塘等。该图标明"石塘"、"万生石塘屿"以及"石星石塘"，学者们认为这些词语分别表示今天的西沙群岛、南沙群岛、中沙群岛和东沙群岛[2]。

　　依据国际司法实践，可以从几个方面分析《郑和航海图》的证据价值：第一，该图是郑和及其船队基于实地考察所绘，其信息来源具有较高的可信度。第二，虽然郑和是明朝官员，但该地图并非明朝关于其版图范围的官方地图，该图可被视为半官方性质的地图。第三，制作该图的主要目的并不是描绘明朝的版图范围，而是记录航道的航行方向，比如，何处有礁或者浅滩，以方便远航时使用。第四，该图的原图佚失，现存于《武备志》的图属于二手资料。第五，该图不够准确。一方面，该图标示的"石塘"、"万生石塘屿"以及"石星石塘"只有通过解读才能明确其指代范围；另一方面，该图缺乏准确的地理信息。综合考虑，若在国际司法程序中将该图作为证据，国际司法机构可能赋予该地图非常有限的证据价值。

（二）1810 年《大清万年一统地理全图》[3] 与 1818 年《大清一统天下全图》[4]

　　为证明清代政府将南海诸岛纳入清代版图，学者提及了很多清代

---

〔1〕　学术界对《郑和航海图》的制作时间看法不一，参见朱鉴秋：《〈郑和航海图〉简述》，载《上海大学学报（社会科学版）》1985 年第 2 期，第 50—51 页。

〔2〕　参见韩振华主编：《我国南海诸岛史料汇编》，东方出版社 1988 年版，第 86—87 页。

〔3〕　关于《大清万年一统地理全图》，根据任继愈主编的《中国国家图书馆古籍珍品图录》记载，其所录之图为清嘉庆年间（1796—1820 年）根据清乾隆三十二年（1767 年）黄证孙刻本放大、增补、重刻而成。详见《中国国家图书馆古籍珍品图录》，北京图书馆出版社 1999 年版，第 287 页。此图有不同重制版本，1810 年的重制版本流传较广，在学术著作（详见韩振华主编：《南海诸岛史料汇编》，东方出版社 1988 年版，第 89 页）与中国政府官方文件（详见中华人民共和国国务院新闻办公室：《〈中国坚持通过谈判解决中国与菲律宾在南海的有关争议〉白皮书》，2016 年）中均有记载。该地图版本较为复杂，在此加以说明。

〔4〕　周敏民主编：《地图中国》，香港科技大学图书馆 2003 年版，第 174 页，第 48 图。该图藏于美国威斯康星大学密尔沃基分校图书馆。

的地图，下文主要论及两幅地图。

《大清万年一统地理全图》是清代全国舆地总图，原图由黄千人绘制于乾隆三十二年（1767 年），后经过增补重印，重新绘制者不详。[1] 图中蓝色为陆地，绿色表示水域，该图所示"万里长沙""万里石塘"系宋代后对南海诸岛的称呼，其中"长沙"多指西沙群岛，"石塘"多指南沙群岛。[2] 该图反映了乾隆末年及嘉庆初年府、厅、县建置之增改。图上文字标注每方百里，但地图中并未使用计里画方的技术。[3]

1818 年《大清一统天下全图》的制作者是朱锡龄，该图是木版印刷的手绘彩色地图，中国位于地图中央，并标绘出海南岛、台湾岛等岛屿，以及爪哇岛、文莱、柔佛、越南和柬埔寨，在图上亦标绘出"万里长沙"和"万里石塘"，还标有"七洲洋"。[4]

从国际司法实践的角度来看 1810 年《大清万年一统地理全图》和1818 年《大清一统天下全图》的证据价值。首先，这两幅地图都是由私人绘制的，并不是清朝政府出版的官方地图；其次，两幅地图对南海诸岛的表示与明代《郑和航海图》类似，基于历史学家对历史和地理的分析，我们可以推断出"万里石塘""七洋洲"这些词语的确指代南海诸岛，不过这种推断的结论可能难以被国际司法机构认可；最后，即使"万里石塘""万里长沙"可被国际司法机构视为指代南海诸岛，但这两幅图与证明"清朝将南海诸岛纳入管辖板块"之间存在的是间接而非直接联系。综合考虑，若在国际司法程序中将这两幅图作为证据，其证据价值可能很有限。

（三）小　结

为证明中国在南海地区行使了国家权力，一方面，学者经常使用很多来源不明确的古地图，或者依据二手资料对已佚失的地图中的信息进行分析。例如，很多学者认为宋代佚名的《交广图》、宋太宗太

---

[1] 任继愈主编：《中国国家图书馆古籍珍品图录》，北京图书馆出版社 1999 年版，第287 页。

[2] 韩振华主编：《我国南海诸岛史料汇编》，东方出版社 1988 年版，第88 页；林金枝：《石塘长沙资料辑录考释》，载《南洋问题》1979 年第 6 期，第 102 页。

[3] 李彩霞：《南海诸岛历史事件编年》，社会科学文献出版社 2017 年版，第 92 页。

[4] 周敏民主编：《地图中国》，香港科技大学图书馆 2003 年版，第 174 页，第 48 图；韩振华主编：《我国南海诸岛史料汇编》，东方出版社 1988 年版，第 89 页。

平兴国三年（978 年）广东李符的《海外诸蕃图》、宋真宗咸平六年（1003 年）广州凌策的《海外诸蕃地理图》等，从其名称可以知道这些地图涉及南海周边国家，显示当时宋朝政府的海洋疆域主权意识已有所增强，才编绘以"诸蕃"命名的地图。[1] 但这些学者忽略了一点，那就是这些地图与《郑和航海图》一样，其原图已佚失。

另一方面，根据中国学者对南海地区历史资料的研究，学界普遍认为清朝有大量的官方地图将南海地区纳入版图进行管辖。然而，根据对学者文章、专著的仔细研读和分析可以发现，有的学者并不清楚其所使用的地图信息的来源。例如，1709 年《大清中外天下全图》、1724 年《清直省分图》、1755 年《皇清各直省分图》、1800 年晓峰重绘的《清绘府州县厅总图》、1810 年《大清万年一统地理全图》和1818 年《大清一统天下全图》等，都将西沙群岛和南沙群岛分别标示为"万里长沙"与"万里石塘"而列入清朝的地图内。[2] 此观点被多个文献引用。吴士存研究员在其著作《南沙争端的起源与发展》中并未说明其观点的来源，也没有任何的注解说明相关地图是否存在。[3] 夏章英教授在其主编的《南沙群岛渔业史》中也阐述了这一看法，并指出其援引的资料是厦门大学林金枝于 1980 年撰写的文章《中国最早发现、经营和管辖南海诸岛的历史》，但该文章也并未解说用以证实这一论点的众多地图。[4] 类似地，吴士存研究员在其著作中提及，"万里石塘"在晚清的《大清天下中华各省县厅地全图》中被双线方格图例标注为广东省属内府级政区单位。[5] 他引用的资料是韩振

〔1〕　参见许桂灵、司徒尚纪：《明代南海海疆文化的建设与发展》，载《新东方》2013 年第 1 期，第 12 页；李彩霞：《宋元石塘、长沙与南海地名的稳定化趋势》，载《海南师范大学学报（社会科学版）》2016 年第 7 期，第 117 页。

〔2〕　夏章英主编：《南沙群岛渔业史》，海洋出版社 2011 年版，第 66 页；李彩霞：《南海诸岛历史事件编年》，社会科学文献出版社 2017 年版，第 133 页；林金枝：《西沙群岛和南沙群岛自古以来就是中国的领土》，载《人民日报》1980 年 4 月 7 日，第 4 版；吴士存：《南沙争端的起源与发展》（修订版），中国经济出版社 2013 年版，第 20—21页；韩振华主编：《我国南海诸岛史料汇编》，东方出版社 1988 年版，第 87—88 页。

〔3〕　参见吴士存：《南沙争端的起源与发展》（修订版），中国经济出版社 2013 年版，第20—21 页。

〔4〕　参见林金枝：《中国最早发现、经营和管辖南海诸岛的历史》，载吕一燃主编：《南海诸岛：地理、历史、主权》，黑龙江教育出版社 1992 年版，第 43 页。

〔5〕　参见吴士存：《南沙争端的起源与发展》（修订版），中国经济出版社 2013 年版，第21 页。

华先生的《我国南海诸岛史料汇编》以及厦门大学南洋研究所（今厦门大学南洋研究院）的会议报告《南海诸岛的历史范围和国民党时期所画南海诸岛范围线的变动情况》。简而言之，学者对地图中地理信息的使用是间接的和不明确的。

此外，由于地图往往只是间接证据，至多能说明国家对该地区的认知，以及行使主权的意图，而非行使主权的活动本身，因而需要结合其他证据材料才能有效支持领土权利主张。[1] 由此，我们应根据这些古代地图绘制的年代，查找当时在南海地区是否存在与主权行使相关的活动并进一步论证。如果没有与行使主权活动相关的证据，这些地图充其量只能证明中国发现了南海诸岛，而单纯的"发现"行为并不能作为持续有效的主权权源，有关该问题的论述将在本书第二编中展开。

针对我国古地图存在的问题，运用这类证据材料时需注意三点：其一，尽可能搜寻古地图的原本，减少对作为传闻证据的古地图的依赖。其二，注意审查古地图是否能较为清晰地表达相关地理信息，信息表达含糊的地图的证据价值很难被认可。其三，将古地图和同时代该地理区域的有关国家主权活动的证据材料进行对比，看能否相互印证，形成有确定结论的证据链条。

二、中国的近现代地图

很多历史文献记载了中国历朝历代"可能"将南海诸岛纳入管辖范围，但受社会经济条件、测绘技术等因素的限制，在很长的时间内，中国出版的地图对有关南海诸岛范围的表示并不明确和统一，[2]这给论证中国南海权利主张带来一定难度。我们在考察关涉中国南海诸岛地理范围的近现代地图的基础上，选取下列地图作为研究样本。

（一）1935 年《中国南海各岛屿图》[3]

1935 年，国民政府内政部等中央政府机构组成的水陆地图审查委员会，依据各方收集的资料，在《水陆地图审查委员会会刊》第 1 期

---

[1] See Island of Palmas Case, Award, 1928, R. I. A. A., 2006, pp. 852-853; Burkina Faso/ Mali Case, Judgment, I. C. J Reports, 1986, pp. 582-583, paras. 53-56.

[2] 参见韩振华主编：《我国南海诸岛史料汇编》，东方出版社 1988 年版，第 312—319 页。

[3] 参见《中国南海各岛屿图》，载《水陆地图审查委员会会刊》1935 年第 2 期，第 68—69 页，转引自中国台湾地区"内政部"编印：《"中华民国"南疆史料选辑》，2015 年，第 45 页。

公布了《中国南海各岛屿华英名对照表》[1] 此外，水陆地图审查委员会依据海军实地调查，参考英国资料，绘制成 1935 年《中国南海各岛屿图》。该图显示东沙岛、西沙群岛、南沙群岛（今称中沙群岛）、团沙群岛（今称南沙群岛）等的地理位置，并规定中国学校与民间使用之地理参考书，需经水陆地图审查委员会审核后方能使用，该图载于《水陆地图审查委员会会刊》第 2 期。[2]

该图最南的纬度线是北纬 4 度，据此可以推断 1935 年《中国南海各岛屿图》意在将中国南海地区最南疆界线定于北纬 4 度。依据国际司法实践，1935 年《中国南海各岛屿图》的证据价值可以从以下几个角度进行考虑：第一，该图作为中国政府公开出版的与南海诸岛相关的地图，体现了中国的国家意志；第二，中国政府为制作该国家地图而进行的实地测绘和考察等工作，有别于单纯的科考活动，具有主权活动的性质；第三，尽管这类主权活动数量稀少，但考虑到南海诸岛地理位置偏远、难以靠近，国际法并不要求在这类地理区域进行高强度的主权行使；第四，该地图的证据价值应结合同时期周边国家出版的关于南海地区的地图进行对比判断。

（二）1936 年白眉初《中华建设新图》[3]

1936 年，中国近代著名地理学家白眉初先生编著了适用于中等学校的《中华建设新图》，由北平建设图书馆发行。[4] 图册第二图为《海疆南展后之中国全图》，所标注南海区域清楚且有明显边界线，线

---

[1]　参见《中国南海各岛屿华英名对照表》，载《水陆地图审查委员会会刊》1935 年第 1 期，第 61—65 页。

[2]　参见《中国南海各岛屿图》，载《水陆地图审查委员会会刊》1935 年第 2 期，第 68—69 页。另参见韩振华主编：《我国南海诸岛史料汇编》，东方出版社 1988 年版，第 319—320 页、第 337—338 页。

[3]　参见白眉初：《中华建设新图》，北平建设图书馆 1936 年版，第二图《海疆南展后之中国全图》。

[4]　白眉初所著的《中华建设新图》曾多次再版。第一版是由北平建设图书馆于 1935 年 8 月发行的版本，其中共有总图 7 幅，省区图 30 幅。该书于 1936 年由北平建设图书馆发行再版一册，较第一版新增了总图 5 幅，其中包括第二图《海疆南展后之中国全图》。该书于 1937 年 9 月再版时，其第一图《海疆南展后之中国全图》与 1936 年版第二图画法完全相同。参见韩振华主编：《我国南海诸岛史料汇编》，东方出版社 1988 年版，第 360 页；北京图书馆善本特藏部舆图组编：《舆图要录：北京图书馆藏 6827 种中外文古旧地图目录》，北京图书馆出版社 1997 年版，第 55 页；李剑：《中国在南海的历史性权利及证据目录》，厦门大学出版社 2018 年版，第 68—69 页。

内标有东沙群岛、西沙群岛、南沙群岛和团沙群岛，南到曾姆滩。其中，南沙群岛绘有管事滩、南石，团沙群岛绘有报告礁、双岛、海马滩、前卫滩和曾姆滩。[1]

在该地图的左下角，有一段文字叙述了此图的绘制背景："廿二年七月，法占我南海六岛，继由海军部海道测量局实测得南沙（编者注：今中沙群岛）、团沙（编者注：今南沙群岛）两部群岛概系我国渔民生息之地，其主权当然归我。廿四年四月，中央水陆地图审查委员会会刊发表中国南海岛屿图，海疆南展至团沙群岛，最南至曾姆滩，适履北纬四度，是为海疆南拓之经过。"[2]

从国际司法实践角度看 1936 年《中华建设新图》的证据价值，有几点考量：第一，该图虽然是白眉初编制的，但由于该图适用于中等学校的教育，因此具有半官方性质，具备一定程度的权威性；第二，该图用"实线"完整地标绘了包括南海诸岛在内的归属中国的范围线，而且与 1935 年《中国南海各岛屿图》相比，该图将南海地区边界最南端清晰地标绘为"曾姆滩"；第三，地图附注提到南海岛屿被法国强占的事实，若能结合当时中国政府与法方对此进行交涉的证据材料，对于判断地图的证据价值十分有益；第四，编制者白眉初是中国近代著名的地理学家，他的制图技术高超，并且是在查阅大量资料后制作该图，对本地图证据价值的判断应与同时期其他国家相关地图的绘图技术相比较进行。

（三）1939 年《中华民国南海各岛屿图》[3]

依据以上提及的《水陆地图审查委员会会刊》第二期附图改制的《中华民国南海各岛屿图》，于 1939 年由当时的中华舆地学社印刷发行。该图明确标注了南海诸岛礁，总共 132 个岛、礁、滩、沙，最南界为曾姆滩，并用双红横线醒目地标出了当时法国占领的九小岛。[4]

---

〔1〕 参见韩振华主编：《我国南海诸岛史料汇编》，东方出版社 1988 年版，第 360 页。

〔2〕 韩振华主编：《我国南海诸岛史料汇编》，东方出版社 1988 年版，第 360 页。

〔3〕 参见谭廉编：《中华民国南海各岛屿图》，中华舆地学社 1939 年版。该图藏于中国国家图书馆。

〔4〕 参见韩振华主编：《我国南海诸岛史料汇编》，东方出版社 1988 年版，第 345 页；林金枝：《民国时期中国政府行使和维护南沙群岛主权的历史事实》，载中国科学院南沙综合科学考察队编：《南沙群岛历史地理研究专集》，中山大学出版社 1991 年版，第 74 页；北京图书馆善本特藏部舆图组编：《舆图要录：北京图书馆藏 6827 种中外文古旧地图目录》，北京图书馆出版社 1997 年版，第 456 页。

根据有关国际司法实践，1939 年《中华民国南海各岛屿图》的证据价值可以从以下几个角度进行考虑：第一，该图具有官方性质，但标注的法占岛屿表示什么意思，则需要结合当时中国政府和法方的交涉进行判定；第二，值得注意的是，该图用"虚线"的方式标绘了中国南海地区的范围，其中标绘的地理信息较为准确；第三，除了在地图上进行标注，当时政府对这些岛礁实施了哪些管理措施，应整理出相应的历史证据材料与地图配合使用；第四，确认这份地图的证据价值时，需要与南海周边其他国家对这份地图持何种态度，这些国家在本国地图中是否也对相关南海岛礁的地理信息进行了较为准确的标绘等因素进行对比才可做出判断。

（四）1941 年《中国南海各岛屿图》[1]

1941 年，由苏甲荣编制、上海日新舆地学社印行的《中华民国全图》标明了第二次世界大战时期中国疆域和政区，该地图册附图有《中国南海各岛屿图》。不同于之前的南疆地图，这份地图明确标注经纬度，以中文、英文两种名称注明包括西沙群岛、东沙岛、南沙群岛在内的全部 132 个岛礁，并且全部括号注明"属中国"的字样。[2]

从国际司法实践角度看 1941 年《中国南海各岛屿图》的证据价值，有几点考量。第一，该图由私人进行编制，但编制人苏甲荣曾任内政部水陆地图审查委员会成员。1936 年发布的《水陆地图审查条例施行细则》中明文规定：图表应于未出版以前由该著作人或发行人将图表样本六份呈送内政部发交水陆地图审查委员会依法审查，送审图表经审查核准发行者，应由内政部水陆地图审查委员会颁给发行许可证。[3] 虽然抗日战争后水陆地图审查委员会名存实亡，但地图审查工作仍由内政部继续办理。可见《中国南海各岛屿图》的公开发行经过内政部审查，所以虽然由私人编制，但该图较之私人绘制的地图更具权威性。第二，该图明确用中英文对西沙群岛、东沙岛、南沙群岛内

〔1〕 参见苏甲荣编：《中华民国全图》，日新舆地学社 1941 年版。该图藏于中国国家图书馆。

〔2〕 参见苏甲荣编：《中华民国全图》，日新舆地学社 1941 年版。

〔3〕 参见《水陆地图审查条例施行细则》，1936 年 9 月 8 日当时的中国政府修正公布，第 2 条、第 4 条，载《中华民国法规大全》（第 5 册），商务印书馆 1936 年版，第 144—145 页。

的岛礁进行标注，而且括号中注明"属中国"。第三，值得指出的一点是，白眉初先生在 1936 年的《中华建设新图》中采用了闭合型南海地区国界线，[1] 制图者将该图中的部分岛礁直接标注属于中国，已明确表示中国对南海诸岛中特定岛礁主张主权。

（五）1946 年《南海诸岛位置略图》[2] 和 1948 年《南海诸岛位置图》[3]

抗日战争时期，日本强行占领了南沙群岛和西沙群岛。日本战败投降后，当时的中国政府着手接收这些群岛。1946 年，中华民国内政部成立方域司，著名地理学家傅角今担任司长。他召开了一系列关于确定与公布西沙群岛和南沙群岛范围及主权的会议，对这两组群岛的主权范围进行具体化。1946 年 7 月，行政院命令广东省政府接收团沙群岛，但因"该岛离海岸甚远，水急礁多"，广东省政府请求行政院派军舰协助。[4] 1946 年 9 月 2 日，行政院长宋子文要求外交部召集内政部、海军总司令部进行协商，帮助广东省政府接收新南群岛。[5] 由于海军总司令部称团沙群岛是新南群岛的一部分，新南群岛位于南沙群岛菲律宾婆罗洲及交趾半岛之间，散布在东经 112°至东经 117°，而台湾省行政长官公署则认为团沙群岛就是新南群岛，新南群岛在西沙群岛菲律宾婆罗洲及交趾半岛之间，散布在东经 111°至东经 117°，所以外交部美洲司于 9 月 13 日上午召集内政部、国防部、海军总司令部和本部有关人员讨论如何厘定该群岛的地理位置和名称，如何协助广东省政府接收该群岛，以及如果因为接收而引起外交问题应该如何准备交涉资料。经讨论决定：由国防部协助广东省政府从速按内政部拟

〔1〕　Bill Hayton，*The Modern Origins of China's South China Sea Claims*：*Maps*，*Misunderstandings*，*and the Maritime Geobody*，Modern China，2018，p. 32.

〔2〕　中国台湾地区"内政部"编印：《"中华民国"南疆史料选辑》，2015 年，第 46 页。

〔3〕　中国台湾地区"内政部"编印：《"中华民国"南疆史料选辑》，2015 年，第 46、第 51 页。

〔4〕　参见《准电询新南群岛与团沙群岛是否同地两名，兹将有关资料电送参考由》，广东省政府致外交部代电（1946 年 10 月 20 日　第 17548 号），载中国台湾地区"外交部"研究设计委员会编印：《"外交部"南海诸岛档案汇编》（下册），1995 年，Ⅲ（1）：012。

〔5〕　参见《关于接收东沙、西沙、南沙、团沙等群案》，行政院训令（1946 年 9 月 2 日节京日陆字第 10858 号），载中国台湾地区"外交部"研究设计委员会编印：《"外交部"南海诸岛档案汇编》（下册），1995 年，Ⅲ（1）：004。

定的地理范围接收团沙群岛；内政部应对该群岛的地理位置绘制详图并重新拟定所属各岛名称再呈交行政院核定；虽然目前不必向各国提出该群岛的主权问题，但为应付将来可能发生的争执，内政部、国防部及海军总司令部应将有关资料即刻送达外交部以备交涉之用。[1] 同年 9 月 25 日上午，内政部召集外交部代表沈墨、国防部代表马定波、海军总司令部代表姚汝钰和本部代表傅角今四方出席协商会议，就与接收有关的问题展开讨论、征求意见。会议决定，依内政部拟制的《南海诸岛位置略图》范围接收南海诸岛，经行政院核定后由广东省政府遵照执行；修正通过内政部拟译的南海诸岛名称一览表，呈行政院核定；由海军总司令部一家广为搜集关于南海各岛资料，送内政部汇转备用；由广东省政府在出发接收前，预制石碑，分别竖立在长岛、双子岛、斯普拉特利岛（英文名称，系指中国南沙群岛）及其他适当岛屿上，作为领土主权标志，并将石碑竖立地点、式样及碑文等内容存内政部备查；由内政部参照现有中西译名拟定接收后各岛、礁、滩、沙名称，经行政院核定后再由内政部制为详图，公布周知；在未完全正式接收前，概不发表关于接收南海各岛的消息；由国防部迅予派定用于接收的军舰。[2] 10 月 12 日，国防部第三厅召开进驻南海诸岛会议。[3] 1946 年 12 月 12 日，中国太平号驱逐舰和中业号坦克登陆舰，携由海军总司令部、国防部、广东省政府、空军总部、联勤总部和若干教研、科学单位共同组成的接收队伍，抵达南沙群岛的主岛太平岛，在岛上立碑、升旗和举行接收仪式。[4]

　　1946 年的《南海诸岛位置略图》是内政部为接收、进驻西沙群岛

〔1〕　参见《关于接受团沙群岛事，检附会议记录，会呈文稿集缮正呈文，请查照盖印并转送国防部差照办理由》，外交部函内政部、国防部［1946 年 9 月 20 日 美（35）字第 07835 号］，载中国台湾地区"外交部"研究设计委员会编印：《"外交部"南海诸岛档案汇编》（下册），1995 年，Ⅲ（1）：006。

〔2〕　参见《关于奉令协助接收南海诸岛一案，检奉会商记录等件函达查照由》，内政部公函（1946 年 10 月 1 日 编字第 0026 号），载中国台湾地区"外交部"研究设计委员会编印：《"外交部"南海诸岛档案汇编》（下册），1995 年，Ⅲ（1）：008。

〔3〕　参见《我派兵进驻团沙等群岛各机关会议记录》，国防部第二厅代电（1946 年 10 月 12 日 战谋签字第 191 号），载中国台湾地区"外交部"研究设计委员会编印：《"外交部"南海诸岛档案汇编》（下册），1995 年，Ⅲ（1）：011。

〔4〕　吴清玉等：《抗战胜利后中国海军奉命收复南沙群岛实录》，载中国科学院南沙综合科学考察队编：《南沙群岛历史地理研究专集》，第 110—111 页。

和南沙群岛而绘制的，最南端绘制在曾姆滩，作为接收、进驻之依据。[1]

根据国际司法实践，1946年的《南海诸岛位置略图》对于证明领土主权的证据价值，较之于上文讨论的其他地图明显高得多。因为这份地图的绘制是国家行使接收和进驻南海诸岛这一主权行为的组成部分；而且该图对南海诸岛的岛屿位置和名称信息描述比较准确，技术可靠性更强。应指出的是，为了确认这一地图证据的价值，还应考察之前占据这些岛礁的国家撤离时的表态和中方接收并进驻这些岛礁后南海周边其他国家的反应。如果他国没有通过外交渠道发出反对声音，那么中国依该地图接收并进驻南海诸岛的行为就构成平稳行使主权的行为，这对于领土主权的证明意义重大。

1948年2月，当时的中国政府内政部方域司编绘、国防部测量局代印《中华民国行政区域图》附《南海诸岛位置图》，该图中全部采用新名称，"团沙群岛"更名为"南沙群岛"，原"南沙群岛"更名为"中沙群岛"，并在南海标绘了一条由11条线段组成的断续线。[2] 这幅由中国政府内政部方域司编制的《中华民国行政区域图》，是各出版单位编制中国地图的范本。此外，该图再次明确了北纬4度的"曾姆滩"为中国海疆线最南端，并更名为"曾母暗沙"。与此同时，公布了《南海诸岛新旧名称对照表》。该图成为中国向国际社会正式宣布中国政府对南海诸岛及其附近海域的主权主张和管辖权范围主张的

[1] 参见《关于奉令协助接收南海诸岛一案，检奉会商记录等件函达查照由》，内政部公函（1946年10月1日 编字第0026号），载中国台湾地区"外交部"研究设计委员会编印：《"外交部"南海诸岛档案汇编》（下册），1995年，Ⅲ（1）：008；《为奉令筹商协助接收南海诸岛一案，抄附呈院原文等件函请查照由》，内政部函外交部（1946年10月9日方字第0012号），载中国台湾地区"外交部"研究设计委员会编印：《"外交部"南海诸岛档案汇编》（下册），1995年，Ⅲ（1）：009；"保密（接受诸岛案）"，行政院训令（1946年10月12日节京陆字第1550案），载中国台湾地区"外交部"研究设计委员会编印：《"外交部"南海诸岛档案汇编》（下册），1995年，Ⅲ（1）：010；《关于南沙群岛收复范围之审查》，外交部出席会议人员之签呈（1947年6月12日），载中国台湾地区"外交部"研究设计委员会编印：《"外交部"南海诸岛档案汇编》（下册），1995年，Ⅲ（1）：013。

[2] 参见《机密检送南海诸岛位置图、西沙群岛图、中沙群岛图、南沙群岛图及南海诸岛新旧名称对照表》，内政部公函（1947年10月16日 方字第0880号），载中国台湾地区"外交部"研究设计委员会编印：《"外交部"南海诸岛档案汇编》（上册），1995年，Ⅱ（2）：362。

证明。值得注意的是，1948 年公布的《南海诸岛位置图》中并未对 11 段线的含义进行说明，该地图的证明效力在这一点上有讨论的空间。类似的个案是厄立特里亚与也门领土主权和海洋划界案，该案中，厄立特里亚递交的地图是以虚线方式绘制的，仲裁庭并不认可厄立特里亚主张的地图的证明力，因为地图上虚线含义不清，既没有涂上颜色也没有以明确的标识标出，且地图本身并未包含任何特定的含义，所以仲裁庭未赋予该地图的虚线以厄立特里亚所称的内涵。[1] 厄立特里亚与也门领土主权和海洋划界案的启示是：在地图证据效力因虚线含义存在不确定性的情况下，需要提供在虚线范围内岛屿上所进行的与主权活动相关的证据材料，以有效证明国家对相关岛屿的领土主权主张。

在绘制《南海诸岛位置图》过程中，中国政府查阅了大量的资料，包括通过实地考察获得第一手信息。[2] 这些跟绘制地图有关的历史资料，我们应当精心整理和编辑，在合适的时机可由历史学家、地理学家和制图专家等以专家证人的身份，向国际社会全面展示该地图所蕴含的证据信息。

有一个相关的问题值得关注，即不同时期的地图在细节上存在一定程度的不一致性是否影响地图的证据价值。譬如，在部分地图中边界线从实线变为虚线，从 11 段变为 9 段。诚然，证据的一致性是法律对证据的重要要求，正如郑志华博士所指出的，因为"地图的前后一致"是禁止反言原则的要求，地图前后一致更能体现国家的意志。但是，地图前后一致性的要求并非绝对，由于绘制者、绘制条件和标准不同会出现差异；国家政权的更迭对地图的制作也可能产生影响。[3] 埃及学者艾哈迈德·阿布·阿勒·瓦法（Ahmed Abou-EL-Wafa）指出，"地图的前后一致要求并非绝对，但应当保持基本的一致性"[4]。在 1917 年中美洲法院的萨尔瓦多与尼加拉瓜丰塞卡湾案中涉

〔1〕 See The Eritrea/Yemen Arbitration（First Stage：Territorial Sovereignty and Scope of Dispute），Award of 9 October 1998，R. I. A. A.，Vol. XXII，2006，p. 209.

〔2〕 参见周宇：《谁为中国划出南海九段线？》，载《凤凰周刊》2011 年第 24 期。

〔3〕 参见郑志华：《论国际法上地图证据的效力》，载《法商研究》2013 年第 2 期，第 34 页。

〔4〕 Ahmed Abou-EL-Wafa，"Les Différends Internationaux Concernant les Frontières Terrestres dans la Jurisprudence de la Cour Internationale de Justice"，*Collected Courses of the Hague Academy of International Law*，Vol. 343，2010，p. 9.

及了不同地图的一致性问题。在该案中，中美洲法院需对丰塞卡湾的地理情况进行认定，进而确定该海湾的法律地位。中美洲法院将当时美国海军、北美海军委员会、英国皇家海军制作的地图等多幅地图，与洪都拉斯律师协会的研究报告相互印证，认定丰塞卡湾的地理情况。中美洲法院考察了地图的情况，认为部分地图几乎完全一致，部分地图存在某些非实质性差异（insignificant differences）。[1] 但地图之间的非实质性差异在该案中并不影响丰塞卡湾地理情况的认定，也不对该海湾的法律地位构成影响。基于此，中国在民国时期出版的涉南海地区范围的地图并非完全一致这一情况，不能成为完全否定其证据价值的理由。

针对中国在民国时期出版的涉及南海诸岛范围地图的证据价值，有以下几点值得注意。第一，不应当用当代审查地图地理精确度的要求审查当时的地图，而应当用当时的技术标准，以及周边国家的地图绘制情况，来判断地图表达相关信息的准确程度。对争端当事国出版的地图进行对比，其重要性体现在 2012 年尼加拉瓜与哥伦比亚领土和海洋争端案。该案中，哥伦比亚的地图虽不能完整证明争议海域海洋地物的主权归属，但因为其地图甚至尼加拉瓜的地图至少将某些较大的海洋地物标绘为哥伦比亚的领土，此类地图至少在一定程度上支持了哥伦比亚的诉求。第二，后出版的地图借鉴了之前地图的地理信息，这种延续性符合国际法上禁止反言原则的要求。在这一点上，有必要对比周边国家同时期涉南海地图的出版情况，以判断这些国家的地图是否也能符合禁止反言原则中的"反言"（出尔反尔）行为的构成要素。第三，地图所反映的某些信息（比如岛屿被外国占领的信息）以及绘制地图的背景信息与地图的证据价值具有很大关系，这类信息有效展示需要诸如历史学家、地理学家、制图专家等专家证人的参与。第四，每一幅地图出版前后国家在南海地区与主权活动相关的历史资料，尤其是与占领岛礁国家交涉的资料，需要认真整理，以便配合地图资料作为支持中国领土主张的证据。

三、其他国家的地图

经研究发现，其他国家出版的地图中有的明示或暗示中国对南海

---

[1] El Salvador v. Nicaragua, Central American Court of Justice, Judgment, 1917.

诸岛的主权，例如，在地图中直接标注南海某一区域"属于中国"，或者标注南海地区的颜色与标注中国其他地区的颜色一致。

（一）直接标注南海某一地区"属于中国"的地图

1942 年，由美国兰德·麦克纳利公司（Rand McNally & Company）出版的《世界战争地图》（*War Map of the World*）中的《远东地图》[1]（Map of the Far East），在南海标绘了 PARACEL IS. AND REEFS（西沙群岛），在西沙群岛名称下括号注明"CHINA"，这表明该地图绘制者认为"西沙群岛"属于中国。兰德·麦克纳利公司是一家权威的美国绘制地图的公司，在地图绘制界享有极高的声誉。但是，在南海标注 Spratly 的地方也就是南沙群岛的下面并未注释属于中国。[2] 此类地图是否将使其他国家产生疑问：该图中未标明主权归属的群岛是否不属于中国？基于此，虽然制图者在地图绘制界具有较大影响力，但这类地图不适宜用作证据材料，原因有二：一则该地图并非官方出版地图，二则该地图信息传递模糊，举一废百。

不过，在白礁岛、中岩礁和南礁领土主权案中，新加坡特别提及了马来亚和马来西亚测绘局与国家地图办出版的六幅标绘了白礁岛且标注了"第 28 号灯塔，白礁岛（霍士堡灯塔），新加坡"的地图，而这些地图成为国际法院支持新加坡主权主张的重要依据。[3] 由此可认为，对中国而言，在使用地图主张南海诸岛的领土主权时，如果这类地图是另一个争端当事国出版的，那么对中方主张权利具有一定的证据价值，因为这类地图可能构成承认或默认。对于第三方出版的地图，中国若将其作为证据以支持中国的权利主张，则应非常谨慎地考察该地图的真实性与不同地图之间的一致性。因此，在考虑使用其他国家出版的地图作为证据材料时，应区别对待对方国家出版的地图和第三国出版的地图。

---

[1]　Rand McNally and Company, "Map of the Far East", in "Lowell Thomas' War Map of the World", Rand McNally & Co. , 1942. 该图藏于耶鲁大学贝内克珍本与手稿图书馆（Beinecke Rare Book and Manuscript Library）。

[2]　See Rand McNally and Company, "Map of the Far East", in "Lowell Thomas' War Map of the World", Rand McNally & Co. , 1942.

[3]　See Pedra Branca/ Palau Batu Puteh Case, Judgment, I. C. J. Reports, 2008, pp. 94-95, paras. 269, 272.

（二）标注南海区域的颜色与中国其他地区颜色一致的地图

多伦多大学图书馆和耶鲁大学图书馆收藏了《1938—1939 年中国年鉴》(*The Chinese Year Book 1938 - 1939*)，该年鉴中有一张中国地图(MAP OF CHINA)[1]，该图右下角附"南中国海（South China Sea）图"[2]，标绘西沙群岛、中沙群岛和南沙群岛，黄岩岛的名称采用了中华民国时期名称"南石"的汉字意译，即 South Rock。在该图中，西沙群岛、中沙群岛以及南沙群岛的岛礁滩沙等自然地形（地物）、黄岩岛、靠近菲律宾吕宋岛的领事滩（Stewart Bank）全部用与中国大陆一致的颜色，而其他国家或地区均不着色。从国际法角度如何看待这类地图的证据价值是一个值得讨论的问题。

实际上，地图中这样的颜色标注和本节谈及的"属于中国"文字标注的情况类似，应当特别注重考察地图中是否存在对中国权利主张不利的信息。国际法院在柏威夏寺案中判称，是泰国对地图的接受行为令地图的效力优于条约的约文规定。[3] 提交某一地图也是一种接受地图的行为，若当事方据以主张权利的地图却含有对其不利的信息，或地图中展示的信息可能得出于本方不利的解释，则在争端中很可能被视为默认行为。为此，当第三国出版的地图可能得出既对我方有利又可能不利的解读时，谨慎起见，应当避免将其视为证据材料。

本节小结

正如郑志华博士所指出的，地图通常是特定国家为表达其主张和立场所制作的，若该地图得到利害关系国家的承认，往往表明制图者顾及国际社会特别是相邻国家的关切，该地图则具有相当程度的客观性。[4] 基于此，在考虑用地图来证明中国在南海地区的领土主权时，

---

〔1〕　参见《1939 年〈中国地图〉》，载中国南海网，http://www. thesouthchinasea. org. cn/2016-07/19/c_53241. htm，最后访问时间：2019 年 1 月 23 日。该图藏于美国国会图书馆。

〔2〕　参见《1939 年〈中国地图〉》，载中国南海网，http://www. thesouthchinasea. org. cn/2016-07/19/c_53241. htm，最后访问时间：2019 年 1 月 23 日。该图藏于美国国会图书馆。

〔3〕　See Temple of Preah Vihear Case, Merits, Judgment, I. C. J. Reports, 1962, pp. 32-35.

〔4〕　参见郑志华：《论国际法上地图证据的效力》，载《法商研究》2013 年第 2 期，第 35 页。

需要注意中方制作的这些地图在利益相关国引起过什么样的反应，能否认为这些国家一度默认中方地图对南海地区所做的标注等问题。若利益相关国默认中方标注的证据材料，那么这对于主张中方地图的证据价值非常有益。同时，需要关注利益相关国出版的南海地区地图是从何时开始将争议岛礁标为它们的领土的，其精确度如何等情况。倘若利益相关国在中国出版这些地图的时期出版了地图，而其地图并未将这些岛礁标为本国领土，那么，根据尼加拉瓜与哥伦比亚领土和海洋争端案的法理，[1] 利益相关国的此类地图证据在一定程度上可支持中方诉求。

第二节　中国主要政府文件的证明力

一、新中国有关南海的主要政府文件

中国在南海享有的领土主权和海洋权益是在长期历史过程中形成的，为中国历届政府所坚持。中华人民共和国成立以来，先后颁布了一系列法律文件，进一步维护我对南海诸岛的主权和在南海的海洋权益。有关的法律文件主要包括：1992 年《中华人民共和国领海及毗连区法》、1998 年《中华人民共和国专属经济区和大陆架法》、1996 年《中华人民共和国全国人民代表大会常务委员会关于批准〈联合国海洋法公约〉的决定》，等等。此外，为申明中国在南海的领土主权和海洋权益，维护南海地区的和平与稳定，中国政府历年来发表或发布了多份关涉南海的文件。限于篇幅，这里选取五份官方文件以分析其可能的证明力。

（一）1951 年《中华人民共和国中央人民政府外交部部长周恩来关于美英对日和约草案及旧金山会议的声明》[2]

1951 年《中华人民共和国中央人民政府外交部部长周恩来关于美英对日和约草案及旧金山会议的声明》指出："（美英对日和约）草案故意规定日本放弃对南威岛和西沙群岛的一切权利而亦不提归还主权

---

〔1〕　See Nicaragua and Colombia Case, Judgment, I. C. J. Reports, 2012, p. 661, para. 101.

〔2〕　《中华人民共和国中央人民政府外交部部长周恩来关于美英对日和约草案及旧金山会议的声明》，载《人民日报》1951 年 8 月 16 日，第 1 版。

问题。实际上，西沙群岛和南威岛正如整个南沙群岛及中沙群岛、东沙群岛一样，向为中国领土，在日本帝国主义发动侵略战争时虽曾一度沦陷，但日本投降后已为当时中国政府全部接收。中华人民共和国中央人民政府于此声明：中华人民共和国在南威岛和西沙群岛之不可侵犯的主权，不论美英对日和约草案有无规定及如何规定，均不受任何影响。"

从国际法上看，中国外长周恩来所做的这项声明，本质上是对外国侵犯中国南海地区领土主权之企图的严正抗议。由于存在这种抗议，外国不得主张对中国南海诸岛的占有行为具有平稳之性质，其占有只能是不会产生权源的非法占有。

（二）1958 年《中华人民共和国政府关于领海的声明》[1]

1958 年 9 月 4 日，中国政府颁布了这项关于领海的声明。该声明第 1 条指出："中华人民共和国的领海宽度为 12 海里。这项规定适用于中华人民共和国的一切领土，包括中国大陆及其沿海岛屿，和同大陆及其沿海岛屿隔有公海的台湾及其周围各岛、澎湖列岛、东沙群岛、西沙群岛、中沙群岛、南沙群岛以及其他属于中国的岛屿。"该声明的发布背景是联合国第一次海洋法会议结束，我国亟须表明对海洋法重要问题的态度和立场，领海声明的发布标志着中国领海制度的初步建立，对主张领海主权和维护海洋权益具有重大意义。

从国际法的角度，这份领海声明作为证据的价值可从以下几方面分析。

第一，依据 1928 年帕尔马斯岛仲裁案裁决，"一国关于本身行为所做的声明，这种声明并非法律文件，不属于可创设权利的宣言，只是关于历史事实的阐述。对于此类声明的价值和证据分量，仲裁庭只能参照全部的证据、其他当事方的声明以及仲裁庭所了解的事实加以判定"[2]。据此可以认为，单独一项领海声明难以成为有效的权利来源（权源），而需要与其他的相关事实一同加以考量。

第二，其他利益相关国家对中国关于领海的声明的反应属于需要

---

[1] 《中华人民共和国政府关于领海的声明》，载《中华人民共和国国务院公报》1958
  年第 27 号，第 575 页。
[2] Island of Palmas Case，Award，1928，R. I. A. A.，2006，p. 842.

一同考虑的相关事实的一部分。1958 年《中华人民共和国政府关于领海的声明》，确认和重申了西沙群岛和南沙群岛是中国领土。同年 9 月 14 日，越南民主共和国政府总理范文同（Phạm Văn Đồng）向中国政府总理周恩来签发外交公文，表示："越南民主共和国政府承认和赞同中华人民共和国政府 1958 年 9 月 4 日关于领海决定的声明"，"越南民主共和国尊重这项决定"。[1] 这份越南政府总理发给中国政府总理的政府外交公文，在越南被称为"范文同公函"。越南的这份外交公文对于排除越南对中国南海诸岛的领土主张是有帮助的。若越南主张领土要求的岛礁位于中国领海声明涵盖的地理区域，将触犯国际法上的禁止反言原则。

第三，与 1951 年周恩来外长关于美英对日和约草案及旧金山会议的声明相类似，中国 1958 年关于领海的声明使得外国对中国南海诸岛的持续占据行为无法成为有效的权源。该声明对于任何占据中国南海岛礁的国家而言，构成一种抗议。从 1951 年到 1958 年，这两份声明构成了持续性的抗议。

（三）1980 年外交部文件《中国对西沙群岛和南沙群岛的主权无可争辩》[2]

20 世纪 70 年代后，越南一反过去承认西沙群岛、南沙群岛为中国领土的立场，开始非法侵占中国南沙群岛中的一些岛礁，并公然提出对中国西沙群岛和南沙群岛的领土要求。1979 年 9 月 28 日，越南外交部发布白皮书"越南对黄沙和长沙两群岛的主权"。[3] 为回应越南在白皮书中拼凑的所谓"证明资料"并重申中国对西沙群岛和南沙群岛的主权，中华人民共和国外交部于 1980 年 1 月 30 日发布了《中国对西沙群岛和南沙群岛的主权无可争辩》。

从国际法上可对这份文件的证据效力做如下分析。

---

〔1〕　吴远富：《范文同公函的效力无法否定》，载北京大学法学院编：《北大国际法与比较法评论》（第 10 卷），北京大学出版社 2013 年版，第 79 页。

〔2〕　中华人民共和国外交部：《中国对西沙群岛和南沙群岛的主权无可争辩》，载《人民日报》1980 年 1 月 31 日，第 1、第 3 版。

〔3〕　See Information and Press Department, Ministry of Foreign Affairs, Socialist Republic of Vietnam, "Vietnam's Sovereignty over the Hoand Sa and Truong Sa Archipelagoes", Hanoi, 1979, available at https://www.cia.gov/library/readingroom/docs/CIA-RDP08 C01297R000300180007-5.pdf.

首先，中国外交部这份文件作为中方的抗议行为，表明越南未能对占领的岛礁以一种持续和平稳的方式行使主权，这意味着越南的占有事实不能形成有效权源。

其次，为证明中国人民发现西沙群岛、南沙群岛并来到这两组群岛生活和经营的事实，中国外交部在该文件中提及了宋代的《梦粱录》，元代的《岛夷志略》，明代的《东西洋考》和《顺风相送》，清代的《指南正法》《海国闻见录》以及历代中国渔民的《更路簿》等著作。但由于时间久远，东汉杨孚所著《异物志》（又称《南裔异物志》、《交州异物志》或《交趾异物志》）在宋代散佚，三国时期《扶南传》原书已散佚，宋代《岭外代答》原本已佚，现今版本是从《永乐大典》中辑出，元代《岛夷志略》也是《岛夷志》之节略，亦是简行本，而《岛夷志》同样已散佚。[1] 这些古籍原本的散佚意味着我国无法在主张权利时提供经核证的副本。尽管如此，国际法院在司法实践中，并不坚持最佳证据原则，而是会比较哪一方能够形成优势证据。[2] 因此即使原本佚失也可以《永乐大典》中辑录的版本为依据。再者，为证明中国历代政府对南海诸岛的管辖，外交部这份文件提及了一个历史事实："宣统元年（公元 1909 年）四月，两广总督张人骏派遣广东水师提督李准率领海军官兵一百七十余人，分乘伏波、广金、琛航三艘军舰巡海视察西沙群岛，查明岛屿十五座，命名勒石，并在永兴岛上升旗鸣炮，重申主权。"[3] 而且当事人李准口述的巡海经过，之后发表于 1933 年 8 月 10 日的《大公报》上，题为《李准巡海记》。这篇报刊文章由于是当事人口述而非出自新闻工作者的重构，所以其证据价值不容忽视。

再次，特别值得注意的是，中国外交部在这份文件中谈及一个事实："中越双方过去在西沙群岛和南沙群岛的归属问题上，本来并不存在争议。在一个相当长的时期内，越南方面无论在其政府的声明、照

〔1〕 廖大珂：《〈岛夷志〉非汪大渊撰〈岛夷志略〉辨》，载《中国史研究》2001 年第 4 期，第 139 页。

〔2〕 国际法院在处理领土争端时存在这样一种认识：一方提出的对抗性的主权主张和主权活动证据可以制衡或削弱另一方的主权主张和主权证据的效力。参见孔令杰编著：《领土争端成案研究》，社会科学文献出版社 2016 年版，第 61 页。

〔3〕 中华人民共和国外交部：《中国对西沙群岛和南沙群岛的主权无可争辩》，载《人民日报》1980 年 1 月 31 日，第 1、第 3 版。

会中，还是在报刊、地图和教科书中，都正式承认西沙群岛和南沙群岛自古以来就是中国的领土。"[1]越南方面的这些声明、照会、报刊、地图和教科书，根据国际法院白礁岛、中岩礁和南礁领土主权案及尼加拉瓜与哥伦比亚领土和海洋争端案的法理，可以判定为承认或默认。在此情况下，越南非法主张南海有关岛礁与水域的权利，均触犯国际法中的禁止反言原则。

最后，外交部这份文件还提到多个在西沙群岛发现的实物证据，包括我国唐、宋时期的居住遗址和陶瓷器皿、铁刀、铁锅等生活用具，以及明、清时期的水井、庙宇、坟墓等历史文物。这些史实证明，中国人民至少自唐、宋开始就已经在西沙群岛和南沙群岛生活和从事捕捞等生产活动。[2]但是，单纯的生活和捕捞并不能充分体现国家在这些岛礁上行使主权，根据尼加拉瓜与洪都拉斯加勒比海领土和海洋争端案的启示，还需要结合相应的行政管理活动的历史记录，一并证实中国在这些岛礁上的主权行使。

综上，外交部文件《中国对西沙群岛和南沙群岛的主权无可争辩》单独作为证据，能证明越南占据中国南海岛礁遭到了中方抗议，占据的事实不能成为权源；而且该文件提及的历史资料可以从不同角度支持中国对南海诸岛的主权主张。

（四）2014年《中华人民共和国政府关于菲律宾共和国所提南海仲裁案管辖权问题的立场文件》[3]

针对菲律宾提起的"南海仲裁案"，中国政府退回菲律宾政府的照会及所附仲裁通知，并多次郑重声明不接受、不参与菲律宾提起的仲裁程序。2014年12月7日，中国外交部受权发表该《立场文件》，旨在阐明仲裁庭对菲律宾提起的仲裁没有管辖权。在《立场文件》第3段中，中国政府强调菲律宾提起的仲裁事项实质是南海部分岛礁的领土主权问题，这不涉及《公约》的解释或适用；即使菲

---

[1] 中华人民共和国外交部：《中国对西沙群岛和南沙群岛的主权无可争辩》，载《人民日报》1980年1月31日，第1、第3版。

[2] 中华人民共和国外交部：《中国对西沙群岛和南沙群岛的主权无可争辩》，载《人民日报》1980年1月31日，第1、第3版。

[3] 2014年12月7日，中国外交部受权发表《中华人民共和国政府关于菲律宾共和国所提南海仲裁案管辖权问题的立场文件》，载中国国际法学会主办：《中国国际法年刊（2014）》，法律出版社2015年版，第747—770页。

律宾提出的仲裁事项涉及有关《公约》的解释或适用问题，中国也已根据《公约》规定于 2006 年做出声明，将涉及海域划界等事项的争端排除强制争端解决程序。

从国际法角度来看，该文件的证据价值可以从以下四个方面进行考虑。

第一，该文件将中菲之间的争端视为领土争端，仲裁庭对有关争端进行审理缺乏国家合意的基础，因此认定仲裁庭没有管辖权，审理此案缺乏合法性，以此否定该仲裁裁决的既判力。日后若将中菲之间的领土争端提交国际司法或仲裁机构处理，否定裁决的既判力有助于避免法官在心证过程中形成不利于中方的结论。

第二，外交部受权发表的《立场文件》不属于仲裁程序中的答辩，但从公正审判原则考虑，仲裁裁决应当处理《立场文件》中提到的证据材料，尤其是涉及菲律宾承认中国主权的内容，如 1961 年《关于确定菲律宾领海基线的法案》。根据《国际法院规约》第 53 条所反映的国际司法实践中的一般法理，在当事国一方不出庭的情况下，法院仍有义务查明另一方的主张在事实及法律上是否均有根据。国际法院在尼加拉瓜诉美国在尼加拉瓜和针对尼加拉瓜的军事和准军事活动案中认为，该条规定指的是要达到和出庭一样的确认程度。[1] 因此，《立场文件》在某种程度上可被视为未出庭一方提供的证据材料清单。

第三，《立场文件》以外交部受权发表的形式予以发布，这虽然不属于通常情况下证据材料清单的送达方式，但从送达效果来说不存在问题。实际上，"南海仲裁案"仲裁庭也接触到这份文件，但是未利用该文件查明菲方的主张在事实和法律上是否均有依据。

第四，《立场文件》中的要点显示了中国政府立场的连续性和一致性。例如，在该文件中，外交部再次强调中国对南海诸岛及其附近海域拥有无可争辩的主权，中国在南海的活动已有 2000 多年的历史，中国最早发现、命名和开发经营南海诸岛，最早并持续对南海诸岛实施主权管辖（见《立场文件》第 4 段）。此立场与中国政府之前发布的相关声明中的立场保持一致。

---

[1] See Nicaragua Case, Merits, Judgment, I. C. J. Reports 1986, p. 24, para. 29.

综上，可认为此《立场文件》的证据价值虽未获"南海仲裁案"仲裁庭重视，但在日后中国主张南海有关权利过程中将产生积极影响。

（五）2016 年 7 月《中国坚持通过谈判解决中国与菲律宾在南海的有关争议》白皮书[1]

2016 年 7 月 13 日，即菲律宾"南海仲裁案"最终裁决发布的第二天，中国国务院新闻办公室发布了《中国坚持通过谈判解决中国与菲律宾在南海的有关争议》白皮书，重申中国在南海问题上的一贯立场和政策，并对中菲南海有关争议的事实进行梳理。

从国际法角度来看，该白皮书的证据价值可从三个方面进行评估。

第一，该白皮书发布于"南海仲裁案"最终裁决发布的第二天，而中国政府在先前的《立场文件》中已清楚表达了对菲律宾提起仲裁的不参与和不接受。因此，该份白皮书可被视为对仲裁裁决的迅速回应，表明中方在裁决做出后的立场未发生变化，消除了默认裁决内容的可能性。

第二，与《立场文件》相比，白皮书作为证据材料清单的价值更大。其题为"南海诸岛是中国固有领土"的第一部分不仅列举了大量中国古籍，还有相关外国文献，更重要的是指出近代以来中国为捍卫南海主权所采取的各种行动（白皮书第 9—44 段）。大量列举相关中外文献的意义在于心证的过程难免会受到证据数量的影响。正如英国法理学家边沁所言："没有人会不知道是否相信（某项指控被证实）容易受到（证据）不同程度的力度或强度的影响。"[2]根据本编第一章的分析，证明标准属于弹性规定，国际法庭的裁判者几乎拥有完全的自由裁量权。在这种情况下，为了尽可能避免提供的证据材料低于证明标准，采取提交大量证据材料的策略是理性选择。此外，根据本编第二章讨论的多数案例，诸如敏基埃和埃克里荷斯群岛案，白礁岛、中岩礁和南礁领上主权案，西撒哈拉问题咨询意见案等，争端双方都提交了大量证据。因此，这种大量列举中外文献的做法对于支持中方权利主张是有益的。

---

〔1〕　国务院新闻办公室：《中国坚持通过谈判解决中国与菲律宾在南海的有关争议》，载《新华月报》2016 年第 15 期。

〔2〕　Anna Riddell，Brendan Plant，*Evidence before the International Court of Justice*，London：British Institute of International and Comparative Law，2009，p. 123.

诚然，文献本身的证据价值有限，对于主权主张的支持作用远不及行使主权的行为，因而白皮书随后陈述的近代以来中国为捍卫南海主权所采取的各种行动的历史证据价值更显著（白皮书第 23—44段）。中国行使主权的行为排除了南沙群岛"无主地"的可能性，任何其他国家对南海地区岛礁的占有都不能成为主权权源。此外，该白皮书第一部分还提到国际社会的承认（白皮书第 45—54 段），这方面的证据价值，应该结合领土争端关键日期进行考虑，应对关键日期后的承认和关键日期前的承认的证据价值进行区别，因为争端发生前的承认，其中立色彩强于争端发生之后。

题为"中菲南海有关争议的由来"的白皮书第二部分，回顾了中菲就南海岛礁主权问题交涉的历史。1956 年 5 月，菲律宾人克洛马在南沙群岛进行私人探险活动，擅自将中国南沙群岛部分岛礁称为"自由地"，这一举动获得时任菲律宾副总统兼外长加西亚的支持；同年 5月 29 日，中国外交部发言人发表声明，严正指出：南沙群岛"向来是中国领土的一部分。中华人民共和国对这些岛屿具有无可争辩的合法主权……绝不容许任何国家以任何借口和采取任何方式加以侵犯"，中国台湾当局当时亦派军舰赴南沙群岛巡弋，恢复在太平岛上驻守；之后，菲律宾外交部表示，对克洛马的行为，菲律宾政府事前并不知情，也未表示同意（白皮书第 58 段）。即使不考虑菲律宾外交部后来的表态，始于 1956 年 5 月的私人探险行为亦证明菲律宾之前对这些岛礁的存在一无所知。考虑到这一点，可以认为中国即使不回溯对南海地区2000 余年的开发历史，仅提供近代以来在南海地区行使主权的证据，也足以否认菲律宾的主权主张。

题为"中菲已就解决南海有关争议达成共识"的白皮书第三部分，提到《东盟关于南海问题的宣言》《中华人民共和国和菲律宾共和国关于南海问题和其他领域合作的磋商联合声明》《中菲建立信任措施工作小组会议联合公报》等文件，第四部分述及"菲律宾一再采取导致争议复杂化的行动"，意在证明菲律宾负有通过谈判解决争端的义务但未履行该义务。即使上述宣言和声明的政治色彩对判定这些文件的法律性质造成了影响，但至少可以从菲方背离宣言和声明的事实看到，菲方单方面提起仲裁的行为触犯禁止反言原则。正如国际法院在在尼加拉瓜和针对尼加拉瓜的军事和准军事活动案中所指出的：当一个国家不仅通过其行动、宣言等明确且一贯地表示接受某一特定制度，而且这些行动、宣言导致其他信赖这种表示的国家因其转变立场而处于不利地位或使其权益受损，就可以推断反言的存在。[1]

第三，值得注意的是，该白皮书提及的部分历史资料，与1980年中国外交部发布的《中国对西沙群岛和南沙群岛的主权无可争辩》基本一致，这种一致性对国际法庭认可证据价值是有利的。

综上，该份白皮书是中国政府立场的充分体现，也是一份相当全面的证据材料清单。故而应对白皮书提及的历史事实进行相应的证据整合，确认所提证据原本是否存在，若存在则应进行固化，进而制作对应的证据集，为支持中方主权主张所用。

二、中国台湾地区的若干南海档案资料

1994年，因应南海岛礁资源开发引起的军事、经济及外交相关问题，中国台湾当局成立的南海小组专门召开南海问题讨论会。会中专家建议将南海地区相关档案进行解密，最终台湾对外交往部门对南海诸岛相关的政府文件进行了汇编。[2]

台湾对外交往部门研究设计委员会编纂的资料公开出版，其在性质上相当于官方文件。鉴于在国际司法程序中，当事国一般不会质疑他国官方文件、议会机构等记录文件的真实性或准确性，所以在将此类官方记录提交给国际法庭作为证据时，需要特别考虑的是一国内部文件与待证事项之间的相关性。我们在仔细查阅此套编纂资料之后，筛选出以下对证明中国南海主权问题具有重要意义的文件。

1956年，中国台湾当局收到美国驻台机构一等秘书韦士德的口头申请：美军人员拟前往黄岩岛、双子群礁、景宏岛、鸿庥岛、南威岛等中沙群岛和南沙群岛岛礁进行地形测量。中国台湾当局批准了该申请。[3]

中国台湾当局存有的这份文件证明"美国在南沙群岛探访和探测地图时向台湾当局申请批准"，其间接证明美国政府承认中国对南沙群

---

[1] See Nicaragua Case, Jurisdiction of the Court and Admissibility of the Application, I. C. J. Reports, 1984, p. 415, para. 51.

[2] 参见中国台湾地区"外交部"研究设计委员会编印：《"外交部"南海诸岛档案汇编》（上册），1995年，序、绪论。

[3] 参见国务院新闻办公室：《中国坚持通过谈判解决中国与菲律宾在南海的有关争议》，2016年7月13日，第49段。

岛的主权。[1]

1956 年 6 月 6 日，时任台湾交通主管部门负责人赖逊岩致函台湾对外交往部门称："查国际民航组织太平洋区域飞航会议于去年十月十七日在菲律宾马尼剌召开，计有中美英菲等十七国参加该会议之气象委员会中于讨论中国各气象台站地面及高空气象报告之收集及发送时，曾由英国代表及国际航空运输协会代表提议南沙群岛每日四次之 PIBAL 气象报告，攸关国际飞航至巨，应由中国负责供给，当时菲律宾代表 Mr. Flores 为该会主席，经无异议通过并经列入该会之最后报告书中（详见 ICAO，DOC，7634，PCA/I，MET，SECTION）。"[2]

中国台湾当局的这份函件证明参会成员认可中国拥有南沙群岛的主权，否则就不会要求中方提供南沙群岛的气象报告。必要时，这份函件可作为证据材料向国际法庭提供。

第三节　与南海有关的各类中国文献的证明力

中国与南海主权问题相关的材料还有学者的学术论著、新闻报道、

---

〔1〕　参见《极密（关于美空军人员六人前往我南海各岛屿事）》，"外交部"函"国防部"（1956 年 8 月 24 日 外东二第 009348 号），载中国台湾地区"外交部"研究设计委员会编印：《"外交部"南海诸岛档案汇编》（下册），1995 年，Ⅲ（9）：001；《美空军人员前往中南沙群岛探访由》，"国防部"函"外交部"（1956 年 9 月 1 日灵云字第 0238 号），载中国台湾地区"外交部"研究设计委员会编印：《"外交部"南海诸岛档案汇编》（下册），1995 年，Ⅲ（9）：002；《为美方在南中国海实施空中照像，敬覆查照》，"国防部"函"外交部"（1957 年 1 月 29 日 慧急字第 00097 号），载中国台湾地区"外交部"研究设计委员会编印：《"外交部"南海诸岛档案汇编》（下册），1995 年，Ⅲ（9）：003；《密（为美方在南沙群岛空中摄影事）》，"外交部"致"国防部"代电（1957 年 1 月 9 日 第 000289 号），载中国台湾地区"外交部"研究设计委员会编印：《"外交部"南海诸岛档案汇编》（下册），1995 年，Ⅲ（9）：004；《密（节略美国大使馆第 37 号备忘录）》，"外交部"函"国防部"（1957 年 2 月 8 日 001489），载中国台湾地区"外交部"研究设计委员会编印：《"外交部"南海诸岛档案汇编》（下册），1995 年，Ⅲ（9）：005；《密（关于美军事人员在南沙群岛进行地形测量事）》，"外交部"致驻菲大使馆代电（1957 年 6 月 23 日 第 006631 号），载中国台湾地区"外交部"研究设计委员会编印：《"外交部"南海诸岛档案汇编》（下册），1995 年，Ⅲ（9）：006。

〔2〕　参见《为函告在国际民航组织太平区域飞航会议中所论南沙群岛之气象报告决议由我国供应案，请参考由》，"交通部"民航局函"外交部"（1956 年 6 月 6 日 字号不详），载中国台湾地区"外交部"研究设计委员会编印：《"外交部"南海诸岛档案汇编》（下册），1995 年，Ⅲ（4）：043。

历史文献等资料。下文将探讨这几类文献作为司法证据的证明力。

一、明清时期形成的《更路簿》

前述 1980 年中国外交部文件《中国对西沙群岛和南沙群岛的主权无可争辩》，将中国宋代以来的典籍文献及历代中国渔民的《更路簿》作为中国对西沙群岛和南沙群岛的主权权源之证明资料。[1]《更路簿》是中国渔民来往于中国大陆沿海地区和南海诸岛之间的航海指南，记录了中国人民在南海诸岛的生活和生产开发活动，记载了中国渔民对南海诸岛的命名等，被视为重要的主权证明文件，受到政府、学术界等多方面的高度关注。[2]

《更路簿》是海南渔民基于长久的航海实践集体创作的南海作业与贸易航海指南。《更路簿》中"更"指航行的里程，也指航行的实践。"路"就是罗盘的针路，指示航向，用中国传统的二十四位罗盘上的文字表示，"更路"二字合起来，意指从出发地到目的地之间的航向、距离以及航行所需的大致时间，更数用中文数字记载。[3] 概言之，《更路簿》全面反映了中国渔民在南海地区的生产和生活方式，记录了西沙群岛和南沙群岛的岛礁名称、特征、具体位置、起航线、岛礁地貌，以及海浪、潮汐、风向、风暴等水文气象信息。

关于《更路簿》作为司法证据的价值，我们可从以下四个方面审视。

其一，现今被发现的《更路簿》有十余个版本的手抄本，例如苏德柳抄本《更路簿》、彭正楷抄本《更路簿》、郁玉清抄藏本《定罗经针位》、陈永芹抄本《西、南沙更路》等等。[4] 不同版本的《更路簿》所记录的西沙群岛和南沙群岛的岛礁特征、航行路程并不完全相同。此外，《更路簿》长期以口传笔载的手抄本形式流传，在口述、手

---

〔1〕 参见中华人民共和国外交部：《中国对西沙群岛和南沙群岛的主权无可争辩》，1980 年 1 月 30 日，载《人民日报》1980 年 1 月 31 日第 1、第 3 版。

〔2〕 参见国务院新闻办公室：《中国坚持通过谈判解决中国与菲律宾在南海的有关争议》，载《新华日报》2016 年第 15 期，第 11 段。

〔3〕 参见《南海更路簿：中国人经略祖宗海的历史见证》编委会编：《南海更路簿：中国人经略祖宗海的历史见证》，海南出版社 2016 年版，第 99—100 页。

〔4〕 参见曾昭璇、曾宪珊：《清〈顺风得利〉（王国昌抄本）更路簿研究》，载《中国边疆史地研究》1996 年第 1 期，第 87 页。

抄的过程中可能存在一定的误差和误抄。据此,《更路簿》中记录的信息并不完全一致和准确。但考虑到证据形成时间漫长、地理特征会因此发生改变,而且古代科技发展落后等客观因素,《更路簿》信息方面的一些瑕疵不足以否定其证据价值。

其二,《更路簿》主要形成于明末清初,[1] 多以文言文形式记载,因此需要对《更路簿》进行注解才能准确认识其中记录的内容。例如,郁玉清抄藏本《定罗经针位》记载:"自三峙下二圈用癸丁丑未二更半远向西南驶。"今译为:在西沙群岛,从三峙(南岛)开往二圈(玉琢礁),航行针用缝针,即癸丁和丑未的中间线,航程二更半到达,收帆泊船,航行方向也就是对西南方向。[2] 古文的注释亦涉及学者的学术观点,不同的学者在不同时期可能做出不同的解释。考虑到这些问题,任命相关的专家证人对于展示该古籍的证据价值意义非同小可。

其三,《更路簿》作为中国渔民在南海航行时刻意避开南沙群岛附近的危险区域的航行指南,记录了海流方向与航行的关系以及西沙群岛传统地名30多个、南沙群岛传统地名70多个,[3] 这些海洋信息可与外国史料相印证。根据1894年英国皇家海军档案《中国海指南》(The China Sea Directory)第2卷第64—66页有关郑和群礁的记载,海南渔民出现在大多数岛礁,以采集海参和介壳为生,其中一部分人在这些岛礁上生活了数年。中国帆船每年从海南岛驶向这些岛礁,向渔民供应大米以及其他生活必需品。[4] 据此,《更路簿》的内容很大程度上能证明中国渔民在南海诸岛生活和在南沙水域捕鱼作业这一历史事实。

其四,《更路簿》并未充分展示中国在南海地区所进行的主权活动。渔民的行为属于私人行为,私人行为一般不被视为国家行使权力的表现。因为,公权力一般由中央和地方各层级的立法机关、行政机关、司法机关和军队行使,但某些情况下不具有行使国家权力资格的机构也可代为行使国家权力。国际法院中国籍法官徐谟在1951年英挪

〔1〕 参见韩振华主编:《我国南海诸岛史料汇编》,东方出版社1988年版,第368页。

〔2〕 参见《南海更路簿:中国人经略祖宗海的历史见证》编委会编:《南海更路簿:中国人经略祖宗海的历史见证》,海南出版社2016年版,第52页。

〔3〕 参见韩振华主编:《我国南海诸岛史料汇编》,东方出版社1988年版,第366页。

〔4〕 参见邵循正:《我国南沙群岛的主权不容侵犯》,载《人民日报》1956年6月5日,第3版;吴凤斌:《我国渔民对南沙群岛的开发和经营》,载《南洋问题》1981年第3期,第79页;韩振华主编:《我国南海诸岛史料汇编》,东方出版社1988年版,第4页。

渔业案的个别意见中指出：“个人主动为自己的利益并且没有得到政府任何授权所从事的活动，不能被赋予国家主权（的效力），即便经过一定的时间，且没有受到其他国家国民的干扰。”[1]在 2002 年利吉丹岛和西巴丹岛主权争端案中，印度尼西亚为了证明其主权活动，向国际法院提交了多份证词，以证明本国渔民在 20 世纪 50—60 年代甚至在争端产生后的 70 年代初期不时访问两个争议岛屿。对此国际法院认为，如果私人活动的发生并非依据政府管理或经政府授权，不得将其视为主权活动，不能反映印度尼西亚对争议岛屿行使主权的意图和意愿[2]。然而，国际法院的卡内罗法官在 1953 年英国与法国的敏基埃和埃克里荷斯群岛案的个人意见中指出，他完全同意在一定情况下，作为某国国民的私人主体的存在可能表示或意味着该国的占领行为，主权的行使作用于承认该主权的个人。在该案中，英国渔民的数量远远多于法国渔民的数量，岛上的英式住所常被提及且可以追溯至古代，而法国渔民从未在此地居住[3]。可见，渔民的行为在多大程度上可以作为国家主权行为的展示，这一问题并没有明确的答案。但可以肯定的是，结合《更路簿》的记述搜集相关的国家对渔业进行管理的历史资料，能更好地发挥《更路簿》的证据价值。

需指出的一点是，作为重要的相关历史资料之一的《更路簿》，正如中国学者所指出的，它不仅包含对南海岛礁的记录，而且是中国渔民在南海海域生产活动的记录和指南，反映了中国渔民以南海为家进行稳定的、有组织地生产、生活的历史事实，[4]中国渔民是南海诸岛的主人。

二、与南海相关的近现代文献

（一）20 世纪 30 年代的重要文献

目前，被学者引用最多、最早对南海地区进行史地研究的著作是

----

〔1〕　Anglo-Norwegian Fisheries Case（United Kingdom v. Norway），Separate Opinion of Judge Hsu Mo，Judgment，I. C. J. Reports，1951，p. 157.

〔2〕　See Pulau Ligitan and Palua Sipadan Case，Judgment，I. C. J. Reports，2002，paras. 140-141.

〔3〕　See The Minquiers and Ecrehos Case，Individual Opinion of Judge Levi Carneiro，I. C. J. Reports，1953，pp. 104-105，para. 19.

〔4〕　参见中国国际法学会编：《南海仲裁案裁决之批判》，外文出版社 2018 年版，第 221、第 223 页。

1928 年陈天锡编著的《西沙岛东沙岛成案汇编》。该书将当时可见的西沙岛和东沙岛的资料进行汇总,收集了东沙群岛和西沙群岛的十余幅珍贵舆图,辑录了晚清政府收复东沙群岛的来往奏章、折片、照会、电报,以及对当地渔民的调研资料,对晚清政府对西沙群岛的几次勘察经过、政府开发计划等有关内容进行辑录,并论述了西沙群岛、东沙群岛的主权归属。[1]

《西沙岛东沙岛成案汇编》作为法律证据具有较大的证据价值,理由之一是作者在该书中提及的主要史料是经过调查、筛选的,而且该书引用的资料来源丰富,并多为一手资料。当今学者研究南海诸岛相关问题时经常援引该书中的资料和观点。但需指出的是,应区别对待书中的资料和作者陈天锡本人的见解和观点。如前所述,证据材料要求尽可能客观,因而我们的重点工作应放在根据书中收录的珍贵文献名称,到我国各历史档案馆搜集和固定有关资料的原本,尽量将论证建立在对原始证据的运用与分析之上。

1930 年 4 月 12 日,法国派遣军舰"玛丽修斯"号进占南威岛。1933 年 4 月 7—12 日,法国军舰"亚斯特洛赛"号和"亚拉亚特"号陆续进占太平岛、安波沙洲、北子岛、南子岛、南钥岛、中业岛、鸿麻岛、杨信沙洲八岛。7 月 19 日,法国发布占领告示,然后在 7 月 25 日的公报中宣布占领南海九岛,这就是所谓的"法国占领九小岛事件"。[2] 法国也承认,"九岛之中,惟有华人居住,华人以外别无其他国人"[3]。当时的中国政府获悉后,即由外交部在 1933 年 8 月 4 日照会法国驻华使馆声明:"中国政府在未经确定查明以前,对于法国政府占领之宣言,保留其权利。"[4] 随后中国政府向法国抗议称:"(法方)既称有琼崖的中国人住于该群岛以从事渔业,又谓当时岛中住有华人三名,又谓其地有树叶搭盖之屋、有奉祀神人之像,又谓有琼崖渡来

〔1〕 参见陈天锡编著:《西沙岛东沙岛成案汇编》,香港商务印书馆 1928 年版。
〔2〕 See Journal officiel de la République Française, 65th Year, No. 172, July 25th, 1933, p. 7794.
〔3〕 参见《西沙群岛交涉及法占九小岛事》,载《外交部公报》第六卷第三号(1933 年 7—9 月),第 208 页。
〔4〕 《密(将法占九小岛名称、地位及经纬度查明见复)》,外交部致法国使馆照会(1933 年 8 月 4 日 欧字第 14369 号),中国台湾地区"外交部"研究设计委员会编印:《"外交部"南海诸岛档案汇编》(上册),1995 年,Ⅱ(1):022。

的华人居住，每年有帆船载食品来岛供华人食用，是九岛者早有华人居住，并非无主之岛，法人已代我证明矣。依照国际公法与惯例，凡新发现之岛屿，其住民何国民，即证明其主权属于何国。今该群岛中全为华人，其主权应属于我，自无置辩之余地矣。"[1]。

法国占领九小岛事件引起中国学者的广泛关注，学者们开始重视运用史料对南海诸岛的主权归属进行研究，从历史和法理的角度论证南海诸岛自古以来就是中国领土。这一时期发表的最具代表性的文章有二。一是胡焕庸 1934 年在《外交评论》上发表的一篇译作《法人谋夺西沙群岛》。该文从军事、经济两个方面论述了法国占领西沙群岛的影响，并从政治、经济、交通等方面提出相应措施，以强化中国对西沙群岛的领土主权。[2] 二是徐公肃于 1933 年在《外交评论》上发表的论文《法国占领九小岛事件》，分析法国占领南沙九小岛的经过、九小岛的经纬度。该文根据清末英国《中国海指南》记载的内容，对九小岛自古以来为中国渔民生息之地的事实进行了考证，并从国际法角度论证该岛礁不是"无主地"，而是自古以来为中国所有，法国以及日本所谓的"占有"理由是根本站不住脚的，其真实目的是对南沙群岛的觊觎和侵占。[3]

从国际法角度来看，这一时期学者论著的证据价值可从两方面分析。

就文章内容而言，中国学者在这一阶段的文章主要论及外国对中国南海诸岛主权侵犯这一事实，更多体现为对法国占领九小岛事件的抗议，并建议政府加强对南海诸岛的管理。然而，这一时期发表的学者观点和论据较为简单，似未提出更为有力的历史资料作为证据以证明中国对南海诸岛的主权权源。

从国际司法和仲裁机构的通常做法来看，学者论著一般视为二手资料，在一定情况下，学术著述可作为辅助证据用以佐证已被其他类型证据证实的事实。[4] 由此看来，中国学者在这一时期撰写的文章作为支持中国对南海诸岛的主权主张的证据价值很有限。但是，学者文

---

〔1〕 陈天锡、郑资约、杨秀靖编著：《南海诸岛三种》，郑行顺点校，海南出版社 2004 年版，第 205 页。

〔2〕 参见胡焕庸译：《法人谋夺西沙群岛》，载《外交评论》1934 年第 4 期，第 91—99 页。

〔3〕 参见徐公肃：《法国占领九小岛事件》，载《外交评论》1933 年第 9 期，第 13—85 页。

〔4〕 See Nicaragua Case, Merits, Judgment, I. C. J. Reports, 1986, p. 40, para. 62.

章中涉及的有关历史文献需要重视，这些文献所传递的信息对于支持中国对南海地区的主权主张是有助益的。

（二）20 世纪 50 年代的重要文献

20 世纪 50 年代，南越西贡政权侵占中国西沙群岛部分岛礁，菲律宾的"克洛马事件"以及南越和菲律宾针对中国南海诸岛主权问题发布的相关言论，激发了中国学者研究南海问题的热潮。

在这段时间，历史学家邵循正教授在 1956 年的《人民日报》上发表了有关南沙群岛和西沙群岛主权的两篇文章。《我国南沙群岛的主权不容侵犯》[1]一文发表在 1956 年 6 月 5 日的《人民日报》上。当时菲律宾仍觊觎南沙群岛，该文主要从历史和对外交涉的角度论证中国长期以来对南海诸岛拥有无可争辩的主权。邵教授指出，1730 年陈伦炯所著《海国闻见录》中的附图将东沙群岛和西沙群岛等列为中国沿海的岛礁；1820 年杨炳南所记的由谢清高口述的《海录》中也再三提到东沙群岛；1900 年陈寿彭译的《中国江海险要图说》中谈及，英国官方于 1894 年出版的《中国海指南》明确地将东沙群岛列为中国沿海岛屿之一，《中国海指南》还描述了海南渔民对南沙群岛中的太平岛、双子礁等岛礁的利用。邵循正教授在该文中所引用的资料，大多是中国的古籍和地图。第二篇文章《西沙群岛是中国的领土》发表在 1956 年 7 月 8 日的《人民日报》上。该文主要结合中国的古籍和各国学者的研究，对历史和地理文献资料中有关西沙群岛属于中国的记载做了学术分析。[2]

时事评论员崔奇的《奇怪的"发现"》一文发表在 1956 年 6 月 5 日的《人民日报》上。该文针对菲律宾克洛马宣布在南中国海"发现"了一向属于南沙群岛的许多岛屿一事做出评论。该文论述了克洛马企图侵占中国在南沙群岛的部分岛礁的事实，同时，该文包含了较多的政治性言辞，批评美国基于自身战略的理由，支持菲律宾当局占据别国的领土。[3]同年同月的《人民日报》发表了另一篇评论文章，题为《别想从中国人民手里占便宜》[4]，该文强调南沙群岛一直是中

---

〔1〕 邵循正：《我国南沙群岛的主权不容侵犯》，载《人民日报》1956 年 6 月 5 日，第 3 版。

〔2〕 邵循正：《西沙群岛是中国的领土》，载《人民日报》1956 年 7 月 8 日，第 4 版。

〔3〕 崔奇：《奇怪的"发现"》，载《人民日报》1956 年 6 月 5 日，第 4 版。

〔4〕 《人民日报》观察家评论：《别想从中国人民手里占便宜》，载《人民日报》1956 年 6 月 28 日，第 4 版。

国的领土，指出其他国家妄图挑衅中国并不是什么"国际争执"，而是故意制造出来的国际阴谋。

　　针对南越当局侵犯中国南海主权的行径，1959 年的《人民日报》发表了两份中国外交部的声明。1959 年 2 月 28 日《人民日报》发表的《中华人民共和国外交部声明》的背景是，当时中国西沙群岛中的琛航岛遭南越西贡政权海军非法入侵，中国 82 名渔民被劫走，5 艘渔船和其他财物遭掠夺，中国人民对此极为愤怒。于是，中华人民共和国外交部严正声明，要求南越当局必须立即放人，交还被掠走的所有渔船和其他财物，赔偿由此产生的损失，并且保证今后不再重犯，否则必须承担由此产生的一切后果[1]。之后，中国外交部在 1959 年 4 月 6 日的《人民日报》上再次发表声明，抗议南越侵犯中国主权并劫掠我渔民。[2]

　　非常值得提及的一篇新闻报道是 1957 年 10 月 31 日《人民日报》上刊发的《在西沙群岛发现祖国碑刻》一文。广州文化公园工作人员在西沙群岛北岛南端的热带灌木丛中采集标本时，发现了一块高 60 厘米、宽 18 厘米、厚 4 厘米的石碑（图 1），碑上中间刻有"视察纪念"、左边刻有"大清光绪二十八年"字样。碑石保存完好，其存在表明当时的政府官员曾在那里进行视察。[3] 该石碑在一定程度上说明了中国在清朝末年对西沙群岛的开发活动。

图 1　在西沙群岛发现祖国碑刻[4]

〔1〕　参见《外交部就南越侵犯我领土主权发表声明 南越当局必须立即释放被劫走的我国
　　　渔民并赔偿损失》，载《人民日报》1959 年 2 月 28 日，第 1 版。
〔2〕　参见《我国外交部再次发表声明 抗议南越侵犯我主权劫掠我渔民》，载《人民日
　　　报》1959 年 4 月 6 日，第 1 版。
〔3〕　《在西沙群岛发现祖国碑刻》，载《人民日报》1957 年 10 月 31 日，第 8 版。
〔4〕　《在西沙群岛发现祖国碑刻》，载《人民日报》1957 年 10 月 31 日，第 8 版。

这一时期文献的重点在于将历史古籍和地理信息相结合，对中国人民发现、开发经营南海诸岛的历史过程以及中国历代政府对南海诸岛的管辖等问题展开研讨。从国际司法和仲裁实践看，此类文献的证据价值有三个方面值得注意。其一，由于特殊的历史背景，这一时期的文献内容带有较强的政治色彩，且包含了强烈的个人推断。当然这并不是说学者所做的推断（比如美国在背后支持南越集团的侵略行为）没有根据，只是若作为国际司法中的证据，这类推断可能影响法庭对其证据价值的判断。其二，这里选择的重要文献都公开发表在中国权威的官方报纸上，这意味着中国政府对有关文章中所提出的观点和论据的认可。其三，学者引用相关历史资料时并未对古籍的内容进行充分说明，分析和论证都较为简单。可以认为，这些文献能够佐证其他国家侵占南沙群岛岛礁的事实，以及中国对此类事件的态度和立场，但对于证明中国在南海诸岛的主权权源作用有限。诚然，文章中提及的历史文献和石碑这样的文物所表达的相关信息仍然需要重视，因为它们可以和其他证据材料结合发挥证据价值。

（三）20 世纪 80—90 年代的重要文献

20 世纪 70 年代末，越南推行民族扩张主义和地区霸权主义，公然宣称南沙群岛为越南领土。自那时起，菲律宾和马来西亚等国也相继侵占中国南沙群岛的部分岛礁。越南等国家忽视南海诸岛归中国所有的历史事实，拼凑捏造所谓的历史依据，致使南海问题变得更加突出[1]。在此历史背景下，中国学术界高度重视对南海问题的研究，但这一时期主要是历史地理学家对该问题展开系统的研究。

这一时期最具代表性的论文有地理学者鞠继武教授于 1981 年发表的《南海诸岛地名的初步研究——南海诸岛自古以来是我国领土的古地名证据》。该文对历史文献中南海诸岛的古地名进行考究和分析，最终得出南海诸岛自古是中国领土的结论[2]。鞠继武在其文章中指出，由于人们的实践不同，地理认识不一致，同一时代对同一地名的概念看法也存在很多的差异，有的文献泛指南海诸岛，有的混指南海诸岛

---

[1] See Eric Yong-Joong, *China and International Law in the 21st Century*, Seoul：Yijun Press，2013，p. 7.

[2] 参见鞠继武：《南海诸岛地名的初步研究——南海诸岛自古以来是我国领土的古地名证据》，载《南京师院学报（自然科学版）》1981 年第 2 期，第 72—82 页。

中的某两三个岛群或专指南海诸岛中的某一个岛群，所以存在种种不确定性[1] 明代中期后石塘、长沙的名称变得更加复杂：宋元时期，"长沙"或者"千里长沙"一般指的是西沙群岛，"石塘"或"万里石塘"一般指的是南沙群岛；明代及之后，明代唐胄的《正德琼台志》和清代屈大均的《广东新语》等书沿用宋代以前的说法，但明代黄衷的《海语》、罗洪先的《广舆图》所继承的图中一般将"石塘"（千里石塘、万里石塘）指为西沙群岛（也可能包括中沙群岛），将"长沙"（千里长沙、万里长沙、万里长堤）指南沙群岛[2] 我们认为，从地名中推断中国对南沙群岛的主权，此做法存在不确定性。"千里长沙""万里长沙""千里石塘""万里石塘"等名字在不同时代指不同的地理位置，而且此类古地名指代中国南海诸岛需要有历史学家的解读和解释，这难免带有学者的主观色彩，因此这些名称所包含的信息并不具有必然的准确性。不过，如果能将地名的沿革和中国历代政府对南海地区开发管理范围逐步拓展的历史记录进行妥当对接，地名依然具有一定的证据价值。

　　此外，应关注的文章还有历史学者林金枝教授于 1979 年发表在《南洋问题研究》上的论文《石塘长沙地名资料辑录考释》。在该文中，林金枝教授指出："石塘（石堂、千里石塘或万里石塘）、长沙（千里长沙、万里长沙或万里长堤）是中国古籍记载南海诸岛常用的古地名。它始于南宋，中经元、明，下迄清代，历七八百年，图籍记载繁多，各书叫法极不一致，所指的岛群也含糊不清，甚为难解。"[3] 林教授按宋、元、明、清四个朝代，叙述各种图籍记载石塘、长沙之类古地名的具体情况以及该地名所指今天何地，对古籍记载的"石塘""长沙"进行了考证和科学分析。但从该文可以看出，林金枝教授对"石塘""长沙"所指今天何地也有一定的疑惑。例如，在该文中，可见宋代古籍中的名称存在"长砂""长沙""千里长沙"和"石塘""石堂""万里石床""万里石塘"的区别。对此，林金枝教授认为，"长沙"和"长砂"为同音同义，或"长砂"是"长沙"之误，

---

〔1〕 参见鞠继武：《南海诸岛地名的初步研究——南海诸岛自古以来是我国领土的古地名证据》，载《南京师院学报（自然科学版）》1981 年第 2 期，第 75—81 页。

〔2〕 林金枝："石塘长沙资料辑录考释"，载《南洋问题》1979 年第 6 期，第 114 页。

〔3〕 林金枝："石塘长沙资料辑录考释"，载《南洋问题》1979 年第 6 期，第 100 页。

"石塘"和"石堂"为同音同义，或"石堂"是"石塘"同音之误；史料在"长沙""石塘"之前加"数万里""万里""千里"，意在形容南海中岛屿、沙洲、暗沙、暗礁和暗滩之多，而非指"长沙""石塘"的长度或宽度达到千里、万里或数万里。此外，针对宋代古籍中所提的"长沙""石塘"，林金枝教授认为单看《宋会要》或《宋史》中记载的"被风飘至石塘"这条资料，"石塘"究竟是指整个南海诸岛还是其中的某个岛群尚难确定。[1] 林金枝教授认为，将所有古籍联系来看，它们将"长沙"放在"石塘"之前，根据距离大陆的远近和出发的航路顺序，宋代的"长沙"应该指今天的西沙群岛，宋代的"石塘"应该指今天的南沙群岛。至于与西沙群岛毗连的中沙群岛在宋代古籍中为何未有专有名称，林金枝教授认为，由于没有史料记载，难以说明，但因为中沙群岛距离西沙群岛较近，史料中的"长沙"包含中沙群岛也是有可能的。[2] 此外，林金枝教授还于 1981 年撰写了《东沙群岛历史考略》一文，该文亦从历史、地理角度对东沙群岛进行了考证，大量的历史资料和古代文物证明中国人民命名和开发经营东沙群岛的历史，东沙群岛是中国领土不可分割的一部分。[3]

　　这一时期颇具代表性的学术著作是著名南海史地研究专家韩振华先生于 1981 年在中华书局出版的《南海诸岛史地考证论集》一书。韩先生主编的这本书收录了《七洲洋考》《石塘长沙考》《十六世纪前期葡萄牙记载有关西沙群岛归属中国的几条资料考订》等文章。[4] 韩振华主编的《我国南海诸岛史料汇编》辑录了国内外不同时期的南海地区资料，晚清政府与日本交涉收复东沙群岛主权、开发建设东沙群岛和西沙群岛的资料均收录在内，还有 19 世纪外国承认南海诸岛主权归属中国的文献资料等，为中国学者研究南海问题提供了重要的史料佐证。[5]

　　20 世纪 80 年代出版的南海相关书籍还有：1981 年厦门大学南海史料组主编的《西沙群岛和南沙群岛自古以来就是中国的领土》一

---

〔1〕　林金枝："石塘长沙资料辑录考释"，载《南洋问题》1979 年第 6 期，第 101 页。

〔2〕　林金枝："石塘长沙资料辑录考释"，载《南洋问题》1979 年第 6 期，第 102 页。

〔3〕　林金枝：《东沙群岛历史考略》，载《厦门大学学报（哲学社会科学版）》1981 年第 2 期，第 109—119 页。

〔4〕　参见韩振华编：《南海诸岛史地考证论集》，中华书局 1981 年版。

〔5〕　参见韩振华主编：《我国南海诸岛史料汇编》，东方出版社 1988 年版。

书，其也具有重要的史料价值。[1] 1987 年广东省地名委员会编纂的《南海诸岛地名资料汇编》。全书分三编：第一编为标准地名和渔民命名；第二编为地理综述、地名志和地名探源；第三编为南海诸岛地名论文选。该书以地名为主线，详细记述了南海诸岛各地名的地理位置、名称来历、含义和沿革，以及自然、历史、资源等方面的情况，是一部南海诸岛地名研究的专辑。[2]

20 世纪 90 年代，南海研究领域的代表作主要是韩振华先生的著作《南海诸岛史地研究》。该书对中国历史上南海海域及界限进行了系统研究，分析了近代以前南海诸岛作为中国领土相关的古籍记录，并考证了南沙群岛归属中国的历史，证明南海诸岛自古属于中国。[3] 另一代表作是 1996 年出版的著名地理学家刘南威的著作《中国南海诸岛地名论稿》。该书主要从地名学的角度对南海诸岛地名做了考证，从历史文献和海南语言角度对南海诸岛的地名来源及其演化过程进行研究，从地理、历史、语言、民俗等方面分析古代及现代南海诸岛的地名以及审议南海诸岛地名情况。[4]

此外，这一时期，很多中国学者结合渔民生活情况，对南海诸岛地名的来源、构成等展开探讨和分析。例如，韩振华先生 1995 年发表的论文《有关我国南海诸岛地名问题》，分析南海诸岛 200 多个地名中属于音译、意译、我国自己命名的地名及其所存在的问题，指出南海岛、洲、礁、沙、滩某些共称名词在使用上很不一致的状况，建议国家相关部门在重新修订南海诸岛地名时应注意几个问题。[5] 刘南威先生 1996 年发表的论文《现行南海诸岛地名中的渔民习用地名》，阐述了现行南海诸岛地名的主要特点，尤其是渔民的习用地名，解释了渔民习用地名的来历和地名所反映的地理特征，并论证了南海诸岛地名采用渔民常用地名在地名学上维护国家主权的意义。[6]

───────────

〔1〕　参见厦门大学南海史料组主编：《西沙群岛和南沙群岛自古以来就是中国的领土》，人民出版社 1981 年版。
〔2〕　参见广东省地名委员会编：《南海诸岛地名资料汇编》，广东省地图出版社 1987 年版。
〔3〕　参见韩振华：《南海诸岛史地研究》，社会科学文献出版社 1996 年版。
〔4〕　参见刘南威：《中国南海诸岛地名论稿》，科学出版社 1996 年版。
〔5〕　参见韩振华：《有关我国南海诸岛地名问题》，载《中国边疆史地研究》1995 年第 1 期，第 27—36 页。
〔6〕　参见刘南威：《现行南海诸岛地名中的渔民习用地名》，载《中国地名》1996 年第 4 期，第 27—28 页。

这一时期的学者论著呈现两个主要特点：一是国内学者主要从历史、地理角度对古籍进行全面和系统的分析，对史料进行筛选。相比20世纪50年代学者在论文中对史料的涉足，这一时期学者对南海问题的史地研究更加全面、深入和系统。二是这一时期对南海问题史地的研究虽然也是由南海问题日益复杂引起的，但学者在研究过程中并未进行过多政治性的推断，实证性较强。尽管如此，鉴于这类论著本质上是学者学术观点的体现，而学者在对地名、历史考究的过程中清楚认识到对历史资料的解读存在多种可能性，这或导致不确定性，因而著作本身不具有多少证据价值。但是，这些论著有助于我们从浩如烟海的历史证据材料中大致判断哪些史料的信息表达更为清楚，从而更适合列入证据材料清单。

本章小结

国际法庭较少依赖学术论著、新闻报道这类证据认定相应的事实，非常重视这类文献证据资料的来源，拒绝给予来源单一、无信息来源或者信息不明的新闻报道以证明力。新闻报道、学术论著是二手资料，只能被用于佐证其他类型证据已证实的事实，不能单独被用于证明待证事实。

综合来看，目前关涉中国南海问题的研究存在以下三个主要问题。

第一，后来研究南海问题的学者经常对先前的研究成果不加以分析就直接引用，其结果是研究南海问题的论文和著作看起来很多，但研究所援引的资料基本相同。换言之，南海研究的学术论著所援引的资料来源基本相同。例如，为证明中国渔民在南海诸岛生产和生活，学者经常提到英国皇家海军档案《中国海指南》，该指南谈及南沙群岛郑和礁时指出："海南渔民，以捕取海参、介壳为活，各岛都有其足迹，也有久居岛礁上的"，"在太平岛上的渔民要比其他岛上的渔民生活得更加舒适，与其他岛相比，太平岛上的井水要好得多"。这些内容被邵循正教授发表在1956年6月5日《人民日报》的文章《我国南沙群岛的主权不容侵犯》所引用，但邵循正教授指出上述资料来源于1899年陈寿彭翻译的《中国江海险要图说》。该段有关中国渔民在南海诸岛生活的阐述同样被韩振华主编的《我国南海诸岛史料汇编》中所引用，但并未指明其引用资料的来源。[1] 其他很多学者亦直接使用该段论述。直到 2018 年郭渊教授才在其文章《从英国航海文献看南沙自然人文景观的变迁及解析——兼论"南海仲裁案"的不确之说》中，对论证中国渔民在南海诸岛生活的英国官方航海文献《中国海指南》进行了系统的研究。事实上，英国作为当时在南海的航行者和勘测者已佐证了中国渔民长期在南海地区生活这一历史事实，但郭渊教授未清楚说明该事实具有主权意义的理由，其文并不能说明英国航海文献的记载能证明中国对南沙群岛的主权权源。[2] 此外，在邵循正、韩振华先生所处的时期，中国学者还未从国际法、国际关系等领域对南海问题进行思考，郭渊教授的文章在一定程度上反映了 21 世纪后学者在南海研究中存在的问题，他们普遍没有将"历史事实"与"法律事实"进行区分，或者说虽然了解国际法，但并未真正从国际法的角度去分析相应"历史事实"所具备的法律价值，仍然停留在"历史事实"层面说明中国对南海诸岛的主权这一欠说服力的论述上。

又如，国务院新闻办公室发布的白皮书《中国坚持通过谈判解决中国与菲律宾在南海的有关争议》第 11 段指出："中国渔民在开发利用南海的历史过程中还形成一套相对固定的南海诸岛命名体系：如将岛和沙洲称为'峙'，将礁称为'铲'、'线'、'沙'，将环礁称为'匡'、'圈'、'塘'，将暗沙称为'沙排'等。"该文件并未指出支撑此段结论的资料出处，但此段的论述与吴士存研究员在其《南沙争端的起源与发展》一书第 27 页的表述完全一致。[3] 类似的论断也出现在多位学者的著作及论文中，如刘南威 1996 年的论文《现行南海诸岛地名中的渔民习用地名》及其著作《中国南海诸岛地名论稿》。[4] 事实上，中国渔民在开发利用南海的过程中形成固定的对南海诸岛命名体系并非事实，而是学者在对相关的古籍诸如《更路簿》进行分析后

---

〔1〕　参见韩振华主编：《我国南海诸岛史料汇编》，东方出版社 1988 年版，第 4 页。

〔2〕　参见郭渊：《从英国航海文献看南沙自然人文景观的变迁及解析——兼论"南海仲裁案"的不确之说》，载《亚太安全与海洋研究》2018 年第 4 期，第 58—71 页。

〔3〕　参见吴士存：《南沙争端的起源与发展》（修订版），中国经济出版社 2013 年版，第 27 页。

〔4〕　参见刘南威：《现行南海诸岛地名中的渔民习用地名》，载《中国地名》1996 年第 4 期，第 27 页；刘南威：《中国南海诸岛地名论稿》，科学出版社 1996 年版，第 19—22 页。

得出的结论，性质上这一论述是学者的观点，晚近中国学者在研究南海命名体系时基本延续了先前史地学者得出的结论。

第二，有的南海研究论著所援引的历史文献中的相关信息缺乏准确性。例如，为通过对南海诸岛生动形象的命名来证明中国对南海诸岛的发现、经营和管理，学者们在学术著作中经常提及两个历史文献：一是东汉章帝、和帝（75—105 年）时期著名画家、南海郡番禺县人、议郎杨孚所撰的《异物志》中提及的"涨海崎头，水浅而多磁石"；二是三国康泰《扶南传》中提及的"涨海中，到珊瑚洲，洲底有盘石，珊瑚生其上也"。有些学者由他们的著作直接得出结论，认为珊瑚洲、涨海指的是南海诸岛，[1] 但并未指出珊瑚洲、涨海就是南海诸岛的直接原因，学者得出的结论似乎过于理所当然。类似地，有学者在其著作中做出解释，认为《异物志》一书中的"涨海"即南海，"崎头"即南海诸岛，磁石是南海海岸的岬角地形（凸入海中陆地），这种地形由坚硬的磁铁矿层组成，产生磁力线影响海上航行。[2] 我国学者对历史文献的解读间接说明了历史文献缺乏准确性。以"涨海"一词的释义为例，根据历史学者的研究，涨海即南海，但从其分布的广泛性来看，还扩及其周围的一些面积较小的海，如爪哇海等，扩大了的涨海称为大涨海。《辞海》也认为西汉后"涨海"才专指南海。[3] 此外，虽然通常情况下"涨海"一词系指南海地区，但也有学者认为"涨海"有可能指中国"南方以外的广大海域"，[4] 这表明"涨海"可能不是一个确定的地理范围而是一个泛指的概念。由此可见，学者对中国现有历史文献内容的解读还存在较多争议。

第三，研究南海问题的学术论著所引用的历史文献中部分原文已散佚，学者们引用的多来源于其他非原文文献的记载。譬如，在谈论南海问题时，学者多引用《诸蕃志》中的有关内容，但《诸蕃志》的原文均已佚失，现今所引用的有关内容多出自《永乐大典》，但《永

---

[1] 例如，刘南威：《中国南海诸岛地名论稿》，科学出版社 1996 年版，第 13—14 页；韩振华主编：《我国南海诸岛史料汇编》，东方出版社 1988 年版，第 2—3 页。

[2] 参见李彩霞：《南海诸岛历史事件编年》，社会科学文献出版社 2017 年版，第 6 页；司徒尚纪：《中国南海海洋国土》，广东经济出版社 2007 年版，第 60 页。

[3] 参见赵焕庭：《南海名浅考》，载《热带海学报》2009 年第 5 期，第 6、第 13 页。

[4] 参见南溟子：《涨海考》，载《中央民族学院学报》1982 年第 1 期，第 61—64、75 页。

乐大典》大部分也已经流失。又如，有学者试图用中国宋朝时多绘制以"诸蕃"命名的地图来说明中国当时主权意识加强，也显示当时的海洋疆域，但其分析的历史文献是原图已散佚的宋代佚名的《交广图》、宋太宗太平兴国三年（978年）广东李符的《海外诸蕃图》、宋真宗咸平六年（1003年）广州凌策的《海外诸蕃地理图》等图[1]。为证明清朝政府将西沙群岛和南沙群岛分别标示为"万里长沙"与"万里石塘"而列入清朝的地图内，中国学者经常提及以下地图：1709年《大清中外天下全图》、1724年《清直省分图》、1755年《皇清各直省分图》、1767年黄千人编绘的《大清万年一统天下全图》、1800年晓峰重绘的《清绘府州县厅总图》和1818年《大清一统天下全图》等[2]。然而有关学者并未详细注明此类地图的出处，我们亦未查找到除1767年《大清万年一统天下全图》、1818年《大清一统天下全图》之外的其他地图的原图。

---

[1]　参见李彩霞：《南海诸岛历史事件编年》，社会科学文献出版社2017年版，第92页；司徒尚纪：《中国南海海洋文化史》，广东经济出版社2013年版，第216页。

[2]　参见夏章英主编：《南沙群岛渔业史》，海洋出版社2011年版，第66页；李彩霞：《南海诸岛历史事件编年》，社会科学文献出版社2017年版，第133页；林金枝：《西沙群岛和南沙群岛自古以来就是中国的领土》，载《人民日报》1980年4月7日，第4版；吴士存：《南沙争端的起源与发展》（修订版），中国经济出版社2013年版，第20—21页；韩振华主编：《我国南海诸岛史料汇编》，东方出版社1988年版，第84、第87—88页。

本编结论

本编从国际法角度，对历史资料作为权利主张的证据问题进行研究和梳理。

一般而言，正如国际法学者所指出的，在传统上，国际法庭和仲裁庭的程序法没有严格的证据可采性规则，因而相关国家享有相当大的自由提交其认为具有相关性的证据材料。[1] 各类书面证据、证人证言和专家证言之间不存在可采性和证明力上的等级差异。[2] 因此，中国记载各项私人和国家行为的官方或非官方历史资料在符合程序要求的前提下均能提交，可采性上不存在大的障碍。而在证明力问题上，国际法庭和仲裁庭在实践中不受规则的严格限制。对此，国际法院在2005 年刚果诉乌干达刚果境内的武装活动案中首次说明证据采信的基本方法，即首先依据相关性筛选证据，再判断相关证据的重要性（weight）、可靠性（reliability）和价值（value）。[3] 但这些方法和概念十分抽象，故此研究国际法中的证据问题，需要从国际司法与仲裁实践入手，通过对现有案件的分析，总结出在领土主权和海洋权利问题上关于证据的惯常做法，以期对南海地区相关证据的研究有所指引和启示。

从上述三章的研究中，我们得出下列三个方面的总括性看法。

---

〔1〕 See Rüdiger Wolfrum and Mirka Möldner, "International Courts and Tribunals, Evidence", para. 24, *Max Planck Encyclopedia of Public International Law*, Online Edition, last accessed on 16 July 2015.

〔2〕 See Eduardo Valencia-Ospina, "Evidence before the International Court of Justice", *International Law FORUM Du Droit International*, Vol. 1, 1999, p. 204.

〔3〕 Armed Activities on the Territory of the Congo Case, Judgment, I. C. J. Reports, 2005, p. 200, para. 59.

一、国际法上有关证据规则与通常做法

目前，国际法上有关证据的规定，尤其是关于证据可采性和证明力的规定，数量较少而且不成体系。有关规则主要规定在国际条约，特别是国际司法或仲裁机构的条约、组织约章和内部程序中，其中又以《国际法院规约》及《国际法院规则》最具代表性和体系性。然而，从法理上看，这些规则只适用于某个特定的国际司法或仲裁机构，难以形成一般国际法，因而对其他的司法或仲裁机构只有参考价值。基于这种现状，有关国际司法或仲裁机构的权威性和影响力就成为影响证据规则效力的重要因素。无疑，国际法院的判例和实践最具权威性和影响力。

除国际条约之外，国际法上的证据规则亦存在于习惯国际法和一般法律原则中，它们对条约中的有关规定起着补充作用。

国际法意义上的证据规则明显不同于国内法。例如，国际法上没有严格明确的证据排除规则，所以证据材料往往具有普遍的可采性。证据只有在超过提出时限等少数情况下才不被采纳。又如，关于"谁主张谁举证"这一国内诉讼法的一般原则，由于在处理领土争端的国际司法程序中不严格区分原告和被告，而不再具有划分举证责任的功能。至于证明标准，则几乎完全落入裁判者自由裁量的范围之中，但在领土主权争端案件中，类似于国内法中的优势证据标准，则得到较多的适用。

虽然国际法意义上的证据规则远不如国内法完备，但这并不意味着国际法上判断证据材料证明力的实践完全没有规律可循。研究具有代表性的领土主权争端案件有助于把握其中的规律。本编第二章将这些案件中出现的证据分为五大类，并逐一进行详细考察。总的来说，这几类证据在国际司法和仲裁中起着相当重要的作用，但其具体的证明力又并非确定无疑，总是取决于个案裁量。基于此，为了使裁判者形成有利于本方的心证，尽可能提供多种而且彼此间能够相互印证的证据材料是相对稳妥的做法。在这些研究的基础上，我们对目前南海研究中的证据问题进行检视。

二、中国南海地区历史资料作为国际法上的证据问题

中国在长期开发与管辖南海地区的过程中留下了大量的历史资料

与其他材料。本编探讨了在国际法层面，哪些类型的历史资料可以被采纳为证据（哪些类型的历史资料具有可采性）、不同类型的证据在确定法律事实方面的分量有何差异（可以作为证据的历史资料中，哪些证据具有较强的证明力）等问题。在中国历史资料的可采性和证明力问题上，本编侧重于从原始证据与传来证据、历史资料的来源、史料记载内容的准确性三个角度进行观察和梳理。

我们从南海地区历史资料的性质入手，试图归纳不同种类的历史资料的法律证据意义。其一，历史资料类型中的原始证据和传来证据。能够用原件证明中国在南海地区行使国家权力的史料，是能够支持中国对南海权利主张的独立证据，具有重要的证据价值。而大量原本佚亡的古籍是效力未定的传来证据，这类历史资料的证明力相当有限，需要根据各项证据的具体情况逐一确定。其二，从证据来源上看官方历史资料与民间历史资料在国际法上的效力。官方的历史资料包括：各朝代的正史，如《唐书》《新唐书》《元史》《明史》等；也包括官方编纂的其他著作，如宋代的《宋会要》为官方编纂的军事著作，记载了宋代巡视南海地区的情况；还有一类具有官方性质的历史资料，此类材料既非正史，也非官方编纂的史书，但与官员所履行的职务有直接联系，如三国时期吴国康泰的《扶南传》是其奉命巡视南海诸岛后写下的记录，虽非康泰奉命所作，但确是康泰履行职务的直接记录；《使西纪程》是清代外交官郭嵩焘出使英国途中的见闻。具有官方性质的文献还包括各种官方出版的地图、敕令汇编等。[1] 官方历史资料可以作为支持中国南海地区权利主张的直接证据，具有很高的证据价值。非官方的历史资料，如学者的个人著作，其本身不可以作为证据证明法律事实，但需要根据民间史料的具体情况而确定其证明价值，有些具有较高质量的民间历史资料可作为辅助证据，用以佐证已被其他类型证据证实的事实。其三，从证据运用的准确性看历史资料的名称（称谓）与现实的地理范围的对应情况。以国际法对领土主张的证明要求作为筛选有效证据的依据，区分对待不同年代有不同称谓的历史资料的运用，以期成功证明中国权利主张。

依据前文对中国涉及南海主权问题的历史资料的证据价值分析，

---

[1] 参见李任远：《国际法中的历史性权利研究》，法律出版社 2018 年版，第 233—234 页。

可以得知我国现有史料运用中存在两个方面的主要问题。

其一，学者在研究南海问题时过度依赖二手资料。从国际司法实践可知，二手资料包含的信息可以得到认可，国际法庭排斥的不是二手资料本身，而是其中包含的"不准确、不明确"的信息，诉讼当事国的学者专家对历史资料的解读或许存在误差，进而导致国际法庭很难获知"历史真实"。近些年来，南海维权斗争在史地研究的基础上加入了国际法研究，国际法学者或者法律学者从法律的视角撰写相关维权文章，但国际法学者较多援引历史学者论著中的内容和观点。而历史资料产生证据价值需要通过历史学家的解读，这个过程本身却受到历史学者的专业素养、学术观点、政治立场等多重因素的影响，因此历史学者得出的推论或结论可能不够客观和准确。此外，历史学者可能缺乏"法律事实"等概念或意识，这使得历史解释与法律证据所要求的精确性、关联度不相符合，不同的历史学者对同一个问题可能得出不同的结论。国内历史和地理学界对南海问题的研究起源于 20 世纪七八十年代，而该研究的兴起具有特定的历史背景，即其他南海周边国家在 20 世纪 70 年代后纷纷对南海岛礁或水域提出主权要求。因之，法律学者直接使用历史学者的研究成果来论证中国在南海的权利主张是存在瑕疵的。

其二，现今中国对涉及南海主权问题的原始资料保存不完整，很多历史文件、地图的原本已佚失，部分信息缺失。此类原本缺失的历史文献可能被现存的其他资料所记载，由此造成原本缺失但仍有部分信息为人所知的现象。《国际法院规则》第 50 条第 1 款规定："每一书状的原本都应附有可资佐证书状中论点的一切有关文件的经核证的副本。"该条款的规定实际上是要求当事国对所提交证据的真实性做出保证。中国部分历史文献原本的缺失意味着中国无法提交相应的副本作为法律证据，因此依据其他资料所得出此类文件蕴含的信息之证据价值比较小。然而，有总比没有好。国际法院不要求最佳证据，而且重视双方对比产生的证据优势，因而中方无原本也好过对方无相关证据。

三、关于使用南海地区法律资料的建议

从证据的角度而言，所有法律事实的认定，都必须依靠证据链的支持。无论是中国对南海诸岛的主张，还是中国对南海断续线内水域

的权利主张,抑或是中国要反驳外国的非法主张,均必须有充分的证据支持。因此明确历史资料在国际法上的证据效力并善加运用,是支持中国对南海权利主张的关键基础工作。

在国际司法程序中,当事国可以提交其认为一切合理和必要的证据给国际司法或仲裁机构。就实际情况而言,大量的历史资料都明示或者暗示中国在南海地区行使了国家权力。但历史资料仅说明历史事实,历史资料只有满足了国际法对证据的基本要求,才能被视为法律证据,证明待证的法律事实。基于此,国内历史学界和法学界应当建立长期有效的深度合作,并从以下四个方面进行南海资料的搜集、整理和分析工作。

第一,基于对国际司法中的证据理论和原则的梳理,在准备法律证据过程中,法律专家应以"待证事实"为导向为历史专家提供搜集相应的历史资料的框架性指引。因为南海问题主要是主权问题,所以待证事实就是主权权源的存在。更具体地说,需要的材料就是关于中国对南海断续线内岛礁和相关海域持续和平稳地行使了国家权力的历史资料。

第二,历史学者应对史料进行"去伪存真"的搜集和筛选工作。在此过程中,可以制作法律证据的"正面清单"和"负面清单",谨慎使用真实性存疑的资料。针对目前国际法庭对历史证据采取的做法,当事方为追求权利最大化,可以积极发掘涉及争议当事国的承认或默认行为,以及对他国主权行使的抗议行为,这些对证明国家权力行使的主观意图等有重要价值。因此,应针对许多学术著作中提及的其他国家承认中国对南海诸岛主权的官方地图原图开展确认工作,如对1964年越南测绘局编制出版的《越南地图集》是否仍被地图出版社收藏,或国家有关部门是否仍保存1964年越南出版的《越南地图集》等问题进行确认,制作此类地图原图的副本,为潜在诉讼做好准备。尤其需要重视与其他争端当事国交涉的官方文献,注意这些国家在交涉过程中是否存在承认或默认。此外,这些国家的国内立法也需要关注,尤其是其历史上涉及领海基线方面的法律。

第三,在历史学者根据有关指引完成基本的南海地区史料搜集工作后,法律专家应当对资料进行分类,确定每种资料是否符合国际法的证据标准,对有关资料进行初步的筛选。之后,历史学者对经筛选的资料进行客观和中立的分析,在此过程中,历史学者应注意控制个人观点对历史结论的影响。针对中国历史文献中所包含的证明南沙群岛主权归属中国的信息，我们认为应积极聘请专家证人，对相应的历史文件、历史地图中所呈现的信息进行分析和论证。

第四，法律专家应辩证地利用历史学者基于历史资料所证明的事实，从相关性角度将历史证据形成证据链，论证有关主权权源。依据前文关于国际法庭对历史证据的态度分析，当事方应尽量展示可以与争端领土直接相关的证据。国际法庭特别重视权利主张与所提供的证据材料之间的直接关联性。譬如，主权行使的地域范围须包括争议地区，否则相关的证据材料不能佐证对争议地区的权利主张。因此，法律专家应整理我国大陆与台湾地区的有关档案资料，并结合地图、《更路簿》等能证明中国在南沙群岛活动的历史资料，在依据充分的基础上，构建国际法体系下的证据链，包括支持本方主张和驳斥对方主张的两个方面证据。

第二编

中国对南海诸岛领土主权的
历史及法理依据

引　言

　　中国南海诸岛包括东沙群岛、西沙群岛、中沙群岛和南沙群岛。这些群岛分别由数量不等、大小不一的岛、礁、滩、沙等组成。其中，南沙群岛的岛礁最多，范围最广。[1] 根据现代国际法上的"陆地支配海洋"原则，解决南海诸岛的领土争端对整个南海地区的争议有基础性的意义。20 世纪 70 年代后，自《联合国海洋法公约》谈判开始，由于岛礁对海洋划界的重要作用日渐凸显，南海诸岛领土问题的暗涌又浮上水面。截至目前，对于中国南沙群岛部分岛礁，越南、菲律宾、马来西亚提出了非法的领土要求，并占领其中一部分，而文莱主张的专属经济区覆盖中国南沙群岛的南通礁，但其并未明确提出领土要求，亦未占领南通礁。其中，越南不仅对中国南沙群岛整体上提出非法领土要求，而且对中国西沙群岛整体上提出非法领土要求。南沙群岛、西沙群岛对中国在南海地区，乃至印度洋—太平洋地区的地缘政治、军事和经济利益都有关键作用，有关主权争议的重要性和敏感性不言而喻。

　　从国际法角度看，南海诸岛，尤其是南沙群岛的领土争议相当复杂，主要体现于以下四个方面：

　　首先，南沙群岛领土问题与中日钓鱼岛领土问题不同，有多个争端当事国，至少越南、菲律宾和马来西亚对中国南沙群岛均明确提出了非法的领土要求，并且占领了中国南沙群岛部分岛礁。其中，越南对中国南沙群岛和西沙群岛从整体上提出非法的领土要求。

　　其次，争端当事国对有关岛、礁、滩、沙的法律定性存在争议，

---

〔1〕　中华人民共和国国务院新闻办公室：《中国坚持通过谈判解决中国与菲律宾在南海的有关争议》，载《新华月报》2016 年第 15 期，第 2 段。

如中、越主张对南沙群岛取得整体性的领土主权，而其他几国则试图通过更小的整体性主张或对单独地物的主张，分离和割裂这种领土的整体性。同时，文莱等国还试图将单独地物定性为低潮高地，否认其作为领土的可占领性，转而以专属经济区为由将其纳入自己的管辖范围。

再次，南海诸岛的领土问题涵盖了领土取得法的各方面问题，包括：领土的发现和象征性占领、领土先占、时效、有效控制、国际条约、国家或政府继承、承认与默认，等等。

最后，南沙群岛领土问题源自19世纪初的殖民动荡，是古代南海地区朝贡秩序与西方国际法秩序碰撞的典型写照，日、法、英、美等多个殖民势力都曾染指或试图插手南海，中越两国内部以及两国关系也发生了诸多重大变化。经历了一个多世纪复杂的政治、军事和外交进程以后，南沙群岛从被发现到现如今的整段历史呈现出了多种版本的理论叙事。

面对这种复杂的法律局面，我们应通过摆证据、讲法理，具体地分析每个法律细节问题，才能正本清源，从法理和舆论上维护中国在南海断续线内的合法权益。本编拟从领土取得法的权源理论出发，从上面提到的法律问题入手，结合历史证据，具体分析中国对南沙群岛的领土主权以及其他南海争议当事国尤其是越南和菲律宾的非法领土要求及其依据，梳理中国对南海诸岛的领土主权及有关历史和法律依据，为证明中国对南海诸岛的领土主权早已确立提供法理支持。

第一章　从领土先占规则看中国
对南海诸岛的原始权利

在关于领土主权取得的国际法规则中，领土权源（territorial title）是一个关键的基础概念，是分析国家是否取得领土主权的推理起点。从理论学说发展的角度看，领土权源理论是对传统的领土取得方式理论的一次革新，能克服后者解释力不足的问题，[1] 同时它也能将诸如发现、象征性占领、先占等概念纳入自身分析框架。本编以领土权源作为基本的分析框架。在对南海诸岛的领土主权及其历史和法理依据展开分析之前，有必要先简要说明"领土权源"这一概念。

国际法院在布基纳法索与马里边界争端案中曾指出国际法上"权源"概念所具有的双重含义：一是任何能够产生一项权利的事实、行为或情势；二是任何足以证明一项权利存在的文件或其他行为。[2] 世界权威的国际法百科全书——德国马克斯·普朗克比较公法及国际法研究所主编的《国际公法百科全书》在解释"领土取得"和"历史性所有权"概念时认为，权源"一般是指那些构成确立领土之上的权利的法律基础的行为或事实"[3]，它"用以表示产生一项特别的权利的来源，但同时也可以用来指能够证明该权利存在的证据。即既是权利

---

[1] 参见罗欢欣：《国际法上的领土权利来源：理论内涵与基本类型》，载《环球法律评论》2015 年第 4 期，第 167—168 页。

[2] See Frontier Dispute（Burkina Faso/Republic of Mali），Judgment，I. C. J. Reports，1986，p. 564，para. 18，[hereinafter Burkina Faso and Mali Case]. Also see Giovanni Distefano，"The Conceptualization（Construction）of Territorial Title in the Light of the International Court of Justice Case Law"，*Leiden Journal of International Law*，Vol. 19，Issue 4，December 2006，pp. 1044-1045.

[3] Marcelo G. Kohen，Mamadou Hébié，"Territory，Acquisition"，para. 3，*Max Planck Encyclopedia of Public International Law*，Online Edition，last accessed on 3 July 2018.

的来源，又是证明权利存在的证据"〔1〕。其他知名国际法学者也基本支持这一概念所具有的两层含义。〔2〕 可以认为，"权源"既是权利之源，也是权利赖以生成的基础。正如学者所指出的，本质上，领土或边界争端中国家领土主权主张之间的冲突实际上不过是不同法律权源之间的冲突而已。〔3〕

关于领土权源与领土主权的关系，黄明明博士进一步指出："通常我们所说的领土取得，指的是国家取得领土主权，它代表的是一个国家就其领土所享有的一系列法律权能，是经过法律凝结而成的权利结果。领土主权是领土权源的产物，而领土权源则是产生这种权利的基础。这个基础同时包含了事实和法律上的判断。因此，这意味着权源的概念必须既有事实，又有合法性。"〔4〕在此种意义上，初步权源（inchoate title，又译为"初步权利"）是在历史上形成的符合当时法

〔1〕 Andrea Gioia, "Historic Titles", para. 1, *Max Planck Encyclopedia of Public International Law*, Online Edition, last accessed on 3 July 2018.

〔2〕 例如，詹宁斯教授指出："权源的存在或不存在最终取决于特定事实。其本初的含义是指被法律承认能够产生一项权利的事实、情势。每一项权利（广义上理解，包括特权、权力和豁免等），都涉及权源或者说该权利产生的来源。权源是一种实际上的存在，而权利是一种法律上的结果。" Robert Jennings, *The Acquisition of Territory in International Law*, Manchester University Press, 1963, p. 4. 布朗利教授认为："从法律意义上讲，这一术语（title）是指所有的事实、行为或情势，它们构成一项权利的原因或基础。"〔英〕伊恩·布朗利：《国际公法原理》，曾令良、余敏友等译，法律出版社 2002 年版，第 132 页。马尔科姆·N. 肖（Malcolm N. Shaw）教授则认为："这一术语与将领土视为属于这个或那个法律当局所依据的事实和法律条件有关。换句话说，它指的是存在国际法所要求的那些事实，即因某一特定领土的法律地位发生变化而产生的法律后果。……既包括确立权利存在的证据，也包括该权利的实际来源。"〔英〕马尔科姆·N. 肖：《国际法》（第六版），白桂梅、高健军、朱利江、李永胜、梁晓晖译，北京大学出版社 2011 年版，第 387 页。清华大学贾兵兵教授对权源的解释则是："'权源'这个术语是指作为法律权利的起因或基础的任何行为、事实或情势。……在国际法上，权源可以是完整的，也可以是不完整的，它通常用于与领土有关的场合。它解释了所有者的权利为什么存在，该权利的界限在哪里，以及在遇到其他国家的相反主张时一国是否依然能够有效地主张领土主权等问题，这最后一点是国际法意义上权源的本质。它在实践中体现为在领土占有和控制上某一国家所具有的优先权利：优先于其他国家提出的主权主张，从而构成法律上有效的所有权的基础。"贾兵兵：《国际公法：和平时期的解释与适用》，清华大学出版社 2015 年版，第 262 页。

〔3〕 Abdelhamid El Ouali, "Territorial Integrity: Rethinking the Territorial Sovereign Right of the Existence of the States", *Geopolitics*, Vol. 11, 2006, p. 643.

〔4〕 黄明明：《领土法中的有效控制研究》，中山大学 2016 年博士学位论文，第 85 页。

律、具有主权取得意义的，但需要特定行为进一步巩固的未完整的权源。[1] 而原始权源概念与初步权源有相似之处，都是以追溯到较远历史上的、具有在先性的事实行为为内容；但与后者不同的是，原始权源通常被认为是完整的，已经完成了当时法律关于创设主权的要求。[2] 因此，原始权源可以形成我们常说的对领土的原始主权或原始所有权。

下文将从领土权源分析框架中的先占概念入手探讨中国对南海诸岛的主权。

第一节　领土先占的相关概念

先占（occupation）被公认为是一种重要的领土取得方式。先占取得的基本含义是通过对无主地进行首先占领，从而取得对领土的主权，是原始取得领土主权的一种方式。尽管当今世界已经基本不存在无主地，但考虑到世界范围内仍存在并将继续产生双边或多边领土争端，先占这一概念仍具有举足轻重的作用。无论是从国际政治现实，还是从国际司法及仲裁实践来看，各国为解决领土争端、提出对争议领土的权利主张，普遍都会设法证明自己有一定形式的先占行为。这些被主张的先占行为即使被证明是真实发生过的历史事件，并不一定满足先占方式的要求，也不一定就具有法律上的效力。国际司法及仲裁实践对先占（尽管不一定直接使用该概念）的构成和标准有较为充分的讨论。在论述先占概念时，需要先对与其概念相关的"发现"和"象征性占领"概念进行探讨。

一、领土的发现

"领土的发现"（discovery of territory，以下简称"发现"）是"先占"的相关概念。这里要探讨的是在传统国际法上，一国对领土的发

---

〔1〕　See Island of Palmas Case（USA v. Netherlands），Award of 4 April 1928，R. I. A. A.，Vol. Ⅱ，2006，p. 845.

〔2〕　See Sovereignty over Pedra Branca/Pulau Batu Puteh，Middle Rocks and South Ledge（Malaysia/Singapore），Judgment，I. C. J. Reports，2008，pp. 35-37，paras. 60-69.〔hereinafter Pedra Branca/Pulau Batu Puteh Case〕

现对所涉领土的取得具有多大的法律影响。相对于"先占","发现"
强调的是最先看到的行为。在西方航海时代之肇始,"发现"或者类
似的"象征性占领"(symbolic annexation)也曾经被认为属于领土取
得的模式,具有一定的法律效力。在 15、16 世纪,单纯的目击(bare
sighting)或物理性的发现(physical discovery,如登陆等)被国际法经
典作家维多利亚(Vitoria)、苏亚雷斯(Suarez)等认为具有领土取得
的效力。[1] 英国国际法学者马尔科姆·肖(Malcolm Shaw)就指出:
"在 18 世纪前,先占、发现可以产生领土主权。"[2]曾任国际法院法官
的埃利亚斯(T. O. Elias)也认为:"在 16 世纪,习惯国际法承认,单
纯对陆地的发现便可作为取得领土权利的缘由之一,发现者由此可获
得主权。"[3]不过,也有观点认为,发现本身只能构成一种初步权源,
必须以嗣后的有效占领(effective occupation)进行完善才能形成完整
的权源,才能获得确立的领土主权。[4] 著名法学家汉斯·凯尔森
(Hans Kelsen)认为,发现行为产生的国际法效果是:在陆地发现以
后用以建立有效占有(effective possession)的一段必要时间内,其他
国家在法律上被排除了占领该陆地的权利。[5] 麦克道格尔(McDou-
gal)等学者则直接指出,从国家实践上看,连凯尔森主张的这种弱法
律效果都未被普遍接受。[6] 可以看到,学术界虽然对"发现"的具体
法律效力有不同的看法,但基本上都认可在 18 世纪以前,特别是 15、
16 世纪,"发现"在领土取得上具有一定的国际法效力。

　　关于发现的法律效力的最经典案例是帕尔马斯岛仲裁案。该案是
荷兰和美国之间的领土主权争端,由时任常设仲裁法院院长的瑞士法

〔1〕 J. H. W. Verzijl, *International Law in Historical Perspective*, Vol. 3, A. W. Sijthoff, 1970,
　　 p. 395.

〔2〕 马尔科姆·N. 肖:《国际法》(第六版),白桂梅、高健军、朱利江、李永胜、梁晓
　　 晖译,北京大学出版社 2011 年版,第 420 页。

〔3〕 T. O. Elias, "The Doctrine of Intertemporal Law", *American Journal of International Law*,
　　 Vol. 74, 1980, p. 287.

〔4〕 See e. g. C. H. M. Waldock, "Disputed Sovereignty in the Falkland Islands Dependencies",
　　 British Yearbook of International Law, Vol. 25, 1948, pp. 322-324.

〔5〕 Hans Kelsen, *Principles of International Law* (3rd ed.), The Lawbook Exchange Ltd.,
　　 2003, p. 215.

〔6〕 See Myres S. McDougal, Harold D. Lasswell and Evan A. Vlasic, *Law and Public Order in
　　 Space*, Yale University Press, 1963, p. 833.

学家马克斯·胡伯担任独任仲裁员。胡伯在该案裁决中发表了对先占概念影响深远的独到意见。在该案中，美国作为西班牙权利的继承国，主张其权利是基于 16 世纪对帕尔马斯岛的一次目击。胡伯认为，对领土取得行为效力的评价，应该依照时际法（intertemporal law）原则进行，即应根据当时有效的法律决定其法律效力。[1] 美国由此认为，根据 16 世纪的国际法，单纯的发现足以确立西班牙对帕尔马斯岛的主权。然而，胡伯对时际法原则的适用做出了重要的贡献，他指出："必须区分权利的创设与权利的存续。对创设权利的行为应适用权利产生时有效的法律，基于同样的法理，该权利的存续，或者说该权利的持续行使，也应满足法律沿革所要求的相应条件。"[2]具体而言，由于 18 世纪中叶以来，尤其是到了 19 世纪，单纯的发现已经不能创设领土主权了，国际法要求一国只有在对所占据的领土实施了有效控制的情况下才能通过先占取得领土主权。[3] 一方面，如果根据 16 世纪的国际法，发现可以创设完整的权利，但它作为仅有的主权依据，也与现行的国际法相悖，[4] 因此不再能发挥原有的法律效力；另一方面，如果 16 世纪的国际法只认可发现能够创设初步的权源，根据 19 世纪以来的主流观点，发现者必须在合理的期限内对发现的土地实施有效占据，才能完善通过发现创设的初步权源。据此，美国所主张的西班牙对帕尔马斯岛的权源一直未被有效占领的行为所完善，因此也不能形成其对该岛的领土主权。对于归属存在争议的领土来说，"初步权利不可能优于另一国持续和平稳地行使主权（continuous and peaceful display of authority），因为这种主权行使甚至可能会优于另一国提出的在先的、确定的权利"[5]。这一观点一直为常设国际法院、国际法院的判例所沿用。

从上面的分析可以看出，时际法原则是理解领土取得效力的一个重要的理论工具。国际法上的时际法原则是解决法律对不同时期行为或情势的评价的原则，简单来说，就是解决什么时间该适用何种法律问题的一种理论。这一原则发源于国内法，并在国际法上得到了运用。例如，

---

〔1〕　Island of Palmas Case, Award, 1928, R. I. A. A., 2006, p. 845.

〔2〕　Island of Palmas Case, Award, 1928, R. I. A. A., 2006, p. 845.

〔3〕　Island of Palmas Case, Award, 1928, R. I. A. A., 2006, p. 846.

〔4〕　参见孔令杰编著:《领土争端成案分析》，社会科学文献出版社 2016 年版，第 29 页。

〔5〕　Island of Palmas Case, Award, 1928, R. I. A. A., 2006, p. 846.

"法不溯及既往"就是时际法原则的一个典型表现。由此，该原则逐渐
成为一项国际法上的一般原则，在领土法、条约法方面有重要作用。[1]
在领土法上，这一原则的精髓就体现在帕尔马斯岛仲裁案的裁决中：
"对领土取得行为效力的评价，应该依照时际法原则进行，即应根据当
时有效的法律决定其法律效力。"[2]根据时际法的基本含义，我们不能
简单地根据现在的法律规范去否定之前合法合理的领土取得行为。

可见，发现行为尽管在 18 世纪以前可能导致一种初步权源，其
本身也可能构成一种领土取得方式，但无论如何，在权源产生以后，
都应该"在一段合理的时间内通过有效占领进行完善"（comple-
ted)[3]，否则将会"失效"（lapse)。[4]从国际司法和仲裁判例及学
者观点来看，发现和先占不应被视作截然分开的两种领土取得方式。
应该说，发现是先占的准备或开始步骤，是"系列行动中的一个可能
的起始点"[5]。尽管单独的发现行为在现代国际法语境下不具有决定
性的法律效力，但它可以作为证明后续一系列占领和控制行为的证据
之一环。

二、象征性占领

对领土的象征性兼并、占领（symbolic annexation)，或称象征性行
为（symbolic activities)，具体包括"升起或插上国旗，鸣放礼炮或竖
立十字架、纪念碑"[6]等，在历史上常与领土的发现相提并论，或者
直接被认为属于发现行为的一种。在近代史上，这种宣示主权的模式

---

〔1〕 德国国际法学者沃尔夫-迪特里希·克劳泽-阿布拉思（Wolf-Dietrich Krause-Ablaβ)
  认为，时际法被用来指（解决法律在）时间上的冲突的规则。参见黄远龙：《国际
  法上的时际法概念》，载《外国法译评》2000 年第 2 期，第 75 页；汉斯·凯尔森则
  认为，时际法是"关于修改或废除先前的法律规范的属时效力范围的一些原则"。
  ［美］汉斯·凯尔森：《国际法原理》，王铁崖译，华夏出版社 1989 年版，第 79 页。
  总而言之，权威学者们基本都认为，时际法原则是解决国际法时间适用问题的一种
  方法（相对于空间）。
〔2〕 Island of Palmas Case, Award, 1928, R. I. A. A., 2006, p. 845.
〔3〕 Island of Palmas Case, Award, 1928, R. I. A. A., 2006, p. 846.
〔4〕 Surya P. Sharma, *Territorial Acquisition, Disputes and International Law*, Martinus Nijhoff
  Publishers, 1997, p. 46.
〔5〕 Percy Corbett, *Law and Society in the Relations of States*, Harcourt, Brace, 1951, p. 94.
〔6〕 Surya P. Sharma, *Territorial Acquisition, Disputes and International Law*, Martinus Nijhoff
  Publishers, 1997, p. 47.

也一度被视为一种领土取得的方式。从理论上看，若把单纯目击的发现和完全的有效占领视为两极，象征性占领就处于这段连续谱的中间部分，它在一般意义的发现的基础上要求公开宣示主权的行为，但比起先占又缺少了有效控制的要素。

对于象征性占领的效力，有学者基于历史和逻辑的理由认为：在18世纪前，一种宣示取得所有权的正式仪式足以单独成为一种领土取得的模式；[1]也有学者认为，所谓的象征性占领与发现的法律效力是一样的，都只创设初步的权源。[2]

在法国与墨西哥的克利伯顿岛仲裁案中，仲裁庭讨论了象征性占领的国际法效力。本案中，一名法国海军官员于1858年11月坐船经过了克利伯顿岛并宣布对该岛的主权。该事实随后又被法国通告夏威夷政府，并在当地杂志上发布。一个月后，一艘墨西哥战舰在该岛登陆，墨西哥基于前宗主国西班牙1836年对该岛的发现行为主张对岛屿的主权，并竖起该国国旗以宣示主权。在随后的近40年间，法墨两国几乎没有进行其他针对该岛的后续行为。独任仲裁员首先以事实证据不足否定了墨西哥的主张，继而讨论法国的行为是否满足领土先占的两个要件：行使排他性权力（to exercise exclusive authority）的主观意愿和对领土所有权的实际取得。法国1858年的宣示明显符合第一个要求；而对第二个要求，仲裁员认为，达到实际取得所需要的权力行使的程度，应该由领土的性质决定。[3]对于克利伯顿岛这样一个偏远而人烟稀少的小岛，法国于1858年所做的象征性宣示已经足以创设权利。因此，如果没有其他国家权力的介入行使，象征性占领就足以获得确定的领土主权。

克利伯顿岛仲裁案的裁决认可了象征性占领在一定程度上的领土取得效力。不过，对于象征性占领在现代国际法中是否构成独立的领土取得方式，理论界仍有不少争议。英国国际法学家、国际法院法官沃尔多克（Waldock）指出，法国多年的不作为之所以被容忍，只是因

---

[1]　See e. g. A. Keller, O. Lissitzyn and F. Mann, *Creation of Rights of Sovereignty Through Symbolic Acts, 1400-1800*, AMS Press, 1938, pp. 148-149.

[2]　See Myres S. McDougal, Harold D. Lasswel, Evan A. Vlasic, *Law and Public Order in Space*, Yale University Press, 1963, pp. 833-836.

[3]　See "Arbitral Award on the Subject of the Difference Relative to the Sovereignty over Clipperton Island", *American Journal of International Law*, Vol. 26, 1932, pp. 393-394.

为其他国家权力没有在该期间介入。[1] 换言之，象征性占领即使被视为创设了较为稳固的权源，也会被其他国家的介入所破坏。法国在该案中的胜出与克利伯顿岛的独特性也有着莫大的关系。另外，该裁决也没有明确象征性占领可以单独创设领土主权。相反，裁决实际上是将法国的行为放在先占的框架下予以衡量，对宣示主权行为进行了两个方面的考察。这恰好说明，象征性占领没有被赋予独立的领土取得效力。

值得注意的是，影响发现和象征性占领效力的重要因素是行为的主体。发现和象征性占领作为一种领土主权取得的方式，是大发现时代的产物。但在该时代，宗教仍然是最重要的社会控制因素之一，而近代意义的民族主权国家尚在孕育中。因此，发现和象征性占领的主体是否仅限于国家，这是一个虽讨论不多但却有重大分歧的问题。从14世纪开始的实践来看，教皇的命令可以对"发现的权利"进行分配，而进行发现的具体个人，既包括军官、使节，也包括不具有现代意义上的官方身份的探险家和航海家。总体上看，进行象征性占领的一般方法是登上岛屿，摆放雕刻石头、种植树木并刻字、埋藏十字架或金属碑等，并由神职人员颂唱圣歌，最后由发现人宣布主权。但是，不同国家在不同时期会有不同的做法，并无固定的要求。发现人既可以教皇之名，也可以所效忠的国王之名宣布取得某岛主权；国王和教皇可能会对一些发现行为进行追认或举行正式的仪式和程序，但更多时候是保持沉默。[2] 由此，虽然司法或仲裁案例更倾向于只认可国家行为带来的发现和象征性占领的效力，[3] 但有关的"国家"实践显示，各国立场各异，各施其法，而早期国家、教会和私人的行为往往

---

[1] See C. H. M. Waldock, "Disputed Sovereignty in the Falkland Islands Dependencies", *British Yearbook of International Law*, Vol. 25, 1948, p. 325.

[2] See Friedrich August Freiherr von der Heydte, "Discovery, Symbolic Annexation and Virtual Effectiveness in International Law", *American Journal of International Law*, Vol. 29, 1935, pp. 451-462; James Simsarian, "The Acquisition of Legal Title to Terra Nullius", *Political Science Quarterly*, Vol. 53, No. 1, March 1938, pp. 112-120; Henry R. Wagner, "Creation of Rights of Sovereignty through Symbolic Acts", *Pacific Historical Review*, Vol. 7, No. 4, December 1938, pp. 297-326; F. S. Ruddy, "Res Nullius and Occupation in Roman and International Law", *U. M. K. C Law Review*, Vol. 36, 1968, pp. 277-283; Manuel Servin, "Religious Aspects of Symbolic Acts of Sovereignty", *The Americas*, Vol. 13, No. 3, January 1957, pp. 255-267.

[3] See e. g. The Guiana Boundary Case (Brazil v. Great Britain), Award of 6 June 1904, R. I. A. A., Vol. XI, 2006, p. 21.

难以区分。[1] 在考虑亚洲地区的实践时，还应考虑不同于西方的政治、信仰和文化，从区域的视角思考有关行为的合法性问题。

总之，领土的发现和象征性占领性质类似，它们在确定领土取得上具有一定的法律效力。然而，在现代国际法实践中，它们的效力或已变为纯粹事实证明性的，或者要放在先占概念的框架下进行评判。这两种形式所起的作用更多是"启动领土排他性取得的过程，或是作为该过程开始的重要标志"[2]。

第二节　领土先占的构成要件和认定标准

从以上论述不难看出，即使用时际法的眼光来看，发现、象征性占领的领土取得效力都是不完整和有瑕疵的。随着以上两种模式在现代国际法中的衰落，先占就成为唯一的原始取得方式，在确认历史主权归属时具有重要地位。先占并不是与发现和象征性占领截然不同的一个概念，而是在前两者的基础上增加了"有效占领（或先占）"的程度要求。有效占领正是先占方式被赋予确定无疑的领土取得效力的原因和标准。

一、先占的主体及对象

（一）先占的主体

先占的行为必须是国家行为，故行为主体必须是国家，或执行国家命令或代表国家的个人或组织，这已经是被广泛接受的国际法规则。这是因为，先占是主权占有的行为和占有意图的结合体。在 1975 年西撒哈拉问题咨询意见案中，国际法院认为毛里塔尼亚并不具有独立的国际法人格，它无法区别于它的组成部落，不能作为一个国家实体而对领土行使主权。[3] 在利吉丹岛与西巴丹岛主权争端案中，国际法院

---

[1]　See Marcelo G. Kohen、Mamadou Hébié，"Territory，Acquisitio"，*Max Planck Encyclopedia of Public International Law*，paras. 3-14.

[2]　Surya P. Sharma，*Territorial Acquisition*，*Disputes and International Law*，Martinus Nijhoff Publishers，1997，p. 51.

[3]　See Western Sahara，Advisory Opinion，I. C. J. Reports，1975，pp. 63-64，paras. 148-150. Also see James D. Fry，Melissa H. Loja，"The Roots of Historic Title：Non-Western Pre-Colonial Normative Systems and Legal Resolution of Territorial Disputes"，*Leiden Journal of International Law*，Vol. 27，2014，p. 740.

指出，诸如渔业捕捞的私人行为，如果不是基于官方规定或政府授权，则不具有有效占领或控制的效果。[1] 不过，当行为获得国家的明确支持、批准或经事后追认时，私人行为也可以转化为可归于国家的行为。

（二）先占的对象

1. 先占领土的性质

国际法院曾指出："与割让或继承不同，先占通过和平方式创设原始权源。"[2] 所以从作用对象来看，先占在国际法上是一个绝对性的概念，即针对的必须是"无主地"，"所占的领土在实施先占行为时为无主地，即该领土在当时并不处于任何国家的主权之下，这是先占的一个必要条件"[3]。除非发生了放弃领土的行为，否则一块领土上不会发生两次有效的先占。同理，"相关时期的国家实践表明，有社会和政治组织的部落或民族居住的领土不是无主地"[4]，此类承载主权或准主权政治体活动，或受该类政治体控制的陆地不能成为先占的对象。综合国际司法实践和学者观点来看，无主地主要包括"无人定居的区域、被抛弃的领土和只有很少或缺乏任何形式社会定居和政治组织的区域"[5]。当然，在判断"无人定居的区域"时，不要求领土的所有部分都承载着若干人类的日常生活，而是指从整体上看，某区域缺乏管理、控制和利用。譬如，在领土边界包围下的一部分荒无人烟或环境极度恶劣的区域，由于立法、政策等主权行为可以被视为整体存在于整块领土之上，自然包括了边界内的区域，原则上不会被视为无主地；而在大陆以外的孤立、小面积的岛礁，由于其自身具有地理上的相对独立（整体）性，如果缺乏有针对性的控制和管理，就很有可能会被认定为无主地。

2. 低潮高地问题

对于岛礁的占领和控制需要考虑一个特殊问题：低潮高地是否可以

---

〔1〕 Sovereignty over Pulau Ligitan and Pulau Sipadan（Indonesia/Malaysia），Judgment，I. C. J. Reports，2002，p. 62，para. 140.〔hereinafter Pulau Ligitan and Pulau Sipadan Case〕

〔2〕 Western Sahara，Advisory Opinion，I. C. J. Reports，1975，p. 39，para. 79.

〔3〕 Western Sahara，Advisory Opinion，I. C. J. Reports，1975，p. 39，para. 79.

〔4〕 Western Sahara，Advisory Opinion，I. C. J. Reports，1975，p. 39，para. 80.

〔5〕 Surya P. Sharma，*Territorial Acquisition*，*Disputes and International Law*，Martinus Nijhoff Publishers，1997，p. 61.

成为占领的对象。这其中又可细分为两个问题：（1）低潮高地可否单独控制和占有；（2）低潮高地可否作为群岛的一部分被控制和占有，如果可以，是否有相关要求（如低潮高地占群岛的面积比）。第二个问题关涉群岛的整体性，将在第三编进行详细论证，此处仅对第一个问题展开论述。在南海诸岛中，虽然越南对中国南沙群岛和西沙群岛整体上提出了非法的领土要求，但中国与菲律宾和马来西亚之间的领土争议涉及其中部分岛礁，所以需要对低潮高地是否能被单独占有的问题进行研究。

　　根据《联合国海洋法公约》第13条的规定，低潮高地是指在低潮时四面环水并高于水面，在高潮时没入水中的自然形成的陆地。它是现代海洋法体系创设的一个概念，用以统称礁石、干礁等类似地形。国际条约和习惯国际法并未明确低潮高地可以被占有或禁止被占有。但从现有的国际司法实践来看，"在不存在其他法律原则和规则的情况下，从主权取得角度来看，低潮高地似乎与岛屿或其他陆地领土不同"[1]。在卡塔尔与巴林海洋划界与领土问题案中，针对两国关于低潮高地能否被占有的相反意见，国际法院只是主张从现有规则来看，不能推定低潮高地与其他陆地领土适用相同的规则。确实，《公约》对一般陆地领土与低潮高地能产生的海域权利做了不同规定，而岛屿被普遍认为与大陆领土具有同样的法律地位。[2] 国际法院似乎认为近岸低潮高地只是领海的一部分，沿海国对低潮高地拥有领海主权。但是，国际法院最终聚焦于海域划界，而没有正面回答低潮高地是否可以占有这一问题。

　　而在尼加拉瓜与哥伦比亚领土和海洋争端案中，国际法院则直接指出：卡塔尔与巴林海洋划界与领土问题案的意见确立了低潮高地不能占有的法理。[3] 但国际法院回避回答采用何种潮汐标准——这一问题可能直接决定一块陆地属于岛礁还是低潮高地，这给其裁决留下了较大的瑕疵。在其后的案件中，国际法院大体上延续了尼加拉瓜与哥伦比亚领土和海洋争端案的判断，直接认定岛屿与低潮高地在领土法上具有不同的属性，低潮高地不属于可被占据的领土，

---

[1]　Maritime Delimitation and Territorial Questions between Qatar and Bahrain, Merits, Judgment, I. C. J. Reports, 2001, p. 102, para. 206. [hereinafter Qatar and Bahrain Case]

[2]　See Qatar and Bahrain Case, Merits, Judgment, I. C. J. Reports, 2001, pp. 101-102, paras. 205-206.

[3]　Territorial and Maritime Dispute (Nicaragua v. Colombia), Judgment, I. C. J. Reports, 2012, p. 641, paras. 25-26. [hereinafter Nicaragua and Colombia Case]

不适用关于领土主权取得的国际法规则，而是应由领海决定。比如，在白礁岛、中岩礁和南礁领土主权案中，国际法院就没有进行论证，而直接认为南礁的主权归属就由其落入的（陆地领土的）领海决定。

国际法院这种判断依据的逻辑可能产生以下问题：首先，海洋法的基本原则是"陆地支配海洋"，而且海洋法与陆地领土法的基本逻辑是有较大区别的。但从国际法院在卡塔尔与巴林海洋划界与领土问题案之后案例的裁决情况来看，低潮高地的可占有性被否认主要是因为《联合国海洋法公约》对这种陆地规定的海域权利不同，这似乎与一般原理相悖。从1958年《领海与毗连区公约》和1982年《联合国海洋法公约》的谈判历史来看，"国际海洋法条约界定和明确低潮高地的地位，其唯一目的是规范沿海国的领海测量起讫点，避免沿海国随意选择沿岸构造作为领海基点扩大主权海域范围，意图在扩大领海主权和维护公海自由两种主张之间取得平衡"[1]。有学者指出："海洋法区分岛屿、岩礁和低潮高地的目的在于区分它们可为沿海国在海域和海底创设的权利，它并不处理领土主权问题。从这个角度而言，两种海洋地物在海洋法上所创设的权利不同并不必然意味着二者在领土属性上存在本质的区别。"[2]

其次，低潮高地的法律地位十分不明确。若按照一般的推论，低潮高地可能属于海床，然而这种推论也并未得到普遍接受。即使在菲律宾"南海仲裁案"中，仲裁庭也承认国际社会在描述低潮高地时会使用"陆地"术语。[3]

再次，卡塔尔与巴林海洋划界与领土问题案中出现的"实际占有论"观点是有问题的。该案中，贝德贾维（Bedjaoui）、兰杰瓦（Ranjeva）和科罗马（Koroma）三位法官在反对意见中指出：主权的有效性要求最低程度的稳定领土基础，海洋地物中除了岛屿都不能满足这一要求，低潮高地因此不是可被实际占据的领土。[4]然而，如前所

---

〔1〕 黄靖文：《南海仲裁案所涉低潮高地海洋权利和领土属性问题》，载黄瑶、黄靖文主编：《菲律宾南海仲裁案：核心法理分析》，三联书店（香港）有限公司2018年版，第351页。

〔2〕 参见孔令杰编著：《领土争端成案分析》，社会科学文献出版社2016年版，第221页。

〔3〕 参见张卫彬：《国际法上岛礁的"占有"与南沙群岛问题》，载《法商研究》2016年第5期，第181页。

〔4〕 See Qatar and Bahrain Case, Joint dissenting opinion of Judges Bedjaoui, Ranjeva and Koroma（translation）, Merits, Judgement, I. C. J. Reports, 2001, pp. 209-210, para. 200.

述，有效控制的判断本身就具有相对性，其标准会根据不同领土的地理情况等发生变化。三位法官只是重述了"有效性"的判断也要遵循最低标准这一法理，但并未令人信服地论证为何岛屿就是领土法上的最低标准。学者黄靖文通过对比指出了这种观点的问题所在：倘若对于一个面积极小，甚至只能容纳个人临时攀爬或站立的岩礁，如英国的罗卡尔礁和日本的冲之鸟礁，国际法尚且允许国家通过占领的方法取得原始主权，那么对于一个面积较大，低潮时裸露并建造有渔业设施或灯塔的礁石，借助"有效控制"或"实际占有论"否定低潮高地的领土地位便难以自圆其说。[1]

最后，国际法院在尼加拉瓜与哥伦比亚领土和海洋争端案判决中的逻辑还可能违反了时际法原则。如果在 19、20 世纪，国家普遍认为可以对今天所认为的"低潮高地"进行占据的话，就没有理由以后来的《公约》为由否认这种状态。[2]

由此可见，在学理上，有关裁决论证的可靠性值得斟酌。有观点认为，岛、礁、滩、沙等是否具有可占据性，主要根据其可利用性和可控制性进行判断，而高潮时露出水面只是陆地可利用性的一种常见表现，不是构成领土的必要条件。[3]

如果说依照《公约》的推理和国际法院司法实践的发展似乎倾向于否定低潮高地本身的可占有性，[4] 那么已有的国家实践却可能代表另一种倾向。在卡塔尔与巴林海洋划界与领土问题案、厄立特里亚与也门领土主权和海洋划界案中，巴林和厄立特里亚分别主张低潮高地可被占有并提出了有效控制的证据。[5] 在英国与法国大陆架划界仲裁

---

〔1〕 黄靖文：《南海仲裁案所涉低潮高地海洋权利和领土属性问题》，载黄瑶、黄靖文主编：《菲律宾南海仲裁案：核心法理分析》，三联书店（香港）有限公司 2018 年版，第 354 页。

〔2〕 参见［韩］朴仲和：《东亚与海洋法》，国家海洋局情报研究所编译（内部参考资料），1979 年，第 183 页。

〔3〕 毛鹏杰：《低潮高地可否被认为领土问题研究》，武汉大学 2017 年硕士学位论文，第 61—64 页。

〔4〕 参见包毅楠：《低潮高地的法律地位辨析》，载《上海大学学报（社会科学版）》2016 年第 4 期，第 33—36 页；张卫彬：《国际法上岛礁的"占有"与南沙群岛问题》，载《法商研究》2016 年第 5 期。

〔5〕 See Qatar and Bahrain Case, Merits, Judgment, I. C. J. Reports, 2001, p. 100, para. 200；The Eritrea/Yemen Arbitration（First Stage：Territorial Sovereignty and Scope of Dispute），Award of 9 October 1998, R. I. A. A., Vol. XXII, 2006, p. 222, para. 30.

案中，英国也曾提出：英国人在事实上存在着将艾迪岩（Eddystone Rock）——一个通常意义上的低潮高地作为岛屿对待的当代实践。[1] 因此，低潮高地可占据性的问题还未有定论，而且有可能向肯定的方向发展，需要我们继续予以关注。

二、先占的要件

常设国际法院在东格陵兰岛法律地位案中曾指出："一国以持续的主权行使对某地主张主权须证明存在如下两个要素：以主权者行事的意图和意愿，实际行使或展示主权的相关活动。"[2] 随后，克利伯顿岛仲裁案的裁决再次明确了"有效先占"的构成要件，仲裁庭认为："根据具有法律拘束力的古老习惯，除占领意图（*animus occupandi*）外，实际而非名义上的占有行为无疑是先占的必要条件。"[3] 有效先占的两个基本要件就是占领意图和实际占有行为。

（一）占领意图

占领意图是国家在实施占领或其他主权行为时，应以在陆地上创设主权、建立排他性控制为目的。要证明这种目的的存在，需通过具体的外部行为表达出来，如国家的声明、宣告和其他行使主权的行为等。在克利伯顿岛仲裁案中，仲裁庭认为法国的宣告——一种"象征性占领"，体现了法国对克利伯顿岛的先占意图。在此后的国际司法实践中，法官们对占领意图少有独立的论证分析，往往是从当事国的实际占有行为或主权行使行为中推定先占意图的存在。在白礁岛、中岩礁和南礁领土主权案中，国际法院就认为："当事方的行为，特别是在长时间内实施的行为，可以表明其取得某领土主权的意愿。"[4] 不过，先占意图仍然具有独立的理论意义，它可以排除明确不以取得领土为目的的控制、管理和占领行为在领土取得上的法律效力。

---

〔1〕 See Arbitration on the Delimitation of the Continental Shelf（France-United Kingdom），Decisions of the Court of Arbitration dated 30 June 1977 and 14 March 1978，*International Legal Materials*，Vol. 18，No. 2，March 1979，p. 431，para. 122.

〔2〕 Legal Status of Eastern Greenland（Denmark v. Norway），P. C. I. J. Series A/B No. 53，1933，pp. 45-46.

〔3〕 Arbitral Award on the Subject of the Difference Relative to the Sovereignty over Clipperton Island，1932，p. 393.

〔4〕 孔令杰编著：《领土争端成案分析》，社会科学文献出版社 2016 年版，第 341 页。

（二）实际占有行为

除了占领意图，实际的而不是名义上的占有是先占的必要条件。实际占有行为或"占领行为"（corpus occupandi）不是一个孤立的主权行为，而是一连串复杂的行为有机组合的进程，[1] 虽然从事实重要性的认定上看，它可能有一个或几个标志性的行为。胡伯在帕尔马斯岛仲裁案中将实际占有的表现称为"领土主权的行使"，并认为"国际法不能将领土主权简化为一项抽象的权利，而不要求主权国进行具体的主权行使"[2]。这体现了理论上的一个重要转向：不少学者认为，在 17、18 世纪的国际法中，对无主地的领土取得需要对土地物理性的而非政治性的占有，这意味着实际上的定居和利用。[3] 发现不再被认为能够创设领土主权，象征性占领也逐渐淡出了领土取得的法律舞台。结果是，国家必须对领土实施更为实际的占领才能确立起领土权利。《奥本海国际法》就认为："占有（possession）和行政管理（administration）是构成有效占领的两个基本事实。"[4] 而从 19 世纪后的国家实践和国际司法实践来看，"重点已经从取得实际性占有和排除他国行为，转向了对领土的政府功能的展示和行使"[5]。有效控制的要求从此时开始逐渐成为各国认可的领土取得的基本要件。不过，定居和利用，或者可定居性和可利用性，仍然对有效占领的认定起到重要的作用，尤其是会对主权活动（主权行使）的形式和强度提出不同的要求。

我们可以将先占方式中对主权活动或主权行使的要求分为两大类，即一般性要求和特殊性要求。一般性要求体现了先占行为的类属性，一般是"有效先占"所要达到的最低、最基本标准；而特殊性要求则是根据领土的地理、政治和经济属性对主权活动的形式、强度提出的

---

[1] "该占有行为包括占有国针对被占领土所实施的一项或一系列活动，占有国须采取措施在该领土上行使排他性的权利。" Arbitral Award on the Subject of the Difference Relative to the Sovereignty over Clipperton Island, 1932, p. 393.

[2] Island of Palmas Case, Award, 1928, R. I. A. A., 2006, p. 839.

[3] See Surya P. Sharma, *Territorial Acquisition*, *Disputes and International Law*, Martinus Nijhoff Publishers, 1997, p. 64.

[4] ［英］劳特派特修订：《奥本海国际法》（上卷·第二分册），陈体强、王铁崖译，商务印书馆 1989 年版，第 76 页。

[5] C. H. M. Waldock, "Disputed Sovereignty in the Falkland Islands Dependencies", *British Yearbook of International Law*, Vol. 25, 1948, p. 317.

具体要求。在帕尔马斯岛仲裁案中，胡伯就认为："领土可因其特殊性在国家行使主权的方式上存在特殊的要求，但这并不意味着该'特殊要求'等于国家无须任何行使主权的活动。"[1]这体现了一般性要求和特殊性要求的统一。

1. 一般性要求

对先占行为的一般性要求，从国际司法实践来看包括如下三种。

第一，考虑到占领的一般要求和时际法原则，对领土应该有平稳和持续的主权行使。胡伯仲裁员认为："正如在国际法兴起之前，一国的领土边界取决于该国实际行使国家权威的范围，在国际法体制下，平稳和持续的主权行使仍然是确定国家边界的最重要的因素。"[2]领土主权的平稳行使包括两个方面：取得占领是通过非武力的方式，以及没有竞争的他国主权主张和行为；而领土主权的持续行使主要是指没有明显不合理的间断。

第二，一国应在重要时刻行使领土主权，这既包括行使主权权利，也包括履行相关义务，后者如在领土上对他国和外国人权利加以保护。[3]

第三，主权活动或行使应明确与争议领土相关。在帕尔马斯岛仲裁案中，胡伯就已指出，国家权力的行使必须明确与争议领土相关。[4] 在英国与法国的敏基埃和埃克里荷斯群岛案中，国际法院认为具有决定作用的是与占领岛屿直接相关的证据。[5] 在利吉丹岛与西巴丹岛主权争端案中，国际法院认为："（主权行使的）行为必须毫无疑问是针对争议岛屿实施的。只有在一般性的规章或行政行为的条款或效果关涉两个岛屿的情况下，法院才可以将这些规章或行政行为视为有效控制（effectivités）。"[6]此处法院做出区分，即直接针对特定领土

〔1〕 孔令杰编著：《领土争端成案分析》，社会科学文献出版社 2016 年版，第 56 页。

〔2〕 Island of Palmas Case, Award, 1928, R. I. A. A., 2006, p. 839.

〔3〕 Island of Palmas Case, Award, 1928, R. I. A. A., 2006, p. 839.

〔4〕 Island of Palmas Case, Award, 1928, R. I. A. A., 2006, p. 857.

〔5〕 See The Minquiers and ECrehos Case, Judgment, I. C. J. Reports, 1953, pp. 55-57.

〔6〕 Pulau Ligitan and Pulau Sipadan Case, Judgment, I. C. J. Reports, 2002, pp. 682-683, para. 136. 虽然本案没有探讨先占这一领土取得方式（这主要是因为法院无法就所有证据先确定主权的存在，争议岛屿处于主权状态不明的情况），但法院在此同样是在论述行使权力（display of authority），因此法院的观点实际上是适用于以主权行使为基本要件的先占和有效控制的。

的主权行为和概括地影响特定领土的主权行为。前者包括在特定领土
上或邻近水域（当特定领土为岛礁时）进行的管理、控制行为，以及
针对特定领土的专门立法，这些无疑是"相关"行为；后者主要是对
一国全部或部分领土（包括特定领土）进行立法、政策制定或机构设
置，并且这些概括性主权行为应能被"明确断定"与特定领土有关。
这些行为或有明确的地理空间范围，以致其法律效力自然而然地覆盖
特定领土，如法令明确声明适用于某地，或确立了对某领土的管理和
控制，而该领土与特定领土有法律上的联系，这种联系必须同时符合
国内法律和国际法的要求。[1] 譬如，这种联系可以是历史上对一个小
型岛礁行政事项的管理，习惯上都是适用邻近某大型、主要岛屿的
规定。

具体而言，国际法中对这种联系并没有明确的标准，而是要求在
个案中根据其地理、政治和经济的情况，以及历史因素进行判定。例
如，地理上的"邻近性"（contiguity）概念，通常会在离岸较远、人烟
稀少和经济生活条件差的岛屿的主权争议中被争端当事国援引。在帕
尔马斯岛仲裁案中，胡伯仲裁员虽然否认了地理上的邻近性可以作为
独立有效的领土主权权源，但认为地理邻近也可以视为认定领土主权
范围的相关事实，只要这种邻近能够用来佐证主权的行使。例如，如
果可以在法律上将一组岛屿视为一个单位或整体（unit），那么其主要
部分的法律地位也会影响其余部分。[2] 在萨尔瓦多与洪都拉斯陆地、
岛屿和海上边界争端案中，争议双方认为梅安格里塔岛（Meanguerita）
和梅安格拉岛（Meanguera）属于一个整体，国际法院也根据梅安格里
塔岛面积小、无人居住，以及与梅安格拉岛邻近等事实而将前者视为
后者的从属物（dependency）。[3] 因此，梅安格拉岛的主权归属就决
定了梅安格里塔岛的主权归属。

2. 特殊性要求

特殊性要求则是针对每个个案的特殊情况，对主权行为的形式、强

---

〔1〕 胡伯指出："即使一国领土与某领土具有某种法律联系，但这种联系在国际法上不足
以对抗另一国对该争议领土行使的主权行为，那么前者仍然不足以确立对该领土的
主权。"Island of Palmas Case，Award，1928，R. I. A. A.，2006，p. 857.

〔2〕 See Island of Palmas Case，Award，1928，R. I. A. A.，2006，p. 855.

〔3〕 See Case Concerning the Land，Island and Maritime Frontier Dispute（El Salvador/Hondu-
ras：Nicaragua intervening），Judgment，I. C. J. Reports，1992，p. 570，para. 356.

度等具体内容提出的不同标准。在平稳和持续行使领土主权的前提下，
"领土可因其特殊性在国家行使主权的方式上存在特殊的要求"[1]。
麦克道格尔等学者根据可居住性和资源禀赋区分了三种不同类型的
领土，分别对应不同的主权行使标准。[2] 对适合人类居住的领土的
先占要求最高程度的占领，即存在完全的定居事实；相对不适宜居住，
但有丰富且可被开发的资源的领土，则至少要求存在能保护既有权利、
商贸和维持当地秩序的最低程度政府权力的行使；如果领土贫瘠且不
适宜居住，则需先占意图的表示加上少量的主权行使行为，即可在持
续和未被抗议的情况下确立先占。尽管这种区分仍然比较抽象和粗糙，
但它体现的法理与国际司法实践并无二致。在克利伯顿岛仲裁案中，
仲裁庭也指出："领土在完全无人居住的情况下，从占领国在该领土上
出现的时刻起，只要该领土此时处于该国的绝对、无争议的处置（dis-
position）下，须认为其已实现了领土占有，因此完成了占领。"[3] 占
有行为的形式可以非常灵活，国际法院认为这可包括但不限于立法和
行政管控、适用和执行本国刑法或民法、管制移民、管理捕鱼或其他
经济活动、海军巡逻以及搜救行动等。[4] 然而，一些活动由于被认为
缺乏先占意图或主权权威而被排除在"主权活动"之外，比如，建造
灯塔或纯粹方便一般通航的设施等。[5] 此外，"行使主权"也要求其
必须是公开而非私密的，尽管一国没有就其实施主权行为专门通知他
国的义务。[6]

　　影响主权行使强度的因素可以包括主权行为行使的频率、行使的
排他性等。国际司法及仲裁机构对主权行为行使频率或连续性的探讨

---

[1] 孔令杰编著：《领土争端成案分析》，社会科学文献出版社 2016 年版，第 56 页。

[2] See Myres S. McDougal, Harold D. Lasswell, Evan A. Vlasic, *Law and Public Order in Space*, Yale University Press, 1963, pp. 846-847.

[3] Arbitral Award on the Subject of the Difference Relative to the Sovereignty over Clipperton Island, 1932, p. 394.

[4] See Territorial and Maritime Dispute between Nicaragua and Honduras in the Caribbean Sea, Judgment, I. C. J. Reports, 2007, pp. 713-722, paras. 176-208. [hereinafter Nicaragua and Honduras Case]

[5] 对灯塔的控制、维护和有关立法本身都不被视为主权行为。See e. g. The Minquiers and Ecrehos Case, Judgment, I. C. J. Reports, 1953, p. 71; Pedra Branca/Pulau Batu Puteh Case, Judgment, I. C. J. Reports, 2008, pp. 67-68, para. 172.

[6] See Island of Palmas Case, Award, 1928, R. I. A. A., 2006, p. 868.

比较充分。早在帕尔马斯岛仲裁案中，"持续"就被确认为主权行使不可或缺的要素。然而，在多数领土争议案件中，都存在着一方或双方在较长一段时间内缺乏主权行使的情况。因此，如何认定这种空缺与持续性两者间的关系就是国际司法和仲裁机构的重要任务。帕尔马斯岛仲裁案的裁决为该问题提供了重要的解决方案：原则上，主权往往无法于任何时间、在领土的任何地点均得以行使。主权行使在时间上的间歇和空间上的间断是否符合维持领土主权的要求，应根据领土的具体情况判定。"一国未能证明本国对领土的一部分行使主权，并不意味着该国的主权不存在。应根据个案的情况评估主权行使情况。"[1] 从司法实践来看，法庭"容忍"的主权行为间断的时间甚至可以超过两个世纪。在不同的个案中，行使主权的间断和非连续性对于权利的维持来说未必都是致命的。在各项影响主权行使强度的因素中，最重要的是领土本身的特性，包括其地理（面积、相对位置）、人口、经济（可居住性和资源丰富程度）等因素。其次是其他国家的态度和行为。其他国家的反对态度越明显，主权行使的强度要求可能就越高。对于一个偏远而无人居住的岛屿，在没有其他国家的反对和介入的情况下，几次行使主权的行为就已足够；当先占进程中出现其他国家的竞争性主张和行为时，占领国应及时充分地予以回应。而且，在先占进程开始后，国际法也不要求占领国在特定时间内完成主权的行使。"主权的建立是一段缓慢进程的结果，是国家控制不断增强的结果，这是再自然不过的了。"[2] 总之，评价主权行使强度的标准是综合上述因素"视情况需要"而定的。

综上，先占方式的成立是对无主地的有效占领，包括存在占领意图和实际占有行为两个要件。其中，先占意图要求主权行使以确立领土主权控制为目的。实际占有行为须是针对特定领土的和平、持续的主权行使，考虑到不同的领土情况和其他国家的态度等因素，主权行为的形式和强度也有相应的特定要求。

---

[1] Island of Palmas Case, Award, 1928, R. I. A. A., 2006, p. 855.
[2] Island of Palmas Case, Award, 1928, R. I. A. A., 2006, p. 867.

第三节　中国对南海诸岛的原始权利

一、中国对南海诸岛的发现与象征性占领

早在远古时期，我国渔民和航海者就已经对南海及其中的岛屿、岩礁、滩沙等地理情况有所了解，这些活动持续不断，而且有丰富的史料文献可以证明。[1] 据记载，公元前 2 世纪以来，中国人就开始在南海航行，并先后发现了西沙群岛、南沙群岛。[2] "南海"之名就来自中国的历史文献记载。事实上，从先秦开始，"南海"就已经出现在历史文献中，并且经历了汉"涨海"、宋元"交趾（海）洋"、明"大明海"和清"南海"等名称的演变，而今国际社会则将其称为"南中国海"。[3] 长久以来，中国人民一直在南海进行各种活动，并对南海诸岛进行了命名。譬如，中国自东汉起就将整个南海地区统称为"涨海"，自宋代起将西沙群岛称为"九乳螺洲""七洲"等，元朝时，将南沙群岛称为"万里石塘""万里长沙"等。[4] 这些名称的来源、时间和指代对象，都有较多的史料研究支撑，能够说明一般性的事实。[5] 这些一般性事实至少可以证明中国是南海诸岛的发现者。值得注意的是，上述命名表明，中国从发现开始就把群岛作为整体去理解，而非以分割的方法对个别岛礁进行认识——后者在当时的条件下也并不可行。大量事实证明，在从事航行、捕捞等经济生活过程中，古代中国人民都把南海诸岛各个群岛视为整体。[6]

---

〔1〕　参见韩振华主编：《我国南海诸岛史料汇编》，东方出版社 1988 年版；吴士存主编：《南海问题文献汇编》，海南出版社 2001 年版等。

〔2〕　参见中华人民共和国外交部：《关于西沙群岛、南沙群岛问题的备忘录》，载《人民日报》1988 年 5 月 13 日，第 7 版。

〔3〕　参见司徒尚纪、许桂灵：《南海断续线内南海诸岛整体性的历史地理认识》，载《中国海洋大学学报（社会科学版）》2015 年第 4 期，第 39—40 页。

〔4〕　史棣祖：《南海诸岛自古就是我国领土》，载《人民日报》1975 年 11 月 25 日，第 2 版。

〔5〕　参见吕一燃主编：《南海诸岛：地理、历史、主权》，黑龙江教育出版社 2014 年版。

〔6〕　参见司徒尚纪、许桂灵：《南海断续线内南海诸岛整体性的历史地理认识》，载《中国海洋大学学报（社会科学版）》，2015 年第 4 期，第 43—44 页。

如前所述，在 18 世纪以前，发现可以作为确立领土主权的一种有效方式。即使在独任仲裁员胡伯看来，早期的发现也足以建立一种初步的、不完整的领土权源。因此，即使从西方领土取得的国际法标准来看，中国在远古时期对南海诸岛的发现也足以创设一种初步的权源，这种权源允许中国在此后一段时间内对南海诸岛进行排他性的控制和占领，以巩固该原始权利。那么，现有证据能否证明中国的发现行为的法律效力？国际司法实践表明，国际司法和仲裁机构为发现设立较低的认定标准。在帕尔马斯岛仲裁案中，西班牙对帕尔马斯岛的初始发现只是一次目击，其证据是日志等一些历史资料，但胡伯并未质疑西班牙发现该岛的事实。虽然我国古代的诸多史料可能并不都具有高度的精确性，但从材料相互印证，与后来日、法试图侵占南海岛礁时发现中国渔民及其生活痕迹的事实相互联系来看，[1] 中国最早发现了包括南沙群岛和西沙群岛在内的南海诸岛的主张，符合发现所需达到的证明标准。根据有关史料，中国民众对东沙群岛的发现最迟发生在唐朝，对中沙群岛的发现最迟发生在宋朝，而对西沙群岛、南沙群岛的发现则可分别追溯至三国、南朝时期。[2] 虽然大部分证据都显示这些"发现"主要是渔民和航海者的私人行为，但早期发现的主体并不限于国家。某些具有官方性质的史料记载已经说明国家对这种私人发现行为的认可。更重要的是，在中国发现这些群岛的古代时期，对南海诸岛提出领土要求的有关当事国普遍还没有形成政权组织。而且，越南、菲律宾也援用发现作为其主权主张的依据，但这两国所依赖的证据主要是试图证明 17 世纪以后的发现行为，而两国再往前的关于发现的证据则是一片空白，其与中国主张的发现时间先后比较完全处于劣势。这说明，中国首先发现南海诸岛并有民众对其进行利用，该事实至少产生了初步的权利，为后续进一步的有效控制行为奠定了基础。

象征性占领或象征性兼并可以被视为介于发现和有效先占之间的一种情况，它一般建立在发现的基础上，或是紧跟着发现进行的一系列主权行为，但这些主权行为的效力又弱于现代意义上的管辖和控制。在克利伯顿岛仲裁案中，在缺乏更有力的相反主张的情况下，凭借对

---

[1] 参见韩振华主编：《我国南海诸岛史料汇编》，东方出版社 1988 年版，第 540 页。

[2] 参见韩振华主编：《我国南海诸岛史料汇编》，东方出版社 1988 年版，第 5、第 25、第 42、第 101 页。

克利伯顿岛公开宣布主权的行为，法国取得该岛的领土主权。类似地，中国历代的史书、地方志、地图不断有将南海诸岛列入国家行政管辖范围[1]、军事存在范围[2]的记载。这些材料有些来自民间，具备补充官方史料的间接证明价值；有些则是官方史志，它们不仅是重要的证据，其本身直接体现了国家的领土意志。后者例如明清时代官方撰修的《广东通志》《琼州府志》《万州志》等志书，清朝的 1767 年《大清万年一统天下图》、1810 年《大清万年一统地理全图》、1818 年《大清一统天下全图》等地图，都将南沙群岛、西沙群岛载入或标为中国版图的一部分。[3] 在缺乏对抗性的主张和证据的情况下，这些公开的领土证据说明了中国对南海诸岛的认知和管理主权的国家意志，至少足以构成一般意义上的象征性占领。在这个意义上，中国足以证明其至少对南海诸岛拥有初步的领土权源。

二、中国对南海诸岛的后续实际占领与主权行使

根据时际法原则，领土主权的创设和存续应区分对待，分别以当时适用的国际法进行评价。最晚在 18 世纪以后，发现、象征性占领等方式就已经不被认为能对某块领土创设完整的权源，而需要国家后续的占领、管辖等实际的主权活动对权源进行完善和巩固。实际上，发现或象征性占领加上之后的有效占领，就是我们通常所说的先占。我们不仅需要证明中国通过发现和象征性占领创设了初步权源，还应证明中国通过后续的有效控制，即持续和平稳的主权行使确立了先占。

从先占角度论证中国对南海诸岛主权的学术研究成果非常多，主流的论证思路是中国对南海诸岛的发现以及后续的管辖和控制，涵括的历史范围从先秦时代一直到新中国成立后。诚然，先占要求的有效占领需要持续的主权行使，它可以持续很长一段时间。但本章为具体

[1] 参见韩振华主编：《我国南海诸岛史料汇编》，东方出版社 1988 年版，第 84—89 页。

[2] 参见司徒尚纪、许桂灵：《南海断续线内南海诸岛整体性的历史地理认识》，载《中国海洋大学学报（社会科学版）》，2015 年第 4 期，第 42—43 页。

[3] 参见林金枝：《石塘长沙资料辑录考释》，载韩振华编：《南海诸岛史地考证论集》，中华书局 1981 年版，第 118—141 页；韩振华主编：《我国南海诸岛史料汇编》，东方出版社 1988 年版，第 54—89 页；国务院新闻办公室：《中国坚持通过谈判解决中国与菲律宾在南海的有关争议》，2016 年 7 月 13 日，第 21 段。

说明中国在南海诸岛主权争端中的优势，选取 18 世纪初作为观察的时间点，考察中国在此时间点前是否已通过先占确立了对南海诸岛的领土主权。选择这一时间点的主要考量是：在多个争端当事国之中，越南对中国西沙群岛提出非法领土要求所依据的最早的主权行为是 1816 年的"嘉隆皇帝插旗"事件，而菲律宾对中国黄岩岛提出非法领土要求所依据的部分事实发生在 18 世纪后半叶。而且，在 18 世纪以后，关于先占的现代国际法规则已基本形成，此后并无太大变动。即使假设越南和菲律宾提出的证据是真实可信的，只要可以证明中国在此前已经完成先占，有关岛屿在当时已非无主地，那么其他当事国所谓的"发现"或"先占"也就失去了根本的法律基础。

在 18 世纪前，中国对南海诸岛进行管辖的活动主要有以下三个方面。

（一）将南海诸岛纳入行政管理范围与版图

由政府机构制作的官方地图往往能够表明一国对于某一特定区域的领土主权问题的立场。中国将南海诸岛纳入版图的历史证据可以追溯至唐代。在宋、元时期，中国的官方史料如北宋《武经总要》、南宋《诸蕃志》和明初的《元史》等都记载中国的军事、行政活动远达南海诸岛范围。到明清时期，大量史料和地图都将南沙、西沙等群岛列入中国的版图，有关官方文献包括《广州通志》《琼州府志》《万州志》等[1]。根据本书第一编的分析，这些史书、地图虽然限于当时的测绘技术不可能清楚地标明有关岛礁的精确位置，但已经较为清晰地体现了中国南海管辖区域的大致范围，也反映了自身的领土主权主张。对南海及南海诸岛命名的变化，也能体现中国对该地区认识不断加深和主权行使不断加强的过程[2]。在西方国家对东南亚进行大规模殖民前，亚洲地区大部分处于以中国为核心的朝贡外交体系中，东南亚多数国家都是中国的朝贡国或藩属国。朝贡国往往被视为中国中原王朝"统而不治"的对象，它们在保持较大行政独立性的同时，又往往在军事、外交等最高事项上服从中国。因此，中国将南海诸岛明确纳入自身版图，而不仅是通过周边朝贡国来进行间接的统治，这其中的政

---

[1]　参见韩振华主编：《我国南海诸岛史料汇编》，东方出版社 1988 年版，第 32—83 页。

[2]　参见侯毅：《从地名演变看中国在南海诸岛的主权》，载《中国边疆学》2016 年第 2 期，第 260—270 页。

治和历史意义不言而喻。

（二）在南海诸岛周边海域进行巡视

根据北宋《武经总要》，"命王师出戍，置巡海水师营垒……七日至九乳螺洲"[1]，中国对西沙群岛海域的巡视此时就已经开始了。北宋是中国造船技术大发展的时期，此时官方就有规模地对南海岛屿周边水域进行巡视，充分说明中国对该地区已有较清晰的了解，以及进行管理的意图和准备。对南沙群岛，明代《广州通志》就记载："督发兵船出海防御……自东莞南亭门放洋，至乌潴、独潴、七洲三洋，星盘坤末针，至外罗。"[2]由此，对南沙群岛海域的巡视最迟从明朝就开始了。这种巡视明显具有军事防御属性，与郑和下西洋主要开拓朝贡和贸易范围的属性不同。此外，巡视范围远至南海诸岛并不是无意或无规划的，数量也不是零星几次。据记载，清朝也出现了有规模的视察和巡视。[3]

有人可能认为仅对周边海域的军事巡视不足以构成针对岛屿的主权活动。这种观点并不全面。根据时际法原则，有关行为的法律效力应按当时适用的法律予以认定。19—20世纪的航海技术与之前几个世纪不可同日而语，此时航海和航空技术相对成熟，因此，在利吉丹岛与西巴丹岛主权争端案中，国际法院认为军舰、军机在争议领土邻近海域或上空的行为因不是针对岛屿本身而不能被纳入主权行为（acts à titre de souverain）的考虑范围。[4]但在近代以前，进行远洋航行的能力仍旧落后，中国举全国之力进行军事巡视的主要目的，就是维护南海诸岛与周边海域的安宁与秩序。应该注意的是，从秦汉时期开始，中国渔民在南海区域就已经有一定规模的捕捞活动，其中还有不少在南海岛礁上进行临时或长期的居住。在此情况下，官方在该海域进行巡视不应被视为偶然，而是与管辖岛屿密切相关。在18世纪前，现代

---

〔1〕《武经总要》，转引自韩振华主编：《我国南海诸岛史料汇编》，东方出版社1988年版，第37页。

〔2〕《广州通志》，转引自韩振华主编：《我国南海诸岛史料汇编》，东方出版社1988年版，第7—8页。

〔3〕参见韩振华主编：《我国南海诸岛史料汇编》，东方出版社1988年版，第7—8页。

〔4〕See Pulau Ligitan and Pulau Sipadan Case, Judgment, I. C. J. Reports, 2002, p. 683, paras. 138-139, 141.

国际法上的领土和领海概念尚未形成[1]，东南亚各国处于中国的朝贡体系之中，中国在南海诸岛周边的巡视有明显的领土管辖意图，且长期没有受到其他国家的任何抗议。

（三）中国在南海诸岛的其他主权行使行为

除了上述行为，中国近代以前在南海进行的活动还包括：行政或军事性质的地理测量，如郭守敬受元世祖敕令指派在西沙群岛等南海地区进行的测量[2]，这种测量通常被认为具有主权性质。又如，在南海海域，中国在明清时期多次进行海难救助、打击海盗等[3]，这类行为在国际司法实践中被视为国家展示主权权威的活动，不仅行使了国家权力，更维护了周边的安全与和平，履行了国际法上的保护义务。可以说，直至清朝末期，在日本、法国等列强开始侵扰南海之前，中国实际上都对南海诸岛进行着确定无疑的主权行使行为。

从帕尔马斯岛仲裁案的裁决来看，按照时际法的要求，在18世纪前后，领土取得已经不能通过发现或象征性占领实现，而应通过有效占领来完成。而根据沃尔多克教授的总结，有效占领的几项要素是：和平、实际、充分和持续的主权行使[4]。据此，应认为中国的上述主权管辖和行使行为满足了有效占领的要求。

具体言之，一是中国的上述主权活动是和平地进行的，得到了其他南海周边国家的承认或默认。

二是上述活动得到实际的落实和执行，而非停留在行政命令层面，

---

[1]　关于现代领土概念的形成历史和时间，学术界众说纷纭，本书限于篇幅将不予详细探讨。在此采用英国政治历史学者斯图尔特·埃尔登（Stuart Elden）的代表性观点：领土（territory）的词源来自古希腊和古罗马时期，但真正具有现代含义（尤其是法律含义）的领土概念，要经过漫长的发展，等待资本主义、制图技术和民族主义的发展为其提供土壤。17世纪中期的《威斯特伐利亚条约》可以说体现了领土法律概念的雏形，而17世纪末期，莱布尼茨真正创造性地将政体（国家）、空间［具有特定"延展"（extension），即范围］、臣民的效忠和服从（管辖权）三者融合为一体以论述领土概念。之后，这一观念被卢梭、休谟、孟德斯鸠等人援引、发展，使得领土的现代政治意义走向成熟。参见［英］斯图尔特·埃尔登：《领土论》，冬初阳译，时代文艺出版社2017年版，第324—345页。

[2]　参见韩振华主编：《我国南海诸岛史料汇编》，东方出版社1988年版，第46—47页。

[3]　参见韩振华主编：《我国南海诸岛史料汇编》，东方出版社1988年版，第9—10、第52页。

[4]　See C. H. M. Waldock, "Disputed Sovereignty in the Falkland Islands Dependencies", *British Yearbook of International Law*, Vol. 25, 1948, pp. 332-337.

对此，宋、元、明、清历代的官方资料有重要的证明价值。

三是如何界定"充分"。对该要素并不存在一个绝对的解释标准，应结合具体情况予以判断。对南海诸岛而言，它们重要的特征是地理位置偏远、人烟稀少和通行条件差。克利伯顿岛案裁决指出："领土在完全无人居住的情况下，从占领国在该领土上出现的时刻起，只要该领土此时处于该国的绝对、无争议的处置下，须认为其已实现了领土占有，因此完成了占领。"[1]而在东格陵兰岛法律地位案中，常设国际法院的判决也显示：对于一块几乎未被开发，更未被占领，而且长期与世隔绝的土地而言，因为其难以进入，有效统治的正常要求就会被降低。[2]对比之下，中国在南海诸岛的主权行为可被认为已符合有效占领的要求。

四是中国对南海诸岛进行主权活动的持续性应该被认可。帕尔马斯岛仲裁案裁决为"持续"要素提供了操作性较强的认定标准。由于主权往往无法于任何时间、在领土的任何地点均得以行使，主权行使在时间上的间歇和空间上的间断是否符合维持领土主权的要求，应根据领土的具体情况判定，[3]"除了考虑它（帕尔马斯岛）是一个狭小而偏远的岛屿，只有原住民居住，不能期待对该岛的主权行使是经常性的，不必要求主权的行使要追溯至久远的时期"[4]。同样偏远荒凉的南海诸岛在中国人民发现、利用前，连原住民都不存在，可以认为，对南海诸岛的主权行使的持续性要求应低于帕尔马斯岛。况且，"持续"的根本意义在于强调在一段较长时间内，这种主权行使不被他国行为所中断。中国对南海诸岛的主权行使，在18世纪前完全没有遭到任何抗议和反对，亦无实质性的中断。

综上，从东汉时期开始，中国对南海诸岛的发现与象征性占领创设了初步权源。在18世纪以前，中国的主权行使就已经达到有效占领的要求，因此依据先占方式对南海诸岛确立了领土主权。

三、中国与越南、菲律宾的有关权源主张之比较

中国官方和学者对通过发现和先占对南海诸岛取得主权已做过许

[1] Arbitral Award on the Subject of the Difference Relative to the Sovereignty over Clipperton Island, 1932, p. 394.
[2] See Legal Status of Eastern Greenland, P. C. I. J. Series A/B No. 53, 1933, pp. 50-51.
[3] See Island of Palmas Case, Award, 1928, R. I. A. A., 2006, p. 855.
[4] Island of Palmas Case, Award, 1928, R. I. A. A., 2006, p. 867.

多论证[1]　然而，越南、菲律宾也同样根据发现和先占方式对中国西沙群岛或南沙群岛提出非法的领土要求。为全面综合地分析中国所处的法律地位，有必要对三国的主张和依据进行对比评判。

（一）中越有关主张之对比

越南将中国西沙群岛和中国南沙群岛分别称为"黄沙群岛"（越南语称Quần đảo Hoàng Sa）和"长沙群岛"（越南语称Quần đảo Trường Sa）。越南根据所谓的"发现"和"先占"提出了对西沙群岛的非法领土要求，基于"先占"提出了对南沙群岛的非法领土要求。同时，越南政府的白皮书[2]和越南学者也"质疑"中国所提的发现和先占主张。

1975年5月，南越西贡政权外交部发表了所谓的"关于'黄沙（帕拉塞尔）群岛'和'长沙（斯普拉特利）群岛'的白皮书"[3]，该"白皮书"称，越南关于"黄沙群岛"的第一个越南文件是1630—1653年名为杜伯（又以道甫为笔名）的一位学者编撰的《纂集天南四至路图书》[4]。越方称该地图附注明确指出，17世纪初期，越南当局已派遣船舶和人员到这些其称为"金沙"，即越南所谓"帕拉塞尔群岛"的岛屿上。越方据此认为杜伯关于地图的此段描述是越南对"黄沙群岛"拥

---

[1]　如吴芷芳：《法占九岛之法律问题》，载《法学杂志》1933年第1期；王立君：《南海诸岛的主权归属及其水域的法律属性》，载《政治与法律》2016年第1期；《中国对西沙群岛和南沙群岛的主权无可争辩——中国外交部文件》（1980年1月30日），载《中华人民共和国国务院公报》1980年第1号，第19—21页；赵理海：《关于南海诸岛的若干法律问题》，载《法制与社会发展》1995年第4期；韩振华：《南海诸岛史地研究》，社会科学文献出版社1996年版；邢广梅：《中国拥有南海诸岛主权考》，载《比较法研究》2013年第6期；赵焕庭、王丽荣、袁家义：《中国南海诸岛主权维护与回归——纪念中国政府收复南海诸岛70周年（1）》，载《热带地理》2017年第5期；辉明：《从近代美国文献看南海诸岛的主权》，载《文史哲》2016年第4期。
[2]　包括越南共和国（1955—1975年建立的南越政权）和越南社会主义共和国（1975年至今）两届政府发布的白皮书，分别发布于1975年和1979年。
[3]　所谓的"黄沙（帕拉塞尔）群岛"与"长沙（斯普拉特利）群岛"，英文分别为：Paracel和Spratly，均属于越南对西沙群岛、南沙群岛的非法命名，中国向来不承认越南的主张及其对西沙群岛、南沙群岛的称谓，但考虑到反驳相关非法主张的需要，以及保持所引资料的准确性，本书在提及这些称谓中文时均加上引号，以示该主张的非法性，但在脚注中涉及上述地名英文时不做改动。
[4]　《纂集天南四至路图书》载于《洪德版图》，1686年由越南人杜伯绘制而成。该图图题用汉喃字注释了地名"罢葛鐄"。该图现藏于越南汉喃研究院，藏书号A.2499，第43b—44a页。

有主权的直接证据，至少在 1653 年以前，"黄沙群岛" 就已经是越南经济遗产的一部分了[1]　此外，越南历史学家黎贵惇（Lê Quý Đôn）《抚边杂录》（1776 年）、潘辉注《历朝宪章类志》（1821 年）中的《舆地志》和《黄越地舆志》《大南实录》前编和正编（1821—1909 年）、阮朝朱本等，都是越南方面用以证明其对我国西沙群岛 "拥有主权" 的越南史料证据。另，中国史料释大汕《海外纪事》（1697 年），西方史料包括法国商人、传教士皮埃尔·波微（Pierre Poivre）《南方各地描写》（1749—1750 年）、塔贝德（Jean-Louis Taberd）教士《有关人类社会和历史、宗教、习俗与民族服饰的描述》（1833 年）和《安南大国画图》（1838 年）、荷兰东印度公司出版的《巴达维亚期刊》（*Journal of Batavia*），以及相关报纸新闻等，也是越方引用较多的证据，意图说明越南在西沙群岛的经济、政治活动有丰富历史记录，并得到多国的承认。在此基础上，统一后的越南社会主义共和国政府发布的 1979 年、1981 年、1988 年三份白皮书[2]及 2011 年的一个政策文件[3]中，又出现了更多的地图、照片、史料等形式的证明材料。根据这些证据，越南主张 1816 年 "嘉隆皇帝插旗" 事件标志着越南对西沙群岛正式行使主权，直至 19 世纪末法国殖民统治前，越南在西沙群岛的主要活动包括：系统性的经济开发活动；有组织的地理考察活动；立碑、建庙、植树等象征性

---

〔1〕　参见戴可来、童力编：《越南关于西南沙群岛主权归属问题文件资料汇编》，河南人民出版社 1991 年版，第 6—7 页。

〔2〕　Information and Press Department, Ministry of Foreign Affairs, Socialist Republic of Vietnam, "Vietnam's Sovereignty over the Hoand Sa and Truong Sa Archipelagoes", Hanoi, 1979, available at: https://www.cia.gov/library/readingroom/docs/CIA-RDP 08C01297R000300180007-5. pdf; Ministry of Foreign Affairs, Socialist Republic of Vietnam, "The Hoang Sa and Truong Sa Archipelagoes: Vietnamese Territories", 1981, available at: http://nghiencuubiendong.vn/download/doc _ download/157-the-hoang-sa-and-truong-sa-archipelagoes-vietnamese-territories; Ministry of Foreign Affairs, Socialist Republic of Vietnam, "The Hoang Sa (Parcel) and Truong Sa (Spratly) Archipelagoes and International Law", 1988, available at:http://nghiencuubiendong.vn/download/doc_ download/158-the-hoang-sa-paracel-and-truong-sa-spratly-archipelagoes-and-international-law, last accessed on 20 March 2019.

〔3〕　The Indisputable Sovereignty of Viet Nam over the Paracel Islands, White Paper of The National Committee for Border Affairs and Ministry of Foreign Affairs, Socialist Republic of Viet Nam, 2011, available at: https://southeastasiansea.wordpress.com/2013/02/05/the-indisputable-sovereignty-of-viet-nam-over-the-paracel-islands/, last accessed on 20 March 2019.

主权行为；组织当地征税及与外国的商事交往；援助遇难船舶等。[1]

关于南沙群岛，越南的主张则显得连贯性和一致性相对不足。一方面，越南，尤其是南越政府，意欲通过史料、地图等显示越南民众在南沙群岛的活动，暗示越南对该群岛的权利渊源已久，在法国殖民前就已长期存在。另一方面，南越政府又不得不承认这些活动缺乏权威性，并且有关材料不能证明南沙群岛确切的地理位置，因此只能以 1933 年法国殖民政府的占领作为对南沙群岛主权行使的正式开端。值得注意的是，似乎是为了掩饰这种劣势，统一后的越南政府不再采用南越 1975 年白皮书对西沙群岛和南沙群岛主权分开论证的方法，而是合二为一进行统一的论述。不过，通过对 1975 年后的越南政府白皮书和越南学者代表性研究成果的考察可以发现，在合二为一的论述中，被援引证明越南在殖民时代前发现与先占南海诸岛的材料其实大部分只针对西沙群岛。[2] 这一问题的具体分析将在第五编展开。

针对中国对西沙群岛和南沙群岛拥有领土主权的立场和有关主张，越南学者阮洪涛（Nguyễn Hồng Tào）提出的"质疑"比较有代表性，其较为全面地涵括了越南的论点。他声称中国的主张及其证据有以下弱点：其一，中国的有关证据多数来源于私人的地理志、航海记录和著作，或是使节的游记等，缺乏官方权威性质，而越南的有关记载则出现在其官方记录中；其二，中国在西沙群岛和南沙群岛地区所使用

---

[1] Hong Thao Nguyen, "Vietnam's Position on the Sovereignty over the Paracels and the Spratlys: Its Maritime Claims", *Journal of East Asia and International Law*, Vol. 5, 2012, p. 180.

[2] See White Paper On the Hoang Sa (Paracel) & Truong Sa (Spratly) Islands, Republic of Vietnam, Ministry of Foreign Affairs, Saigon, 1975, pp. 5-13; Information and Press Department, Ministry of Foreign Affairs, Socialist Republic of Vietnam, "Vietnam's Sovereignty over the Hoang Sa and Truong Sa Archipelagoes", Hanoi, 1979, pp. 9-48; Ministry of Foreign Affairs, Socialist Republic of Vietnam, "The Hoang Sa and Truong Sa Archipelagoes: Vietnamese Territories", 1981, pp. 8-13; Ministry of Foreign Affairs, Socialist Republic of Vietnam, "The Hoang Sa (Paracel) and Truong Sa (Spratly) Archipelagoes and International Law", 1988, pp. 4-7; The Indisputable Sovereignty of Viet Nam over the Paracel Islands, White Paper, Vietnam, 2011; Also see Hong Thao Nguyen, "Vietnam's Position on the Sovereignty over the Paracels and the Spratlys: Its Maritime Claims", pp. 170-184; Monique Chemilier-Gendreau, *Sovereignty over the Paracel and Spratly Islands*, Kluwer Law International, 2000, pp. 66-73; Lưu Văn Lợi, *The Sino-Vietnamese Difference on the Hoang Sa and Truong Sa Archipelagoes*, Thế Giới Publishers, 1996, pp. 31-48.

的地名多变、指代模糊，难以据此找到确切地理位置，而越南所采用的名称则较明确，并有史料和地图为证；其三，一些中国地理和历史教科书将"黄沙""长沙"视为安南王国的领土；其四，中国的主张缺乏主权实际行使的确切证据，而且现有证据主要是在海南岛周边的巡逻、航行和水文调查等，不是对西沙群岛、南沙群岛的主权行使；其五，1895—1896 年，广东总督拒绝对中国渔民偷窃外国失事船只货物予以禁止，并认为西沙群岛是弃岛，不属于海南或其他地区管辖；其六，中国主张的历史上对越南国的宗主国地位只是名义性的，在国际法上不等同于保护国，安南王国对西沙群岛、南沙群岛的发现和先占的法律效果因此都归于越南本身而非中国；其七，中国对西沙群岛和南沙群岛的主权主张并未得到国际上的普遍认可，西方航海家自 14 世纪以来对西沙群岛的命名，以及 19 世纪对南沙群岛的命名都没有受到中国命名的影响。[1]

对越南学者提出的主张及质疑，本书认为：这些观点不能反驳中国对南海诸岛主权证据的有效性，也不能说明越南方面所提证据的有效性，理由如下。

第一，由于古代国家能力的局限，由国家组织或以国家身份到南海诸岛进行巡视、考察较少，而渔民、航海者等私人主体在这些地区活动更多，因而留下更多的记载和材料，这是再正常不过的。而且，中国并不缺乏对南海诸岛的官方记载。在评价 18 世纪之前的史料时，我们不能凭借对官僚机构的现代认知，认为古时某些史料、日志缺乏官方性质，这有违时际法原则的基本精神。根据国家命令制作和修订，或者为官方修订资料收录或采用的史料，应被认为具有官方性质。从学者的整理结果来看，中国并不缺乏这类资料。[2] 从国际法上看，证据的官方性质其作用主要是增强证据的权威性和准确性，并且能够说明国家意图，但对何为"官方"并没有做出呆板严格的要求。在古代和东方的背景下，我们不宜简单套用现代西方的标准，而应从实质方面考察材料的官方特性。

---

[1] See Hong Thao Nguyen, "Vietnam's Position on the Sovereignty over the Paracels and the Spratlys：Its Maritime Claims", *Journal of East Asia and International Law*, Vol. 5, 2012, pp. 170-180.

[2] 参见李任远：《国际法中的历史性权利研究》，法律出版社 2018 年版，第 224—234 页。

第二，以现代国际法的眼光来看，古代的史料及地图的准确性确实有较大缺失，难以单独作为证明主权行使的材料，史料中模糊多变的地名会进一步削弱这些材料的证明力。在国际法上，地图作为证据首先是起到证明领土主张及其地理边界事实的作用，具体到领土主权问题，地图所证明的一般事实包括地理情况（地理位置、地貌）以及制图者对地理情况的了解。类似地，史料中的文字记载虽然不是直观的图像，但也可以通过描述起到类似的作用，也应满足类似的要求。那么，中国有关的古代史料是否因此而缺乏必要的证明力？答案是否定的。

首先，单独的史料从来就难以说明事实，对于历史地理的了解是通过系统、整体地理解史料得到的。尽管史料所用地名等不甚一致，但同渔民所用地图、航行日志和其他民间记载相互结合、相互印证，就可以在一定程度上弥补这种不准确性。其次，地名的变迁实际上是历史和认识程度发展的体现。在东汉和三国的史料记载中，南海诸岛往往被统称为"涨海崎头"，而进入隋唐时期后，各群岛才逐渐获名，到晚清和民国时期，各群岛中的岛礁的名字才逐渐确定下来。在这种情况下，西方殖民者的地图、记载没有明显受到中国命名的影响确实有历史的必然性。这种变迁显然不能直接被定性为我国官方对南海诸岛缺了解。与中方不同，越南有关"黄沙"的称谓有 Bai Cat Vang（"罢葛鑛""罢吉鑛""堁葛鑛""堁吉鑛""堁沙鑛"），Cat Vang（"葛黄处"），Hoang Sa（"黄沙渚""黄沙"），以及西方传入的 Paracel 和 Parcel 等，甚至曾与长沙岛一同被称为"Đá Trường Sa"（大长沙岛），难以摆脱牵强附会之嫌，有证据证明，越南正式区分"长沙""黄沙"，可能是在法国殖民时期。[1] 最后，还有不少历史研究指出，越南从史书中找到的"黄沙""长沙"地名，与中国西沙群岛、南沙群岛并无任何关系，它们所指向的只是靠近越南海岸的两个岛礁群。[2]

---

〔1〕 The Indisputable Sovereignty of Viet Nam over the Paracel Islands, White Paper, Vietnam, 2011.

〔2〕 参见李金明：《越南黄沙、长沙非中国西沙南沙考》，载《中国边疆史地研究》1997年第2期；戴可来：《越南古籍中的"黄沙"、"长沙"不是我国的西沙和南沙群岛》，载吕一燃主编：《南海诸岛：地理、历史、主权》，黑龙江教育出版社2014年版，第123—136页；戴可来：《〈抚边杂录〉与所谓"黄沙"、"长沙"问题》，载吕一燃主编：《南海诸岛：地理、历史、主权》，黑龙江教育出版社2014年版，第137—146页；韩振华：《罢葛鑛、罢长沙今地考》，载吕一燃主编：《南海诸岛：地理、历史、主权》，黑龙江教育出版社2014年版，第33—54页。

这样一来，越南所谓牢固的主权证据实际上只是空中楼阁，所谓中国教科书对"黄沙""长沙"的"承认"就更是张冠李戴。

第三，越南对中国相关主权活动的质疑集中于两点：一是主权活动少，频率低；二是主权活动不是针对南海诸岛。对于第一点，前面的论述已经指出，中国对南海诸岛的主权行使可以追溯至唐朝，而在国际法上，对偏远、无人和缺乏经济利益的小岛礁，只需要极少的主权活动即可确立领土主权，而越南所称的"主权活动"还要到几个世纪之后。因此，中国至少在这 800 年以上的时间内是唯一的主权活动者。对于第二点，越南似乎是想利用利吉丹岛与西巴丹岛主权争端案中确立的法理，以 18、19 世纪的国际法要求去否定中国在海域巡航、驻防的陆地领土取得效力。然而，在时间跨度较大的古代，在南海诸岛有船只经过和渔民居住的情况下，这种耗费巨大的军事行为不应仅被视为一种纯粹的海上行为，更应被视为对船只和居民的保护和管辖。在此，我们可以再次回忆克利伯顿岛仲裁案体现的关键法理："领土在完全无人居住的情况下，从占领国在该领土上出现的时刻起，只要该领土此时处于该国的绝对、无争议的处置下，须认为其已实现了领土占有，因此完成了占领。"[1] 因此，如果在 18 世纪以前，中国的主权活动得以确证，那么越南主张之后的"先占"也就失去了根基，法国以"无主地"为借口占领南沙九小岛的事件[2]也不能成为其取得领土主权的依据[3]

第四，反观越南所主张的主权活动，其在种类上并没有超出中国所主张主权活动的范畴——中国在南海诸岛同样有象征性占领和打击海盗、援助海难的行为。越南经常引用的外国船只向越南求助，有关事实是否真实存在，并无实据；即使存在，既不能体现他国的承认，也不能说明船员求助是基于方便还是对主权的认识。另外，越南所主张的所谓"系统性的经济开发行为"，主要包括受阮朝皇帝派遣到

[1] Arbitral Award on the Subject of the Difference Relative to the Sovereignty over Clipperton Island, 1932, p. 394.

[2] "南沙九小岛事件"指的是 1930—1933 年，法国政府派军舰占领南沙群岛南威岛、安波沙洲、太平岛、南钥岛、中业岛、双子岛几个岛礁，称其为"无主地"而宣告其享有主权，挑起中法南沙群岛领土争议的事件。参见韩振华主编：《我国南海诸岛史料汇编》，东方出版社 1988 年版，第 673—674 页。

[3] See Hungdah Chiu, Choon-ho Park, "Legal Status of the Paracel and Spratly Islands", Ocean Development & International Law Journal, Vol. 3, 1975, pp. 17-19.

"黄沙"区域收集外国船只遗落的货物等活动。且不论这种行动是否属于"系统性的经济开发活动",这种由皇帝命令进行的活动虽可以被认为是国家行为,却不能说明主权占有的意图,在国际法上,在考察国家行为时,经济开发往往被谨慎地对待。与岛屿相关的经济活动,无论是捕鱼、种植、采矿还是采油,其本身都不能直接被认为是具有占有意图的行为。西方殖民国家和日本的国家实践还显示[1],即使在岛屿上进行经济活动或在岛屿上创设公司开展经济活动,这种行为本身也并不意味着一定确立主权(除非对岛上事务进行了立法或行政上的管辖),因为该国可能只是认为某岛屿是无主地或无人岛,可以用作暂时的经济开发(如开矿、采集鸟粪等短期行为),而无意将该地占为己有。最重要的是,越南所谓的收集外国船只遗落的货物等活动,所发生的地点与中国西沙群岛没有任何关联。

(二) 中菲有关主张之对比

菲律宾对中国南沙群岛部分岛礁提出非法领土要求并称之为"卡拉延群岛"(Kalayaan Island Group)[2],且提出了"发现"和"先占"作为领土要求的依据。与中国、越南不同,菲律宾承认,在二战之前,中越可能已经根据发现和先占取得了南沙群岛的领土主权。然而,二战期间日本的侵占以及二战后签订的1951年"旧金山和约"使得南沙群岛的领土地位发生改变。菲律宾方面声称,"旧金山和约"以及此前的《开罗宣言》和《波茨坦公告》,实际上承认日本在二战期间对南沙群岛获得了一定的主权权利,否则日本就无须放弃。根据"旧金山和约"的安排,日本放弃了对南沙群岛的主权,南沙群岛因此成了国际法上的无主地,这使得菲律宾公民克洛马在1955年对其所谓的发现和占领成为可能。[3] 对此,我们需要指出如下反驳意见。

---

[1] See e. g. Beatrice Orent, Pauline Reinsch, "Sovereignty over Islands in the Pacific", *American Journal of International Law*, Vol. 35, 1941, pp. 443-461.

[2] 我国不承认菲律宾所谓"卡拉延群岛"的主张和名称。

[3] 菲律宾人托马斯·克洛马(Tomas Cloma)拥有一支渔船队,并设立了"菲律宾海事学院"。1947年,克洛马的弟弟费勒蒙在巴拉望外海捕鱼时为躲避台风,意外进入南沙群岛,克洛马因此宣布发现了这些南沙群岛岛礁。1956年3月15日,克洛马率队登岛,同年5月15日对菲律宾政府和各国驻马尼拉使馆宣称他占有这片六角形水域内的所有岛、礁、沙、洲、浅滩和水域,3月31日,他宣称建立"自由地的自由领地"(Free Territory of Freedomland)。参见 [美] 比尔·海顿:《南海:21世纪的亚洲火药库与中国称霸的第一步?》,林添贵译,台北麦田出版社2015年版,第108—110页。

首先，菲律宾声称日本在二战期间取得了南沙群岛主权，并且在"旧金山和约"中放弃该主权权利，这两点解释明显有悖于国际条约的本义和国际法的要求。日本在第二次世界大战中的行为早已被东京审判宣判为非法，非法行为不得产生权利，日本在二战期间侵占他国领土的行为不产生合法权利，因此，二战后南沙群岛的无主地之说没有法理基础。对"旧金山和约"的具体释义将在本书第二编第三章展开。

其次，菲律宾对克洛马所谓的"发现"所持的态度是前后不一致的。菲方在起初对克洛马的冷淡甚至疏远态度说明其缺乏主权占有的意图，或至少削弱了其主张的法律效力。[1]

最后，菲律宾附带提出的国家安全需要和邻近性也缺乏国际法上的支持。对此的批驳已有较多的成果，在此需特别指出的是，地理"邻近"在国际法中从来不是国家取得领土主权的方式。仲裁员胡伯在帕尔马斯岛案的裁决中裁定，国际法中显然不存在这样的规则，即可以单纯基于岛屿最邻近一国的事实而对领水以外的岛屿主张主权。[2]

历史久远的材料由于客观原因，或可能精确程度不足，或可能指代对象不明，法院难以凭借它们确定国家与涉案领土（尤其是岛屿）的关系。由此观之，中国古代史料内容在司法裁断中的可能弱点主要体现在：有关地名反复变化、指代位置不清晰、以私人记载和私人行为为主等方面。对此，我们可采取的策略并不是过多地搜寻和堆砌史料，而应是更注重不同官方性质材料之间地名、指称的演变及其缘由，并与其他资料结合印证，尽可能确认和细化相关的地理位置。同时，还应注意研究西方殖民国家所使用地名的渊源，辨析其与中国地名可能存在的联系。越南在法国殖民统治时期进行了较规范、现代化的制图、命名和记录，较早地对其曾用的地理名称进行了完善和规范，这有助于其在司法裁断中提升其主张的可信度，值得我们借鉴。此外，我们还应多关注有效控制作为权源（无论是否一种单独权源）的作用，以更好地服务于当前国际法论证的需要。这是下一章要讨论的主要问题。

---

〔1〕　参见张良福：《试论第二次世界大战结束及抗日战争胜利后的西沙、南沙群岛处理问题——从历史事实和国际法分析西沙、南沙群岛主权属于中国》，载《中国国际法年刊（2015）》，法律出版社2016年版，第106页。

〔2〕　Island of Palmas Case（USA v. Netherlands），Award of 4 April 1928，R. I. A. A.，Vol. Ⅱ，2006，p. 854.

第二章　从有效控制规则看中国对
南海诸岛的主权行使

第一节　有效控制规则的含义

有效控制规则是在解决领土主权争端的国际司法实践中形成并不断发展起来的一项规则，它在不同的案件中对领土主权的判断都起到了重要的作用。然而，有效控制规则的内涵和外延尚有待进一步厘清。

一、有效控制与有效控制规则

（一）有效控制的概念

在有关领土主权的国际司法及仲裁案件中，国际司法和仲裁机构交替使用各种不同的用语来表达"有效控制"，主要是"国家权力的行使"、"有效占领"和"有效控制"。[1]　其中，"国家权力的行使"和"有效占领"既可以被视为先占方式的标准，在一些案例中又可以被整合为有效控制理论。无论是国际司法裁决还是学界观点，都对"有效控制"的核心内涵有基本的共识，那就是：国家对自己所主张的领土有效和实际地行使国家职能和国家权力，是国家以确立或行使主权为目的，对特定领土有效行使国家职能与国家权力的一种实际情势。[2]

在有效控制理论和规则中，"有效控制"被视为一项事实权源，它

---

〔1〕　参见黄明明：《领土法中的有效控制研究》，中山大学 2016 年博士学位论文，第13—16 页。

〔2〕　参见黄明明：《领土法中的有效控制研究》，中山大学 2016 年博士学位论文，第16—18 页。

是基于有效控制的行为和状态产生的。事实权源与法律权源的概念相对，但事实权源不代表其可以与法律相抵触，后者是被国际法明确赋予了法律效力的行为，如国际条约、有权机构的决定等。需要指出的是，无论是法定权源还是事实权源，基于它们中的任何一项，都足以产生领土主权。它们之间并不是能否产生领土主权的"法律效力"上的区别，而是存在形式和优先性方面的不同。[1]

（二）有效控制规则的含义及内容

围绕"有效控制"概念建立的"有效控制规则"，是一项有别于先占、时效等传统领土取得方式的新规则，它可适用于处于不同主权权属状态下的领土，以国家管理行为的强弱作为判断领土主权归属的重要依据。简单来说，有效控制规则指的是以特定标准和方法权衡领土争端当事国提出的有关证据之后，对比进行有效控制的程度（包括数量、有效性和连续性等），使得有效控制程度更强的一方拥有更优的"有效控制"权源，进而取得主权的规则。[2] 有效控制规则包含对时际法原则、关键日期等的运用。

关于有效控制规则的内容，罗欢欣对此做了较全面的分类概括：（1）对于"无主地"，"有效控制"作为先占（有效占领）成立的证明；（2）"有效控制"可以作为对合法主权之存在的确认与证明，例如，有效控制可以佐证和强化"保持占有原则"的法定权源；（3）一国存在领土放弃或默认等情形时，"有效控制"产生剩余权利；（4）权利来源不明时，"有效控制"行为具有直接证据价值。[3] 这四点对于判断南海诸岛领土主权争端都有重要意义，尤其是最后一点，可以成为先占之外，用作论证中国对南海诸岛主权的重要理论依据。

---

〔1〕 黄明明：《领土法中的有效控制研究》，中山大学 2016 年博士学位论文，第 89 页。

〔2〕 See Surya P. Sharma, *Territorial Acquisition*, *Disputes and International Law*, Martinus Nijhoff Publishers, 1997, pp. 180-182；另见马尔科姆·N. 肖：《国际法》（第六版），白桂梅、高健军、朱利江、李永胜、梁晓晖译，北京大学出版社 2011 年版，第 396—410 页；贾兵兵：《国际公法：和平时期的解释与适用》，清华大学出版社 2015 年版，第 263—264 页、第 270—272 页；黄瑶、凌嘉铭：《从国际司法裁决看有效控制规则的适用——兼论南沙群岛主权归属》，载《中山大学学报（社会科学版）》 2011 年第 4 期，第 169 页。

〔3〕 参见罗欢欣：《国际法上的领土权利来源：理论内涵与基本类型》，载《环球法律评论》 2015 年第 4 期，第 174—177 页。

（三）有效控制规则的构成要素

有效控制包含两个要素：主观要素与客观要素。国家对相关领土必须具有以主权者身份实施占有的意图，这是构成有效控制的主观要素。实践中，国家主观意图的确定具有较大的难度，除了国家明确的表态，一般可以从国家所实施的行为中进行推导。有效控制所要求的客观要素相对容易把握，但国家主权行为的范围十分广泛，需要根据案件的具体情况，考察多种因素，才能进行具体的评判。国家实施行为持续时间越长，或者对领土控制保持越久，就越有利于形成有效控制。但国际法对所经时间的长短没有一个明确的要求。要构成有效控制，相关行为必须可归因于国家。通常，立法、行政和司法行为构成有效控制，而其他行为要区分特定情形，结合案件的实际情况加以判断，如私人行为、修建护航助航设施，以及其他传统统治行为等。

有效控制在于有效地行使国家主权，应体现出"有效性"的特质。虽然国际法上并没有，也不可能有判定这种有效性的唯一标准，但从国际司法和仲裁实践来看，对于不同的个案而言，对主权行使程度和形式的要求可能有所不同，一些基本要素却是不可或缺的。根据黄明明博士的总结，从实践来看，同"有效占领"类似，有效控制的有效性标准从概念上可以分为五个类别：平稳性、充分性、持续性、明确性和公开性。[1]

二、有效控制与其他领土取得方式之比较

通过与其他相关理论或概念的对比，可以更加明确有效控制规则的内涵。

（一）有效控制与先占

前一章已经详述了先占这一传统的领土取得方式，此处仅对先占与有效控制的区别做简要概括。如前一章所述，先占作为传统的国际领土取得方式，要求对无主地进行有效占领。它虽然与有效控制规则有类似的要求，但先占方式确定有效控制的前提是确认无主地的存在，这就与有效控制规则可适用于多种情形不同。

---

[1] 参见黄明明：《领土法中的有效控制研究》，中山大学 2016 年博士学位论文，第 57—63 页。

（二）有效控制与时效

时效取得至今仍是一种被学界广泛接受、国家时常使用的理论[1]，但它又缺乏国际司法和仲裁实践的明确认可。一般认为，领土法上的取得时效方式是一种继受取得，指一国对他国的某一领土长时间连续、和平、公开地行使国家权力，从而取得该土地的主权。综合国际法学者的观点，取得时效主要有三项要素：占有他国领土的国家出于主权目的实施的占有；和平、不被干扰、公开地占有；持续一段时间。[2]不难看出，时效实际上包含了有效控制的要求。

有效控制规则与时效取得方式最根本的区别在于时效要求的两个法律要件：占有对象是他国享有主权的领土，以及占有得到原主权国的默认。有效控制作为一种补充性的权源，可以在争议领土的不同权属情况下（如无主地、有确定权属的领土或权属不明的领土等情况）分别起到不同的作用，它可以较好地与先占方式共存，不会产生对"逆权占有"（adverse possession）的争论，也不直接触及默认的问题。而且，有效控制规则最终是通过衡量双方主权行为和证据做出判断的一套司法规则，具有较好的稳定性和灵活性，因而在实践上比时效方式的僵硬要件更具有可操作性和理论价值。因此，有效控制理论可以比较好地取代时效取得模式，[3]中国不应主张时效这种领土取得方式，而应适用先占和有效控制规则对其他国家可能提出的时效取得主张进行反驳。

（三）有效控制与历史性权利

历史性权利是"由一系列行为及行为模式构成的长期过程的产物，这一过程通过累积效果，从整体上形成了一种历史性的权利，并将其

---

〔1〕 在一些国际法院领土或边界案例中，国家提出的主张或明确使用时效取得，或被法院或个别法官认为实际上是主张时效取得。例如，Kasikili /Sedudu Island（Botswana / Namibia），Judgment of 13 December 1999, I. C. J. Reports, 1999, p. 1101, para. 90; Case Concerning Sovereignty over Certain Frontier Land, Judgment of 20 June 1959, I. C. J. Reports, 1959, p. 231. 值得注意的是，在这些案件中法院都不曾对是否可以通过时效取得明确表态，反而可能尽量避免讨论该问题。

〔2〕 See Surya P. Sharma, *Territorial Acquisition, Disputes and International Law*, Martinus Nijhoff Publishers, 1997, pp. 110-111.

〔3〕 参见张祖兴：《论"取得时效"在国际法上的地位》，载《外交评论》2011 年第 6 期。

逐步巩固成国际法上有效的权利"[1]。领土法上的历史性权利或历史性巩固（historic rights or historic consolidation）理论也包含了有效控制因素，历史性权利的形成也要求实施有效的主权控制行为。这一过程往往表现为：国家以主权者的名义长期、连续、平稳和有效地行使主权的强化及巩固所有权的过程。[2] 然而，历史性巩固理论强调主权行为的巩固作用，同时要求取得外国特别是利益攸关国的承认，这与有效控制规则强调占领国对领土控制程度的构建方法不同。

总之，有效控制规则与先占、时效和历史性权利巩固等方式或理论具有相似的概念内核，即需要某种形式的"有效控制"。而有效控制规则最大的特点在于，它是围绕"有效控制"行为或活动本身，通过一系列标准进行的以主权控制程度的强弱来决定主权归属的一种实践性方法，它可以广泛适用于涉案领土的多种权属情况（包括无主地、有主地或权属不明地）。

什么样的控制可谓"有效"呢？实践中往往需要证明在关键的时间一国存在对有关领土的主权行使。此处的"关键的时间"亦即领土争端的"关键日期"，下文将展开论述。

第二节　有效控制规则与领土争端的关键日期

一、关键日期的概念及作用

较之于传统国际法上的其他领土取得方式，有效控制规则更具有司法操作性。在国际司法或仲裁实践中，有效控制规则主要表现为争议方提交证据的采纳、运用和权衡。于是，有效控制规则和时际法、关键日期等概念紧密相关。从总体上看，国际司法机构主要运用关键日期来限制争议方提交证据的使用，进而限定时际法的考察范围。

领土法上的关键日期（critical date）一词首次正式被提出是在帕尔马斯岛仲裁案中。胡伯仲裁员指出，如果领土争端是以另一诉讼当事国曾经实际上行使主权的事实为基础的，那么，一方仅主张自己曾

---

[1] Yehuda Z. Blum, *Historic Titles in International Law*, Martinus Nijhoff, 1965, p. 335.

[2] 参见贾兵兵：《国际公法：和平时期的解释与适用》，清华大学出版社 2015 年版，第 276 页。Also see C. de Visscher, *Theory and Reality in Public International Law*, translated by P. Corbett, Princeton University Press, 1957, p. 200.

在某一时间取得领土主权是不足够的，它还必须证明领土主权曾经持续存在，而且在为判决这一争端而必须将其视为关键时刻的时间点也依然存在。在帕尔马斯岛仲裁案中，关键日期就是西班牙和美国签订割让条约的日期。[1] 而在东格陵兰岛法律地位案中，常设国际法院认为关键日期是挪威公布其对东格陵兰地区占领的日期，也是丹麦主权必须存在以使挪威的占领无效的日期，即 1931 年 7 月 10 日。[2]

国际法院对于领土法上关键日期的概念尚无明确一致的意见。[3] 一般认为，关键日期是指争端各方的权利明朗化，从而各方之后的行为都不会改变其法律地位的日期。它可能包括某个条约缔结、批准或生效的日期，或领土被占领的日期，或政府行为发生的日期等，也可以仅指某一争端发生之时。[4] 另外，虽然从关键日期的概念本质来看，每个领土争端（而不是每个领土争端案件，因为每个案件可能涉及多个领土，在岛屿主权争议中尤其如此）的关键日期通常只有一个，但在实践中，根据案件情况，当"关键性"难以判断时，或者关键日期对整体考察案件不利时，国际司法机构也有可能放弃确定关键"日期"，或改用某个时段来进行审查。

关于关键日期的作用，詹宁斯教授认为，关键日期是指在某一时刻某一事件发生后，当事各方此后的任何行为都不能影响该事件。[5] 关键日期具有定格、冻结法律状态的作用，它从程序上将争端形成时各方的权利主张和状态予以确定，法庭将根据这个定格的状态对领土主权进行裁决。在关键日期前，争端当事方的主张、态度和行为都在缓慢地发展；而在关键日期时，特定事件的发生使得双方的对立得以明确，产生了国际法意义上的争端，之前争端当事方累积而成的权利状态和地位就此固定。在关键日期后，争端当事方的主张和行为就不能再影响被定格的法律状态，以防止恶意竞争和争端的升级。

事实上，领土争端往往牵涉漫长的历史，其间发生的争议事实不

〔1〕 See Island of Palmas Case, Award, 1928, R. I. A. A., 2006, pp. 839, 845-846.

〔2〕 See Legal Status of Eastern Greenland, P. C. I. J. Series A/B No. 53, 1933, p. 45.

〔3〕 王铁崖主编：《中华法学大辞典：国际法学卷》，中国检察出版社 1996 年版，第168 页。

〔4〕 贾兵兵：《国际公法：和平时期的解释与适用》，清华大学出版社 2015 年版，第267 页。

〔5〕 Robert Jennings, *The Acquisition of Territory in International Law*, Manchester University Press, 1963, p. 32.

计其数，南海诸岛领土争端就是其中的典型代表。鉴于此，是否在某一时间节点发生的情势对于领土的状况产生更重要的意义？黄明明博士指出："实际上，标志着法律争端诞生的时刻总是伴随着所谓的'重大事件'。"[1]因此，关键日期对证据起到了筛选作用，从时间上对证据的可采性进行了限制。一般来说，国际司法机构确定案件的关键日期以后，对该日期之后发生的行为、事件一般都不再考虑，而只对之前的有关证据加以权衡、判定。在帕尔马斯岛仲裁案中，西班牙和菲律宾主张的一系列主权行为（包括司法、行政和税收等行为）都没有得到仲裁庭的考虑，就是因为这些行为发生在关键日期之后；[2]在尼加拉瓜与洪都拉斯加勒比海领土和海洋争端案中，国际法院进一步明确："对于海洋划界争端或领土主权争端，关键日期的作用在于区分如下两种行为，一种发生在关键日期前，原则上与评估和确认主权相关；另一种发生在关键日期后，原则上对评估和确认主权没有任何意义，这些行为由在法律争端中提出权利诉求的国家实施，仅旨在支持其本国的主张。所以，关键日期构成时间的分界线，一方在该日期之后实施的行为与评估主权活动的价值无关。"[3]这个区分理论也被之后国际法院涉及关键日期的案件沿用，如在尼加拉瓜与哥伦比亚领土和海洋争端案中，国际法院同样认为关键日期后的行为原则上是没有效力的。[4]

二、关键日期与时际法原则

关键日期的适用与时际法原则密切相关。如之前关于先占的一章所述，时际法原则的核心在于：应区分对待权利的创设和权利的存续两个阶段。权利的创设应依创设时有效的法律来进行判断，而权利的存续应满足发展变化了的法律的要求。时际法概念已成为主权争端案件乃至国际法其他领域的一个重要司法原则。

在领土取得的规则中，时际法原则起到的是法律指引和选择的作

---

〔1〕　黄明明：《领土法中的有效控制研究》，中山大学2016年博士学位论文，第51页。

〔2〕　See Island of Palmas Case, Award, 1928, R. I. A. A., 2006, p. 851.

〔3〕　Nicaragua and Honduras Case, Judgment, I. C. J. Reports, 2007, pp. 697-698, para. 117.

〔4〕　See Nicaragua and Colombia Case, Judgment, I. C. J. Reports, 2012, p. 652, para. 67.

用，而不是可以直接适用于决定领土归属的实体规则。随着航海技术的发展和殖民时代的推进，领土取得规则在几个世纪内发生了重大的变化。例如，在 15、16 世纪被认为可以成为权源的领土发现行为，在 18 世纪后就已经不被认可。领土争端的政治历史背景纷繁复杂，如果不以时际法的视角去分段考察，则无法兼顾国际法的稳定性和发展性。

帕尔马斯岛仲裁案很好地体现了时际法的理论逻辑。在该案中，胡伯仲裁员认为，帕尔马斯岛是由西班牙最早发现的，该行为应该以 16 世纪西班牙发现该岛时的国际法规则来进行评价。[1] 但胡伯认为，当时的国际法规则认为发现也只足以产生一项未成熟的权源（初步权利），这种权源的完善至少要求随后的象征性占领。而 18 世纪以后，持续和平稳地行使主权才能作为一项领土权源。换言之，此时主权行使才被认为是"有效控制"。布朗利教授指出："对国家活动表现的强调，在解释事实的过程中遵从有利于稳定的法律政策，以及虑及无人居住、边远领土之特点的法律政策，表明了法律的变迁。现代法律把重点放在权源和主权的证据上面，占领的概念也相应地得以完善。"[2] 可见，有效控制的形式和程度，取决于行为发生时所适用的国际法规则。[3]

有效控制规则与传统领土取得方式的一个重要区别在于：有效控制规则在理论上不追求一种静态的、绝对的权属，它以发展的、相对的眼光看待争端方的法律地位，因此特别适用于原始主权不明确的领土争端。具体来说，什么样的行为属于"控制"（行为性质问题），什么样的控制可谓"有效"（行为程度问题），都是随时间发展而逐步变化的，而这就需要运用时际法原则，适用不同时间的法律加以具体判断。质言之，在分析有效控制的实质性要素时，必然要考虑时际法的因素，并分别按照当时有效的法律进行评价。当争端的关键日期得以确定后，我们不能只是简单地堆叠关键日期之前的主权行使事实。理论上，国际司法机构往往将有关事实依照时际法原则，分别按事实发生或持续的时间所适用的国际法规范进行评价，再将这些评价结果综

---

〔1〕 See Island of Palmas Case, Award, 1928, R. I. A. A., 2006, pp. 845-846.

〔2〕 James Crawford, *Ian Brownlie's Principles of Public International Law*, Oxford University Press, 2012, p. 225.

〔3〕 See Island of Palmas Case, Award, 1928, R. I. A. A., 2006, p. 840.

合起来理解。发生在关键日期之前，但不符合发生之时的国际法规范的主权行使行为，就不能视为有效控制权源的一部分。

三、关键日期功能的有限性

需指出的是，对关键日期之后证据和行为效力的排除也并非绝对。如果有关行为构成关键日期先前行为的正常延续，就可以被赋予领土取得上的相关效力，有关证据在证明有效控制上就具有可采性。在利吉丹岛与西巴丹岛主权争端案中，国际法院认为：法院主要应考虑在争端发生或固化（crystallize）之前，即关键日期之前的有效控制，除非发生在该日期之后的有关行为构成先前行为的正常延续，且不是为了改善行为一方的法律地位。[1] 在白礁岛、中岩礁和南礁领土主权案中，新加坡提出其在关键日期之后颁布的一个法令作为证据之一，并认为这个法令是先前管理行为的一种延续。国际法院拒绝了这种说法，并明确指出：通常是与先前行为完全相同之行为，或至少是与先前行为属于相同类型，才能被认定为"延续"。[2]

此外，虽然不少国际司法案件都使用关键日期作为一种限定证据和适用法律的程序方法，但关键日期并不是绝对必要的，其排除证据的作用也因案而异。马尔科姆·肖教授就认为，领土争端中不一定都会存在所谓的关键日期，关键日期的作用取决于具体案情。[3] 从司法实践看，它在具体案件中的作用可能被弱化，甚至被直接弃用。例如，在1966年阿根廷与智利边界争端案中，仲裁庭就没有确定任何关键日期，并明确指出这个概念在该案中没有适用的价值。[4] 在厄立特里亚与也门领土主权和海洋划界案中，仲裁庭认为，关键日期既可以是一个时间点也可以是一个时间段，而要考虑关键日期是否可以在案件中发挥作用，应看是否有助于对有关证据的筛选或解释。最后，仲裁庭

〔1〕 Pulau Ligitan and Pulau Sipadan Case, Judgment, I. C. J. Reports, 2002, p. 682, para. 135.

〔2〕 See Pedra Branca/Pulau Batu Puteh Case, Judgment, I. C. J. Reports, 2008, p. 70, para. 180.

〔3〕 See Malcolm N. Shaw, *International Law* (6th ed.), 2008, Cambridge University Press, pp. 509-510.

〔4〕 参见［英］伊恩·布朗利：《国际公法原理》，曾令良、余敏友等译，法律出版社2002年版，第143页。

认为，由于双方无意在实质问题的判断上适用关键日期，仲裁庭即按照阿根廷与智利边界争端案中的思路，不确定一个关键日期。[1] 实际上，在众多的领土争端案件中，也有为数不少的不确定关键日期，乃至根本不讨论关键日期问题的裁决。[2] 国际司法和仲裁机构不适用关键日期的理由多种多样，如果法庭认为有需要考察可能被关键日期方法所排除的行为和证据，就很可能将这一工具"放回箱内"，不予适用。

此外，正如上文所提到的，即便确定了关键日期，国际司法或仲裁机构也不一定会将关键日期后的证据排除。在贝宁与尼日尔边界争端案中，国际法院在确定 1960 年为关键日期后，又以有助于查明双方法律地位为由，考虑关键日期之后的有效控制行为；[3] 在敏基埃和埃克里荷斯群岛案中，国际法院虽然也考察了争端明确化的时间，但并未就此拒绝考虑其后的有效控制证据。法院认为："考虑到本案的特殊情况，法院应考虑双方在 1886 年和 1888 年之后的行为，但有关当事人为改善本国法律地位之目的而实施的行为除外；在主权争端产生之前，关于两群岛的某些活动已经得到持续发展，而且，它们在争端产生后仍以类似的方式延续并未遭中断。在这种情况下，我们毫无理由将 1886 年和 1888 年之后在该持续发展过程中发生的全部事件排除在外。"[4] 可以说，"有助于查明双方法律地位"和"先前行为的延续"理论都可以作为司法机构不排除采纳关键日期后的证据的理由，而这些理由又高度原则化，因而留给国际法院的自由裁量余地很大。

虽然关键日期对有效控制的认定具有非常重要的影响，但它并非构筑有效控制规则的绝对要素。事实上，领土法上的关键日期只是国际司法或仲裁机构用以辅助案件审理的一种工具或技术手段。出于更好地查明争端方地位的目的，国际司法和仲裁机构无意也无法赋予其确定的内涵。因此，关键日期的适用应客观谨慎，对处于领土争端中

---

[1] See The Eritrea/Yemen Arbitration (First Stage), Award, 1998, R. I. A. A., 2006, p. 236, para. 95.

[2] 参见疏震娅：《国际法上关键日期问题研究——兼论钓鱼岛主权争端的关键日期》，大连海事大学 2017 年博士学位论文，第 60 页；熊沛彪、张逦：《国际法上关键日期适用问题研究》，载《云南大学学报（法学版）》2014 年第 2 期，第 128 页。

[3] See Frontier Dispute Case (Benin /Niger), Judgment, I. C. J. Reports, 2005, p. 143, para. 127.

[4] The Minquiers and Ecrehos Case, Judgment, I. C. J. Reports, 1953, pp. 59-60.

的国家而言，既要充分留意关键日期的可能影响，又要积极收集关键日期后的证据，注意多方面维护自身的法律地位和立场。

第三节 有效控制的相对性与有限性

一、有效控制规则适用的一般情形

有效控制规则的适用主要是对争端方主权行为及证据进行比较的过程。[1] 从有关国际司法实践来看，有效控制规则在适用时有四个步骤：首先，考察双方提出的主张，检验双方能否确立领土法律权源，得出争议一方对该领土享有原始主权，或该土地当时为无主地，或得出该土地当时权属不明的结论；其次，除了决定证据是否具有可采性，还要判定哪些行为可以被视为有效控制，这个判断要在关键日期和时际法原则的指引下进行；再次，通过比较争议方的有效控制行为，确定有效控制较强的一方；最后，将较强一方确立的有效控制权源，综合其他可能出现的权源，对应争议领土的原始权属状况，最终做出主权归属的判断。

二、有效控制认定的相对性

有效控制规则并不是精确的公式，在上述适用过程中，应认识到有效控制认定上的相对性。"有效控制的实质是对提出主权主张的国家就领土所实施的国家权力行为进行比较……所谓相对性，是指国家的实施行为是否构成有效控制，在具体的争端或案件中会根据实际情况而发生一定程度的变化。"[2] 根据黄明明博士的总结，相对性存在的情况可以分为三类，分别是：（1）时间上的相对性，即根据历史时代不同，对有效控制的不同认定；（2）空间上的相对性，指自然地理情况不同造成的对有效控制的不同认定；（3）竞争性主张造成的相对性，即一国有效控制的认定，与其他争端当事国的竞争性主张的有无和强

---

[1] See Georg Schwarzenberger, "Title to Territory: Response to a Challenge", *American Journal of International Law*, Vol. 51, No. 2, 1957, p. 309.

[2] 参见黄明明：《领土法中的有效控制研究》，中山大学 2016 年博士学位论文，第 63—64 页。

弱有关。[1] 可见，前两种相对性主要会影响有效控制规则适用的第二步，即认定有效控制行为的阶段，而最后一种相对性则明显体现在第三步的比较过程中。

第一，时间上的相对性，主要表现为不同时代对有效控制所要达到的程度有不同的要求。总体上看，发生的时间如果是在近现代，人类的认知和科学技术水平较为发达，有效控制的要求总体上就会高于相对落后的古代。时际法原则正是处理这类问题的理论工具，此前章节已经论述，此处不再赘述。

第二，空间上的相对性，实际上本编第一章在讨论对有效占领的特殊要求时也已涉及。有效控制与先占所要求的控制（占领），都要顾及所涉领土的自然地理状况。麦克道格尔教授等学者根据可居住性和资源禀赋区分了三种不同类型的领土，分别对应着不同的主权行使标准。[2] 而黄明明博士则将领土类型分为"正常领土"和"偏远地区及无人岛礁"两类，并把适用于后者的、相对变化的有效控制标准总结为三条：（1）行为数量上的要求减少；（2）行为类型的特殊化处理，即给通常不认为是主权行使的行为赋予有效控制的效力；（3）地理邻近在这种情况下可以发挥一定的领土取得的作用，即有助于确定具体的权力行使范围。[3]

可见，由于有效控制和先占两种权源都要求主张国确立某种有效的控制（占领），因此，两种不同权源的认定都会受时间和空间上相对性的影响，而且这些影响的认定规则和结果是基本一致的。有效控制及其规则的真正特点，是在最后一种相对性中体现出来的。

第三，竞争性主张下的相对性。竞争性的实践含义，实际上就是国际司法机构在确定争议方的有关有效控制行为后，对这些行为进行权衡和对比，判定证据更充分、主张更优的一方。[4] 这种权衡对比，

〔1〕 参见黄明明：《领土法中的有效控制研究》，中山大学 2016 年博士学位论文，第 64—69 页。

〔2〕 See Myres S. McDougal, Harold D. Lasswel, Evan A. Vlasic, *Law and Public Order in Space*, Yale University Press, 1963, pp. 846-847.

〔3〕 参见黄明明：《领土法中的有效控制研究》，中山大学 2016 年博士学位论文，第 74—79 页。

〔4〕 Georg Schwarzenberger, "Title to Territory: Response to a Challenge", *American Journal of International Law*, Vol. 51, No. 2, 1957, p. 309.

并不只是比较有效控制的数量，而是综合有效控制行为的持续时间、强弱程度等进行考察。首先，国家进行的一项主权行使行为如果没有遭遇竞争性的行为和主张，就会更容易被认定为有效控制。其次，对领土的实际占有和管理，以及对岛屿进行的立法、行政、司法等行为，都具有较重的证据分量。有效控制行为更密集、更显著的，其主权行使的有效性就更强。最后，在利吉丹岛与西巴丹岛主权争端案、尼加拉瓜与洪都拉斯加勒比海领土和海洋争端案等案件中，国际法院还指出，主权行为的多样性也可以影响总体对有效控制的评价。[1] 有效控制行为的种类越丰富多元，就越能证明行使主权、进行管辖的主张。

值得注意的是，有效控制规则虽然强调争议方主张强弱的相对性，但这并不意味着不存在有效控制程度的最低要求。诚然，这种最低要求也没有确定的量值，但至少应与领土的人口、经济、地理等情况相匹配。例如，常设国际法院在东格陵兰岛法律地位案中指出，在人烟稀少或无人居住的地方，极少的主权行为就已足够；[2]在卡塔尔与巴林海洋划界与领土问题案中，国际法院认为，在认定面积非常小的岛屿主权时，助航设施等公共设备的修建就已经是直接相关的主权行为。[3]

三、有效控制的有限性

这是指即使确立了有效控制这一权源，该权源对最后确立一国领土主权的法律效果也是有限的，它还要受到其他可能存在的权源的影响，并且受到其他国际法规则的约束。

一方面，在对比有效控制行为之后，其主张占据优势的一方将被认定为拥有有效控制这一事实的权源。而要确定争议领土的最终归属，还要将该事实权源与其他可能存在的权源进行综合考虑。这里区分两类情形进行讨论。

第一，有效控制作为一种事实权源能在与其他法律权源不冲突的

〔1〕 参见蒋超翊：《通过国际法院的三个最新案例评"有效占领"的要件》，载《中国国际法年刊（2012）》，法律出版社2013年版，第286—291页。

〔2〕 See Legal Status of Eastern Greenland, P. C. I. J. Series A/B No. 53, 1933, pp. 45-46.

〔3〕 See Qatar and Bahrain Case, Merits, Judgment, I. C. J. Reports, 2001, pp. 99-100, para. 197.

情况下共同确定领土主权归属。当涉案领土的初始属性为无主地时，有效控制权源可以结合发现、象征性占领等原始取得权源，构成先占取得领土。可以认为，帕尔马斯岛仲裁案和克利伯顿岛仲裁案的裁决都是这种情况。[1] 而在敏基埃和埃克里荷斯群岛案、利吉丹岛与西巴丹岛主权争端案等案件中，国际法院认为当事国所主张的其他领土权源不能说明权属问题，此时，拥有有效控制这一事实权源的一方直接得以确立领土主权。当在适用条约或依法保持占有原则已经能确立一方取得领土主权的情况下，"'有效控制'的唯一功能是确认国家基于法律权源行使了相关权利"，即对合法主权补充确证。而且，"在一些案件中，法律权源无法确切地说明所涉领土的范围，那么'有效控制'对于说明权源[2]在实践中是如何被解释的，起到关键的作用"[3]。换言之，对依法保持占有原则不能完全确定的领土地理范围，可以参照有效控制发生的范围划定国家边界。

第二，当有效控制的事实性权源与其他法律权源导致相互冲突的主权归属结论时，领土主权归属应依据何者认定？

在布基纳法索与马里边界争端案中，国际法院分庭明确指出，如果对领土实施有效控制的国家并非拥有法律权源（依法保持占有原则）的国家，则拥有法律权源的国家优先取得主权。[4] 在布基纳法索与尼日尔陆地边界争端案、喀麦隆和尼日利亚间陆地和海洋边界案、利比亚与乍得领土争端案中，国际法院都根据涉及争议领土的有效条约的规定确定主权，排除了有效控制的适用。[5] 另外，有权介入争议地区安全和外交事务的第三方，其代表所做出的领土归属决定或导致

---

〔1〕 在帕尔马斯岛仲裁案中，西班牙对帕尔马斯岛的发现创设了初始权源，但该初始权源由于之后未加以完善而失去效力。据此可认为，在荷兰行使主权时，帕尔马斯岛处于无主地状态。

〔2〕 指所涉领土的范围。

〔3〕 Burkina Faso and Mali Case, Judgment, I. C. J. Reports, 1986, pp. 586-587, para. 63.

〔4〕 See Burkina Faso and Mali Case, Judgment, I. C. J. Reports, 1986, pp. 586-587, para. 63.

〔5〕 See Frontier Dispute (Burkina Faso/Niger), Judgment, I. C. J. Reports, 2013, p. 84, para. 98; Land and Maritime Boundary between Cameroon and Nigeria (Cameroon v. Nigeria: Equatorial Guinea intervening), Judgment, I. C. J. Reports, 2002, pp. 352-355, para. 67-70; Territorial Dispute (Libyan Arab Jamahiriya/Chad), Judgment, I. C. J. Reports, 1994, pp. 38-40, paras. 75-76.

争端当事国其中一方合法取得领土权源时，此类法律权源亦得到国际法院的承认，其法律效力优于有效控制。[1] 因此，从国际司法案例来看，在没有其他因素影响的情况下，法律权源一般优先于有效控制。

在白礁岛、中岩礁和南礁领土主权案中，原始主权归于马来西亚的白礁岛最后被判给了实施有效控制的新加坡。但是，这并不能说明有效控制的效力优于先占。真正影响该案最终结果的因素是：国际法院认定马来西亚在较长时间内对新加坡的主权行为予以默认。[2] 尽管马来西亚的行为是否构成默认还存在争议，但默认或明示放弃的确可能给予他国进行有效控制进而取得主权的可乘之机。因此，该案只能说明，"存在领土放弃或默认等情形时，'有效控制'产生剩余权利"[3]。综合已有实践来看，有效控制作为权源并不是完全独立的，它本身的效力并不能高于先占、条约、依法保持占有等法律权源。

另一方面，有效控制规则的适用还要受到一般国际法的限制。一是有效控制对和平的主权行使的要求，已经将禁止使用武力原则内化于有效控制规则之内。二是根据一般法律原则之非法行为不产生合法利益，明显违反国际法的有效控制也不应该被赋予法律效力。三是有效控制还受到禁止反言原则的限制。根据该原则，明示或默示做出承诺的国家应信守其承诺。禁止反言的前提条件包括一国做出承诺，导致他国对此产生信赖并因此而获得利益。这里的"承诺"既可以通过言语表达，也可以通过行为体现。在国际司法实践中，禁止反言并不是一项权利来源，但国际司法和仲裁机构可基于该原则排除采纳有效控制的证据，进而间接影响争端当事方的领土权利。[4] 当一国承认或

---

〔1〕　例如，19 世纪后期，英国为保护其在海湾地区的利益，通过签订外交协议逐渐在海湾地区取得介入地区争端和安全事务的特权，并在该地区设立政治代表。在卡塔尔与巴林海洋划界与领土问题案中，英国海湾政治代表曾在 1939 年 7 月 11 日做出决定，认定哈瓦尔群岛主权归属巴林。国际法院在该案中承认英国 1939 年的决定使巴林获得对哈瓦尔群岛的法律权源。See Qatar and Bahrain Case, Merits, Judgment, I. C. J. Reports, 2001, pp. 75-84, paras. 110-143.

〔2〕　See Pedra Branca/Pulau Batu Puteh Case, Judgment, I. C. J. Reports, 2008, pp. 95-96, paras. 273-277.

〔3〕　罗欢欣：《国际法上的领土权利来源：理论内涵与基本类型》，载《环球法律评论》2015 年第 4 期，第 176 页。

〔4〕　See Robert Jennings, *The Acquisition of Territory in International Law*, Manchester University Press, 1963, pp. 42, 51.

默认不享有或放弃某一处领土的主权，其后对该领土所实施的有效控制将会失去原本应有的证据效力，不再对领土主权的归属产生决定性的影响。[1]

第四节　有效控制规则在南海岛礁主权问题上的适用

越南对中国西沙群岛同样整体上提出非法的领土要求。西沙群岛已完全置于中国主权和实际控制之下，且不存在有关岛礁被侵占的情况，中国政府也不承认中越之间存在关于西沙群岛的领土争议。尽管不存在领土争议，但这并不妨碍本书对越南就西沙群岛提出的非法主张进行批驳，以正视听。

一、南海岛礁主权争议的关键日期

在比较各争端当事方有效控制的证据效力前，一般应确定争端的关键日期。由于南海诸岛领土争端涉及中国、越南、菲律宾、马来西亚四国，而在现代国际司法实践的历史上，并没有出现过为三个或三个以上争端当事方判决或仲裁领土归属的情况，故也无从基于案例实践讨论这种情况下关键日期能否适用以及如何适用的问题。因此，本节假设可以确定涉及多个当事方的领土争端的关键日期，在此基础之上结合既有的国际司法实践，讨论南海诸岛领土争端的具体关键日期。

从关键日期的数量上看，应认为，涉及多个当事方的领土争端并不必然导致多个关键日期。这是因为，关键日期的确认依赖于客观事实情形的出现，除了领土条约签订、殖民地独立等特殊事件的发生，争端的明确往往是当事方立场的明确化，而公布这种立场虽然往往有其意欲回应的特定一方，但在形式上却采取公开对世的声明、主张等，进而对所有既有的或潜在的争端当事方都产生影响。为确定南海领土争端的关键日期，我们可采取分别考察、综合判定的方式，即筛查各争端当事国公开对南沙群岛提出领土要求的相关事件，分别确定中国

---

[1] See Legal Status of Eastern Greenland, P. C. I. J. Series A/B No. 53, 1933, pp. 53-55. 在该案中，常设国际法院认为，1919 年挪威和丹麦签订的伊伦声明构成了挪威的禁止反言，挪威因此不能对格陵兰岛进行占领。可以认为，即使挪威提交了其进行有效控制的证据，也不会被法院接受。

与越南、菲律宾之间领土争端的关键日期，再试图通过整合，确定涵盖多个当事方领土争端的关键日期。

中国对南海诸岛拥有领土主权的有关立场和主张，很早便对外公开，是清晰而明确的。新中国成立后，中华人民共和国政府发表于 20 世纪 50 年代的一系列外交声明和表态重申了对包括西沙群岛和南沙群岛在内的南海诸岛四大群岛及其附近海域拥有领土和领海主权的立场和主张。[1] 回顾南海争议的历史，南海诸岛的陆地领土主权与南海海洋争端中涉及的主权问题，两类争端的历史发展并非完全同步。因此，应区分陆地领土主权与海洋管辖权争端，识别相应的关键日期；同时，各群岛的主权争端也应分开考察，不宜混同论之。

（一）南沙群岛领土争端的关键日期

对中国南沙群岛提出领土要求的国家主要为越南、菲律宾、马来西亚。文莱基于《联合国海洋法公约》提出的海洋管辖权主张覆盖了中国南沙群岛的南通礁（Louisa Reef），但其并未明确提出领土要求，在此也进行讨论。

1. 中国与越南关于南沙群岛的领土争端

越南自 19 世纪以来经历了几次重要的主权状况变化和政府更替，因此有必要考察在不同时期，中越关于南沙群岛的领土争端是否确实存在。越南虽然对中国南沙群岛整体上提出了领土要求，但是越方有关主张并非前后连贯和一致，其主张内容和范围大致经历了如下演变：

首先，在法国殖民统治开始前，越南属于中国的藩属国，中越就南沙群岛的领土问题并没有发生争端。

其次，法国殖民统治期间，法国根据与中国、越南签订的条约，成为越南的保护国，代替越南行使外交上的有关权利。1930—1932 年，法国政府派出军舰造访中国南沙群岛的南威岛、安波沙洲、太平岛、南钥岛、中业岛、双子岛等岛礁，并于 1933 年 7 月 25 日发布政府公告宣布视上述岛礁为"无主地"而实行占领。[2] 由此引发中法日之间的争议。中方马上派员与法国进行交涉，并对南沙群岛地理情况

---

[1]　参见韩振华主编：《我国南海诸岛史料汇编》，东方出版社 1988 年版，第 443—448 页。

[2]　See White Paper On the Hoang Sa（Paracel）& Truong Sa（Spratly）Islands, Vietnam, 1974.

进行详细考察，认定法国宣告的所谓占领构成对中国领土的侵犯。为了维护领土主权，国民政府水陆地图审查委员会在审定南海诸岛中英文地名后于 1935 年 4 月出版了《中国南海各岛屿图》，标绘出南沙群岛名称（团沙群岛），对外宣示中国领土主权。[1] 至此，中法双方对南沙群岛的争端基本明确。有学者认为，关键日期为法国政府宣布占领"九小岛"的 1933 年 7 月 25 日。[2] 然而，本书认为，这一时间点并不能成为关键日期。这是因为，影响南沙群岛主权归属的重要事件此后仍在继续发生，其中，最重要的是二战中日本侵占南沙群岛，以及二战后日本归还南沙群岛的相关事实。如将 1935 年或更早的时间定为关键日期，将无法准确评价之后发生的重要事实的法律效果。因此，该时间点并非中越关于南沙群岛领土争端的关键日期。

最后，法国殖民统治结束后。1956 年 8 月 22 日，南越西贡政权派海军登陆南沙群岛的南威岛，并于 9 月 8 日发表外交照会，反对任何国家对南沙群岛的主权主张，并指责中国台湾当局于 1956 年恢复驻守太平岛是武力侵占，违反国际法。1956 年 10 月 22 日，南越政权以"NV 字第 143 号总统令"将南沙群岛划归越南福绥（Phước Tuy）省"管辖"。1971 年，南越政权"外交部"发表声明，重申对于西沙群岛和南沙群岛的"主权"。这项声明称，数百年来越南在历史和法理方面对两群岛均有"完全主权"，所以否认其他国家对两群岛的主权主张。1973 年 9 月，南越政权出版新地图，把中国西沙群岛划入其版图，把中国南沙群岛的 11 个岛礁划归福绥省。1974 年，南越政权"外长"在致联合国的"照会"中声称，西沙群岛、南沙群岛是"越南领土"。1975 年 5 月，南越政权"外交部"发表"关于'黄沙（帕拉塞尔）群岛'和'长沙（斯普拉特利）群岛'的白皮书"，作为拥有西沙群岛和南沙群岛主权的所谓"证明"。1975 年 4 月 30 日，越南民主共和国统一南北越南，同年 5 月 15 日，越南党、军报正版刊登了越南全国地图，强行把中国的西沙群岛和南沙群岛划入其版图，分别易名为"黄沙群岛"和"长沙群岛"。同年 9 月，越南战争刚刚结束，越南领

---

[1]　参见韩振华主编：《我国南海诸岛史料汇编》，东方出版社 1988 年版，第 174—179、第 337—338 页。

[2]　刘文宗：《我国对西沙、南沙群岛主权的历史和法理依据（之二）》，载《海洋开发与管理》2007 年第 3 期，第 55 页。

导人黎笋率领越南党政代表团访华，第一次正式向中国提出对其所谓
"帕拉塞尔群岛"和"斯普拉特利群岛"的非法领土要求，中越两国
关于西沙群岛和南沙群岛的争端从此正式公开化。[1] 1976 年 2 月 17
日，越南《人民报》刊登了越南新的行政区地图，附图将西沙群岛和
南沙群岛划入其中。1977 年 5 月 12 日，越南发布了《越南社会主义共
和国关于领海、毗连区、专属经济区和大陆架的声明》，不仅对南海海
域提出了主权、主权权利和管辖权主张，也声明西沙群岛和南沙群岛
是越南"领土"。[2]

　　在复杂的历史背景下，对中越关于南沙群岛的领土争端的关键日
期识别有一定争议。比如，日本侵占南沙群岛并将其改名为"新南群
岛"的 1939 年；《波茨坦公告》发布的时间 1945 年 7 月 26 日；[3] 日
本二战投降后撤离的 1946 年；[4] 日本签订"旧金山和约"放弃对南沙
群岛的"主权、主权依据和要求"的 1951 年 9 月 8 日[5]等。如果
《开罗宣言》与《波茨坦公告》是国际法上的条约，[6] 则这两个文件
直接涉及对南沙群岛和西沙群岛领土的法律处置，公开地确定了中国
对这些群岛的权利。而中国后续的收复等行为，可理解为对条约的履
行。因此，这两个文件具有确定关键日期的重要效力，1945 年 7 月 26
日可以作为中越关于南沙群岛的领土争端的一个关键日期。[7]

　　而倘若《开罗宣言》与《波茨坦公告》未被认定为条约，或相关
内容被认为没有最终地处置南沙群岛的主权问题，那么，1975 年可能
是中越关于南沙群岛领土争端的关键日期。事实上，若《开罗宣言》

---

〔1〕　参见吴士存：《南沙群岛的主权纷争与发展》（修订版），中国经济出版社 2013 年
版，第 93—96 页。

〔2〕　参见《越南关于领海、毗连区、专属经济区及大陆架的声明（1977）》，载张海文、
李红云主编：《世界各国海洋立法汇编：亚洲和大洋洲国家卷》，法律出版社 2012
年版，第 634—635 页。

〔3〕　参见张卫彬：《南海争端关键日期的确定》，载《法商研究》2018 年第 6 期，第
126—129 页。

〔4〕　参见疏震娅、张颖：《日本〈南海周边领土问题〉报告中的关键日期问题评析》，载
《河海大学学报（哲学社会科学版）》2017 年第 3 期。

〔5〕　黄瑶、凌嘉铭：《从国际司法裁决看有效控制规则的适用——兼论南沙群岛主
权归属》，载《中山大学学报（社会科学版）》2011 年第 4 期。

〔6〕　本编第三章将对该论点进行论证。

〔7〕　参见张卫彬：《南海争端关键日期的确定》，载《法商研究》2018 年第 6 期，第
129 页。

和《波茨坦公告》被认定为条约，则基本已经确定了中国对西沙群岛、南沙群岛的主权。虽然南越西贡政权与中国在 1975 年以前就南沙群岛领土问题已产生争端，但当时与中国政府相互承认为合法代表的越南政府在中越关系中公开承认中国对南海群岛的领土主权，中越两国之间并不存在争端。然而事情在 1975 年越南实现北南统一后发生了变化，越南发表"关于'黄沙（帕拉塞尔）群岛'和'长沙（斯普拉特利）群岛'的白皮书"并通过官方媒体发布地图，公开对中国南沙群岛整体上提出非法领土要求，而这一要求又被中国政府提出明确的历史和法理依据予以反驳。因此，中越关于南沙群岛的领土争端已经公开化、明确化，1975 年似可以被视为关键日期。[1]

2. 中国与菲律宾对南沙群岛部分岛礁的主权争端

1946 年 7 月 4 日，菲律宾结束被殖民状态，宣布独立。菲律宾从 1970 年起军事占领中国南沙群岛有关岛礁，到现在为止共占据 8 个岛礁（马欢岛、南钥岛、中业岛、西月岛、北子岛、费信岛、双黄沙洲和司令礁）；另外，菲律宾还违背《南海各方行为宣言》有关规定派出一艘军舰非法"坐滩"中国南海群岛的仁爱礁。1946 年 7 月 23 日，菲律宾外交部长宣称"新南群岛"应交给菲律宾，并入菲律宾国防范围内。1950 年，菲律宾国防部与外交部商讨占领中国南沙群岛的可能性，总统季里诺发表言论，显示侵占中国南沙群岛的意图。1971 年，菲总统马科斯（Ferdinand Marcos）召开国家安全会议，讨论南沙群岛的地位问题。他在记者招待会上称，南沙群岛是所谓"有争议的"岛屿，菲律宾人认为这些岛屿不属于任何国家，对这些岛屿的占领是决定性的因素。1978 年 6 月 11 日，菲律宾第 1596 号总统令将南沙群岛的部分岛礁非法命名为"卡拉延群岛"，提出非法领土要求，将其划归巴拉望省"管辖"。[2] 同日，菲律宾宣布第 1599 号总统令，建立 200 海里的专属经济区，菲律宾的 200 海里专属经济区主张覆盖中国南

---

〔1〕　同样的观点可参阅邓妮雅：《论关键日期及其在南沙岛礁主权争端上的适用》，载《广西大学学报（哲学社会科学版）》2015 年第 4 期，第 91 页；张磊：《关键日期视野下地图为中心的越南南海主张非法性问题》，载《河北法学》2018 年第 8 期，第 90 页。

〔2〕　See Presidential Decree No. 1599, Establishing an Exclusive Economic Zone and for Other Purposes, 11 June 1978.

沙群岛大部分岛礁和黄岩岛。[1]

1978 年，菲律宾发布的第 1596 号、第 1599 号总统令以书面形式正式对中国南沙群岛之菲律宾所称"卡拉延群岛"部分提出非法的领土要求，故 1978 年可作为中菲南沙群岛争端的关键日期。不过，由于菲律宾在 1971 年召开的记者发布会上已经基本明确其对中国南沙群岛的领土要求及其主要依据，并遭到中国政府正式抗议，所以也可以认为中菲关于南沙群岛的领土争端在 1971 年已经公开化、明确化。除此之外，有学者认为，中菲关于南沙群岛的领土争端的关键日期应为 1946 年菲律宾独立之时，因为"菲律宾独立之时其领土范围的法律基础为三个条约，而中国对南海诸岛的领土主权所依据的条约为《开罗宣言》和《波茨坦公告》，此时双方领土主张的法律基础已对立分明，关键日期由此得以确定"[2]。然而，本书认为，关键日期的作用在于固定双方的主张和权利状态，因此常见的关键日期包括领土条约的签订日、殖民地独立日。[3] 但菲律宾在独立时并未对南沙群岛提出领土要求，与中国主张形成对立更无从谈起。1955 年克洛马"占领自由地"事件也是发生在菲律宾独立之后。理论上，国际法并未禁止国家在独立或基于条约确定领土后，再通过合法方式继续扩张其领土。

基于以上分析，从国际司法程序的角度看，与中越之间的争端类似，由于《开罗宣言》与《波茨坦公告》中包含对南沙群岛的处置，若这两个文件的条约性质和效力得到认可，则后者的发布之日 1945 年 7 月 26 日同样可以作为中菲关于南沙群岛有关岛礁领土争端的关键日期；反之，则中菲争议的关键日期更可能是 1971 年或 1978 年。

3. 中国与马来西亚的岛礁主权争端

与上述中越、中菲争端相似，《波茨坦公告》发布的时间 1945 年 7

---

[1]　See Presidential Decree No. 1599, Establishing an Exclusive Economic Zone and for Other Purposes, 11 June 1978.

[2]　参见张卫彬:《争议领土主权归属仲裁证据规则研究——基于证据分量视角分析中菲南海主权争端》，载《太平洋学报》2015 年第 6 期，第 15 页；张卫彬:《南海争端关键日期的确定》，载《法商研究》2018 年第 6 期，第 129—131 页。

[3]　殖民地独立日作为领土争端的关键日期，一般发生在两个接壤的殖民地国家之间的领土争端中，其作用是辅助依法保持占有原则判定争议领土主权归属。See Giuseppe Nesi, "*Uti possidetis* Doctrine", *Max Planck Encyclopedia of Public International Law*, Online Edition, last accessed on 3 July 2018.

月 26 日，很有可能成为中马关于南沙群岛部分岛礁领土争端的关键日期。[1]

反之，倘若适用有效控制规则，关键日期应定在 1979 年。1975 年，马来西亚曾抗议中国官方地图上的国界线划到了其沙捞越（Sara-wak）和沙巴（Sabah）沿岸，但并未对南沙群岛有关岛礁提出领土要求；1979 年 12 月 21 日，马来西亚突然出版大陆架地图，公然将南沙群岛南部地区的 12 个岛礁划入其主权版图。针对这一领土要求，中国提出了抗议。[2] 因此，最早在 1979 年，中马关于南沙群岛部分岛礁领土的对抗性主张已经明确化，1979 年可以作为一个关键日期。

4. 中国与文莱的岛礁主权争端

与中越、中菲争端相似，《波茨坦公告》发布的时间 1945 年 7 月 26 日，很有可能成为中国与文莱关于南沙群岛部分岛礁领土争端的关键日期。[3]

反之，关键日期应定在 1984 年。1984 年 1 月 1 日，文莱独立，同时宣布建立 200 海里专属经济区，并将有关主张覆盖中国南沙群岛南通礁。[4] 而在此之前，中国早已公布中国南沙群岛及其构成相关信息、发布有关地图，明确南通礁是中国南沙群岛的组成部分。因此，可以认为文莱此时有关主张暗含与中国形成了涉及南通礁领土归属的争议。

（二）中菲关于黄岩岛领土争端的关键日期

黄岩岛是中国中沙群岛唯一露出水面的一个环形岛礁。对于黄岩岛，菲律宾称为"巴约的马辛洛克"（Bajo de Masinloc）或"斯卡伯勒礁"（Scarborough Shoal），[5] 并提出了非法领土要求。中菲黄岩岛之争是否构成一项领土争端，有待进一步论证。高健军、胡德胜等学者认为，

---

[1] 参见张卫彬：《南海争端关键日期的确定》，载《法商研究》2018 年第 6 期，第 131 页。

[2] 参见吴士存：《南沙群岛的主权纷争与发展》（修订版），中国经济出版社 2013 年版，第 163—164 页。

[3] 参见张卫彬：《南海争端关键日期的确定》，载《法商研究》2018 年第 6 期，第 131—132 页。

[4] 参见吴士存：《南沙群岛的主权纷争与发展》（修订版），中国经济出版社 2013 年版，第 170 页。

[5] 对于菲律宾所谓"巴约的马辛洛克"（Bajo de Masinloc）或"斯卡伯勒礁"（Scarborough Shoal），我国不承认菲律宾该主张及称谓。

若中菲黄岩岛之争构成一项国际争端，则关键日期应是 1997 年。[1] 此前，中菲虽各自在黄岩岛上进行过活动，但都没有产生立场上的正式对抗，尤其是菲律宾政府此前并未对黄岩岛提出明确的要求。1997 年 5 月 21 日，菲律宾总统拉莫斯发表声明，称该岛在菲律宾专属经济区内，菲有权勘探、开采该岛的自然资源。[2] 同月，中国外交部发言人对此进行回应："黄岩岛历来是中国固有领土，其法律地位早已确定……国际社会也普遍承认黄岩岛是中国领土"，"黄岩岛的问题是领土主权问题……菲方试图以海洋管辖权侵犯中国领土主权的企图是完全站不住脚的"。中方"强烈吁请菲律宾方面尊重历史事实，尊重国际法，尊重中国对黄岩岛的领土主权，立即停止对中国领土的一切侵犯活动"[3]。此时，中菲已就黄岩岛主权问题发生明确的主张冲突，因此关键日期至迟应定在此日。

二、南海争议当事国关于有效控制南海岛礁的主张

（一）中　国

1. 南沙群岛

除本编第一章已论及的在 18 世纪之前的管辖行为外，中国在之后的历史中对南沙群岛持续行使主权。

南沙群岛在清代的官修史料和官方制图中继续作为中国版图的一部分。清代《琼州府志》《感恩县志》《广东全省总图说》等正式史料都将南海诸岛纳入海防范围。清代公布的官方地图包括 1767 年《大清万年一统天下图》、1810 年《大清万年一统地理全图》、1818 年《大清一统天下全图》等，均标有南海诸岛的地理情况，其中晓峰绘制的《清绘府州县厅总图》《大清天下中华各省府州县厅地理全图》都明确地把南海诸岛划为大清府一级地方行政单位。[4]

---

〔1〕　参见高健军：《从国际法角度评菲律宾对黄岩岛的主权主张》，载《法学杂志》2012 年第 10 期，第 11 页；胡德胜：《驳菲律宾对黄岩岛的主权主张——领土取得的国际法视角》，载《河北法学》2014 年第 5 期，第 39—40 页。
〔2〕　参见江淮：《菲律宾染指中国黄岩岛回溯》，载《世界知识》2012 年第 10 期，第 21 页。
〔3〕　《外交部发言人答问（6）》，载《世界知识》1997 年第 12 期，第 30 页。
〔4〕　参见韩振华主编：《我国南海诸岛史料汇编》，东方出版社 1988 年版，第 84—89、第 123—125 页；国务院新闻办公室：《中国坚持通过谈判解决中国与菲律宾在南海的有关争议》，2016 年 7 月 13 日，第 21 段。

中华民国时期，面对复杂的外强侵略时局，中国政府对南海诸岛的管辖也进一步强化。在1933年"九小岛事件"后，国民政府多个部门共同组成水陆地图审查委员会，进行南海诸岛命名和绘图工作，并于1935年4月刊印《中国南海各岛屿图》，其上标有南海四组群岛群体和个体地名。[1] 二战结束后，1946年，海军总司令部派遣"太平""中业"两舰于12月12日抵达太平岛。接收官兵在南海群岛太平岛上举行了接收南沙群岛的仪式，宣布太平岛归广东省管辖，在岛上设立"南沙群岛管理处"，委任管理处主任等一批官员，行使行政权力。接收官兵在太平岛上升旗立碑，正面碑文为"南沙群岛太平岛"，背面刻"中华民国三十五年十二月十二日重立"。自此，中国政府正式收复南沙群岛，进行驻防，并将南海诸岛划归广东省管辖。[2] 中国政府用"永兴""中建""太平""中业"四艘军舰名对西沙群岛和南沙群岛的四个岛屿进行重新命名。[3] 1947年3月，中国政府在太平岛设立南沙群岛管理处，隶属广东省。中国还在太平岛设立气象台和电台，自同年6月起对外广播气象信息。1947年4月14日，中华民国内政部邀请各有关机关派员进行磋商，讨论《西南沙范围及主权之确定与公布案》，[4] 明确南沙群岛的南端边界范围在北纬4度的曾母暗沙，并进一步完善相关制度建设。1947年，中国政府还在地理调查基础上组织编写了《南海诸岛地理志略》，审定《南海诸岛新旧名称对照表》，绘制标有南海断续线的《南海诸岛位置图》。1948年2月，中国政府公布《中华民国行政区域图》，其中包括《南海诸岛位置图》。1949年6月，中国政府颁布《海南特区行政长官公署组织条例》，把"海南岛、东沙群岛、西沙群岛、中沙群岛、南沙群岛及其他附属岛屿"划入海南特区。[5]

---

〔1〕　参见韩振华主编：《我国南海诸岛史料汇编》，东方出版社1988年版，第337—338页。

〔2〕　张良福：《试论第二次世界大战结束及抗日战争胜利后的西沙、南沙群岛处理问题——从历史事实和国际法分析西沙、南沙群岛主权属于中国》，载《中国国际法年刊（2015）》，法律出版社2016年版，第85页。

〔3〕　国务院新闻办公室：《中国坚持通过谈判解决中国与菲律宾在南海的有关争议》，2016年7月13日，第28段。

〔4〕　张良福：《试论第二次世界大战结束及抗日战争胜利后的西沙、南沙群岛处理问题——从历史事实和国际法分析西沙、南沙群岛主权属于中国》，载《中国国际法年刊（2015）》，法律出版社2016年版，第86页；韩振华主编：《我国南海诸岛史料汇编》，东方出版社1988年版，第181—182页。

〔5〕　吴士存主编：《南海问题文献汇编》，海南出版社2001年版，第37—38页。

中华人民共和国成立后，通过政府系列立法、行政手段继续对南沙群岛进行管辖。1958 年 9 月，中国发布《中华人民共和国政府关于领海的声明》，明确规定中国领海宽度为 12 海里，采用直线基线方法划定领海基线，上述规定适用于中华人民共和国的一切领土，包括"东沙群岛、西沙群岛、中沙群岛、南沙群岛以及其他属于中国的岛屿"[1]。1959 年 3 月，中国在西沙群岛的永兴岛设立了"西、南、中沙群岛办事处"和"中国共产党西、南、中沙群岛工作委员会"，作为县级行政机构行使行政管理权，组织开发建设工作，尤其是指导渔民和水产公司生产[2]。1969 年，办事处又改称"广东省西沙、中沙、南沙群岛革命委员会"，设派出所、武装部等。1981 年 10 月，恢复"西沙群岛、南沙群岛、中沙群岛办事处"的称谓。1983 年 4 月，中国地名委员会受权公布中国南海诸岛部分标准地名，总计 287 个群体地名和个体地名。1984 年 5 月，第六届全国人民代表大会第二次会议决定设立海南行政区，管辖范围包括西沙群岛、南沙群岛、中沙群岛的岛礁及其海域。1988 年 4 月，第七届全国人民代表大会第一次会议决定设立海南省，将 1979 年成立的"广东省西沙、南沙、中沙群岛工作委员会"归属新设立的海南省管辖。1992 年 2 月，中国颁布《中华人民共和国领海及毗连区法》，确立了中国领海和毗连区的基本法律制度，并明确规定："中华人民共和国的陆地领土包括……东沙群岛、西沙群岛、中沙群岛、南沙群岛以及其他一切属于中华人民共和国的岛屿。"1996 年 5 月，第八届全国人民代表大会常务委员会第十九次会议决定，批准《联合国海洋法公约》，同时声明："中华人民共和国重申对 1992 年 2 月 25 日颁布的《中华人民共和国领海及毗连区法》第 2 条所列各群岛及岛屿的主权。"[3]2012 年 6 月，民政部发布《民政部关于国务院批准设立地级三沙市的公告》，地级市三沙市正式成立。2013 年，海南省修订的《海南省沿海边防治安管理条例》生效。

---

[1]　国务院新闻办公室：《中国坚持通过谈判解决中国与菲律宾在南海的有关争议》，2016 年 7 月 13 日，第 34 段。

[2]　张良福：《试论第二次世界大战结束及抗日战争胜利后的西沙、南沙群岛处理问题——从历史事实和国际法分析西沙、南沙群岛主权属于中国》，载《中国国际法年刊（2015）》，法律出版社 2016 年版，第 88 页。

[3]　国务院新闻办公室：《中国坚持通过谈判解决中国与菲律宾在南海的有关争议》，2016 年 7 月 13 日，第 35、第 37、第 39 段。

2. 西沙群岛

清代末期，在 18 世纪前进行管辖的基础上，中国政府对西沙群岛的控制进一步加强。受 1907 年西泽吉次侵占东沙事件[1]影响，清政府于 1909 年派李准巡视西沙群岛，为西沙东七岛和西八岛重新命名，并登岛升旗、鸣炮，宣示主权，以防日本觊觎，后又进行了数次巡视。[2]

民国时期，1921 年，广州中华民国军政府将西沙群岛划归广东省崖县（今海南省三亚市崖州区）管辖，商人何瑞年向军政府内政部呈请在西沙群岛开办渔业、垦殖、采矿等实业，后被发现其与日本人勾结，对此，广东省政府在 1927 年通过决议撤销何瑞年批约，取缔其开采西沙群岛资源的资格，并决定派员前往西沙群岛进行切实调查。1928 年 5 月，由广东省政府牵头组织了西沙群岛第一次科考调查，政府、中山大学科考人员、学界人员在永兴岛和石岛上进行升旗、调查和测绘等活动。[3] 二战后日本投降，国民政府于 1946 年 11 月抵达永兴岛并举行接收仪式。1947 年 1 月 7 日，中华民国外交部欧洲司司长叶公超举行记者招待会，向外界证实中国收复西沙群岛。[4] 其后，国民政府又对西沙群岛做了一系列制度安排，包括确定行政区划、校订名称、公布地图等等。[5]

新中国成立后，除以上提及的先后设立地方办事处、革命委员会外，我国政府不断派遣人员到西沙群岛调查勘测、捕捞水产、开采磷

[1] 1907 年日本商人西泽吉次率 100 余人拓殖东沙，利用鸟粪开采磷矿。清朝政府派遣两江总督端芳、水师提督李准、副将吴敬荣前往该岛，下令勘察，并与日本人谈判。同时，两广总督同日本驻广州领事会谈。最后，日本承认东沙群岛为中国领土，我国以 13000 两银元的代价收回东沙。相关史料参见韩振华主编：《我国南海诸岛史料汇编》，东方出版社 1988 年版，第 143—161 页。

[2] 参见张良福编著：《让历史告诉未来——中国管辖南海诸岛百年纪实》，海洋出版社 2011 年版，第 54—65 页；另见陈天锡编：《西沙岛东沙岛成案汇编》，商务印书馆 1928 年版。

[3] 参见黄瑶、伍俐斌：《20 世纪上半叶中山大学维护西沙群岛主权的历史考察及法律意义》，载《学术研究》2015 年第 11 期，第 35—37 页。

[4] 谭玉华：《权利与控制：1947 年永兴岛事件引发的中法西沙群岛之争》，载《中山大学学报（社会科学版）》2016 年第 5 期，第 70 页。

[5] 参见张良福：《试论第二次世界大战结束及抗日战争胜利后的西沙、南沙群岛处理问题——从历史事实和国际法分析西沙、南沙群岛主权属于中国》，载《中国国际法年刊（2015）》，法律出版社 2016 年版，第 85—87 页。

矿、建立气象台，并对西沙群岛的渔民进行管理。[1] 1974 年，中国驱逐侵占西沙群岛部分岛礁的南越西贡政权军队势力，恢复了对西沙群岛的完全控制，之后设立三沙市，其政府即驻在西沙群岛永兴岛上。1996 年 5 月，中国确定了西沙群岛 28 个领海基点和由直线相连的基线。[2] 这些历史档案中记录的众多主权行使行为，具有极高的证据价值，明确体现了官方的主权意图，而且，别国官方档案也有不少可以佐证中国行使主权行为的内容。[3]

3. 中沙群岛

如前所述，中国对黄岩岛的有效控制不仅包括立法、行政建制和官方地图出版行为，更有频繁实施登岛科研和批准登岛活动等。[4]

（二）越　南

越南对南沙群岛与西沙群岛都提出了非法领土要求。

1. 南沙群岛

越南所依据的在南沙群岛的早期活动主要是从 20 世纪 30 年代开始的，可分为三个阶段。

（1）法国殖民统治时期

越南方面宣称法国所进行的有关行为是以对越南的殖民统治者名义进行的，对此法国予以否认并称这些活动是以本国的名义进行

---

[1] 例如，"1953 年，海南行政区水产公司在西沙群岛开采鸟粪。1955 年 5—6 月，海南行政区组织由海南供销社、水利处、卫生处、建筑公司以及广东省农业厅等单位组成的西沙群岛调查勘探队。1955 年起广东省有关部门对西沙群岛的鸟粪进行了开采和销售。……1959 年冬至 1960 年 4 月，海南行政区水产局成立海南区西沙渔业生产指挥部"。见张良福：《试论第二次世界大战结束及抗日战争胜利后的西沙、南沙群岛处理问题——从历史事实和国际法分析西沙、南沙群岛主权属于中国》，载《中国国际法年刊（2015）》，法律出版社 2016 年版，第 88 页。

[2] 参见国务院新闻办公室：《中国坚持通过谈判解决中国与菲律宾在南海的有关争议》，2016 年 7 月 13 日，第 40 段。

[3] 例如，法国在 20 世纪 50 年代"于这些岛屿的要求与权益未做任何变更，必须像以往一样，让海军巡逻诸岛时，破坏岛上中国标志桩，重建法国标志桩"。这从一个侧面说明中国的主权行使行为长期存在。见谭玉华译：《法国外交部档案馆藏 1955—1957 年南沙群岛档案选译》，载《南洋资料译丛》2017 年第 3 期，第 63 页。

[4] 参见中国南海研究院编：《黄岩岛十问》，海南出版社、三环出版社 2012 年版，第 6 页。

的，这些活动包括：宣示主权（1930 年、1933 年、1946 年)[1]；进行科学考察（1927 年、1930 年)[2]；东京新磷矿公司（New Phosphates Company of Tonkin）向法国申请在南沙群岛开采磷矿（1928 年)[3]；进行行政区域规划，比如 1933 年印度支那总督帕斯奎尔（Governor General Pasquier）签署第 4762-CP 号法令，将南沙群岛划入交趾支那巴地省（Bà Ria）；在太平岛上建设气象站、广播站（1938 年)[4]；等等。

（2）法国殖民统治结束至越南统一前

越南方面将南越西贡政权有关活动纳入越南国家名下，包括：主权宣示，如登岛插旗、树碑等（1956 年、1961 年、1962 年、1963 年)[5]；在南沙群岛周边海域巡航考察（1960—1967 年)[6]；登岛进行科学考察（1973 年）；调整行政区域规划，包括 1956 年南越政权发布第 143/NV 号法令（Decree No. 143/NV of October 22, 1956）将南沙群岛划入福绥省，1973 年，南越政权发布第 420-BNV/HCDP/26 号法令（Decree No. 420-BNV/HCDP/26）将安波沙洲、南威岛、太平岛、双黄沙洲、中业岛、鸿麻岛和景宏岛归入福绥省大都区福海乡（Phước Hải Commune，Đạt Đô District，Phước Tuy Province）"管

---

[1] See respectively The Indisputable Sovereignty of Viet Nam over the Paracel Islands, White Paper, Vietnam, 2011；White Paper on the Hoang Sa（Paracel）& Truong Sa（Spratly）Islands, Vietnam, 1974；Todd C. Kelly, "Vietnamese Claims to the Truong Sa Archipelago [Ed. Spratly Islands]", Explorations in Southeast Asian Studies, Vol. 3, Fall 1999, University of Hawaii Manoa, available at: http://www. hawaii. edu/cseas/pubs/explore/todd. html, last accessed on 30 September 2019.

[2] See The Indisputable Sovereignty of Viet Nam over the Paracel Islands, White Paper, Vietnam, 2011.

[3] See Monique Chemilier-Gendreau, Sovereignty over the Paracel and Spratly Islands, Kluwer Law International, 2000, p. 38.

[4] See White Paper on the Hoang Sa（Paracel）& Truong Sa（Spratly）Islands, Vietnam, 1974.

[5] See White Paper on the Hoang Sa（Paracel）& Truong Sa（Spratly）Islands, Vietnam, 1974.

[6] See Jianming Shen, "International Law Rules and Historical Evidences Supporting China's Title to the South China Sea Islands", Hastings International and Comparative Law Review, Vol. 21, 1997-1998, p. 52.

辖"等。[1]

(3)越南统一之后

越南方面宣称的有关行为包括：将南沙群岛正式命名为"长沙群岛"(1975年)[2]；将南沙群岛划入同奈省(Đồng Nai)(1976年)[3]，后又划入广南(Quảng Nam)省(1982年)[4]；发布《越南社会主义共和国关于领海、毗连区、专属经济区和大陆架的声明》(1977年)[5]；分别与日本(1978年)、苏联(1980年)达成开发协议，在南沙群岛附近水域开采油气储备[6]；发布领海基线声明(1982年)[7]；1987—1989年，越方派军占据南沙群岛多个岛礁[8]；在有关岛礁上建设经济和科学综合性设施(1989年)[9]；1989年6月30日，越南人民代表大会通过决议，由庆和省(Khánh Hòa)对南沙群岛进行"管辖"[10]；通过《越南海洋法》(2012年)[11]；等等。

---

[1] See The Indisputable Sovereignty of Viet Nam over the Paracel Islands, White Paper, Vietnam, 2011.

[2] See The Indisputable Sovereignty of Viet Nam over the Paracel Islands, White Paper, Vietnam, 2011.

[3] See Jianming Shen, "International Law Rules and Historical Evidences Supporting China's Title to the South China Sea Islands", p. 55.

[4] See The Indisputable Sovereignty of Viet Nam over the Paracel Islands, White Paper, Vietnam, 2011.

[5] See Statement on the Territorial Sea, the Contiguous Zone, the Exclusive Economic Zone and the Continental Shelf of 12 May 1977, available at: http://www. un. org/Depts/los/LEGISLATIONANDTREATIES/regionslist. htm, last accessed on 20 March 2019.

[6] See Jianming Shen, "International Law Rules and Historical Evidences Supporting China's Title to the South China Sea Islands", *Hastings International and Comparative Law Review*, Vol. 21, 1997-1998, pp. 55-56.

[7] See Statement of 12 November 1982 by the Government of the Socialist Republic of Viet Nam on the Territorial Sea Baseline of Viet Nam, available at: http://www. un. org/Depts/los/LEGISLATIONANDTREATIES/regionslist. htm, last accessed on 20 March 2019.

[8] See The Indisputable Sovereignty of Viet Nam over the Paracel Islands, White Paper, Vietnam, 2011.

[9] See Monique Chemilier-Gendreau, *Sovereignty over the Paracel and Spratly Islands*, Kluwer Law International, 2000, p. 46.

[10] See Official Website of the Khanh Hoa Government, Vietnam, http://ws1. khanhhoa. gov. vn/DataUbtE/2006-04-11-9AB307353B6A128A4725714D0006393C/TruongSa(Eng). htm, last accessed on 10 March 2012.

[11] See Law of the Sea of Viet Nam, Law No. 18/2012/QH13, June 21, 2012, available at: http://vbqppl. mpi. gov. vn/en-us/Pages/default. aspx? itemId = f3ce9fdd-4e38-4a45-a2fd-d94999684dfa&list = documentDetail, last accessed on 20 March 2019.

2. 西沙群岛

越南宣称在西沙群岛的所谓"有效控制"行为包括以下四个时期的活动。

（1）所谓 1816 年"嘉隆皇帝插旗"之事[1]及其后续

法国殖民当局在 20 世纪初开始觊觎西沙群岛，直至 30 年代准备侵占西沙群岛之时才试探性地提出所谓 1816 年"嘉隆皇帝插旗"之事，并根据越南历史学者提供的资料构建相关叙事，包括：发布包括西沙群岛的王国地图（1830 年）以及周边测绘地图（1834 年、1836 年）；官方命令在岛上进行如植树（1833 年）、建庙（1835 年）、立碑（1836 年）等活动[2]；进行勘察、税收（1838 年）；[3]救助船难（1830 年、1836 年)[4]；等等。

（2）法国对越南殖民统治时期

越南方面宣称法国殖民当局的有关控制行为包括：进行调查勘探（1898 年)[5] 和科考（1925 年、1932 年、1935 年、1953 年)[6]；海关查缉走私（1920 年前)[7]；进行行政规划，如印度支那总督帕斯奎尔通过第 156 - SC 号法令（Decree No. 156-SC）把西沙群岛并入承天省［Thừa Thiên（Huế）Province］（1932 年)[8]，法国总督约瑟夫·儒勒·布利维尔（Governor General Joseph Jules Brévié）发布命令将西沙

〔1〕 See White Paper on the Hoang Sa（Paracel）& Truong Sa（Spratly）Islands, Vietnam, 1974.

〔2〕 See White Paper on the Hoang Sa（Paracel）& Truong Sa（Spratly）Islands, Vietnam, 1974.

〔3〕 See Monique Chemilier-Gendreau, *Sovereignty over the Paracel and Spratly Islands*, Kluwer Law International, 2000, p. 69, p. 181.

〔4〕 See Hong Thao Nguyen, "Vietnam's Position on the Sovereignty over the Paracels and the Spratlys: Its Maritime Claims ", *Journal of East Asia and International Law*, Vol. 5, 2012, pp. 182-183. 该学者同时认为 1634 年与 1714 年发生的两次船难救助也是越南行使主权的证明。

〔5〕 See White Paper on the Hoang Sa（Paracel）& Truong Sa（Spratly）Islands, Vietnam, 1974; Monique Chemilier-Gendreau, *Sovereignty over the Paracel and Spratly Islands*, p. 104.

〔6〕 See respectively White Paper On the Hoang Sa（Paracel）& Truong Sa（Spratly）Islands, Vietnam, 1974; The Indisputable Sovereignty of Viet Nam over the Paracel Islands, White Paper, Vietnam, 2011.

〔7〕 See White Paper on the Hoang Sa（Paracel）& Truong Sa（Spratly）Islands, Vietnam, 1974.

〔8〕 See White Paper On the Hoang Sa（Paracel）& Truong Sa（Spratly）Islands, Vietnam, 1974. 该法令在 1938 年得到越南保大皇帝敕令的认可。See Hong Thao Nguyen, "Vietnam's Position on the Sovereignty over the Paracels and the Spratlys: Its Maritime Claims ", *Journal of East Asia and International Law*, Vol. 5, 2012, p. 185.

群岛分为新月岛群（Crescent Group）和海后岛群（Amphitrite Group）（1939 年）；建设主权标志和公共设施，前者如竖旗（1930 年）、立碑（1938 年)[1]，后者包括建设灯塔、天文台和广播站（1938 年)[2]、公共服务和警察站（1939 年)[3]、气象站（1947 年)[4]；等等。

(3) 法国殖民统治结束后至越南北南统一前

越南方面将南越西贡政权有关活动纳入越南国家活动，称构成实际控制行为，包括：1956—1959 年，南越西贡政权军队先后占领西沙群岛不同岛礁[5]；进行行政或军事调查（1956 年、1971 年)[6]；建设气象台（1956 年)[7]；进行行政管理，如批准采矿（1956 年、1973 年)[8] 和外国科学家科考（1955 年、1957 年、1958 年、1961 年)[9]、驱逐中国渔民（1959 年)[10] 等，并派专员驻西沙群岛进行管辖（1960 年)；[11]通过第 174 - NV 号法令（Decree No. 174-NV of July 13, 1961）将西沙群岛划入广南省（1961 年），并给予西沙群岛乡（Xā）级行政地位[12]；发布地图（1973 年)[13]；等等。

---

[1] See White Paper on the Hoang Sa (Paracel) & Truong Sa (Spratly) Islands, Vietnam, 1974.

[2] See The Indisputable Sovereignty of Viet Nam over the Paracel Islands, White Paper, Vietnam, 2011.

[3] See White Paper on the Hoang Sa (Paracel) & Truong Sa (Spratly) Islands, Vietnam, 1974.

[4] See The Indisputable Sovereignty of Viet Nam over the Paracel Islands, White Paper, Vietnam, 2011.

[5] 参见韩振华主编：《我国南海诸岛史料汇编》，东方出版社 1988 年版，第 674—675 页。

[6] See respectively The Indisputable Sovereignty of Viet Nam over the Paracel Islands, White Paper, Vietnam, 2011; Jianming Shen, "International Law Rules and Historical Evidences Supporting China's Title to the South China Sea Islands", *Hastings International and Comparative Law Review*, Vol. 21, 1997-1998, p. 52.

[7] See White Paper on the Hoang Sa (Paracel) & Truong Sa (Spratly) Islands, Vietnam, 1974.

[8] See respectively White Paper on the Hoang Sa (Paracel) & Truong Sa (Spratly) Islands, Vietnam, 1974; Jianming Shen, "International Law Rules and Historical Evidences Supporting China's Title to the South China Sea Islands", *Hastings International and Comparative Law Review*, Vol. 21, 1997-1998, p. 53.

[9] See White Paper on the Hoang Sa (Paracel) & Truong Sa (Spratly) Islands, Vietnam, 1974.

[10] See The Indisputable Sovereignty of Viet Nam over the Paracel Islands, White Paper, Vietnam, 2011.

[11] See White Paper on the Hoang Sa (Paracel) & Truong Sa (Spratly) Islands, Vietnam, 1974.

[12] See The Indisputable Sovereignty of Viet Nam over the Paracel Islands, White Paper, Vietnam, 2011.

[13] 参见韩振华主编：《我国南海诸岛史料汇编》，东方出版社 1988 年版，第 676 页。

（4）越南北南统一之后

将西沙群岛正式命名为"黄沙群岛"（1975 年)[1]；刊行发布新地图（1976 年）；发布《越南社会主义共和国关于领海、毗连区、专属经济区和大陆架的声明》（1977 年)[2]；将西沙群岛划入广南、岘港（Đà Nẵng）省（1982 年）；发布领海基线声明（1982 年)[3]；通过《越南海洋法》(2012 年)[4]；等等。

（三）菲律宾

菲律宾对中国南沙群岛部分岛礁以及中沙群岛黄岩岛提出了非法的领土要求。

1. 南沙群岛部分岛礁

1956 年 5 月 11 日，菲律宾公民克洛马与其团队宣布正式占有南沙群岛的部分岛屿，将其称为"自由地"，并宣称建立"自由邦政府"，同年 5 月 19 日，菲律宾外长称"卡拉延群岛"系无主地，主张可以先占取得领土主权。[5]

1978 年 6 月 11 日，菲律宾总统马科斯签署第 1596 号总统令将南沙群岛的西南部分数十个岛礁宣布为"卡拉延群岛"，划归巴拉望省"管辖"。该总统令声称："相关南海岛礁所处区域在法律上不属于任何国家。考虑到历史联系、现实需要以及根据国际法建立的有效占领和控制，菲律宾对其拥有'主权'。"[6] 菲律宾第 1599 号总统令宣布建立 200 海里的专属经济区，将南沙群岛大部分岛礁和黄岩岛纳入其主

---

〔1〕　See Monique Chemilier-Gendreau, *Sovereignty over the Paracel and Spratly Islands*, Kluwer Law International, 2000, p. 45.

〔2〕　See Statement on the Territorial Sea, the Contiguous Zone, the Exclusive Economic Zone and the Continental Shelf of 12 May 1977.

〔3〕　See Statement of 12 November 1982 by the Government of the Socialist Republic of Viet Nam on the Territorial Sea Baseline of Viet Nam.

〔4〕　See Law of the Sea of Viet Nam, Law No. 18/2012/QH13, June 21, 2012.

〔5〕　参见韩振华主编：《我国南海诸岛史料汇编》，东方出版社 1988 年版，第 683 页。

〔6〕　See Presidential Decree No. 1596, "Declaring Certain Area Part of the Philippines Territory and Providing for their Government and Administration", 11 June 1978；参见国务院新闻办公室：《中国坚持通过谈判解决中国与菲律宾在南海的有关争议》，2016 年 7 月 13 日，第 71 段；《菲律宾领土范围从未包括南沙群岛和黄岩岛》，载中华人民共和国驻文莱达鲁萨兰国大使馆网站，https://www.mfa.gov.cn/ce/cebn/chn/zts/nhwt/t1372317.htm，最后访问时间：2018 年 9 月 20 日。

张的专属经济区范围。[1]

2009 年 3 月 10 日，菲律宾总统阿罗约签署第 9522 号共和国法案《领海基线法》，将中国南沙群岛部分岛礁即菲律宾非法命名的"卡拉延群岛"部分置于其主权之下。[2]

2012 年 9 月 5 日，菲律宾总统阿基诺三世第 29 号行政命令将"南中国海"改称"西菲律宾海"，覆盖了南沙群岛和黄岩岛的附近和内部水域。[3]

20 世纪 70 年代以来，菲律宾在所占岛礁上一直进行非法驻扎、开发等行为。[4]

2. 黄岩岛

菲律宾提出有效控制并称其依据包括：[5]1965 年，菲律宾在黄岩岛上升旗并建造灯塔；1992 年，菲律宾海军对该灯塔进行修复，并向国际海事组织申报列入《灯塔名录》；1997 年，菲律宾国会议员登岛升旗；2009 年，菲律宾颁布《群岛基线法》，其中提出对黄岩岛的领土要求。

另外，黄岩岛曾经在很长一段时间内被用作菲律宾海军和驻扎在苏比克湾的美国海军的靶场，菲律宾环境与自然资源部在岛上进行科研考察活动，菲律宾甚至在岛上实施走私法和捕鱼法，等等。

（四）马来西亚

马来西亚对中国南沙群岛部分岛礁提出了领土要求：包括弹丸礁、南海礁、簸箕礁、榆亚暗沙、光星礁、光星仔礁、皇路礁、卢康暗沙、

---

〔1〕 See Presidential Decree No. 1599, "Establishing an Exclusive Economic Zone", 11 June 1978.

〔2〕 Republic Act No. 9522: An Act to Amend Certain Provisions of Republic Act No. 3046, as amended by Republic Act No. 5446, to Define the Archipelagic Baselines of the Philippines, and for Other Purposes, SEC. 2（b）, *Law of the Sea Bulletin*, 2009, No. 70, p. 34.

〔3〕 《菲律宾总统正式签署行政命令将南海命名为"西菲律宾海"》，载人民网，http://world. people. com. cn/n/2012/0912/c57507-18993195. html，最后访问时间：2018 年 9 月 20 日。

〔4〕 参见韩振华主编：《我国南海诸岛史料汇编》，东方出版社 1988 年版，第 684—686 页。

〔5〕 参见高健军：《从国际法角度评菲律宾对黄岩岛的主权主张》，载《法学杂志》2012 年第 10 期，第 14 页；胡德胜：《驳菲律宾对黄岩岛的主权主张——领土取得的国际法视角》，载《河北法学》2014 年第 5 期，第 38 页。

曾母暗沙以及安波沙洲、柏礁、司令礁。[1] 马来西亚官方并未明确提出有效控制的主张，而是通过大陆架延伸范围主张相应海洋地物的主权。马方在实际控制上可能提出的依据包括：其一，主权宣示。发布《领海与大陆架疆域图》，将南沙群岛部分划入其主权范围（1979年）[2]；多次发布带有相应地图的邮票（2003 年、2004 年、2005年）[3]；等等。其二，建设与开发经营行为。例如，在弹丸礁上建设旅游区（1989 年后）[4]、开发油气等。其三，行政执法，如抓扣他国渔船[5]。

（五）文　莱

文莱主张的大陆架和专属经济区覆盖了中国南通礁，但其未明确提出领土要求。1984 年，文莱独立，其提出的专属经济区主张覆盖中国南通礁，并发行了相关地图。文莱对中国南通礁可能提出领土要求，其依据仅限于在周边海域所进行的油气开发活动。[6]

三、南海争议当事国有效控制主张的法律效力评价与比较

（一）越、菲、马等当事国有效控制程度不足

1. 越　南

在南海争议当事国中，越南提出的非法领土要求（包括岛礁面积与数量）最多，编造的所谓历史和法理证据繁多，但相互矛盾。从北南分治时期到统一以后，越南政府前后立场发生根本变化，南越西贡政权和后来的越南政府多次发布白皮书和外交声明，阐述其立场和证据。客观上看，越南所列举的关于有效控制的证据材料多，来源范围

---

〔1〕 See J. Ashley Roach, "Malaysia and Brunei: An Analysis of Their Claims in the South China Sea", *CNA Occasional Paper*, August 2014, pp. 10-14.

〔2〕 参见吴士存：《南沙群岛的主权纷争与发展》（修订版），中国经济出版社 2013 年版，第 163 页。

〔3〕 参见骆永昆：《马来西亚的南海政策及其走向》，载《国际资料信息》2011 年第 10 期。

〔4〕 参见罗萨：《马来西亚就中马南海争端诉诸国际司法之前景研究》，武汉大学 2018 年硕士学位论文，第 8 页。

〔5〕 参见吴士存：《南沙群岛的主权纷争与发展》（修订版），中国经济出版社 2013 年版，第 169 页。

〔6〕 参见吴士存：《南沙群岛的主权纷争与发展》（修订版），中国经济出版社 2013 年版，第 170—171 页。

广，时间跨度长。然而，这些材料也存在许多问题，反映出越南对西沙群岛和南沙群岛并未建立起有效控制。

首先，越南提出的某些有效控制行为缺乏主权意图。在法国对越南进行殖民统治的19世纪末期之前，越南是中国的藩属国，也未接受西方理论思想体系，其在所谓"黄沙群岛"的一系列行为无论真假、是否具有"官方"性质，在地理上与中国西沙群岛全无关联。所谓的"嘉隆皇帝插旗"，经学者研究证明，是一个被夸大、改造的事件[1]。法国对越南进行殖民统治后的复杂态度，也说明越南在此前并未对两群岛建立起有效的控制：一方面，法国官方对西沙群岛的态度存在前后不一致和反复。法国官员花费了大量时间挖掘越南占领西沙群岛的材料，说明此前越南本身对此事是不清楚甚至不关心的[2]。另一方面，法国在20世纪30年代以南沙群岛有关岛礁是无主地，从而以法国的名义而非以法国驻越南殖民当局的名义宣告占领[3]，更是断然并直接否定了越南方面声称拥有对南沙群岛的所有历史依据。

其次，根据不少历史学者的研究，越南提供的史料记载不能证明"黄沙"和"长沙"在地理上是中国西沙群岛和南沙群岛，越南史料记载的"黄沙""长沙"，在地理位置上应该是更靠近越南的两个群岛[4]。越南史料记载的有关行为，即使是国际法意义上的主权行为，也缺乏有效控制的明确性要件。

再次，在法国殖民统治期间，法国（越南）并没有实现对西沙群

---

〔1〕 参见丁雁南：《史实与想象："嘉隆王插旗"说质疑》，载《南京大学学报（哲学·人文科学·社会科学）》2015年第4期；谷名飞：《再谈"嘉隆皇帝插旗"说的真实性——基于法国档案的研究》，载《南京大学学报（哲学·人文科学·社会科学）》2018年第2期。

〔2〕 参见谷名飞：《再谈"嘉隆皇帝插旗"说的真实性——基于法国档案的研究》，载《南京大学学报（哲学·人文科学·社会科学）》2018年第2期，第71—75页；Anthony Carty, "Archives on Historic Titles to South China Sea Islands: the Spratlys", *Jus Gentium*, Vol. 4, No. 1, 2019; Anthony Carty, "British and French Archives Relating to Ownership of the Paracel Islands 1900-1975", *Jus Gentium*, Vol. 4, No. 2, 2019.

〔3〕 See White Paper On the Hoang Sa (Paracel) & Truong Sa (Spratly) Islands, Vietnam, 1974.

〔4〕 参见李金明：《越南黄沙、长沙非中国西沙南沙考》，载《中国边疆史地研究》1997年第2期；戴可来：《越南古籍中的"黄沙"、"长沙"不是我国的西沙和南沙群岛》，参见吕一燃主编：《南海诸岛：地理、历史、主权》，第123—136页；戴可来：《〈抚边杂录〉与所谓"黄沙"、"长沙"问题》，参见吕一燃主编：《南海诸岛：地理、历史、主权》，第137—146页；韩振华：《罢葛鐄、罢长沙今地考》，参见吕一燃主编：《南海诸岛：地理、历史、主权》，第33—54页；等等。

岛和南沙群岛的有效控制。早在 1909 年，出于反对外国侵扰的目的，清朝官员李准就对西沙群岛进行了巡视，对该群岛行使了主权。而直至此际，法国在西沙群岛无任何展示国家权力的行为[1] 至于 1933 年法国宣告占领南沙群岛部分岛屿，制造"九小岛事件"，仅限于一种象征性的占领，相比中国采取的连续的主权行为该行为远不足以确立法国对有关岛礁的领土主权。何况更重要的是，法国的有关行动遭到了中国政府的质疑和反对。不仅如此，中国渔民作为南沙群岛的主人，在有关岛礁上还对法国的侵略行动进行了实地抵抗，包括砍倒法国人升起的国旗和销毁法国埋设的主权标志物。法国对西沙群岛、南沙群岛的占领和控制行为，一直遭到包括中国在内的相关国家的抗议，因此很难被认为满足"平稳性"的构成要素。

最后，结合关键日期来看，如果签订《波茨坦公告》的 1945 年 7 月 26 日是中国与越南领土争端的关键日期，那么，根据上面的分析，法国（越南）的控制存在以下问题：缺乏主权意图、缺乏明确性以及缺乏平稳性，难以形成有效控制。而如果关键日期是 1975 年，其间，南越西贡政权自以为取代法国，先后占领西沙群岛和南沙群岛部分岛礁，并采取了行政管理、规划和建设等措施。而法国实际上却从未承认南越西贡政权在南沙群岛问题上可以取代法国；法国本身也仅对南海九小岛提出领土要求，从未对整个南沙群岛提出过领土要求。因此，无论南越西贡政权还是后来的越南政府对南沙群岛提出非法的领土要求及其主张和依据，从权利继承上看是割裂的；与此相对，中国历届政府有关权利和依据是连贯的、一致的，并且持续不断地进行了相应的行政管理、规划和建设行为。从整个历史过程看，中国历届政府持续不断地对南沙群岛和平地行使主权和管辖，确立了领土主权，并且将此作为二战后同盟国领土安排的一部分，获得了国际承认，以致造成这样一种情势，即任何其他国家对南沙群岛有关岛礁的占领，都在法律上构成对中国领土主权的侵犯。

2. 菲律宾

（1）南沙群岛部分岛礁

菲律宾对于南沙群岛部分岛屿的领土要求其所谓"依据"是发现

---

[1] 参见张良福编著：《让历史告诉未来——中国管辖南海诸岛百年纪实》，海洋出版社 2011 年版，第 7—9 页。

与先占、地理邻近、安全需要以及有效控制等[1] 菲方关于有效控制的主张并未像越南主张一样占显著的地位，这是有客观原因的。这些客观原因正体现了菲律宾相关主张的两个重要缺陷。

一是菲律宾对南沙群岛部分岛礁提出领土要求的逻辑和时间起点是 1956 年克洛马的发现和先占。需指出的是，这一私人行为当时并未得到菲律宾政府的承认[2] 这一现象说明：菲律宾由于受到与确定菲律宾领土范围有关的国际条约和国内法律（详见本编第三章）限制，此前对南沙群岛缺乏任何的主权意图。即便如此，克洛马的行为和菲律宾外长当时的表态，也引起包括中国在内等国家的强烈抗议。因此，菲律宾所谓的有效控制并未建立在合法的基础上。

二是菲律宾对南沙群岛提出领土要求和实施控制的时间，相对而言非常短。在不到 60 年的时间里，菲方更多的是"与时间赛跑"，派军抢占岛礁。与中国相比，菲方即便有行使"主权"的行为，其持续性也难以达到有效控制的标准。由于从一开始，菲方的各种行为就持续受到有关国家的抗议和反对，因此也很难满足平稳性的要求。

综合来看，如果中菲南沙群岛争端的关键日期是在《波茨坦公告》发表的 1945 年 7 月 26 日，则菲律宾此际尚未对南沙群岛正式提出领土要求，何谈有效控制；若关键日期是 1978 年，则菲律宾对有关岛礁的控制行为也仅限于少数的建设、立法行为，难以与中国实施的有效控制行为相抗衡。

（2）中沙群岛

前文论述中菲黄岩岛争端的关键日期应为 1997 年，排除关键日期后的情况，对菲律宾有关材料分析可以得出两个结论。

菲方的领土要求及有关国家行为不满足充分性标准。首先，建造和维护灯塔是否确有其事，有待核实。其次，即使确有其事，有关行为在国际法上并不能被视为主权行为[3]，除非是岛屿本身极小、只能

---

[1]　See Haydee B. Yorac, "The Philippine Claim to the Spratly Islands Group", *Philippines Law Journal*, Vol. 58, 1983.

[2]　参见韩振华主编：《我国南海诸岛史料汇编》，东方出版社 1988 年版，第 545 页。Also see Mark E. Rosen, "Philippine Claims in the South China Sea: A Legal Analysis", *CNA Occasional Paper*, August 2014, p. 27.

[3]　See the Minquiers and Ecrehos Case, Judgment, I. C. J. Reports, 1953, p. 71.

容下小型建筑的极端情况[1]，而这种行为在黄岩岛上未能满足有效控制的充分性要求。

此外，菲方主张的某些行为也不满足明确性要求。菲律宾相关法律的实施，从现有证据来看是基于菲律宾群岛主体在所谓的"西菲律宾海"派生的专属经济区的管辖权主张，而非基于对黄岩岛本身的领土主权，与黄岩岛的领土主权无直接联系。根据国际法，任何一个沿海国都无权将本国的海洋管辖权扩展到他国的领土并依此对他国提出非法的领土要求。

至此，菲律宾的主要证据是岛上升旗和科研考察活动。如上所述，中国对黄岩岛的有效控制不仅包括立法、行政建制和官方地图出版行为，更有频繁的实施登岛科研和批准登岛活动等[2]，足以胜过菲律宾的零星渗透活动。在与中国的对比中，菲律宾无法确立有效控制的事实权源，更无法推翻中国对黄岩岛通过先占确立的领土主权。

3. 马来西亚与文莱

马来西亚与文莱均建立了大陆架和200海里专属经济区制度，两国的专属经济区覆盖中国南沙群岛部分岛礁。其中，马来西亚以此为由占领南沙群岛部分岛礁，文莱未采取实际占领行动，两者对有关岛礁并未明确提出有效控制的主张，其主要是海洋管辖权主张，即专属经济区和大陆架范围。就马来西亚而言，其不仅以海洋管辖权为据提出了领土要求，而且还实际占领了中国南沙群岛部分岛礁，不排除马来西亚可能明确以有效控制作为其领土要求的依据之一。然而，这种有效控制持续时间短暂，实施行为很少，显然无法满足有效控制有关充分性和持续性的要求。更为重要的是，马来西亚提出领土要求主要是依据《联合国海洋法公约》，不是关于领土取得的国际法，而《公约》不处理领土问题，马来西亚是对《公约》有关规定做出了错误的解读。如前所述，根据国际法，任何一个沿海国都无权将本国的海洋

---

[1] See Qatar and Bahrain Case, Merits, Judgment, I. C. J. Reports, 2001, pp. 99-100, para. 197; Pulau Ligitan and Pulau Sipadan Case, Judgment, I. C. J. Reports, 2002, p. 685, para. 147. 值得注意的是，这两个案件中提及的极小岛屿，分别是吉塔特杰拉达岛（Qit'at Jaradah）和西巴丹岛，在低潮时都只有约40000平方米，吉塔特杰拉达岛高潮时只有约48平方米。在这种极端情况下，国际法院才认为修建和维护灯塔和其他助航设施具有主权行使的性质。相比之下，低潮时面积约150平方公里的黄岩岛整体，还可以提供重要的功能（比如作为军事训练基地），很难再适用上述两案中的法理。

[2] 参见中国南海研究院编：《黄岩岛十问》，海南出版社、三环出版社2012年版，第6页。

管辖权扩展到他国的领土并依此对他国提出非法的领土要求。这一原理同样适用于文莱。

（二）其他国家有效控制存在受限制的情形

在法理上，国家的有关行为即使形成有效控制权源，也要受到国际法其他规则的限制。在领土取得方面，主要体现为受到禁止反言原则等的限制。

1. 禁止反言原则的限制

对于西沙群岛和南沙群岛，1956 年 6 月 15 日，越南政府外交部副部长雍文谦（Ung Văn Khiêm）在接见中国驻越南大使馆临时代办李志民时说："根据越南方面的资料，从历史上看，西沙群岛和南沙群岛应当属于中国领土。"[1] 随后在 1958 年，越南政府总理范文同也在致中国国务院总理的正式照会中支持中国政府关于领海的声明，其中包括将 12 海里领海宽度和直线基线方法适用于中国西沙群岛和南沙群岛的规定，实际上承认了中国对西沙群岛和南沙群岛的领土主权。[2] 越方声称的所谓"控制行为"在越南统一后须受到越南政府此前在 20 世纪 50 年代做出的对中国西沙群岛和南沙群岛的领土主权承认的约束，即由于受到禁止反言原则的限制，有关控制行为不具有任何证据效力。[3]

在黄岩岛问题上，根据菲律宾的立法、外交表态和地图出版，菲律宾在很长时间内并不认为黄岩岛是其领土。[4] 这种情况同样可能构成禁

---

〔1〕　陈荆和：《西沙群岛と南沙群岛：歴史的回顾》，創価大学アジア研究所，1989，53 页。

〔2〕　参见韩振华主编：《我国南海诸岛史料汇编》，东方出版社 1988 年版，第 542—543 页。关于范文同公函的效力，可参阅吴远富：《范文同公函的效力无法否定》，载《北大国际法与比较法评论》（第 10 卷），北京大学出版社 2013 年版，第 54—80 页。

〔3〕　参见黄瑶、卜凌嘉：《〈越南海洋法〉作用有限》，载《联合早报》（新加坡），ht-tp://www. zaobao. com/special/china/southchinasea/pages/southchinasea　120706. shtml，最后访问时间：2019 年 9 月 30 日。关于北越政权的承认的具体法律分析将在本编第四章展开。

〔4〕　例如：菲律宾 1961 年 6 月 17 日生效的《群岛基线法》（第 3046 号法）和 1968 年 9 月 18 日生效的《关于修改第 3046 号法律第一条的法》（第 5446 号法）先后确定的领海基点和基线都不包括黄岩岛；1990 年 2 月 5 日，菲律宾驻德国大使比安弗吉尼在其致德国无线电爱好者迪特的信中明确表示："据菲国家地图和资源信息部，黄岩岛不在菲领土主权范围以内"；1994 年 10 月 18 日，菲国家地图和资源信息部向美国业余无线电协会出具的文件中确认："黄岩岛位于菲领土边界之外"；1940 年菲律宾调查统计委员会出版的多卷本《菲律宾调查统计地图》，1950 年出版的《菲律宾地图》，1969 年马尼拉调查委员会、海岸和大地测量局出版的《地图集》以及由菲律宾国家地图和资源信息部 1978 年出版的地图均未将黄岩岛纳入菲律宾版图。胡德胜：《驳菲律宾对黄岩岛的主权主张——领土取得的国际法视角》，载《河北法学》2014 年第 5 期，第 40—41 页。

止反言，对菲律宾形成限制，使其在黄岩岛问题上难以主张有效控制。

2. 其他国际法原则的限制

有效控制权源同样需要有合法合理的基础，而不能建立在非法行为的基础上，这是国际法上"非法行为不能获益"原则的要求。从国际法发展的历史来看，对并非无主地的占领不被认为具有领土取得的效力，除非得到原主权国明示或默示的同意。二战以后，随着《联合国宪章》生效以及联合国的建立，使用武力征服取得领土更是失去了合法性。无论是法国20世纪30年代对南沙群岛部分岛礁宣告占领以及对西沙群岛的公然侵犯，还是南越西贡政权在20世纪50年代对相关岛屿的侵占，都没有国际法上的根据。而法国二战后试图对已被当时国民政府收复的西沙群岛进行侵占，更是对国际法的直接公然违反。同理，菲律宾、马来西亚和文莱对南沙群岛部分岛礁的侵占并试图建立所谓的控制，也缺乏足够的国际法根据。这些情形都削弱了它们主张有效控制的强度。

因此，与中国相比，南沙群岛争议有关当事国的有效控制权源本身就有诸多瑕疵，而且还要受到禁止反言等国际法规则的限制。它们的有效控制权源弱于中国的有效控制权源，更无法推翻中国先前通过发现和先占确立的权源。

（三）中国的有效控制根据不存在瑕疵

从有效控制规则的一般适用来看，中国对南海诸岛的有效控制程度处于更具优势的地位。然而，由于禁止反言原则和默认可能对有效控制的适用构成重要的限制，我们还应考察中国在有关时段的官方立场和态度，确定在南沙群岛领土问题上中国是否会受到这些规则的限制。

通过考察可见，中国近代以来的主权巩固和维护历史，同时也是一部抗争史。清代以来，中国基于对领土主权的一贯立场，对外国侵犯中国领土主权的行为提出及时、明确的抗议，不存在对任何非法情势的默认或承认，有力地阻却了有关争端当事国侵占行为的有效性。下面以时间顺序概括中国政府对南海诸岛的官方表态。

1883年，德国进入中国南海地区对西沙群岛地区进行调查测量，即遭到广东当局抗议，德国因此停止了有关调查。[1]

---

〔1〕 参见韩振华主编：《我国南海诸岛史料汇编》，东方出版社1988年版，第143页。

1901 年，日本人西泽吉次侵入东沙群岛。清政府获悉后，命时任两广总督张人骏与日本政府进行交涉，最后收回东沙群岛。[1]

1932 年起，法国政府不断侵扰西沙群岛，声称"安南帝国"对西沙群岛拥有先有权，遭到中国政府的严辞驳斥。[2]

1933 年，法国制造"九小岛事件"，当时国民政府同样迅速做出反应，中国渔民在实地对法国侵略者进行了抵抗。[3]

1947 年 1 月，法国制造永兴岛事端，意图武力逼迫中国军队撤离西沙群岛，国民政府时任外交部欧洲司司长叶公超紧急召见法国大使，"对此事表示最强烈的抗议，要求法方为中法共同利益考虑，立即命令军事当局从永兴岛撤出军舰，为了避免可能的军事摩擦，慎重使用武力，否则一切后果由法方负责"[4]，并向法国大使照会抗议。[5]

1950 年 5 月 13 日，菲律宾的《马尼拉纪事报》发表社论，呼吁菲律宾政府与美国共同对西沙群岛、南沙群岛采取紧急措施，并谓南沙群岛因离菲律宾近，应该立即占有。中国台湾当局获悉后立即发表声明，指出南沙群岛为中国领土，不容外人染指。菲律宾当局不得不暂时放弃进占意图。[6] 同年 5 月 19 日，中国政府明确指出："菲律宾政府对于中国领土的这种荒谬宣传，显然是出于美国政府的指示。菲律宾挑衅者及其美国支持者必须放弃他们的这种冒险计划，否则必然引起严重的后果。中华人民共和国绝不容许团沙群岛及南海中其他任何属于中国的岛屿被任何外国侵犯。"[7] 台湾海峡两岸中国人维护领土主权的态度亦被他国明确知晓。[8]

---

[1] 参见张良福编著：《让历史告诉未来——中国管辖南海诸岛百年纪实》，海洋出版社 2011 年版，第 2—7 页。

[2] 参见韩振华主编：《我国南海诸岛史料汇编》，东方出版社 1988 年版，第 246—247 页。

[3] 参见韩振华主编：《我国南海诸岛史料汇编》，东方出版社 1988 年版，第 247 页。

[4] Ambafrance Nankin à MAE, le 18 janvier 1947, pp. 58-59. 转引自谭玉华：《权利与控制：1947 年永兴岛事件引发的中法西沙群岛之争》，载《中山大学学报（社会科学版）》2016 年第 5 期，第 71 页。

[5] 参见吴士存主编：《南海问题文献汇编》，海南出版社 2001 年版，第 25—26 页。

[6] 《菲对南沙久图染指》，载中国台湾地区"中央日报"1956 年 5 月 28 日，第 6 版。

[7] 《菲政府听从美国指示妄图侵占我团沙群岛 北京有资格人士指出：美菲如不放弃冒险计划，必引起严重后果》，载《人民日报》1950 年 5 月 20 日，第 1 版。

[8] 例如，法国档案记载："1950 年，中华人民共和国报纸发表文章指出'中华人民共和国绝对不允许团沙群岛及南海中任何属于中国的岛屿被外国所侵占'。台湾方面亦持相同立场。"见《法国外交部档案馆藏 1955—1957 年南沙群岛档案选译》，谭玉华译，载《南洋资料译丛》2017 年第 3 期，第 60 页。团沙群岛即南沙群岛，此处法国档案选译文本与《人民日报》措辞略有不同。

日本投降后，英美等国出于政治经济等因素，于20世纪40年代末开始酝酿与日本正式媾和，通过组成战胜国集团与日本签订"旧金山和约"，处理战后的领土、赔偿等问题，以求恢复正常外交和经济关系。然而由于该集团内部的政治立场不一，中国作为战胜国，理应在法律上获得对台湾及其附属岛屿、澎湖列岛/西沙群岛和南沙群岛等战后业已收复失地的确认，竟未被邀请参加和会并谈判签署"和约"。1951年7月12日，英美私自修改"对日和约"草案并公布，8月15日，外交部长周恩来发表声明，指出："草案又故意规定日本放弃对南威岛和西沙群岛的一切权利而亦不提归还主权问题。实际上，西沙群岛和南威岛正如整个南沙群岛及中沙群岛、东沙群岛一样，向为中国领土，在日本帝国主义发动侵略战争时虽曾一度沦陷，但日本投降后已为当时中国政府全部接收。中华人民共和国中央人民政府于此声明：中华人民共和国在南威岛和西沙群岛之不可侵犯的主权，不论美英对日和约草案有无规定及如何规定，均不受任何影响。"[1]8月23日，中国政府官方媒体《人民日报》发表评论，对阴谋侵夺中国对南威等岛主权的行为进行抗议和批判。[2]

1954年6月，菲律宾又炮制出所谓的"人道王国"事件，在双方处理此事件时，菲律宾曾派飞机前往侦察，拍摄的照片中显示太平岛确有房屋及码头，并非无主之地。而且，当台湾当局声明该区域为中国领土时，菲律宾即刻中止了原本计划派飞机勘察和舰船占领的行动。[3]

1956年5月30日，《人民日报》第1版刊登新华社的文章《中华人民共和国政府郑重声明中国对南沙群岛的主权绝不容许侵犯》，该文明确指出："南中国海上的上述太平岛和南威岛，以及它们附近的一些小岛，统称南沙群岛。这些岛屿向来是中国领土的一部分。中华人民共和国对这些岛屿具有无可争辩的合法主权。"[4]

---

〔1〕 《中华人民共和国对外文件集》（第二集），世界知识出版社1958年版，第30—32页。

〔2〕 《在美英所谓"对日和约草案定本"中暴露美国阴谋侵犯我台湾南威等岛主权 中国人民绝对不能容忍美国这种强盗行为》，载《人民日报》1951年8月23日，第1版。

〔3〕 参见黄俊凌：《20世纪50年代台湾当局维护南沙群岛主权的斗争》，载《当代中国史研究》2013年第1期，第21—22页。

〔4〕 《中华人民共和国政府郑重声明中国对南沙群岛的主权绝不容许侵犯》，载《人民日报》1956年5月30日，第1版。

1956 年 6 月 5 日的《人民日报》刊登文章《我国南沙群岛的主权不容侵犯》，文章指出："目前菲律宾一些人所垂涎的南沙群岛，和东沙、西沙、中沙等群岛一样，没有疑问地是中国的领土。群岛中最大的群礁，在中国史籍上一向是以'团沙群礁'著名的。群岛中最大的太平岛，就是在这群礁中一个暗礁的上面。南沙群岛一向有中国渔民定期前往捕鱼、采集海产，并有一些人留在岛上居住。南沙群岛的主权属于中国也早经各国所承认。"[1]

中国政府还在 1980 年 1 月 30 日发表《中国对西沙群岛和南沙群岛的主权无可争辩》[2]、1988 年发表《关于西沙群岛、南沙群岛问题的备忘录》[3]等文件，多次重申对南沙、西沙等群岛的主权，类似的声明和公告更是数不胜数。[4] 据学者统计，"针对东南亚诸国的非法主张，中国发表了数十次外交声明表示抗议，针对美国侵犯南海诸岛领空的行为，中国发表了数百次严重警告"[5]。

诚然，中国不可能对所有意见、评论和行为逐一进行抗议，这也并非国际法对有效抗议的要求。但在关键的时刻，在"需要予以回应"[6]的情势下，中国都能及时、明确地进行回应，而且这种抗议的立场是持续而连贯的。因此，中国在南海诸岛主权问题上不存在任何承认或默认的情况，自然也不会受到禁止反言原则的限制。相反，有关争端当事国在争端明确化前却屡屡出现承认和默认中国管控行为的情况，此等行为大大削弱了其本来就站不住脚的有效控制主张。本编将在第四章详细论述该问题。

----

〔1〕　邵循正：《我国南沙群岛的主权不容侵犯》，载《人民日报》1956 年 6 月 5 日，第 3 版。

〔2〕　中华人民共和国外交部：《中国对西沙群岛和南沙群岛的主权无可争辩》，载《人民日报》1980 年 1 月 31 日，第 1、第 3 版。

〔3〕　中华人民共和国外交部：《关于西沙群岛、南沙群岛问题的备忘录》，1988 年 5 月 12 日。

〔4〕　例如，《中华人民共和国外交部发言人就苏联和越南签订所谓在"越南南方大陆架"合作勘探、开发石油和天然气的协定事发表的声明》，载《人民日报》1980 年 7 月 22 日，第 1 版；《中华人民共和国外交部发言人关于我对南沙群岛弹丸礁拥有主权的声明》，载《中国国际法年刊（1984）》，中国对外翻译出版公司 1984 年版，第 490 页；《中华人民共和国外交部发言人关于南沙群岛的声明》，载《人民日报》1988 年 2 月 23 日，第 1 版；《外交部发言人重申 南沙群岛是中国领土 越南将其列入庆和省完全非法》，载《人民日报》1989 年 7 月 14 日，第 2 版。

〔5〕　李任远：《国际法中的历史性权利研究》，法律出版社 2018 年版，第 244 页。

〔6〕　Pedra Branca/Pulau Batu Puteh Case, Judgment, I. C. J. Reports, 2008, pp. 50-51, para. 121.

第三章　国际条约与南海诸岛的主权归属

在现代国际法中，涉及领土的条约是确立领土主权的重要而独立的法律依据。从国际法理论和司法实践上看，只要条约真实有效，并且以合法[1]、不产生重大歧义的方式规定了某部分领土的归属，那么该领土的合法权源就得以确立。在领土主权问题上，条约确立的法律权源要高于其他法律权源或事实基础，诸如保持占有原则和有效控制所确立的权源。

关涉领土的条约，可以创设或转移领土权利，或者对具体的领土、边界划分予以确定细化。割让条约、和平条约、陆地划界条约及殖民当局与当地首脑签订的领地条约，都可以直接影响领土的主权归属。[2]

历史上，一些国际条约与南海诸岛的领土法律地位有密切的联系。它们有些是直接调整领土地位的条约，如《马关条约》、结束美西战争的《巴黎和约》[3]等。另外一些是涉及领土问题但并非专门规定领土地位的条约，比如战后约定占领国归还侵占领土的和平条约（和约）。和约从理论上并不创设、变更或确定某项领土权利，而是要求国家履行宣示、撤军、归还侵占领土等义务。这些条约中，有的能直接或间接证明中国对南海诸岛的主权，加强中国主权主张的真实性和合法性，而有的则可以作为反驳其他国家提出的主权主张的证据。

---

〔1〕　此处的"合法"主要指的是缔结条约的主体有权处分领土或边界。

〔2〕　参见罗欢欣：《国际法上的领土权利来源：理论内涵与基本类型》，载《环球法律评论》2015 年第 4 期，第 172 页。

〔3〕　Treaty of Peace between the United States of America and Spain, signed at Paris, December 10, 1898。该条约有《巴黎条约》《巴黎和约》等不同译名，本书将该条约翻译为《巴黎和约》。

第一节　与法国、越南有关的国际条约

一、1885 年《中法会订越南条约十款》与 1887 年《中法续议界务专条》

越南学者阮洪涛声称：在越南与法国签订保护国协议时，中国作为"宗主国"并没有提出任何保留和意见，说明其对越南的主权并不关心，是承认越南此前作为朝贡国在国际行为上的自主性的。[1]

该观点至少遗漏或故意忽略了以下事实：其一，1884 年，中法处于激烈交战期间，中越边境地区是法国依托以侵犯中国的基地之一。[2] 在这种情况下，清政府根本没有能力对该条约提出"保留"。而且，这次战争的目的和结果，其中就包括以条约形式迫使中国承认法国对越南的殖民"权利"——在 1885 年的《中法会订越南条约十款》（以下简称《中法越南条约》）中，中国承认法国与越南签订的条约以及法国作为越南保护国的地位和权利。但是，该条约并未指明越南的范围包括南海诸岛。[3] 其二，中法随后即就法属越南的两国划界达成协议。1887 年，清朝政府与法国签署了双边条约《中法续议界务专条》，其第 3 条约定："……至于海中各岛，照两国勘界大臣所画红线向南接画。此线正过茶古社东边山头，即以该线为界（茶古社汉文名万注，在芒街以南竹山西南），该线以东，海中各岛归中国，该线以西，海中九头山及各小岛归越南。"[4] 应该注意的是，新中国成立之初，我国政府已单方面正式宣布 1885 年《中法越南条约》为不平等条约并予以废止。[5] 不过，1887 年《中法续议界务专条》所确定的划

---

[1] See Hong Thao Nguyen, "Vietnam's Position on the Sovereignty over the Paracels and the Spratlys: Its Maritime Claims ", *Journal of East Asia and International Law*, Vol. 5, 2012, p. 173.

[2] 参见邵循正：《中法越南关系始末》，河北教育出版社 2000 年版。

[3] 参见《越南条款》，载王铁崖编：《中外旧约章汇编》（第一册），生活·读书·新知三联书店 1957 年版，第 466—469 页。

[4] 《续议界务专条》，载王铁崖编：《中外旧约章汇编》（第一册），生活·读书·新知三联书店 1957 年版，第 513 页。

[5] 参见全国人大常委会办公厅研究室编：《中国近代不平等条约汇要》，中国民主法制出版社 1996 年版，第 149—153 页。

界内容并未失效，这也符合一般国际法对领土边界条约继承的规定。中越在陆地边界谈判中也共同确认了《中法续议界务专条》及其所确定的边界的有效性，并在此基础上通过谈判于 1999 年 12 月 30 日签订了新的《中华人民共和国和越南社会主义共和国陆地边界条约》，取代中法有关界约。

对于《中法续议界务专条》第 3 条规定的解释，中越之间曾经有过分歧，但是经过充分讨论，这一分歧已经解决，双方已确认，有关条款涉及北仑河入海口附近海上岛屿的划分，不涉及两国在北部湾的分界线，并且与南海诸岛无关。两国谈判代表对此均有谈及。商议海中岛屿的提案和原始地图是由法国代表狄隆提出的，其认为："江平等处虽归两国定夺，洋面亦要议及，我已电恭大臣，海寨春阑直南所属之海岛洋面皆应归越南"。时任两广界务勘界大臣邓承修回应："我亦电我朝廷，竹山直南之海岛洋面俱应归华，法亦不得有异议。"对于 1887 年 4 月 14 日邓承修给总理衙门发去的电报，时任两广总督张之洞也发电报称："海界只可指明近岸有岛洋面，与岛外大洋无涉。缘大海广阔，向非越所能有，若明以属越，浑言某处以南或以西，则法将广占洋面，梗多害巨，宜加限制，约明与划分近岸有洲岛处，其大海依旧，免致影射多占。"[1]因此，按照当时双方的意图，条约所载红线系陆地边界划界，既不涉及北部湾划分，更不可能涉及西沙群岛和南沙群岛问题。

二、1954 年《日内瓦协定》[2]

越南方面还主张，根据 1954 年《日内瓦协定》，越南获得了主权独立，并分为南北两部分。其中，南沙群岛和西沙群岛属于越南南半部分，由法国殖民者撤军后移交给西贡当局。中华人民共和国是日内瓦会议的参会国和有关协定的缔约方，有义务遵守《日内瓦协定》有关规定[3]。然而，对该主张需要指出三点：第一，从 1954 年《日内

---

[1] 黄铮、萧德浩主编：《中越边界历史资料选编》，社会科学文献出版社 1993 年版，第 1130—1132 页。

[2] 1954 年《日内瓦协定》的全称是《关于在印度支那三国停止敌对行动的三个协定》，《关于在越南停止敌对行动的协定》是该协定其中之一。

[3] See Ministry of Foreign Affairs, Socialist Republic of Vietnam, "The Hoang Sa (Paracel) and Truong Sa (Spratly) Archipelagoes and International Law", 1988, p. 8.

瓦协定》整体来看，该条约性质上是停战协定，主要目的是建立军事分界线和非军事区，只要求尊重各方已有的主权，而非对任何领土权利的确认。第二，整个协定及其附录对南海诸岛只字未提[1]，并且也不应该提及南海诸岛，毕竟南海诸岛是中国领土，与协定无关。第三，协定规定法国的主要义务是停火与撤军，法国没有资格将根本不属于自己的南海诸岛交付越南并将此写入协定。越南仅凭一条划分本土南北的军事分界线就主观臆断，称法国把构成中国领土的西沙群岛和南沙群岛移交给了越南，这是脱离条约解释规则对协定的无限扩大解释，缺乏法律和事实根据。由此可见，中国坚持维护自身对南海诸岛的主权，不存在违反《日内瓦协定》规定的监督北南双方履行停火义务的问题。

二战结束前后的一系列条约，如《开罗宣言》《波茨坦公告》等，也涉及中国对南沙群岛和西沙群岛的主权，越南与菲律宾都试图从这些文件中为自己的非法领土要求寻找支持。对这些条约的分析将在本章第三节进行。

第二节　与菲律宾有关的国际条约

菲律宾对中国南沙群岛部分岛礁即菲方所谓的"卡拉延群岛"提出了非法领土要求，为此寻找的借口是发现、有效控制和地理邻近等，但从菲律宾领土的形成历史来看，一系列国际条约是确立菲律宾领土的基本根据，而南海诸岛均在这些条约所确定的菲律宾领土范围之外。

一、1898 年美西《巴黎和约》

最早出现在现菲律宾地区的国家政权结构是苏禄苏丹国，它是当时中国的朝贡国之一。16 世纪，现菲律宾地区逐渐成为西班牙的殖民地，"菲律宾"也是在此时得名。1898 年，美西战争爆发，战胜国美国与西班牙签订 1898 年《巴黎和约》，并接管菲律宾；直至 1946 年，

---

〔1〕 参见《关于在越南停止敌对行动的协定》，载《国际条约集（1953—1955）》，世界知识出版社 1961 年版，第 169—182 页；《"关于在越南停止敌对行动的协定"附件》，载《国际条约集（1953—1955）》，世界知识出版社 1961 年版，第 182—184 页。

经过殖民统治和二战时期日本侵占的菲律宾才在美国同意下得以独立，形成今天的菲律宾共和国。

1898 年美西《巴黎和约》对菲律宾群岛的范围进行了首次明确划定，这成为日后菲律宾领土确立的基础。《巴黎和约》第 3 条规定：

> 西班牙应将称为菲律宾岛屿（Philippine Islands）的群岛（archipelago）和包括（comprehending）在以下界线内的岛屿割让给美国：
>
> 这条线从西到东沿着或靠近北纬 20°线并穿过可通航的巴奇海峡的中央，从格林尼治东经 118°到 127°子午线；然后沿格林尼治东经 127°子午线至北纬 4°45′线，再沿北纬 4°45′线至它与格林尼治东经 119°35′子午线的交叉点，然后沿格林尼治东经 119°35′至北纬 7°40′线，再沿北纬 7°40′线至它与格林尼治东经 116°子午线的交叉点，然后沿一条直线至北纬 10°线与格林尼治东经 118°子午线的交叉点，再沿格林尼治东经 118°子午线至起始的一点。[1]

显然，中国南沙群岛和黄岩岛，包括菲律宾非法命名为"卡拉延群岛"的南沙群岛部分岛礁，均在该条约所规定的菲律宾群岛范围之外。[2]

二、1900 年《美西关于菲律宾外围岛屿割让的条约》

1900 年，美国与西班牙之间又签署了《美西关于菲律宾外围岛屿割让的条约》，对 1898 年《巴黎和约》割让菲律宾群岛的范围问题进行了补充。条约中明确：

---

[1] Treaty of Peace between the United States of America and Spain, signed at Paris, December 10, 1898, U. S. Congress, 55th Cong., 3d sess., Senate Doc. No. 62, Part 1 (Washington: Government Printing Office, 1899), pp. 5-11. http://avalon. law. yale. edu/19th_century/sp1898. asp, last accessed on 30 September 2019. 中文本参见《美国和西班牙和平条约（1898 年 12 月 10 日）》，载《国际条约集（1872—1916）》，世界知识出版社 1986 年版，第 157 页。

[2] 但该线有可能涉及其他小型海洋地物，或未来出现的地物的主权，与中国南海断续线的"岛礁归属线"可能有潜在的冲突，详见本书第三编第二章第二节。

西班牙将其在缔结巴黎和约时可能拥有的属于菲律宾群岛的、位于该条约第三条所述界限以外的任何岛屿的所有权利和权利主张让予美国，特别是对卡加延苏禄群岛（Cagayan Sulu）和锡布图群岛（Sibutu）及其附属地的权利和权利主张，并同意所有这些岛屿应全部包括在所割让的群岛内，正如它们被明确地包括在上述界限之内一样。[1]

显而易见，该条约补充的内容就是：以西班牙先前拥有主权的陆地为限，属于菲律宾群岛，但超出 1898 年《巴黎和约》的所有岛屿，也一并被承认已经割让给美国。因此，根据条约这部分内容，美国受让的是西班牙有权割让的完整的菲律宾群岛，而不包括其他岛屿。

三、1930 年《美英条约》

1930 年，当时对菲律宾进行统治的美国与英国就菲律宾群岛与北婆罗洲的边界线签订条约——《关于划定英属北婆罗洲与美属菲律宾之间边界的条约》（也称《美英条约》）。根据该条约，双方所划边界线的东面、北面及可能横穿该线的岛屿和岩礁，应属于菲律宾群岛。[2] 该条约确定的边界线建立在 1898 年美西《巴黎和约》边界线的基础上，是对后者的细化。该条约再次确认：菲律宾群岛的范围从地理上和法律上都不涉及南海诸岛。

在此基础上，美国准备的 1935 年《菲律宾宪法》的第 1 条，即规定菲律宾的领土范围为"包括美国与西班牙 1898 年 12 月 10 日缔结的《巴黎和约》中割让给美国的所有领土（其界限规定在该条约的第三条）、美国与西班牙 1900 年 11 月 7 日缔结于华盛顿的条约及 1930 年 1

———————————

[1] Cession of Outlying Islands of Philippines, Convention Signed at Washington November 7, 1900, Supplementing Article Ⅲ of Treaty of December 10, 1898, 31 Stat. 1942, Treaty Series, No. 345, https://www.loc.gov/law/help/us-treaties/bevans/b-es-ust000011-0623. pdf, last accessed on 30 September 2019. 该条约中文本参见《西班牙和美国为割让菲律宾外围岛屿的条约（1900 年 11 月 7 日）》，载《国际条约集（1872—1916）》，世界知识出版社 1986 年版，第 210—211 页。

[2] Treaty Series, Publication of Treaties and International Engagements registered with the Secretariat of the League of Nations, Vol. CXXXⅦ, 1933, No. 1, 2, 3 & 4, No. 3164, pp. 298-302, Art. 1 & 3.

月 2 日美国与英国缔结的条约中所包括的所有岛屿，以及现菲律宾群岛政府行使管辖权的所有领土"[1]。通过 1955 年克洛马提出"自由地"之说可知，南沙群岛中的有关岛屿既不是菲律宾根据条约确定的领土，也不属于当时"菲律宾群岛政府行使管辖权"的领土。1951 年的《美菲共同防御条约》再次确认了这一范围。[2] 很明显，规定美国协助菲律宾国防的条约不可能故意漏掉南沙群岛和中沙群岛。

在 1973 年《菲律宾宪法》第 1 条中，领土范围的修辞改为"包括菲律宾群岛，涵盖群岛内所有岛屿和环绕这些岛屿的水域，以及根据历史性权利或法律权利（by historic right or legal title）属于菲律宾的所有其他领土，包括领海、空气空间、底土、海床、岛架以及其他菲律宾拥有主权或管辖权的海底区域"[3]。就陆地领土方面来看，1973 年《菲律宾宪法》仍承继了 1935 年《菲律宾宪法》的规定。从菲律宾后来对南海诸岛部分岛屿提出领土要求看，菲律宾并不认为自己对这些岛屿有历史性权利或法律权利。因此，后来标志着菲律宾正式在南海进行领土扩张的 1978 年《第 1596 号总统令》[4]，对超出条约范围的所谓"卡拉延群岛"提出领土要求，不仅突破了三个条约确定的菲律宾群岛范围，也超越了此前两个版本的宪法。通过这种观察可以清楚看到，菲律宾的国家领土观实际上在数十年间发生了重要的转变，这种单方面的转变明显缺乏历史和国际法依据。

第三节　二战结束前后与日本有关的国际条约

1937 年，日本全面侵华。1939 年，日本先后攻占东沙群岛、西沙

---

[1] The 1935 Constitution（Philippines）, available at: http://www.gov.ph/constitutions/the-1935-constitution/, last accessed on 30 September 2019.

[2] See Mutual Defense Treaty between the Republic of Philippines and the United States of America, available at: http://www.chanrobles.com/mutualdefensetreaty.htm#.W69o6naBU3k, last accessed on 10 September 2018.

[3] Constitution of the Republic of the Philippines（1973）, available at: http://www.gov.ph/constitutions/1973-constitution-of-the-republic-of-the-philippines-2/, last accessed on 30 September 2019.

[4] Presidential Decree No.1596—Declaring Certain Area Part of the Philippine Territory and Providing for Their Government and Administration, available at: http://www.chanrobles.com/presidentialdecrees/presidentialdecreeno1596.html#.W69qrHaBU3k, last accessed on 10 September 2018.

群岛和南沙群岛，南海诸岛在二战期间落入日本的全面事实控制。在日本投降前后，一系列国际条约对日本侵占、窃占的领土进行了处理，其中亦有涉及南海诸岛的内容。这些条约在领土问题上的主要功能是使领土事实和法律上的地位恢复至被非法侵害前的"原状"。因此，严格来说，这些条约并非创立或变更领土权利，而是承认、确认原主权国的主权权利，排除日本的侵害行为。这些条约以及嗣后有关的国家实践一方面说明了中国对南海诸岛的领土主权，另一方面也证明了相关国家对中国领土主权的承认。

一、1943 年《开罗宣言》与 1945 年《波茨坦公告》

（一）1943 年《开罗宣言》

为推进二战的最后胜利，处理战后日本的若干问题，中、美、英三国于 1943 年 12 月 1 日签署《开罗宣言》。《开罗宣言》载明："三国之宗旨，在剥夺日本自一九一四年第一次世界大战开始以后在太平洋所夺得或占领之一切岛屿，在使日本所窃取于中国之领土，例如满洲、台湾、澎湖群岛等，归还中华民国。日本亦将被逐出其以武力或贪欲所攫取之所有土地……"[1]

在《开罗宣言》的议定过程中，英国代表认为，为保持宣言文字一致，应将美国提案的"归还中华民国"改为"由日本放弃"。然而在中美两方的反对下，《开罗宣言》的最后内容仍保留了"归还中华民国"的用语。[2]《开罗宣言》的意图非常明显，即将日本从中国窃取的一切领土归还给中国。因此，除东北四省、台湾、澎湖列岛外，日本实际侵占的中国南海诸岛亦当归还给中国。

（二）1945 年《波茨坦公告》

1945 年 7 月 26 日，为促使日本尽快投降，中、美、英三国又议定了《波茨坦公告》（苏联之后加入）。《波兹坦公告》通过其第 8 条规定进一步明确了对日本领土问题的处置："开罗宣言之条件必将实施，而日本之主权必将限于本州、北海道、九州、四国及吾人所决定其他

---

[1]《中美英三国开罗宣言》，载《中国近代对外关系史资料选辑（1840—1949）》，上海人民出版社 1977 年版，第 202 页。

[2] 参见陈志奇编：《中华民国外交史料汇编》，台湾渤海堂文化公司 1996 年版，第 6029—6035 页。该书收录了 1912—1945 年中国的外交史料。

小岛之内。"[1]

考察《开罗宣言》全文可得知，《波茨坦公告》第8条所称的"开罗宣言之条件"必然包括"三国之宗旨"，要求日本将从中国所窃取之领土悉数归还。中国享有主权的东沙群岛、西沙群岛和南沙群岛，均在1939年后被日本侵占并实际控制，明显属于该项情况。

（三）《开罗宣言》和《波茨坦公告》的法律性质及后续实践

对于《开罗宣言》和《波茨坦公告》这两个文件的国际法律性质，国际上存在一些争议。质疑者主要认为：《开罗宣言》《波茨坦公告》属于政治文件而非国际条约，因而不具有国际法上的拘束力。虽然"宣言""公告"是政治性国际文件的常用名称，但这并不能成为否认两个文件属于国际条约的理由。1969年《维也纳条约法公约》第2条第1款甲项中就明确指出，条约的性质不论其特定名称为何，这一规则也是习惯国际法所认可的。判断一个国际性文件是否属于条约，应适用"主观意图"法，即通过考察拟定国际文书时所有各方的主观意图来确定该文书的法律性质。[2] 参加开罗会议的各国元首对战后日本处置等重要问题做出具体的规定，并有各代表的签署，且对条款和用语的字斟句酌，体现了各国受拘束的意图，这使得《开罗宣言》体现出较强的条约性质；《波茨坦公告》的情况也类似，且其"条件必将实施"等用语体现出了更强的法律拘束意图。事实上，日本在1945年9月2日的投降书载明："我们兹担承天皇、日本国政府及其继承者忠实实行波茨坦公告的各项条文，并颁布盟国最高统帅所需要的任何命令及采取盟国最高统帅所需要的任何行动，或者实行盟国代表为实行波茨坦公告的任何其他指令"[3]，表明日本接受该公告之拘束力。这也从侧面体现了当时各国对该公告性质的判断。因此，应当认为这两个文件都是国际条约，它们规定了有关的国际法权利义务，具有国际法上的拘束力。

---

〔1〕《美英中促令日本投降之波茨坦公告》，载《中国近代对外关系史资料选辑（1840—1949）》，上海人民出版社1977年版，第283页。

〔2〕参见伍俐斌：《从"主观意图"论〈开罗宣言〉和〈波茨坦公告〉的国际条约性质——纪念世界反法西斯战争和中国人民抗日战争胜利70周年》，载《太平洋学报》2015年第9期，第5页。

〔3〕《日本无条件投降书》，载《中国近代对外关系史资料选辑（1840—1949）》，上海人民出版社1977年版，第287页。

这两个条约签署后的国家行为，印证了中国对这些文件的有关解释。在 1945 年 8 月 15 日日本投降后，侵占西沙群岛和南沙群岛的日本驻军也宣布投降并撤出。[1] 1946 年 9 月 2 日，国民政府发出有关接收南海诸岛的训令，开始筹备相关事宜；1946 年 11—12 月，中国舰队相继到达西沙群岛和南沙群岛，并分别在永兴岛和太平岛上举行接收仪式，或立碑、鸣炮、升旗，或设立管理处、确定行政管辖区划；1947 年，中国舰队进驻东沙群岛，完成了对南海诸岛的接收。另外，自 1947 年起，国民政府在重新进行地理调查的基础上，开始系统地绘制南海诸岛地图，重新核定、公布各岛的地名，实施调查、巡视、边防等主权行为。[2]

二、1951 年"旧金山和约"

从严格意义上说，1951 年"旧金山和约"[3] 在国际法上对中国没有法律效力，因为中国并非缔约国。在冷战的背景下，美英违背其在《开罗宣言》和《波茨坦公告》中的承诺，没有邀请作为对日作战盟国主要成员的中国参加。[4] "旧金山和约"是美英等国家单独对日媾和的条约，因此这一"和约"本身存在重大瑕疵。

根据"旧金山和约"第 1 条与第 25 条，"日本与各联盟国之战争状态，依据本条约第 23 条之规定，为自日本与各联盟国之条约生效日起结束。联盟国承认日本与其领海之日本国民之完全主权"，"本条约所谓之联盟国，谓与日本进行战争之国家，或依据第 23 条所列举先前为该国一部分领土的国家，而此国家已经签署并批准本条约者"。就中日关

---

[1]　"1945 年 8 月 15 日日本宣布无条件投降后，侵占西沙、南沙群岛的日本驻军于 8 月 26 日宣布投降。盟军最高统帅部发布命令，在越南北纬 16 度以北，包括西沙群岛在内的日军向中国战区司令投降。中国战区司令同时命令已从南沙群岛自动撤退到海南榆林港的日军向驻扎在此的中国驻军投降。"张良福：《试论第二次世界大战结束及抗日战争胜利后的西沙、南沙群岛处理问题——从历史事实和国际法分析西沙、南沙群岛主权属于中国》，载《中国国际法年刊（2015）》，法律出版社 2016 年版，第 84 页。

[2]　参见韩振华主编：《我国南海诸岛史料汇编》，东方出版社 1988 年版，第 181—192 页。

[3]　Treaty of Peace with Japan（with two declarations），Art. 2，（Signed at San Francisco, on 8th September, 1951），136 U. N. T. S. 45，（No. 1832，1952）．

[4]　《中美英三国开罗宣言》，载《中国近代对外关系史资料选辑（1840—1949）》，上海人民出版社 1977 年版，第 202 页。

系而言，中日之间的战争状态并未因"旧金山和约"的签署而结束。

由于中国没有参加旧金山和会且并非"旧金山和约"缔约国，越南和菲律宾等试图借此对"和约"有关条款做出有利于自己的解释。越南称，"和约"规定日本放弃对于西沙群岛和南沙群岛的一切权利、权利基础和主张，实际上是确认了越南对此拥有领土主权，且越方主张在和会上没有招致任何反对；而菲律宾则认为，"和约"条文仅规定日本放弃权利而未规定权利归属造成南沙群岛实际上处于无主地状态。这些解释均缺乏事实基础，更多是主观臆断，违背条约解释规则。

首先，从"和约"谈判背景来看，早在其签署前，中国外交部长周恩来就于1951年8月15日发表声明，谴责美英"对日和约草案"破坏了《开罗宣言》、《雅尔塔协定》和《波茨坦公告》中的协议："草案又故意规定日本放弃对南威岛和西沙群岛的一切权利而亦不提归还主权问题。实际上，西沙群岛和南威岛正如整个南沙群岛及中沙群岛、东沙群岛一样，向为中国领土，在日本帝国主义发动侵略战争时虽曾一度沦陷，但日本投降后已为当时中国政府全部接收。中华人民共和国中央人民政府于此声明：中华人民共和国在南威岛和西沙群岛之不可侵犯的主权，不论美英对日和约草案有无规定及如何规定，均不受任何影响。"[1]该声明指出一个基本事实，即在二战日本投降后，中国已完成了对西沙群岛和南沙群岛的接收，恢复了对两个群岛的主权和有效控制。因此，无论"旧金山和约"对此有无规定及如何规定，中国对西沙群岛和南沙群岛的领土主权均不受影响。

从"和约草案"谈判过程来看，1950年10月26日美国国务院向苏联驻安理会代表提交的"对日和约备忘录"未涉及西沙群岛和南沙群岛；1951年4月5日美国公布的"对日和约草案"仅规定"日本放弃对朝鲜、台湾及澎湖列岛的一切权利、权利上的根据与要求"[2]，没有提及西沙群岛和南沙群岛。实际上，直到1951年7月12日美英公布经修正的"对日和约草案"以及最后公布的"旧金山和约"，才专门提及西沙群岛和南沙群岛。其中的变化耐人寻味。

在经修正的草案中，最大的变化是对4月5日草案涉及领土问题的第3条进行了扩充，增加了涉及西沙群岛和南沙群岛的内容："第二

---

〔1〕《中华人民共和国对外文件集》（第二集），世界知识出版社1958年版，第30—32页。
〔2〕《美国片面制定〈对日条约草案〉》，载《人民日报》1951年4月22日，第1版。

章 领土 第二条……乙、日本放弃对台湾及澎湖列岛的一切权利、权利根据与要求……己、日本放弃对南沙群岛和西沙群岛之一切权利、权利根据与要求。"[1]这是"对日和约"有关文件中首次提及西沙群岛和南沙群岛。根据法国有关档案记载，约文仅规定日本放弃对于西沙群岛和南沙群岛的权利，但不对日本放弃之后有关领土单位的归属做出规定，这是出自法国的主意。这说明，当时法国作为越南殖民统治当局，并没有积极地为法国或者越南争取权利，也没有把对其更有利的用语写入"和约"。

至于越南称在会议上越方代表团发言提出对西沙群岛和南沙群岛的领土要求而未遭遇与会国家的反对，这是对一个简单的事实进行歪曲解说。实际情况是，越方发言只是表明立场，由于无须经过会议表决通过程序，根本没有国家予以理会。这一情况不说明任何问题，不具有任何证明价值。

对于"旧金山和约"有关条款，不仅作为中国唯一合法代表的中华人民共和国政府表明了态度，中国台湾当局也持有与大陆法律上接近的立场。中国台湾当局代表叶公超就"对日和约"问题与美方进行交涉时认为："团沙群岛（南沙群岛），我向认系我国领土。日军既系1939 年 4 月占领并将其划归台湾高雄县管辖，但投降后，即由我派舰接收，并经我划归广东省管辖。日军之占领，我似宜视为战时占领性质，故无须日本在和约内放弃。再，菲、法两国，对该群岛现仍觊觎，将其加入（和约）第三条，不但无必要，且将招致纠纷。"[2]因此，中国台湾当局没有就此向美国提出修改和约草案相应条款的要求。

"旧金山和约"第二章第 2 条约文如下：

> 甲、日本承认朝鲜之独立，并放弃对朝鲜包括济州岛、巨文岛及郁陵岛在内的一切权利、权利根据与要求；
>
> 乙、日本放弃对台湾及澎湖列岛的一切权利、权利根据与要求；
>
> 丙、日本放弃对千岛群岛及由于 1905 年 9 月 5 日朴资茅

─────────────

[1]《美英对日和约草案》，载《人民日报》1951 年 8 月 16 日，第 4 版。

[2]《顾维钧回忆录》（第九分册），中国社会科学院近代史研究所译，中华书局 1989 年版，第 63 页。

斯条约所获得主权之库页岛一部分及其附近岛屿之一切权利、权利根据与要求；

丁、日本放弃与国际联盟委任统治制度有关之一切权利、权利根据与要求，并接受 1947 年 4 月 2 日联合国安全理事会将托管制度推行于从前委任日本统治的太平洋各岛屿之措施；

戊、日本放弃对于南极地域任何部分的任何权利、权利根据或利益之一切要求，不论其是由于日本国民之活动，或由于其他方式而获得的；

己、日本放弃对南威岛及西沙群岛之一切权利、权利根据与要求。[1]

除此以外，"旧金山和约"并没有对领土问题做出规定或对主权问题进行解释的条款。因此，如果菲律宾关于"无主地"的观点成立，那么上述 6 款用语，均应做相同或类似的解释，即 6 款提及的领土单位均系"地位未定"或"无主地"。显然，这是十分荒谬的。根据条约解释规则，正确的解释方法是善意、以不违反其他国际法的方式对条约约文做出解释。结合构成旧金山和会及"和约"依据的《开罗宣言》《波茨坦公告》等国际法律文件，以及战后中国接收西沙群岛和南沙群岛，在事实上和法律上恢复中国对两个群岛主权和实际管辖的事实，不难看出，"旧金山和约"第二章第 2 条关于西沙群岛和南沙群岛的条款不仅规定了日本"放弃"有关权利，而且鉴于两个群岛当时已在中国的领土主权控制之下，因此无须"和约"对此再做规定。

值得注意的是，"旧金山和约"第 8 条甲款规定："日本承认盟国自 1939 年 9 月 1 日起为终止战争状态所定条约之完全效力，亦承认盟国为恢复和平之安排。"[2]中国毫无疑问是盟国成员，而其与日本在 1939 年 9 月 1 日后签订的终止战争的条约效力应得到承认。该条约的

---

〔1〕 Treaty of Peace with Japan（with two declarations），Art. 2，（Signed at San Francisco, on 8th September, 1951），136 U. N. T. S. 45，（No. 1832, 1952），at 48-50. 中文翻译来自张良福：《试论第二次世界大战结束及抗日战争胜利后的西沙、南沙群岛处理问题——从历史事实和国际法分析西沙、南沙群岛主权属于中国》，载《中国国际法年刊（2015）》，法律出版社 2016 年版，第 94 页。

〔2〕 Treaty of Peace with Japan（with two declarations），Art. 8，（a），（Signed at San Francisco, on 8th September, 1951），136 U. N. T. S. 45，（No. 1832, 1952），at 54.

效力不仅是字面所示的"日本承认"，从条约有效性的角度看，该条约也是其他缔约方应当尊重的，只要该条约不违反"旧金山和约"本身。对于中日双方来说，该条约即为 1978 年 8 月 12 日签署的《中华人民共和国和日本国和平友好条约》（以下简称《中日和平友好条约》）。该条约序言明确指出："确认上述联合声明是两国间和平友好关系的基础，联合声明所表明的各项原则应予严格遵守。"[1]而 1972 年《中华人民共和国政府和日本国政府联合声明》（以下简称《中日联合声明》）第 3 条又规定：日本"坚持遵循波茨坦公告第八条的立场"[2]。从以上的分析来看，尊重《波茨坦公告》第 8 条与"旧金山和约"第 2 条没有冲突，是可以互补构成一个整体的、一致的解释。由此看来，日本遵守 1972 年联合声明，不仅是政治上的义务，这种义务被具有法律拘束力的《中日和平友好条约》转化为法律上的义务。同时，根据"旧金山和约"第 8 条之规定，这一义务不仅应得到日本的承认，也理应得到"旧金山和约"其他缔约国的尊重。

三、1952 年所谓"日台和约"

上述对"旧金山和约"的解释也被和约嗣后的实践所证实。1952年，日本与台湾当局签订所谓的"日台和约"，其中第 2 条规定："兹承认依照公历一千九百五十一年九月八日在美利坚合众国金山市签订之对日和平条约第二条，日本国业已放弃对于台湾及澎湖群岛以及南沙群岛及西沙群岛之一切权利、权利名义与要求。"[3]在此需要说明，尽管中华人民共和国政府自 1949 年起已取代国民党政府成为中国在世界上的唯一合法代表，但在冷战背景下，日本把当时的中国台湾当局视为中国的代表，并且与之签订"双边"和平条约，日本确认放弃台湾、澎湖列岛、西沙群岛和南沙群岛。结合"旧金山和约"涉及领土

---

〔1〕《中华人民共和国和日本国和平友好条约》，载《人民日报》1978 年 8 月 13 日，第3 版。条约中所指联合声明，即 1972 年 9 月 29 日中华人民共和国政府和日本国政府在北京发表的联合声明。

〔2〕《中华人民共和国政府和日本国政府联合声明》，载《人民日报》1972 年 9 月 30 日，第 1 版。

〔3〕张良福：《试论第二次世界大战结束及抗日战争胜利后的西沙、南沙群岛处理问题——从历史事实和国际法分析西沙、南沙群岛主权属于中国》，载《中国国际法年刊（2015）》，法律出版社 2016 年版，第 96 页。

处置共 6 项条款，"日台和约"将其中 2 项条款，即乙（B）款和己（F）款写入日台"双边"和平条约，而没有把其他 4 项领土条款写入，无疑是确认仅两项领土条款与中国有关，这里不仅是毫无疑问地确认中国对台湾和澎湖列岛的领土主权，而且毫无疑问地确认了中国对西沙群岛和南沙群岛的领土主权。

越南等一些国家学者认为，"日台和约"有关条款只是对"旧金山和约"的简单复制，不能体现中国对西沙群岛和南沙群岛的主权。[1]这种说法是完全站不住脚的。尽管"日台和约"和"旧金山和约"两项条约案文是相同的，均规定日本放弃权利而没有说明日本放弃后权利归属，但是有关文字在多边条约和双边条约中的意义是不一样的，继"旧金山和约"之后，"日台和约"通过条约的双边性质明确地确认日本放弃有关领土具有双边性质，被放弃的领土单位归属指向缔约国另一方即中国。结合日本战时侵略中国西沙群岛、南沙群岛的情况，从《开罗宣言》《波茨坦公告》，到"旧金山和约"，再到"日台和约"，台湾及澎湖列岛、西沙群岛和南沙群岛构成日本"窃取"并理应归还中国的领土这一理念一脉相承。

事实上，中国台湾当局在其拟定的"条约草案"中，已经将有关南沙群岛和西沙群岛条款的顺序改换，放到了有关台湾与澎湖列岛条款之后，并删去除朝鲜外涉及其他国家的领土条款（第二条丙款明确"日本国承认朝鲜独立，放弃对朝鲜包括济州岛、巨文岛及郁陵岛之一切权利、权利根据与要求"[2]）；而在谈判达成的"和约"最终文本中，为避免歧义，双方将承认朝鲜的条款删除，并将日本放弃台湾、澎湖列岛条款和日本放弃南沙群岛、西沙群岛条款合二为一，构成单独的第 2 条。[3]中国台湾当局与日本在"和约"中的意图是十分明确的。而且，由于美国是双方和谈的真正推手，这种意图亦为美国所完全知晓并接受。

---

〔1〕 See Hong Thao Nguyen, "Vietnam's Position on the Sovereignty over the Paracels and the Spratlys: Its Maritime Claims", *Journal of East Asia and International Law*, Vol. 5, 2012, p. 187.

〔2〕 《附录十五 中国政府所拟"中华民国"与日本国和平条约草案全文：1952 年 2 月初递交河田烈》，载《顾维钧回忆录》，中国社会科学院近代史研究所译，第 721 页。

〔3〕 参见《附录十六"中华民国"与日本国和平条约（最后文本）》，载《顾维钧回忆录》（第九分册），中国社会科学院近代史研究所译，第 732—733 页。

对于"旧金山和约"和"日台和约"，中国政府曾明确表示反对，并否认两者对其有任何法律效力。因此，无论"旧金山和约"还是"日台和约"，它们对于中国而言，并不构成国际法上有效的法律文件。但是，两个"条约"有关条款结合签订前后有关背景，其客观上构成对中国同时拥有台湾和澎湖列岛、西沙群岛和南沙群岛的法律事实认定，作为事实认定的证据材料具有重要意义。"旧金山和约"和"日台和约"的有关条款说明，台湾和澎湖列岛构成中国领土不可分割的组成部分，这是不证自明的。同理，西沙群岛和南沙群岛同样构成中国领土不可分割的组成部分。如果把"旧金山和约"和"日台和约"所体现的日本政府对有关问题的立场，同战后初期日本及世界主要国家出版的地图将西沙群岛和南沙群岛标注为中国领土等其他证据材料结合起来，则可以形成一个完整的证据链。

需要说明的是，中国政府不承认"日台和约"所针对的是中国台湾当局作为中国唯一合法代表的资格及缔约能力，并没有否定日本确认根据《开罗宣言》和《波茨坦公告》向中国归还此前非法"窃取"的中国领土，包括台湾和澎湖列岛、西沙群岛和南沙群岛的法律义务以及业已归还的事实。对于这一事实，中日此后还在1972年《中日联合声明》和1978年《和平友好条约》中正式予以确认，其中1972年《中日联合声明》第3条规定：日本"坚持遵循波茨坦公告第八条的立场"。

四、总结与回应

从越南和菲律宾的官方声明和学者著述看，其对相关条约的论点、论据都是相似的，只不过最后指向了不同的结论，其论点可以概括为：（1）与英美某些观点不同，越、菲方不直接反对《开罗宣言》和《波茨坦公告》的条约性质，而是认为二者都没有提到要将西沙群岛和南沙群岛交还中国；（2）旧金山和会并未邀请中国，中国也没有成为"旧金山和约"的缔约国；（3）越南在会上提出对两群岛的主权声明，未受到与会国反对；（4）苏联提议的将西沙群岛和南沙群岛归还给中华人民共和国的提案被会议投票否决；（5）"旧金山和约"第2条将台湾、澎湖列岛分列，而且并未指明归还的对象。综合以上观点，越南认为，"旧金山和约"已经将西沙群岛和南沙群岛归还给越南；而菲律宾则认为，日本对南沙群岛的权利已经由该"和约"放弃，南沙群岛成了法律上的无主地。

根据关于条约解释的 1969 年《维也纳条约法公约》第 31 条第 1—3 款（该条规定亦已成为习惯国际法），条约应按上下文来解释，而且除了约文，还应包括"全体当事国间因缔结条约所订与条约有关之任何协定"，并应"与上下文一并考虑者亦包括适用于当事国间关系之任何有关国际法规则"。根据以上对《开罗宣言》《波茨坦公告》的分析，结合中国对西沙群岛、南沙群岛的主权主张和日本在战时对两群岛进行侵占的事实，西沙群岛和南沙群岛在二战后从法律上业已归还给中国，而且这一解释同样约束英美两国。而后，同"旧金山和约"与"日台和约"形成的"条约群"进行系统性、整体性的解释，不难得出两群岛在这一系列条约中的真正归属是中国。

最后，作为对越、菲观点的一般性回应，有必要提及"旧金山和约"的历史背景。虽然在国际法上，这种历史资料可能无法成为解释条约的权威材料，但它对澄清事实有重要的作用，不可不察。曾任国际法院法官顾维钧先生，在其回忆录中详细记录了旧金山会议召开前到对日和约签订期间，台湾当局与美国的艰苦周旋。[1] 不难看出，两岸分裂以及英美集团势力的交锋是整个事件的根本原因。由于当时美国承认中国台湾当局为中国的合法代表，而英国等国已经对中华人民共和国中央人民政府进行了政府承认，因此在参会问题上，两方争执不下，导致中华人民共和国政府和中国台湾当局都没有被邀请的尴尬局面。中国台湾当局从向美国要求作为盟国参会缔约，到坚持要在"旧金山和约"前签订所谓"中日"双边和约明确其地位，到最后不得不答应在"旧金山和约"签订后与日本谈判签署"日台和约"，这一过程充分体现了当时国际政治之复杂态势。

英美之所以着急签订"旧金山和约"，是为了尽快将日本"正常化"，以开展政治和经济交往，同时避免苏联在盟军委员会中的干扰；"旧金山和约"之所以不明确台湾和澎湖列岛的归还对象，是美国担心写明归还中国后会导致"一个中国"得到承认，而使自己失去在台湾海峡布置舰队的法律依据和政治借口；之所以不明确千岛群岛和库

---

[1] 参见《顾维钧回忆录》（第九分册），中国社会科学院近代史研究所译，中华书局 1989 年版，第 1—320 页。

页岛的归还对象，是由于苏联的不合作、不参加态度，以及其对台湾、澎湖列岛条款的影响，所以，"旧金山和约"的最后文本迫不得已统一采取了不提及归还对象的做法。

如此一来，许多难以解释的法律问题的背后缘由也就十分清楚了。在西沙群岛和南沙群岛地位一款中，写入任何有关中国的条款几乎都无可能：如写入"中国"，则会影响台湾和澎湖列岛一款，导致美国当时不愿意接受的"一个中国"立场写入条约并得到确认；而无论是写入"中华民国"还是"中华人民共和国"，都会受到支持另一政府的部分势力的明确反对。30 多年后，越南罔顾历史、借题发挥，把有关情况说成是否决将西沙群岛和南沙群岛交还给"中华人民共和国"的提案，是否定中国对西沙群岛和南沙群岛的主权，这是完全缺乏历史和事实根据的。菲律宾认为"旧金山和约"相关条款将南沙群岛和西沙群岛变为无主地，同样是无稽之谈。

第四章　国际法上的承认、默认、禁止反言与南海诸岛领土争议

从领土取得的国家实践和司法实践来看，除了传统国际法认可的领土取得方式和日益受到司法实践青睐的有效控制规则，还存在一些重要的国际法制度，它们会影响领土取得规则的适用，甚至可能创设新的领土权源。一方面，他国对某国特定领土行为的承认、默认，会对该领土主权的形成产生重要影响；另一方面，通过禁止反言原则，国际司法或仲裁机构可以排除有关国家行为和所提交证据的法律效力。本章将结合国际法有关制度和规则分析南海岛礁主权争议问题。

第一节　国际法上的承认、默认概念与禁止反言原则

一、第三方国家的承认

第三方国家的承认，指的是不对特定领土提出主权要求、属于争端第三方的国家，对领土争端其中一方的领土取得行为或权利地位的接受或认可态度。这种承认在领土取得制度中处于何种地位，有何种法律效果，这些问题一直没有十分确切的答案。

仅从构成要件上看，其他国家的承认并不是传统领土取得模式或有效控制规则中的要素。其实，先占、时效和有效控制规则中所要求的占有或控制，都需要持续而平稳的主权行使。持续而平稳不仅意味着没有相应的竞争性的主权要求，也暗示不应该有其他国家的抗议和挑战。因此，主权行使暗含一种消极"承认"的要求。不过，传统领土取得方式和有效控制规则确实没有提到其他国家的积极承认的情况，也没有对承认的作用进行系统的分析。而最近几十年来逐渐发展的历

史性权利及其巩固的理论，一定程度上弥补了这方面的缺憾。

国际法上的历史性权利理论最早在海洋法领域被提出。在 1951 年的英挪渔业案中，国际法院认可了历史性权利这一概念。历史性权利理论的代表学者布鲁姆（Yehuda Blum）教授认为，历史性权利是"由一系列行为及行为模式构成的长期过程的产物，这一过程通过累积效果，从整体上形成了一种历史性的权利，并将其逐步巩固成国际法上有效的权利"[1]；1962 年国际法委员会的研究报告——《包括历史性海湾在内的历史性水域法律制度》中指明对海域的"历史性权利"至少要达到三个要求，包括对区域的主权行使、主权行为的持续性以及外国国家的态度。[2] 这些早期成果奠定了领土法上历史性权利及其巩固理论的基础。

英国学者马尔科姆·肖教授认为，历史性权利巩固的理论即是"倘无抗议，则和平占领配以管理行为可以根据'历史性整合'确立权利的基础"[3]。在该理论的支持者看来，历史性权利的形成和巩固需要得到国际社会的认可。国际社会的认可一般指的是大多数国家对一国针对领土行使主权的明示承认或默认。在其他条件相同的情况下，对主权行使认可的国家越多，历史性权利的巩固就越充分，就越接近于绝对意义上的领土主权。[4] 反之，对此进行正式反对或抗议的国家越多，历史性权利往往难以形成。在白礁岛、中岩礁和南礁领土主权案中，虽然马来西亚提交的证明其对白礁岛的原始（远古）主权的证据较弱，但国际法院结合其主权行使以及周边国家未表示反对的事实，支持了马来西亚的原始主权主张。[5] 这一认定可以视为该理论的一次实践。因此，在历史性权利理论中，其他国家的承认起着重要的构成

---

〔1〕　Yehuda Z. Blum, *Historic Titles in International Law*, 1st edtion, Martinus Nijhoff, 1965, p. 335.

〔2〕　See Juridical Regime of Historic Waters Including Historic Bays—Study Prepared by the Secretariat, U. N. Doc. A/CN. 4/143, *Yearbook of the International Law Commission*, Vol. Ⅱ, 1962, p. 13, paras. 80-81.

〔3〕　［英］马尔科姆·N. 肖：《国际法》（第六版），白桂梅、高健军、朱利江、李永胜、梁晓晖译，北京大学出版社 2011 年版，第 410 页。

〔4〕　See Georg Schwarzenberger, "Title to Territory：Response to a Challenge", *American Journal of International Law*, Vol. 51, No. 2, 1957, p. 311.

〔5〕　See Pedra Branca/Pulau Batu Puteh Case, Judgment, I. C. J. Reports, 2008, pp. 35-36, paras. 62-66.

功能，是形成和巩固领土历史性权利的主要考量因素之一。在案件中运用历史性权利巩固的理论时，司法机构可以根据其他国家的承认与其他要素的综合，确立一国的历史性权源，而且承认的程度越高、范围越广，该历史性权利也就越充分，并导致形成历史性的或初始的主权。

从上述分析可以看出：首先，其他国家的承认并不是一种权源，不能结合不同领土的情况确定其主权归属情况，更不能单独作为领土主权确立的根据。其次，承认需要达到的标准也不甚清晰。在历史性权利巩固理论中，其他国家承认所要求达到的数量、质量、时长等也没有具体的要求。最后，历史性权利及其巩固的理论还在发展完善中，适用范围十分有限。因此，我们目前还不能认为国际社会或其他国家的承认是国家取得领土主权的必要条件。正如詹宁斯教授认为的，"不论所有这些历史性逐渐强化因素多么重要，占有的事实最终仍然是基础，并且是历史性逐渐强化过程的必要条件"[1]，"国际社会的承认"难以作为一个具有操作性的要素。

那么，在当代的国际法语境下，如何看待第三方国家承认的一般作用？詹宁斯教授认为，其他国家承认是建立领土主权的重要证据，"因为普遍承认在有关陆地领土上的权利问题一直是一个重要因素"[2]。将其他国家的承认作为一项特别考察的证据，有利于客观妥当地处理国际社会的态度在领土主权形成中的作用。尽管国际司法和仲裁机构极少单独讨论其他国家承认的作用，而是综合所有国家的承认、默认情况进行考察，但综合学者意见和司法实践来看，最关键和首要的证据仍然是主权的行使。当现有证据证明各争端方的主权行使和控制程度相近时，有关他国承认的证据就可能发挥作用，将被用以确定主权行使得到国际社会更多认可的一方。

二、相关争端方的承认与默认

相关争端方的承认或默认，指的是作为领土争端方的一国对另一

---

[1] Robert Jennings, *The Acquisition of Territory in International Law*, Manchester University Press, 1963, p. 26.

[2] Robert Jennings, *The Acquisition of Territory in International Law*, Manchester University Press, 1963, p. 25.

争端方的主权行使行为的明示或默示的认可。相比于前述的"其他国家的承认",当事国的明示承认与默示承认（默认）在国际法上有更清晰的规则和更丰富的实践。承认与默认是国际法上的基本概念,几乎存在于国际法的各领域中,国际司法和仲裁机构也十分重视争端各方存在的承认与默认情况。

在国际生活中,国家常对不同事项,尤其是具有国际法律意义的事务进行表态,这种表态既可以通过政府文件和政府人员发言等文字、语言方式进行,也可以通过国家具体的行政、司法等行为方式完成;这种表态可以通过明示或默示的方式进行。当表态的内容是对某些事项或情况的认可时,这也就是一般所说的承认或默认。承认和默认虽然表现形式不同,但都是表示认可,具有相同的法律效果。

在国际法理论和实践中,明示的承认由于有具体明确的表意对象和内容,而且一般较清楚地表达了国家的态度和期望的效果,因此争论不大。而在默认问题上,有几个重要而富有争议的问题:什么国家行为构成默认? 如何区分默认和没有法律意义的无反应? 如何确认国家在特定问题上的意图? 因此,本章将集中探讨领土法上的默认。

在缅因湾区域海洋边界划界案中,国际法院认为,默认是"通过单方行为表达的默示认可,且可以被另一方理解为同意"[1],默认必然是针对某种新近发生的事实和情况而言的。一国若不对其他国家对领土实施的主权行为进行回应,就可能陷入某种不利的法律地位。因此,出现默认的前提条件是产生了特定的事由。国际法院在白礁岛、中岩礁和南礁领土主权案的判决中就认为:"沉默也可以表达相应的意思,但只有在另一方的行为要求做出回应的情况下,一方的沉默才可能构成默认。"[2]

在国际司法实践中,默认是围绕"国家应当回应而未回应"的逻辑展开的。在柏威夏寺案中,国际法院认定存在默认,是"将事件作为一个整体来看待……因为在面对一个明确的相反主张、需要进行回应以

---

〔1〕　Delimitation of the Maritime Boundary in the Gulf of Maine Area, Judgment, I. C. J. Reports, 1984, p. 305, para. 130. ［hereinafter Gulf of Maine Case］

〔2〕　Pedra Branca/Pulau Batu Puteh Case, Judgment, I. C. J. Reports, 2008, pp. 50-51, para. 121.

确认和保留主权权利的时候，暹罗没有通过任何方式进行回应"[1]。对默认的认定，"必须由该行为及相关事实清楚无疑地证明"[2]。由于涉及国家核心利益和国际秩序，对领土主权行为的默认需要足够严格的认定标准。一般认为，一国的行为要构成默认，需要满足以下四个构成要素。

（一）对他国有关行为知情或应当知情

为了对他国的主权行使或其他涉及领土主权的行为进行回应，一国必须先对该行为知情，或有一般知情的可能性。这与对主权行使的公开性要求是相对应的。公开性要素只要求国家不以秘密形式进行有关的主权活动，要求有关活动能成为一种"展示"（display），而不要求国家积极向外宣布、告知自己的主权行为。具体而言，一国的政府或军队保密文件、秘密军事行动等，只要在行为发生当时是难以被一般地获知的，就不满足公开性的要求，除非另有证据证明有关国家的知情。例如，在白礁岛、中岩礁和南礁领土主权案中，国际法院就认为，马来西亚和新加坡提供的一些军队文件是在案件提交后才公开的，因此不应予以考虑。但在并非故意掩饰其行为或执行秘密行动的情况下，主权行为并不需要向有关国家通告，这点得到了帕尔马斯岛仲裁案裁决的支持[3]。同时，领土自身的情况也可能影响对"应当知情"的判定。在岛屿地理位置偏远、人烟稀少和缺乏利用价值的情况下，知情的难度更大、可能性更小，国际司法机构此时也不会轻易认定默认的存在。另外，随着科学技术的不断发展，认定"知情或应当知情"的标准也可能相对降低，这要求国家更密切地关注涉及自身领土主权核心利益的事态发展。

（二）他国的有关行为需要予以回应

并非所有可能涉及领土主权的行为和情况都需要国家的回应。从国际司法案例来看，有关的行为应该明确针对特定领土，明显表现出行使主权的意图，即有可能发生领土取得的法律效力时，才要求有关国家做出明确的回应。首先，如果国家行为本来不被认为具有领土取

---

[1]　Case Concerning the Temple of Preah Vihear (Cambodia v. Thailand), Merits, Judgment, I. C. J. Reports, 1962, pp. 30-31. [hereinafter Temple of Preah Vihear Case]

[2]　Pedra Branca/Pulau Batu Puteh Case, Judgment, I. C. J. Reports, 2008, p. 51, para. 122.

[3]　See Island of Palmas Case, Award, 1928, R. I. A. A., 2006, p. 868.

得的效力，则不需要对其做出回应。一般情况下，在岛屿上或周围建立助航设施、进行油气开发和捕鱼等行为，都不被视为控制行为，不存在回应的必要。[1]　其次，有关行为应该明确针对或明显包括涉案领土，否则国家的不回应也不应视为默认。在利吉丹岛与西巴丹岛主权争端案中，印度尼西亚认为英国对其与荷兰签订条约的一份备忘录地图没有做出回应，而这份地图上画有边界线的一条延伸线，将两个涉案岛屿划归到了荷兰一边，因而英国的行为构成了默认。然而，国际法院在考察后认为，有关文件不能体现处理两岛主权问题的明显意图，也没有明确指出两岛，因而不能认为英国对两岛主权归属进行了默认。[2]　最后，有关行为的影响力越大、传播范围越广，国家对其进行回应的必要性和紧迫性就越高。

（三）具有回应的可能性

即便一国对他国行使主权的行为知情，其仍然可能缺乏回应的能力或可能性。尤其是当一国处在被胁迫、被侵略或处于战争状态时，其可能缺乏进行回应的期待可能性。这样的情况目前尚未在国际司法和仲裁实践中得到详细探讨。相反，如果一国有多次机会对领土主权问题表明态度，而又未把握这些机会进行回应，则很可能被认为构成默认。

（四）未能及时做出回应

当满足以上三个条件，而在一定时间内不能做出有效的回应时，一般就足以构成默认。此处的回应，一般指的是由国家提出的有效抗议，这种抗议足以否定建立有效控制的"和平性"要求。这种回应一般应满足四个要求。

首先，这种抗议应该由国家提出，或者可以归因于国家。其次，抗议应该具体明确且有针对性，并一般需要有法律或事实上的理由，泛泛反对某类行为，或者不以相反的领土主权主张为由提出的抗议，可能不足以产生领土法上的对抗效果。再次，抗议应该及时做出。虽然"及时"难以进行量化，但明显超出合理期间的抗议将失去应有的

---

[1] 这是针对领土主权问题而言的，而随着《联合国海洋法公约》的生效和海洋法的发展，绝大多数国家就海洋权利问题对有关行为做出回应，包括外交抗议或执法等。

[2] See Pulau Ligitan and Pulau Sipadan Case, Judgment, I. C. J. Reports, 2002, pp. 648-650, paras. 44-48.

效力。例如，在白礁岛、中岩礁和南礁领土主权案中，对新加坡从1920 年开始的在白礁岛领海内的海难调查行为，马来西亚直到 2003 年才进行抗议[1]，就明显超出了合理的期间。最后，根据不同情况，抗议的形式和程度要求可能也有所不同。抗议应该至少是正式的外交抗议，并且可能有相应的立法和执法行为，以与对方实施的主权行为进行合法的、非暴力的抗衡。如果对方的主权行使行为是持续的，抗议也应该保持，而不能只有少数几次。必要时，国家还可以将争端提交国际组织或机构，推动政治或法律手段的争端解决，以明确国家自身的法律主张。[2]

如果一国的行为或言语被认为构成承认或默认，可能产生以下三种法律效果。

（1）承认和默认有可能进一步发展构成禁止反言，在司法程序中产生阻却承认国或默认国所提出证据的证据效力，削弱其法律主张的效果。当然，承认和默认并不等于禁止反言，而只是构成禁止反言的首要条件。关于禁止反言原则的具体内容和法律效果，将会在下文进行详述。

（2）承认和默认可以作为条约解释的辅助证明材料，或者作为强化有效控制的证据。对于条约和其他法律文件对领土和边界问题规定模糊的地方，有关国家嗣后的承认和默认可以确定有关条文的具体含义。

（3）此外，承认和默认可以置于有效控制规则的适用中进行考察。国际法学者格雷格（D. W. Greig）认为：“当每一个提出领土要求的国家都能表明其对有争议领土进行了一定的控制时，国际司法和仲裁机构对案件的判决就可能有利于能够证明其权利曾得到其他争端方承认的那个国家。”[3]可以认为，主权的行使与国家对这些事实的承认和默认，共同形成了完整的“有效控制”。在东格陵兰岛法律地位案、利吉丹岛与西巴丹岛主权争端案、尼加拉瓜与洪都拉斯加勒比海领土和海洋争端案等案例中，一方的默认成为强化另一方有效控制主张的证据。

---

〔1〕　See Pedra Branca/Pulau Batu Puteh Case, Judgment, I. C. J. Reports, 2008, pp. 82-83, paras. 231-234.

〔2〕　Surya P. Sharma, *Territorial Acquisition, Disputes and International Law*, Martinus Nijhoff Publishers, 1997, p. 118.

〔3〕　D. W. Greig, *International Law*, Butterworth, 1978, p. 148.

在结合有效控制等权源的情况下，承认和默认可以产生变更领土主权归属的效果。虽然在国际法上，国家的单方行为也被视为可以创设权利，但从已有的实践来看，承认和默认在领土法上可能还不足以成为一项独立的权源。首先，在具体的领土争端中，一般不存在只有承认和默认，而没有实际主权行使的情况，国家也不可能仅以他国的承认、默认作为其主要的领土主张。其次，在逻辑上，承认和默认的对象本来就是某种主权行使行为，或者条约、有权机构的决定等对领土地位有重要法律效果的行为，而这些对象都已经是一类领土权源，对这些权源的承认很难成为另外一类权源。最后，即使存在相对独立的承认和默认，比如仅对他国领土要求而非实际行为的认可，也不足以独立创设领土权源。因为在这种情况下，承认至多可以被视为一种没有正式缔约的割让，但国际法目前并不承认没有条约的割让效力；而默认至多可以被视为一种通过默示的领土放弃，但单纯的领土放弃只能使某领土变为无主地，而不能直接确立新的领土归属。因此，承认和默认不能被视为一种独立的权源，一般也不能推翻一项已有的法律权源。到目前为止，也只有在白礁岛、中岩礁和南礁领土主权案中，国际法院根据新加坡实施的有效控制与马来西亚默认的结合，才认定了白礁岛的主权归属转移。

三、禁止反言原则

禁止反言原则起源于普通法，现逐渐发展成国际法上的一个重要原则，它与国家的承认与默认密切相关，在领土争端案件中起着重要作用。[1] 在《布莱克法律词典》中，"禁止反言"一词有三种含义：(1) 阻止一方当事人对他曾许诺过的事情、做出的行为或在法律基础上已成为真的事实的否定；(2) 阻止对某事项的重复起诉；(3) 一种积极的抗辩，这种抗辩声称自己善意信赖误导性的陈述并基于该信赖处于不利的地位或招致损害。[2] 国际法主要引入这一概念的第 1 种和第 3 种含义。从渊源来看，主流法学界认为，禁止反言原则属于各国

---

[1]　参见［英］伊恩·布朗利:《国际公法原理》，曾令良、余敏友等译，法律出版社 2002 年版，第 161—162 页。

[2]　See Bryan A. Garner (ed in chief), *Black's Law Dictionary*, 9th edition, West Publisher, 2009, pp. 629-630.

认可的一般法律原则。[1]

学者鲍威特（Bowett）对国际法上的禁止反言进行了比较有代表性的梳理，他认为构成禁止反言需要三个要件："其一，要有对一个事实的明确清晰的声明；其二，声明必须是自愿的、无条件的和有权的；其三，他方必须真诚相信，声明会有损于或有利于做出声明的一方。"[2]这个总结基本反映了禁止反言的法律要素。随着国际法实践的发展，这个定义也有不少需要进一步修正和明确的地方。首先，明确清晰的意思表示确实被认为是构成禁止反言的根本，但这种表意既可以通过明示的声明和承认，也可以通过默认，柏威夏寺案就是一个很好的例子。其次，"无条件的"声明在理论上并没有特别的重要性，也难以在实践中予以证明，国际法院只要求意思表达是由国家真实做出的即可。最后，一国仅对他国表态的"真诚相信"并不足以构成禁止反言，该国还需要证明，其已经基于这种信赖做出了相应的行为[3]，并因此享有了某种利益。当然，这种信赖利益并不需要非常具体化，领土边界的稳定、和平安全的国际秩序等也可以归入此类利益。

为了明确禁止反言的法律效果，有必要将其与承认、默认，尤其是默认区分开来。事实上，做出这种区分是相当困难的，国际法院也未对禁止反言原则的具体内容和法律效果做清楚的论述。不过，在概念上对两类制度进行厘清仍有重大意义。国际法院在缅因湾区域海洋边界划界案中曾指出："默认是其他当事方可能解释为同意的单方行为所证明的默示承认，而禁止反言与排除（preclusion）的概念相关联。"[4]在国际法上，承认与默认不仅在领土、海洋等主权问题上起到重要作用，也可以在习惯法的形成、条约解释等一般领域起作用，而禁止反言则往往是针对具体案件事实和程序问题，其适用范围还未有定论。虽然作为一项一般法律原则，它应该有较广泛的适用面，但目前来看主要还是在领土、海洋等关涉主权或主权权利问题的司法或仲裁程序中发挥作用。

---

〔1〕 参见李浩培：《条约法概论》，法律出版社 2002 年版，第 486—487 页；〔英〕伊恩·布朗利：《国际公法原理》，曾令良、余敏友等译，法律出版社 2002 年版，第 13 页。

〔2〕 D. W. Bowett, "Estoppel before International Tribunals and Its Relation to Acquiescence", *British Yearbook of International Law*, Vol. 33, 1957, pp. 188-193.

〔3〕 See North Sea Continental Shelf, Judgment, I. C. J. Reports, 1969, p. 26, para. 30.

〔4〕 Gulf of Maine Case, Judgment, I. C. J. Reports, 1984, p. 305, para. 130.

另外，承认与默认可以作为非独立的领土权源，在实体规则中发挥作用。而无论是从国内法还是已有的国际司法实践来看，禁止反言原则上只在程序上起作用，并不影响实体法律内容，更不能构成法律权源。

在领土法上，承认与默认可以被视为禁止反言的条件之一，在存在承认与默认的情况下，还需要证明信赖利益的存在和基于信赖而为的行为，才能构成禁止反言。综合国际司法案例来看，禁止反言原则的主要作用是：当国家满足禁止反言的条件时，其提出的有关法律主张在程序上会被削弱甚至否决，有关证据的证明力会减弱乃至消失。因此，禁止反言原则对有效控制规则的适用有重要的作用，对领土争端一方来说，构成禁止反言将会极大削弱其有效控制的主张，导致其有关的证据被司法或仲裁机构排除；同时，由于禁止反言意味着存在承认和默认情况，又会强化对方的有效控制主张。

在东格陵兰岛法律地位案中，常设国际法院认为，由于在"伊伦声明"（Ihlen Declaration）中挪威做出了不在格陵兰岛上引起事端的具体意思表示，挪威因此承担了不得针对丹麦就格陵兰岛提出竞争性主张的义务。[1] 通过适用禁止反言原则，法院在程序上否决了挪威所提出的法律主张；而在白礁岛、中岩礁和南礁领土主权案中，默认已经构成了领土权源的一部分，禁止反言原则就并未起到主要的作用。可见，国际法院主要是在实体和程序上区分承认（默认）和禁止反言两类概念。

第二节　相关国家对南海诸岛主权归属的承认、默认

在南海诸岛领土问题上，无论是争端当事国，还是争端以外的第三国，都曾经对中国对南海诸岛拥有主权的主张和事实进行承认或默认。如前所述，国家对他国领土主权的承认可以多种方式表现出来，最常见的如发表政府声明、公报、照会、宣言等，较不受人关注但同样存在的形式，如立法、司法形式等，还有由政府控制、组织、审定或直接编制的教科书、辞书和地图等。私人编制和出版的地图和书籍

---

[1] Legal Status of Eastern Greenland, P. C. I. J. Series A/B No. 53, 1933, p. 55.

等理论上并不属于国家态度和意志的体现，因此并不属于国际法上的承认。不过，在领土争端的司法实践中，争端当事国各方都或多或少将这类材料当作证据的一部分。此时，这些资料一般用于证明历史和地理事实，而非有关国家的态度。但同时，具有高权威性、代表性、准确性等性质的一系列证据，可能佐证流行或广泛的社会认知和公众态度。

在教科书、辞书和地图等出版物中，地图在领土争端案件中扮演着较为重要的角色，也得到了较多讨论。在南海诸岛的领土争端中，有关地图证据纷繁复杂，是证明各国对岛屿领土归属的态度的重要材料。在本书第一编研究的基础上，本节首先探讨地图作为承认或默认证据的一般国际法效力，然后通过分析地图和其他证据，论证其他有关国家对中国拥有南海诸岛的领土主权进行了承认与默认。

一、地图作为承认或默认南海诸岛主权归属的依据

（一）地图的国际法效力

根据第一编的研究，学界对地图在国际法上的效力已经达成了不少共识，其中最重要的一点是：地图自身并不能构成领土的权源，也不是国际法认可的创设领土权利和具有法律效力的文件。地图只有在构成有关一国或多国意思表示时，才具有创设领土权源的法律效力，因而这种法律效力并不源自地图的内在价值。例如，在柏威夏寺案中，划定的地图因为被认为是条约不可分割的部分并且受到双方认可而具有了最终确定领土权属的法律效力。[1] 除了这种明确的情形，在国际边界争端和领土争端中，地图仅构成在个案中准确性各异的信息。

有学者主张地图在国际法中可以扮演三种角色[2]：首先，地图可以作为一类证据，证明某种事实或法律；其次，地图可以作为一种法律事实（legal fact），如制作或使用地图可以作为某种国际义务的实践，也有可能产生违反国际法的效果；最后，地图还有可能成为一项法律行为（legal act），比如国家发布的地图本身就是一种领土主张，而且可能被视为实施控制的行为，而且地图还可能作为法律行为中的

---

〔1〕 See Temple of Preah Vihear Case, Merits, Judgment, I. C. J. Reports, 1962, pp. 23, 34.

〔2〕 See William Thomas Worster, "Maps Serving as Facts or Law in International Law", *Connecticut Journal of International Law*, Vol. 33, 2018, pp. 281-302.

一部分，比如在柏威夏寺案中，泰国的默认对象就是地图本身，与条约文字相悖的地图由于被默认而具备了领土权源的效力。目前，学界普遍接受和关注的是地图的第一种角色。布朗利就认为，地图的功能包括作为准备文件、嗣后实践或同时解释的一部分，甚至是承认或默认的一部分[1]。

在国际司法和仲裁实践中，地图普遍被认为是传来证据、背景证据和确认性或辅助性的证据[2]，国际司法和仲裁机构对地图的使用和采信都采取比较保守和谨慎的态度。而且，不同地图所具有的可采性和证明力也有所不同。虽然国际法上还没有关于地图证据效力的具体规则，但一般认为，地图的证明力取决于其精确性、权威性、一致性、中立性和受认可度等[3]。换言之，首先，地图的精确度越高，描述地理信息越清晰，其证明力就越强；其次，"如果地图由政府部门绘制，或者由授权私人绘制，或者由私人绘制以后得到官方采用，其证明力大于私人绘制的地图"[4]；再次，地图的连贯一致、地图间的不相矛盾也非常重要；复次，争端以外国家制作的地图，一般比争端当事方之一制作的有利于自己主张的地图更有说服力；最后，地图受到国际上的认可程度越高，乃至受到争端当事国另一方的承认或默认的，其证明力也就越强。

（二）在当事方之外的第三国出版的地图

由国家或政府部门出版或审定的地图，尤其是政治和军事用途的地图，其精确性、权威性一般都代表着较高水平，也更受世界各国关注和认可。倘若其他国家不满地图所标注的内容，一般也会及时对这类地图进行抗议。用作普通社会宣传和教学用途的地图的精确性可能不如上一类地图，权威性也不及官方直接制作或审定的地图，但仍然会经过政府部门审查核定，而且具有广泛的社会影响力，其证明力也

---

[1] Ian Brownlie, *The Rule of Law in International Affairs*, Martinus Nijhoff Publishers, 1998, p. 161.

[2] See Burkina Faso and Mali Case, Judgment, I. C. J. Reports, 1986, p. 583, para. 56.

[3] 参见郑志华：《论国际法上地图证据的效力》，载《法商研究》2013 年第 2 期；丁铎：《领土主权与海域划界争端中地图的证明效力研究》，载《国际法研究》2016 年第 5 期；郑志华：《中国南海 U 形线地图的可采性与证明力》，载《外交评论》2013 年第 4 期，第 35—44 页；等等。

[4] 张卫彬：《争议领土主权归属仲裁证据规则研究——基于证据分量视角分析中菲南海主权争端》，载《太平洋学报》2015 年第 6 期，第 11 页。

不容忽视。至于其他商业或学术用途的出版地图，其证明力虽然较小，但如果足够精确、科学，而且具有较高的声誉和权威，有较广泛的传播影响范围，也可以用作补充证据。如果在争端当事国之外的中立第三国发行这三类地图能组合成一套自洽、完整的证据体系，对于证明国际社会对主权归属的承认，有非常重要的作用。

中国对南海诸岛拥有主权的事实早已反映在世界各国出版的多种地图中。例如，1954 年联邦德国出版的《世界大地图集》、1954—1967 年苏联出版的《世界地图集》、1957 年罗马尼亚出版的《世界地理图集》、1968 年民主德国出版的《世界普通地图》和法国出版的《哈克世界大地图集》、1970 年西班牙出版的《阿吉拉尔大地图集》以及 1973 年日本出版的《中国地图集》等等；甚至在印度西亚尼等邻国政府审定的中国华侨学校地理教科书上，也刊行了南海断续线，明确线内区域为中国疆域。[1]

这其中，日本发行的这类地图数量较多。带有官方性质的地图（包括由权威出版社制作出版并得到政府部门审定、认证或推荐的），有 1952 年《标准世界地图集》（日本外务大臣冈崎胜男亲笔签字推荐）、1964 年《世界新地图集》（日本外务大臣大平正芳推荐出版）、日本帝国书院出版的《新选大地图·外国篇》、二宫书店编辑出版的《高等地图集》（经过日本文部省鉴定认证）；而作为学生教育的地理教学用图，也有日本出版社小学馆发行的《原色图解大事典（第 11 卷）》（日本小学生地理教学用书）、日本国土地理协会编辑出版的《世界与各国》（经过日本图书馆协会选定并被推荐用于日本中小学和高等院校教学的参考用书）及帝国书院与东京大学共同编制出版的《新详高等社会科地图》（长期作为日本高校人文社会学科的教学用书）等。[2]

（三）在争端当事国发行的地图

在争端当事国国内发行的地图一般会被谨慎对待，因为这类地图往往缺乏足够的中立性。然而，由争端当事国发行的对该国自身不利

---

〔1〕 郑志华：《中国南海 U 形线地图的可采性与证明力》，载《外交评论》2013 年第 4 期，第 42 页。

〔2〕 参见丁铎、林杞：《日韩两国发行的部分地图中涉南海诸岛标注情况述评》，载《边界与海洋研究》2018 年第 3 期，第 125—126 页。

的地图证据，则具有较高的可信度。在南海有关领土争议中，越南和菲律宾作为争端当事国就在其具有官方性质的地图中体现了对中国南海诸岛主权的承认。例如，1957 年越南河内文史地出版社出版、黎春芳主编的《越南地理草案》，其中第 123 页载附图 6《东海和中国海图》[1]，该图在越南东部南海海域用越南文标注 "BỂ TRUNG QUỐC"（意为 "中国海"），并按照中国对南海各群岛的命名，用越南文汉译音自北向南标注 "Đông sa，Tây sa，Trung sa，Nam sa"（分别为 "东沙""西沙""中沙""南沙"）；1964 年由越南国家测绘局出版的《越南地图集》所载图 5《东南亚》[2]，该图在越南东部南海海域用越南语标注 "BIỂN ĐÔNG"（意为 "东海"），按中国称谓 "东沙群岛""西沙群岛""南沙群岛" 的越南文汉译音分别标注为 "Quần đảo Đông sa" "Quần đảo Tây sa" "Quần đảo Nam sa"；1972 年由越南总理府测量和绘图局印制出版的《世界地图集》第 19 页所载《菲律宾・马来西亚・印度尼西亚・新加坡》[3] 一图中，在越南东部南海海域用越南语标注 "Đông"，对西沙群岛和南沙群岛并未标注归属，而是按中国称谓用 "西沙群岛、南沙群岛" 的越南语汉译音标注为 "Q. đ. Tây Sa" 和 "Q. đ. Nam Sa"。20 世纪 50 年代越南共和国（南越）出版的《越南交通图》《越南版图》等均未将南沙群岛列入本国版图，而是以汉语拼音标明南沙群岛。此外，1974 年越南教育出版社出版的官方教科书《地理》也视南沙群岛为中国的领土。[4]

又如，"1940 年菲律宾调查统计委员会出版的多卷本《菲律宾调查统计地图集》，1950 年出版的《菲律宾地图》，1969 年马尼拉调查委员会、海岸和大地测量局出版的《地图集》都未将南沙群岛划入本

---

〔1〕《东海和中国海图》，载黎春芳主编：《越南地理草案》，越南河内文史地出版社 1957 年版，第 123 页，附图 6。

〔2〕《东南亚》，载《越南地图集》，越南国家测绘局 1964 年版，图 5（比例尺为 1：16000000）。

〔3〕《菲律宾・马来西亚・印度尼西亚・新加坡》，载《世界地图集》，越南总理府测量和绘图局 1972 年印制出版。

〔4〕参见《中国对西沙群岛和南沙群岛的主权无可争辩——中华人民共和国外交部文件》，载《中华人民共和国国务院公报》1980 年第 1 号。

国版图"[1]。这些地图可以作为证明越南和菲律宾态度的关键证据，可以单独被视为一种承认，进而对越南和菲律宾形成禁止反言的限制。因此可以说，有充分的地图证据确切地证明了越南、菲律宾两国对中国南海诸岛主权的承认。

二、南海诸岛领土争议第三方的承认

中国历史资料与学者研究显示，世界上许多国家都对中国的南海诸岛主权予以承认，其中包括日本、泰国、英国以及众多非洲国家。[2] 这种第三国的承认主要体现在这些国家官方出版的地图中。这些地图包括但不限于由苏联内务部（测绘局）出版的三个版本《世界地图集》（1954 年、1956 年、1959 年）、《地图集》（1954 年）、《世界政区挂图》（1957 年）、《中学适用地图集》（1959 年），部长会议测绘总局出版的《（苏联）世界地图集》（The World Atlas，英文版，1967 年）、《袖珍世界地图集》（1975 年）；捷克斯洛伐克总测绘局出版的《袖珍世界地图集》（Maly Atlas Sveta，1957）；罗马尼亚国家出版局出版的《世界地图集》（Atlac Geografic Scolar，1957）；德意志民主共和国科学院中央历史研究所编著的《1917 年到 1972 年伟大的社会主义十月革命历史地图》（1975 年）；美国地理学会、美军地图部、美国国家地理研究所编的《世界地图》（1948 年）等[3]，其中一些地图还被载入官方制定的教科书中。这些地图或是完全将南海四大群岛标明为中国所有，或将主要群岛标记为由中国拥有主权（其余部分或未画出，或未标记，但亦未标记给越南或菲律宾）；标记方法包括直接写明主权归属，或是以与周边标记方法相区别的汉字或拼音标出。除官方编制出版的地图外，英、美、法、日及大部分欧洲国家出版的大量权威地图、百科全书和辞典都支持类似的结论。[4] 当然，正如本书第一编的研究所指出的，当使用这些地图等材料作为证据时，应注意筛掉只支

---

[1] 郑志华：《中国南海 U 形线地图的可采性与证明力》，载《外交评论》2013 年第 4 期，第 42 页。

[2] 韩振华主编：《我国南海诸岛史料汇编》，东方出版社 1988 年版，第 521—661 页。

[3] 韩振华主编：《我国南海诸岛史料汇编》，东方出版社 1988 年版，第 616—620、第 623—624、第 627、第 631、第 637—638 页。

[4] 参见韩振华主编：《我国南海诸岛史料汇编》，东方出版社 1988 年版，第 545—661 页。

持中国对南海诸岛部分群岛的证据，避免造成对其他部分主权主张的削弱。

除此以外，英国外交部在 1974 年的法律意见不仅承认南沙群岛属于中国，而且认为对南沙群岛的主权可以通过经济活动占有，可以将其视为对中国的历史性权利主张的支持。另外，包括美国官方文献在内的大量西方文献证实，中国对南海诸岛的主权有充分的历史依据，而有美、英、法等国的近代官方档案更直接或间接地承认南海诸岛是中国的领土。[1] 在中国多次发布包含南海诸岛主权、南海断续线的地图和有关声明后，国际社会的多数国家也进行了承认和默认。种种迹象表明，中国对南海诸岛的主权长久以来都为国际社会所承认。

还有一些情况也可以说明第三国的承认。例如，1930 年在香港召开的远东气象台国际会议建议国民政府在西沙群岛建立气象台，并希望在南沙群岛也建立气象台。该会议有驻香港的英国空军及香港总督参加。建造气象台不同于建造助航设施，具有主权性质，而且会议明确是向国民政府建议，主权承认的效力难以否认。[2] 该会议决议至少体现了英国对中国拥有西沙群岛、南沙群岛主权的承认。又如，1955 年国际民航组织在菲律宾召开会议，并通过了第 24 号决议，要求台湾方面在南沙群岛加强气象观测，参会的美国、法国、日本、菲律宾、南越等代表也无一提出保留或表示反对。[3] 越南有关白皮书对此宣称，这些组织的决议没有"承认"（recognition）任何国家领土主权的效力，不影响任何领土的法律地位。[4] 这一说法本身可能是正确的，

---

[1]　参见黄瑶：《中国在南海断续线内的合法权益——以南海仲裁案裁决评析为视角》，载《人民论坛·学术前沿》2016 年第 23 期，第 11 页；Anthony Carty，"Archives on Historic Titles to South China Sea Islands: the Spratlys"，*Jus Gentium*，Vol. 4，No. 1，2019；Anthony Carty，"British and French Archives Relating to Ownership of the Paracel Islands 1900—1975"，*Jus Gentium*，Vol. 4，No. 2，2019。台湾当局的有关档案也证明了美国对中国拥有南海诸岛主权的承认或默认，具体情况参见本书第一编第三章。

[2]　参见吴士存主编：《南海问题文献汇编》，海南出版社 2001 年版，第 3—7 页。

[3]　See ICAO，DOC，7634，PCA/I，MET，SECTION. 另见《为函告在国际民航组织太平洋区域飞航会议中所论南沙群岛之气象报告决议由我国供应案，请参考由》，"交通部"民航局函"外交部"（1956 年 6 月 6 日 字号不详），载中国台湾地区"外交部"研究设计委员会编印：《"外交部"南海诸岛档案资料汇编》，1995 年，Ⅲ（4）：043；韩振华主编：《我国南海诸岛史料汇编》，东方出版社 1988 年版，第 535—536 页。

[4]　See Ministry of Foreign Affairs，Socialist Republic of Vietnam，"The Hoang Sa（Paracel）and Truong Sa（Spratly）Archipelagoes and International Law"，1988，p. 19.

这些文件本身确实不是确认领土地位的法律文件。然而，越南方面却错误解读了中国据此提出的主张。中国并不主张这些国际组织文件承认了中国对有关群岛的主权，而是主张越南等国构成了默认的行为。在这些明显可能涉及影响国际社会对领土法律地位认知的事项上，法国、越南、菲律宾等国不仅没有反对决议的通过，甚至没有做出任何相关的声明，以对岛屿主权立场进行澄清。试想，一国会仅因为国际组织决议没有直接承认国家领土主权的法律效力，就默认决议中出现他国在自己领土上进行主权性质行为的内容吗？这显然并非一个关心其领土主权的国家的做法。因此，这些证据证明的是法、越、菲三国存在的默认情况，而非国际组织的"承认"。即使决议本身没有承认领土的效力，这三国却由于赞成决议而容忍了中国进行具有主权行使性质的行为，这在国际法上绝不会是"不值一提"[1]的。

由于日本、法国都曾占领南海诸岛或对南海诸岛提出过领土要求，而现在又已经明确放弃了其对南海诸岛的占领和领土要求，本章将其作为第三国处理。不过，本书认为，该两国的相关态度和主张应与其他第三国区分开来，进行单独研究。

二战期间，日本曾一度侵占南海诸岛。二战后，日本执行《开罗宣言》和《波茨坦公告》的相关规定，退出有关地区，事实上归还了其从中国非法窃取的领土，并在此后一直承认中国对南海诸岛的主权。1952年，日本外务大臣冈崎胜男亲笔签字推荐《标准世界地图集》，其中的第15图《东南亚图》将东沙、西沙、中沙、南沙四组群岛标注全部属于中国。1964年，由日本外务大臣大平正芳推荐出版的《世界新地图集》，在第19图中也有"南沙（中国）"的标注，表示南沙群岛属于中国。日本中国研究所编的《新中国年鉴》（1966年）也写道，中国的沿海线，北从辽东半岛起，至南沙群岛约11000千米。1972年9月29日，中日两国签署《中日联合声明》，日本明确表示坚持遵循《波茨坦公告》第8条关于归还其侵占的中国领土的规定，实际上再次表明日本承认西沙、东沙、南沙群岛属于中国的立场。[2]

---

〔1〕 Ministry of Foreign Affairs, Socialist Republic of Vietnam, "The Hoang Sa (Paracel) and Truong Sa (Spratly) Archipelagoes and International Law", 1988, p. 19.

〔2〕 参见张良福：《试论第二次世界大战结束及抗日战争胜利后的西沙、南沙群岛处理问题——从历史事实和国际法分析西沙、南沙群岛主权属于中国》，载《中国国际法年刊（2015）》，法律出版社2016年版，第97页。

　　法国从清朝末期至 20 世纪 50 年代都在觊觎南海诸岛，并与中国屡次进行直接交锋。中国与越南有关南海领土争端，也与法国在殖民越南时期的一系列行动和计划有直接关联。然而，法国在历史档案中展现出来的矛盾表态揭露了其侵占南海诸岛的真实意图。譬如，法属印度支那政府对 1909 年中国政府巡视西沙群岛并举行升旗仪式未进行表态；1920 年日本航海公司询问法属印度支那海军司令"帕拉塞尔"（中国西沙群岛）是否属于法国，该海军司令复函称"海军档案中，并无该群岛之材料……可敢负责担保，西沙群岛并不属于法国"[1]。1927 年由法属印度支那地质局出版的官方地图《印度支那地质图》（Indochine Geologique）并没有把西沙群岛、南沙群岛列入其中。在法国对越南进行殖民后，在法国出版的其他非官方地图，包括《世界自然地理与政治地理图集》（1889 年）、《法属印度支那》（附图，法国旅游社编印，1907 年）、《法属印度支那殖民帝国》（1929 年）所附的《印度支那政治区域地图》、《经济地图》和《印度支那地图》，都没有将西沙群岛、南沙群岛划入印度支那所辖范围之内[2]。这些证据结合起来很可能说明，至少法国殖民当局在早期并没有像越南所主张的那样，维护越南在历史上确立的"主权"，反而可能并不知道或不认可这种主张。

　　而且，当中华民国内政部在 1947 年正式宣告拥有南海四组群岛的主权并将它们置于广东省管辖之下时，法国以及其他国家均没有任何回应。实际上，从 1933 年到 1956 年，法国在宣告对南海九小岛占领后，并没有在该区域实施充分的主权行为。所以，到 1974 年，法国向英国承认，它已经丧失了对南沙群岛的权利依据[3]。由此可见，法国在南沙群岛和西沙群岛态度上的反复，正是因为清楚自己的一系列侵扰行为是于法、于理都缺乏根据的。1938 年 7 月 3 日，法国在采取侵占西沙群岛行动时，对中国借口称仅仅是为了防止日本军事入侵，而日本为阻止法国捷足先登，立即由外务省于 7 月 6 日声明："1900 年及 1921 年英、法两国声明中，业经宣布西沙群岛系属海南岛行政区之一

〔1〕　韩振华主编：《我国南海诸岛史料汇编》，东方出版社 1988 年版，第 538—540 页。

〔2〕　韩振华主编：《我国南海诸岛史料汇编》，东方出版社 1988 年版，第 662—664 页。

〔3〕　Zhiguo Gao and Bing Bing Jia, "The Nine-Dash Line in the South China Sea：History, Status, and Implications", *American Journal of International Law*, Vol. 107, No. 1, 2013, p. 111.

部，故目前安南或法国对西沙群岛之要求诚属不公。"[1]可见，即使法国对两群岛有一定的主权行使行为，由于其与日本在二战前一直互相争斗，相持不下，其对两群岛的控制也根本难以满足和平性的要求，反而说明中国才是两大群岛的真正主权者。

三、越南与菲律宾的承认与默认

（一）越南的承认与默认

越南承认中国对南海诸岛拥有主权的事实难以辩驳。1947 年 2 月，越盟电台广播称："法国之向中国争取西沙群岛，实属无理要求。盖法国曾于一九三八年以越南国王名义强调该岛，然目前法国已无从利用该名义以遂其目的，盖越盟刻为独立国家"[2]；1956 年 6 月 15 日，越南民主共和国外交部副部长雍文谦和外交部亚洲司代司长黎禄会见中华人民共和国驻河内临时代办李志民。会晤期间，雍文谦声明，"根据越南的资料显示，西沙群岛和南沙群岛应属于中国领土"。同时，黎禄也补充说，"西沙群岛和南沙群岛早在宋朝时就已经属于中国了"[3]；1958 年 9 月，在中国政府于 1958 年 9 月 4 日发表领海声明后，越南政府总理范文同指示中国大使阮康向我外交部副部长姬鹏飞转交致中国国务院总理周恩来的照会，其中写明："越南民主共和国政府尊重这项决定，并将指示负有职责的国家机关，凡在海面上和中华人民共和国发生关系时，要严格尊重中国领海宽度为 12 海里的规定"[4]；1965 年 5 月，越南民主共和国政府发表声明，谴责"美国总统约翰逊把整个越南及其附近水域——离越南海岸线一百里以内的地方和中华人民共和国西沙群岛的一部分规定为美国武装部队的'战斗地区'"[5]，明确承认中国对西沙群岛的主权；此外，如上文所述，越南官方出版的

---

[1]　张良福：《试论第二次世界大战结束及抗日战争胜利后的西沙、南沙群岛处理问题——从历史事实和国际法分析西沙、南沙群岛主权属于中国》，载《中国国际法年刊（2015）》，法律出版社 2016 年版，第 96 页。

[2]　韩振华主编：《我国南海诸岛史料汇编》，东方出版社 1988 年版，第 542 页。

[3]　陈荆和：《西沙群岛と南沙群岛：歴史の回顾》，創価大学アジア研究所，1989，53 頁。

[4]　《范文同总理致函周总理 越南尊重我国领海的规定》，载《人民日报》1958 年 9 月 22 日，第 3 版。

[5]　《越南政府强烈谴责美帝十分露骨的战争行动 对美国在越南及其附近水域的强盗行径提出严厉警告》，载《人民日报》1965 年 5 月 10 日，第 1 版。

1960 年《世界地图》、1964 年《越南地图集》、1972 年《世界地图集》和 1974 年《世界政治地图》，都直接标明中国主权或使用中国名称"西沙""南沙"对有关岛屿进行标记。直至 1974 年，越南教育出版社出版的教科书《普通中学九年级地理教科书》的"中国"一章中仍有如下表述："南沙、西沙各岛到海南岛、台湾、澎湖列岛、舟山群岛形成的弧形岛环，构成了保卫中国大陆的一道长城。"[1]同时，越南对中国一系列主权行使行为的默认也为人所知。法国外交档案就记载："众所周知，越南民主共和国从未就中华人民共和国在北京的官方地图中划进南沙群岛（也包括'帕拉塞尔群岛'）提出抗议。"[2]即使是南越，在国际民航组织会议中也没有提出保留或反对的意见。[3]

对越南的承认持反对态度的有三种论点[4]：其一，1956 年的"承认"不具有法律效力，因为外交部副部长和外交部司长根据越南宪法无权做出转移领土的行为；其二，1958 年外交信函的目的不是针对西沙群岛，而是针对台湾海峡；其三，1956 年与 1958 年越南政府的承认行为都无法产生国际法上的效力，因为根据 1954 年的《日内瓦协定》，当时的南越西贡政权才对西沙群岛、南沙群岛享有主权；其四，1988 年越南白皮书的观点是，几次"承认"都是事实，但那是发生在与美国进行军事对抗情不得已下的行为。[5]越南甚至以白龙尾岛为比较对象，言下之意西沙群岛和南沙群岛是其"借给"中国作为对抗美国的基地。

以上观点实际上都缺乏事实和法律依据。第一种观点将越南政府的承认歪曲成转移和放弃领土的行为。越南即使真的认为这种行为是对领土的放弃和转移，也不能以国内法为由拒绝承认该行为的国际法效力，况且在接下来的 20 年，越南政府所做的是不断确认这种承认，

[1]　韩振华主编：《我国南海诸岛史料汇编》，东方出版社 1988 年版，第 569、第 634 页。

[2]　谭玉华：《法国外交部档案馆藏 1955—1957 年南沙群岛档案选译》，载《南洋资料译丛》2017 年第 3 期，第 62 页。

[3]　参见韩振华主编：《我国南海诸岛史料汇编》，东方出版社 1988 年版，第 535—536 页。

[4]　See Hong Thao Nguyen, "Vietnam's Position on the Sovereignty over the Paracels and the Spratlys: Its Maritime Claims", *Journal of East Asia and International Law*, Vol. 5, 2012; Monique Chemilier-Gendreau, *Sovereignty over the Paracel and Spratly Islands*, Kluwer Law International, 2000.

[5]　See Ministry of Foreign Affairs, Socialist Republic of Vietnam, "The Hoang Sa (Paracel) and Truong Sa (Spratly) Archipelagoes and International Law", 1988, pp. 20-23.

而不是寻求改变这种地位。一般国际法上也并未规定，外交部副部长不能对他国领土主权进行承认。第二种观点更是缺乏法律根据。中国1958年《领海声明》明确包括西沙群岛、南沙群岛，越南政府在做出声明前，不可能没有注意到这些问题。对第三种观点，本编第三章已予以反驳，法国本身对西沙群岛和南沙群岛的领土要求存在重大瑕疵，并不具有将本不属于它的领土移交南越西贡政权的资格，且1954年的《日内瓦协定》并不能支持所谓相关领土主权被划入南越政权范围之说。第四种观点与其说是法律观点，不如说是打感情牌、扮演弱者。承认和默认只要是在意志自由，未受欺诈、胁迫的情况下做出，即为有效。在国际关系上，并不存在没有政治和利益考量的单纯的承认。

最重要的是，在中越关系和国际法上，越南政府自1950年中越建交起一直是整个越南的合法代表，而南越西贡政权有关行为在中越关系中并不能代表越南，对此可以忽略不计。因此，越南政府在实现越南北南统一前确认中国拥有西沙群岛和南沙群岛主权的言行，在国际法上构成明示的承认，即使在越南实现北南统一后仍然具有约束力。这种承认的效力和延续性并不受影响。

（二）菲律宾的承认与默认

菲律宾对中国对南海诸岛主权的承认和默认行为虽不明显，但从历史资料中仍能发现一些端倪。1933年，菲律宾向美国方面询问九小岛的主权情况，得到的答复是其在《巴黎和约》规定范围之外，"中国政府提出强烈抗议，并通过外交途径进行交涉，当时的菲律宾当局却表示：'既不考虑该群岛是菲律宾之领海，复以该问题无关菲律宾之利益，由此菲律宾总督府亦不关心此事'。"1955年，菲律宾在国际民航组织的会议中并未对肯定中国对南沙群岛主权的决议进行抗议或保留[1]。

克洛马"占领自由岛事件"发生后，"在面对来自中国大陆和台湾当局的强烈抗议时，菲律宾政府刻意与克洛马的狂妄冒险活动保持距离，没有正式明确地对南沙群岛提出领土要求"[2]。1956年7月7日

---

〔1〕 参见韩振华主编：《我国南海诸岛史料汇编》，东方出版社1988年版，第260—261、第535—536、第545页。

〔2〕 张良福：《试论第二次世界大战结束及抗日战争胜利后的西沙、南沙群岛处理问题——从历史事实和国际法分析西沙、南沙群岛主权属于中国》，载《中国国际法年刊（2015）》，法律出版社2016年版，第106页。

的《马尼拉日报》就发表文章称，南沙群岛一直属于中国[1]；1956年，菲律宾政府某专门委员会在对南沙群岛法律地位进行讨论后认为，该群岛"并不处在菲律宾的领土范围以内"[2]。菲律宾的这些表态可视为具有默认的效果。

（三）相关承认与默认行为的法律后果

在几个重要的事件中，越南、菲律宾等国家都保持了沉默。例如，《开罗宣言》和《波茨坦公告》的签署都没有遭到这些国家的抗议；中国在二战后对南海诸岛的收复，也并未遭到这些国家的反对；自1948年中国公开发行标绘有南海断续线的官方地图，直到2009年都没有受到有关国家正式表示反对[3]，南海断续线所标示的中国在南海的领土主权和历史性权利，在二战以后的60多年时间中得到了进一步巩固[4]。

根据此前的论述，越南在1974年前的有关声明和表态完全足以构成明确的承认，越南如今提出的"情况需要"完全站不住脚。只要承认是自愿、不受威胁和欺诈地做出，就是有效的，"无条件"并不是承认的构成要件；而菲律宾的有关态度，尤其是其对南海断续线的沉默，也构成了国际法上的默认。菲律宾不可能不知情，也不能主张南海断续线过于模糊而不必回应。由于国家对主权的宣称具有重要的意义和价值，在如此长的时间内不可能不被各国注意到，从标绘南海断续线的地图的公布历史来看，它包含着对领土的主张和要求，而且明显包括南沙群岛和西沙群岛，因此一个理性的国家不会仅因为影响自身主权的主张不够明晰而不做任何反应。这些承认和默认将使越南和菲律宾有效控制的程度明显降低，甚至导致其较弱的权源被完全否认。同时，这些行为和表态是明显的承认或默认，巩固了中国对南海诸岛的领土主权。

越南和菲律宾等国的承认和默认，还进一步构成禁止反言。对越南而言，最明显的事件是越南政府在20世纪50年代对中国享有西沙

---

〔1〕　韩振华主编：《我国南海诸岛史料汇编》，东方出版社1988年版，第569页。
〔2〕　《菲律宾政府对南沙群岛法律地位的声明》，载《光明日报》1956年6月1日。
〔3〕　关于南海断续线地图对领土主权的法律效力问题，将在本编第五章进行详述。
〔4〕　See Zhiguo Gao, Bing Bing Jia, "The Nine-Dash Line in the South China Sea: History, Status, and Implications", *American Journal of International Law*, Vol. 107, No. 1, 2013, p. 116.

群岛和南沙群岛主权的承认，完全满足禁止反言适用的三个条件。首先，越南政府的表态是明确无误的，是直接对中方领土主权的承认；其次，这种表态是自主的，并不存在胁迫和欺诈的情况，同时也是权威的，因为相关官员是越南的外交代表，并且同当代越南政府具有前后完全一致的承继关系；最后，这些表态是明确对中国政府做出的，直接针对西沙群岛和南沙群岛，中国政府在此后基于这种信赖对西沙群岛和南沙群岛行使主权和管辖，其中包括对美国军机飞越西沙群岛领空对越南北部进行轰炸提出警告，使越南从这种对中国领土主权的承认中受益，这是有目共睹的。从有效控制的角度看，越方有关承认及其在中越关系、对第三方的关系中发生效果，这种情况已经足以构成禁止反言，从而减弱甚至消除越南此后进行有效控制的权源。

与越南相比，菲律宾的一系列表态及行为，单独来看则不足以产生禁止反言的效果。这是因为：首先，菲方的表态并不是非常清晰，其立场有模糊反复之处；其次，在正式形成争端前，少有证据能够表明，菲方的相关表态和行为切实为中方所知，使中方产生信赖。然而，如果从连贯和整体的角度来看，菲方长时间的不发声和不作为，实际上作为整体已经足以传达明确的信息。对一国主权的认可，不需要每个国家都发表声明。菲方长期沉默这个事实，应该放到中国对南海诸岛和平行使主权及抗击外部侵占的历史背景中进行解读。

中国在南海周边国家的承认与默认下，对南海诸岛持续地行使主权，中国国民也对西沙群岛和南沙群岛及其有关岛礁进行持续利用，足以形成信赖利益。国际司法和仲裁实践表明，这种信赖利益不需要非常具体和可计量，边界的稳定和领土的和平安全就足以构成这种利益[1]因此，越、菲等国提出的领土要求若进入国际司法或仲裁程序，其有关证据有可能由于禁止反言原则，被完全排除在司法机构的考虑范围之外。综合本编第二章的分析来看，这两国可主张的所谓"有效控制"行为也会被拒绝考虑。

---

[1]　See Temple of Preah Vihear Case, Merits, Judgment, I. C. J. Reports, 1962, pp. 34-35.

第五章 南海断续线作为中国拥有南海诸岛主权的国际法证据

第一节 南海断续线的历史背景：作为领土主权的实践与主张

谈及南海断续线的国际法效力和意义，需要先从其历史发展入手。

早在三国时期，南海诸岛周边就有中国人民的活动。如本编第一章所述，在唐宋时期，中国就开始了对南海诸岛的管辖，南澳气、万里长沙、万里石塘和七洲洋等命名行为就是一个重要的证明。到了20世纪初，随着抵抗外侮的需要和维护主权的意识加强，中国政府与民间逐渐开始重视现代国家疆界的划定，借助地图制作说明对该区域的主权。[1] 1914年，一幅私人绘制的中国地图中出现一条连续的分界线，将南海的两个群岛划入版图之中。到1935年，学者白眉初所绘地图中南海界线内已经囊括了南海四大群岛。[2] 这可以说是南海断续线雏形。

1933年法国侵占九小岛的事件极大地刺激了中国政府和国民守土保疆的意识。受当时技术和能力的限制，国民政府对南海诸岛的信息掌握不够充分，不得不在1933年8月4日致法国使馆的照会中"拟请

---

[1] See Jianming Shen, "China's Sovereignty over the South China Sea Islands：A Historical Perspective", *Chinese Journal of International Law*, Vol. 1, 2002, pp. 128-130.

[2] 韩振华主编：《我国南海诸岛史料汇编》，东方出版社1988年版，第355—356、第360页。地图见白眉初：《中华建设新图》，北平建设图书馆出版1936年版，第二图《海疆南展后之中国全图》。

贵公使将各岛名称、地位，及其经纬度分数，查明见复"，并声明，"中国政府未经确实查明前，对于法国政府上述之宣言，保留其权利"[1]，显得十分被动。这次事件的深刻教训直接促成了国民政府的后续行动。[2] 1934 年起，国民政府着手筹备水陆地图审查委员会；1935 年 1 月，水陆地图审查委员会正式成立，由内政部，外交、教育与海军等部派代表组成，审定并公布了 132 个南海岛礁的中英文名称；1935 年 4 月，由该委员会制定的《中国南海各岛屿图》出版，确定中国领土的最南端至少应在北纬 4 度的曾母滩（今曾母暗沙）。[3]

1946—1947 年，国民政府接收了曾在二战期间被日本占领的南海岛屿。1946 年 11 月 29 日，海军司令部派遣指挥官林遵率太平舰、中业舰，海军姚汝钰副指挥官率永兴舰、中建舰巡弋各岛、测量绘图。1947 年，国民政府内政部会同有关部门讨论了《西南沙范围及主权之确定与公布案》，对二战前南海的领土范围进行了再次确认，并画出内部地图，以十一段线表明中国主张，而这些线段的最南端到达了曾母暗沙。[4] 以海军资料和 1935 年《中国南海各岛屿图》为基础，国民政府重新审定各岛屿名称并绘制《南海诸岛位置图》，1947 年 12 月，中华民国内政部正式公布了《南海诸岛新旧名称对照表》，其中包括东沙群岛 3 个，西沙群岛 33 个，中沙群岛 29 个，南沙群岛 102 个，合计 167 个岛礁沙滩洲。[5] 1948 年 2 月，以 1947 年内部地图为内容，国民政府通过北京商务印书馆出版发行《中华民国行政区域图》，南海断续线正式出现在官方地图之中。[6]

中华人民共和国成立以后，在公开出版的官方地图上继续标绘南海断续线。新中国成立初期，主要由私营出版社根据 1948 年内政部方

---

[1] 吴士存主编：《南海问题文献汇编》，海南出版社 2001 年版，第 8 页。

[2] See Hungdah Chiu，Choon-Ho Park，"Legal Status of the Paracel and Spratly Islands"，*O-cean Development & International Law Journal*，Vol. 3，1975，pp. 12-13.

[3] 参见吴士存主编：《南海问题文献汇编》，海南出版社 2001 年版，第 14 页；中国台湾地区 "内政部" 编印：《 "中华民国" 南疆史料选辑》，1995 年，第 45 页。

[4] 参见韩振华主编：《我国南海诸岛史料汇编》，东方出版社 1988 年版，第 180—182 页；中国台湾地区 "内政部" 编印：《 "中华民国" 南疆史料选辑》，1995 年，第 46 页。

[5] 吴士存主编：《南海问题文献汇编》，海南出版社 2001 年版，第 28—36 页。

[6] 参见中国台湾地区 "内政部" 编印：《 "中华民国" 南疆史料选辑》，1995 年，第 51 页。

域司编制、商务印书馆出版的《中华民国行政区域图》编绘并出版，例如，1950年9月，亚光舆地学社出版的由金擎宇、凌大夏、金竹安编绘的《中华人民共和国分省地图》（初版）。该图集在第1页《全国地形图》附图和第42页《南海各岛屿》图中，在南海位置标绘有南海断续线，最南端标绘在曾母暗沙之外，线内绘有东沙群岛、西沙群岛、中沙群岛和南沙群岛。1951年3月，亚光舆地学社出版的《广东分县详图》所附《南海诸岛图》中，标绘有最南端在北纬4度附近的南海断续线，南海四组群岛标在线内，并在南海海域标注"中华人民共和国"字样。[1]

1953年，经国务院审定，中国取消了海南岛与越南海岸之间的两段南海断续线，而在台湾岛与琉球群岛之间增加了一段，形成了南海区域九段、台湾岛东侧一段的基本格局。此后，中国官方出版的地图，凡包括南海地区，都标有九段"断续线"。1962年，地图出版社出版比例尺为1∶40000000的《中华人民共和国地图》挂图，继续沿用南海断续线。国家测绘局2001年编制的《中国国界线画法标准样图》（比例尺为1∶1000000），是中国政府对南海断续线图示的法定表示。[2]这表明，中国政府对南海断续线的标绘方式不断现代化、标准化。2009年5月7日，针对越南、马来西亚提交的南海200海里外大陆架划界案，中国常驻联合国代表团向联合国秘书长提交照会，附有标有南海断续线的南海地图。

通过对南海断续线产生的历史背景及发展过程的梳理，我们可以明确：南海断续线是基于维护领土主权而提出的，毫无疑问包含着对南海四大群岛领土归属的确认，南海断续线的产生与发展始终伴随着中国对领土主权的实践与要求。它并非凭空创设中国在南海诸岛周边地区的主权和主权权利，而是确认、重申和细化了中国的相关主张。

第二节　中国对南海断续线内岛礁行使主权的实践

中国在南海断续线公布和修正前后的一系列主权行使行为，也可

---

〔1〕　贾宇：《历史性权利的意涵与南海断续线——对美国国务院关于南海断续线报告的批驳》，载《法学评论》2016年第3期，第92—93页。

〔2〕　《关于正确使用中国示意性地图的通知》，国家测绘地理信息局网站：http://wza.sbsm.gov.cn/yixuan/yixuan_head/index.html，最后访问时间：2019年9月30日。

以佐证这一观点：南海断续线既反映了中国基于对南海诸岛的主权而提出的主张，也是中国对南海诸岛行使主权的一种表现。中国对南海诸岛的主权并不是以南海断续线为基础，断续线的公布只是以符合国际法的做法明确和强化了中国的领土主权，为领土主权提供了更牢固的实践基础。

在正式公布南海断续线以前，中国就长期对南海诸岛行使主权，这在前面章节已经有详细论述，此处不再赘言。南海断续线的公布是顺应时代的需要，以符合国际法和国际实践的方式主张和表明中国在南海的领土主权，特别是起到警告和对抗列强的作用。南海断续线于1948 年由官方出版地图公布后，1949 年 6 月，国民政府颁布《海南特区行政长官公署组织条例》，把南海诸岛划归中国广东省海南地区管辖。[1] 新中国成立后，在沿用南海断续线地图的同时，中国不断发表声明、加强管辖，以强调我们对南海诸岛的领土主张。1951 年 8 月 15日，外交部长周恩来发表声明："正如整个南沙群岛及中沙群岛、东沙群岛一样，西沙群岛和南威岛向为中国领土，它们在日本帝国主义发动侵略战争时虽曾一度沦陷，但日本投降后已为当时的中国政府全部收复。"[2]1958 年 9 月 4 日，《中华人民共和国政府关于领海的声明》公布，该声明适用于中国的领土，包括东沙群岛、西沙群岛、中沙群岛、南沙群岛以及其他属于中国的岛屿。1959 年 3 月，中国在西沙永兴岛设立"西、南、中沙群岛办事处"和"中国共产党西、南、中沙群岛工作委员会"，作为县级机构行使行政管理权，组织开发建设工作，尤其是指导渔民和水产公司的生产;[3]1969 年，该办事处改为"广东省西沙、中沙、南沙群岛革命委员会"，设派出所、武装部等;[4]1984年，全国人民代表大会通过《关于海南行政区建置的决定》，规定其管辖范围包括西沙群岛、南沙群岛、中沙群岛的岛礁及其海域;1988

---

〔1〕 参见吴士存主编：《南海问题文献汇编》，海南出版社 2001 年版，第 37—38 页。

〔2〕 《中华人民共和国对外关系文件集（1951—1953）》（第 4 卷），世界知识出版社 1961年版，第 61—62 页。

〔3〕 张良福：《试论第二次世界大战结束及抗日战争胜利后的西沙、南沙群岛处理问题——从历史事实和国际法分析西沙、南沙群岛主权属于中国》，载《中国国际法年刊（2015）》，法律出版社 2016 年版，第 88 页。

〔4〕 参见国务院新闻办公室：《中国坚持通过谈判解决中国与菲律宾在南海的有关争议》，2016 年 7 月 13 日，第 35 段。

年，海南建省，西沙群岛、南沙群岛、中沙群岛等归属海南省管辖；1992 年 2 月 25 日，中国颁布《中华人民共和国领海及毗连区法》，第 2 条再次强调了中国领土构成包括南海四大群岛及其他岛屿；1996 年 6 月 7 日，中国向联合国秘书长交存《联合国海洋法公约》批准书，并发表声明重申《中华人民共和国领海及毗连区法》第 2 条所述之主权；1998 年，《中华人民共和国专属经济区和大陆架法》颁布，再次申明我对南海诸岛的主权；2007 年 11 月，国务院批准将西沙群岛办事处升格为县级市三沙市，下辖西沙群岛、中沙群岛、南沙群岛等地；2012 年 6 月，《民政部关于国务院批准设立地级三沙市的公告》发布，地级市三沙市正式成立；2013 年海南省修订的《海南省沿海边防治安管理条例》生效，根据《海南省沿海边防治安管理条例（修订草案）》审议结果报告，该条例的出台背景是："近年来，周边国家船舶及其公民在我省管辖的领海海域故意滞留挑衅我国领海主权、非法登陆我省管辖岛礁等现象愈来愈严重。这些活动严重扰乱我省沿海边防治安管理秩序，侵犯了我国领海主权和海洋权益。"[1]除此以外，中国对南海诸岛及其周边水域进行了持续的巡逻执法、科学考察和资源开发等。

可见，在南海断续线正式公布后，中国的后续立法、行政管辖实践都是针对南海断续线内的岛礁进行的。中国有关立法和声明，都突出强调对南海断续线内"岛屿及其附近海域"的主权。虽然有关实践并未明确提及南海断续线，但这既不是国际法的要求，也并非各国的一般做法。由于南海断续线本身就是一条明确主权和主权权利的线，而非主权依据本身，中国对线内岛屿及邻近水域行使主权，并不需要援引该线作为根据。基于南海断续线明确的主权主张性质，有关主权行为只要与其相符，便足以印证其作为领土主张的性质。

第三节　南海断续线地图作为岛礁主权证据的法律效力

对于南海断续线的具体法律性质，国内外政界、学界都有较大争议。本节暂不涉及南海断续线所包含的海洋权利和历史性权利意涵，

---

[1]《海南省人大法制委员会关于〈海南省沿海边防治安管理条例（修订草案）〉审议结果的报告》，载海南省人民代表大会常务委员会网站：http://www.hainanpc.net/eap/446.news.detail? news_id=52476，最后访问时间：2019 年 9 月 30 日。

仅讨论断续线关于岛礁主权的法律内涵。

南海断续线为划定南海各岛屿主权的界线（或称"岛礁归属线"），这一点得到了国内外学界较为普遍的支持。[1] 学者俞宽赐的观点具有代表性："在诸如南海这样的海域内，不仅岛礁星罗棋布、数目繁多，而且名称难以一一鉴定的情形下，采用'岛屿归属线'最易概括无遗，以免损及领土主权。"[2] 高之国法官、刘楠来教授等国内学者也不同程度地支持这一观点。[3] 在国外，尽管不少学者对南海断续线的具体内涵表示怀疑，但大多数认为其对海洋地物的领土主权主张功能是很明显的。例如，罗伯特·史密斯就认为南海断续线表明中国长期以来对该线内所有海洋地物的主权主张；[4] 克莱夫·斯科菲尔德（Clive Schofield）和伊恩·斯托雷（Ian Storey）也认为，尽管"U形线"在历史上发生了一些变化，但始终大体上将现有的南海诸岛争议岛屿包括在内，因此该线可以作为线内的所有领土属于中国的证明。[5] 南海断续线这种简单的画线方法是19世纪至20世纪的一种国际通行划界技术，曾用于1867年美俄的阿拉斯加划界、1879年英国允许昆士兰兼并托里斯海峡群岛、1899年英国和德国对所罗门群岛的分割等；[6] 1898年美西《巴黎和约》对菲律宾领土的界定，实际上也采取了划定一条想象虚构界线的方法。[7] 因此，学者观点和国家实践

〔1〕 参见李金明：《国内外有关南海断续线法律地位的研究述评》，载《南洋问题研究》2011年第2期。

〔2〕 俞宽赐：《我国南海U型线及线内水域之法律性质和地位》，载《海南暨南海学术研讨会论文集（2001年）》，第427—439页。

〔3〕 See Zhiguo Gao, "The South China Sea: From Conflict to Cooperation", *Ocean Development & International Law*, Vol. 25, 1994, p. 136；刘楠来：《从国际海洋法看"U"形线的法律地位》，载钟天祥、韩佳、任怀锋编：《南海问题研讨会论文集（2002年）》，海南南海研究中心，第56页；俞宽赐：《我国南海U型线及线内水域之法律性质和地位》，载《海南暨南海学术研讨会论文集（2001年）》，第427—439页。

〔4〕 See Robert W. Smith, "Maritime Delimitation in the South China Sea: Potentiality and Challenges", *Ocean Development & International Law*, Vol. 41, 2010, p. 224.

〔5〕 See Clive Schofield and Ian Storey, *The South China Sea Dispute: Increasing Stakes and Rising Tensions*, The Jamestown Foundation, 2009, p. 21.

〔6〕 See J. R. V. Prescott, *The Maritime Political Boundaries of the World*, Methuen, 1985, p. 235.

〔7〕 See Treaty of Peace between the United States of America and Spain, signed at Paris, December 10, 1898. 中文本参见《美国和西班牙和平条约（1898年12月10日）》，载《国际条约集（1872—1916）》，世界知识出版社1986年版，第157页。

都支持南海断续线可以作为"岛礁归属线"的功能。

南海断续线的具体物质体现是中国公布的相关地图。虽然断续线可以作为岛礁主权的主张和证明，但是我们仍要明确相关地图对证明断续线内岛礁主权的证据效力。在第四章中，我们已经提到，在国际司法实践中，地图普遍被认为是传来证据、背景证据和确认性辅助性的证据[1]，而且一般认为，地图的可采性和证明力取决于其精确性、权威性、一致性、中立性等[2]。我们可以借助这些标准评判南海断续线地图对中国在南海的岛屿领土主权的证据效力。

其一，精确性。国际法学界普遍认可，制图技术的可靠性和地图反映信息的准确性可以决定地图的证明力。在布基纳法索与马里边界争端案中，国际法院就明确指出："地图作为证据的证明力大小……其中有一部分取决于地图在技术上的可靠性。特别是在 20 世纪 50 年代以后，航空和卫星摄影技术的发展使得这个因素（的重要性）增强了。"[3] 地图的首要功能是展示地理信息，规范性和精确性是自然的要求。然而，国际法院也通情达理地认为，无论技术发展到何种程度，一定的模糊性和失误是不可能避免的。[4] 南海断续线作为在 20 世纪 40 年代公布的一条以简便画法描绘的线，难免会有模糊之处。但是，中国早已根据先占等方式建立起对南海诸岛的主权，1948 年公布的《南海诸岛位置图》作为结果，包含了整个南海诸岛四大群岛及其组成部分的群体和岛、礁、滩、沙个体地理名称，已经足够精确地反映这种主张。况且，这种制图方法在国际上也是惯常做法，说明其精确度在当时得到广泛认可。[5]

其二，权威性。1948 年南海断续线地图的产生，从测绘、制图、校订到发行都是由国民政府主持，具有完全的官方性质。1953 年中华人民共和国对南海断续线的改动，也是一种国家行为。从断续线地图

[1]　See Burkina Faso and Mali Case, Judgment, I. C. J. Reports, 1986, p. 583, para. 56.

[2]　参见郑志华：《论国际法上地图证据的效力》，载《法商研究》2013 年第 2 期，第 32 页；郑志华：《中国南海 U 形线地图的可采性与证明力》，载《外交评论》2013 年第 4 期，第 35—44 页。

[3]　Burkina Faso and Mali Case, Judgment, I. C. J. Reports, 1986, p. 582, para. 55.

[4]　Burkina Faso and Mali Case, Judgment, I. C. J. Reports, 1986, p. 583, para. 55.

[5]　See J. R. V. Prescott, *The Maritime Political Boundaries of the World*, Methuen, 1985, p. 235.

的产生和发展来看，其明确的目标首先是针对南海诸岛的主权。中国对南海诸岛拥有领土主权的态度是明确一致的。南海断续线地图明确地反映了这种国家意志，无论是从主观还是客观的角度，都具有国家权威性。

其三，一致性。一国以一系列地图说明自身的主权主张与实践时，这些地图保持前后一致非常重要。国际法院在卡西基利/塞杜杜岛案中指出："提交的地图若出现不一致，法院不能就地图本身得出有关结论。"[1] 1953 年中国对 1948 年南海断续线地图的调整遭到了某些质疑，有学者认为这是我们主权主张前后不一致的表现[2]。然而，一致性并不要求完全相同，而是要求在证明主权主张上不出现互相冲突、互相矛盾的情况。中国在 1953 年对南海断续线地图的调整是"因为中国将白龙尾岛让与越南后，将北部湾海域的两条断续线删去，而且中越双方 2000 年 12 月已经签订《中越关于两国在北部湾领海、专属经济区和大陆架的划界协定》，完成北部湾海洋划界，从而在该海域以正式的海上边界线取代原来的两段断续线"[3]。在南海断续线地图变动前后，断续线都囊括了南海诸岛，没有产生明显的不一致和自相矛盾之处。正如前面所提到的，学者克莱夫·斯科菲尔德和伊恩·斯托雷也认为尽管"U 形线"在历史上发生了一些变化，但始终大体上将现有的南海诸岛争议岛屿包括在内[4]。因此，这些变化并不违反一致性的要求。

其四，中立性。理论上看，如果地图由立场无偏向者或无争议第三方制作，具有中立的性质，地图的证明力相对会更高。在毕格尔海峡仲裁案中，仲裁庭就认为："至少在表面上，中立的制图者的独立地位使地图更具价值，除非其仅是复制当事方地图，或者受当事方的影响，或者明显基于政治意图迎合某一当事方的要求，如果是不存在上

---

〔1〕 Kasikili /Sedudu Island Case, Judgment, I. C. J. Reports, 1999, p. 1100, para. 87.

〔2〕 See e. g. Erik Franckx and Marco Benatar, "Dots and Lines in the South China Sea: Insights from the Law of Map Evidence", *Asian Journal of International Law*, Vol. 2, No. 1, 2012, pp. 106-107.

〔3〕 郑志华：《中国南海 U 形线地图的可采性与证明力》，载《外交评论》2013 年第 4 期，第 40 页。

〔4〕 See Clive Schofield, Ian Storey, *The South China Sea Dispute: Increasing Stakes and Rising Tensions*, The Jamestown Foundation, 2009, p. 21.

述使其丧失独立立场的情况下制作的地图，对于相关边界的确定则具有比较重要的意义。因为在某种程度上，这样的地图反映了当时社会的一般观念；如果它们相互矛盾，则表明当时缺乏这样一种一般观念。"[1]正如毕格尔海峡仲裁案仲裁庭指出的，地图体现的是一种社会观念，因此与承认和默认问题相关。然而，中立性并非地图证据具有可采性和证明力的必要条件，只是一个影响因素。地图，特别是官方地图，承载着国家宣示主权的重要功能，因此肯定具有一定的倾向性——我们无法想象，一个国家在地图上不主张对自身领土拥有主权，而由其他各国为该国主权"中立"地承认和背书。因此，没有理由以中立性不足而降低中国南海断续线地图的证据效力，只能说，他国发行的包含南海断续线的地图将可能被赋予更大的证明力。

地图证据的效力还与其受到其他国家的认可程度有关。下一节将对该问题进行论述。

第四节　外国对南海断续线的承认或默认

承接上一节论述，本节分析其他国家对南海断续线（地图）的承认与默认的事实情况和法律意义。应该说，国家对地图的承认与默认主要在两个方面产生法律效力：其一，地图本身是一种国家主权的主张和宣示，官方出版地图也可以被视为一种积极行使主权的行为。因此，非争端当事方的第三国对地图可能进行承认，产生巩固地图发行国的领土权源的后果，而其他争端当事方对地图的承认和默认则可能削弱自身的权源，强化地图发行国的权源，或者进一步构成禁止反言。这方面的法律问题已经在本编第四章进行论述。其二，其他国家对地图的承认和默认，使得地图作为证据的证明力增强。在厄立特里亚与埃塞俄比亚陆地划界案中，委员会就认为"相对方没有反应或者没有采取行动"[2]是决定地图重要性的一个因素。

自从南海断续线地图在 1948 年正式出版后，经历了多次的复制，

---

〔1〕 Dispute between Argentina and Chile Concerning the Beagle Channel, Award of 18 February 1977, R. I. A. A., Vol. XXI, 2006, p. 167, para. 142.

〔2〕 Eritrea-Ethiopia Boundary Commission, Decision Regarding Delimitation of the Border between the State of Eritrea and the Federal Democratic Republic of Ethiopia, 1 January 2002, *International Legal Materials*, Vol. 41, 2002, p. 1076, para. 321.

又经历了 1953 年的修正，越南、菲律宾以及世界其他国家在前后 60 年内始终没有对该地图提出反对或抗议。直到 2009 年，才有国家首次对其提出质疑。因此，各国对南海断续线地位的无表示和不作为是最基础、不容否认的历史事实。

有学者对这种默认表示反对。例如，比利时学者埃里克·弗兰克斯（Erik Franckx）教授就认为，南海断续线地图没有得到世界各国的认可，也没有得到南海争议当事国的承认或默认，有关国家不做出直接抗议，只是因为无须对这种模糊、不清楚的主张进行回应。[1] 然而，这种判断明显不符合事实，也不符合法理。在本编第四章，我们已经详细分析了越南、菲律宾等国的承认和默认，并且列举了大量的地图证据，这其中就包括越、菲两国不利于自己领土主张的一系列官方地图。即使这些行为没有直接对南海断续线地图进行承认，但在断续线已经明确公布，各国却仍以不同方式表示对中国南海诸岛领土主权的认可的情况下，对断续线地图的默认事实是难以否认的。越南、菲律宾等争端当事的沉默，更是足以构成国际法上的默认。

另外，南海断续线地图在岛礁归属的划定上已经足够精确，符合当时的国际惯例。结合中国一贯的主张来看，南海断续线对线内岛礁的主权主张也并不是模糊的。退一步说，即使断续线地图确实具有某种不可避免的模糊性，这也不是越南与菲律宾无所作为的理由。学者布鲁姆就指出："国家想要维护其自身权利，就应当密切关注其他国家做出的大量官方自利行为，假如它们感到自身权利已经受到侵犯或者有可能受到侵犯，就应当通过国际法认可的方式对之提出抗议。"[2] 南海断续线这一清楚的岛礁主权主张，无疑至少达到了"可能侵犯权利"的程度，产生了需要回应的情势。在这种情况下保持长达 60 年的沉默，无疑构成了默认。不仅如此，在其他国家出版的众多表明我国对南海诸岛主权的地图中，比如"《哈克世界大地图集》与《拉罗斯现代地图集》还以南海断续线标明了中国海域的范围，尽管在画法上

---

〔1〕 See Erik Franckx, Marco Benatar, "Dots and Lines in the South China Sea: Insights from the Law of Map Evidence", *Asian Journal of International Law*, Vol. 2, No. 1, 2012, pp. 112-115.

〔2〕 Yehuda Z. Blum, *Historic Titles in International Law*, 1st ed., Martinus Nijhoff, 1965, p. 150.

与中国标准的画法有一定的差别"[1]。这说明，南海断续线地图不仅为世人所知，而且也得到了某些国家直接的认可。

综上，南海断续线不仅得到了世界各国广泛的认可，而且出现在不少他国出版的地图上。南海断续线地图不仅有较高的认可度，还得到中立方出版的地图证据的支持及印证。综合上一节的分析，南海断续线地图作为证据应具有较高的可采性和证明力。而且，由于中国对于在南海断续线内行使对岛礁的主权已经形成了稳定的信赖利益，越南、菲律宾的默认也已构成禁止反言，其对南海断续线提出的反对或抗议理应不产生法律效力。

总而言之，南海断续线是中国根据对南海诸岛及其周边水域的主权和主权权利，按照国内法和国际法划定的一条界线，它是中国对在该区域已有权利的确认、重申和具体化。作为一条主张线内岛礁领土主权的线，它的性质得到了国际学界的广泛认可。同时，这条线的产生与发展，与中国在南海诸岛的主权行使行为相符合，也可以作为中国对南海诸岛行使主权的一项重要证据。作为证据载体的南海断续线地图满足了国际法对地图证据的一般要求，具有重要的证据效力。而且，经由其他争端当事国和第三国的承认或默认，南海断续线地图理应获得更高的证明力。对越南、菲律宾等国来说，对南海断续线前后60年的默认足以产生禁止反言的效果，其在2009年的反对或抗议在国际法上不产生任何效力。因此，南海断续线是中国在南海诸岛拥有主权、行使主权的重要证据。

---

[1]　郑志华：《中国南海U形线地图的可采性与证明力》，载《外交评论》2013年第4期，第42—43页。这两幅地图均为法国出版。

本编结论

本编从领土权源的理论框架入手，对南海诸岛领土归属问题进行分析。先占在领土取得的传统国际法上具有重要的意义，是一项重要的领土权源。与之有重要关联的发现和象征性占领等虽然不能形成完整的领土权源，但也具有建立初步权源的效力。中国是最早在南海地区进行活动的国家，也是最早对南海诸岛进行发现和利用的国家。通过对南海诸岛的发现和象征性占领，中国在三国时期就已经对南海诸岛享有初步的权利。通过宋元时期的进一步管辖和主权行使行为，中国已然对南海诸岛进行了先占，进而拥有其主权。在18世纪以前，无论是从时间先后顺序，还是从主权行使行为的强度和密度来看，越南的主张都明显弱于中国。同时，越南长期作为中国藩属国的事实，更是令其所谓的主权行使行为缺乏说服力。

有效控制是国际司法和仲裁机构日益看重的一种事实权源。根据有效控制规则，以相应标准和方法权衡领土争端当事国提出的有关证据之后，根据关键日期和时际法原则，对比进行有效控制的程度，有效控制程度更强的一方将拥有更优的"有效控制"权源。特别是在难以判定涉案领土的原始主权的情况下，实施了更为有效的控制的一方，将被判定取得领土的主权。不过，有效控制权源并不能推翻已经建立的主权，除非享有主权的国家以承认或默认的方式放弃了该主权。通过对南海诸岛主张国的历史考察，越南、菲律宾等国对南海诸岛中部分岛礁的有效控制明显弱于中国。由于越南、菲律宾存在的承认或默认中国对南海诸岛主权的行为，使这些国家的有效控制权源被进一步削弱。即便认为越南、菲律宾对某些岛礁进行了有效控制，也无法推翻中国此前业已确立的主权。

通过考察与越南、菲律宾领土有关的条约，以及处理二战日本占领的西沙群岛和南沙群岛等问题的一系列条约可以发现，越南、菲律宾在二战前并不能根据有关条约取得对西沙群岛和南沙群岛的主权，二战后也不能根据所谓的 1951 年"旧金山和约"取得有关领土的主权。从条约解释方法的文义解释和历史解释出发，都能得出西沙群岛和南沙群岛应归还给中国的结论。

一国对他国主权的承认与默认是一个重要的概念，它虽然不能作为领土取得的直接权源之一，但可与其他要素一起影响对主权归属的判断。从各国发行的官方或半官方地图，以及通过其他方式表示出来的态度来看，无论是南海诸岛领土争端当事国还是第三国，都普遍承认或默认中国对南海诸岛的主权。越南、菲律宾等南海当事国的有关承认或默认不仅削弱了其主张的领土权源，加强了中国的领土权源，更是构成了出尔反尔行为，其领土要求更加缺乏国际法依据。

南海断续线是中国根据对南海诸岛及其周边水域的主权和主权权利划定的一条界线，它是中国对其在该区域已有权利的确认、重申和具体化，具有确定岛礁主权归属的国际法效力。南海断续线关于岛礁归属的法律意涵得到了国际社会和学界的广泛认可。同时，这条线的产生与发展，与中国在南海的领土主权行使行为相一致，也可作为我国对南海诸岛行使主权的一项重要证据。作为证据载体的南海断续线地图满足了国际法对地图证据的一般要求，具有重要的证据效力。而且，经由相关争议当事国和第三国的承认或默认，南海断续线地图理应获得更高的证明力。

总之，中国通过发现和象征性占领取得了对南海诸岛的初步权利，并在后续的管辖和主权行使中完成了有效占领，取得了对南海诸岛的主权。在之后的历史过程中，中国又通过持续、充分、平稳、公开的方式对南海诸岛进行了有效控制，有效地维护了对南海诸岛的领土主权。此主权亦得到了有关国际条约的确认，以及国际社会包括越南、菲律宾等国的承认或默认，并在南海断续线地图中得到强化和重申。因此，中国对南海诸岛拥有领土主权毋庸置疑。

第三编

南海诸岛的群岛主权与海洋权利整体性

第一章　群岛法律概念中的基本问题

在群岛的法律地位问题上，中国向来将群岛作为整体主张主权，认为群岛的法律地位有别于单个岛礁地物，这一点集中体现在中国将东沙群岛、中沙群岛、西沙群岛、南沙群岛作为整体主张主权上，但群岛的整体主权问题在国际法中仍有四个问题值得深入研究。

第一，认定一组或者若干地物是否构成群岛，这是本编的先决问题。《联合国海洋法公约》第46条规定了群岛的定义，依据该条，群岛中的自然地形及水域被视为一个实体，也即作为一个整体。该条对群岛的认定提出了地理、经济、政治实体标准和历史实体标准。但是，该条尚有若干不明确之处值得研究：一则，该条中构成群岛组成部分的自然地形（地物）可以包括哪些类型；二则，该条中的地理、经济、政治实体如何认定；三则，该条所规定的历史实体如何认定。

第二，群岛整体主权的理论与实践问题。一方面，国际上有大量的群岛，这些群岛由成千上万个地物构成，在确定群岛的领土主权时，客观上不可能对成千上万个地物的主权进行逐一认定，事实上，国家对群岛领土主权的主张也是一种整体主权，诚如中国对南沙群岛的整体性领土主权主张；另一方面，群岛主权的整体性属于国际法中领土法的范畴，是习惯国际法的一部分，关于领土法，国际社会并未对其进行法典化，这也导致国际上对群岛领土主权整体性的相关研究较少。群岛作为一个整体，其领土主权究竟如何确定，值得研究。

第三，一国依据国际法整体性地取得了群岛领土主权之后，是否可将其作为整体主张海洋权利。一国对群岛的海洋权利实际上是其对群岛陆地领土主权的衍生。《公约》规定了群岛国的群岛水域，而大陆国家是否也可以将洋中群岛［mid-ocean archipelago，也称"远海群岛"或"远洋群岛"（out-lying archipelago）］作为整体主张海洋权利，则成为一个焦点。这一问题目前主要存在两点争议。一是《公约》是否在规定群岛国制度的同时，排除大陆国家将洋中群岛作为一个整体主张海洋权利的可能性。二是在《公约》之外，是否存在习惯法，允许国家将群岛作为整体主张海洋权利。

第四，中国对南沙群岛的整体性权利是否具有合法性。中国向来将南沙群岛作为整体，主张主权与海洋权利。但近年来，尤其是"南海仲裁案"以来，中国在南沙群岛的整体性主权及整体性海洋权利受到了挑战，从国际法的角度维护中国对南沙群岛的整体性领土主权及整体性海洋权利，刻不容缓。

第一节　群岛概念的产生与发展

一、群岛相关用语简析

依据《公约》第46条的规定，"群岛"是指一群岛屿，包括若干岛屿的若干部分、相连的水域或其他自然地形，彼此密切相关，以致这种岛屿、水域和其他自然地形在本质上构成一个地理、经济和政治的实体，或在历史上已被视为这种实体。群岛作为法律概念，涉及一系列的法律问题，其中有三个核心问题：其一是群岛该如何认定，亦即群岛中的各项法律要素的具体内容为何；其二是群岛这一概念的确立是否对群岛领土主权的认定有影响；其三是群岛在海洋法中的地位如何。这些问题与群岛作为一个法律概念在国际法中逐步确立息息相关。在讨论相关问题之前，宜对群岛概念的演变情况做基本梳理。

目前，成文法中洋中群岛的概念来源于《公约》第46条，这一概念虽然规定于群岛国制度中，但这一群岛概念对所有类型的群岛具有普适性，其原因有三：其一，纵观整个国际社会关于群岛问题的讨论及其法典化进程，可以发现，国际社会最初于20世纪20年代开始关于群岛问题的讨论。讨论伊始，所有类型的群岛，包括群岛国的群岛和大陆国家的群岛，都被当作一个完整的问题处理，只是在第三次联合国海洋法会议中，部分国家对群岛具体制度的适用范围有分歧，因而该会议只就群岛国制度达成协议；而在整个讨论过程中，与会国家在谈及群岛概念时，并未区分群岛国的群岛与大陆国家的群岛，因此群岛的定义是一个具有普适性的定义。其二，在其他国际条约中并不存在关于群岛的不同定义。其三，考察整个国际社会对于群岛问题的讨论，并不存在对群岛依据其不同的政治地位区分定义的做法。

从学理上，群岛大致可划分为沿岸群岛（coastal archipelago）与洋中群岛。沿岸群岛是那些离大陆非常近，可以被合理地认为构成海岸线外缘的一部分或者重要部分的群岛。而"洋中群岛则是位于大洋中，远离大陆海岸，不被认为构成大陆海岸线外缘的一部分，而被当作一个独立整体的群岛"[1]。学者在研究中基本采用了此种群岛分类方式。但关于洋中群岛，存在不同的称谓，部分学者将洋中群岛称为离岸群岛[2]（off-lying archipelago），在第三次联合国海洋法会议讨论相关议题时，部分国家也曾将其称为远洋群岛，其差异只是称谓上的不同，指称的对象并无二致。除直接翻译和用于专门概念描述目的外，本书统一采用"洋中群岛"的说法。

二、国际社会讨论群岛问题的总体脉络

群岛定义的法典化进程大致分为两个阶段，这两个阶段以1973年斐济、印度尼西亚、毛里求斯、菲律宾向"和平利用国家管辖范围以外的海床洋底委员会"（Committee on the Peaceful Uses of the Seabed and Ocean Floor Beyond the Limits of National Jurisdiction，Seabed Committee，中文简称"海底委员会"）提交的群岛定义草案为界。在此之前，国际社会对群岛的关注点主要聚焦于群岛基线划定问题，而上述四国1973年向海底委员会提交的草案，则明确了群岛的定义，这一草案实际上是《公约》群岛定义的最初蓝本。

早期的草案倾向于在划定基线时，把群岛作为一个整体。目前可查的关于群岛最早的条款来自国际法协会（International Law Association）阿尔瓦雷斯教授提出的草案，该草案规定："对于群岛，应当将群岛中的岛屿作为一个整体对待，群岛的领水应当从距群岛中心最远

---

[1]　联合国国际法委员会1957年委托挪威最高法院大法官詹斯·艾文森（Jens Evensen）所做的《关于群岛领水划定的法律问题》的研究报告，将群岛分为上述两类。See Certain Legal Aspects Concerning the Delimitation of the Territorial Waters of Archipelagos，U. N. Doc. A/CONF/13/18，Official Records of the First United Nations Conference on the Law of the Sea，Vol. I，p. 290.

[2]　See e. g. L. L. Herman，"The Modern Concept of the Off-Lying Archipelago in International Law"，*Canadian Yearbook of International Law*，Vol. 23，1985.

的岛屿开始测算。"[1]美国国际法研究院（American Institute of International Law）的草案[2]、1930 年海牙国际法会议第 13 号基准讨论文件（Basis of Discussion No. 13)[3]、国际法委员会在 1952 年及 1954 年的草案，均将群岛作为一个整体划定基线。1954 年国际法委员会的草案提出了群岛的定义，其认为："一群岛屿在法律意义上表示三个或三个以上岛屿包围着一片海域，这些岛屿用直线基线连接时，直线不超过5 海里，例外情况下，有一条直线不超过 10 海里。"[4]

哈佛国际法研究（Harvard Research in International Law）的草案则有不同规定："在岛屿间的距离不超过 6 海里的情况下，其边缘海相互延伸，构成一片海域。在一组岛屿或者群岛的情况下，不存在不同规则，除非众岛屿的外缘足够接近，构成完整的带状边缘海。"[5]

从上述的若干草案可见，在这个阶段，国际社会对群岛问题的关注，主要集中在基线的划定问题上，并未出现与《公约》相类似的群岛定义。

在三次联合国海洋法会议上，有关国家就群岛问题发表了意见，提出若干草案，最终促成了《公约》中群岛定义的形成。第一次联合国海洋法会议（1958 年）关于群岛问题的讨论较少，部分国家如古巴、瑞典等，在讨论群岛问题时，仍从群岛基线的划定入手，未正式触及群岛的定义；但菲律宾所发表的意见，提出了群岛在地理、经济、历史上作为一个整体的概念，可看作《公约》群岛定义的萌芽。菲律宾认为，尽管关于洋中群岛的领水不存在速成的硬性法则，但仍存在某些规则将完全由群岛构成的群岛国地理、历史与经济的特殊性作为

---

[1] A. Alvarez, "Projet d'Une Reglementation des Voies de Communications Maritimes en Temps de Paix", *International Law Association Reports of Conferences*, Vol. 33, 1924, p. 266. 原文为法语文本，笔者根据 *Jens Evensen* 的英文译本翻译。英文译本见 Certain Legal Aspects Concerning the Delimitation of the Territorial Waters of Archipelagos, U. N. Doc. A/CONF/13/18, p. 291。

[2] See Barry Hart, *The Law of Territorial Waters of Mid-Ocean Archipelago and Archipelagic States*, Hague: Martinus Nijhoff, 1976, p. 31.

[3] See *American Journal of International Law Supplement*, Vol. 24, 1930, p. 34.

[4] See International Law Commission, Forth Section, The Regime of Territorial Sea, U. N. Doc. A/CN. 4/53, 1952; International Law Commission, Fifth Section, Third Report on the Regime of Territorial Sea, U. N. Doc. A/CN. 4/77, 1954, p. 13.

[5] *American Journal of International Law Special Supplement*, Vol. 23, 1929, p. 241.

考量的因素。[1]

在第二次联合国海洋法会议（1962 年）上，群岛的定义问题并未取得实质性进展。但在 1969 年，联合国大会成立了海底委员会对群岛问题的讨论给群岛的定义带来影响。1973 年海底委员会于日内瓦召开的会议上，斐济、印度尼西亚、毛里求斯、菲律宾四国就群岛国问题提交了条款草案，该草案规定："群岛是一群岛屿，也包括其他自然地物，相互之间紧密联系，构成群岛的岛屿与其他自然地物之间本质上构成了一个地理、经济、政治的实体或历史上被视为此种实体。"[2]该草案成为《公约》群岛定义的最初蓝本，也是最重要的蓝本。

第三次联合国海洋法会议（1973—1982 年）关于群岛问题的讨论主要集中在第一轮与第二轮会议，会议关于群岛定义的草案均与上述四国向海底委员会提交的草案类似。在第三次联合国海洋法会议上，共有三个关于群岛定义的草案。

其一是斐济、印度尼西亚、毛里求斯与菲律宾提交的《关于群岛国的草案条款》，其规定："群岛是一群岛屿，包括一群岛屿的一部分，岛屿与水域及其他自然地物相互联系，岛屿、水域及其他自然地物之间的联系非常紧密，以至于其成为一个地理、经济、政治的整体，或历史上被认为一个整体。"[3]

其二是《加拿大、智利、冰岛、印度、印度尼西亚、毛里求斯、墨西哥、新西兰、挪威：工作文件》，其规定："为了本草案目的，群岛是指一组岛屿，也包括若干岛屿的一部分、相连的水域及其他自然地物，这些地物紧密联系，以至于这些组成的岛屿、水域与其他自然地物构成一个地理、经济与政治实体，或历史上被作为此种

[1]　See Second Committee, U. N. Doc. A/CONF. 13/40, Official Records of the United Nations on the Law of the Sea, Vol. Ⅳ, p. 7.

[2]　Report of the Committee on the Peaceful Uses of the Sea-Bed and the Ocean Floor beyond the Limits of National Jurisdiction (Sub-Committee Ⅱ), U. N. Doc. A/AC. 138/SC. Ⅱ/L. 48, International Legal Materials, Vol. 12, p. 1263. [hereinafter Report of Sea-Bed Committee]

[3]　Fiji, Indonesia, Mauritius and Philippines: Draft Articles relating to Archipelagic States, U. N. Doc. A/CONF. 62/C. 2/L. 49, Official Records of the United Nations Third Conference on the Law of the Sea, Vol. Ⅲ, p. 220.

实体。"[1]

其三是巴哈马提交的《群岛国家草案》，其规定："为了本草案条款的目的，'群岛'指一组岛屿，也包括一组岛屿的一部分，以及其他自然地物，这些岛屿与自然地物之间联系紧密，以至于这些组成部分构成了地理、经济、政治的实体，或者历史上被作为此种实体。"[2]

对以上三个关于群岛定义的草案进行考察，前两个草案的内容实际上并无二致，只是措辞上略有不同，而前两个草案同第三个草案之间的差异仅在于，群岛中的水域是否为群岛的构成部分。《公约》制定的结果表明，《公约》将群岛中的水域作为群岛的一部分。

虽然国际法中有关于群岛的定义，但是国际上群岛数量多，地形、政治、经济、历史情况复杂，因而如何依据群岛的定义认定群岛，是一个重要的问题。

第二节　群岛定义问题分析

依据《公约》第46条，"群岛"是指一群岛屿，包括若干岛屿的若干部分、相连的水域或其他自然地形[3]，彼此密切相关，以致这种岛屿、水域和其他自然地形在本质上构成一个地理、经济和政治的实体，或在历史上已被视为这种实体。依照这一定义，"一群岛屿，包括若干岛屿的若干部分、相连的水域或其他自然地形"，这一部分所规定的实际上是地物的要素；而"本质上构成一个地理、经济和政治的实体，或在历史上已被视为这种实体"所规定的实际上是群岛的"实体"认定问题，包括地理、经济、政治上的实体和历史上的实体两项标准。

---

[1] Canada, Chile, Iceland, India, Indonesia, Mauritius, Mexico, New Zealand and Norway: Working Paper, U. N. Doc. A/CONF. 62/L. 4, Official Records of the United Nations Third Conference on the Law of the Sea, Vol. Ⅲ, p. 82.

[2] Bahamas: Draft Articles on Archipelagic States, U. N. Doc. A/CONF. 62/C. 2/L. 70, Official Records of the United Nations Third Conference on the Law of the Sea, Vol. Ⅲ, p. 236.

[3] 关于"地形"一词，《公约》的官方中文本将英语中的"feature"一词翻译为"地形"，但目前中国学界普遍将该词翻译为"地物"，因而除引用《公约》原文时将该词翻译为地形之外，本书在一般情况下将该词翻译为"地物"。

一、群岛定义中的自然地物

关于群岛的地物要素问题，实际上涉及"一组岛屿""若干群岛的若干部分"与"其他自然地物"的认定问题。

关于"一组岛屿"，《公约》第 46 条第 2 款并未对群岛中的地物数量做明确规定，该问题可从三个方面加以考虑：其一，从条约解释的一般原则考察，依据《维也纳条约法公约》第 31 条的规定，条约应依其用语按其上下文并参照条约之目的及宗旨所具有之通常意义，善意解释之。"一组岛屿"，依其通常含义，两个或两个以上的岛屿即可。在这一款中，还包含了"包括若干岛屿的若干部分、相连的水域或其他自然地形"，按照这一语义，一个岛屿和其他若干岛屿的若干部分或其他自然地物一起，理论上也可构成一个群岛。其二，从《公约》制定的过程考察，在第三次联合国海洋法会议中，英国曾提议，群岛应当由三个以上的地物构成，[1] 但这一提议由于遭到部分国家的反对而未被采纳。其三，学者也认为，只要两个以上的地物即可构成群岛。[2] 故而，在数量上，两个以上地物即可构成群岛。

对于"若干群岛的若干部分"，国内学者较少涉及，本编有必要进行说明。在群岛定义中加入这一用语，主要是考虑到部分群岛国家在地理和政治上的现实。[3] 具体而言，这一术语指的是一个岛屿的不同部分处在不同国家主权之下的情形，如婆罗洲就属于此种情形，印度尼西亚、马来西亚、文莱三国分别对该岛的不同部分享有主权。这一情形属于群岛中的特殊情形，表明地理上的群岛概念与法律上的群岛概念并非完全重合，两者的关系，将在下文的有关部分做进一步论述。

关于何为"其他自然地形"，公约并未明示。但是在 2012 年尼加

---

[1] See Report of Sea-Bed Committee, U. N. Doc. A/AC. 138/SC. II/L. 44, p. 1259 .

[2] See e. g. C. F. Amerasinghe, "The Problems of Archipelagos in the International Law of the Sea", *International & Comparative Law Quarterly*, Vol. 23, 1974, p. 564.

[3] See Summary Records of Meetings of the Second Committee, 36th Meeting, U. N. Doc. A/CONF. 62/C. 2/SR. 36, Official Records of the United Nations Third Conference on the Law of the Sea, Vol. III, p. 236. [hereinafter Second Committee, 36th Meeting]

拉瓜与哥伦比亚领土和海洋争端案中，国际法院在认定圣安德烈斯群岛的相关问题时，对群岛中的各类地物有一定描述，依据该案判决书："部分珊瑚礁高出水面，形成沙洲。沙洲是小面积、低矮的小岛，由被海浪冲垮的珊瑚礁形成的泥沙构成，并为风力所重构。大的沙洲可以积累足够的沉积物，以供植被繁衍生息。环礁是中间形成潟湖的珊瑚礁。滩是由岩石或泥沙构成的，位于海床上的水下高地，其最高点通常离水面不到 200 米。部分滩的顶端足够靠近水面（通常在低潮时距离水面不到 10 米），这样的滩称为暗礁。"[1]

关于低潮高地及水下地物，国际法院 1953 年敏基埃和埃克里荷斯群岛案涉及该问题。该案中，在论述群岛的构成时，英国认为敏基埃与埃克里荷斯群岛中的岛礁包括干出、沉没岩礁。干出、沉没岩礁实际上是两类地物的合称。干出岩礁，即低潮高地；沉没岩礁即水下地物，如暗礁等。英国特别强调，诉状中所称的埃克里荷斯群岛和埃克里荷斯群岛中的小岛及岩礁，包括埃克里荷斯群岛中的所有小岛与岩礁，同理适用于敏基埃群岛。[2] 也就是说，在该案中低潮高地和暗礁均作为群岛的一部分。

由此证明，群岛必须至少由两个以上地物构成，其中一个必须为岛屿，构成群岛的地物，除岛屿之外，就目前的司法实践而言，可包括其他自然地物，如沙洲、环礁、滩、低潮高地等，但目前的司法实践并未明确排除其他地物作为群岛的构成部分。此外，群岛可以包括若干岛屿的若干部分，这表明法律中的群岛概念与地理上的群岛概念并非完全重合。从群岛的定义观之，群岛除了上述若干与自然地物有关的要素，还有若干与"实体"有关的要素。如何认定"实体"是群岛认定的重要方面。

二、群岛作为一个"实体"

依据《公约》第 46 条规定，群岛必须在地理、经济、政治上构成一个实体或在历史上构成此种实体。依据这一规定，群岛实

〔1〕 Territorial and Maritime Dispute（Nicaragua v. Colombia），Judgment，I. C. J. Reports，2012，p. 18，para. 20.［hereinafter Nicaragua and Colombia Case］

〔2〕 See The Minquiers and Ecrehos Case（France/United Kingdom），Memo，Judgment，I. C. J. Reports，1953，pp. 22，24.

际上存在两种认定标准，即地理、经济、政治上的实体标准与历史实体标准。

（一）地理、经济、政治标准

关于群岛作为实体的考察，国际法中并不存在明确标准，是一个需要依据个案进行确定的问题。

其一，关于何为地理上的实体，《公约》并未明示。虽然《公约》第47条对群岛基线的划定规定了距离标准，但首先，群岛基线的划定与一组岛屿是否构成法律上的群岛不是同一个问题；再者，该条仅适用于群岛国群岛基线的划定，并非适用于认定所有岛群是否构成法律上的群岛。

其二，在学术机构的讨论中也并未形成具体的距离标准。在早期国际学术机构的讨论中，虽然没有明确采用"地理上的实体"这一措辞，但早期国际学术机构与国际组织部分讨论都涉及群岛中地物不能超过一定距离，才能将其作为一个整体划定基线。也就是说，早期对群岛作为地理实体的讨论，主要涉及的是地物间距离的问题。部分国际学术机构在讨论过程中曾提出距离标准的建议，而另外一部分国际学术组织则未涉及具体的距离问题，直接将群岛作为一个整体。

国际法研究院在1928年就提议，若将群岛作为一个整体划定基线，群岛中各岛屿之间的距离不得超过两倍边缘海。1930年海牙国际法会议讨论文件对此的提议是两倍领水距离，其后又提议领水距离为10海里。[1] 但1930年海牙国际法会议并未就此形成提案。一方面，1952—1955年国际法委员会的相关讨论曾在不同阶段分别提出10海里[2]与5海里[3]的距离标准，但最后因为缺少必要的技术信息而未提出正式提案。[4] 而另一方面，如1924年国际法协会阿尔瓦雷斯

---

[1] See Certain Legal Aspects Concerning the Delimitation of the Territorial Waters of Archipelagos, U. N. Doc. A/CONF.13/18, p. 291.

[2] See International Law Commission, Forth Section, Report on the Regime of Territorial Sea, U. N. Doc. A/CN. 4/53, 1952.

[3] See International Law Commission, Fifth Section, Third Report on the Regime of Territorial Sea, U. N. Doc. A/CN. 4/77, 1954, p. 13.

[4] 对群岛问题的说明位于草案第10条（单个岛屿）之后。*Yearbook of International Law Commission* (1956), Vol. Ⅱ, p. 270.

276 of 668 南海主权与海洋权利法理研究

教授的草案〔1〕、1929 年美国国际法研究院的草案〔2〕,均未预设任何距离标准。

其三,关于地物间的距离对地物是否构成群岛一部分的影响,现有的国际司法与仲裁实践并不统一,不存在量化的标准。国际法院在 2012 年尼加拉瓜与哥伦比亚领土和海洋争端案中依据 1928 年《巴塞纳斯-埃斯格拉条约》(Barcenas-Esguerra Treaty)第 1 条中"其他构成圣安德烈斯群岛的岛屿、小岛与礁"这一措辞,认为阿尔布科克礁与东-东南礁(分别距离圣安德烈斯群岛 20 海里与 16 海里),应作为圣安德烈斯群岛的一部分。〔3〕

国际法院在部分案件中以距离较远为由将部分地物排除在群岛的范围之外。但何为较远距离,并不明确。国际法院在 2002 年利吉丹岛与西巴丹岛主权争端案中认为,利吉丹岛和西巴丹岛与其他三个岛屿之间的距离超过 40 海里,不得将利吉丹岛与西巴丹岛视为案件中其他三个岛屿的附属岛屿。〔4〕但国际法院其后并未将 40 海里作为量化标准适用于其他案件。在 2012 年尼加拉瓜与哥伦比亚领土和海洋争端案中,塞拉纳礁与巴约努尔沃礁距普罗维登西亚岛(Provedencia)分别为 80 海里与 205 海里,国际法院仅认为塞拉纳礁与巴约努尔沃礁作为群岛构成部分的可能性相对较小,〔5〕并未直接以距离为由将上述两处地物排除在群岛范围之外。故而,如何认定"地理上构成一个实体"并无统一的量化标准,须依个案确定,也因此,"地理上的实体"必须与政治、经济等其他方面的情况相结合,综合考虑。

"政治上作为一个实体"这一问题主要是基于确保群岛的政治稳

<hr>

〔1〕　See A. Alvarez, "Projet d'Une Reglementation des Voies de Communications Maritimes en Temps de Paix", *International Law Association Reports of Conferences*, Vol. 33, 1924, p. 266. 原文为法语文本,本书根据 Jens Evensen 的英文译本翻译。英文译本见: Certain Legal Aspects Concerning the Delimitation of the Territorial Waters of Archipelagos, U. N. Doc. A/CONF/13/18, p. 291。

〔2〕　See Barry Hart, *The Law of Territorial Waters of Mid-Ocean Archipelago and Archipelagic States*, Hague: Martinus Nijhoff, 1976, p. 31.

〔3〕　See Nicaragua and Colombia Case, Judgment, I. C. J. Reports, 2012, p. 29, para. 53.

〔4〕　See Case Concerning Sovereignty over Pulau Ligitan and Pulau Sipadan (Indonesia/Malaysia), Judgment, I. C. J. Reports, 2002, p. 657, para. 64.

〔5〕　See Nicaragua and Colombia Case, Judgment, I. C. J. Reports, 2012, p. 29, paras. 24 and 53.

定而提出的。1972 年海底委员会第二分委员会在讨论群岛国问题时曾指出，经济发展、政治稳定以及国家安全需要为其建立特殊制度。[1] 之所以如此，是因为部分群岛国家当时刚取得独立，面临一系列不确定的因素，为了确保其政治统一与国家安全，有必要在一个国家对群岛行使有效主权后，将其作为一个实体，确保其完整性，防止其被分裂。穆那瓦（Munavvar）也持这一观点。[2] 对于"政治上的实体"的含义，阿美拉辛（Amerasinghe）指出，"政治上的实体"首要含义是群岛中的岛礁属于同一个国家。[3] 赫曼（Herman）指出，政治与经济上的实体，主要指岛屿（群岛）有真实的政治架构，其既可以作为一个单独的行政区域，也可以作为更大的行政区域的一部分。[4] 因此，从时间的维度考察，"政治上的实体"这一因素主要的着眼点在于当前，要求当前群岛处在单一的国家的主权之下；这是其与"历史上作为一个实体"之间的主要区别。

"经济上的实体"实践中既可以指国家将群岛中各个部分的经济事务作为一个整体进行管理，也包括民间基于经济活动将群岛的各个部分作为一个实体的情形。前者如 1953 年敏基埃和埃克里荷斯群岛案，该案中，依据英国泽西当局批准在敏基埃上的不动产买卖合同，泽西当局在敏基埃建立海关等行为被认定为英国将该群岛作为整体管理。[5]

（二）历史标准

"历史上构成一个实体"是群岛的另一项认定标准，这一标准的含义，《公约》未明示，在早期国际学术组织的讨论中也鲜有提及。这一标准是在三次联合国海洋法会议中逐步形成的。

"历史上构成一个实体"实际上包括两种含义：其一是指历史性权利，包括历史性所有权；其二是指广义的历史，即国家基于历史上

---

〔1〕 See Official Records of the General Assembly, 26th Session, Supplement No. 21, U. N. Doc. A/8241, Chapter. Ⅲ. B.，para. 166.

〔2〕 See Mohamed Munavvar, *Ocean States：Archipelagic Regime in the Law of the Sea*, Netherlands：Martinus Nijhoff Publishers, 1995, pp. 33-34.

〔3〕 See C. F. Amerasinghe, "The Problems of Archipelagos in the International Law of the Sea", *International & Comparative Law Quarterly*, Vol. 23, 1974, p. 557.

〔4〕 L. L. Herman, "The Modern Concept of the Off-Lying Archipelago in International Law", *Canadian Yearbook of International Law*, Vol. 23, 1985, p. 180.

〔5〕 See The Minquiers and Ecrehos Case, Judgment, I. C. J. Reports, 1953, p. 69.

将地物及水域作为一个整体的事实，主张其为群岛。

　　基于历史性权利将群岛中的地物作为一个整体始于第一次联合国海洋法会议，在会议中，菲律宾提出："远洋群岛应当作为一个整体对待，岛屿、小岛与岩礁之间的水域应当作为内水……这一原则经历史性水域的理论证明具有正当性。"[1]但菲律宾在以历史性权利主张群岛整体性时，并未对历史性所有权及历史性权利进行区分，而是将具有主权性质的历史性所有权及具有非主权性质的历史性权利均囊括进来。例如在第一次联合国海洋会议上，菲律宾认为：菲律宾依据历史性所有权对领海行使主权与管辖权，[2]而在1973年《菲律宾宪法》中其主张菲律宾对群岛的权利来自历史性权利或法定所有权（legal title）。[3]菲律宾在第三次联合国海洋法会议上再次将历史性权利作为其主张群岛地位的理由之一。其指出："菲方寻求认可其在领海中的历史性权利。保持政治、经济的一体性以及群岛国的国家安全，养护海洋环境，开发海洋资源等需要，使群岛国将群岛内水域置于其主权之下，并获得特殊地位，具有正当性。"[4]

　　群岛定义中的"历史上构成一个实体"不仅可以指历史性权利，也可以指一般意义上的历史。洪都拉斯明确指出，此种历史不同于历史性权利。[5]在第三次联合国海洋法会议上，西班牙基于历史主张群岛的整体性，其认为"西班牙所处的半岛位于两个海域之间，拥有若干岛屿以及两个群岛，连同半岛海岸线，共有超过5000公里的海岸线，西班牙的历史与海洋紧密相连，在附近水域，20万人以渔业、造船业为生，其造船业规模位居世界第三"[6]。巴哈马则指出："巴哈马自成立以来一直主张巴哈马浅滩地区（the Bahamas Bank）的权利，对

---

〔1〕　Second Committee，U. N. Doc. A/CONF. 13/40，p. 7.

〔2〕　Verbatim Records of the General Debate，Official Records of the Second United Nations Conference on the Law of the Sea，U. N. Doc. A/CONF. 19/9，1960，p. 77.

〔3〕　See Construction of the Republic of Philippines（1973），Article 1.

〔4〕　Summary Records of Meetings of the First Committee，6th Meeting，U. N. Doc. A/CONF. 62/C. 1/SR. 6，Official Records of the Third United Nations Conference on the Law of the Sea，Vol. Ⅱ，p. 25.〔hereinafter First Committee，6th Meeting〕

〔5〕　See Second Committee，36th Meeting，U. N. Doc. A/CONF. 62/C. 2/SR. 36，pp. 263-264.

〔6〕　Summary Records of Plenary Meetings，40th Plenary Meeting，U. N. Doc. A/CONF. 62/SR. 40，Official Records of the Third United Nations Conference on the Law of the Sea，Vol. Ⅰ，p. 171.〔hereinafter 40th Plenary Meeting〕

于巴哈马人民，其不仅意味着岛屿与海岬，还包括大巴哈马浅滩与小巴哈马浅滩（the Great and the Little Bahamas Bank）。这一地区的浅海水域历史上一直作为巴哈马领土的一部分。依据英国查尔斯国王 1670 年的令状，该地区，包括浅滩、岛屿与海岬均被授予总督（Lord Proprietor）。"[1] 希腊主张，希腊诸岛在地理、经济、政治上与大陆构成了一个不可分割的整体，群岛与大陆距离不超过 42 海里，群岛在文化与历史上均是希腊的一部分。[2]

关于历史上作为一个实体，赫曼认为，若一个国家依据历史标准主张群岛地位，实践中该国必须证明，其对群岛中的实质性组成部分（essential ingredients）实施有效控制，这种有效控制，按照胡伯的意见，即持续和平展示主权。[3] 在 1998 年厄立特里亚与也门领土主权和海洋划界案中，仲裁庭就将争议地物依据不同的法律历史分为四个群岛。[4]

三、群岛概念适用于领土法与海洋法领域

上文讨论了群岛这一法律概念在国际法领域的演化与形成过程，这一过程实际上也是群岛这一法律概念法典化的过程。从客观事实来看，成文法中的群岛概念实际上是在海洋法领域中形成的，是国际海洋法法典化进程的结果。但这就带来一个问题，成文法中的群岛概念是否仅是海洋法领域的概念，而不得适用于领土法。群岛的适用范围在国际法的立法与实践中并不清晰，学界对这一问题也并未展开讨论，本章有必要对这一问题进行分析。从客观成因考察，国际社会从 19 世纪至 20 世纪初，就开始了对海洋法律规则的法典化，但并未展开对领土法律规则的法典化。就早期国际社会对群岛问题的讨论脉络而言，上文所述的美国国际法研究院草案、1930 年海牙国际法会议第 13 号基

---

[1] Second Committee, 36th Meeting, U. N. Doc. A/CONF. 62/C. 2/SR. 36, p. 265.

[2] Summary Records of Meetings of the Second Committee, 39th Meeting, U. N. Doc. A/CONF. 62/C. 2/SR. 39, Official Records of the Third United Nations Conference on the Law of the Sea, Vol. II, p. 285. [hereinafter Second Committee, 39th Meeting]

[3] L. L. Herman, "The Modern Concept of the Off-Lying Archipelago in International Law", *Canadian Yearbook of International Law*, Vol. 23, 1985, p. 183.

[4] See The Eritrea/Yemen Arbitration (First Stage: Territorial Sovereignty and Scope of Dispute), Award of 9 October 1998, R. I. A. A., Vol. XXII, 2006, p. 315, para. 466.

准讨论文件等，均属于国际海洋法法典化进程的一部分。国际法委员会成立伊始，关于群岛主题的讨论也被置于"领海制度"中，如国际法委员会在 1952 年[1]及 1954 年[2]的草案，所讨论的均为是否可以将群岛作为一个整体划定基线。三次联合国海洋法会议作为国际法法典化进程的重要部分，所讨论的亦是海洋权利问题。由于这一客观事实，成文法中的群岛概念产生于海洋法领域。

但这是否意味着群岛的概念只适用于海洋法领域而与领土法无关？该问题可从以下几个角度分析。

其一，从上文分析群岛概念演化的历史脉络可知，在成文法领域，国际社会在将群岛作为一个法律概念进行法典化的过程中，始终关注是否可以将群岛作为一个整体划定基线，进而主张领海。随着海洋法律制度的发展，大陆架与专属经济区的概念应运而生，国际社会在第三次联合国海洋法会议中，开始讨论并确定部分群岛国对专属经济区和大陆架的权利。群岛在海洋权利领域成文法的脉络背后，实际上隐含着一个基本前提，即主权的归属已定，至少在应然的层面上如此，国家只能对自己认为有主权的群岛主张海洋权利。尽管在现实中对某一特定群岛的领土归属存在争议，争端当事国双方均主张群岛的领土主权和海洋权利，但在这种情况下，双方主张群岛海洋权利的基础，仍是各自认为其对群岛享有合法主权，这一前提并未改变。这也是陆地支配海洋这一基本法理的应有之义。故而，从整体上考察，尽管成文法中的群岛概念直接产生于海洋法的法典化进程，但该概念与主权有天然的联系。

其二，群岛的认定与主权密不可分，且同时适用于领土法与海洋法领域。依据《公约》第 46 条，"群岛是指一群岛屿，包括若干岛屿的若干部分、相连的水域或其他自然地形，彼此密切相关，以致这种岛屿、水域和其他自然地形在本质上构成一个地理、经济和政治的实体，或在历史上已被视为这种实体"。

实际上，政治、经济、历史实体的标准虽然出现在海洋法成文法

[1] See International Law Commission, Forth Section, The Regime of Territorial Sea, U. N. Doc. A/CN. 4/53, 1952.

[2] See International Law Commission, Fifth Section, Third Report on the Regime of Territorial Sea, U. N. Doc. A/CN. 4/77 1954, p. 13.

领域，为了认定群岛进而划定群岛水域而存在，但实际上，认定群岛是否在政治、经济、历史上作为一个实体的行为，也是将群岛作为一个整体实施有效控制的行为。依据上文对群岛问题的分析，其中经济上的实体，既可以指国家将群岛中各个部分的经济事务作为一个整体进行管理，也包括民间基于经济活动将群岛的各个部分作为一个实体的情形。关于"政治上的实体"的含义，阿美拉辛指出，"政治上的实体"其首要含义是群岛中的岛礁属于同一个国家。[1] 赫曼指出，政治与经济上的实体，主要指岛屿（群岛）有真实的政治架构，其既可以作为一个单独的行政区域，也可以作为更大的行政区域的一部分。[2]

"历史上构成一个实体"，实际上包括两种含义：其一是指历史性权利，包括历史性所有权；其二是指广义的历史，即国家基于历史上将地物及水域作为一个整体的事实，主张其为群岛。可见，经济与政治上的实体，指的是国家在经济与政治上将群岛作为一个整体进行管控，这些行为实际上是对群岛的有效控制行为。历史上构成一个实体，依据上文所述，有两种含义。第一种含义最早由菲律宾提出，其在第三次联合国海洋法会议中主张："菲方寻求认可其在领海中的历史性权利。保持政治、经济的一体性以及群岛国的国家安全，养护海洋环境，开发海洋资源等需要，使群岛国将群岛内水域置于其主权之下，并获得特殊地位，具有正当性。"[3] 这种情况下，"历史上作为此种实体"实际上是在历史上确立起对群岛的主权以及与对群岛间水域的历史性权利。第二种含义是，国家单纯依据历史，将群岛作为一个整体，而不必满足历史性权利的要求。如洪都拉斯在第三次联合国海洋法会议上谈及群岛的认定问题时就主张，此种历史不同于历史性权利。[4] 在这种情形下，一国只需主张该群岛在历史上被作为实体，而无须严格按照历史性权利的要求加以证明。

但实际上，对于历史上如何作为一个实体的问题，在条约国际法层面并无详细解释，而在国际司法与仲裁实践层面，国家证明群岛作

---

〔1〕 C. F. Amerasinghe, "The Problems of Archipelagos in the International Law of the Sea", *International & Comparative Law Quarterly*, Vol. 23, 1974, p. 557.

〔2〕 L. L. Herman, "The Modern Concept of the Off-Lying Archipelago in International Law", *Canadian Yearbook of International Law*, Vol. 23, 1985, p. 180.

〔3〕 First Committee, 6th Meeting, U. N. Doc. A/CONF. 62/C. 1/SR. 6, p. 25.

〔4〕 Second Committee, 36th Meeting, U. N. Doc. A/CONF. 62/C. 2/SR. 36, pp. 263-264.

为一个整体，所提供的依据和证据就是国家在历史上将群岛作为一个整体进行管控的行为。在 2012 年尼加拉瓜与哥伦比亚领土和海洋争端案中，哥伦比亚从有效、和平、不中断地行使主权，以及在地理、经济、历史上构成一个整体的角度，主张圣安德烈斯群岛的群岛地位。该案中，哥伦比亚主张圣安德烈斯群岛的措辞与《公约》第 46 条高度类似，唯一不同的地方在于，《公约》第 46 条的群岛定义包含了"政治上构成一个实体"，而哥伦比亚所用的措辞是"哥伦比亚对圣安德烈斯群岛有效、和平、不中断地行使主权"[1]。依据上文对《公约》群岛定义中"政治上构成一个实体"的分析，该术语的含义是国家对群岛和平而持续地行使主权。可见，哥伦比亚在论证圣安德烈斯群岛时，实质上采用了《公约》中的群岛定义。

在该案中，国际法院依据 1928 年的一份条约确定了圣安德烈斯群岛主要地物的主权属于哥伦比亚。对于群岛中的部分地物，"无法依据当事方提供的关于圣安德烈斯群岛构成的历史记录确定群岛的范围，因为这些材料没有充分澄清这一事项"[2]，当事方提供的历史资料没有特别说明群岛中包含哪些地物。由此说明，国际法院并未否定哥伦比亚按照《公约》第 46 条证明圣安德烈斯群岛符合群岛法律标准的基本思路，只是认为哥伦比亚提供的证据不够充分，无法认定部分争议的地物是否属于群岛范围。故而，哥伦比亚在证明群岛构成方面的思路对认定群岛形成重要的参考标准。

哥伦比亚主要在答辩状（Counter Memorial）中论证群岛构成一个整体的主张，哥伦比亚在论证群岛构成一个整体时，将其作为地理、经济与历史上的整体，从其论证的内容考察，地理、政治、经济均有涉及，实际上是从历史脉络的角度，论证群岛在政治、经济、地理各方面构成了一个整体。这表明群岛这一概念同时适用于领土法与海洋法领域，体现了在群岛这一概念中，政治、经济、历史这些要素与主权的密切相关性及与有效控制行为的高度重合性。

从论证的整体思路考察，哥伦比亚开篇立论的基点是："尼加拉瓜

---

〔1〕 Nicaragua and Colombia Case, Counter-Memorial of the Republic of Colombia, Vol. Ⅰ, 11 November 2008, I. C. J. Reports, p. 36, para. 2. 32.

〔2〕 See Nicaragua and Colombia Case, Judgment, I. C. J. Reports, 2012, p. 2, paras. 52-53, 55.

所主张的海洋地物，是圣安德烈斯群岛的构成部分，哥伦比亚已对其行使有效、和平、不中断的主权长达 185 年。"[1]

从哥伦比亚为了证明圣安德烈斯群岛为一个整体而提交的资料考察，其将该群岛的历史划分为两个时期，一是西班牙殖民时期，二是西班牙殖民统治结束之后的时期。就西班牙殖民时期而言，哥伦比亚提交的材料包括 1803 年西班牙皇室将群岛移交给总督的法令、圣安德烈斯群岛第一任总督的报告、护卫舰船长德费达尔戈（Juan Francisco de Fidalgo）提交的海洋调查报告、戴尔·卡斯蒂约（Del Castillo）船长的报告、西班牙海军水文局发布的航行指南等材料[2]，这些材料反映的均是西班牙将圣安德烈斯群岛作为整体进行管控的历史。

关于西班牙殖民之后的时期，哥伦比亚在证明该群岛是一个整体时，所主张的也是国家将群岛作为一个整体进行管理。针对这个时期提交的材料有哥伦比亚当局签发的文件、法规、报告，行政管理行为的有关记录等，[3] 同时提交了部分地图和教科书，证明该群岛在历史上一直被当作一个群岛。

从 2012 年尼加拉瓜与哥伦比亚领土和海洋争端案有关内容考察，其一，该案同时涉及领土争端与海洋争端，哥伦比亚将群岛的认定作为统辖全案的问题，论证案件中涉及的所有地物在地理、经济、历史上构成一个整体，即构成了圣安德烈斯群岛。群岛这一概念是全案的核心问题之一，同时适用于主权问题与群岛的海洋权利问题。而国际法院不仅没有反对这一法律论证的思路与逻辑，而且根据哥伦比亚的思路与逻辑进行了考察，只是最后认定哥伦比亚提交的证据不够充分，无法证明争议的部分地物属于圣安德烈斯群岛。其二，从哥伦比亚提交的证据内容考察，其所提交的皇家法令、总督报告、护卫舰舰长报告，及哥伦比亚当局签发的文件、法规、报告、行政管理行为的有关

---

[1] Nicaragua and Colombia Case, Counter-Memorial of the Republic of Colombia, Vol. I, 11 November 2008, I. C. J. Reports, p. 36, para. 232.

[2] See Nicaragua and Colombia Case, Counter-Memorial of the Republic of Colombia, 2008, I. C. J. Reports, p. 37, paras. 234 and 236; pp. 39-45, paras. 241, 243 and 245. 德费达尔戈是当时有名的西加勒比海探险家，接受西班牙政府的指令，对卡塔赫纳和哈瓦那之间的海岬与浅滩进行调查。

[3] See Nicaragua and Colombia Case, Counter-Memorial of the Republic of Colombia, 2008, I. C. J. Reports, p. 46, paras. 246-247.

记录等，所证明的内容均是在殖民时期与后殖民时期，政府当局将群岛作为一个整体进行管理。整个证明过程表明，关于"历史上构成一种实体"，实际上主要指的是国家将群岛作为一个整体进行统治的历史，主要的行为是国家历史上的行政管理、立法等行为，也可包括地图、教科书等其他材料记载的历史。

依据以上理论与实践，虽然成文法中的群岛概念存在于《公约》之中，但其不是一个仅存在于海洋法领域的法律概念，当发生领土争端时，在群岛的认定上，该概念同样适用，原因有两点。

其一，认定群岛中的所有地物和水域在地理、政治与经济上构成一个实体的行为，实际上所依据的就是国家对群岛进行控制的行为，如行政管理、立法等。这些行为和国家对群岛行使主权的行为在很大程度上是重合的，只是对于哪些行为构成有效控制，必须严格依据国际法中关于主权取得的规则、理论与实践来确定；而对于哪些行为可被认定为国家将群岛作为一个整体进行管理，使其成为一个政治、经济上的实体，理论上并无像主权取得规则一样严格的要求，关于哪些行为可以用于认定群岛在政治、经济上构成一个实体，其范围将更大一些。但无论如何，群岛在领土主权意义上与在海洋权利意义上不是两个割裂并相互独立的概念，因为不存在哪些行为只是为了在领土主权意义上将群岛作为一个政治、经济的实体，而另一些行为只是在海洋权利意义上将群岛作为一个政治、经济的实体，两者在事实上往往合二为一，是同一个过程。

其二，从历史的角度考察，认定群岛中的地物与水域构成一个实体，所依据的主要是国家对群岛的管控行为，也包括其他相关行为。关于历史上构成此种实体，其中一种情况是依据历史性权利将群岛作为一个整体，而另一种情况，即单纯地依据历史考察群岛中的地物是否在历史上构成一个实体，事实上考察的主要是国家在历史上是否将群岛中的地物和水域作为一个整体进行管控，这与国家在历史上逐渐确立起对群岛的领土主权实际上是同一个过程，只是这里所指的历史，不局限于领土法意义上的有效控制，而应当具有更广的范围。

根据以上的分析，群岛这一成文法概念产生于海洋法领域，是一个客观的事实，这一事实主要是国际法法典化进程的客观结果。但是，这并不意味着群岛这一法律概念只是国际海洋法中的概念。从群岛认定的理论与实践考察，认定群岛中的地物与水域是否在政治、经济和历史上构成一个实体，所依据的主要是国家将群岛的地物和水域作为一个整体进行管理或控制的行为，这些行为大多数同时是国家对群岛确立主权、行使主权的行为，两者是同一过程，只是在理论上，关于何者构成领土法上的有效控制，已经有较为成熟的理论与实践，因而该类行为的认定标准较为严格；而关于如何认定群岛在政治、经济、历史上构成一个整体，其实践较少，相关的标准较为宽泛，且正在形成之中。但无论如何，两者非但不是互相独立的，反而是同一个过程。

群岛的成文法概念存在于海洋法领域，表面上看，海洋法与领土法是不同的国际法，其适用不同的规则。但实际上，由于群岛认定所依据的行为也是国家对群岛进行控制的行为，在事实层面属于相同的历史进程，其中的部分行为依据领土法属于有效控制行为，反映了国家对群岛确立领土主权的过程。因此，在处理有关群岛的领土主权与海洋权利问题时，先依据群岛概念与其理论和实践判断一组或多组地物是否构成国际法中的群岛，再依据领土取得规则确定群岛的领土归属，继而依据有关的国际海洋法规则确定国家依据群岛可以主张的海洋权利，这是分析问题的合理思路。

本章小结

自 20 世纪 20 年代起，群岛问题逐渐引起国际社会的关注，群岛问题的法典化进程也由此开始。在 20 世纪 70 年代以前，群岛的有关问题通常被置于海洋法中的领海问题之下讨论，国际社会对该问题的讨论主要集中在群岛能否及如何划定整体基线，而鲜少涉及群岛的定义问题。在第三次联合国海洋法会议召开之前，群岛的定义成了群岛问题中新的焦点。关于群岛的地物数量，《公约》及有关实践均无限制，一般认为只要多于两个地物即可构成群岛。

群岛有两个认定标准，其一是在地理、政治与经济上构成一个实体，其二是在历史上构成一个实体。在第一项标准中，关于如何认定群岛在地理上构成一个实体，目前相关的国家实践及国际司法与仲裁实践主要考虑地物类型及地物间的距离两个层面的问题。岛屿、沙洲、环礁、滩、暗礁、低潮高地等自然地形均是群岛的构成部分。关于地理标准中的地物距离，目前并无量化标准，需依据个案确定。政治上构成一个实体主要指群岛处在同一主权之下，这一点主要是为了确保

20世纪60、70年代新独立的国家的政治稳定性而提出来的。经济上作为一个实体，则表明群岛中各个岛礁地物之间存在经济上的联系，官方在经济上将群岛作为一个实体进行管理的行为在认定若干地物构成经济上的实体时具有重要作用，民间的经济活动也对该问题的认定有一定影响。历史上构成一个实体的标准，依据现有的国家实践、国际司法与仲裁实践及学者观点，实际上包括两种含义：一是，一国依据历史性权利将若干地物视为一个群岛；二是，依据一般的历史，主要是历史上群岛中实质性部分的有效控制，将群岛作为一个整体。《公约》中群岛定义的形成过程表明，《公约》群岛定义的形成与将群岛作为一个整体主张海洋权利有密切关系，而将群岛作为一个整体主张海洋权利的背后，又包含了维护群岛整体领土主权的动因。在群岛整体性这一范畴中，群岛的整体领土主权与群岛作为一个整体主张海洋权利，是群岛整体性这一基本问题中相互联系、不可分割的两个方面。

第二章　群岛主权的整体性

虽然在群岛整体性这一范畴中，海洋权利与领土主权是两个相互联系、密不可分的问题，但领土主权的取得与海洋权利适用的是国际法中的不同规则，因而本编将两者分不同的章节进行讨论，但这并不意味着将两者之间的联系剥离。

第一节　群岛领土主权与大陆领土主权取得的差异性

领土取得规则属于习惯法规则，先占是国际法中适用范围最广的领土取得规则。先占在早期的国际实践中只要求发现无主地，而在17—18世纪以后，则必须对相关领土单位实施有效控制，即持续和平地展示国家主权。[1] 国家客观上较可能对大陆的特定地区实施有效控制，而对于群岛的有效控制则与大陆存在差异。群岛往往数量较多，部分群岛地物分布分散，且陆地面积狭小，地区间分布着水域，将群岛中的地物按照单个地物对待，逐一确定单个地物的领土主权归属存在困难，在此客观情况下，对于群岛的领土取得，往往采取整体领土主权的方式。决定群岛必须采取整体性的方式确定领土归属的因素包括地理因素、国家安全因素、通信联系因素等。

一、地理因素的影响

其一，部分国家的群岛由大量的岛礁及其他自然地物构成，客观上无法要求国家对所有岛礁和自然地物实施有效控制。如菲律宾有超

---

[1] See L. L. Herman, "The Modern Concept of the Off-Lying Archipelago in International Law", *Canadian Yearbook of International Law*, Vol. 23, 1985, p. 183.

过7100个岛屿,只有大约1000个岛屿有人居住;[1]印度尼西亚有13677个岛屿,只有3000个岛屿有人居住;巴哈马有700多座岛屿和沙洲,以及其他自然地物2400个,只有22个岛屿有人居住;印度的安达曼-尼科巴群岛(Andanman and Nicobar)有321个岛屿,但只有38个岛屿有人居住。[2]其他群岛,如加拉帕戈斯群岛、挪威沿岸的若干群岛,均存在大量无人定居岛屿。同时,在群岛地区,存在着大量的未命名岛屿及地物,更加证明国家对于群岛领土主权的取得,并非对群岛中的地物逐一取得领土主权,而是通过一种整体性的方式取得领土主权。

　　群岛领土主权的取得,之所以采用整体性的方式,是因为部分岛礁本身无法维持人类居住或其本身的经济生活,对其所实施的有效控制行为,客观上较少,无法对群岛中的所有地物逐一适用同一标准判断其主权的取得问题。在论及领土主权的取得时,胡伯虽然认为领土主权的确立取决于持续而平稳地行使主权,但也承认这一要素在不同的规则与条件下存在差异。[3]在实践中,对于不同领土的主权取得,所适用的标准也存在差异。如在东格陵兰岛法律地位案中,国际常设法院认为:"对一块几乎还未开发,更提不上占领,并且长期与世隔绝的土地提出领土主权要求,这就降低了有效控制的正常要求。"[4]对于类似岛屿的主权取得,国际常设法院在1928年帕尔马斯岛仲裁案中也认为,"主权的展示,不可能每时每刻存在于领土的每一部分"[5]。

　　其二,部分群岛由于自然环境的变化,其岛礁数量及其他方面的情况可能出现变化,但基于整体性领土主权,群岛的领土归属并未发生变化。典型的事实如,菲律宾在2013年的全国调查中,发现了超过

---

[1] See Summary Records of Plenary Meetings, 31st Plenary Meeting, U. N. Doc. A/CONF. 62/ SR. 31, Official Records of the Third United Nations Conference on the Law of the Sea, Vol. I, p. 124. [hereinafter 31st Plenary Meeting]

[2] Mohamed Munavvar, *Ocean States: Archipelagic Regime in the Law of the Sea*, Netherlands: Martinus Nijhoff Publishers, 1995, pp. 17, 20-21.

[3] See Island of Palmas Case (United States v. Netherlands), Award of 4 April 1928, R. I. A. A., Vol. II, 2006, p. 840.

[4] 陈致中:《国际法院案例选》,法律出版社1986年版,第82页。

[5] Island of Palmas Case, Award, 1928, R. I. A. A., 2006, p. 840.

400 个新的岛礁。[1] 尽管是新发现的岛礁，但这些岛礁处在菲律宾群岛的范围以内，其领土主权至今未引起争议。

由于群岛具有上述地理上的特殊性，因此，一般情况下，无须对大量的自然地物逐一认定其主权归属，而是在一国已经有效控制群岛主要岛礁的情况下，依据整体性，整体确定其领土归属。在 1953 年敏基埃和埃克里荷斯群岛案中，利维（Levi）法官在个别意见中阐述了自然整体性的观点，他认为："迄今为止，群岛的整体性仍被视为一项无争议的事实。就像国家占领了岛屿的海岸或者岛屿的主要部分，就视同整体上占领岛屿一样，对于未被其他国家占领的群岛，占领群岛中的主要岛屿，这种占领同时具有占领群岛中小岛与岩礁的效力。"[2]

二、国家安全、岛礁间通信联系等因素的影响

事实上，国家将群岛作为一个整体享有主权，对维护群岛地区的安全与稳定有重要作用。学者阿南德（Anand）指出："适用群岛原则的首要理由在于安全，这方面不一定指免于敌军攻击的安全，而在于保护其沿岸地区免受海盗、外国人非法登陆、走私货物的危害的安全。"[3]在第三次联合国海洋法会议上，众多国家强调群岛整体性海洋权利对维护其主权及安全的重要意义。如菲律宾强调："（菲律宾）对（群岛）水域的主权以及管辖权对于群岛国家而言至关重要，这不仅考虑到经济原因，也基于国家安全以及领土的不可分割性。"[4]厄瓜多尔提出："哥伦布群岛，或称加拉戈斯群岛，满足了几乎所有关于群岛的严格定义中的条件，构成了国家的一部分。"[5]

同时，岛礁间通信联系也是影响群岛整体领土主权的因素之一。

---

[1]　See "Namria 'Discovers' 400 Previously 'Unknown' PHL Islands Using IFSAR", available at: http://www.businessmirror.com.ph/namria-discovers-400-previously-unknown-phl-islands-using-ifsar/, last accessed on 18 March 2018.

[2]　The Minquiers and Ecrehos Case, Individual Opinion of Judge Levi Carneiro, I. C. J. Reports, 1953, p. 99.

[3]　R. P. Anand, *International Law and the Developing Countries*, Martinus Nijhoff, 1987, p. 215.

[4]　31st Plenary Meeting, U. N. Doc. A/CONF. 62/SR. 31, p. 124.

[5]　Summary Records of Meetings of the Second Committee, 37th Meeting, U. N. Doc. A/CONF. 62/C. 2/SR. 37, Official Records of the Third United Nations Conference on the Law of the Sea, Vol. Ⅱ, pp. 267-268. [hereinafter Second Committee, 37th Meeting]

有学者指出，海岛国家（insular States），特别是在其发展的早期，在建立对外围岛屿的行政控制方面面临诸多困难。[1] 印度尼西亚在第一次联合国海洋法会议上也指出："维持岛屿间的通信对印度尼西亚而言是一个问题，由于岛屿间存在明显的相互依存关系，无论是和平时期还是战时，均应保证岛屿间的通信。不仅如此，即便群岛国在战时不是交战一方，通信自由仍受到严重威胁。"[2] 这一观点虽然是针对群岛国家提出的，但对大陆国家的洋中群岛同样适用。不管是群岛国的群岛还是大陆国家的洋中群岛，其地理情况没有本质区别，法国在第三次联合国海洋法会议上就曾明确指出，无论是群岛国的群岛还是大陆国家的群岛，均面临相似问题。[3]

值得注意的是，群岛的整体领土主权方式并非一项单独的领土取得规则，而是有效控制、添附、割让等传统领土取得规则在群岛地区的特定适用。如胡伯在 1928 年帕尔马斯岛仲裁案中所言："领土主权权源的取得，或建立在有效的占据（apprehension）基础上，如有效占领，或征服，或领土的割让……对于主权的确立，理论上和实际上尽管在不同的法律规则及不同情况下存在差异，但均承认主权持续和平的展示作为权源的重要性。"[4] 限于群岛上述特殊性，当事实上不可能对大量的岛礁和自然地物逐一进行主权归属的认定时，法律对群岛在一般情况下的领土归属做出整体性推定。诚如 1998 年厄立特里亚与也门领土主权和海洋划界案中仲裁庭所言："仲裁庭认为整体性的理念并非所有权的根源，而是在某种情形下，对业已建立的所有权的扩张与推定。"[5]

第二节　整体取得群岛主权的国家实践

群岛领土主权的整体性，主要是相对于大陆及单个岛屿的领土主

〔1〕 See Robert David Hogson, "Islands: Normal and Special Circumstances", Bureau of Intelligence and Research, U. S. Department of State, 1973, p. 25.

〔2〕 First Committee, U. N. Doc. A/CONF. 13/39, Official Records of the United Nations on the Law of the Sea, Vol. Ⅲ, p. 44.

〔3〕 Second Committee, 36th Meeting, U. N. Doc. A/CONF. 62/C. 2/SR. 36, p. 263.

〔4〕 Island of Palmas Case, Award, 1928, R. I. A. A., 2006, p. 839.

〔5〕 The Eritrea/Yemen Arbitration (First Stage), Award, 1998, R. I. A. A., 2001, p. 315, para. 464.

权的取得而言的，对于大陆的领土主权取得，需要依据领土主权取得规则，详细判断国家是否取得大陆某一区域的领土主权；对于单个岛屿，也需要依据领土取得规则逐一判断岛屿的主权归属。但诚如上文对群岛整体领土主权的分析，对群岛中的所有地物逐一确定领土归属十分困难，因而往往将群岛作为整体确定领土主权。

就国家实践而言，国家对领土的取得是一个漫长且复杂的过程，尽管实际上还存在不少领土争端，但相对而言，世界上绝大多数领土的主权归属已经确定，得到了国际社会的默认，其边界相对稳定，这一点对群岛而言亦是如此，群岛的整体领土主权客观而言是一种已经得到国际社会默认、长期存在的事实。除了有争议的群岛，国家没有必要再强调其整体领土主权，这也在客观上导致国家明确强调群岛整体领土主权的实践较少。尽管如此，部分国家的实践，包括与领土主权有关的条约及部分国家在国际立法会议中的立场等，均反映了群岛领土主权的整体性。

一、菲律宾的实践

菲律宾是世界主要的群岛国之一，其群岛领土取得集中体现了群岛领土主权的整体性。菲律宾有超过 7100 个岛屿[1]，1542 年，西班牙航海家洛佩兹来到菲律宾，之后西班牙侵占了菲律宾，菲律宾成为西班牙的殖民地[2]，在其后 300 多年里，菲律宾一直处在西班牙的统治之下。1898—1900 年，西班牙依据条约将菲律宾割让给美国，1933 年，美国通过法案允许菲律宾独立，并批准了《菲律宾宪法》。1946 年，菲律宾宣告独立。[3] 因此，近代菲律宾的领土主权变迁，实际上经历了由西班牙通过三个条约将领土割让给美国，再从美国治下独立的过程。在这个过程中，相关条约中领土变更集中体现了群岛领土主权的整体性。

---

[1] See Mohamed Munavvar, *Ocean States: Archipelagic Regime in the Law of the Sea*, Netherlands: Martinus Nijhoff Publishers, 1995, p. 20.

[2] William Henry Scott, *Barangay: Sixteenth-Century Philippine Culture and Society*, Ateneo University Press, Quezon City, 1994, p. 6.

[3] Verbatim Records of the General Debate, Official Record of the Second United Nation on the Law of the Sea, U. N. Doc. A/CONF. 19/9, 1960, p. 75.

与近代菲律宾领土主权变迁有关的法律文件，主要有1898年美国与西班牙的《巴黎和约》、1900年美国与西班牙《关于菲律宾外围岛屿割让的条约》（又称1900年《美西华盛顿条约》），以及1934年《菲律宾独立法案》（The Philippine Independence Act）。这三个文件，集中体现了群岛领土主权的整体性。

首先，1898年西班牙与美国签订的《巴黎和约》对菲律宾群岛领土的处理方式，集中体现了群岛领土主权的整体性。《巴黎和约》第3条规定了西班牙向美国割让菲律宾群岛领土事项，该条规定：

> 西班牙应将称为菲律宾岛屿（Philippine Islands）的群岛（archipelago）和包括（comprehending）在以下界线内的岛屿割让给美国：
>
> 这条线从西到东沿着或靠近北纬20°线并穿过可通航的巴奇海峡的中央，从格林尼治东经118°到东经127°子午线；然后沿格林尼治东经127°子午线至北纬4°45′线，再沿北纬4°45′线至它与东经119°35′子午线的交叉点，然后沿格林尼治东经119°35′至北纬7°40′线，再沿北纬7°40′线至它与东经116°子午线的交叉点，然后沿一条直线至北纬10°线与格林尼治东经118°子午线的交叉点，再沿格林尼治东经118°子午线至起始的一点。[1]

西班牙通过该条约，将菲律宾的群岛割让给美国，该条约的特点在于，割让的方式是将菲律宾群岛作为一个整体转移领土主权，而并未将菲律宾群岛的各个构成地物作为单个地物对待，在条约中也未逐一列举群岛的构成地物。

其次，双方通过1900年《美西华盛顿条约》，补充确立了菲律宾群岛的范围。在1898年签订《巴黎和约》之后，双方又于1900年签订了《关于菲律宾外围岛屿割让的条约》，该条约确定了《巴黎和约》

---

[1] Treaty of Peace between the United States of America and Spain, signed at Paris, December 10, 1898, U. S. Congress, 55th Cong., 3rd sess., Senate Doc. No. 62, Part 1 (Washington: Government Printing Office, 1899), 5-11. http://avalon.law.yale.edu/19th_century/sp1898.asp.

界线以外的菲律宾群岛其他岛礁的领土归属。该条约规定：

> 西班牙将其在缔结巴黎和约时可能拥有的属于菲律宾群岛的、位于该条约第三条所述界线以外的任何岛屿的所有权利和权利主张让予美国，特别是对卡加延苏禄群岛（Cagayan Sulu）和锡布图群岛（Sibutu）及其附属地的权利和权利主张，并同意所有这些岛屿应全部包括在所割让的群岛内，正如它们被明确地包括在上述界线之内一样。[1]

最后，美国于 1934 年通过《菲律宾独立法案》对菲律宾的领土主权采取了整体主权的态度。该法案第 1 条规定："菲律宾群岛政府依据本法案规定条件与限制，对根据 1898 年 12 月 10 日美国与西班牙在巴黎签订的条约，由西班牙割让给美国的所有领土行使管辖权，领土边界规定于该条约第 3 条，所取得的领土同时包括西班牙与美国于 1900 年 11 月 7 日在华盛顿签订条约所包含的岛屿。"[2]随后，菲律宾也声称对菲律宾群岛享有主权。[3]

综上，至少从 19 世纪末西班牙将菲律宾群岛的领土移交给美国，至美国殖民统治时期及菲律宾独立时期，菲律宾群岛的领土转让均采用了整体性领土割让的方式。

二、其他国家的实践

虽然在国家实践中，通过国家协议规定群岛整体主权的实践较少，但是主张群岛领土主权的整体性，作为一种普遍存在于群岛国家与大陆国家群岛地区的实践，在第三次联合国海洋法会议各国家的主张中得到反映。由于第三次联合国海洋法会议所探讨的议题与海洋法相关，群岛国及具有群岛的大陆国家在讨论问题时，并非将群岛的整体领土

---

[1] Cession of Outlying Islands of Philippines, Convention Signed at Washington November 7, 1900, Supplementing Article Ⅲ of Treaty of December 10, 1898, 31 Stat. 1942, Treaty Series, No. 345, https://www.loc.gov/law/help/us-treaties/bevans/bv-es-ust000011-0623.pdf.

[2] Philippine Independence Act, Sec. 1, available at: http://www.chanrobles.com/tydingsmcduffieact.htm#.UbnPztvZNDg, last accessed on 5 September 2017.

[3] See Construction of the Republic of Philippines (1973), Article 1.

主权单列为一个问题，而是将群岛与水域作为一个整体，将群岛的整体领土主权隐含在群岛的海洋权利主张中。

印度尼西亚强调群岛陆地与水域的领土整体性，认为："印度尼西亚主张其为群岛国家，印度尼西亚岛屿周围，以及印度尼西亚岛屿之间的水域，是其陆地领土的自然附属物，构成其绝对主权之下的内水或国家水域。这一概念强调了印度尼西亚陆地与水域领土的一体性，体现在'tanahair'一词中，在印度尼西亚语中，这一词汇表示祖国，字面意思是陆地与水域的综合体（land-water）。"[1]斐济同样强调其对群岛水陆一体的权利[2]洪都拉斯提案认为：沿海国的主权延伸至海岸、内水与群岛水域之外，至邻接地带，称为"领海"[3]

厄瓜多尔强调其对加拉帕戈斯群岛的领土主权，认为："厄瓜多尔宪法规定，厄瓜多尔共和国由大陆以及哥伦比亚群岛，或称加拉帕戈斯群岛构成。自国家独立起，国家一直对该群岛行使主权：该群岛在地理、政治与经济上作为国家整体的一部分，且向来如此。"巴哈马主张主权的整个陆地与海域面积约 26 万平方公里（10 万平方英里），94% 为海域，在地理上组成了一个不可分割的整体，构成了一个几乎完美的群岛。[4]

综上，在群岛的领土归属问题上，菲律宾对菲律宾群岛确立领土主权的实践是典型的群岛整体主权的国家实践，但关于群岛的范围，可能存在潜在争议。其他国家在第三次联合国海洋法会议讨论群岛的海洋权利问题时，也曾同时表达了群岛整体主权的观点。但在通常情况下，若不存在群岛领土争端，有关国家实际上没必要专门强调群岛的整体领土主权问题；只有存在领土争端时，群岛的整体领土主权问题方才凸显。

〔1〕　Summary Records of Plenary Meetings, 42nd Plenary Meeting, U. N. Doc. A/CONF. 62/SR. 42, Official Records of the Third United Nations Conference on the Law of the Sea, Vol. I, p. 187. [hereinafter 42nd Plenary Meeting]

〔2〕　See Second Committee, 36th Meeting, U. N. Doc. A/CONF. 62/C. 2/SR. 36, p. 262.

〔3〕　Summary Records of Meetings of the Second Committee, 4th Meeting, U. N. Doc. CONF. 62/C. 2/SR. 4, Official Records of the Third United Nations Conference on the Law of the Sea, Vol. II, pp. 187, 107. [hereinafter Second Committee, 4th Meeting]

〔4〕　See Second Committee, 37th Meeting, U. N. Doc. A/CONF. 62/C. 2/SR. 37, pp. 262, 267-268.

第三节　国际司法与仲裁实践对群岛领土主权的整体处理

依据国际司法与仲裁实践，在群岛领土主权问题上，整体性地对待群岛领土主权，是国际司法机构或仲裁机构处理该问题的一般方式。具体而言，又表现为三种形式。

一、国际司法或仲裁机构对群岛主权争端一般采取整体性处理方法

依据现有的国际司法与仲裁实践，国际法院或仲裁庭在处理群岛问题时，部分案例依据历史确定群岛的构成及领土归属，部分案例则依据现有的条约，根据地理情况确定群岛的构成，从而以整体的方式确定群岛的领土归属。

（一）地理上的整体性对群岛主权归属的影响

1953 年敏基埃和埃克里荷斯群岛案涉及群岛的自然整体性（地理上的整体性）对群岛领土主权的影响。英国在诉状中主张，埃克里荷斯群岛包括小岛和干出、沉没岩礁，其在备忘录中进一步强调，其将小岛和岩礁作为群岛的整体性主张，同理适用于敏基埃群岛。依据英国在诉讼中所提交的资料，埃克里荷斯群岛中仅有梅特尔岛（Maitre Ile）、拉尔莫蒂埃岛（Hlarmotiér）与布莱伊克岛（Blaiic Ile）3 个小岛可定居且各建有一所房子，拉尔莫蒂埃岛、布莱伊克岛上的房子只有部分泽西人在春夏两季来此度假或捕鱼。除此之外，尚有拉埃克莱茨礁（Les Eclets）、拉夏贝尔礁（La Chapelle）、洛斯维礁（L'Osweigh）、四月礁（Le Four）、波特维特礁（Botivet）、比戈尔礁（Bigorne）、鸽子礁（Colombier）、格兰德礁（Grande）、格雷德里奥斯礁（Graiide lioirsse）、格林礁（Green Rock）、格罗斯泰特礁（Grosse Tete）、拉维耶尔礁（La Vielle）、里亚莫蒂埃礁（Riarmotière）、小罗伊斯礁（Petite Roiisse）等主要岩礁 14 组共 28 个，以及数量不明的非主要岩礁。敏基埃群岛中的地物分布较埃克里荷斯群岛更加松散，有伊莱特雷斯礁（Illaitresse Ile）、大海鸥礁（Grand Guillot）、海雀礁（The Puffin）、东北岩礁［Rocher N（Nord）E（Est）］、小礁［Rock（Petit hlaitre Ile）］、白岩礁（Rocher Blanc）、烟囱礁（Cheminee）、红福奇礁（Fourchi Rouge）等 33 个地物。敏基埃群岛仅两处岛屿可定居，泽西当局在二

战后于其中一处小岛建造了若干小屋，供渔民在春夏季节捕鱼时使用。[1] 国际法院在处理敏基埃与埃克里荷斯群岛的主权问题时，将群岛中的地物作为一个整体，肯定了群岛的自然整体性。

利维法官在 1953 年敏基埃和埃克里荷斯群岛案的个别意见中对群岛的"自然整体性"，即群岛作为一个自然的整体进行了分析。他认为："迄今为止，群岛的整体性仍被作为一项无争议的事实。就像国家占领了岛屿的海岸或者岛屿的主要部分，就视同整体上占领岛屿一样，对于未被其他国家占领的群岛，占领群岛中的主要岛屿，这种占领同时具有占领群岛中小岛与岩礁的效力。如答辩状第 118 段所言：'自然整体性'一词，同时也解释了许多条约与文件条款中，在指称群岛整体时只提及主要岛屿的做法。这种指称群岛整体时只提及群岛的部分，是一种通常的程序。群岛的整体性不能且并未因此受到破坏，也未被忽视。"[2]

在该案中，无论是国际法院的多数意见还是利维法官的个别意见，对敏基埃和埃克里荷斯群岛地理上的整体性均予以认可。依据英国备忘录中关于两个群岛的地理资料，群岛中除了五个岛屿可以定居，有数十个地物由于陆地面积极其狭小，既不可居住，也无法通过实际措施对每一块岩礁实施有效控制。实际上，敏基埃与埃克里荷斯群岛中的不少岩礁缺少出水高度的具体数据。英国在上述五处可定居的小岛上的活动尚且十分有限，遑论这些无法居住，甚至记载不明的岩礁。利维法官将这些小岛与岩礁作为一个整体，肯定其整体性领土主权，正是基于国家对群岛中的岩礁，无法实施与大片陆地或较大岛屿相似的有效控制行为，只能基于群岛整体性，而对群岛领土主权做出法律推定。事实上，此类岩礁的重要性十分有限，也无须国家经常实施有效控制，通过法律推定，将此类岩礁的领土主权包含于群岛的整体性领土主权中，也是最合理的处理方式。

在 1977 年的毕格尔海峡仲裁案中，仲裁庭认为：纳瓦里诺岛（Navarino）、皮克顿岛（Picton）与勒诺克斯岛（Lennox）构成一个整体（PNL group，以下简称"PNL 岛群"），非常邻近 PNL 岛群的岛礁，

〔1〕 The Minquiers and Ecrehos Case, Memorial of U. K. , I. C. J. Reports, 1953, pp. 22-26.

〔2〕 See The Minquiers and Ecrehos Case, Individual Opinion of Judge Carneiro, I. C. J. Reports, 1953, p. 56.

其所有权归属跟随 PNL 岛群。基于同样的理由，该小岛（实际上包括若干岛礁）主权归于智利[1]。在 2012 年尼加拉瓜与哥伦比亚领土和海洋争端案中，国际法院结合 1928 年《巴塞纳斯-埃斯格拉条约》第 1 条的措辞[2]，认为："阿尔布科克礁与东-东南礁，考虑到它们的地理位置（分别距离圣安德烈斯群岛 20 海里与 16 海里），可以认为构成圣安德烈斯群岛的一部分。"[3]

这些岩礁均高出水面，作为陆地领土，均可占据且享有主权。但由于陆地面积极其狭小，实际上不可居住，也无法通过实际措施对每一块岩礁实施有效控制。因此，仲裁庭依据群岛的整体性，将其作为群岛的一部分确定其主权归属。

（二）历史上的整体性对群岛主权归属的影响

在 1953 年敏基埃和埃克里荷斯群岛案中，英法双方均将这两个群岛作为一个整体，国际法院在判定两组群岛的领土归属时，均将两个群岛作为整体，判定二者的领土归属。

对于埃克里荷斯群岛，国际法院认定其从 13 世纪起就被当作海峡群岛的一部分，处在英王的管辖权与主权之下。国际法院依据其在 1203 年的宪章中，将整个埃克里荷斯群岛作为领地的一部分授权主教管理，以及后续几个世纪，英国泽西对埃克里荷斯群岛实施行政管理、立法、执行刑事程序等行为，将埃克里荷斯群岛作为一个整体对待。对于敏基埃群岛，国际法院依据 17 世纪泽西岛法院三次处理敏基埃群岛海难事故的记录，其后泽西皇家法院处理沉船货物，对敏基埃地区发现的尸体依法进行尸检，泽西当局允许敏基埃群岛上的不动产买卖合同，泽西海关在敏基埃建立海关，泽西当局对敏基埃进行人口普查及其他证据，认定敏基埃从 17 世纪初就是泽西诺里蒙特（Norimont）采邑的一部分，英国泽西当局在 19 世纪及 20 世纪相当长的时间里，

---

[1] See Dispute between Argentina and Chile Concerning the Beagle Channel, Award of 18 February 1977, R. I. A. A., Vol. XXI, 2006, p. 144, para. 104. [hereinafter Beagle Channel Arbitration]

[2] 该条约第 1 条规定："尼加拉瓜认可哥伦比亚对圣安德烈斯群岛、普罗维登西亚岛、圣卡塔利娜岛以及其他构成圣安德烈斯群岛的岛屿、小岛（islet）和礁（reef）享有完整的主权。" Nicaragua and Colombia Case, Judgment, I. C. J. Reports, 2012, p. 26, para. 40.

[3] Nicaragua and Colombia Case, Judgment, I. C. J. Reports, 2012, p. 28, para. 52.

对相应的群岛行使国家职能。基于此，敏基埃与埃克里荷斯两个群岛中的小岛与岩礁的领土主权，属于英国。[1]

在 1998 年厄立特里亚与也门领土主权和海洋划界案中，仲裁庭对有关群岛的领土归属也采用了整体性的处理方式，仲裁庭裁定莫哈巴卡斯（Mohabbakahs）、海科克斯（Haycocks）与南礁（South Rocks）群岛的领土主权归于厄立特里亚，而祖库尔·哈尼什（Zuqar-Hanish）、贾巴尔阿尔泰（Jabal al-Tayr）、祖巴尔（Zubayr）的领土主权属于也门。[2] 群岛的整体领土主权实际上并非一种独立的领土取得方式，而是领土取得规则运用到群岛这一特殊地形时的一种推定。这表明，群岛的整体领土主权，仍是以领土取得规则为基础的。就地理上的整体性及历史上的整体性对群岛领土归属的影响而言，尤其如此，这一点 1998 年厄立特里亚与也门领土主权和海洋划界案的仲裁庭在裁定若干群岛的领土主权时，有清楚的阐述。仲裁庭认为："整体性或自然整体性……本身并非创设一项权源，而是一种法律上的可能性或者法律推定，其基于整体性，将一个地区已经建立的权利扩展适用到该整体中的其他部分。"[3]

本案中一个明显的有关情况是地理情况，争议的岛屿、小岛与岩礁构成群岛，该群岛延伸至狭窄海域的两岸，所以可以推定，靠近一侧海岸的岛屿将被推定为该侧海岸的附属物而从属于该海岸，除非处在海岸另一侧的国家可以证明对其具有更充分的所有权或权源。[4]

群岛的整体领土主权还受到历史因素的影响，一群岛礁地物在地理上虽然构成一个群岛，但如果其中的部分岛礁地物历史上属不同国家，则其领土归属可有不同。这一点在 1998 年厄立特里亚与也门领土主权和海洋划界案中同样有所体现。仲裁庭认为需要分别考虑不同分组岛屿的领土归属，因为不同分组的岛屿具有不同的法

---

〔1〕 See The Minquiers and Ecrehos Case, Judgment, I. C. J. Reports, 1953, pp. 60, 65, 67-69 and 72.
〔2〕 See The Eritrea/Yemen Arbitration (First Stage), Award, 1998, R. I. A. A., 2006, pp. 318-330, paras. 475-526.
〔3〕 The Eritrea/Yemen Arbitration (First Stage), Award, 1998, R. I. A. A., 2006, p. 315, para. 462.
〔4〕 The Eritrea/Yemen Arbitration (First Stage), Award, 1998, R. I. A. A., 2006, p. 313, para. 458.

律史。[1]

综观群岛自然整体性的有关实践，群岛的自然整体性或者称为地理上的整体性，在确定主权时实际上是一种领土范围的推定，在国家已经依据领土取得规则，取得群岛中主要岛屿领土主权的情况下，可以依据地理上的整体性，推定国家取得了整个群岛的领土主权。但是，依据地理整体性推定群岛的整体领土主权，实际上受到两个方面的限制。

其一，在另一个国家已经对群岛的若干部分行使或展示了更有效的主权的情况下，该国将取得群岛的部分领土主权。在这种情况下，一群岛礁地物尽管地理上构成一个整体，但这不必然意味着其领土主权只能属于一个国家。不过，这种情况实际上是对群岛自然整体性这一推论的限制，所以提出此主张的国家，必须证明其具有优于群岛所属国的行使或展示主权的行为，这种主权行为的强度，能够达到突破自然整体性的程度。

其二，部分岛礁地物虽然地理上构成一个整体，但其中的若干部分的历史存在差异，则该部分的领土归属将突破自然整体的限制，实践中国际司法与仲裁机构将另行确定该部分岛礁地物的领土归属。

二、补充方法之一：对地物组群的划分处理

在 1998 年厄立特里亚与也门领土主权和海洋划界案中，仲裁庭就将红海的群岛划分为不同的岛礁组，但仲裁庭仍然肯定了群岛的整体性，并认为：“在大岛礁群组内部，可能存在分岛礁群组。”[2]

在 1977 年毕格尔海峡仲裁案中，案件所涉及的群岛实际上被分为四个部分：第一是 PNL 岛群；第二是非常邻近 PNL 岛群地区的小岛；第三是处在毕格尔海峡南部区域，纳瓦里诺岛、皮克顿岛与勒诺克斯岛之间的小岛；第四是从拉帕塔亚岛到皮克顿岛，处在仲裁庭所划界限的 X 坐标点附近，位于海峡北部区域，且处在汉莫（Hammer）区域内的岛屿。

仲裁庭在该案中，明确将 PNL 岛群作为一个整体。仲裁庭认为：

〔1〕　The Eritrea/Yemen Arbitration（First Stage），Award，1998，R. I. A. A.，2006，p. 314，
　　　para. 459.
〔2〕　The Eritrea/Yemen Arbitration（First Stage），Award，1998，R. I. A. A.，2006，p. 315，
　　　para. 464.

PNL 岛群三个岛屿作为一个整体，似乎从属于毕格尔海峡，而非大西洋。对于毕格尔海峡内邻近 PNL 岛群区域的岛屿、小岛、岩礁与沙洲（下文统称"海峡中的岛群"），仲裁庭认为，在非常邻近 PNL 岛群地区的岛礁，其所有权归属跟随 PNL 岛群。基于同样的理由，该小岛（实际上包括若干岛礁）主权归于智利。对于 X 坐标点到大岛（Island Grande）与努瓦岛（Nueva）之间汉莫地区的边界，仲裁庭在边界图上用一条红线作为智利与阿根廷之间的边界。划界采用对群岛整体性的处理方式，界线以北或东北的岛屿归阿根廷所有，界线以南或西南的岛屿归智利所有[1] 在 1953 年敏基埃和埃克里荷斯群岛案中，这两个群岛事实上也被作为海峡群岛的组成部分[2]

但是这种划分仍然以整体性为前提，也就是说，这种划分并非把群岛中的岛礁地物按照单个地物来处理。如在毕格尔海峡仲裁案中，仲裁庭虽然将争议岛礁划分为四个部分，但每个部分均非单独的岛礁，而是包括了该区域内的岛礁地物。以上裁定过程表明，对于群岛领土主权问题，国际司法与仲裁实践中虽有将群岛分组进行裁定的成案，但这种分组的基本形式仍将若干岛礁地物视为一个整体，有别于对单个岛礁地物领土主权的认定。

三、补充方法之二：对特殊地物的单列处理

在实践中，有时无法确定地物是否为群岛的一部分，在此种情况下，才将该部分地物的主权单列处理。在 2012 年尼加拉瓜与哥伦比亚领土和海洋争端案中，国际法院认为："圣安德烈斯群岛的构成，不能完全依据争端所涉海洋地物的地理位置，或者当事方提供的关于圣安德烈斯群岛构成的历史记录确定，因为这些材料没有充分澄清这一事项。"[3]据此，国际法院才将圣安德烈斯群的部分岛礁做了分割处理，单独考察了部分岛礁的领土归属问题。

事实上，将地物单列处理的方式受以下三个前提的限制。

第一，无法确定群岛地物的构成，也就是说，无法确定一组地物

---

[1]　Beagle Channel Arbitration, Award, 1977, R. I. A. A., 2006, p. 119, para. 65; pp. 143-144, paras. 103-105.

[2]　See The Minquiers and Ecrehos Case, Judgment, I. C. J. Reports, 1953, p. 21.

[3]　Nicaragua and Colombia Case, Judgment, I. C. J. Reports, 2012, p. 2, para. 53.

是否构成一个群岛，才将地物单列处理。从这一点上考察，对部分地物进行分割处理的本意，并非否定群岛领土主权的整体性，更非否定群岛的法律地位，而是在不确定地物本身是否属于群岛而无法将该地物纳入群岛的背景下，采取的特殊处理方法。这一点与在群岛背景下，忽视群岛地位，将群岛中的地物进行分割处理有本质区别。

第二，分割处理仅限于部分无法证明是否为群岛构成部分的地物，对于确定构成群岛的地物，仍按照整体性的方式，确定地物的领土归属。在2012年尼加拉瓜与哥伦比亚领土和海洋争端案中，对于阿尔布科克礁与东-东南礁，国际法院基于地理上的邻近，将两者作为圣安德烈斯群岛的构成部分。

第三，在不得不对地物进行分组的情况下，对地物的领土归属，事实上仍尽量保持整体性。

在2012年尼加拉瓜与哥伦比亚领土和海洋争端案中，国际法院判定七组地物的领土归属时，多次紧扣群岛整体领土主权。首先，在考察哥伦比亚对龙卡多尔礁、基塔苏埃尼奥礁、塞拉纳礁的公共管理与立法时，国际法院注意到1920年的政府报告，明确将三者作为圣安德烈斯群岛不可分割的整体。[1] 其次，在考察哥伦比亚对阿尔布科克礁、东-东南礁、龙卡多尔礁、塞拉纳礁、基塔苏埃尼奥礁、塞拉尼拉礁、巴约努尔沃礁等处地物的有效控制行为时，也多次将其中的不同地物作为整体，而从未单独考察哥伦比亚对单个地物的控制情况。这一点明显体现了国际法院在确定岛礁领土主权时的整体性处理方式。最后，即便国际法院将争议岛屿界定为阿尔布科克礁、东-东南礁、龙卡多尔礁、塞拉纳礁、基塔苏埃尼奥礁、塞拉尼拉礁、巴约努尔沃礁七个地物，实际上这些地物也并非单一的地物，如塞拉尼拉礁包括三处沙洲、东-东南礁包括四处沙洲，在这些地物周围，实际上还存在其他较小的地物，因而，国际法院在处理上述岛礁的主权时，采取了将其作为不同整体的处理方式。

故而，依据国际司法与仲裁实践，首先，关于群岛的领土主权，一般对其做整体性处理，在通常情况下，可依据自然整体性和国家对群岛部分主要地物行使或展示主权的行为，对群岛的领土主权进行整

---

〔1〕 See Nicaragua and Colombia Case, Judgment, I. C. J. Reports, 2012, p. 36, para. 82.

体性的推定，但如果有证据证明其他国家对若干地物有更具优势的主权，则该部分地物的领土将归属于其他国家。现有的实践同时表明，在群岛中不同地物组的历史存在差异时，国际司法与仲裁机构也将依据不同的历史确定群岛的领土主权。其次，在处理群岛领土主权问题时，法官或仲裁员部分情况下可在群岛内部进行一定层次的岛礁群组的划分，但这种划分仍保持其整体性。最后，只有在无法确定群岛范围时，才单独处理群岛地物的领土归属问题，这种情况实际上已经不是群岛背景下对岛礁进行分割处理，而是无法将地物归于群岛，只能单列处理。即便在此种情况下，国际法院事实上仍尽量保持地物组的整体性。

本章小结

群岛的整体领土主权实际上是国家实践中广泛存在的事实，但在不存在主权争端时，国家通常不需要明确强调其群岛领土主权的整体性。尽管如此，现存的国家领土割让实践以及部分国家在国际会议中的主张均表明群岛的领土主权具有整体性。在国际司法与仲裁实践中，群岛的整体领土主权并非一项独立的领土取得规则，而是领土取得规则适用于群岛时对领土取得范围的一种推定。依据现有的实践，通常情况下会依据国家对群岛中主要部分展示或行使主权的行为，推定其对作为一个自然整体的群岛的领土主权，但若其他国家对群岛中的若干部分具有更有效的所有权，或者群岛中的若干部分具有不同的历史，则该部分主权的归属不受自然整体性的限制。现有的国际司法与仲裁实践均倾向于保持群岛领土主权的整体性，这一点与非群岛背景下单个地物的领土归属确定方式有本质区别。

第三章　群岛海洋权利的整体性

沿海国将群岛作为整体取得领土主权，法律上最重要的影响就是该沿岸国是否可以将群岛作为一个整体主张海洋权利。关于群岛的海洋权利问题，《联合国海洋法公约》第四部分为群岛国规定了一系列制度，但该部分仅限于群岛国，而不适用于大陆国家的群岛，这就提出三个问题：第一，《公约》规定群岛国制度，是否同时限制了大陆国家对其群岛主张海洋权利？第二，与此相关的问题是，《公约》第7条的直线基线规则，多大程度上可以适用于大陆国家的群岛？第三，在公约之外，是否存在其他法律，允许大陆国家对其群岛主张海洋权利？本章将围绕这三个问题展开论述。

《公约》的群岛国制度是否排除了大陆国家对其群岛主张海洋权利，这实际上是大陆国家群岛海洋权利的前提性问题，分析这个问题，应从《公约》制定过程中对群岛问题的处理入手。

第一节　群岛海洋权利整体性问题产生的根源与困境

从《公约》的缔约过程考察，群岛问题在缔约过程中被置于第三次联合国海洋法大会第二委员会之下讨论。在讨论过程中，与会国家对即将制定的公约中的群岛制度究竟是适用于所有洋中群岛，还是仅适用于群岛国存在激烈争议，这是缔约过程中群岛问题的基本情况，这一争议的存在，也是理解《公约》群岛国制度与大陆国家洋中群岛法律适用的关键。

一、《公约》群岛国制度引发的分歧

自第一轮会议起，群岛的权利问题一直是与会国家讨论的重要问

题，在会议上，部分国家主张应当为群岛国建立特殊的制度；部分国家则主张关于群岛权利的法律制度，应当无差别地适用于群岛国以及大陆国家的群岛。这一分歧导致群岛国与大陆国家群岛问题在第三次联合国海洋法会议上被作为两个问题处理，对群岛国与大陆国家群岛的法律适用产生了深刻影响。

提议建立群岛国制度的相关国家意见主要有两点。

第一，部分群岛国基于自身利益，认为应当为群岛国建立特殊制度。建议为群岛国建立特殊制度的国家主要有汤加[1]、英国、巴林、阿尔巴尼亚[2]、突尼斯[3]、塞浦路斯、塞拉利昂、几内亚比绍[4]、印度尼西亚[5]、菲律宾等。

其中，比较重要的有印度尼西亚、英国、巴林等国家的提案。印度尼西亚主张其为群岛国家，印度尼西亚岛屿周围，以及印度尼西亚岛屿之间的水域，是其陆地领土的自然附属物，构成了其绝对主权之下的内水或国家水域。群岛国概念强调了印度尼西亚陆地与水域领土的一体性，这体现在"tanahair"一词中，在印度尼西亚语中，这一词汇表示祖国，字面意思是陆地与水域的综合体。[6] 英国支持群岛国作为新的法律概念在国际法上确立，其认为，该概念应当包含国家可以主张群岛地位的客观标准，同时必须保证船舶与飞机可以穿越与飞越群岛。[7] 巴林支持群岛国家划定直线基线以确保其领土、政治、经济与国家统一，群岛国在其中行使主权，但受到无害通过的限制。[8] 菲律宾认为："保持政治、经济的一体性以及群岛国的国家安全，养护海洋环境，开发海洋

[1] See Second Committee, 4th Meeting, U. N. Doc. A/CONF. 62/C. 2/SR. 4, p. 107.

[2] See Summary Records of Plenary Meetings, 26th Plenary Meeting, U. N. Doc. A/ CONF. 62/SR. 26, Official Records of the Third United Nations Conference on the Law of the Sea, Vol. I, p. 100. [hereinafter 26th Plenary Meeting]

[3] See Summary Records of Plenary Meetings, 37th Plenary Meeting, U. N. Doc. A/ CONF. 62/SR. 37, Official Records of the Third United Nations Conference on the Law of the Sea, Vol. I, p. 153.

[4] See 40th Plenary Meeting, U. N. Doc. A/CONF. 62/SR. 40, pp. 173, 175-176.

[5] See 42nd Plenary Meeting, U. N. Doc. A/CONF. 62/SR. 42, p. 187.

[6] See 42nd Plenary Meeting, U. N. Doc. A/CONF. 62/ SR. 42, p. 187.

[7] See Summary Records of Plenary Meetings, 29th Plenary Meeting, U. N. Doc. A/ CONF. 62/ SR. 29, Official Records of the Third United Nations Conference on the Law of the Sea, Vol. I, p. 112.

[8] See 40th Plenary Meeting, U. N. Doc. A/CONF. 62/ SR. 40, p. 174.

资源等需要，使群岛国将群岛内水域置于其主权之下，并获得特殊地位，具有正当性。"[1]同时，菲律宾特别强调领海中的历史性权利，将历史性权利作为使其群岛国制度正当化的因素之一。

第二，部分国家在支持建立群岛国制度的同时，明确反对群岛国制度适用于大陆国家的群岛。如泰国原则上同意群岛国家应当区别对待，但不接受大陆国家适用该原则[2]。土耳其[3]、印度尼西亚[4]、苏联、毛里求斯[5]也认为，群岛制度只适用于群岛国家。

与此相对，另一部分国家主张应为群岛建立特殊的法律制度，群岛制度应平等适用于群岛国及大陆国家的群岛。主要国家有中国、法国、加拿大、葡萄牙、秘鲁、希腊、西班牙、哥伦比亚、意大利、厄瓜多尔、阿根廷、委内瑞拉、洪都拉斯等。[6]

中国建议："群岛或者岛链，其岛屿彼此靠近，即可在确定领海基线时作为一个整体。"[7]

法国认为："部分提案的内容与现行国际法相反，试图区分国家对岛屿的主权以及国家对部分大陆行使的主权。这一方法是一种法律上的"毒瘤"（monstrosity），因其试图分割国家主权。这是一种应当全面反对的观点——它对部分国家的主权构成威胁，同时使部分国家的主权在海上大肆扩张。这种区分的主观性显而易见。这种做法完全没有法律基础且会扩大某些地理上的不平等。"[8]厄瓜多尔代表认同法国

［1］　See First Committee, 6th Meeting, U. N. Doc. A/CONF. 62/C. 1/SR. 6, p. 25.

［2］　See Summary Records of Plenary Meetings, 35th Plenary Meeting, U. N. Doc. A/CONF. 62/ SR. 35, Official Records of the Third United Nations Conference on the Law of the Sea, Vol. I. p. 147.

［3］　See Summary Records of Plenary Meetings, 39th Plenary Meeting, U. N. Doc. A/CONF. 62/ SR. 39, Official Records of the Third United Nations Conference on the Law of the Sea, Vol. I, p. 170.

［4］　See 40th Plenary Meeting, U. N. Doc. A/CONF. 62/ SR. 40, p. 171.

［5］　See Second Committee, 37th Meeting, U. N. Doc. A/CONF. 62/C. 2/SR. 37, pp. 267, 269.

［6］　See Summary Records of Meetings of the Second Committee, 3rd Meeting, U. N. Doc. A/CONF. 62/C. 2/SR. 3, Official Records of the Third United Nations Conference on the Law of the Sea, Vol. II, p. 100.

［7］　31st Plenary Meeting, U. N. Doc. A/CONF. 62/SR. 31, p. 125.

［8］　Summary Records of Plenary Meetings, 36th Plenary Meeting, U. N. Doc. A/CONF. 62/ SR. 36, Official Records of the Third United Nations Conference on the Law of the Sea, Vol. I, p. 263.

代表在先前会议中所陈述的，关于主权不可分割的观点。[1]

加拿大认为，法律与地理上均存在群岛这一现象，不管是群岛国还是其他国家，拥有一个还是多个离岸群岛，这些群岛构成其领土不可分割的一部分，这一问题不容忽视。[2] "加拿大支持就群岛的特殊地位达成一致的尝试……北极群岛就是一个需要特殊对待的地区。"[3]

葡萄牙认为："为群岛国建立特殊法律制度，也适用于构成国家一部分的群岛，特别是在国家安全与经济利益方面，两者具有一致性。对第二类群岛领土适用不同的制度，意味着将混合领土国家此类领土的地位降至国家领土的第二层次（second class territory），葡萄牙代表团认为 A/CONF. 62/L. 4 文件中对群岛国以及构成国家领土一部分的群岛问题的处理更具有全面性，维持了更好的平衡。这份文件确实是一份杰出的工作文件。"葡萄牙强调其从第一次联合国海洋法会议即坚持群岛制度应该无差别适用于所有群岛的一贯立场，认为："在 1958 年海洋法会议上，准备文件对离岸群岛的定义为：'一系列的岛屿处在远离坚固陆地的大洋中，群岛因而作为一个独立的整体，而非作为大陆或大陆外侧海岸线的一部分。'这类离岸群岛领海划界自然而可行的方案是，将其作为一个整体，沿着群岛最外侧各点划定直线基线——也就是从构成群岛的岛屿、小岛、岩礁最外侧划界。"[4]

秘鲁认为："群岛国概念的作用在于巩固如印度尼西亚与菲律宾等群岛国领土的整体性；这一概念在法律上结束了群岛国由于自然条件形成的相互分离，促进政府管理。这一概念对秘鲁同样有效，群岛构成了秘鲁不可分割的一部分。秘鲁在群岛中的资源利益，该群岛对国家的战略地位，进一步使秘鲁所采取的措施正当化。秘鲁代表支持厄瓜多尔、法国、洪都拉斯的观点，认为群岛国制度不仅适用于群岛国，也适用于构成国家一部分领土的群岛。"[5]

希腊认为："希腊既是一个大陆国家，又是一个岛民国家，从地理上看，希腊的岛屿间紧密联系……希腊的岛屿在地理上紧密连接成一

---

[1] Second Committee, 37th Meeting, U. N. Doc. A/CONF. 62/C. 2/SR. 37, pp. 267-268.

[2] Second Committee, 37th Meeting, U. N. Doc. A/CONF. 62/C. 2/SR. 37, p. 271.

[3] 26th Plenary Meeting, U. N. Doc. A/CONF. 62/ SR. 26, p. 98.

[4] Second Committee, 37th Meeting, U. N. Doc. A/CONF. 62/C. 2/SR. 37, p. 266.

[5] Second Committee, 37th Meeting, U. N. Doc. A/CONF. 62/C. 2/SR. 37, p. 268.

个不可分割的整体这一事实，使希腊划定基线，将岛屿连成一个整体的权利得到广泛认可，而不论希腊的群岛是构成国家的一部分，还是构成一个国家。"[1]希腊主张同等对待洋中群岛与沿岸群岛，没有理由区分两者，因为其所涉及的地理因素无异。[2]

西班牙认为："从19世纪起，西班牙就认为群岛中的岛屿与连接岛屿的水域是一个整体。西班牙代表团认为，构成国家一部分的群岛，与群岛国适用同样的原则。"[3]

哥伦比亚认为："尽管接受群岛国的存在，哥伦比亚无法接受忽视'群岛'作为一种实体的做法，这一做法本身与群岛国概念基于群岛的理念相悖。群岛国主张特殊制度，而按照同样的原因，沿岸国可以依据其对一个或者数个群岛行使主权的事实，主张相同的法律制度。这是哥伦比亚代表团的一贯立场。"[4]

意大利认为：应当平等对待一个国家的不同部分，无论大陆国家、岛国还是群岛国。[5]厄瓜多尔的提案认为："适用于群岛国的直线基线划定方法同样适用于构成国家一部分的群岛，在确定这一类群岛的水域以及领海时，不需要做任何改变。"[6]阿根廷同意厄瓜多尔、西班牙、印度的观点，认为与群岛国有关的条款应当在适当修正的基础上，适用于大陆国家的离岸群岛。[7]

委内瑞拉认为群岛问题对其特别重要。委内瑞拉沿岸呈带状分布的大部分岛屿处在委内瑞拉的主权之下，即使有部分岛屿为其他国家的岛屿所隔断，这些岛屿仍具有群岛特征。[8]

正是由于与会各方对群岛制度究竟适用于所有群岛，还是只适用

〔1〕　Summary Records of Plenary Meetings, 32nd Plenary Meeting, U. N. Doc. A/CONF. 62/SR. 32, Official Records of the Third United Nations Conference on the Law of the Sea, Vol. I , p. 129.

〔2〕　Second Committee, 39th Meeting, U. N. Doc. A/CONF. 62/C. 2/SR. 39, p. 285.

〔3〕　Second Committee, 37th Meeting, U. N. Doc. A/CONF. 62/C. 2/SR. 37, p. 270.

〔4〕　Second Committee, 39th Meeting, U. N. Doc. A/CONF. 62/C. 2/SR. 39, p. 280.

〔5〕　Summary Records of Meetings of the Second Committee, 40th Meeting, U. N. Doc. A/CONF. 62/C. 2/SR. 40, Official Records of the Third United Nations Conference on the Law of the Sea, Vol. II , p. 289. 〔hereinafter Second Committee, 40th Meeting〕

〔6〕　Ecuador: Draft Article on Archipelagos, U. N. Doc. A/CONF. 62/C. 2/L. 51, Official Records of the Third United Nations Conference on the Law of the Sea, Vol. III , p. 227.

〔7〕　Second Committee, 37th Meeting, U. N. Doc. A/CONF. 62/C. 2/SR. 37, p. 273.

〔8〕　Second Committee, 40th Meeting, U. N. Doc. A/CONF. 62/C. 2/SR. 40, p. 286.

于群岛国的问题争议巨大，会议只就群岛国问题达成协议，未就大陆
国家的群岛问题展开详细讨论，这一基本事实，也是理解《公约》与
大陆国家群岛海洋权利适用法之间关系的重要前提。为了准确系统地
定位《公约》群岛国制度与大陆国家群岛海洋权利适用法之间的关
系，以下就第三次联合国海洋法会议对群岛国与大陆国家群岛问题的
处理情况进行梳理。

二、大陆国家的洋中群岛海洋权利成为《公约》的遗留问题

联合国第三次海洋法会议的官方会议记录表明，与会国家在前
两轮会议中详细讨论了群岛国制度，但一直没有讨论大陆国家的
群岛制度。在后续的会议中，多个国家多次强调讨论该问题的重
要性。

在第七轮会议中，厄瓜多尔代表指出，会议几乎未触及非国家群
岛问题。[1] 土耳其也指出："国家的群岛（指大陆国家群岛），这一问
题在先前的讨论中未涉及。"[2] 希腊指出：大陆国家的群岛问题在《非
正式完整协商文件》中未涉及，希腊不反对针对群岛国的条款，但必
须就其他群岛达成解决方案，因为这些群岛遭受严重的不公正
待遇。[3]

在第八轮会议的全体会议报告中，大会指出，构成国家一部分领
土的群岛问题将在下一轮会议中研究讨论。[4] 第九轮会议中，法国认
为："构成国家一部分的群岛，其相关问题值得进一步研究。"[5] 厄瓜

---

[1] Summary Records of Plenary Meetings, 90th Plenary Meeting, U. N. Doc. A/CONF. 62/ SR. 90, Official Records of the Third United Nations Conference on the Law of the Sea, Vol. Ⅸ, p. 16.

[2] Summary Records of Plenary Meetings, 91st Plenary Meeting, U. N. Doc. A/CONF. 62/ SR. 91, Official Records of the Third United Nations Conference on the Law of the Sea, Vol. Ⅸ, p. 18.

[3] Summary Records of Plenary Meetings, 103rd Plenary Meeting, U. N. Doc. A/CONF. 62/ SR. 103, Official Records of the Third United Nations Conference on the Law of the Sea, Vol. Ⅸ, p. 65.

[4] See Reports to the Plenary Conference, Official Records of the Third United Nations Conference on the Law of the Sea, Vol. Ⅻ, p. 93.

[5] Summary Records of Plenary Meetings, 127th Plenary Meeting, U. N. Doc. A/CONF. 62/ SR. 127, Official Records of the Third United Nations Conference on the Law of the Sea, Vol. ⅩⅢ, p. 30.

多尔强调，加拉帕戈斯群岛即哥伦布群岛在确定直线基线时，应当与群岛国同等对待。[1]

基于这些意见，大会决定，构成国家领土一部分的群岛问题，被置于大会第二委员会的"第二委员会其他事项"工作安排之下。[2]

在接下来的第十轮会议中，大会并未对大陆国家的群岛问题，也就是大会所言的"构成国家领土一部分的群岛问题"展开讨论，部分国家继续强调大陆国家群岛问题的重要性。厄瓜多尔继续强调构成国家一部分之群岛的地位问题，厄瓜多尔强调加拉帕戈斯群岛的特殊地位，认为既然大会已经为群岛国建立了特殊制度，法律上并无有效理由歧视构成国家一部分的群岛的法律地位，相同的地理情况应当给予相同的待遇。[3] 希腊[4]与佛得角[5]支持厄瓜多尔的意见。在本轮会议上，并未开展关于大陆国家群岛问题的有关讨论，且关于群岛问题，《公约》草案也只规定了群岛国问题，未涉及大陆国家群岛问题。[6] 在第十一轮会议上，巴哈马强调，洋中群岛问题直至此时，悬而未决。[7] 希腊[8]、厄

---

[1] Summary Records of Plenary Meetings, 126th Plenary Meeting, U. N. Doc. A/CONF. 62/SR. 126, Official Records of the Third United Nations Conference on the Law of the Sea, Vol. XIII, p. 19.

[2] Report of the Chairman of the Second Committee, Official Records of the Third United Nations Conference on the Law of the Sea, Vol. XIII, p. 83.

[3] Summary Records of Plenary Meetings, 135th Plenary Meeting, U. N. Doc. A/CONF. 62/SR. 135, Official Records of the Third United Nations Conference on the Law of the Sea, Vol. XIV, p. 19.

[4] See Summary Records of Plenary Meetings, 136th Plenary Meeting, U. N. Doc. A/CONF. 62/SR. 136, Official Records of the Third United Nations Conference on the Law of the Sea, Vol. XIV, p. 38.

[5] See Summary Records of Plenary Meetings, 139th Plenary Meeting, U. N. Doc. A/CONF. 62/SR. 139, Official Records of the Third United Nations Conference on the Law of the Sea, Vol. XIV, p. 64.

[6] See Draft Convention on the Law of the Sea, Official Records of the Third United Nations Conference on the Law of the Sea, Vol. XV, p. 182.

[7] Summary Records of Plenary Meetings, 191st Plenary Meeting, U. N. Doc. A/CONF. 62/SR. 191, Official Records of the Third United Nations Conference on the Law of the Sea, Vol. XVII, p. 104.

[8] See Greece：Amendments, U. N. Doc. A/CONF. 62/L. 123, Official Records of the Third United Nations Conference on the Law of the Sea, Vol. XVI, p. 232.

瓜多尔[1]、葡萄牙[2]、印度[3]也表达了对大陆国家的群岛问题的关切。

直到第三次联合国海洋法会议结束，大会仍未就大陆国家的群岛问题展开讨论，遑论就大陆国家的群岛权利问题制定公约规则，因而，大陆国家群岛的权利问题，就成了《公约》未涵盖的法律问题。这也就是《公约》第四部分规定了《公约》的群岛国制度，而未涉及大陆国家群岛的原因。

另外，《公约》起草过程中的相关材料也表明，《公约》并未取消大陆国家群岛之权利。在《公约》的起草过程中，曾在讨论材料中出现如下草案："沿岸国不能依据群岛或群岛水域概念，以其对位于海岸之外的一组岛屿行使主权或控制权为由，主张权利。"[4]但这一条款最终未被采纳则证明，《公约》本身未取消大陆国家群岛之权利，而是将该问题作为《公约》未予规定之事项。一方面，与会国家未讨论这一问题导致该问题成为《公约》未予规定的事项；另一方面，部分国家转而从《公约》的其他条款寻求替代性的解决方法。

关于《公约》未予规定之事项，《公约》序言第8段做了规定，因此大陆国家群岛的法律适用问题，应从《公约》序言第8段入手分析。

前文已从宏观角度讨论了《公约》与大陆国家群岛海洋权利之间的关系，尽管《公约》未就大陆国家群岛的问题制定专门规则，造成大陆国家主张洋中群岛海洋权利的困境，但相关国家从《公约》中寻求其他主张权利的法律依据，作为一种替代性的解决方案，《公

---

[1] See Summary Records of Plenary Meetings, 162nd Plenary Meeting, U. N. Doc. A/CONF. 62/SR. 162, Official Records of the Third United Nations Conference on the Law of the Sea, Vol. XVI, p. 45.

[2] See Summary Records of Plenary Meetings, 190th Plenary Meeting, U. N. Doc. A/CONF. 62/SR. 190, Official Records of the Third United Nations Conference on the Law of the Sea, Vol. XVII, p. 90.

[3] See Summary Records of Plenary Meetings, 187th Plenary Meeting, U. N. Doc. A/CONF. 62/SR. 187, Official Records of the Third United Nations Conference on the Law of the Sea, Vol. XVII, p. 38.

[4] Statement of Activities of the Conference During Its First and Second Sessions, U. N. Doc. A/CONF. 62/L. 8/Rev. 1, Official Records of the Third United Nations Conference on the Law of the Sea, Vol. III, p. 141.

约》第 7 条在一定程度上可适用于大陆国家的部分群岛。为了深入讨论大陆国家群岛的海洋权利问题，有必要在宏观讨论的基础上，进一步讨论《公约》第 7 条适用于大陆国家群岛的可能性及其局限。

第二节　直线基线规则对大陆国家洋中群岛的适用条件与限制

《公约》第 7 条是关于划定基线的规则，其第 1 款规定了当紧接海岸有一系列岛屿时，可采用连接各适当点划定直线基线的方法。这一条款在某些情况下可适用于群岛，但该条适用于群岛有一定的条件和局限性。以下从该条款的释义、条款对沿岸群岛的适用以及该条在洋中群岛的适用等角度进行分析。

一、《公约》第 7 条释义

《公约》第 7 条是划定直线基线的条款，与群岛直线基线的使用有直接联系。该条款的产生受 1951 年英挪渔业案的直接影响，与群岛的关系错综复杂，主要涉及三个问题的认定：其一，1951 年英挪渔业案中适用的一般国际法中的直线基线规则。其二，《公约》第 7 条与一般国际法直线基线规则的异同。其三，《公约》第 7 条规定的"一系列岛屿"是否完全等同于群岛。

（一）1951 年英挪渔业案中适用的一般国际法规则

1951 年英挪渔业案涉及英国与挪威在挪威北部海域的争端，该案件对直线基线规则的发展有重要影响。英国与挪威双方曾就英国在挪威北部海域捕鱼的行为发生争端。1935 年，挪威颁布皇家法令，在北纬 66°28′08″以北建立了专属渔区。根据挪威颁布的法令，挪威在沿岸以其外缘的高地、岛屿和礁石确定了 48 个基点，用直线连接这些基点，形成直线基线，并宣布基线向海一面 4 海里的海域为挪威的专属渔区。该法令将基线向陆一侧的水域划为内水，挪威的这项皇家法令将沿岸的许多海湾、峡湾以及星罗棋布的岛屿划入内水中。该直线基线是领海的基线。英国于 1948 年向国际法院就划界的合法性提起诉讼。[1]

挪威提出直线基线的主张是基于"已经稳固确立的国家权利"、"挪威海岸的主要地理情况"以及"国家北部地区居民重大利益的保护",所依据的是 1812 年、1869 年、1881 年和 1889 年四项法令。挪威认为其划界制度是对一般国际法在特定情形下的适用,挪威将历史性权利与地理等因素相结合证明其适用一般国际法的正当性。[2]

国际法院裁定,"在海岸极其曲折的地方,或紧接海岸有群岛……基线独立于低潮标并且只能运用几何方式确定"。最后判决挪威的划界方法并不违反国际法。国际法院认为挪威的直线基线,并非一般国际法的例外,而是一般国际法在特定案例中的适用。[3]

国际法院在裁定挪威划界方法的合法性时,主要考虑了三个因素:第一是陆地支配海洋。直线基线必须总体符合海岸的一般方向,对海岸的偏离不能超过一定限度。第二是海洋与陆地的联系。直线基线的选择必须使所划定的海域充分靠近海岸,从而使水域处在内水制度之下。第三是这个地区的经济利益,这些经济利益的重要性已经被惯例清楚证实。[4]

关于陆地支配海洋的因素,国际法院认为石垒(skjærgaard)地区的地理情况特殊,沿岸地形支离破碎,有许多深入内陆的水曲;沿岸分布着大大小小的岛屿、小岛、岩礁、暗礁等,这些实际上是挪威大陆向海的延伸。关于陆地与海洋的联系因素,国际法院认为,石垒沿岸的这些地物数量多达 112000 个,该地区与其他国家不同,挪威的海岸并不构成陆地与海洋的边界,构成挪威大陆与海洋边界的是石垒的外部界限,也就是说,这些地物总体的外部界线才是陆地和海洋的边界。关于经济利益因素,国际法院认为,这片海域中渔业资源丰富,挪威渔民从远古时期就开始利用其中的资源。[5]

根据国际法院对案件的裁判,依据一般国际法,在海岸极其曲折或邻接群岛的情况下,可以适用直线基线,连接各岛屿的最外缘,在

---

[1] See Fisheries Case (UK v. Norway), Judgment of 18 December 1951, I. C. J. Reports, 1951, p. 124.

[2] Fisheries Case, Judgment, I. C. J. Reports, 1951, pp. 125, 133.

[3] See Fisheries Case, Judgment, I. C. J. Reports, 1951, pp. 128-129, 131 and 143.

[4] See Fisheries Case, Judgment, I. C J. Reports, 1951, p. 133.

[5] Fisheries Case, Judgment, I. C. J. Reports, 1951, p. 127.

适用直线基线时应考虑基线符合海岸方向、群岛内水域与大陆充分靠近、经长期历史惯例证明的重大利益等三个因素，且这三个因素实际上是同时存在的。

（二）《公约》第 7 条与相关国际法规则的联系与区别

英挪渔业案适用的直线基线规则对条约规则的产生有重要影响。《公约》第 7 条与英挪渔业案的内容有密切联系，但同时也存在区别。

该条第 1 款规定："在海岸线极为曲折的地方，或者如果紧接海岸有一系列岛屿，则测算领海宽度的基线的划定可采用连接各适当点的直线基线法。"这一规定直接来源于英挪渔业案中石垒地区群岛水域直线基线的内容。该条第 2 款规定："直线基线的划定不应在任何明显的程度上偏离海岸的一般方向，而且基线内的海域必须充分接近陆地领土，使其受内水制度的支配。"这一条款也直接来源于英挪渔业案的判决。该条的第 5 款规定："在依据本条第 1 款可以采用直线基线法之处确定特定基线时，对于有关地区所特有的，并经长期惯例清楚地证明为真实而重要的经济利益，可予以考虑。"从这一款"有关地区所特有的，并经长期惯例清楚地证明为真实而重要的经济利益"的措辞可以看出，其沿用了英挪渔业案中国际法院的观点。《公约》第 7 条实际上在划定直线基线的地理条件、重大历史利益以及对直线基线的一般限制等方面的内容上直接体现了英挪渔业案中国际法院的观点。

但是《公约》所确定的规则和英挪渔业案中国际法院所适用的具体规则仍有一定差异。在英挪渔业案中，国际法院是将石垒地区的地理情况与重大历史利益结合起来考虑的，两者共同作为直线基线合法化的理由。而根据《公约》的规定，沿海国仅基于地理原因，即只要海岸极其曲折或者紧接海岸拥有一系列岛屿就可以采用直线基线；只要海域存在这样的特征即可以不考虑重大历史利益是否存在。由此可见，《公约》在直线基线的问题上较英挪渔业案采取了宽松的标准。

（三）《公约》第 7 条中"一系列岛屿"与"群岛"的区别

《公约》第 7 条中规定的"一系列岛屿"是否等同于"群岛"是一个值得探讨的问题。依据《维也纳条约法公约》第 31 条之规定，"条约应依其用语按其上下文并参照条约之目的及宗旨所具有之通常意义，善意解释之"，此处与该条解释有关的是《公约》用语问题，从用语分析，《公约》"一系列岛屿"用语涵盖的范围不等同于"群岛"。

其一，从不同条款产生的时间考察，《公约》第 7 条形成时间早于《公约》群岛概念的确立时间。《公约》第 7 条的产生受英挪渔业案的影响，其文本直接来源于 1958 年《领海及毗连区公约》；而《公约》中的群岛概念则是在第三次联合国海洋法会议上才形成的。从《公约》第 7 条的渊源考察，在英挪渔业案时，成文法中尚未形成群岛的法律概念，两者并不等同。

其二，从措辞的涵盖范围考察，《公约》第 7 条措辞的涵盖范围超出群岛所涵盖的范围。《公约》第 7 条规定："如果紧接海岸有一系列岛屿，测算领海宽度的基线的划定可采用连接各适当点的直线基线法。"该条中只强调一系列岛屿，而未明确使用"群岛"这一术语，在语义上，群岛有其特定含义，指的是"一群岛屿，包括若干岛屿的若干部分、相连的水域或其他自然地形，彼此密切相关，以致这种岛屿、水域和其他自然地形在本质上构成一个地理、经济和政治的实体，或在历史上已被视为这种实体"。依据这一定义，群岛除了具备一系列岛屿这个要素，更加强调群岛内部地物及水域的相互联系，群岛必须构成一个地理、政治、经济实体，或历史上被视为此种实体。而依据《公约》第 7 条，只要一系列岛屿符合该条的要求，即便不构成一个实体，也可选择适当的基点，适用直线基线规则。海洋法学者索菲亚·科佩拉（Sophia Kopela）也认为，该条所涉及的仅是地理概念，不涉及其他要素，如经济、政治与历史实体要素。[1]

二、沿岸群岛划定直线基线的国家实践

尽管习惯法中的直线基线规则与《公约》第 7 条存在一定差异，但两者在沿岸群岛划定直线基线方面有很多共同点。实践中，各国对沿岸群岛划定直线基线的时间从《公约》制定之前，持续到《公约》生效之后，且各国在对沿岸群岛划定直线基线时，并未明确提及法律依据，因而，不宜将有关沿岸群岛直线基线的国家实践按照法律依据的差异截然分开，而应对相关的国家实践进行综合考察，再分析其法律适用中的有关问题。

---

[1] See Sophia Kopela, *Dependent Archipelagos in the Law of the Sea*, Martinus Nijhoff Publishers, 2013, p. 71.

（一）智利群岛的直线基线[1]

智利群岛位于智利西南部太平洋沿岸，面积 105561 平方公里，智利海军水位与海洋学服务局（Hydrographic and Oceanographic Service of the Chilean Navy）已经命名地理单位 5919 组。智利于 1977 年发布了《第 416 号法令》，划定了群岛基线。该法令宣布了 75 个基点，以及 73 段基线。基线实际上包括两部分：第一部分基线从第 1 号基点至第 37 号基点，将麦哲伦海峡（Strait of Magellan）以北的岛礁与大陆连接在一起，第 38 号基点至第 75 号基点连成第二部分的基线，将麦哲伦海峡以南的岛礁同大陆连成一个整体。[2] 73 段基线的平均长度为 19.87 海里，最长基线为 64.985 海里。[3]

（二）挪威奥兰群岛的直线基线[4]

奥兰群岛（Aland Archipelago）位于芬兰西南部，毗邻波的尼亚海（Bothnian Sea），该群岛有 300 多座可居住岛屿及 6200 座岩礁（skerries）。通过 1995 年颁布的第 993 号法令，芬兰确定了其领海基线，其中，西南部的基线将奥兰群岛与芬兰本土连接成一个整体。[5] 需要注意的是，芬兰的基点每 30 年需要调整一次，因为陆地抬升运动不断地在芬兰海岸形成新的岩礁。[6]

（三）加拿大北极群岛的直线基线[7]

北极群岛（Arctic Archipelago）是加拿大西北领土（Northwest Territories）的重要组成部分，位于加拿大北部，大致处在北极圈内。群岛覆盖总面积为 14 万平方公里。岛屿之间以及岛屿和大陆之间被许多

---

〔1〕 关于智利直线基线图，请参见 Bureau of Intelligence and Research，U. S. Department of State，"Limits in the Sea，No. 80 Straight Baselines：Chile"，1978，pp. 4-5。[hereinafter "Limits in the Sea No. 80"]

〔2〕 See Decree of Chile No. 416 of 14 July 1977（1），p. 2.

〔3〕 "Limits in the Sea No. 80"，p. 6.

〔4〕 奥兰群岛直线基线图请参见 Suzanne Lalonde，Frédéric Lasserre，"The Position of the United States on the Northwest Passage：Is the Fear of Creating a Precedent Warranted?"，*Ocean Development & International Law*，Vol. 44，2013，p. 49。

〔5〕 See Decree on the Application of the Act on the Delimitation of the Territorial Waters of Finland（No. 993），pp. 1-5.

〔6〕 Tullio Treves，Laura Pineschi，*The Law of the Sea：The European Union and Its Member States*，Netherland：Martinus Nijhoff，1997，p. 129.

〔7〕 Canadian Arctic Islands and Mainland Baselines，Maritimeregions，available at：http：//www. marineregions. org/documents/6. 10. jpg，last accessed on 18 September 2017.

水道所分隔，这些水道被总称为"西北航道"。北极群岛西边为巴弗特海（Beaufort Sea），西南为大西洋，东面为格陵兰、巴芬湾（Baffin bay）和戴维斯海峡（Davis Strait），南面为哈德逊湾以及加拿大本土。群岛中有 73 个岛屿面积超过 50 平方英里，18114 个较小岛屿[1]。

1985 年，加拿大颁布《领海地理坐标法案》，该法案公布了北极群岛与加拿大大陆的 222 个基点。这些基点所确定的基线将北极群岛与大陆连成一个整体[2]。该部分最长基线的长度为 99.5 海里[3]。

（四）几内亚比绍比热戈斯群岛的直线基线

比热戈斯群岛（Bihagos Archipelago/Bissagos Islands）位于非洲西南部大西洋东岸，该群岛总共有 88 个岛屿，其中 20 个岛屿常年有人居住。1985 年，几内亚比绍颁布法令，采用直线基线将群岛与大陆连成一个整体。同时，该法令强调，颁布法令确定基线，是为了使基线符合《公约》。法令一共确定了 6 个基点、5 段基线，最长的基线长度约为 42.6 海里[4]。

（五）意大利托斯卡纳群岛直线基线[5]

托斯卡纳群岛（Archipelago of Tuscany/ Tuscan archipelago）邻近意大利西北部海岸，位于利古里亚海（Ligurian Sea）与第勒尼安海（Tyrrhenian Sea）之间，包括 7 个较大岛屿、12 个小岛以及若干岩礁。1977 年，意大利通过第 816 号法令[6]，该法令旨在落实 1958 年《领海及毗连区公约》的适用。该法令确定了意大利的领海基点，从而确定了意大利的领海基线，依据该法，托斯卡纳群岛与意大利本土通过

---

[1] Donat Pharand, *Canada's Arctic Waters in International Law*, Cambridge University Press, 1988, p. 160.

[2] See The Territorial Sea Geographical Co-ordinates（Area 7）Order（1985）（Canada），pp. 2-9.

[3] Donat Pharand, *Canada's Arctic Waters in International Law*, Cambridge University Press, 1988, p. 162.

[4] See Act No. 2/85 of 17 May 1985 of Guinea-Bissau, p. 1

[5] 在托斯卡纳群岛直线基线图，请参见 The Law of the Sea: Baselines: National Legislation with Illustrative Maps, Office for Ocean Affairs and the Law of the Sea of U. N., Sales No. E. 89. V. 10. 1989. p. 206。

[6] See Decree of the President of the Republic No. 816 of 26 April 1977 containing regulations concerning the application of Law No, 1658 of 8 December 1961 authorizing Accession to the Convention on the Territorial Sea and the Contiguous Zone, adopted at Geneva on 29 April 1958, and Giving Effect to that Convention（Italy）.

直线基线连成一个整体。

三、沿岸群岛划定直线基线的条件与限制

从本节第一部分对沿岸群岛直线基线规则的分析可知，在 1951 年，国际法院就通过英挪渔业案确认了在海岸极其曲折的地方，或紧接海岸有群岛的地区，测算领海宽度的基线的划定可采用连接各适当点的直线基线法，[1] 这一做法被不少大陆国家类推适用于沿岸群岛。在此基础上，1958 年《领海及毗连区公约》与 1982 年《公约》均继承与发展了直线基线规则。实际上，无论是 1951 年国际法院在英挪渔业案中所适用的关于沿岸群岛的直线基线规则，抑或 1958 年《领海及毗连区公约》与 1982 年《公约》的直线基线规则，在适用条件方面具有高度相似性，这种相似性体现在，三者的适用均必须具备两个条件：其一，适用直线基线的岛礁地物必须处在海岸的邻接地区；其二，不得偏离海岸的一般方向。所不同之处仅在于 1951 年国际法院实际上将经过证明的重大历史利益与其他条件一起，作为在沿岸群岛适用直线基线的并列要素；而依据 1958 年《领海及毗连区公约》与 1982 年《公约》，经证明的重大历史利益可以作为在沿岸岛屿适用直线基线的一种独立情形。也就是说，对于沿岸岛屿的成文规则及习惯法规则，至少在主要的适用条件方面是相同的，差别仅在"经过证明的重大历史利益"在证成沿岸岛屿直线基线适用的正当性方面的作用有所不同。

尽管存在上述规定，但群岛的地理形态千差万别，该规则在具体适用中的情况，需要进一步分析。

（一）紧接海岸有一系列岛屿

首先是"一系列岛屿"的问题。在国家实践中，部分国家将大陆与大陆沿岸的部分岛礁地物作为一个整体划定直线基线；部分国家则将大陆与沿岸群岛作为一个整体划定直线基线。前者如韩国通过 19 段基线将东南海岸的所有岛礁地物作为一个整体，囊括在直线基线中，[2] 这些岛礁地物并未明确作为一个群岛。但在更多情况下，沿岸

---

〔1〕　See Fisheries Case, Judgment, I. C. J. Reports, 1951, pp. 128-129.

〔2〕　Bureau of Intelligence and Research, U. S. Department of State, "Limits in the Sea, No. 121 Straight Baselines：South Korea", 1998, p. 5. 〔hereinafter "Limits in the Sea No. 121"〕

国实际上将沿岸群岛与大陆作为一个整体划定直线基线，如吉布提将希巴（Seaba）群岛与大陆海岸作为一个整体划定基线。[1] 巴基斯坦将阿斯托拉（Astola）群岛与大陆作为一个整体划定基线。[2] 依据现有的国家实践，将沿岸群岛与大陆海岸作为一个整体划定直线基线的实践更加常见。

其次是紧接海岸的问题。紧接海岸，字面上指的是大陆与沿岸一系列岛屿之间的距离，由于在划定直线基线时，大陆与沿岸一系列岛屿之间均是通过直线基线连接成为一个整体，所以判断群岛是否邻接海岸，实际上就是看沿岸一系列群岛在距离大陆多远的情况下，可以通过直线基线，将沿岸一系列岛屿与大陆连接成一个整体；同理，在沿岸一系列岛屿地物距离多远的情况下，可以通过直线基线连接成为一个整体。故而，基线长度问题就成为判断何者为"紧接海岸"的考量因素。

关于该问题《公约》中并无明确标准。在实践中，有学者提出两倍领海宽度距离标准，即24海里标准；也有学者提出48海里标准。[3] 美国也持24海里标准的观点。[4] 但实践中这一标准并未成立，依据上文对典型国家实践的分析，存在不少超过48海里的实践，如智利在智利群岛的73条直线基线，有25条超过24海里，有5条超过48海里，最长基线为64.958海里。[5] 而在加拿大北极群岛的直线基线中，最长的基线则达到99.5海里。[6]

不仅上述典型国家在实践中所划定的沿岸群岛直线基线超过了24—48海里的学者"建议标准"，笔者查阅相关的国家实践进一步

[1]　Bureau of Intelligence and Research, U. S. Department of State, "Limits in the Sea, No. 113 Straight Baselines: Djibouti and Oman", 1992, p. 5.

[2]　Bureau of Intelligence and Research, U. S. Department of State, "Limits in the Sea, No. 118 Straight Baselines: Pakistan", 1996, p. 6. [hereinafter "Limits in the Sea No. 118"]

[3]　See UN Office for Ocean Affairs and the Law of the Sea, "Baselines: An Examination of the Relevant Provisions of the United Nations Convention on the Law of the Sea", UN Publication, 1989, p. 21.

[4]　See "Limits in the Sea No. 121", p. 4.

[5]　"Limits in the Sea No. 80", p. 4.

[6]　See Donat Pharand, *Canada's Arctic Waters in International Law*, Cambridge University Press, 1988, p. 162.

表明，大多数国家在划定大陆国家沿岸群岛直线基线时，存在超过24 海里，或者超过 48 海里的情况。巴基斯坦在 1996 年划定的直线基线中，基线的 c—d 段将阿斯托拉岛与大陆海岸连接为一体，该段界线的长度为 81. 7 海里。[1] 洪都拉斯连接沿岸群岛与大陆的直线基线，其中较长的 3 段长度为 64. 7 海里、52. 9 海里、42. 8 海里。[2] 韩国的直线基线中，有 5 段直线基线长度介于 24. 1 海里—48 海里之间，2 段基线长度超过 48 海里，最长基线长度为 60. 3 海里。[3] 苏联直线基线中，第 33 号至第 39 号基点、第 66 号至第 71 号基点、第 113 号至第 116 号基点、第 149 号至第 155 号基点，均属于将沿岸岛屿与大陆连接为一个整体的直线基线，这几个部分的基线中，有 9 段基线长度超过 24 海里，其中 2 段超过 48 海里，最长基线长度为 75. 4 海里。[4] 哥伦比亚的直线基线将大陆与沿岸群岛连接为一个整体，其23 段基线中，有 14 段长度超过 24 海里，其中 5 段基线的长度超过48 海里，最长基线长度 130. 5 海里。[5] 越南的直线基线同样将沿岸与大陆连成一个整体，11 段基线中有 5 段超过了 48 海里，最长基线长度 80. 7 海里。[6] 类似的国家实践还有很多，此处不再一一列举。但是这些国家实践表明，对于沿岸群岛的直线基线，学者以及美国所提出的 24 海里标准及部分学者提出的 48 海里标准，在国家实践中并不存在。

（二）直线基线与海岸线走向的关系

虽然《公约》第 7 条规定了直线基线的划定不应在明显程度上偏离海岸的一般方向，且英挪渔业案的判决出现了相同措辞，可以认为条约法与习惯法中对沿岸一系列岛群直线基线的划定均存在这一要求。但在国际实践中，这一要求的适用情况非常复杂。部分学者指出，不

---

[1]　"Limits in the Sea No. 118"，p. 6.

[2]　Bureau of Intelligence and Research, U. S. Department of State, "Limits in the Sea, No. 124 Straight Baselines：Honduras"，2001，p. 5.

[3]　"Limits in the Sea No. 121"，pp. 5-6.

[4]　Bureau of Intelligence and Research, U. S. Department of State, "Limits in the Sea, No. 107 Straight Baselines：U. S. S. R"，1987，pp. 20-21.

[5]　Bureau of Intelligence and Research, U. S. Department of State, "Limits in the Sea, No. 103 Straight Baselines：Colombia"，1985，pp. 4-7.

[6]　Bureau of Intelligence and Research, U. S. Department of State, "Limits in the Sea, No. 99 Straight Baselines：Vietnam"，1983，p. 9.

同比例尺的选定对海岸方向的认定会产生较大影响。[1] 这固然是影响海岸线一般方向的因素,但在实践中,沿岸的一系列岛屿或者群岛的自然地理条件各不相同,这造成该条件在适用于不同国家时出现较大差别。在国家实践中,大致可分为三种情形。

其一,一系列群岛的方向与大陆海岸方向相似,具体而言包括两种情况。第一种情况是一系列岛屿紧密分布在大陆沿岸。这一情形与英挪渔业案类似。《公约》第7条来自英挪渔业案,在该案中,挪威的海岸并不构成陆地与海洋的边界,构成挪威大陆与海洋边界的是石垒的外部界限也就是这些地理构造总体的外部界限才是陆地和海洋的边界。[2] 沿岸的一系列岛屿的分布,与大陆海岸的方向基本一致,又因为地理上的邻近以及地质上的原因,岛屿实际上构成了海岸的组成部分。智利群岛的情况与挪威海岸较为相似。从地图上考察,智利群岛的5915组地物,与大陆海岸较为靠近,紧密地分布在智利本土周围,且地物的整体方向与大陆基本一致。第二种情况是,一系列岛屿的分布与海岸大致相同,但离大陆海岸较远,大致形成带状的群岛或岛屿,这一类型如泰国的昌岛(Ko Chang Island)、象岛(Ko Rang)、骨岛(Ko Kut)等岛屿及其周围的一系列岛礁。[3]

其二,群岛或沿岸岛屿的存在,影响了对海岸一般方向的认定。在上一种情形中,虽然在沿岸存在一系列群岛,大陆的方向与群岛的方向基本一致,群岛的存在不影响大陆的方向,海岸线一般方向较为确定。但是现实中存在另一种情况,在靠近大陆的海域,存在一系列岛屿或群岛,这些岛屿或群岛明显构成大陆的一部分,但却与大陆海岸线的方向不一致。这种情况下,"不应在明显程度上偏离海岸线的一般方向"这一要求究竟该如何适用?以上文所述的几内亚比绍的比热戈斯群岛为例。一方面,从北纬15°至北纬5°的非洲西岸的海岸线考察,该段界线实际上是明显的西北-东南方向,但由于比热戈斯群岛的存在,该段海岸线向外突出成弧形。该群岛的存在造成了该段海岸线偏离了原本方向。不止如此,比热戈斯群岛各个主要岛屿间的距离较

[1] See H. W. Jayewardene, *The Regime of Islands in International Law*, Martinus Nijhoff Publishers, 1990, p. 57.

[2] See Fisheries Case, Judgment, I. C. J. Reports, 1951, p. 127.

[3] Bureau of Intelligence and Research, U. S. Department of State, "Limits in the Sea, No. 122 Straight Baselines: Thailand", 2000, p. 7.

远，岛屿分布不同于挪威沿岸岛屿或智利群岛的大量密集岛屿，因此比热戈斯群岛虽然形成了弧形分布，但由于岛礁间距离较远，在群岛的向海一侧，实际上并没有明显的海岸线。类似的情况也出现在其他国家，如加拿大的北极群岛就存在类似情况。对于这种情况，应该对"明显程度上偏离海岸的一般方向"这一用语做宽泛的理解，原因主要有两个：一则，虽然这类群岛或一系列岛屿在一定程度上并未与大陆海岸的方向一致，但在地理上仍明显属于大陆的构成部分，将其作为一个整体划定界线符合其自然地理构成。二则，从上文对《公约》第7条的分析可知，这一条款来自英挪渔业案的实践，在该案中，国际法院就认为挪威的直线基线规则是一般国际法在特定案件中的适用，客观上不可能要求所有适用该条款的沿岸群岛或者处在沿岸的一系列群岛都与挪威沿岸的岛屿分布情况类似。

其三，在距离大陆海岸不远的海域中有一定数量的岛屿，但该岛屿的分布与大陆海岸线的形状无直接联系。埃及在红海地区的直线基线就属于此种情况。埃及通过1990年第27号法令，确定了其直线基线[1]，其中，第31号至第36号基点所确定的基线位于红海，该段基线将萨乌登岛（Shawdn）和其他几个岛屿与大陆海岸连成一个整体。考察该地区的情况可以看到，埃及所划定的基线几乎与大陆海岸线垂直；而该区域内的岛屿零星分布，不存在类似挪威石垒地区大量岛屿密集分布以至于可以将其作为大陆真正意义上的海岸线的情况。但是这一区域内岛屿的分布，第33号基点至第35号基点之间，三个岛屿的分布均呈西北-东南方向，且三个岛屿之间大致为平行分布，而此处的界线实际上将这几个点连接起来，所反映的是一系列岛屿中，主要岛屿地理位置分布的方向。

综合国家实践可知，关于沿岸一系列岛屿的直线基线的划定，实际上包括了沿岸群岛及不构成群岛的一系列岛屿的直线基线的划定两种情况。关于"紧接海岸线"，各国在实践中并未明确提及岛屿与大陆海岸的距离，但在各国所划定的直线基线体系中，沿岸岛屿或群岛通过基线与大陆连接成一个整体，因而基线的长度实际上成了判断沿岸一系列岛屿与大陆是否邻近的要素。尽管有学者及国家提议基线长

---

[1]　埃及部分直线基线图请参见 Bureau of Intelligence and Research，U. S. Department of State，"Limits in the Sea，No. 116 Straight Baselines：Albania and Egypt"，1994，p. 13。

度以 24 海里或者 48 海里为限，但在国家实践中，绝大多数国家的最长基线超过 24 海里，超过 48 海里基线的也比比皆是，且在直线基线的适用中，有不少岛屿与大陆的距离超过 48 海里。国家实践表明，无论是大陆与岛屿之间邻近的标准，还是直线基线长度问题，其均无量化的标准，体现出较大的弹性。关于海岸线的一般方向问题，在实践中也体现出较大的弹性，虽然存在与英挪渔业案相似的国家实践，但更多的国家实践对这一要求采取了广义的解释方式。这样做的重要原因在于：其一，《公约》第 7 条的条文实际上受英挪渔业案的直接影响，该案本身就是一个较为特殊的案件；其二，无论是沿岸的一系列岛屿还是沿岸群岛，其本身是客观存在的，其地理地貌均是自然界长期演化的结果，每个国家的沿岸岛屿或群岛均有差别；故而，根植于英挪渔业案的《公约》第 7 条在现实中很难找到高度相似的情况以简单适用。所以，在国家实践中，直线基线规则在沿岸一系列岛屿或者群岛的适用，受群岛地理地质等自然条件的影响，呈现弹性化与多样化，在认定何为明显偏离海岸一般方向这一问题上尤其如此。

第三节　大陆国家洋中群岛基线规则的习惯国际法渊源

具有洋中群岛的大陆国家数量众多，大陆国家洋中群岛的法律地位长期以来是海洋法中的重要问题。通过本章第一节对第三次联合国海洋法会议上群岛问题相关讨论的梳理可知，由于与会国家的分歧，会议并未就大陆国家的群岛问题，尤其是大陆国家洋中群岛的问题达成协议，因而缺少确定的条约规则。但实际上，大多数具有群岛的大陆国家，长期以来一直将群岛作为一个整体，划定直线基线，这些国家实践是一个值得研究的问题。

一、关于大陆国家群岛海洋权利问题的争议

关于大陆国家群岛海洋权利问题，学界对不同的问题存在不同的看法，形成了较为复杂的争议，主要可概括为两个方面。

其一，问题的根源。由于第三次联合国海洋法会议上，与会国家对群岛制度是否平等适用于群岛国及大陆国家群岛存在争议，仅就群岛国制度达成协议，大陆国家的群岛问题成了遗留问题。《公约》本身未禁止大陆国家将其群岛作为一个整体主张海洋权利，而绝大多数

的大陆国家在《公约》生效之后，亦未放弃其对群岛的整体性海洋权利主张。这一现实，使得大陆国家群岛整体性海洋权利的诉求从未中断或减弱，这从下文对大陆国家群岛基线的国家实践研究可得到印证。

其二，囿于《公约》在大陆国家群岛权利制度上的缺失与现实利益诉求的冲突，部分国家及学者开始从现有的制度中为大陆国家群岛的权利主张寻找合法化的空间。这衍生了一系列的法理分析，同时也出现了较大的法律困境。为了给大陆国家群岛的海洋权利寻找依据，部分大陆国家在提出其群岛海洋权利的主张时，往往对其所提主张的法律依据进行模糊处理，没有明确其提出主张的依据。而与此相对应，部分学者则试图从现有的国际法规则中为其寻找法律上的依据，典型的例子表现为，多位学者从 1951 年英挪渔业案中的直线基线规则或《领海及毗连区公约》第 4 条、《公约》第 7 条的角度，意图通过对该条的解释，为大陆国家群岛的海洋权利主张提供依据。如索菲亚·科佩拉[1]、迈克尔·芮思曼（Michael Reisman）[2] 等学者均如此。

这一做法在一定程度上满足了大陆国家对群岛权利的需求，缓解了《公约》法律在大陆国家群岛海洋权利规则缺失与大陆国家权利需求之间矛盾，但也带来了复杂的问题。一方面，从 1951 年英挪渔业案中直线基线或《领海及毗连区公约》第 4 条、《公约》第 7 条的角度对国际法进行解释与阐发，确实解决了部分大陆国家沿岸群岛权利主张的合法性问题，但这一法律规则本身具有一定适用范围，对其进行过度的解释，则可能造成规则的滥用，从而出现规则的合法性问题。如上文对《公约》第 7 条来源的分析可知，这一条的产生背景是大陆沿岸的系列岛屿，本质上是适用于大陆近岸有一系列岛屿时直线基线的划定问题。但由于大陆国家群岛条约规则的缺失，该条经常被用于群岛中部分岛屿相互邻近的情形；更有甚者，部分学者对于几乎所有大陆国家的群岛，无论其彼此是否形成相互邻近的关系，均从该条的角度进行解释与阐发[3] 在大陆沿岸群岛的情形下，适用该条并不会

---

〔1〕　See Sophia Kopela, *Dependent Archipelagos in the Law of the Sea*, Martinus Nijhoff Publishers, 2013.

〔2〕　Michael Reisman, Gayl Westman, *Straight Baselines in International Maritime Delimitation*, Macmillan Press LTD, 1992.

〔3〕　See Sophia Kopela, *Dependent Archipelagos in the Law of the Sea*, Martinus Nijhoff Publishers, 2013, pp. 124-147.

造成严重问题；但在洋中群岛的情形下，群岛地物的分布则往往与该条所指的地理情况有较大差异，若由于缺乏大陆国家群岛的条约规则而强行对大陆国家的洋中群岛适用该条，事实上使该条承受着不可承受之重。条约规则的缺失与《公约》第 7 条及相关规则（1951 年英挪渔业案中的直线基线规则与《领海及毗连区公约》第 4 条）的有限适用范围与过度解释，造成了当今大陆国家群岛海洋权利问题所面临的困境。

既如此，则必须从问题的根源上重新进行梳理，方能合理分析问题。前文多次述及，在第三次联合国海洋法会议上，与会国对群岛问题的分歧，使群岛问题被强行分割成群岛国与大陆国家的群岛问题。而实际上，群岛国的群岛与大陆国家的群岛，诚如法国曾指出的，两者面临相似问题。[1] 因此，在考虑大陆国家群岛的海洋权利问题时，必须回归从整体上考虑问题，不宜将群岛国与大陆国家的群岛截然分开；在注意到洋中群岛与沿岸群岛差异的同时，也不应忽视两者在一定情况下的联系，这种联系体现在，两者本质上均是群岛问题的一部分，且是一种学理上的划分，在现实中，两者并非泾渭分明，有部分群岛既可以被认定为沿岸群岛，也可以被认定为洋中群岛。如加拿大的北极群岛，虽然有不少学者将其划归为沿岸群岛，但该群岛实际上是大量面积较大的岛屿和其他地物，分布在面积广大的北冰洋之上。笔者认为，将其界定为洋中群岛亦有相当的合理性。由于不同类型的群岛在事实上的联系，在考群岛问题时，既要从整体上认识不同群岛法律问题的共性，从群岛的整体上考虑问题，亦要注意在具体问题上的差异，考虑问题的共性与个性，方能合理分析。鉴于此，在考察大陆国家群岛的习惯法问题中的国家实践这一要素时，必须多角度进行分析。

二、《公约》序言第 8 段的指引

与序言第 8 段的相关问题包括序言在《公约》中的地位、序言第 8 段释义以及序言第 8 段对南沙群岛整体性海洋权利的影响三个重要方面。分析序言在《公约》中的地位，可以从第三次联合国海洋法会

---

[1] See Second Committee, 36th Meeting, U. N. Doc. A/CONF. 62/C. 2/SR. 36, p. 263.

议对序言的讨论情况入手。

（一）序言在《海洋法公约》中的重要地位

从第三轮会议开始，相关的草案就将序言列为《公约》内容。大会对序言的讨论，始于第四轮会议。第四轮会议开始，大会就将《公约》序言与最后条款，作为会议讨论中的重要问题。与会各国纷纷强调序言的重要性。联邦德国认为："序言与最后条款的起草，是大会应首要考虑的事项。"[1]希腊、乌拉圭、哥伦比亚、澳大利亚、南斯拉夫[2]、墨西哥、突尼斯[3]等多个国家认为序言的起草工作是公约起草工作的重要事项。在同一轮会议中，时任会议主席认为，序言与最后条款，应当作为《公约》的一部分进行讨论。[4] 在第四轮会议结束前，大会主席发布了会议记录，序言问题被包括在后续所要讨论的问题中。[5] 从上述过程可见，与会各国以及大会均将序言作为《公约》的重要内容，序言是《公约》的重要组成部分。

《维也纳条约法公约》第31条规定："条约应依其用语按其上下文并参照条约之目的及宗旨所具有之通常意义，善意解释之。"就解释条约而言，上下文应当包括序言与附件，且应包括任何适用于与当事国有关的国际法规则。因而序言的内容，对确定《公约》与《公约》之外的法律之关系，具有重要作用。

《公约》序言在后续的会议中历经多次修改，才形成最终的文本，分析序言最后一段的形成过程，有助于更深入理解《公约》与《公约》未规定事项之间的关系，从而更清晰地定位《公约》与大陆国家洋中群岛海洋权利之间的关系。

---

[1] Summary Records of Plenary Meetings, 69th Plenary Meeting, U. N. Doc. A/CONF. 62/SR. 69, Official Records of the Third United Nations Conference on the Law of the Sea, Vol. Ⅴ, p. 71, para. 47.

[2] See Summary Records of Plenary Meetings, 70th Plenary Meeting, U. N. Doc. A/CONF. 62/SR70, Official Records of the Third United Nations Conference on the Law of the Sea, Vol. Ⅴ, pp. 72-74. [hereinafter 70th Plenary Meeting]

[3] See 21st Meeting of the General Committee, U. N. Doc. A/CONF. 62/BUR/SR. 21, Official Records of the Third United Nations Conference on the Law of the Sea, Vol. Ⅵ, pp. 29-30.

[4] 70th Plenary Meeting, U. N. Doc. A/CONF. 62/SR70, p. 71.

[5] See Note by the President of the Conference, U. N. Doc. A/CONF. 62/L. 12/Rev. 1, Official Records of the Third United Nations Conference on the Law of the Sea, Vol. Ⅵ. p. 124.

(二)《海洋法公约》序言第 8 段的立法史考察

在第五次会议结束之前，第三次联合国海洋法会议请求联合国秘书处起草关于序言与最后条款的文本，该文本是序言的最初始版本，其中确认了调整公约未规定的问题的重要性。文本的最后一句为："确认习惯国际法将继续调整当前公约条款未明示调整的事项。"[1]

在第六轮会议中，大会形成了公约的《非正式综合协商文本》，序言的最后一段为："确认习惯国际法将继续调整当前公约条款所未明示调整的事项。"[2]在《非正式综合协商文本（第二次修订版）》中，序言最后一段的措辞有了一定的变化，序言最后一段内容为："确认本公约未调整的事项，继续由一般国际法的原则与规则调整。"[3]

在序言的起草过程中，《公约》未调整的事项，由其他法律继续调整，这是在《公约》与其他法律渊源关系问题上，与会国家及大会的基本态度。以上述两个草案为基础，不同国家对《公约》与其他法律渊源的关系提出了诸多意见，主要的意见有：

其一，七十七国集团的提案为："确认其他不与当前公约相冲突的国际法规则，将继续调整公约条款未明确调整的事项。"[4]

其二，部分国家认为，公约未规定的事项，继续由习惯国际法调整。持这一观点的国家有瑞典、联邦德国、以色列、智利、哥伦比亚。

根据会议记录，只有印度一个国家对在序言中写入习惯法相关内容持反对意见。

从 1980 年 3 月 10 日开始，举行了六次非正式全体会议，讨论序言的相关问题。讨论的文本有联合国秘书处受委托起草的文本（62/L. 13），《七十七国草案》（62/L. 13）以及《非正式协商文本（第一次

---

[1] Draft alternative texts of the preamble and final clauses prepared by the Secretary-General, U. N. Doc. A/CONF. 62/L. 13, Official Records of the Third United Nations Conference on the Law of the Sea, Vol. Ⅵ, p. 125. para. 2

[2] Informal Composite Negotiating Text, U. N. Doc. A/CONF. 62/Wp. 10, Official Records of the Third United Nations Conference on the Law of the Sea, Vol. Ⅷ, p. 6.

[3] Informal Composite Negotiating Text, revision 2, U. N. Doc. A/CONF. 62/Wp. 10/Rev. 2; Informal Composite Negotiating Text, U. N. Doc. A/CONF. 62/Wp. 10, Official Records of the Third United Nations Conference on the Law of the Sea, Vol. Ⅷ. p. 23.

[4] Draft text of preamble proposed by Fiji on behalf of the Group of 77, U. N. Doc. A/CONF. 62L. 33, Official Records of the Third United Nations Conference on the Law of the Sea, Vol. Ⅸ, p. 188.

修订版)》（62/Wp. 10/Rev. 1）。大多数代表团倾向于同意《七十七国草案》，基于以上的意见，大会主席于3月14日准备了第一份草案，这份草案在3月20日全体会议上进行讨论。其中草案第7段"源自《维也纳条约法公约》，并做了一定更改"。[1]其后经过继续协商，大会对草案又进行了两次更改，序言最后一段的内容为："确认本公约未予规定的事项，应继续由一般国际法的规则和原则调整。"[2]

从上述的讨论过程及结果分析，就会议对序言中《公约》与其未调整事项的关系而言，与会国与大会总体在以下两个方面的态度是明确的：其一，存在《公约》未调整的事项；其二，《公约》未调整的事项归其他国际法调整。

从起草的过程分析，在《七十七国草案》之后，上述两个方面在会议中都经过更进一步的讨论与修改。关于《公约》的未调整事项，经过协商，代表团认为需要对文件进行修改，因此，大会主席对原草案进行修改，相关修改之处在于：删除与当前公约"不相冲突"一词，以及"明示"一词。[3]删除与当前公约"不相冲突"一词，表明《公约》并不具有高于其他国际法原则与规则的效力。依据一般国际法原则以及《国际法院规约》第38条，条约、习惯法以及一般法理原则均为国际法的渊源，条约并不具有高于其他法律渊源的效力。删除"明示"一词，则表明在确定公约所调整事项范围时，应当考虑公约由于合理的默示所涵盖的范围，如何确定合理默示的范围，属于条约解释的范畴。

其后进行了第二次修改，原来第7段变为第8段，为清楚起见，在提及国际法之后，加入了"原则"一词，这一改动的依据是《国际法院规约》第38条。经过上述细微的改动，草案获得了A/CONF. 62/62文件所要求的足够多数的支持，可以提交大会，因而主席将其写入

---

[1]　Report of the President on the Work of the Informal Plenary Meeting of the Conference on the Preamble, U. N. Doc. A/CONF. 62/L 49/ADD. 2, Official Records of the Third United Nations Conference on the Law of the Sea, Vol. XIII, p. 79, para. 5. 〔hereinafter Report of the President〕

[2]　Text of the Preamble Prepared by the President as the Recommendation of the Informal Plenary Meeting of the Conference, U. N. Doc. A/CONF. 62/L. 49, Official Records of the Third United Nations Conference on the Law of the Sea, Vol. XIII, p. 78.

[3]　See Report of the President, U. N. Doc. A/CONF. 62/L 49/ADD. 2, p. 80.

A/CONF. 62/L. 49 号文件〔1〕 最终，大会就公约序言最后一段形成的草案内容为："确认本公约未予规定事项，应继续以一般国际法的规则和原则为依据。"〔2〕

第二次修改主要是为了与《国际法院规约》第 38 条对应。该条规定了国际法院解决争端所应适用的法律，常被作为判定国际法渊源的依据。依据该条，国际法的渊源通常包括国际条约、习惯国际法以及一般法律原则。因此，这一修改实际上扩大了《公约》未调整事项所适用法律的范围。依据文义，结合当时的立法背景，序言最后一段中，"一般国际法的规则和原则"这一措辞实际上包括其他条约、习惯国际法以及一般法律原则，《公约》未调整的事项，应当受其他条约、习惯国际法以及一般法理原则调整。

从《公约》制定过程考察，其并未就大陆国家群岛制定专门规则，《公约》所确定的群岛国制度也并未排除大陆国家群岛可能存在的海洋权利。考虑到大陆国家群岛的海洋权利属于《公约》未予规定的事项，依据《公约》序言第 8 段，该问题总体上应属于习惯法调整的范畴。因此，考察大陆国家关于群岛基线的国家实践及法律确信的问题就十分必要。

三、大陆国家洋中群岛海洋权利习惯法认定：普遍的国家实践

（一）丹麦法罗群岛的基线

法罗群岛（Faroe Islands）属于丹麦，位于冰岛与设得兰群岛（sheltland Islands）之间的大西洋北部海域，法罗群岛总共有 17 个岛屿有人定居，并有许多无人的小岛及岩礁。法罗群岛陆地面积 1399 平方公里，至 2009 年，人口 48900 人。〔3〕 1976 年，丹麦通过《第 599 号法令》公布了法罗群岛的基点，从而确定了该群岛的直线基线。该法令确定了 13 个基点，形成 13 段基线。〔4〕 在 13 段基线中，最长基线

---

〔1〕 See Report of the President, U. N. Doc. A/CONF. 62/L 49/ADD. 2, p. 80.

〔2〕 Text of the Preamble Prepared by the President as the Recommendation of the Informal Plenary Meeting of the Conference, U. N. Doc. A/CONF. 62/L. 49, p. 78.

〔3〕 See Britannica Academic, "Faroe Islands", available at: http://academic. eb. com/levels/collegiate/article/Faroe-Islands/33773, last accessed on 6 December 2017.

〔4〕 法罗群岛基线示意图，请参见 Ordinance No. 599 of 21 December 1976 on the Delimitation of the Territorial Sea around the Faroe Islands, p. 1-2。

60.8 海里。[1] 从法罗群岛基线的情况考察，丹麦以连接群岛最外缘各点的方式，将群岛作为一个整体。

（二）挪威斯瓦尔巴群岛[2]

斯瓦尔巴群岛（Svalbard）属于挪威领土的一部分，该群岛处在北极圈内，地理位置位于东经 10°—东经 35°、北纬 74°—北纬 81°之间，包括九个大岛，覆盖面积 62700 平方公里，最大岛屿面积 39044 平方公里。该群岛没有原住民，人口数量大致为 3000 人。[3] 1970 年起，挪威曾通过法令，公布了斯瓦尔巴群岛西侧与南侧 83 个基点，在该群岛的西侧与南侧确定了直线基线。[4]

2001 年，挪威通过《2001 年 6 月 1 皇家指令》，确定了 196 个基点，从而在整个斯瓦尔巴群岛划定了直线基线。[5] 依据该法，该群岛通过直线基线划分为五组：斯匹茨卑尔根岛（Spitsbergen）、东北地岛（North East Land）、埃奇岛（Edge Island）、巴伦支岛（Barents Island）、卡尔王子岛（Prins Karls Foreland）及其周围地物作为一组。克维特岛（Kvit Island）即吉尔地（Gilles Land），及其周围地物作为一组。孔卡尔地（Kong Karls Land）即威赫岛群（Wiche Islands）包括若干岛屿及地物，作为一组。熊岛［Bjørn（Bear）Island］及其周围地物作为一组。希望岛（Hopen Island）及其周围地物作为一组。斯匹茨卑尔根岛、东北地岛、埃奇岛、巴伦支、卡尔王子岛均为面积较大的岛屿，斯匹茨卑尔根岛是群岛中面积最大的岛屿，这一组岛礁地物是群岛中最大的地物。孔卡尔地（威赫岛群）处在东北地岛的东南部，与其隔着

---

［1］ Bureau of Intelligence and Research, U. S. Department of State, "Limits in the Sea, No. 13 Straight Baselines: Faeroes", 1970, p. 4. ［hereinafter "Limits in the Sea No. 13"］

［2］ M. Z. N. 38. 2001. LOS of 8 June 2001: Deposit of the list of geographical coordinates of points for drawing the baselines for measuring the width of the territorial sea around Svalbard, as contained in: Regulations of 1 June 2001 relating to the Limit of the Norwegian Territorial sea around Svalbard, Map 1 and map 2. （该文件是挪威常驻联合国代表团通过联合国海洋事务和海洋法司向联合国秘书长提交关于挪威斯瓦尔巴群岛领海边界之国内法规定的交存文件。）

［3］ See Britannica Academic, "Svalbard", available at: http://academic. eb. com/levels/collegiate/article/Svalbard/70545, last accessed on 7 December 2017.

［4］ See Royal Decree of 25 September 1970 Concerning the Delimitation of the Territorial Waters of Parts of Svalbard, Norway.

［5］ See Regulations relating to the Limits of the Norwegian Territorial sea around Svalbard, Royal Decree of 1 June 2001, Norway.

埃里克·埃里克森斯特雷德海峡（Erik Eriksenstredet）。克维特岛与东北地岛相隔较远，处在其西北面。希望岛与熊岛则处在斯瓦尔巴群岛整体的东南、西南两侧。

（三）澳大利亚塔斯马尼亚州群岛基线[1]

塔斯马尼亚州（Tasmania）是澳大利亚的六个州之一，由塔斯马尼亚岛及其周围的大量岛礁构成。塔斯马尼亚岛是世界第26大岛屿，其位于澳大利亚南部240公里处，与澳大利亚大陆之间隔着巴斯海峡（Bass Strait）。该州最大的岛屿是塔斯马尼亚岛。[2] 塔斯马尼亚岛周围有334个小岛。[3] 其中，福诺群岛（Furneaux Group）位于塔斯马尼亚岛东北部。

1983年，澳大利亚通过法令宣布了其基线。[4] 该法令划定了塔斯马尼亚州三个部分的基线。第一部分是在塔斯马尼亚岛的东南部，用直线基线将塔斯马尼亚岛本岛与沿岸的一系列岛屿连成一个整体。第二部分是在塔斯马尼亚岛西北部用基线将塔斯马尼亚岛本岛与东北部沿岸的一系列岛屿连成一个整体。第三部分是在塔斯马尼亚岛东北海域，用直线基线将福诺群岛连接成一个整体。

目前尚无关于该州基线长度的具体信息。考察塔斯马尼亚岛西北部的基线情况可知，该部分所选择的基点是塔斯马尼亚岛西北沿岸一系列岛礁中，最外缘岛礁的最外缘各点。该州的基线实际上在塔斯马尼亚岛的西北一角形成了一个不规则三角形的水域，基线并未严格反映塔斯马尼亚岛的海岸一般方向。在塔斯马尼亚岛的东南部沿岸，不规则地散布着大量岛礁。基线所连接的是沿岸一系列岛礁中最外缘岛礁的最外缘各点，并未在严格意义上反映海岸线的一般走向。在福诺群岛地区，有三个较大的岛屿自南而北分布在巴斯海峡中，三个较大岛

---

[1] 塔斯马尼亚州群岛基线图请参见 Office for Ocean Affairs and the Law of the Sea, United Nations, "Baselines: National Legislation with Illustrative Maps", New York, 1989, p. 57。

[2] Britannica Academic, "Tasmania", available at: http://academic. eb. com/levels/collegiate/article/Tasmania/110551, last accessed on 10 December 2017.

[3] Government of Tasmania, "Our Islands", available at: https://web. archive. org/web/20140107225939/http://www. discovertasmania. com/about_tasmania/our_islands, last accessed on 10 December 2017.

[4] See Proclamation of 4 February 1983 (Proclamation of the inner limits: the baseline), pursuant to section 7 of the Seas and Submerged Lands Act 1973.

屿之间彼此靠近，但在三个较大岛屿的西侧，散布着大量面积狭小的岛礁。1983 年澳大利亚所公布的法令实际上只划定该群岛的西、南两侧的直线基线。从直线基线的情况来看，澳大利亚所选取的基线均是该群岛到西、南两侧最外缘岛礁的最外缘各点。若从海岸线走向的角度考察，该群岛的分布属于不规则分布，并无特定的海岸线一般走向。

（四）马尔维纳斯群岛的基线[1]

1991 年，阿根廷通过第《23.968 号法令》，宣布了马尔维纳斯群岛（Islas Malvinas）的领海基线，基线以内是内水，基线以外 12 海里为阿根廷领海。依据该法令，马尔维纳斯群岛包括 108 个基点，该群岛的领海基线包括两个部分。[2] 大马尔维纳岛（Gran Malvina）及邻接岛屿作为一个整体划定基线；孤独岛（Soledad）及其邻接岛屿作为一个整体划定基线。从相关地图考察，在基点的选取上，阿根廷在两组岛屿中，均选取了最外缘各岛屿最外缘各点作为基点。这一基点选择方式导致海岸较为平整的大马尔维纳岛东侧及孤独岛西侧，基线较为贴近岛屿的海岸线，且与海岸的一般走向较为一致；而在岛礁地物密布、不规则分布的大马尔维纳岛西侧及孤独岛东侧，基线则连接群岛最外缘各岛屿的最外缘各点，而将较大面积的水域划为内水，基线的走向与海岸线的一般方向并无直接联系。阿根廷在确定基线时将群岛分为两部分，实际上也并未将群岛中的地物作为单个地物对待，而是将其分为两组地物，对群岛中的岛礁地物采取了整体性的处理方式。

（五）法国瓜德罗普群岛的基线

瓜德罗普群岛（Guadeloupe）位于中美地峡加勒比海东南部，主要由四组岛屿组成。1999 年法国通过《第 99 - 324 号法令》[3]公布了该群岛的领海基点和基线。依据该法令，瓜德罗普群岛共有 17 个基点，13 段基线，将瓜德罗普群岛连成一个整体。瓜德罗普群岛最长基

---

[1]　马尔维纳斯群岛基线图，请参见 M. Z. N. 10. 1996. LOS of 16 September 1996：Deposit of charts（straight baselines and outer limits of the EEZ）and lists of geographical coordinates（straight baselines）as contained in Act 23，968 on the Maritime Spaces of 10 September 1991，Chart H-410，Chart H-411。

[2]　See Act No. 23. 968 of 14 August 1991，Argentina，Annex I（3）.

[3]　See Decree 99-324 of 21 April 1999 Saint-Martin，Saint Barthelemy，Guadeloupe and Martinique，1999，France.

线长度为 18.7 海里。[1] 考察基线的情况，该法令所选择的基点为群岛最外缘岛礁最外缘各点，故而，其群岛基线是群岛最外缘岛礁的最外缘各点的连线。从海岸的一般方向这一角度考察，瓜德罗普群岛的基线只有 G1 - H1 这一点基线整体上沿着海岸的一般方向，而其他的 12 段基线，均与海岸的一般方向无直接联系，且值得注意的是，唯一一段反映海岸一般方向的 G1 - H1 基线是所有群岛基线中最短的一段，这表明，法国在确定瓜德罗普群岛的直线基线时，明显最外缘各岛礁的最外缘各点，是其最主要的考虑因素。这一基点的选择方式，有利于法国通过群岛基线，主张最大面积的水域。

（六）厄瓜多尔加拉帕戈斯群岛的基线[2]

加拉帕戈斯群岛（Galapagos Islands）位于太平洋东部，距离厄瓜多尔本土约 1000 公里。1971 年，厄瓜多尔通过《第 959 - A 号最高法令》，划定了该群岛的领海基线。该法令为加拉帕戈斯群岛确定了 8 个基点，连成 8 段基线，将整个群岛围成一个整体，基线之外为该国领海。[3] 加拉帕戈斯群岛基线，有 6 段长度超过 48 海里，最长基线长度为 124 海里。[4] 从群岛基线的总体情况考察，其基线为群岛最外缘岛礁最外缘各点的连线，除了西部与南部的部分基线基本反映海岸一般方向，群岛的大部分基线并不反映群岛的一般方向。

（七）西班牙加那利群岛的直线基线[5]

加纳利群岛（Canary Islands）位于西班牙伊比利亚半岛以西的大西洋中，是西班牙自治区。该群岛包括特内里费岛（Tenerife）、富埃特文图拉岛（Fuerteventura）、大加那利岛（Gran Canaria）、兰萨罗特

---

[1] See Sophia Kopela, *Dependent Archipelagos in the Law of the Sea*, Martinus Nijhoff Publishers, 2013, p. 124.

[2] 加拉帕戈斯群岛直线基线图，请参见 Office for Ocean Affairs and the Law of the Sea, United Nations, "Baselines: National Legislation with Illustrative Maps", New York, 1989, p. 156。

[3] See Supreme Decree No. 959-A of 28 June 1971 prescribing straight baselines for the measurement of the Territorial Sea (1), 1971, Ecuador, Article 1.

[4] Bureau of Intelligence and Research, U. S. Department of State, "Limits in the Sea, No. 42 Straight Baselines: Ecuador", 1972, p. 7.

[5] 加那利群岛直线基线（1977）示意图，请参见 Office for Ocean Affairs and the Law of the Sea, United Nations, "Baselines: National Legislation with Illustrative Maps", New York, 1989, p. 293。

岛 (Lanzarote)、帕尔马岛 (Palma)、戈梅拉岛 (Gomera)、耶罗岛 (Hierro) 七个主要岛屿及若干小岛。[1] 1977 年，西班牙通过《第 2510 号法令》确定了该群岛的领海基点，从而划定了该群岛的领海基线。依据该法令，西班牙对特内里费岛、大加那利岛、帕尔马岛四个岛屿分别划定基线，并将兰萨罗特岛、富埃特文图拉岛、阿乐格兰札岛 (Alegranza)、加斯奥沙岛 (Graciosa)、清山岛 (Montaña Clara)、灰狼岛 (Lobos) 等岛屿作为一个整体划定领海基线。[2]

但是，西班牙的立法在 1978 年发生了改变。西班牙在《1978 年第 15 号法令》中规定，对于群岛，专属经济区从构成群岛的岛屿和小岛最外缘各点所确定的基线开始测算，以使所确定的边界与群岛的形状相符。[3] 2010 年，西班牙通过《第 2010/44 号法令》，选取该群岛最外缘各点为基点，用直线将各点连接起来，从而将整个加那利群岛作为一个整体。依据该法规定，线内水域称为加那利水域，是一个特殊的海洋区域。虽然该法未明确指出水域的法律地位，但该法提及，若非依据《（加那利）自治条例》第 2 条的规定，按照群岛的概念对加那利群岛的水域进行划界，西班牙的领土将不完整；而按照《（加那利）自治条例》第 2 条的规定，西班牙对加那利群岛的权利包括了对陆地与水域的权利。[4] 据此规定可推论，西班牙在加那利群岛水域中所主张的是主权性的权利，而该法中并未提及外国船舶的通过问题。而依据西班牙对群岛问题的一贯立场，尤其是在第三次联合国海洋法会议中讨论群岛问题的一贯立场，西班牙向来主张大陆国家的群岛与群岛国均应适用相同的制度。由此观之，西班牙所主张的加那利群岛水域[5]的地位，很可能与群岛国的群岛水域之法律地位相似。

（八）美国夏威夷群岛的基线

夏威夷当局在历史上曾经对夏威夷群岛的岛屿间水域提出主张。

---

[1] Benjamin, Thomas, *The Atlantic World: Europeans, Africans, Indians and Their Shared History*, 1400-1900, Cambridge University Press, 2009, p. 107.

[2] See Royal Decree No. 2510/1977 of 5 August 1977, Spain, pp. 7-8.

[3] Act No. 15/1978 on the Economic Zone of 20 February 1978, Spain, Article 1.

[4] Law 44/2010 of 30 December, Canarian Waters, Spain.

[5] 加那利群岛水域 (2010 年) 示意图，请参见 Boletín Oficial del Estado, Viernes 31 de diciembre de 2010, 44/2010, de 30 de diciembre, de aguas canarias, Anexo II, Pág. 109240。

但在夏威夷加入美国联邦后，美国否认了这种主张，其后，夏威夷当局也承认，夏威夷对海洋区域的主张，从各个岛屿的低潮标开始测算。[1]

综上所述，大多数具有洋中群岛的大陆国家将其洋中群岛作为一个整体主张海洋权利，仅极少数国家明确将群岛中的岛礁作为单个地物，逐一主张海洋权利。在这些整体性的海洋权利主张中，直线基线的长度具有很大的灵活性，多国的基线超过了 48 海里，甚至有为数众多的基线长度超过 100 海里。依据现有的主张，大陆国家洋中群岛基线基本为群岛中最外缘各岛礁最外缘各点的连线，对于群岛中距离较远的地物，部分国家则按照地理上相对邻近原则，将群岛中的地物分组划定基线。但从现有的实践考察，是否将地物分组划定基线，并不存在特定的限制，而由各国依据各自的实际情况而定。而且，由于部分大陆国家的洋中群岛中地物之间的距离较远，或者其天然的地理分布呈现出不规则性，大陆国家洋中群岛的基线的走向也具有较大的灵活性，并非一定反映陆地海洋的走向。

依据上文对第三次联合国海洋法会议上群岛问题缔约史的梳理，由于与会国家的分歧，大陆国家的群岛问题在会议上并未展开实质性讨论，该问题成了《公约》未予规定的事项，故而，大陆国家是否有权将群岛作为一个整体主张海洋权利，本质在于国际法中是否存在习惯法，允许各大陆国家将群岛作为一个整体主张权利。这就涉及习惯法的认定问题。依据《国际法院规约》第 38 条的规定，习惯国际法是"作为通例之证明而接受为法律者"。这里就涉及通例，即各国一般的实践，以及法律确信两方面的问题。大陆国家群岛海洋权利的习惯法地位认定，首先必须对问题的本质和范围进行界定，尔后才能依据国际法，对该问题进行恰当界定。

（九）小　结

上文述及，大陆国家的洋中群岛与沿岸群岛之间并非泾渭分明的关系，且大陆国家的洋中群岛与群岛国在第三次联合国海洋法会议中原本为一个问题。由于对群岛的部分问题存在分歧，未曾达成协议，群岛问题才被人为分割成群岛国的群岛与大陆国家的群岛两个问题。

---

〔1〕 See Sophia Kopela, *Dependent Archipelagos in the Law of the Sea*, Martinus Nijhoff Publishers, 2013, p. 142.

哥伦伯斯（Colombos）认为："一组岛屿，无论在地理上还是在历史上构成一个群岛，应该作为组群对待。"[1]奥康奈尔（D. P. O'Connell.）认为："群岛原则很可能成为国际法的永久内容。"[2]因而，虽然大陆国家洋中群岛海洋权利的习惯法问题是一个重要问题，但该问题与其他问题错综复杂的联系，决定了在分析该问题时，必须将群岛作为一个整体，全面分析，再抽丝剥茧，分析在群岛问题上是否存在习惯法以及存在什么样的习惯法。

第一，以群岛为分析对象，考察群岛的整体法律主张，群岛国与大陆国家中，除了美国明确将群岛中的各个岛礁作为单一地物对待，其他国家均将群岛作为一个整体，这是国际社会关于群岛的国家实践的客观事实与总体背景。甚至有少数国家，曾经将群岛中的部分地物单列处理，主张单个岛礁的海洋权利，后来态度也发生转变，将群岛作为一个整体主张海洋权利，由此，国际社会将群岛作为一个整体主张海洋权利的总体趋势可见一斑。

第二，考察大陆国家群岛的海洋权利主张，各国总体上亦将群岛作为整体，只有极少数例外。从上文对大陆国家各类群岛的实践分析可知，各个大陆国家普遍将群岛作为整体主张海洋权利。

第三，就大陆国家的洋中群岛而言，大多数大陆国家将其洋中群岛作为整体主张海洋权利，而反对者寥寥。从国家实践的层面考察，明确在立法中将群岛中的地物作为单个岛礁对待，以单一地物的方式主张海洋权利者只有美国。即使在第三次联合国海洋法会议中曾主张群岛制度只适用于群岛国的大陆国家，在第三次联合国海洋法会议之后，也出现了将自身的洋中群岛作为整体主张海洋权利的实践。如英国在第三次联合国海洋法会议上曾主张群岛制度只适用于群岛国，但1989年，英国公布了特克斯和凯科斯群岛（Turks and Caicos Islands）的领海基线，该基线同样将该群岛作为一个整体。[3] 如本编第三章第四节所述，西班牙曾将加那利群岛中的部分岛屿作为单个地物主张海洋权利，但在1978年则明确将其群岛作为一个整体主张海洋权利，且

[1] C. J. Colombos, A. P. Higgins, *The International Law of the Sea*, London: Longmans, 1967, p. 120.

[2] D. P. O'Connell, "Mid-Ocean Archipelagos in International Law", *British Yearbook of International Law*, Vol. 45, 1971, p. 79.

[3] See The Turks and Caicos Islands (Territorial Sea) Order 1989, UK.

在 2010 年再度出台法律，明确将加那利群岛作为一个整体主张权利。[1] 在《公约》通过以后，还有不少大陆国家将其洋中群岛作为整体，提出新的海洋权利主张，如加拿大[2]、葡萄牙、法国、缅甸、伊朗、叙利亚、阿联酋等。[3] 故而，从目前的国家实践考察，大陆国家洋中群岛的整体性海洋权利主张，已经是一种普遍的国家实践，而且就洋中群岛提出整体性权利主张的趋势实际上正在加强。

第四，关于整体性权利主张的范围，是各国弹性决定的事项。从目前的国家实践考察，部分国家将整个群岛作为一个整体主张海洋权利，另一部分国家则将群岛分为若干地物群组主张权利。前者如法国对瓜德罗普群岛的主张、西班牙对加那利群岛的主张、厄瓜多尔对加拉帕戈斯群岛的主张等；后者如挪威对斯瓦尔巴群岛的主张、澳大利亚对塔斯马尼亚的主张等。从实践来看，尽管对于地物间距离较近的群岛，国家倾向于将其作为一个整体，对于地物间距离较远的群岛，国家倾向于将其分组处理，但这并不是一种有强制力的必然做法，国家实践在这方面并未形成习惯，如西班牙对加那利群岛的海洋权利主张，在 1977 年时，西班牙将该群岛划分为五个部分确定领海基线，[4] 而 1978 年[5] 及 2010 年[6] 则将其作为一个整体主张海洋权利。

应当看到，大陆国家对洋中群岛整体性权利主张的灵活性与可变性背后，事实上存在一个不变的因素，无论是将群岛作为一个整体，还是分为多个群组，都是一种整体性的主张，有别于将群岛中的地物作为单个地物对待，这源于群岛在本质上构成一个地理、政治、经济的实体或历史上构成此种实体的事实。在群岛的背景下，尽管存在群岛中地物分布较零散或相距较远的情形，但群岛中的各个地物基于其中存在着经济、政治与历史上的联系，即便在地理联系相对弱化的情形下，群岛中的地物也不是孤立存在，而是与其他地物及水域相互联

---

[1] See Law 44/2010 of 30 December, Canarian Waters, Spain.

[2] See The Territorial Sea Geographical Co-ordinates (Area 7) Order of 10 September 1985, Canada.

[3] See Sophia Kopela, *Dependent Archipelagos in the Law of the Sea*, Martinus Nijhoff Publishers, 2013, pp. 121-141.

[4] See Royal Decree No. 2510/1977 of 5 August 1977 (Spain), pp. 7-8.

[5] See Act No. 15/1978 on the Economic Zone of 20 February 1978, Spain, Article 1.

[6] See Law 44/2010 of 30 December, Canarian Waters, Spain.

系，不可分割，这也是印度尼西亚在历次海洋法会议上强调印度尼西亚语中"tanahair"具有水陆综合体含义的原因。[1] 同时，在划定基线时对洋中群岛进行分组处理，在群岛地物零散分布的情况下，可以为国际社会开发利用海洋留出适当的空间，也可视为沿岸国在自身利益与国际社会利益之间所进行的平衡考量。

第五，关于群岛基线内外海域的法律地位问题，由以上对国家实践的分析可知，尽管少数国家对基线内水域规定并未明确，如西班牙将加那利群岛水域称为加那利水域，但大多数国家将基线内水域作为内水。至于线外海域的法律地位问题则值得分析。依据《公约》第五部分的规定，国家可以主张最多不超过 200 海里的专属经济区；依据《公约》第六部分的规定，国家享有大陆架的权利，这种权利是国家固有的，不取决于任何有效或象征的占领或任何明文公告。而《公约》对国家领土享有专属经济区及大陆架的资格的限制，仅出现在第 121 条第 3 款。该款规定："不能维持人类居住或其本身的经济生活的岩礁，不应有专属经济区或大陆架。"

从《公约》第 121 条第 3 款的适用范围考察，该条作为《公约》岛屿制度下的条款，仅适用于岛屿；群岛与岛屿适用不同的法律制度，因而该条并未排除群岛享有专属经济区及大陆架的权利，故此，大陆国家的群岛，包括沿岸群岛及洋中群岛，在理论上应享有对大陆架的权利及主张专属经济区的权利。在这个问题上，学者的研究较少，但从各国的立法考察，大陆国家主张其群岛的专属经济区及大陆架的权利。大部分国家在其立法中规定其基线以外即领海，而其专属经济区与大陆架从领海以外开始测算。国家将群岛作为整体划定基线，可推导出该国也将群岛作为整体主张专属经济区与大陆架。

由以上分析可知，大陆国家洋中群岛的海洋权利问题与群岛国的权利及大陆国家沿岸群岛的权利问题是相互联系的问题，三者是国际法中群岛问题的一部分，因而考察大陆国家洋中群岛的整体性海洋权利问题，不能脱离群岛这一基本背景。从各类群岛的整体情况综合考察，将群岛作为整体，主张整体性的海洋权利，是国际社会业已存在的基本国家实践，这一情况同样存在于大陆国家洋中群岛这一特定的

---

[1]　See 42nd Plenary Meeting, U. N. Doc. A/CONF. 62/SR. 42, p. 187.

群岛类型。如奥康奈尔在论及洋中群岛问题时认为："国家的单边实践对习惯法产生具有重要作用。"[1]关于这些实践对习惯法产生的影响，从时间上考察，这些实践在《公约》生效之前已经广泛存在，在《公约》生效之后，相关实践未受影响。在《公约》生效以后，不断有国家提出新主张，产生新实践。在长期历史进程中，非群岛国洋中群岛作为一个整体主张海洋权利这一国家实践并未受《公约》的制定及生效所影响，表明这一系列实践独立于《公约》。从范围考察，绝大多数具有群岛的非群岛国将其群岛作为一个整体主张海洋权利，上述实践涉及亚洲、美洲、欧洲、非洲等四大洲众多海洋大国，具有广泛性与代表意义，表明非群岛国洋中群岛作为一个整体主张海洋权利，是一种普遍的国家实践。在相反的实践方面，仅美国将夏威夷群岛中的各个岛礁作为独立地物划定正常基线。《公约》制定过程中未充分讨论非群岛国洋中群岛问题造成相应条约规则的缺失，上述广泛的国家实践实际上对规则起到填补空缺与发展的作用。上述国家实践，为习惯法的产生提供了重要条件。

四、大陆国家洋中群岛海洋权利习惯法认定问题之法律确信

依据《国际法院规约》第 38 条，习惯国际法是"作为通例之证明而接受为法律者"。其中，接受为法律，或称为法律确信，是习惯国际法的第二个要素。依据国际法委员会特别报告人在 2016 年所做的《习惯国际法的认定》报告，法律确信指的是，相关的实践被作为一种法律义务或权利，意味着相关的实践必须伴随这样一种确信，即习惯国际法允许、要求或禁止某种行为。[2] 在大陆国家洋中群岛的整体性海洋权利问题上，各国的态度是否满足习惯法中关于法律确信的要求，需从以下方面考察。

第一，从上文关于大陆国家洋中群岛的国家实践可知，绝大多数拥有群岛的大陆国家都通过立法将其洋中群岛作为整体主张海洋权利，而立法本身则说明这些国家认为其在法律上具有将洋中群岛作为整体

---

[1] D. P. O'Connell, "Mid-Ocean Archipelagos in International Law", *British Yearbook of International Law*, Vol. 45, 1971, p. 79.

[2] Report of the International Law Commission, Sixty-eighth Session, A/71/10, 2016, chap. V, p. 96.

主张海洋权利的权利,其中的法律确信因素显而易见。

第二,就提出主张的国家而言,在《公约》通过之前已将群岛作为整体主张海洋权利的非群岛国并未在《公约》通过或生效之后放弃其主张,这表明,这些国家认为,《公约》的通过及生效,并未影响其原有的权利。部分国家在《公约》通过及生效之后,提出新的主张,更加表明这些国家认为,《公约》的实施,并未影响其主张非群岛国群岛的相关权利。

第三,考察其他国家的态度,赞成将非群岛国洋中群岛作为整体主张权利的国家,以及不反对该类主张的国家占绝大多数。而明确反对者寥寥,有相反实践者更是屈指可数。多数反对国曾在第三次联合国海洋法会议中主张只有群岛国才能将群岛作为整体主张海洋权利,但在《公约》通过以后并未对既有的国家实践持续提出反对,也未对《公约》通过及生效之后的新主张提出反对,这大大削弱了反对的法律效力。

故而,诚如科佩拉所言,将直线基线适用于一系列岛屿,并非扭曲现有规则,而是在国家实践的基础上发展国际法。[1] 综合考察国家实践以及国家态度,大陆国家洋中群岛整体性的海洋权利,已经是经过较为普遍认可的国家实践,可以认为已经形成了习惯法。但需要注意的是,尽管从国际社会的总体情况考察大陆国家的洋中群岛整体性海洋权利问题,可认为其形成了习惯法,但持续反对的效果值得探讨。

五、一贯反对者的反对行为对相关习惯国际法的影响

一贯反对者(又称持续反对者)的反对行为,是一个可能影响习惯法效力的问题。国际法委员会特别报告人在 2016 年所做的《习惯国际法的认定》报告中也认为:"当一国在习惯法规则的形成过程中持续反对该规则,这种反对一直持续到该习惯法规则明晰化,则该规则对反对国无效。"[2]

在第三次联合国海洋法会议上,部分国家虽然主张将群岛国与非群岛国区别对待,反对大陆国家将其群岛作为一个整体主张海洋权利,

---

[1] See Sophia Kopela, *Dependent Archipelagos in the Law of the Sea*, Martinus Nijhoff Publishers, 2013, pp. 262-263.

[2] Report of the International Law Commission, Sixty-eighth Session, A/71/10, 2016, chap. V, p. 96.

但这种反对并不具有持续性。大多数持此立场的国家，在第三次联合国海洋法会议之后，并未继续反对大陆国家对洋中群岛的整体性权利主张，因此这些国家并不构成持续反对者。

唯有美国持续性地对大陆国家的洋中群岛整体性海洋权利主张提出反对[1] 这种反对意见至少从20世纪70年代一直持续到目前。但值得注意的是，美国并非反对所有大陆国家将群岛作为整体主张权利：其并不反对部分国家依据《领海及毗连区公约》第4条、《公约》第7条及相关习惯法将群岛作为整体主张权利；其仅反对大陆国家在无法适用上述沿岸岛屿的相关法则的情况下，对洋中群岛提出整体性海洋权利主张。因此，作为大陆国家洋中群岛整体性海洋权利习惯法规则的持续反对者，美国反对的是，非依据沿岸群岛直线基线规则所提出的，大陆国家洋中群岛整体性海洋权利主张。

本章小结

群岛问题原本是国际法中一个相对独立的议题，国际社会普遍将群岛作为整体主张海洋权利。但第三次联合国海洋法会议对群岛制度适用范围产生分歧，导致原本完整的群岛问题被人为割裂为群岛国和大陆国家群岛问题，且对大陆国家群岛的海洋权利未展开讨论，该问题悬而未决。囿于这一现实，各大陆国家一面继续主张其群岛的整体性海洋权利，尤其是洋中群岛的整体性海洋权利，一面为其主张寻求可替代性的合法依据。各国纷纷对《公约》第7条、《领海及毗连区公约》第4条及相关的沿岸岛屿直线基线规则习惯法展开解释，不仅将其适用于沿岸群岛，更将其适用于部分洋中群岛，对该规则的解释出现了过度扩张的趋势。

---

〔1〕 美国国务院海洋与极地事务办公室（Office of Ocean and Polar Affairs）、海洋与国际环境和科学事务办公室（Bureau of Oceans and International Environmental and Scientific Affairs）自1970年起，通过情报研究局（Bureau of Intelligence and Research）不定期发布《海洋边界》（Limits in the Sea）系列文件，对各国的海洋边界进行研究与评论，其中多个文件涉及大陆国家洋中群岛的海洋权利主张，美国在该系列文件中对多个类似主张提出反对意见。相关文件见于 U. S. Department of State, Limits in the Sea, https://www.state.gov/e/oes/ocns/opa/c16065.htm, last accessed on 3 March 2018。

考察各国的实践及国际社会对沿岸群岛的总体态度，尽管沿岸群岛与《公约》第 7 条、《领海及毗连区公约》第 4 条及相关的沿岸岛屿直线基线规则习惯法中所指的沿岸岛屿存在细微差别，但依据该法主张大陆沿岸群岛的整体性海洋权利在绝大多数情况下与该法可以相容。且在少数情况下，当群岛中的地物互相邻近，群岛中的各个地物分布满足该法的要求时，该法可适用于大陆国家的部分洋中群岛。但是该法不能扩张适用于岛礁地物零散分布于大片海域的洋中群岛。

考察洋中群岛海洋权利的实践，大陆国家一般将其洋中群岛作为整体对待，主张整体性的海洋权利，这种实践具有普遍性，已经为国际社会普遍接受，仅有极少数持续反对者。因而大陆国家洋中群岛的整体性海洋权利，已经形成习惯法。至于这种整体性的具体形式，不同国家的实践存在一定差异，部分国家将整个群岛作为整体主张海洋权利，部分国家则将群岛划分为某些岛群，但无论何种形式，这种整体性的海洋权利主张，均区别于将群岛中的地物作为单个地物，依据单个地物主张海洋权利的形式。大陆国家洋中群岛整体性的海洋权利主张的合理性，植根于群岛中各个地物在地理、政治、经济、历史上的不可分割性，就这一点而言，无论是群岛国的群岛，还是大陆国家的群岛，都是一致的。

第四章　中国依法对南海诸岛享有整体性的主权和海洋权利

中国向来将南沙群岛和西沙群岛作为一个整体，主张对两群岛的领土主权及水域权利，但 20 世纪 70 年代以来，越南、菲律宾等国开始觊觎中国对南沙群岛和西沙群岛的领土主权及附近水域权利，且近年来愈演愈烈。特别是"南海仲裁案"的仲裁裁决中对第 4 项诉求与第 6 项诉求的裁决，既损害了中国对南沙群岛的整体领土主权，又损害了中国对南沙群岛的整体性海洋权利。从群岛整体性角度维护中国对南沙群岛、西沙群岛的权利有重要意义。

第一节　南沙群岛、西沙群岛符合国际法上的群岛定义

主张群岛的法律地位，重要的前提是该群岛符合国际法中群岛的构成标准。依据国际法，南沙群岛和西沙群岛构成国际法中的群岛，我国依法享有整体性的领土主权及整体性的海洋权利。

依据《公约》第 46 条的群岛定义，"群岛"是指一群岛屿，包括若干岛屿的若干部分、相连的水域或其他自然地形，彼此密切相关，以致这种岛屿、水域和其他自然地形在本质上构成一个地理、经济和政治的实体，或在历史上已被视为这种实体。该定义包括地理、政治、经济实体标准与历史实体标准。判断南沙群岛和西沙群岛是否构成国际法中的群岛，必须考察两群岛是否符合其中一个标准。

一、南沙群岛和西沙群岛符合群岛的"地理、政治、经济实体"标准

从地理上判断一群地物属性通常包括群岛中的地物类型是否符合

一般的国际实践，以及地物间的距离是否影响地物构成一个整体两个
方面的问题。

　　在自然地物构成方面，依据国际法院在 2012 年尼加拉瓜与哥伦比
亚领土和海洋争端案中关于群岛自然地物类型的阐述，岛屿、小岛、
岩礁、低潮高地、滩、环礁、沙洲、暗礁等自然地形均构成群岛的一
部分。[1] 在 1953 年敏基埃和埃克里荷斯群岛案中，英国将沉没、干
出岩礁，即低潮高地，作为群岛的一部分，[2] 国际法院在裁决群岛领
土归属时将群岛作为一个整体对待，实际上默认了英国将低潮高地作
为群岛一部分的主张。在 1998 年的厄立特里亚与也门领土主权和海洋
划界案中，仲裁庭也明确将低潮高地作为群岛的一部分。[3]

　　1983 年，中国地名委员会重新对南海诸岛进行命名，公布了
《我国南海诸岛部分标准地名》，该文件公布了南沙群岛的 192 个/
组群体和个体自然地物及西沙群岛的 52 个/组群体和个体自然地
物。[4] 此次命名涉及的自然地物有岛、礁、滩、沙洲、暗沙等几个类
型，符合国际实践。除此以外，部分自然地物以岩（如石龙岩）、石
（如乙辛石）命名，实际上属于岩礁，与英文中的"rock"相对应。
还有部分自然地物，如五方尾、五方南、五方西属于珊瑚礁，与英
文中的"reef"相对应，这些自然地物均是群岛中常见的地物。从自
然地物类型角度分析，南沙群岛、西沙群岛与国际司法实践中群岛
的情况一致。

　　在自然地物分布方面，依据上文对国际学术机构、国家实践及国
际司法与仲裁实践的分析，国际法在认定群岛构成时，对自然地物间
的距离并未设定具体标准。从国际学术机构方面来讲，如 1952—1955
年国际法委员会曾在不同阶段分别提出 10 海里[5]与 5 海里[6]的距离

〔1〕　See Nicaragua and Colombia Case, Judgment, I. C. J. Reports, 2012, p. 18, para. 20.

〔2〕　See The Minquiers and Ecrehos Case, Judgment, I. C. J. Reports, 1953, pp. 22, 24.

〔3〕　See The Eritrea/Yemen Arbitration (First Stage), Award, 1998, R. I. A. A., 2006, p. 330, para. 527.

〔4〕　韩振华主编：《我国南海诸岛史料汇编》，东方出版社 1988 年版，第 84 页。

〔5〕　See International Law Commission, Forth Section, Report on the Regime of Territorial Sea, U. N. Doc. A/CN. 4/53, 1952.

〔6〕　See International Law Commission, Fifth Section, Third Report on the Regime of Territorial Sea, U. N. Doc. A/CN. 4/77, 1954, p. 13.

标准，但最后因为缺少必要的技术信息而未提出正式提案[1]；有学者提出两倍领海宽度距离标准，即 24 海里标准；也有学者提出 48 海里标准[2]，但未获采纳；1924 年国际法协会阿尔瓦雷斯教授的提案[3]、1929 年美国国际法研究院的提案[4]，均未预设任何距离标准。在国家实践方面，这一点也是不明确的，众多大陆国家在其群岛（包括沿岸群岛及洋中群岛）相关立法中并未公布各个岛礁的距离，在各国将洋中群岛作为整体划定基线的实践中，自然地物距离超过 48 海里而被作为一个整体的屡见不鲜，如丹麦法罗群岛的第 11 与第 12 个基点正好将两个地物连接起来，反映了两个地物之间的距离，而该段基线长60.8 海里。[5] 在国际司法实践中，如 2012 年尼加拉瓜与哥伦比亚领土和海洋争端案，塞拉纳礁与巴约努尔沃礁距普罗维登西亚岛分别为165 海里与 205 海里，国际法院仅认为塞拉纳礁与巴约努尔沃礁可作为群岛构成部分的可能性相对较小，[6] 并未直接以距离为由将上述两处地物排除在群岛范围之外。

　　南沙群岛中的双子群礁、中业群礁、道明群礁、郑和群礁、九章群礁、尹庆群礁六大群礁，各组岛礁内部自然地物较为靠近，六大群礁分布错落有致。而西沙群岛分东西两群，东部是宣德群岛，由 7 个岛组成，称东七岛；西部是永乐群岛，由 8 个岛组成，称西八岛，合称"东七西八"的西沙群岛。两群岛相距不远，群岛内岛礁较为集中，联系紧密，在南海中自成一地理单元。[7] 鉴于自然地物距离对群岛认定的影响在国际法中并无量化的统一标准，西沙群

〔1〕 对群岛问题的说明位于草案第 10 条（单个岛屿）之后。*Yearbook of International Law Commission*（1956），Vol. Ⅱ，p. 270.

〔2〕 See Office for Ocean Affairs and the Law of the Sea, U. N., "Baselines: An Examination of the Relevant Provisions of the United Nations Convention on the Law of the Sea", U. N. Publication, 1989, p. 21.

〔3〕 See A. Alvarez, "Projet d'Une Reglementation des Voies de Communications Maritimes en Temps de Paix", *International Law Association Reports of Conferences*, Vol. 33, 1924, p. 266.

〔4〕 See Barry Hart, *The Law of Territorial Waters of Mid-Ocean Archipelago and Archipelagic States*, Hague: Martinus Nijhoff, 1976, p. 31.

〔5〕 "Limits in the Sea No. 13", p. 4.

〔6〕 Nicaragua and Colombia Case, Judgment, I. C. J. Reports, 2012, p. 29, paras. 24 and 53.

〔7〕 参见司徒尚纪、许桂灵：《南海断续线内南海诸岛整体性的历史地理认识》，载《中国海洋大学学报（社会科学版）》2015 年第 4 期，第 40—41 页。

岛整体性的认定基本得到承认，而南沙群岛虽分布海域范围较广，却并无量化的标准可以基于地物距离否定南沙群岛的整体性。

实际上，距离对某一自然地物是否可以归属于一个群岛的影响并非绝对，群岛并非一个单纯的地理概念，而是一个地理、经济、政治实体，只要国家在一群岛礁上建立起政治、经济的联系，成为一个实体或历史上成为这种实体，则地理上的距离在认定一群自然地物是否构成群岛时只具有相对有限的作用。而且群岛的认定在国际法中往往是为确定群岛的领土主权或群岛整体性海洋权利服务的，在认定群岛领土归属时，其作用在于，在群岛的主要岛礁地物依据领土取得规则得以确定的情况下，依据群岛这一概念，或者说依据群岛的整体性，对群岛的整体领土主权归属做出法律推定。因而就群岛的认定这一问题而言，侧重点应是政治、经济或历史实体的认定；地理因素，尤其是地理距离的作用相对较弱。在群岛整体性海洋权利的认定上，群岛自然地物之距离的作用更弱，由于国际法中对基线数量并无限制，在自然地物距离较远的情况下，国家可以通过多段基线将远距离的自然地物连接成一个整体。

政治与经济上的实体，主要指岛屿（群岛）有真实的政治架构，其既可以作为一个单独的行政区域，也可以作为更大的行政区域的一部分。[1]

从"政治上作为一个实体"方面考察，中国自古以来就对包括南沙群岛和西沙群岛在内的南海诸岛实施行政管理，在整体上进行行政建制。自唐代以来，南海诸岛及其海域就已正式划归中国疆域，确立中国主权。唐、宋、元、明、清各朝政府及中华民国政府分别设置了岭南节度使、琼管安抚司、乾宁军民安抚司、琼州府、海南行政区等相应的行政机构对南海诸岛实施整体性行政管理。[2] 有关事实已在本书第一、第二编论及。新中国成立以来，中华人民共和国政府也始终将两群岛作为整体管辖。依据《中华人民共和国毗连区及大陆架法》第 2 条，南沙群岛、西沙群岛均属于中国的领土。中华人民共和国政

---

〔1〕　L. L. Herman, "The Modern Concept of the Off-Lying Archipelago in International Law", *Canadian Yearbook of International Law*, Vol. 23, 1985, p. 180.

〔2〕　参见司徒尚纪、许桂灵：《南海断续线内南海诸岛整体性的历史地理认识》，载《中国海洋大学学报（社会科学版）》2015 年第 4 期，第 41—42 页。

府向来将南沙群岛作为一个整体管辖：1959 年在西沙的永兴岛设立了"西沙、南沙、中沙群岛办事处"，1969 年又将办事处改称为"广东省西沙、中沙、南沙群岛革命委员会"，下设人民武装部、公安派出所。1979 年后，行政单位改称为"广东省西沙、南沙、中沙群岛工作委员会"，直属广东省领导。1988 年海南省成立后，该工作委员会由海南省管辖。2012 年 6 月 21 日，民政部发布国务院批准三沙设市的公告，设立地级三沙市，管辖西沙群岛、中沙群岛、南沙群岛的岛礁及其海域。三沙市下设 18 个行政职能部门。[1] 三沙市立法、行政、司法机构齐备，是一个政治实体，处在中华人民共和国的单一主权之下，且行政上未将南沙群岛进行进一步的划分。是故，南沙群岛和西沙群岛的政治构架真实存在，分别构成政治上的实体。

从"经济上作为一个实体"来看，自公元前 2 世纪以来，中国人就开始在南海航行，并先后发现了西沙群岛、南沙群岛[2]，随后便以群岛这一整体为平台，开展捕捞、航海、采矿等各种经济活动。目前，三沙市海洋经济与渔业事务已由三沙市海洋与渔业局管辖。不仅如此，三沙市在 2014 年时，已经缴纳了第一笔关税。[3] 在上述经济管理事务中，中国政府有关部门始终将南沙群岛和西沙群岛作为整体置于三沙市之下进行管理，与国际法院敏基埃和埃克里荷斯群岛案中提及的，英国在经济事务上将埃克里荷斯群岛作为整体进行管理相比，两者在经济上作为一个实体这一点上并无二致，且中国对两群岛经济事务的管理范围较之于英国对埃克里荷斯群岛更加全面。南沙群岛和西沙群岛符合"经济上的实体"这一国际法标准及其实践，是一个经济上的实体。

依据《公约》第 46 条的规定，地理、政治、经济上构成实体是三个要素，需对三者进行综合考虑。南沙群岛的地物分布虽较为分散，但"地理上作为一个实体"这一问题在国际法中并无统一的量化标准，且南沙群岛在政治、经济上具有很强的整体性，一定程度上弥补

---

〔1〕 《三沙历史沿革》，载三沙市人民政府网站，http：//www. sansha. gov. cn/page. php？xuh = 479，最后访问时间：2017 年 5 月 22 日。

〔2〕 参见韩振华主编：《我国南海诸岛史料汇编》，东方出版社 1988 年版，第 23 页。

〔3〕 肖杰：《三沙市年内（2014）要缴纳出第一笔海关税》，载凤凰网，http：//phtv. ifeng. com/program/wdsz/detail_2014_04/14/35749657_0. shtml，最后访问时间：2017 年 5 月 22 日。

了南沙岛礁分布较为分散对其整体性的影响。故南沙群岛在地理、政治、经济上构成一个实体，是一个群岛。基于同样的理由，西沙群岛与南沙群岛相比，前者岛礁更加集中且联系紧密；而且由于距离海南岛更近，西沙群岛在政治、经济上也更早就体现出更强的整体性，当然也属于国际法上的群岛。

二、南沙群岛和西沙群岛符合群岛的"历史实体"标准

历史上将南沙群岛、西沙群岛作为整体的相关记载不胜枚举。

据学者考证，至少自元代开始，就有不少历史资料将南沙群岛作为一个整体进行命名。元代宋濂编撰的《元史》、蔡微的《琼海方舆志》，均将南沙群岛称为万里石塘。明代黄佐《广东通志》记载："督发兵船出海防御……自东莞南亭门放洋，至乌潴、独潴、七洲三洋……"这里的"七洲三洋"指的就是南沙群岛海域。清代明谊的《琼州府志》在"万州海防"一目中包括了千里石塘、万里长沙的相关内容，并将千里石塘和万里长沙称为"琼洋最险之处"[1]。

而至少自宋代开始，就有大量的历史资料将西沙群岛作为一个整体进行命名。北宋曾公亮的《武经总要》等均将西沙群岛称为"九乳螺洲"。而后来《广东通志》《万州志》《琼州府志》等中国典籍中所谓"长沙""千里长沙""万里长沙"，大多数情况下指的就是西沙群岛[2]。

1800 年晓峰作的清代官方地图《清绘府州县厅总图》中绘有"万里石塘""万里长沙"，即南沙群岛、西沙群岛[3] 这幅官方地图对两群岛的整体性命名，表明在清代，中国官方将南沙区群岛和西沙群岛作为整体。

民国时期，国民政府一直将南沙群岛、西沙群岛作为群岛命名。

---

[1] 韩振华主编：《我国南海诸岛史料汇编》，东方出版社 1988 年版，第 7—8、第 23—84、第 123 页。

[2] 参见韩振华主编：《我国南海诸岛史料汇编》，东方出版社 1988 年版，第 34—38 页；黄德林：《评菲律宾对南沙群岛部分岛屿的主权主张》，载《法学评论》2002 年第 6 期，第 46 页。

[3] 韩振华主编：《我国南海诸岛史料汇编》，东方出版社 1988 年版，第 84 页。

1935 年，国民政府水陆地图审查委员会所公布的《南海诸岛各岛屿中英地名对照表》和 1947 年国民政府内政部公布的《南海诸岛新旧名称对照表》均将南沙、西沙作为群岛对待。[1] 依据上述历史，中国在不同的历史时期均将南沙群岛和西沙群岛作为整体，符合群岛的历史实体标准。

事实上，在论证若干自然地物是否属于一个群岛时，特别是在论证该组自然地物在本质上构成一个政治、经济的实体或历史上构成此种实体时，涉及国家在一定的时期发现、命名、管理群岛的行为，实际上也是确立对群岛整体领土主权的行为，判断若干自然地物是否构成一个经济、政治实体或历史上构成此种实体，与判断一个群岛的领土归属，两者密切相关，但两者的侧重点有所不同。判断若干自然地物在政治经济上是否构成一个实体的侧重点在于国家的政治行为及国家与民间的经济行为，或者其在历史上是否被作为整体对待；而判断群岛的领土归属，考察的侧重点则在于国家是否有效控制了领土，而且有效控制不仅包括控制的行为，还应得到国际社会的明示或默示的承认。

最后，南沙群岛、西沙群岛的群岛法律地位也得到了国际社会的承认，这尤其体现在有关条约中。根据第二编第三章的研究，例如，在 1951 年"旧金山和约"中，就使用"南沙群岛"和"西沙群岛"两个用语，而不是将其分割为更小的群岛或单个自然地物；而后的所谓"日台和约"也再次确认了这一事实。

第二节　中国对南沙群岛和西沙群岛享有整体主权

中国最早发现南沙群岛和西沙群岛，[2] 且从古至今对两群岛实施了命名、纳入版图、管理与收复等多种行为，对两群岛的主权有充分依据。在论证南沙群岛和西沙群岛构成国际法中的群岛时，已经部分提及了这些行为。国家对群岛行使权力的行为，有些情况下既表明若

---

[1]　参见韩振华主编：《我国南海诸岛史料汇编》，东方出版社 1988 年版，第 175、第 187—188 页。

[2]　参见中华人民共和国外交部：《关于西沙群岛、南沙群岛问题的备忘录》，1988 年 5 月 12 日，载《人民日报》1988 年 5 月 13 日，第 7 版。

干自然地物被作为一个实体，又表明该国对群岛的管理和控制，两者无法截然分开。上文已经重点论述了南沙群岛和西沙群岛作为实体的问题，此处重点从中国对南沙群岛和西沙群岛的管控行为对主权确立的影响分析两群岛的整体领土主权。

一、中国自古将南沙群岛和西沙群岛作为整体进行命名

早在秦朝，"南海"就已正式成为政区地名，被纳入封建王朝的疆域范围。汉武帝时期，重置南海、苍梧等九郡，南海再次成为政区地名。东汉时，杨孚在《南裔异物志》中首次使用"涨海"一词，"涨海"自此成为对整个南海地区的另一称呼，在东汉、三国和晋代的史书上沿用。[1] 而南海诸岛在东汉和三国时期一般称为"涨海崎头"或"崎头"，在晋代统称为"珊瑚洲"，"珊瑚洲"一词也用于指称西沙群岛和南沙群岛。宋代古籍将南海诸岛纳入海南的辖区，但大多数古籍将南海诸岛合而为一，采用"千里长沙、万里石塘"的称谓，也有古籍采用了"石塘"的称谓。

自宋代起，西沙群岛则被称为"九乳螺洲""七洲"等，后来历代中国典籍中所谓"长沙""千里长沙""万里长沙"，大多数情况下指的就是西沙群岛。[2] 而元代一般将南沙群岛称为"万里石塘"；其中王大渊的《岛夷志略》中南沙群岛也被称为"昆仑"。

明朝对南海诸岛的记载更多，称谓也较为复杂。明代部分史书将南沙群岛称为"万里石塘"、"万里长沙"、"昆仑洋"或"万里长堤"。另一部分史书延续了元代的做法，将南海诸岛统称为"万里石塘"。清代的史书对于中沙群岛和南沙群岛则交替使用"千里长沙""万里石塘"的称谓。[3]

在1935年国民政府水陆地图审查委员会出版的《中国南海各岛屿图》中，南海四群岛分别被称为：东沙群岛、西沙群岛、南沙群岛、团沙群岛。1947年12月1日公布的《南海诸岛新旧名称对照表》，将南沙群岛更名为中沙群岛，将团沙群岛更名为南沙群岛；西沙群岛名

---

〔1〕　参见《中国印度见闻录》，穆根来译，中华书局1983年版，第4—10页。
〔2〕　参见韩振华主编：《我国南海诸岛史料汇编》，东方出版社1988年版，第34—37页。
〔3〕　参见韩振华主编：《我国南海诸岛史料汇编》，东方出版社1988年版，第22—27、第32—41、第44—48、第50—65、第69—83页。

称保持不变。[1] 四个群岛的名字一直沿用至今。

以上史料表明，从汉代到清代两千年的时间里，中国一直将南沙群岛和西沙群岛作为整体对待。中国从汉代开始，在南海诸岛的命名中，已经涉及两个群岛，至迟在宋元时期，已经有关于南沙群岛和西沙群岛的命名的持续记载。命名的事实表明，中国在古代已经发现了两群岛，而其他国家关于发现这两个群岛的记载，均晚于中国古籍的记载时间。这一点从一个侧面支持了中国对两群岛的整体领土主权。如《奥本海国际法》所言，在 15、16 世纪以前，单纯的发现而无须其他任何行为，就可以取得对无主地的完全领土主权。[2] 中国历代对南沙群岛和西沙群岛整体性命名，符合国际实践中对群岛进行整体性的命名方式，如敏基埃与埃克里荷斯群岛案中的敏基埃与埃克里荷斯群岛，厄立特里亚与也门领土主权和海洋划界案中的贾巴尔阿尔泰、祖巴尔、海科克斯与莫哈巴卡斯群岛，均是在长久的历史时期，就被作为群岛进行命名。

二、中国自古将南沙群岛和西沙群岛作为整体纳入版图

中国古代有大量地图，表明中国古代一直将南沙群岛和西沙群岛作为整体看待。中国将南海诸岛纳入版图的历史证据可以溯至唐代。[3] 在宋、元时期，中国的官方史料如北宋《武经总要》、南宋《诸蕃志》和明初的《元史》等都记载中国的军事、行政活动远达南海诸岛范围。到明清时期，更是有大量史料和地图表明中国古代一直将南沙群岛和西沙群岛作为整体列入中国的版图。[4]

1800 年晓峰作《清绘府州县厅总图》绘有"万里石塘""万里长沙"，即南沙群岛和西沙群岛。这幅地图是清代官方地图，该图对南沙群岛和西沙群岛的整体性命名表明，在清代中国官方已将两群岛作为整体对待。1433 年的《郑和航海图》中绘有"万生石塘屿""石塘"，即南沙群岛和西沙群岛。1767 年的《大清万年一统天下全图》中绘有

---

〔1〕　傅崐成：《我国南海历史性水域法律地位之研究》，中国台湾地区"行政院"研究发展考核委员会，1993 年，第 14 页。

〔2〕　See Lanterpacht, *Oppenheim's International Law* (Vol. 1), Longman, 1962, p. 558.

〔3〕　参见韩振华主编：《我国南海诸岛史料汇编》，东方出版社 1988 年版，第 23 页。

〔4〕　参见韩振华主编：《我国南海诸岛史料汇编》，东方出版社 1988 年版，第 32—49 页。

"万里石塘"即南沙群岛。将南沙群岛和西沙群岛作为整体的地图还有 1818 年《大清一统天下全图》、1895 年《古今地舆全图》等。[1] 古代的大量地图将南沙群岛和西沙群岛作为整体对待，尤其是就本书研究所见，明清两代的官方地图，均只将南沙群岛和西沙群岛作为整体对待，未见有地图将两群岛的各个岛礁分开标注。

与此相关的一个重要事实是，中国不仅将南沙群岛和西沙群岛的岛礁作为整体，实际上，这种整体性还包括了水域。这一做法和"群岛"一词的起源完全吻合。英语中的群岛（archipelago）一词，起源于爱琴海，原意是指一片多岛的海域。[2]《不列颠百科全书》将群岛定义为岛屿密布的海域；《法兰西学院辞典》将群岛定义为"一片岛屿密布，并被岛屿分割的绵延的海域"，这两个定义还曾被菲律宾所引用，证明其关于连接菲律宾群岛中各岛屿和小岛中的海域使群岛成为一个法律上的整体的主张的正当性。[3] 同理，中国从发现南沙群岛和西沙群岛群岛伊始，整体性处理两群岛的方式，完全符合"群岛"这一术语产生的本意。从这个角度来说，早在现代海洋法产生之前，中国已经将南沙群岛和西沙群岛作为水陆的整体。

在 20 世纪 30 年代，国民政府发布《南海诸岛各岛屿中英地名对照表》之后，中国官方才开始对南沙群岛和西沙群岛的各个岛屿进行正式命名。即便如此，中国依旧将南沙群岛和西沙群岛作为一个整体。其后出版的《中国南海各岛屿图》与《南海诸岛位置图》，均继续将两群岛作为整体。中国将南沙群岛整体性纳入版图的做法，至今未改变。从以上对各类地图考察可知，中国在古代，一直以整体性的方式，将南沙群岛和西沙群岛纳入版图。

三、中国自古将南沙群岛和西沙群岛作为整体进行管理

大量的历史资料表明，中国自古以来就以整体性的方式对西沙群岛实行主权管辖。如前文所述，自唐代起，南海诸岛及其海域已成为

---

〔1〕　参见韩振华主编：《我国南海诸岛史料汇编》，东方出版社 1988 年版，第 84、第 86、第 88、第 96 页。

〔2〕　See Sophia Kopela, *Dependent Archipelagos in the Law of the Sea*, Martinus Nijhoff Publishers, 2013, p. 1.

〔3〕　Second Committee, U. N. Doc. A/CONF. 13/40, p. 7.

中国疆域并确立领土主权，宋、元、明、清、中华民国各时期政府都设置相应行政机构，继承了这种行政职能和主权，实施整体性管理。具体而言，宋代已设置水师，保卫和行使对南海诸岛及其海区管辖权。北宋恰是中国造船技术迎来大发展的时期，此时官方就有规模地对南海岛屿周边水域进行巡视，充分说明中国对该地区早有清晰的了解以及管理的意图和准备。据《琼州府志》载，元朝政府在南海海域设置水军，负责海上常态巡逻，进一步加强对南海诸岛水域的管辖。[1]

　　针对西沙群岛，元世祖曾派郭守敬在西沙群岛等南海地区进行"四海测量"，在全国设立多个测量点，其中"南海"测量点即设立在西沙群岛。[2] 清代末期，我国对西沙群岛的控制进一步加强。1909年，清朝广东水师提督李准曾经率领水师到西沙群岛巡视。该巡视行动是清政府有计划、有组织进行的一次国土测量活动。军舰每到一处，皆勒石命名、鸣炮升旗，重申中国主权。与此同时，随船的测绘委员和海军测绘学堂学生绘制了西沙群岛总图和西沙各岛的分图，并在此基础上对西沙群岛的 15 个岛礁进行命名。[3] 进入民国时期，1921 年，广州中华民国军政府将西沙群岛划归广东省崖县（今海南三亚市崖州区）管辖，商人何瑞年向军政府内政部呈请开办垦殖西沙群岛的渔业和鸟粪等资源，后被发现是与日本人勾结，对此，广东省政府在 1927年通过决议撤销何瑞年批约，取缔其开采西沙资源的资格，并决定派员前往西沙群岛进行切实调查。1928 年 5 月，由广东政府牵头组织了西沙群岛第一次科考调查，政府、中山大学科考人员、学界人员在永兴岛和石岛上进行升旗、调查和测绘等活动。[4]

　　而针对南沙群岛，明代黄佐《广东通志》记载："督发兵船出海防御……自东莞南亭门放洋，至乌潴、独潴、七洲三洋，星盘坤末针，至外罗。"这里的"七洲三洋"指的就是南沙群岛海域。清代明谊主

〔1〕　参见司徒尚纪、许桂灵：《南海断续线内南海诸岛整体性的历史地理认识》，载《中国海洋大学学报（社会科学版）》2015 年第 4 期，第 42 页。

〔2〕　林金枝：《西沙群岛、南沙群岛自古以来就是中国的领土》，载《人民日报》1980 年4 月 7 日，第 4 版。

〔3〕　侯毅：《从地名演变看中国在南海诸岛的主权》，载《中国边疆学》2016 年第 2 期，第 264 页。

〔4〕　参见黄瑶、伍俐斌：《20 世纪上半叶中山大学维护西沙群岛主权的历史考察及法律意义》，载《学术研究》2015 年第 11 期，第 33、第 35—37 页。

编的《琼州府志》在"万州海防"一目中包括了千里石塘、万里长沙的相关内容，并将千里石塘和万里长沙称为"琼洋最险之处"。这一官方编纂的史书所记载的内容表明南海地区在中国琼州的范围之内，而且处在中国的军事辖区中。《崖州志》在"海防志"中也将千里石塘、万里长沙列入琼洋之中。[1] 1933 年，法国宣告占领南沙群岛中的九个岛礁（太平岛、南威岛、安坡沙洲、北子岛、南子岛、南钥岛、中业岛、鸿庥岛、红草峙）。对此，国民政府外交部于同年 7 月向法国提出抗议，并命令参谋部和外交部对法国非法占领南沙岛礁的情况进行调查，广东省政府于同年 8 月向法国提出抗议，并由陈济棠派遣两艘军舰对南沙的情况进行调查。[2]

二战后，国民政府对南海诸岛采取的一项措施是派遣军舰接收南海诸岛。根据当时国民政府海军司令部的资料记载，接收南海诸岛由海军司令部派兵舰前往进驻，国防部、内政部、空军总司令部、后勤部等部门派代表前往视察，广东省政府也派员前往接收。中国政府于1946 年派出太平、中业、永兴、中建四艘军舰前往南海接收南海诸岛。当年 11 月 29 日，永兴舰、中建舰到达永兴岛，开始登陆工作；12 月 4 日，永兴舰到达甘泉岛、珊瑚岛等地；12 月 12 日，太平舰、中业舰登陆太平岛；12 月 15 日太平舰巡视雷伊泰岛、帝都岛、双子岛、南极岛。中国海军登上岛屿之后，往岛上搬运资源，派人驻守，然后举行接收典礼，悬挂国旗。[3] 实际上，当时中国政府对南沙群岛和西沙群岛主权的接收，所采用的也是整体性接收的方式，即派军舰对主要岛屿进行接收，但接收效果及于整个南沙群岛和西沙群岛。其后，国民政府又对西沙群岛作了一系列制度安排，包括确定行政区划、校订名称、公布地图，等等。[4]

新中国成立以后，对南沙群岛和西沙群岛的管辖仍采用整体性管辖的方式。1958 年 9 月，中国发布《中华人民共和国政府关于领海的声明》，明确规定中国领海宽度为 12 海里，采用直线基线方法划定领

---

〔1〕　韩振华主编：《我国南海诸岛史料汇编》，东方出版社 1988 年版，第 7—8、第 123、第 126 页。

〔2〕　韩振华主编：《我国南海诸岛史料汇编》，东方出版社 1988 年版，第 258—261 页。

〔3〕　韩振华主编：《我国南海诸岛史料汇编》，东方出版社 1988 年版，第 180 页。

〔4〕　参见韩振华主编：《我国南海诸岛史料汇编》，东方出版社 1988 年版，第 185—191 页。

海基线，上述规定适用于中华人民共和国的一切领土，包括"东沙群岛、西沙群岛、中沙群岛、南沙群岛以及其他属于中国的岛屿"[1]。中国政府于 1959 年在西沙的永兴岛设立了"西沙、南沙、中沙群岛办事处"，1969 年又将办事处改称为"广东省西沙、中沙、南沙群岛革命委员会"，下设人民武装部、公安派出所。1979 年后，中国把行政单位改称为"广东省西沙、南沙、中沙群岛工作委员会"，直属广东省领导。1988 年海南省成立后，又将 1979 年成立的工作委员会改由海南省管辖。[2]

中国政府在近年来加强了对南海诸岛的管辖。2007 年 11 月，国务院批准海南省政府的提议，将现有的西沙群岛办事处升格，设立县级市三沙市，下辖西沙、中沙、南沙诸群岛。[3] 2012 年 6 月，民政部发布《民政部关于国务院批准设立地级三沙市的公告》[4]，设立地级市三沙市。

中国从古至今，一直将南沙群岛和西沙群岛作为整体进行命名、纳入版图，进行管理，展示了对南沙群岛与西沙群岛的整体性领土主权。中国对南沙群岛和西沙群岛的领土主权，及于两群岛的所有地物。中国也从未将南沙群岛和西沙群岛各个自然地物从群岛中分离出来，单独对待单个自然地物的领土主权。中国将南沙群岛和西沙群岛作为整体确立领土主权，符合一般的国际司法与仲裁实践。

第三节　中国依法对南海诸岛整体主张海洋权利

一、直线基线在西沙群岛、南沙群岛的适用

（一）西沙群岛

早在 1958 年，中国就已发布《中华人民共和国政府关于领海的声

---

[1]　中华人民共和国国务院新闻办公室：《中国坚持通过谈判解决中国与菲律宾在南海的有关争议》，2016 年 7 月 13 日，载《新华月报》2016 年第 15 期。

[2]　赵理海：《关于南海诸岛的若干法律问题》，载《法治与社会发展》1995 年第 4 期。

[3]　"三沙市"，百度百科，http://baike. baidu. com/view/1265463. htm? fr = ala0_1_1，最后访问时间：2016 年 11 月 5 日。

[4]　《民政部关于国务院批准设立地级三沙市的公告》，载中华人民共和国民政部网站，http://www. mca. gov. cn/article/zwgk/mzyw/201206/20120600325063. shtml，最后访问时间：2016 年 11 月 5 日。

明》。该声明第 1 项明确中国领海宽度为 12 海里，这项规定适用于中华人民共和国的一切领土，包括中国大陆及其沿海岛屿，和同大陆及其沿海岛屿隔有公海的台湾及其周围各岛、澎湖列岛、东沙群岛、西沙群岛、中沙群岛、南沙群岛以及其他属于中国的岛屿。第 2 项明确中国大陆及其沿海岛屿的领海以连接大陆岸上和沿海岸外缘岛屿上各基点之间的各直线为基线[1]。1996 年，《中华人民共和国政府关于中华人民共和国领海基线的声明》发布，宣布中国大陆领海部分基线和西沙群岛的领海基线。该声明中，西沙群岛的领海基线是一组由点确定的封闭直线[2]。因此，中国已经明确在将西沙群岛视为整体的基础上适用直线基线。

根据前文论述，西沙群岛构成国际法上的群岛，这一事实也得到了国际社会的公认。中国对西沙群岛享有整体性的主权。而如本编第三章的分析，大陆国家将洋中群岛作为整体主张海洋权利已经成为一种普遍实践，且得到大多数国家的默认，仅极少数国家提出持续反对，故而大陆国家洋中群岛的整体性海洋权利已经得到习惯法的认可。同时，西沙群岛中地物较密集，水陆比例也并未明显过大，并未背离前述的划定洋中群岛基线的一般国家实践。因此，中国 1996 年将西沙群岛作为整体划定群岛领海基线有坚实的国际法基础。

（二）南沙群岛

依据前文的研究，南沙群岛构成国际法中的群岛，中国对南沙群岛享有整体主权。南沙群岛作为中国的洋中群岛，同样可以依据习惯法主张整体性的海洋权利。在南沙群岛可以主张整体性的海洋权利这一前提下，以何种方式主张的问题值得研究。

依照现有的国家实践，大陆国家洋中群岛主张整体性海洋权利有两种方式：一种方式是将群岛作为一个整体，以群岛最外缘各地物最外缘各点为基点，划定基线，将整个群岛包围在基线内。另一种方式是将群岛中的若干组自然地物作为若干个整体，分别划定基线。前者

---

[1]　《中华人民共和国政府关于领海的声明》，1958 年 9 月 4 日，载《人民日报》1958 年 9 月 5 日，第 1 版。

[2]　参见《中华人民共和国政府关于中华人民共和国领海基线的声明》，1996 年 5 月 15 日，载《人民日报》1996 年 5 月 16 日，第 4 版。

如厄瓜多尔,其将加拉帕戈斯群岛作为一个整体,选择最外缘各地物最外缘各点作为基点划定直线基线,[1] 法国也将瓜德罗普群岛作为一个整体划定基线。[2] 后者如挪威,就将斯瓦尔巴群岛分为五个群组划定领海基线。[3] 将群岛作为一个整体划定领海基线,有利于国家主张更大的海域,如厄瓜多尔将加拉帕戈斯群岛作为一个整体划定基线,其陆地面积仅8010平方公里,群岛覆盖的洋面就达59500平方公里[4],其通过直线基线所获得的水域面积更大。但此种基线的划定方式有可能对航行自由产生一定的影响。

把南沙群岛作为整体划定领海基线,应当考虑南沙群岛的实际情况。南沙群岛共有岛、礁、滩、暗沙100多个,包括双子群岛、道明群礁、郑和群礁、九章群礁、尹庆群礁、北康暗沙、南康暗沙等多个自然地物组合。[5] 南沙群岛如何主张整体性海洋权利,至少要有三个方面需要考虑。

其一是南沙群岛的地理情况。从南沙群岛的地理分布情况考察,南沙群岛土地面积狭小,零散分布在广大的海域中,如果在划定基线时将整个南沙群岛作为一个整体,结果则是广袤的海域内包含面积狭小的陆地,虽然缺乏相关信息,无法详细计算出这种主张方式的水陆面积如何,但此种基线划定方式,造成悬殊的水陆面积比例,显然不合理。而如果将南沙群岛中的若干岛礁群组作为整体划定基线,则避免了此种情况的发生。

其二是基线内水域的法律地位对他国权利的影响。基线内水域的地位直接关系到他国在水域中的权利,是一个必须考虑的因素。关于大陆国家洋中群岛基线内的水域,国家实践中并未完全明确,大部分国家只规定群岛基线以外为该国领海,但也有不同实践。阿根廷规定

[1] See Supreme Decree No. 959-A of 28 June 1971 prescribing straight baselines for the measurement of the Territorial Sea (1), 1971, Ecuador, Art 1.

[2] See Decree 99-324 of 21 April 1999 Saint-Martin, Saint Barthelemy, Guadeloupe and Martinique, 1999, France.

[3] See Regulations relating to the limits of the Norwegian territorial sea around Svalbard, Royal Decree of 1 June 2001, Norway.

[4] Britannica Academic, "Galapagos Islands", available at: http://academic. eb. com/levels/collegiate/article/Galapagos-Islands/35842.

[5] 广东省地名委员会:《南海诸岛地名资料汇编》,广东省地图出版社1987年版(内部发行),第192页。

群岛基线以外为马尔维纳斯群岛的领海[1]，基线内的水域为内水。[2]
西班牙则主张加那利群岛基线内水域称为加那利水域，是一个特殊的
海洋区域。虽然该法未明确指出水域的法律地位，但该法提及，若非
依据《（加那利）自治条例》第2条的规定，按照群岛的概念对加那
利群岛的水域进行划界，西班牙的领土将不完整；而按照《（加那利）
自治条例》第2条的规定，西班牙对加那利群岛的权利包括对陆地和
对水域的权利。[3] 如前文所述，考虑到西班牙长期以来，尤其是在第
三次联合国海洋法会议上一直坚持大陆国家的洋中群岛应适用与群岛
国相同的制度，西班牙所主张的加那利水域较可能类似于群岛国的群
岛水域。内水与群岛水域在法律地位上有重大差异，其中一个核心的
差异在于他国在水域中享有不同的通过权。在群岛水域中，他国的飞
机与船舶可依据群岛海岛通航制度享有自由飞越和通过的权利。这一
因素在南沙群岛整体性海洋权利的主张方式上，必须加以考虑。

　　其三是中国的政策倾向。中国向来主张其对南海诸岛和相关海域
行使主权和管辖权，坚定维护各国依据国际法在南海享有的航行和飞
越自由。[4] 若中国将南沙群岛作为一个整体，以南沙群岛最外缘各岛
礁的最外缘各点划定基线，将线内水域作为内水，则大面积的水域将
成为内水，各国的航行与飞越自由将受到严格限制，而中国也并未提
出过这样的主张。倘若中国将南沙群岛作为一个整体，以南沙群岛最
外缘各岛礁的最外缘各点划定基线，将线内水域作为与群岛国制度中
群岛水域类似的水域，则虽然各国的航行与飞越自由将得到尊重，但
考虑到南沙群岛水陆比例悬殊，这样的主张依据并不充分，且容易导
致其他国家的反对，可行性较小。

　　综合南沙群岛岛礁零散分布、水陆比例悬殊的地理情况，线内水
域的法律地位对他国飞机与船舶飞越与航行的影响，以及中国尊重各
国的飞越与航行自由的政策立场，在主张南沙群岛的整体性海洋权利
时，一个可行的方案是：依据南沙群岛岛礁分布的特点，将其中较为
靠近的自然地物作为群组，从而将南沙群岛作为若干岛礁群组划定基

---

[1]　Act No. 23. 968 of 14 August 1991, Argentina, Annex I（3）.
[2]　Act No. 23. 968 of 14 August 1991, Argentina, Article 2.
[3]　Law 44/2010 of 30 December, Canarian Waters, Spain.
[4]　中华人民共和国国务院新闻办公室：《中国坚持通过谈判解决中国与菲律宾在南海的
　　有关争议》，2016年7月13日，载《新华月报》2016年第15期，第3、第122段。

线；基线内的水域作为内水，线外的水域再划定领海、专属经济区及大陆架。

二、群岛整体性视野下的岩礁问题

1998 年《中华人民共和国专属经济区和大陆架法》第 2 条宣布中国在邻接领海的区域主张专属经济区和大陆架。[1] 2009 年，越南、马来西亚联合向联合国大陆架界限委员会提交南海南部 200 海里以外大陆架划界案申请，对此，中国向联合国秘书长提交了两封照会，重申了对断续线内南海诸岛主张完整的海域权利的立场。中国在 2009 年 5 月 7 日呈交的照会中声明："中国对南海诸岛及其附近海域拥有无可争辩的主权，并对相关海域及其海床和底土享有主权权利和管辖权。"中国在该照会中附上了南海断续线地图。在 2011 年 4 月 14 日呈交的照会中，我国进一步指出："中国南沙群岛拥有领海、专属经济区和大陆架。"[2]

由此，中国对断续线内南海诸岛享有领土主权，并依据《公约》和有关习惯法规则，主张在南海诸岛周围 12 海里的领海主权，在南海诸岛领海外 12 海里的毗连区内享有防止和惩治违反海关、财政、移民或卫生的法律规章的管辖权，并可以主张南海诸岛周围 200 海里专属经济区和大陆架内的主权权利和管辖权。

根据《公约》和"陆地统治海洋"的原则，要说明中国南海诸岛拥有上述海洋、海域权利的范围及其根据，至少要进行三个层次的论证。

首先，东沙群岛、中沙群岛、西沙群岛、南沙群岛是领土法上可被沿海国占据为领土的海洋自然地物，且四群岛的领土归属于中国，这一点在本书第二编中已经进行了充分说明。

---

〔1〕《中华人民共和国专属经济区和大陆架法》第 2 条规定："中华人民共和国的专属经济区，为中华人民共和国领海以外并邻接领海的区域，从测算领海宽度的基线量起延至二百海里。中华人民共和国的大陆架，为中华人民共和国领海以外依本国陆地领土的全部自然延伸，扩展到大陆边外缘的海底区域的海床和底土；如果从测算领海宽度的基线量起至大陆边外缘的距离不足二百海里，则扩展至二百海里……"

〔2〕 Communication dated 7 May 2009 by China, available at: http://www.un.org/depts/los/clcs_new/submissions_files/vnm37_09/chn_2009re_vnm.pdf, last accessed on 6 August 2016; Communication dated 14 April 2011 by China, available at: http://www.un.org/depts/los/clcs_new/submissions_files/vnm37_09/chn_2011_re_phl_e.pdf, last accessed on 6 August 2016.

其次，南海诸岛，具体而言是西沙群岛、南沙群岛、东沙群岛以及中沙群岛，根据《公约》可以取得领海及毗连区。根据本书第三编的论证，南海断续线内的四大群岛在领土属性上是中国位于南海的洋中群岛，自古以来便一直作为整体由中国命名和管辖。中国以群岛整体主张海洋、海域权利的做法并未违反《公约》或现有国家实践。由此，中国有权将西沙群岛、南沙群岛等作为整体划定领海基线，并拥有从领海基线算起宽度为 12 海里的领海，以及领海之外宽度为 12 海里的毗连区。本节对中国在南海的领海主权、毗连区管辖权的权利渊源亦不再赘述。

最后，要主张南海诸岛拥有专属经济区和大陆架，还要满足额外条件。《公约》第 121 条第 3 款规定："不能维持人类居住或本身经济生活的岩礁，不应有专属经济区或大陆架。"本节主要论证南沙、西沙等群岛中包括能维持人类居住或本身经济生活的岛屿，因而可以整体拥有专属经济区和大陆架。

南海断续线内的西沙、南沙、东沙和中沙群岛都是由岛、滩、礁、沙等各种自然地形组成的。如本书第三编所述，中国对南海断续线内四大群岛的领土主权和海洋权利，都是以群岛整体为基础的，对这些群岛进行简单的单个分割、逐一判断，既不具有现实可行性，也不符合《公约》的基本要求。不过，如果一个国家所主张的某个群岛并不包含能够产生专属经济区和大陆架的岛屿，而只包括《公约》第 121 条第 3 款"不能维持人类居住或本身经济生活的岩礁"和其他能产生的海域更少的地物（如低潮高地、水下地物等），该群岛要主张拥有专属经济区和大陆架，确实有较大的困难。然而，南海断续线中的各大群岛少有这种情况。从中国关于专属经济区与大陆架的有关立法和声明来看，"中国坚持南海诸岛中存在可以主张完整海域权利的岛屿，虽未特别区分各个岛礁的性质，但可以认为，至少作为三沙市政府所在地的永兴岛、由中国台湾地区控制的南沙群岛最大岛屿太平岛，以及被菲律宾和越南非法侵占的中业岛、马欢岛、南威岛等多个南海主要岛屿具有维持人类居住或本身经济生活的能力，从而成为可以拥有完整海域权利的严格意义上的岛屿。"[1]下面以太平岛为例，论证南海诸岛中具有类似情

---

[1] 黄瑶:《中国在南海断续线内的合法权益——以南海仲裁案裁决评析为视角》，载《人民论坛·学术前沿》2016 年第 23 期，第 17 页。

况或能力的岛屿不属于《公约》第 121 条第 3 款的"岩礁"。

（一）《公约》第 121 条

关于岛屿在海域划界中的作用、岛屿应有的海域权利范围等问题的争论由来已久。在联合国第三次海洋法会议上，这一争论持续发酵，而且最终也没有妥善地解决。希腊等国有关岛屿制度的草案中，均认为岛屿在主张海域时应适用与其他陆地领土同样的规则，所有岛屿都享有同等法律地位[1]罗马尼亚、土耳其以及许多非洲国家提交的草案则分别建议根据诸如面积大小、人口数量等标准建立岛屿的分类方案，以防岛屿拥有过大的海域范围[2]激烈的争论和难以弥合的分歧，使得各国只得在协商文本中对岛屿制度进行模糊化的处理。时任会议主席阿美拉辛格（S. H. Amerasinghe）表示："包括岛屿制度在内的许多内容尚未得到充分讨论，应当在接下来的谈判中继续讨论这些问题。"[3]在此后的会议中，尽管一直有国家提出修改意见，比如日本、法国、巴西、英国都认为应该删除"岩礁条款"[4]，但分歧始终无法弥合，这部分内容也一直未做更改，最终成为《公约》第八部分的岛屿制度。因此，岩礁条款的具体含义实际上是一个历史遗留的模糊问题。

---

[1]　See Fiji, New Zealand, Tonga and Western Samoa: Draft Articles on Islands and on Territories under Foreign Domination or Control, U. N. Doc. A/CONF. 62/C. 2/L. 30, Official Records of the Third United Nations Conference on the Law of the Sea, Vol. Ⅲ; Greece: Draft Articles on the Regime of Islands and Other Related Matters, U. N. Doc. A/CONF. 62/C. 2/L. 50, Official Records of the Third United Nations Conference on the Law of the Sea, Vol. Ⅲ.

[2]　See Romania: Draft Articles on Definition of and Regime Applicable to Islets and Islands Similar to Islets, U. N. Doc. A/CONF. 62/C. 2/L. 53, Official Records of the Third United Nations Conference on the Law of the Sea, Vol. Ⅲ; Turkey: Draft Articles on the Regime of Islands, U. N. Doc. A/CONF. 62/C. 2/L. 55, Official Records of the Third United Nations Conference on the Law of the Sea, Vol. Ⅲ; Algeria, Dahomey, Guinea, Ivory Coast, Liberia, Madagascar, Mali, Mauritania, Morocco, Sierra Leone, Sudan, Tunisia, Upper Volta and Zambia: Draft Articles on the Regime of Islands, U. N. Doc. A/CONF. 62/C. 2/L. 62/Rev. 1, Official Records of the Third United Nations Conference on the Law of the Sea, Vol. Ⅲ.

[3]　Informal Composite Negotiating Text, revision 1, U. N. Doc. A/CONF. 62/Wp. 10/Rev. 1, Official Records of the Third United Nations Conference on the Law of the Sea, Vol. Ⅷ, p. 19.

[4]　房旭:《〈联合国海洋法公约〉"岩礁条款"的理论争议与实践歧异——兼论南海仲裁案对太平岛法律地位认定的缺陷与不足》，载《东南亚研究》2018 年第 3 期，第 111 页。

要对《公约》第 121 条第 3 款进行解释，首先应从其用语的通常文义入手。按照该条，如果某自然地物是四面环水并在高潮时高于水面的自然形成的陆地区域，而且不能维持人类居住或本身经济生活，那么该地物不能产生专属经济区和大陆架。虽然该款中"或"字英文原文"or"连接的是否定句式，但学界和实务界的观点普遍认为其表达的是选择式的标准，而非并列式的标准。[1] 换言之，如果该岛屿可以维持人类居住，或可以维持本身经济生活，则该款的限制即失效。此外，使用"不能"（cannot）一词，表明该条强调的是岛礁维持人类居住和本身经济生活的能力，而不是历史上是否存在人类居住和经济活动的事实。不可否认的是，历史上存在人类居住和经济活动的事实，确实可以较为充分地说明某岛礁的这种供养能力，但它并非这种能力的必要条件。因此，无人居住不等同于不能维持人类居住，无经济活动也不能等同于不能维持本身经济活动。"对于那些位置偏远、面积有限的岛礁而言，导致历史上无人居住的主、客观原因十分多样，而且难以识别，这与岛礁本身的条件无必然联系。岛礁是否存在人类居住和经济活动的历史证据只具有参考价值，岛礁的自然条件与环境才是决定性因素。"[2]

针对《公约》第 121 条第 3 款中的具体概念，学界有诸多争论。例如，该款中的"人类"是否需要是稳定的社群，有特定的数量要求？是否包括军事驻扎人员？又如，"维持""居住"是否要求永久性或长期性（非特定时间段或季节）？再如，"本身的经济生活"包括何种形式？是否包括领海中的捕鱼、开发等活动？是否允许外部经济的介入？等等。这些争论由于缺乏权威国际法文件和案例的指引，目前还没有形成明确的主流答案。

那么，南海诸岛四群岛是否具备这两种能力其中之一？以南沙群岛的太平岛为例。中国台湾地区"国际法学会"向"南海仲裁案"仲裁庭提交的法庭之友报告认为：在维持人类居住方面，目前，岛上共

---

[1]　例如，参见张卫彬：《〈联合国海洋法公约〉中"岩礁"的演进解释与南沙群岛问题》，载《法律科学》2017 年第 5 期，第 121 页；高圣惕：《论南海仲裁裁决对〈联合国海洋法公约〉第 121（3）条的错误解释》，载《太平洋学报》2018 年第 12 期，第 32 页。即使是"南海仲裁案"的仲裁庭也作此种解读，见 The South China Sea Arbitration, Award, P. C. A., 2016, p. 210, para. 496。

[2]　黄瑶：《中国在南海断续线内的合法权益——以南海仲裁案裁决评析为视角》，载《人民论坛·学术前沿》2016 年第 23 期，第 20 页。

有"海巡署"人员和军民约 200 人，住宿、电力、交通、医疗、通信、宗教等设施完备，植被丰富，而岛上仅第五号井本身就能为 1000 人至 1500 人供应优质饮用水，岛上原生土壤自产的瓜果蔬菜可以供应数百人食用，无须过分依赖外界的补给；在经济生活方面，日本企业在 20 世纪 20 年代开始在太平岛上开采鸟粪，在中国政府收复太平岛后，采矿业有持续的发展。此外，太平岛丰富的海洋和渔业资源就足以维持其本身的经济生活，太平岛的生物多样性自然环境还具有开发生态旅游的巨大潜力。[1] 可以认为，太平岛同时具有维持人类居住和本身经济生活的能力。而像"南海仲裁案"中仲裁庭错误地将两种维持能力并列考察、用主观臆断替换现实能力认定的方法，明显越过了《公约》的具体条文，缺乏法律依据。[2]

中国台湾地区前领导人马英九在考察太平岛后认为："为了更好的生活品质，也避免过度耗用岛上天然资源，维持外来补给有其优点。这和我们打造太平岛作'低碳岛、生态岛'的永续环保理念是一致的。"[3] 这段话提醒我们，在岛屿的开发利用中，人类的考量总是复杂的，不能仅根据有外来补给这一点，就认为岛屿自身无法维持人类生活和经济活动。如果进行如此严格的解释，就相当于鼓励国家为证明岛屿的供养能力而对其进行过度消耗，这明显与《公约》要求保护海洋环境、实现可持续发展的宗旨是相悖的。同样，仅凭某行为属于政府行为或某行为具有主张、维护主权的性质，就否定其作为岛屿维持能力的依据，是以偏概全，不顾历史事实和国家实践的做法。

正如中国学者张卫彬教授所指出的，《公约》第 121 条第 3 款并未锁定某一时刻世界上的岛礁状态，以静态视角决定现在的岛礁性质问题。相反，"维持人类居住或本身经济生活"属于类概念，不具有跨越时间的恒久性和精确性，会随时间和实践发生变化。因此，对于这些概念使用动态的、演进的（evolutive）的条约解释方法，才能使解释

[1] See Amicus Curiae Submission by the Chinese (Taiwan) Society of International Law, 23 March 2016, pp. 8-22.

[2] See The South China Sea Arbitration, Award, P. C. A. , 2016, p. 223, para. 533; p. 228, paras. 543-544; p. 230, para. 549.

[3] 张嘉文：《马英九谈太平岛全文：为了眼见为凭》，载中评网，http://hk. crntt. com/doc/1041/7/1/4/104171458_7. html? coluid = 93&kindid = 15870&docid = 104171458&mdate =0324091411，最后访问时间：2018 年 12 月 20 日。

在顾及原义的情况下，符合历史、社会以及科技的发展。[1] 对岛礁性质的判断，不但要考虑历史事实，也要考量该岛礁的发展潜能。据此，即使像太平岛这样的岛屿在古代或早期历史上没有达到严格的维持人类居住和本身经济活动标准，也不妨碍其在近现代，尤其是在晚清、民国到《公约》生效前的时期，随着社会与科技的进步发展出这类能力。

（二）有关国家实践

从国家实践来看，绝大部分国家都倾向于主张自己的岛礁属于完整意义上的岛屿，拥有专属经济区和大陆架，并且这些主张绝大多数也得到了周边国家的默认和国际社会的认可。比如，"澳大利亚的赫德岛和麦克唐纳群岛（Heard Island and McDonald Islands）、新西兰的亚南极群岛（Subantarctic Island）和克玛德克群岛（Kermadecs Islands）、巴西的圣彼得和圣保罗群岛（Saint Peter and Saint Paul Archipelago）以及法国的克罗泽群岛（Crozet Islands）和凯尔盖朗群岛（Kerguelen Islands）均无平民居住，这些国家不仅在其国内立法或官方文件中为这些岛礁创设专属经济区和大陆架，在向大陆架界限委员会提交的划界案中，也以其为基点主张 200 海里外大陆架"[2]。其中，澳大利亚

---

[1] 当然，演进解释不是无条件的，"为了避免各国滥用各种科技和经济手段变'礁'为'岛'，掀起新的一轮'海洋圈地运动'，可以考虑确定 1994 年 11 月 16 日《海洋法公约》生效之日作为关键日期。主要因为关键日期对时际法的适用，以及解决当事国争端具有重要的利害关系。此时相关缔约国或通过国内立法或直接适用该公约，开始表达对'岩礁'定义解释的立场，进而出现当事国所主张的法律事实明确化时刻。基于此，对于那些在此前已被海洋法及国内法赋予岛屿属性，且国际社会没有提出明确反对的，当事国有权主张其享有专属经济区和大陆架；如果一国对某一海域拥有历史性权利，应尊重该国的历史性海域管辖权。而且，在关键日期之后随着科技发展或经济变化，当事国可对某一岩礁进行大规模的正常开发活动，使之能够维持人类居住或自身经济生活而变'礁'为'岛'，此时可赋予其享有专属经济区或大陆架。反之，如果关键日期之前，国际社会公认争议岛礁为'岩礁'，那么一国在关键日期后从事的科技或经济开发行为不具有任何海洋法效力。"张卫彬：《〈联合国海洋法公约〉中"岩礁"的演进解释与南沙群岛问题》，载《法律科学》2017 年第 5 期，第 121 页。Jonathan I. Charney, "Rocks That Cannot Sustain Human Habitation", *American Journal of International Law*, Vol. 93, No. 4, 1999, pp. 867-868; Barbara Kwiatkowska, Alfred H. A. Soons, "Entitlement to Maritime Areas of Rocks Which Cannot Sustain Human Habitation or Economic Life of Their Own", *Netherlands Yearbook of International Law*, Vol. 121, No. 21, 1990.

[2] 叶泉：《岛礁之辨的分歧及其消解路径》，载《北京理工大学学报（社会科学版）》2018 年第 5 期，第 120—121 页。

的赫德岛和麦克唐纳群岛是荒芜的火山岩群岛，既没有人类永久居住，也缺乏当地的经济活动。但是，澳大利亚就该岛岛屿性质主张专属经济区和大陆架，并未遭到国际社会的反对，也顺利地获得了大陆架界限委员会的建议。[1] 又如，"金曼礁（Kingman Reef）在涨潮时仅有 0.012 平方公里，美国国家海洋和大气管理局称该礁拥有 200 海里专属经济区；加拿大的塞布尔岛（Sable Island）上的常驻人员是几位科研工作者，但是加拿大的国内立法宣称其有专属经济区和大陆架"。[2] 这些单方主张专属经济区或大陆架的行为都没有遭到有关国家的抗议。

事实上，只有极少数国家的类似主张遭到了他国反对。例如，日本对冲之鸟礁（Okinotorishima）的主张，即根据原来总面积不足 10 平方米的礁石要求 200 海里专属经济区和大陆架以及 200 海里外大陆架，这种不合理的要求遭到了中国、韩国的明确反对；又如，英国原来以仅有 624 平方米的罗卡尔礁（Rockall）为基点主张渔区，遭到了爱尔兰、冰岛和丹麦的反对，而英国在批准《公约》后，就放弃了以罗卡尔礁为基础主张专属经济区和大陆架的要求，主动认定该岛礁为《公约》第 121 条第 3 款项下的岩礁。该例被一些国外学者引用，试图说明南沙群岛中不存在完整意义的岛屿。[3] 然而，从整体来看，罗卡尔礁是一个孤立的礁，与南沙群岛由众多岛、礁、滩、沙的自然地形所组成不能类比，更何况罗卡尔礁的情况属于孤例，遑论成为通常实践。

可见在实践中，各国对主张岛屿具有完整的海域权利持较宽松的态度，尤其是无人居住甚至是不适宜居住的岛屿，这一特点本身几乎不会影响主权国的专属经济区和大陆架主张，除非岛屿本身面积非常

---

〔1〕 参见黄瑶、黄靖文：《无人居住岛屿主张专属经济区和大陆架的新近国家实践——兼论对我国主张南沙岛礁海域权利的启示》，载《武大国际法评论》第 17 卷第 2 期，武汉大学出版社 2015 年版，第 49—50 页。澳大利亚在大陆架界限委员会提出外大陆架划界申请时遭到一些国家的反对，但原因是涉及南极的主权和海域问题，而非该岛屿本身属于不能主张专属经济区和大陆架的岩礁。法国就凯尔盖朗群岛提出外大陆架划界申请所遭到的反对，原因也与此相关。

〔2〕 叶泉：《岛礁之辨的分歧及其消解路径》，载《北京理工大学学报（社会科学版）》2018 年第 5 期，第 121 页。

〔3〕 See e. g. David Anderson, "Some Aspects of the Regime of Islands in the Law of the Sea", *International Journal of Marine and Coastal Law*, Vol. 32, 2017, pp. 326-327.

狭窄。在这些岛屿上及其周边海域往往有着较为丰富的资源，相关国家也对其进行了开发利用，但总体来看，这些活动是否能视为岛屿维持本身经济活动的证明，仍是不清楚的。[1] 从国家实践来看，关于岛屿的认定即使不是极其宽松的，也无法得出国家一贯的严格限缩岛屿范围的结论。[2] 总结来看，中国主张南沙群岛的太平岛等、西沙群岛的永乐岛等、东沙群岛的东沙岛，乃至维持居住和经济生活能力稍差的黄岩岛（中沙群岛）等岛屿为完整意义上的岛屿，完全符合国际上的国家实践。

（三）国际司法、仲裁实践及学者观点

到目前为止，无论是国际法院还是其他的国际司法、仲裁机构，都未能给出岩礁的具体标准，甚至对涉及判断岛屿性质的问题采取回避态度。

比较典型的例子是国际法院 2009 年黑海划界案。本案中，罗马尼亚和乌克兰对蛇岛（Serpent's Island）属于一般岛屿还是岩礁产生了分歧。国际法院认为，考虑到蛇岛的地理位置，其可能产生的任何海域完全被乌克兰大陆海岸产生的海域所吸收，而不会扩展乌克兰的管辖海域，因此，法院无须考虑蛇岛具体属于《海洋法公约》第 121 条的何种情况。[3] 法院借此避开了对蛇岛的岛礁性质的判断。在国际法院 2012 年尼加拉瓜与哥伦比亚领土和海洋争端案中，国际法院认定基塔苏埃尼奥礁中的若干地物是不能产生专属经济区和大陆架的岩礁，但却并未展开具体的论述。总体来看，现有的司法、仲裁实践难以为我们认定岛礁性质提供足够的指引。

在学理上，学者的意见和观点不能作为国际法的直接渊源。而且，岛礁之辩众说纷纭，不同学者观点差异较大，目前也未能形成主流意见。具体到南海诸岛，实际上亦有学术争讼，但不少国际法学者认同

---

〔1〕 参见黄瑶、黄靖文：《无人居住岛屿主张专属经济区和大陆架的新近国家实践——兼论对我国主张南沙岛礁海域权利的启示》，载《武大国际法评论》第 17 卷第 2 期，武汉大学出版社 2015 年版，第 58—60 页。

〔2〕 See Yann-huei Song, "The July 2016 Arbitral Award, Interpretation of Article 121（3）of the UNCLOS, and Selecting Examples of Inconsistent State Practices", *Ocean Development & International Law*, Vol. 49, No. 3, 2018, pp. 247-261.

〔3〕 See Maritime Delimitation in the Black Sea（Romania v. Ukraine）, Judgment, I. C. J. Reports, 2009, para. 187.

南海诸岛中存在可以主张专属经济区和大陆架的岛屿，此处对他们的观点进行简要介绍。曾任荷兰乌特勒支大学海洋法教授的欧德·艾菲任克（Alex G. Oude Elferink）先生认为，东沙岛以及西沙群岛、南沙群岛中那些较大的岛屿（包括但不限于太平岛、南威岛、中业岛、永兴岛和东岛），鉴于其大小和其他方面的特征，不构成岩礁。[1] 新加坡国立大学贝克曼（Robert Beckman）教授与澳大利亚卧龙岗大学斯科菲尔德（Clive Schofield）教授认为，中国在南沙群岛中 12 个较大的岛屿或覆盖植被的岛屿可以主张专属经济区。[2] 虽然这一建议与中国以群岛整体为基础确立海洋权利的官方立场相冲突，但无疑认同在南沙群岛中存在一些岛屿符合《公约》岛屿定义，可以主张专属经济区和大陆架。此外，弗吉尼亚大学出版的《1982 年〈联合国海洋法公约〉评注》的主编诺德奎斯特（Myron H. Nordquist）教授认为，仲裁庭关于第 121 条第 3 款的裁决结果注定受到批评。[3] 而在裁决公布之前，耶鲁大学法学院教授葛维宝（Paul Gewirtz）评论道："要想得出'太平岛并非岛屿'这一有悖直觉的法律结论，唯一的办法便是寻求更多已有法律判例的支持，而这些判例也必须确切地支持一种有悖普通人和常识对太平岛所持判断的法律解释。然而，此类先例并不存在……更好的结论是太平岛，并非一座'岩礁'而是'岛屿'，并理应拥有相应的领海与专属经济区。"[4] 哥本哈根大学的田中教授（Tanaka Toshifumi）也指出，太平岛不是完整意义上的岛屿，难以在国家实

[1] Alex G. Oude Elferink, "The Islands in the South China Sea: How Dose Their Presence Limit the Extent of the High Seas and the Area and the Maritime Zones of the Mainland Coasts?", *Ocean Development & International Law*, No. 32, 2001, p. 178.

[2] Robert Beckman & Clive Schofield, "Defining EEZ Claims from Islands: A Potential South China Sea Change", *International Journal of Marine & Coastal Law*, No. 29, 2014, p. 210.

[3] 该观点由诺德奎斯特教授于 2016 年 7 月 15 日在香港举行的 "海洋争端解决国际法研讨会" 上发表，参见中国国际法学会秘书处：《"海洋争端解决国际法研讨会"会议综述》，2016 年 7 月 22 日，中国国际法学会网站，http://www.csil.cn/News/Detail.aspx? AId=215，最后访问时间：2016 年 8 月 7 日。

[4] Paul Gewirtz, "Limits of Law in the South China Sea", *East Asia Policy Paper of the Center for East Asia Policy Studies*, 8 May 2016, p. 9, available at: https://www.brookings.edu/wp-content/uploads/2016/07/Limits-of-Law-in-the-South-China-Sea-3.pdf., last accessed on 20 August 2016.

践和判例中找到有力的支持。[1] 在国内学者方面，中国台湾地区"国际法学会"组织了一批资深海洋法学者撰写法庭之友报告并提交给"南海仲裁案"仲裁庭，力证太平岛不是岩礁，用事实证明太平岛现在以及过去都有人类居住，且有能力维持人类居住或其本身的经济生活，[2] 是严格意义上的岛屿。可见，中国在南海断续线内各群岛拥有完整意义的岛屿的主张，是得到不少学者的认同的。

　　特别提出的是，德国伯恩大学斯特芬·塔尔蒙教授（Stefan Talmon）和中国学者高圣惕教授都认为，根据《公约》第 121 条第 3 款的文义[3]，《公约》实际上将广义的岛屿分成了三类，即不能维持人类居住和本身经济生活的岩礁、能够维持人类居住和本身经济生活的岩礁，以及其他岛屿，只有第一类不能拥有专属经济区和大陆架。[4] 高圣惕更进一步指出，第 121 条第 3 款的"复数岩礁"（rocks）是"岛屿的一种（而非全部），四面环水并在高潮时高于水面的自然形成的陆地区域，为一群地壳坚硬的石头部分"[5]，如果这群复数岩礁整体可以维持人类生活和其本身的经济活动，那么同样可以主张专属经济区与大陆架。因此，除了论证南海诸岛中存在可以维持人类居住和本身经济生活的单个地物，我们还可以论证此类岩礁群的存在，以支撑复数的、整体性的地物的权利主张。

---

[1]　See Yoshifumi Tanaka, "Reflections on the Interpretation and Application of Article 121 (3) in the South China Sea Arbitration (Merits)", *Ocean Development & International Law*, Vol. 48, No. 3-4, 2017, pp. 373-376.

[2]　See Amicus Curiae Submission by the Chinese (Taiwan) Society of International Law, 23 March 2016, pp. 8-22, available at: http://csil. org. tw/home/wp-content/uploads/2016/03/SCSTF-Amicus-Curiae-Brief-final. pdf, last accessed on 20 August 2016.

[3]　《联合国海洋法公约》第 121（3）条的英文文本是："Rocks which cannot sustain human habitation or economic life of their own shall have no exclusive economic zone or continental shelf"。

[4]　See Stefan Talmon, "Article 121 Regime of islands", in Alexander Proelss (ed.), *United Nations Convention on the Law of the Sea: A Commentary*, Beck /Hart /Nomos, 2017, pp. 871-872, paras. 32-33.

[5]　高圣惕:《论南海仲裁裁决对〈联合国海洋法公约〉第 121（3）条的错误解读》，载《太平洋学报》2018 年第 12 期，第 31 页。

本章小结

国际司法实践在认定一组地物是否构成群岛时，并未对于地物间的距离给出标准。南沙群岛和西沙群岛在地理、经济、历史上都符合群岛实体的标准，是完全符合国际法的群岛。中国从发现、利用，到进行管辖，已经确立对两群岛的领土主权，并可由此主张其相应的海洋权利。

在主张南沙群岛的整体性海洋权利时，可依据南沙群岛岛礁分布的特点，将其中较为靠近的地物作为群组，从而将南沙群岛作为若干岛礁群组划定基线；基线内的水域作为内水，线外的水域再划定领海、专属经济区及大陆架。无论是对《公约》第 121 条的解释，还是对现有国家实践的总结，都支持这一结论：中国在南海断续线内的各大群岛中都存在能够维持人类居住或本身经济生活的岛屿，如太平岛（南沙群岛）、永乐岛（西沙群岛）、东沙岛（东沙群岛）等。这一结论也得到了不少国内外学者的赞同。由此，中国可以在南海诸岛周边依法主张专属经济区和大陆架。

本编结论

中国向来将南海断续线内的东沙群岛、中沙群岛、西沙群岛、南沙群岛作为整体，确立整体的领土主权并以此为基础主张海洋权利，但是群岛的整体性权利问题，在国际法中却是一个缺乏系统研究的问题。关于群岛的整体性，首先是国家通过整体性的方式取得了群岛的领土主权，而后涉及国家将群岛作为一个整体，主张海洋权利的问题，这也是客观的事实过程。由于国际社会缺少关于现有领土法法典化的讨论与立法，因而关于群岛相关规则的讨论，基本发生在与群岛有关的海洋法规则的法典化进程中；又由于海洋法的法典化进程中，所涉及的基本问题为国家可主张何种海洋权利，而主张海洋权利的第一步就是划定基线，因而关于群岛整体性的讨论，实际上是从群岛是否可以作为一个整体划定基线，主张海洋权利的问题开始。

群岛问题引起国际社会的广泛讨论始于 20 世纪初。关于群岛问题的讨论主要集中在如何认定群岛及群岛是否应该享有整体性海洋权利两个方面。在第三次联合国海洋法会议以前，国际社会将群岛问题作为一个完整的问题对待，并未依据群岛的政治地位（群岛是一个独立国家还是大陆国家的一部分）对问题进行划分；其后由于不同国家对群岛制度的适用范围有争议，大陆国家的群岛被作为一个议题搁置。在国际组织、国际学术机构、国家实践或国际司法与仲裁实践中，并未依据群岛的政治地位有所区分，《公约》中的群岛定义应对所有的群岛均可适用。

群岛源于地理学中的概念，但是，单凭地理的因素去判定一群岛屿及相关水域是否构成一个群岛并不充分。因为依据国际法中的领土法则，一群岛屿中的不同自然地物有可能属于不同国家，甚至一个岛屿的不同部分也有可能分属于不同国家。在法律领域，判断一群岛屿及水域是否构成法律上的群岛，除了地理因素，还需要考察群岛在政治、经济和历史上的联系，如果一群自然地物在经济上密不可分，在政治上作为一个整体，或者作为某个整体的一部分，实际上已经形成一个实体，那么法律应当将其作为一个整体，认定为一个群岛。当然，这种实体也可能不仅是在现代形成，而且可能是在历史上已经形成一个实体。所以在群岛概念的形成过程中，整体性始终是核心要义。

群岛不仅在地理上是一个实体，在政治、经济与历史上也是一个实体，一个国家将一群自然地物作为一个整体进行管理，以使其形成政治、经济或历史实体的过程，也就是对其确立及行使主权的过程。而由于群岛中的自然地物众多，部分群岛可能有成千上万个自然地物，且部分自然地物面积狭小，因此对于部分国家而言，国家对群岛主权的确立与行使，不可能同时及于所有自然地物，而是基于对群岛中的主要自然地物的占有与控制，取得和行使主权，进而推定为取得对整个群岛的主权。从这个角度上考察，群岛的整体主权，并非领土法中的一种独立的领土取得方式，而是领土法则适用于群岛这一特定地形时，依据群岛的特殊情况而做的法律推定，推定时需综合考虑群岛的地理、政治、经济、历史等方面的情况。

由于群岛在地理、政治、经济、历史上构成一个实体，在确定群岛的海洋法地位时，也就自然提出了将群岛作为整体主张海洋权利的要求。群岛的海洋法地位，在国际社会的讨论中实际上经历了一个不断被分割的过程。首先，将群岛作为一个整体划定基线的学术探讨与国家主张在 20 世纪初已经出现，但关于群岛的法律规则尚未形成。而在 1951 年英挪渔业案中，由于国际法院对挪威直线基线的认可，部分国家沿用挪威的实践，将沿岸群岛与大陆作为一个整体划定基线，这一实践得到了国际社会的广泛认可，因而大陆沿岸群岛作为整体划定基线的问题实际上得到了解决。与此同时，将洋中群岛作为整体主张海洋权利的国家实践也广泛存在。其次，在第三次联合国海洋法会议上，群岛国制度的形成使群岛这一议题下大部分群岛国的地位最终确定，但大陆国家的群岛，或按照第三次联合国海洋法会议中大部分国家所提概念"构成国家一部分的群岛"，其地位在大会的讨论中悬而未决。由于部分国家依据 1951 年国际法院英挪渔业案中所适用的习惯法以及 1958 年《领海及毗连区公约》第 4 条的规定对沿岸群岛划定直线基线，第三次联合国海洋法会议上遗留的大陆国家的群岛问题，实际上是大陆国家的洋中群岛问题。第三次联合国海洋法会议并未就大陆国家的洋中群岛制定规则，但大陆国家将其洋中群岛作为一个整体划定基线的主张并未因此停止或改变。大部分国家并未在其主张中明确指出这一类主张的法律依据，而部分学者则从沿岸岛屿规则的角度对该问题做出解读，这造成学者在分析大陆国家洋中群岛问题时，更多地往沿岸群岛规则"逃逸"。最后，现有条约规则缺失，以及沿岸群岛直线基线在某些情况下被扩张适用于洋中群岛，某种程度上造成学者关于洋中群岛整体性基线的习惯法的研究较为不足。

在分析大陆国家洋中群岛的整体性基线问题时，不宜完全忽略该问题与群岛其他问题的联系，从整体上看问题，方可对群岛的整体性基线问题做出客观的定位，既要看到问题的个性，也要看到问题的共性。故此，不应截然区分大陆国家的沿岸群岛与洋中群岛问题，因为就群岛的定义而言，一组岛屿只要是在地理、政治、经济或历史上构成一个实体，则构成群岛，而并未明确区分沿岸群岛或洋中群岛。沿岸群岛与洋中群岛的区分仅是一种学理上的划分，这一划分主要是为了在沿岸群岛适用沿岸岛屿的直线基线规则，从而为部分群岛的直线基线主张寻求法律依据，有一定的合理性。但将大陆国家的群岛划分为沿岸群岛与洋中群岛的主张并不能涵盖现实中的所有情况，部分群岛既非严格意义上的沿岸群岛，也非严格意义上的洋中群岛。

对这个问题较为合理的定位是，在考虑大陆国家的群岛是否可以依据习惯法作为整体划定基线这一权利资格问题时，应对所有类型的群岛做整体性的考虑；在此前提下，将大陆国家洋中群岛的直线基线问题作为划定基线的一个具体方式考虑。遵循这一思路，大陆国家将群岛作为整体划定基线已经是一种普遍实践，得到国际社会的广泛认可，形成了一项习惯法中的权利。在洋中群岛基线的划定方式上，部分国家将整个群岛作为一个整体划定基线，而部分国家将群岛作为几个自然地物组合划定基线，不同的国家在实践中有差异。但就目前的国家实践考察，群岛基线划定主要受岛礁地物分布以及岛礁水陆比例的影响，各国更多的是依据其群岛的实际情况而定，且各国对此也未公布具体的地理分布或水陆比例数据，这方面的实践并未形成定式。

依据国际法的基本法理及大多数国家的实践，大陆国家群岛基线内的水域为内水，但有部分国家的对该问题的规定尚不明确；依据国家实践，大部分国家将群岛作为整体主张专属经济区与大陆架，目前已有部分大陆国家将整个群岛作为一个整体主张专属经济区与大陆架；而从理论上分析，既然大陆国家可以将群岛作为不同的部分划定基线，那么国家也应当可以依据不同情况将群岛作为不同部分分别主张专属经济区与大陆架，但相关的实践仍有待进一步研究。

南沙群岛和西沙群岛的自然地物构成符合国际司法实践中认定群岛的标准，且国际司法实践在认定一组地物是否构成群岛时，对于地物间的距离并无固定的标准，因而尽管南沙群岛中部分地物间的距离较远，但这一事实并不妨碍南沙群岛、西沙群岛各自成为一个实体。考虑到中国从多方面将南沙群岛、西沙群岛作为整体管理，南沙群岛与西沙群岛在政治、经济上一直是实体，且在历史上也构成此种实体，故而两群岛符合国际法中群岛的认定标准。从主权方面考察，中国从古至今对两群岛实施各种方式的管控，确立并维持对其的主权，尤其是二战以后中国对南沙群岛、西沙群岛的接收以及新中国成立以来中国对南沙群岛、西沙群岛的管理，得到了国际社会的承认。中国对南沙群岛、西沙群岛享有整体主权。

基于南沙群岛与西沙群岛的群岛地位以及中国对南沙群岛的主权，中国有权对南沙群岛主张整体性的海洋权利。事实上，中国也一直主张对南沙群岛与西沙群岛整体性的领土主权及海洋权利，但中国目前在南沙群岛主张海洋权利的具体形式，官方并未明确。考虑到南沙群岛的地理分布以及中国的一贯立场，尤其是尊重国际社会的船舶及飞机航行与飞越自由的立场，南沙群岛主张整体性海洋权利的较为可行的方式应当是，按照地理分布将南沙群岛分为若干组自然地物组合划定基线，再依此划定领海、专属经济区及大陆架。目前公开的南沙群岛地理资料较少，就已公开的资料而言，判断划定具体的基线和海域主张的方式存在一定困难，尚待结合更多的资料进一步分析。中国在南海断续线内的各大群岛中都存在能够维持人类居住或自身经济生活的岛屿，如南沙群岛的太平岛、西沙群岛的永乐岛等。这一结论有《公约》第 121 条以及国家实践的支持，也获得不少国内外学者的赞同。因此，南沙群岛、西沙群岛并非全部由岩礁组成的实体，而是由岛屿、岩礁以及滩、沙等组成，完全符合《公约》的规定。因此，中国可以在南海诸岛周边整体性地主张专属经济区和大陆架。

第四编

中国在南海的历史性权利

引　言

　　南海断续线（或称"九段线""U 形线"）由中国政府于 1948 年在地图上正式予以标绘并公布，东沙群岛、西沙群岛、中沙群岛和南沙群岛均被划在该线内，最南端标在北纬 4°左右。最初，南海断续线由 11 条线段组成，但从 1953 年起经中国政府审定出版的中国地图将 11 条线段中北部湾和东京湾两段去掉，改为由 9 条线段组成。南海断续线在公布后的很长一段时间都没有来自国际社会的异议，而其他南海周边国家也未曾通过外交途径提出任何抗议。然而，随着这些南海周边国家纷纷根据《联合国海洋法公约》以沿海国的身份主张专属经济区和大陆架，这些国家逐渐开始质疑南海断续线的法律地位。

　　其他南海周边国家的质疑源起于南海断续线内水域属于"历史性水域"的说法。在中华人民共和国政府公布中国在南海拥有历史性权利的官方文件，以及中国台湾当局公布历史性水域界限内的南海区域的官方文件中，并没有明确直接提到南海断续线作为中国在南海之历史性权利的地理范围标识。有关表述最早来自 20 世纪 90 年代中国台湾当局。在 1993 年的一次记者招待会上，台湾当局"行政院"研究发展考核委员会主任委员声称，"中华民国"在南海所主张的历史性水域是基于 1948 年出版的《南海诸岛位置图》，其上所绘制的"U 形线"内水域就是"中华民国"的历史性水域，虽然不具有内水的地位，但类似于 1982 年《公约》规定的群岛水域。[1] 1994 年，台湾当局"行

---

[1]　Kuan-Ming Sun, "Policy of the Republic of China towards the South China Sea: Recent Developments", *Marine Policy*, Vol. 19, No. 5, 1995, pp. 403-404, 转引自李金明：《南海断续线的法律地位：历史性水域、疆域线、抑或岛屿归属线?》，载《南洋问题研究》2010 年第 4 期，第 23 页。

政院"政务委员张京育进一步确认："南海'U 形线'内的水域是我们的历史性水域，'中华民国'享有完全权利。"[1] 1995 年 5 月 10 日，美国国务院发布关于南沙群岛和南中国海的政策声明，中国台湾当局于翌日发布了南海问题的五点声明，重申南海断续线内水域为"中华民国"历史性水域的主张。1995 年 5 月 18 日，越南外交部一位发言人宣称台湾当局的此项主张无理且荒谬，而时至 1996 年 5 月 28 日，台湾当局仍然强调要坚定维护在南海的历史性水域主张。[2] 在 2009 年之后，南海断续线的法律地位开始引起国际社会的高度关注，成为其他南海周边国家在南海问题上抨击中国的口实，也成为这些国家在南海问题上挑战中国法律主张的目标。

事实上，在可查阅的公开文献档案中，没有关于南海断续线制图方式和意图的准确文字说明。新中国成立以后，中华人民共和国政府在南海问题的对外交涉过程中明确强调的是：中国在南海拥有历史性权利，而南海断续线只是被隐含地作为这一权利主张的地理范围标识，出现在官方认可的地图上。因而，真正的问题在于中国在南海的历史性权利主张究竟具有何种法律意涵，以及在国际法上应如何评价这种历史性权利主张。这就需要将南海断续线还原到中国在南海活动的整个历史背景中来考察其法律意义和地位。本编研究的重点将依循这一思路，以中国长期以来在南海的活动为基础，按照国际法规则来审视中国在南海的国家实践并评价其法律意义。本编的内容包括：一般国际法上有关历史性权利的法律制度、《联合国海洋法公约》与历史性权利的关系以及中国的历史性权利主张。[3]

---

〔1〕 Liselotte Odgaard, *Maritime Security between China and Southeast Asia*, Burlington：Ashgate Publishing Limited, 2002, p. 92, 转引自李金明：《南海断续线的法律地位：历史性水域、疆域线、抑或岛屿归属线?》，载《南洋问题研究》2010 年第 4 期，第 23 页。

〔2〕 Yann-huei Song, "United States and Territorial Disputes in the South China Sea：a Study of Ocean Law and Politics", Maryland：University of Maryland School of Law, 2002, pp. 142, 144, 转引自李金明《南海断续线的法律地位：历史性水域、疆域线、抑或岛屿归属线?》，载《南洋问题研究》2010 年第 4 期，第 24 页。

〔3〕 位于南海断续线内的琼州海峡已经由 1958 年 9 月 4 日发布的《中华人民共和国政府关于领海的声明》宣布为内水，并向来未受到质疑，是毫无疑义的历史性水域（海峡）。因此本编对其不作详述，一般情况下本编讨论的在南海（断续线内）的历史性权利亦不包括在琼州海峡的历史性权利。

第一章　一般国际法上有关历史性
权利的法律制度

第一节　现代海洋法上的历史性权利概念

一、"历史性权利"的概念发展

（一）起　源

"历史性权利"法律概念的起源与"历史性海湾""历史性水域"
这些概念的出现密不可分。

1910 年北大西洋渔业仲裁案是引发人们思考历史性权利问题的最
初契机。在该案的裁决中出现的并不是"历史性权利"（historic right）
或"历史性所有权"（historic title），而是"历史性海湾"（historic
bays）。该案仲裁庭认为："公约或者已经确立的惯例可以作为主张领
湾的基础，这些海湾可能被称为'历史性海湾'。"[1] 1917 年中美洲
法院（Central American Court of Justice）在萨尔瓦多与尼加拉瓜丰塞卡
湾案中认定丰塞卡湾（Gulf of Fonseca）"是一个具有封闭海特征的历
史性海湾"[2] 关于历史性海湾的地位，该法院是从历史、地理以及
周边国家的重大利益等三个主要方面进行考察的。这也是"历史性海
湾"在国际司法实践中的首次具体适用。实际上，在国际法研究院

---

[1] The North Atlantic Coast Fisheries Case（United Kingdom/United States）, Award of 7 Sep-
tember 1910, R. I. A. A., Vol. XI, 2006, p. 197.

[2] The Republic of El Salvador v. The Republic of Nicaragua, Central American Court of Jus-
tice, Opinion and Decision of the Court, *American Journal of International Law*, Vol. 11,
1917, p. 693.

（The Institute of International Law）1894 年编纂的一些领海规则中，湾口超过一定宽度但经长期、连续的惯例而被认可处于国家管领之下的海湾也视为领湾。[1] 在国际法协会 1895 年通过的《领海条约草案》中也有类似规定。[2] 可见，历史性海湾的定义在 1910 年之前便初步成形。从 1925 年开始，美洲国际法协会、日本国际法学会和国际联盟在编纂领海规则时，纷纷考虑了国家对于历史性海湾的权利主张。[3]

在这些早期的司法判例和国际法编纂会议中虽未出现"历史性权利"（historic rights）这一表述，但所采用的相关表述实际上承认了在距离标准之外，沿海国长期持续的主权行为可以成为判定领海范围的另外一项法律依据。可以说，历史性海湾的初步定义成了历史性权利概念的雏形。

1951 年英挪渔业案是目前在国际法上主张历史性权利的早期标志性案例，国际法院在该案判决中界定了历史性水域、历史性海湾、历史性所有权等概念以及它们相互之间的关系。在该案中，引起争议的是挪威 1935 年公布的直线基线法令，该项法令是根据 1821 年、1869 年、1881 年和 1889 年的四项皇家法令颁布的。英国认为挪威不能合法地在其西海岸特殊的石垒地貌水域划定直线基线，理由之一是该水域不构成海湾。国际法院则认为，直线基线不仅可以适用于海湾，也可以适用于历史性水域，并指出："'历史性水域'通常是指被视作内水的水域，并且，若非因为存在历史性所有权，该水域不会具有内水的特征。"[4]

以上研究说明，历史性权利作为法律概念进入国际法视野的时间大致在 19 世纪。但值得注意的是，当事国的历史性权利主张所依据的

---

[1] *Annuaire de l'Institute de Droit International*（*1894—1895*），Vol. 13，p. 329. See also Historic Bay: Memorandum by the Secretariat of the United Nations, U. N. Doc. A/CONF. 13/1, Official Records of the United Nations Conference on the Law of the Sea, Vol. I，1958，p. 14.

[2] See The International Law Association, Report of the Seventeenth Conference, 1895, p. 115. See also Historic Bay: Memorandum by the Secretariat of the United Nations, U. N. Doc. A/CONF. 13/1，1958，p. 14.

[3] 参见王军敏：《国际法中的历史性权利》，中共中央党校出版社 2009 年版，第 6—8 页。

[4] Anglo-Norwegian Fisheries Case（United Kingdom v. Norway），Judgment of 18 December 1951, I. C. J. Reports, 1951, p. 130.

各种国家行为，如同挪威那样，很可能早于历史性权利概念形成的时间发生，并一直持续到这一法律概念产生之后。

（二）演　进

在联合国成立之前，相关国际法的学术研究机构对历史性权利问题特别是历史性水域和历史性海湾，就已经开始尝试编纂规则。相关概念以及划界规则体现在国际法研究院、国际法协会、法学家委员会（Commission of Jurists）、日本国际法学会（The Japanese International Law Society）、美国国际法研究院和国际联盟等机构的学术活动报告或会议准备文件中。[1] 在这些学术研讨和国际会议中，历史性权利问题已经作为领海和海湾的一个重要因素予以讨论。然而，国际社会并未在有关机构的工作成果基础之上达成令人满意的协议。

联合国成立以后，海洋中的历史性权利问题被联合国列入相关的主题继续探讨。国际法委员会在 1953 年、1955 年、1956 年召开会议，认为历史性海湾构成法律意义上的海湾的一种例外，可以不受有关海湾面积、湾口宽度等地理因素的限制而被视作沿海国的领水。[2] 1957 年，联合国大会决定召开联合国海洋法会议，并于 1958 年、1960 年、1973 年至 1982 年分别召开三次会议，其间形成两份关于历史性权利的重要文件。

在第一次联合国海洋法会议召开前，联合国秘书处准备了一项关于历史性海湾的研究文件——《历史性海湾：联合国秘书处备忘录》（Historic Bays：Memorandum by the Secretariat of the United Nations），该文件被收录在 1958 年第一次海洋法会议的准备材料中。这份报告对历史性权利的探讨基本局限于历史性海湾。备忘录的主要内容包括历史

---

[1]　除了前文提及的 1894 年国际法研究院的编纂规则草案，其他国际法研究机构在数次国际法编纂和研究会议上提出了有关历史性海湾和历史性水域的定义和规则，强调"国际惯例""长期持续的惯例""远古的惯例""连续且得到确认的惯例""既得权"等因素作为历史性权利的法理基础。Historic Bays：Memorandum by the Secretariat of the United Nations, U. N. Doc. A/CONF. 13/1, 1958, pp. 14-16；王军敏：《国际法中的历史性权利》，中共中央党校出版社 2009 年版，第 1—14 页；李任远：《国际法中的历史性权利研究》，厦门大学 2014 年博士学位论文，第 16—19 页。

[2]　See Regime of the Territorial Sea, U. N. Doc. A/CN. 4/61/Add. 1, *Yearbook of International Law Commission*, Vol. Ⅱ, 1953, p. 75；Report of the International Law Commission Covering the Work of Its Seventh Session, U. N. Doc. A/2934, *Yearbook of International Law Commission*, Vol. Ⅱ, 1955, p. 36；Report of the International Law Commission Covering the Work of Its Eighth Session, U. N. Doc. A/CN. 4/104, *Yearbook of International Law Commission*, Vol. Ⅱ, 1956, p. 257.

性海湾的理论起源、历史性海湾的国家实践、历史性海湾的理论分析、第一次海牙国际法会议（1930 年）对历史性海湾的若干建议等四部分的内容。作为主体部分，该报告的第一部分分析了历史性权利的国家实践、国际社会与历史性海湾有关的讨论草案和学者意见；第二部分分析了惯例、重大历史利益、历史性所有权形成过程中的时间要素、历史性所有权形成过程中的连续性要素。[1]

　　1962 年，应国际法委员会的要求，联合国法律事务办公室法典部完成了《历史性水域（包括历史性海湾）的法律制度》（Juridical Regime of Historic Waters, Including Historic Bays）研究报告，这是联合国第二份关于历史性权利的重要文件。这份报告旨在讨论适用于历史性水域问题的国际法原则，其目的在于发现和讨论该议题上存在的问题而不是提供一个完整的解决方案。这份报告对历史性水域相关的基本理论问题做了较为详细的探讨：对历史性水域和历史性海湾的关系做了初步说明，认为历史性水域包含历史性海湾；列举了主张历史性水域的三项基本要素，包括主张历史性权利的国家在所主张的水域行使权力（authority）、权力行使具有持续性以及外国的态度。报告中所提出的三项关于历史性水域的要素对其后的学术研究产生了深远影响，得到学界的广泛引用。[2]

　　纵观三次联合国海洋法会议，每一次会议对历史性权利讨论的侧重点均有所不同。[3] 1958 年召开的第一次海洋法会议对历史性权利的讨论并未形成具体规则，其原因是各国在是否支持历史性权利概念，是否应当就历史性权利或历史性海湾制定一般规则上存在分歧。会议期间通过的 1958 年《领海与毗连区公约》在海湾和领海划界两个议题上都提及了历史性权利：确认历史性海湾的存在，并规定有关海湾 24 海里封闭线的规则不适用于历史性海湾；确认领海中可以存在历史性权利，且"等距离/中间线—特殊情况"的领海划界规则不适用于存

---

〔1〕　See Historic Bays: Memorandum by the Secretariat of the United Nations, U. N. Doc. A/CONF. 13/1, 1958, pp. 1-38.

〔2〕　See Juridical Regime of Historic Waters Including Historic Bays—Study Prepared by the Secretariat, U. N. Doc. A/CN. 4/143, *Yearbook of the International Law Commission*, Vol. Ⅱ, 1962, pp. 1-26.

〔3〕　关于这三次海洋法会议对历史性权利问题讨论的详细分析，参见李任远：《国际法中的历史性权利研究》，法律出版社 2018 年版，第 14—34 页。

在历史性权利的领海区域的划界。[1] 第二次海洋法会议于 1960 年召开。这次会议对历史性权利的讨论主要集中在沿海国对沿岸资源的所有权与外国在沿岸水域中的历史性捕鱼权之间的关系上。经过激烈讨论，会议在如下几点达成了共识：历史性捕鱼权在国际法上的存在是确定无疑的；大多数国家承认历史性权利，特别是历史性捕鱼权；历史性捕鱼权可以分为沿海国在沿岸水域的历史性捕鱼权，以及远洋渔业国在他国沿岸水域的历史性捕鱼权。然而，各国关于制定新规则时如何处理这类历史性权利的问题并未形成共识。[2] 第三次海洋法会议对历史性权利的讨论更加宽泛，包括历史性海湾和历史性水域、群岛的历史性权利、历史性捕鱼权等问题，个别国家还在会议中提出了本国的历史性水域主张。

尽管国际会议曾多次对历史性权利进行过讨论，但这些阶段性的会议讨论和研究成果没有在最终法律文件——1982 年《联合国海洋法公约》中得到完全的反映，而国际社会已有的讨论又并未穷尽习惯国际法上历史性权利制度的所有方面和最新发展。

二、与历史性权利相关的概念辨析

（一）与历史性权利相关的英文和中文表述

通常情况下，英文表述"historic rights"对应的中文用词是"历史性权利"。[3] 与"historic right"关联的其他英语表述有"historic titles"，还存在诸如"historic waters""historic bays""historic fishing rights""traditional fishing rights"等用于指称有特定权利内容的历史性

---

〔1〕 参见《领海及毗连区公约》第 7 条、第 12 条第 1 款，载联合国官网，http://www.un.org/chinese/law/ilc/tsea.htm，最后访问时间：2018 年 9 月 10 日。

〔2〕 参见李任远：《国际法中的历史性权利研究》，法律出版社 2018 年版，第 27、第 32 页。

〔3〕 另一个值得注意的问题是"historic"和"historical"的用法。有学者认为两种用法并无法律上的本质区别，并认为从表达重要意义的角度来说，使用"historic"更为合适；也有观点认为两者不同，认为"historical"指的是"历史上（出现）的"更符合"历史性"的含义；还有学者指出：至少是在菲律宾"南海仲裁案"前，中国官方和联合国翻译更倾向于使用后者（historical）或表达后者的含义（since the days of the past）。参见李任远：《国际法中的历史性权利研究》，法律出版社 2018 年版，第 5—6 页；Ran Guo, "Historic or Historical: Lost in Translation of Li Shi Xing Quan Li in the South China Sea Arbitration", *Journal of East Asia and International Law*, Vol. 11, pp. 56-57, 63-65.

权利类型。"historic titles"对应的中文表述有"历史性所有权"（1982年《公约》第15条和第298条的中文文本）和"历史性权原"，"historic waters"对应的中文翻译是"历史性水域"，"historic bays"则对应翻译为"历史性海湾"，"historic fishing rights"的中文翻译是"历史性捕鱼权"，"traditional fishing rights"通常则区别于"历史性捕鱼权"而翻译成"传统捕鱼权"。

通过考察国际司法和仲裁实践，从有关国家和国际性法庭的表述中可以看出，历史性权利在内涵上可以做广义和狭义的区分。广义的历史性权利，英语通常表述为"historic rights"，一般是指国家基于长期、持续的历史实践，在得到国际社会承认、默认或容忍的情况下，取得特定陆地、水域、水域中的资源或从事相关活动的权利，这种权利既可以是针对整片地理空间所享有的主权，也可以是针对某一具体事项所享有的权利，其在权利的强度和内容的丰富程度上均不及主权，比如勘探、开发资源的权利，管辖权等。狭义的历史性权利，仅指那些不及主权的历史性权利，英文表述通常会在"rights"前面增加表示权利具体内容的限定词，最常见的便是"historic fishing rights"和"historic navigational rights"。

因此，在不同的语境之下，历史性权利的内涵和外延存在多种理解，且每一项特定的历史性权利的内容取决于历史上形成的惯例的具体内容，国家不同类型的资源开发和海洋管理活动可能产生内容不同的历史性权利，故历史性权利具有较强的个案性。因此，下文辨析的概念仅体现了典型的几个与历史性权利紧密相关的概念，这些概念本身就处于不断发展成熟的过程中。随着历史性权利国家实践和国际法制度的发展，历史性权利的相关概念及其内涵和外延可能在将来会进一步发生变化。

（二）历史性所有权与历史性权原

对"historic titles"一词，虽然有的学者将其翻译为"历史性权利"，但这与上述广义和狭义的历史性权利概念产生混淆，更合理的中文表述应该是"历史性所有权"或者"历史性权原"[1]。

---

[1] 此处之所以将"historic title"中的"title"译为"权原"，与之前"权源"进行区分，是因为前者更贴近类似主权的权能、权利，是权利的"本原"；而后者是主权的证据或形成渊源，是权利的"来源"，由此彰显出两者微妙的差异。

尽管《公约》中文文本将第 15 条和第 298 条中提到的"historic titles"翻译为"历史性所有权",但用"所有权"一词作为"titles"的中文翻译容易同"ownership"等概念产生混淆,存在可斟酌之处。《布莱克法律词典》指出"titles"具有双重含义。其一,"构成控制和处分财产的法律权利的要素的总和;财产所有人与财产之间的法律联系"。其二,"人对于财产的所有权之证据;一项构成此种证据的法律文书(如契据)"[1] 意大利学者吉欧雅(Andrea Gioia)在《马克斯·普朗克国际公法百科全书》(*Max Planck Encyclopedia of Public International Law*)的相关词条中阐释"historic titles"时,认为该概念是指国家经过历史性固化的过程,取得陆地或海洋领土的渊源和证据[2]

可见,在私法层面,《布莱克法律词典》对"titles"的第一种解释强调人对财产的控制和处分,国内学者一般将其翻译为"所有权"。而在国际法的发展过程中,法学家们将领土主权类比私法上的土地所有权,故在描述这种国家与领土之间的法律联系时,将"historic titles"翻译为"历史性所有权"具有一定的合理性。同时,《布莱克法律词典》对"titles"的第二种解释以及《马克斯·普朗克国际公法百科全书》的定义也支持将"historic titles"解释为国家领土取得的一项法理依据,而不是领土主权本身。英国国际法学家詹宁斯指出,"titles"是法律所承认的创设权利的授权性事实(vestitive facts),具有两重含义:任何可以产生权利的事实、行为或情势,即权利的来源;能够证明并确立前述权利存在的任何文件或其他行为,即权利的证据[3] 国际法院在 1986 年布基纳法索与马里的边界争端案中的判决意见也支持詹宁斯的观点,指出:"实际上,在更一般的情况下,'titles'的概念也可以被理解为创建一项权利的存在证据,以及该权利的实际来源"[4] 因此,在国际法层面,当在领土取得的背景下理解

---

[1] Bryan A. Garner(ed.),*Black's Law Dictionary*(eighth edition),West Group,2004,p. 4633.

[2] Andrea Gioia,"Historic Titles",para. 1,*Max Planck Encyclopedia of Public International Law*,Online Edition,Last Accessed on January 1st,2018.

[3] Robert Y. Jennings,*The Acquisition of Territory in International Law*,Manchester University Press,1963,p. 16.

[4] Frontier Dispute(Burkina Faso/Republic of Mali),Judgment of 22 December 1986,I. C. J. Reports,1986,p. 564,para. 18.

"historic titles"的含义时，这一概念可以被解释为国家取得领土主权的一种原因、证据或依据。而在领土主权取得的语境之外，"historic titles"则可以被解释为国家获得对特定陆地或海洋区域尚未达到主权高度的各类权利的原因、证据或依据。因此，将一般国际法中的"historic titles"翻译为"历史性权原"则更加合理。

然而，"historic titles"的含义在《公约》具体条款的背景下可能有着更狭义的解释。《公约》第15条和第298条涉及"historic titles"，分别规定存在"historic titles"的领海水域可以不适用第15条所规定的领海划界规则，以及涉及"历史性海湾或所有权"（historic bays or titles）的争端可以由缔约国书面声明排除《公约》第十五部分强制争端解决程序的管辖，但相关条款并未解释"historic titles"的含义。故而，《公约》所提的"historic titles"是否仅指代国家对海洋领土的主权，抑或除了主权，还可以涵盖国家在有关海域内不及主权的其他历史性权利，这一问题仍有待澄清。在2016年菲律宾所提"南海仲裁案"的最终裁决中，临时仲裁庭认为"historic titles"与"historic rights"不同，前者专指对陆地和海洋的历史性主权，历史性水域仅指对海洋区域的"historic titles"，历史性海湾也仅指国家在海湾地貌中所主张的一类历史性水域。因此，该仲裁庭认为《公约》第15条和第298条中的"historic titles"是指"由历史情况所衍生的对海洋区域的主权主张"。[1] 该仲裁庭将《公约》中的"historic titles"的含义限制解释为海洋领土主权或主权主张，排除了一般国际法中"historic titles"作为主权或其他权利的证据、来源或依据的法理意涵。目前，认为"historic titles"的含义限于海洋主权主张的观点成为主流。

不过，即便"南海仲裁案"仲裁庭的解释在《公约》第15条和第298条的语境下具有一定程度的合理性，也不能据此认为《公约》只承认了海洋领土主权意义上的历史性权利，而否认了其他不及主权的历史性权利，以"historic titles"为法理基础的历史性捕鱼权、历史性航行权、群岛的历史性水域等历史性权利或在《公约》的其他规则

---

〔1〕 The South China Sea Arbitration（The Republic of Philippines v. The People's Republic of China），Award of 12 July 2016, P. C. A. , 2016, p. 96, paras. 225-226. 〔hereinafter The SCS Arbitration〕

中得到间接的承认和转化，或属于《公约》序言所指的"本公约未予规定的事项"。

概而言之，我们认为，国际法中的"historic titles"在不同的语境下具有双重内涵[1]：（1）作为国家取得陆地或海洋领土主权或其他尚未达到主权高度的权利的原因、证据、来源或法理依据，此时应译作"历史性权原"；（2）仅指代国家对陆地或海洋的领土主权本身，可译为"历史性所有权"。

（三）包括"历史性海湾"在内的"历史性水域"

理论界普遍认为，历史性水域是历史性所有权在海洋领土取得上的体现，国家在其历史性水域中享有相当于内水或领海的主权。[2]

毫无疑问，历史性海湾是典型的历史性水域。除了海湾，对国家实践的研究表明，国家可以对海峡、连接群岛各部分的水域等海洋区域主张历史性所有权。[3] 所以，历史性水域和历史性海湾是包含和被包含的关系。除了历史性海湾，历史性水域还可以包括具有不同地理地貌的其他类型的海域空间。

（四）非主权性质的历史性权利

除了历史性所有权、历史性海湾和历史性水域等指向主权性质的历史性权利，狭义的历史性权利通常是指国家在特定水域内取得的对资源的勘探、开发权，或从事特定类型活动的权利，包括历史性捕鱼权（historic fishing rights）以及历史性航行权等不及主权的权利。从形式逻辑的角度来看，非主权性的历史性权利又可以在性质上分为排他性的历史性权利（又称专属性的历史性权利）和非排他性的历史性权利（又称非专属性的历史性权利）。这里所说的排他性与非排他性，是指在特定海域内，拥有非主权性历史性权利的国家是否有权禁止或限制其他国家行使相同内容的权利。后者又被认为是一种财产性质的、既得的（vested）"国际地役权"（international

---

〔1〕 正是由于"historic titles"意涵的复杂性，在解读和翻译相关的英文文本时，应该更加谨慎，力求根据上下文尽可能提供准确理解其具体含义的中文翻译。

〔2〕 Juridical Regime of Historic Waters Including Historic Bays—Study Prepared by the Secretariat, U. N. Doc. A/CN. 4/143, 1962, p. 23, paras. 160-167.

〔3〕 See Clive R. Symmons, *Historic Waters in the Law of the Sea: A Modern Re-Appraisal*, Martinus Nijhoff Publishers, 2008, Chapter 2.

servitude）。[1]

需指出的是，"历史性捕鱼权"有时候会被认为相当于"传统捕鱼权"。"传统捕鱼权"是《公约》第51条采用的法律术语，而"历史性捕鱼权"并未直接出现在《公约》中，仅是《公约》的缔约国在参与《公约》谈判以及执行相关条款时表达自身法律立场所使用的措辞。《公约》的缔约历史表明传统捕鱼权体现了一种长期持续存在并获得承认的捕鱼惯例，但是并不能明确其与历史性捕鱼权的区别[2]。不过，《公约》之所以使用"传统"而非"历史性"，或许是要凸显对捕鱼方式或方法的特殊要求——传统方法捕鱼，强调与当地的习惯和传统文化相关。这一点在目前为数不多的一些关于"传统捕鱼权"的学术研究中有非常明显的体现[3] 这些学者在探讨传统捕鱼权时认为，捕鱼活动带有明显的捕鱼群体的文化特征并体现其特定的生活习惯。传统捕鱼权的"传统性"包含捕鱼群体、捕鱼场所、捕鱼方法、渔船类型、捕鱼种类以及捕鱼目的这几项要素[4]。捕鱼群体应该是一

---

[1] Sourabh Gupta, "Historic Fishing Rights in Foreign Exclusive Maritime Zones：Preserved or Proscribed by UNCLOS?", *Korean Journal of International and Comparative Law*, Vol. 7, 2019, pp. 232-233.

[2] See Polite Dyspriani, *Traditional Fishing Rights：Analysis of State Practice*, The United Nations-Nippon Foundation Fellowship Programme 2010—2011, Division for Ocean Affairs and the Law of the Sea Office of Legal Affairs, New York, 2011, pp. 3-4, available at：http://www. un. org/depts/los/nippon/unnff _ programme _ home/fellows _ pages/fellows _ papers/dyspriani_1011_indonesia. pdf, last accessed on 1 Spetember 2018.

[3] See Huan-Sheng Tseng, Ching-Hsiewn Ou, "The Evolution and Trend of the Traditional Fishing Rights", *Ocean & Coastal Management*, Vol. 53, May-June 2010, pp. 271-272; Polite Dyspriani, Traditional Fishing Rights：Analysis of State Practice, The United Nations-Nippon Foundation Fellowship Programme 2010－2011, Division for Ocean Affairs and the Law of the Sea Office of Legal Affairs, New York, 2011, p. 2, available at：http://www. un. org/depts/los/nippon/unnff_ programme _ home/fellows _ pages/fellows _ papers/dyspriani_ 1011_ indonesia. pdf, last accessed on 1 Spetember 2018; Leonardo Bernard, "The Effect of Historic Fishing Rights In Maritime Boundaries Delimitation", papers from the Law of the Sea Institute, UC Berkeley-Korea Institute of Ocean Science and Technology Conference, held in Seoul, Korea, May 2012, p. 2, available at：http://www. law. berkeley. edu/files/Bernard-final. pdf, last accessed on 1 September 2018.

[4] Luthfy Ramiz, "Traditional Nature of Traditional Fishing Right Recognition on the Timor Sea Based on International Law of the Sea", p. 5, available at：http://www. academia. edu/17028957/traditional_nature_of_traditional_fishing_right_recognition_on_the_timor_sea_ based_on_international_law_of_the_sea, last accessed on 1 September 2018.

直以来依赖传统渔场的土著（或国民）群体；捕鱼场所应该是长期、持续捕鱼的海域；[1]捕鱼方法可以被简单认为是使用传统的工具和方式；渔船是长期以来使用的非机动化的船只；捕鱼种类只限于特定海域的某一个或几个品种；[2]捕鱼目的通常是为了食用或与传统活动相关。[3] 有学者还认为，"传统捕鱼权"的制度设计目的更多是照顾（群岛国的）海洋邻国的利益和需求。[4] 相对而言，"历史性捕鱼权"凸显的是国家在某一海域长期持续的捕鱼惯例，并未负载明显的文化和地理意义。另外，虽然有学者认为这两类权利是私法属性的权利，但将它们看作与国家和渔民群体都有关的混合权利更加符合法理与现实。[5]

至于"历史性航行权"，相比前文所有的概念或措辞其都更少被提及，并且在很大程度上已经被吸收成为《公约》中特定的航行制度。除此之外，其他类型针对特定事项的历史性权利虽然从形式逻辑的角度仍然有存在的空间，但是缺少足够国家实践的支持和学术探讨，也缺乏足够可供参考的国际司法或仲裁判例，在《公约》缔约过程中也没有以独立概念的形式被提及。不过，这并不能得出有关权利并不存在或已被国际社会所否认，尤其是具有排他性、海域效力性质（zonal impact）的历史性权利。

综上，我们认为，广义的历史性权利包括两类：第一类是主权性质的历史性权利，即历史性权原（所有权），国家拥有历史性权原的水域即为历史性水域，包括历史性海湾、历史性海峡和其他一般的水

---

[1] 在国际法院审理的渔业管辖权案中，就考虑了渔场作为判断传统的捕鱼权权利存在的要素。See Fisheries Jurisdiction（United Kingdom v. Iceland），Merits，Judgment of 25 July 1974，I. C. J. Reports，1974，p. 27，para. 61.

[2] 鲁斯法这一结论来源于对巴巴多斯与特立尼达和多巴哥仲裁案的观察。See Luthfy Ramiz，"Traditional Nature of Traditional Fishing Right Recognition on the Timor Sea Based on International Law of the Sea"，p. 9. 在巴巴多斯与特立尼达和多巴哥仲裁案中，捕捞飞鱼的确是当事国主张传统捕鱼权的重要构成要素。See The Barbados and The Republic of Trinidad and Tobago Arbitration，Award of 11 April 2006，P. C. A.，2006，pp. 82-86，paras. 264-289. [hereinafter Barbados v. Trinidad and Tobago]

[3] 国际法院在渔业管辖权案中考虑的是当事国的渔民对捕鱼的经济依赖性。See Fisheries Jurisdiction，Merits，Judgment，I. C. J. Reports，1974，p. 27，para. 61.

[4] Sophia Kopela，"Historic Fishing Rights in the Law of the Sea and Brexit"，*Leiden Journal of International Law*，Vol. 32，2019，p. 700.

[5] See Sophia Kopela，"Historic Fishing Rights in the Law of the Sea and Brexit"，*Leiden Journal of International Law*，Vol. 32，2019，pp. 701-702.

域；第二类是非主权性质的历史性权利，又可分为排他性的历史性权利和非排他性的历史性权利，前者可具有类似专属经济区或大陆架的海域法律效果，而后者则是狭义的历史性权利，包括一般意义上的历史性捕鱼权、历史性航行权，等等。

第二节　历史性权利的构成要素

历史性权利的构成要素是指国际法规则所要求的、一项历史性权利主张可合法成立所应满足的法律条件。

一、《包括历史性海湾在内的历史性水域法律制度》的指引

国际法学者普遍认为历史性权利的要素主要分为两方面，即国家长期、持续、有效地行使权力（权利）的行为以及其他国家对历史性权利主张的明示承认或默认。关于历史性水域的要素已经形成较为一致的理论共识。这种共识清晰明确地体现在联合国 1962 年的《包括历史性海湾在内的历史性水域法律制度》报告中。该报告对国际法理论和实践进行归纳，总结出了历史性水域的要素，包括三个方面：国家对主张的水域实际有效地行使权力（authority）；权力的行使具有持续性；其他国家的承认或默认。[1] 可以认为，这些构成要素得到了国家实践的支持，并在一定程度上反映了习惯国际法规则。[2]

《包括历史性海湾在内的历史性水域法律制度》报告指出，国家长期、持续、有效地行使权力中"权力"的内涵相当于主权，因为国家行使权力的目的是将特定水域纳入本国领土。假设某一国家只是基于历史对特定海域行使有限的权利（a limited right），例如允许其国民在该处捕鱼的权利，那么不能将这种主张视为历史性水域主张。[3] 不

---

[1] See Juridical Regime of Historic Waters Including Historic Bays—Study Prepared by the Secretariat, U. N. Doc. A/CN. 4/143, 1962, pp. 13-19, paras. 80-133. 还有学者认为，重大利益，包括国防利益和重大经济利益，属于历史性权利的法理基础。见李任远：《国际法中的历史性权利研究》，法律出版社 2018 年版，第 34—41 页。

[2] See Clive R. Symmons, *Historic Waters in the Law of the Sea: A Modern Re-Appraisal*, Martinus Nijhoff Publishers, 2008, p. 111.

[3] Juridical Regime of Historic Waters Including Historic Bays—Study Prepared by the Secretariat, U. N. Doc. A/CN. 4/143, 1962, p. 13.

难看出，该报告有意将历史性水域和非主权性历史性权利（如历史性捕鱼权）两类历史性权利的构成要素加以区分。即便如此，历史性水域和非主权性的历史性权利都是习惯国际法中的历史性权利，故历史性水域的三项要素对研究非主权性历史性权利的要素同样具有重要的参考意义。

《包括历史性海湾在内的历史性水域法律制度》报告在论述历史性水域主张与一国历史上在该水域中行使的权力的关系时认为，从逻辑上讲，建立历史性水域主张基础的权利范围取决于主张的权利本身的范围。历史性水域的主张是一个国家基于历史性权利对一个海域提出的，将其作为国家领土的主权主张。国家在该区域进行的活动，即国家在这个区域中持续行使的权力必须与主张相一致。[1] 权利的内容取决于历史上在水域或者其他区域中所行使的国家权力的状态，这一论述揭示了历史性权利制度中每一项具体的历史性权利的基本内容与历史性的本质联系。一国在水域中所行使的国家权力的内容与性质，决定历史性权利的内容与性质。主权性的历史性权利与非主权性的历史性权利之间，差别仅在于产生权利的惯例不同，即国家长期行使的权力方面的差异，而长期、有效地行使国家权力，以及其他国家的态度，是所有历史性权利的构成要素。

二、历史性所有权的构成要素

由于某些海域和海洋资源对国家具有特殊重要性，国家对其拥有重大利益，经过长年累月的积累，国家对海域行使领土主权和资源开发利用权利的行为，是历史性权利成立的现实基础和核心要素。原则上，一国在历史上行使国家权力的内容和范围与该国享有历史性权利的权利内容和范围是一致的。

（一）要素之一：长期、持续、有效地行使国家权力

1. 国家行使权力行为

通常情况下，国家权力应该由国家机关（包括中央和地方国家机关）行使。除了中央和地方各层级的立法机关、行政机关、司法机关

---

[1] Juridical Regime of Historic Waters Including Historic Bays—Study Prepared by the Secretariat, U. N. Doc. A/CN. 4/143, 1962, pp. 13-14.

和军队，一些不具有国家公权力的机构在满足一定的条件时也可以代为行使国家权力。但是，私人在缺乏国家授权的情况下，不能代表国家行使权力。正如国际法院的徐谟法官在 1951 年英挪渔业案的个别意见中指出的，个人主动为自己的利益并且没有得到政府任何授权所从事的活动不能被赋予国家主权，即便经过了一定的实践且没有受到其他国家国民的干扰。[1]

由于实际情况具有高度的复杂性，目前，国际法上对究竟哪些行为可以被判定为构成国家行使权力的行为，没有十分明确的结论。不过，在海上活动方面，典型的国家行为至少包括：国内立法、对船舶航行的管理、渔业管理、打击海盗等行为。单纯的一种或多种行为未必能构成行使国家权力的充分条件，相应历史性权利的形成往往需要多种行为的结合。[2]

2. 国家权力行使过程中的时间因素

历史性权利中所谓"历史性"强调的是，经过一段足够长的时间，某种持续存在的状态或活动最终凝结成可以获得法律认可的权利，从而获得相应的法律效力。所以，"历史性"和时间上的"持久性"相关。

习惯国际法并未反映出一项历史性权利应经过多长时间才能有效形成。从对国家实践的观察来看，历史性权利大致存在远古权利与非远古权利两种类型。就远古权利而言，国家行使权力的行为早于现代海洋法意义上的领海和公海观念的产生，往往经历了数百年乃至数千年，无疑能够满足现代海洋法上的历史性权利法律制度对长期性的要求。就非远古权利的历史性权利而言，时间的经过仍然是重要因素。有关国家实践和国际司法案例表明，数十年乃至上百年的时间也可以形成一项历史性权利。[3]

总的来说，历史性权利的形成要求国家行使权力的过程不仅需经过一段足够长的时间，且在此期间，国家行使权力的行为应具有持续性，表现为：国家权力的行使必须与每一个时期的客观环境相符；国家在一定时期

---

[1] Anglo-Norwegian Fisheries Case (United Kingdom v. Norway), Separate Opinion of Judge Hsu Mo, Judgment, I. C. J. Reports, 1951, p. 157.

[2] 关于国家权力行使因素问题，详见李任远：《国际法中的历史性权利研究》，法律出版社 2018 年版，第 181—190 页。

[3] 关于国家权力行使的时间因素，详见李任远：《国际法中的历史性权利研究》，法律出版社 2018 年版，第 192—203 页。

内行使权力的行为应达到一定的频率；在每个时期当中，国家权力的行使应具有一致性。这点与领土取得上的"有效占领"的要求相类似。

（二）要素之二：其他国家的承认[1]

17 世纪以后，现代海洋法逐渐确立了海洋自由的观念作为支配海洋法律秩序运转的基本原则，确保海洋作为大陆之间交往的重要通道之功能能得到最大程度的保障。在此种背景下，国际社会对国家向海洋空间拓展管辖权的做法保持比较谨慎的态度。有关历史性权利的法律主张，除远古权利外，恰恰与特定国家基于特定的实践活动向超过一般限度的海洋空间主张管辖权直接相关。因此，有关历史性权利的法律制度在建构过程中，沿海国对海域空间行使权力的行为通常被认为需要获得其他国家的同意，这种实践才能从一种事实状态最终转变成一种整个国际社会都认可的法权状态。当然，国际社会中其他国家表示同意可以是明示的，也可以是默示的。

1. 明示承认

通过缔结条约、发表单方声明的手段表达明示承认是最直接、清晰检验其他国家对历史性权利所持态度的方式。国家对另一国或者另外若干国家在某些领域行使权力的行为表示承认，这种明示行为在一段时间之内多次重复以至于其他国家经过长时间而取得历史性权利，这种情况一般只在理论上存在，实践中出现的概率较小。原因是，从历史性权利的产生来看，历史性权利是经过漫长的历史过程所形成的一种稳定的状态，而条约是一个即时行为，国家间签订条约更多的是对一种既有权利的确认。至于国家发布单方声明表达某一事件、情势和状态的法律和政治立场，一般是在这些情况与该国的国家利益直接相关之时才发生。因此，历史性权利的形成在大多数情况下与默示承认有更密切的联系。

2. 默认

默示的承认一般是指国家通过某种作为或不作为的间接方式，而非明确表态的直接方式，就他国的行为具有某种法律效果予以承认。必须要注意的是，并非所有的沉默和不作为都可以被视为默认，沉默的法律效果存在两种情况，一种是"沉默即同意"（*qui tacit consentire*

---

[1] 关于他国承认这一因素，可另见李任远：《国际法中的历史性权利研究》，法律出版社 2018 年版，第 203—215 页。

videtur），另一种是"沉默既非同意也非反对"（*qui tacit neque negat，neque utique fatetur*）。[1] 国际法院在 1969 年柏威夏寺案的判决中采取折中的方式，认为当一方必须且有能力表态时，沉默即为同意。[2] 当所处情势要求利益或权利受到影响的国家有必要做出积极的反应时，该国却保持沉默，则沉默发生同意的效果。[3] 缺乏这一前提，单纯的沉默只是表达了一种容忍（tolerance）的态度。

不过，瑞士国际法学家布尔坎（Maurice Bourquin）等学者认为，其他国家普遍的容忍态度足以为历史性权利提供合法性基础，默认不是必要的。[4] 国际法院在 1951 年英挪渔业案中也认为，挪威从 1869 年以来前后一致地、未加中断地适用直线基线，其他国家对此普遍予以容忍，且英国在利益受到影响的情况下长期放弃其利益，使得挪威的基线制度对英国有效。[5] 英国的默认和其他国家的容忍使挪威在海洋划界方面的历史性权利获得合法性。厄立特里亚与也门领土主权和海洋划界案的仲裁庭也认为，无须获得统治者批准的、缺乏公权力约束和管制的相关行为是重要的考察对象，也不要求默认的存在，甚至不需要其他国家的知情。[6] 综观涉及历史性权利的国际司法、仲裁实践，当事方、法院和仲裁庭都十分重视考察其他国家的态度，而被考察的国家往往是在相关水域拥有重要利益的国家，这些国家的沉默或容忍才是历史性权利形成的关键因素。

三、狭义的历史性权利之构成要素

根据前文在概念辨析部分所做的讨论，狭义的历史性权利与历史

---

〔1〕 See Nuno Sérgio Marques Antunes, "Acquiescence", para. 19, *Max Planck Encyclopedia of Public International Law*, Online Edition, last accessed on 1 January 2018.

〔2〕 See Case Concerning the Temple of Preah Vihear (Cambodia v. Thailand), Judgment of 15 June 1962, I. C. J. Reports, 1962, p. 21.

〔3〕 I. C. Mac Gibbon, "The Scope of Acquiescence in International Law", in Malcolm N. Shaw (ed.), *Title to Territory*, Ashgate Publishing Company and Dartmouth Publishing Company, 2005, p. 347.

〔4〕 See Juridical Regime of Historic Waters Including Historic Bays—Study Prepared by the Secretariat, U. N. Doc. A/CN. 4/143, 1962, p. 16, para. 109.

〔5〕 Anglo-Norwegian Fisheries Case, Judgment, I. C. J. Reports, 1951, pp. 138-139.

〔6〕 See Eritrea/Yemen Arbitration (First Stage: Territorial Sovereignty and Scope of Dispute), Award of 9 October 1998, R. I. A. A., Vol. XXII, 2006, p. 244, para. 127.

性所有权的根本区别在于：前者指向的是一种非主权性质的历史性权利，是特定国家对某一种类型的海上活动所享有的专项权利，通常是针对海洋中的某种或某几种资源，这种专项权利既可能是排他的，也可能是非排他的；后者指向的是主权，显而易见是对海洋空间的概括性权利，包含了可以从事各种海洋活动的专属性权利。这两者在性质上的差异决定了狭义的历史性权利之构成要素和针对整体海域空间的历史性所有权有明显的差别。截至目前，国际法实践和理论的绝大多数关注点都在于非排他性的狭义历史性权利。

以最常见的历史性捕鱼权为例[1] 主张历史性捕鱼权的国家往往会实际有效地对鱼类资源进行开发、利用或采取养护措施。但是必须指出的是，实际行使捕鱼权利的主体主要是该国的私人主体——渔民，私人捕鱼行为对历史性捕鱼权的形成起到先导作用，国家的公权力往往在历史性捕鱼权初步形成后才介入。[2]

其他国家的承认或默认是否应作为历史性捕鱼权的一项要素，也存在理论上的争议。重大渔业利益被认为可以取代其他国家的态度，成为判断历史性捕鱼权是否有效成立的法理依据。英国国际法学家菲茨莫里斯爵士是这样看待非排他性的历史性权利与公海自由原则之间的关系的：一方面，当一项历史性权利主张不具有排他性时，无须其他国家的明示承认或者默认，历史上长期行使这项权利的事实本身便足以证明历史性权利主张的成立。其背后的法理依据依旧是公海自由原则。以历史性捕鱼权为例，既然所有国家都有权在公海捕鱼，也就没有必要去证明其他国家对一国捕鱼行为的同意或默认，而只需证明

---

〔1〕 在狭义的历史性权利中，历史性捕鱼权最为国家所关注，对此的讨论也最多，所以选择以此为例。

〔2〕 常设国际法院认为，纯粹地参与商业活动不能形成一种既得权利。Oscar Chinn Case，P. C. I. J. Series A/B，No. 63，1934，pp. 87-88. 而英国国际法学家菲茨莫里斯爵士认可非排他性的历史性权利可以通过私人行为取得，这种私人行为无须经过国家事先或事后的授权。See Gerald Fitzmaurice，"The Law and Procedure of the International Court of Justice，1951-54：General Principles and Source of Law"，*British Year Book of Intentional Law*，Vol. 30，1953，p. 51. 事实上，安东尼·卡蒂（Anthony Carty）教授认为，人类的占有和使用才是广义历史性权利的来源，它要远早于"国家"的形成。Anthony Carty，"Carl Schmitt，Nomos of the Earth，and the Question of Historic Title in International Law"，*Korean Journal of International and Comparative Law*，Vol. 7，2019，pp. 136-141. 这种理解更符合严格的时际法原则，但与既有判例则形成了理论上的张力。

存在捕鱼的事实，除非这种捕鱼行为是在领海制度形成后，在他国领海进行的。另一方面，菲茨莫里斯认为远洋捕鱼国家不仅是在行使公海自由，这些国家的渔船自远古以来在某些海域长期从事捕鱼活动的习惯，使得这些国家取得了一种既得利益，即便该海域成为他国的领海，这种既得的捕鱼权也应继续得到尊重。[1] 中国国际法学者王军敏教授亦指出，在公海自由的背景下，实践中可能出现一国国民长期在特定海域从事捕鱼活动并形成某种程度的垄断，该垄断得到其他国家的渔民的尊重，可以说该国通过其国民对所涉海域的渔业资源取得了非专属意义上的历史性权利，应得到其他国家的尊重。[2] 应当认为，非排他性的历史性捕鱼权产生于国家行使公海自由的历史实践，当该历史实践形成沿海国的一项既得利益或达到某种程度的"垄断"，则该国的捕鱼权利已经超越公海自由的范畴，足以形成一项历史性权利。

此外，从时际法的角度看，公海自由作为一项习惯国际法上的原则在 16 世纪之后才渐渐得以确立，而一些国家从近海走向远洋的捕鱼历史则更为久远，那些始于远古的捕鱼活动无法借助公海自由原则获得法理依据，海洋还曾一度被认为是国家主权征服的对象，[3] 也就不以其他国家的默认为必要了。作为"远古权利"的历史性权利，其成立所应满足的要素更为有限。[4]

1974 年英国与冰岛、德国与冰岛之间的渔业管辖权案对于阐释历史性捕鱼权与公海自由原则之间的关系更具有直观的启示意义。1971

---

[1] See Gerald Fitzmaurice, The Law and Procedure of the International Court of Justice, 1951-54: General Principles and Source of Law pp. 30, 51.

[2] 王军敏：《国际法中的历史性权利》，中共中央党校出版社 2009 年版，第 248 页。

[3] [英] 马尔科姆·N. 肖：《国际法》（第六版），白桂梅等译，北京大学出版社 2011 年版，第 436 页。实际上，从中世纪后半期起，海洋被视为"无主物"，英国、瑞典、丹麦、葡萄牙和西班牙等海洋大国企图瓜分整个海洋。参见孙书贤：《国际海洋法的历史演进和海洋法公约存在的问题及其争议》，载《中国法学》1989 年第 2 期，第 161 页。

[4] 在美国国内涉及历史性水域的案例中，如 1984 年的美国诉缅因州案，由美国最高法院指派的"特别主事官"（Special Master）采纳了"远古权利"的观点，并认为主张远古权利的州无须证明历史性所有权成立所必要的所有因素。See Clive R. Symmons, *Historic Waters in the Law of the Sea: A Modern Re-Appraisal*, Martinus Nijhoff Publishers, 2008, p. 4. "远古"的要求一般是"在不能晚于 18 世纪后半叶的时间内，有效的占领逐渐形成清晰的原始所有权（original title），并被长久的惯例所强化（fortified）"。United States v. Maine et al. 475 U. S. 89 (1986).

年，冰岛宣布将专属渔区从原来的 12 海里扩大到 50 海里，并不顾英国和德国的反对，于 1972 年 7 月制定法规禁止外国船只在专属渔区内开展渔业活动。英、德两国在 1972 年先后就冰岛单方面扩大专属渔区的行为向国际法院提起诉讼，英国强调本国在争议水域长期进行大规模的渔业捕捞活动，其对本国的渔业和相关产业具有不可替代的意义。德国也举证证明了和英国相似的情况。国际法院判定英、德两国在争议水域均拥有历史性捕鱼权，该权利是一种既得权利。国际法院还将历史性捕鱼权与沿海国的渔业优先权（preferential fishing rights）进行类比分析，认为两者都考虑了沿岸居民对渔业的依赖性，并涉及有效开发和养护渔业资源等其他利益。国际法院认为，国家长期以来对公海渔业资源主张并实际享有的特殊和重大利益是历史性捕鱼权和沿海国渔业优先权在法理上的共性，并决定了两者在同一水域可以共存，两种渔业权都不是绝对的，均以对方的特殊利益为限度[1]。可以认为，在公海自由原则下形成的重大渔业利益是国际法院认定英、德两国历史性捕鱼权成立的主要及首要依据。所以，当曾经受到公海自由支配的海域在经历海洋法规则的变化而转化成国家管辖海域时，国家的重大渔业利益也可以构成历史性捕鱼权的法理基础[2]。

第三节 现代海洋法上关于历史性权利的国家实践

从 19 世纪末到第三次联合国海洋法会议结束，将近 90 年的时间里，国际社会未能就历史性权利的相关问题达成一致意见，未能制定出关于历史性权利的具体条约规则。故而，研究历史性权利的国家实践及国际司法与仲裁实践，对研究历史性权利问题意义重大。

一、主张历史性权利的国家实践概况

从目前的情况看，历史性权利的国家实践包括国家间通过协议确

---

[1] Fishery Jurisdiction Case（United Kingdom v. Iceland），Merits，Judgment of 25 July 1974，I. C. J. Reports，1974，pp. 28-31，paras. 63，64，66，69，71；Fishery Jurisdiction Case（Federal Republic of Germany v. Iceland），Merits，Judgment of 25 July 1974，I. C. J. Reports，1974，pp. 197-200，paras. 55，58，61，63.

[2] 参见李任远：《历史性权利法理基础研究——以海洋中历史性权利的产生与发展为视角》，载《太平洋学报》2015 年第 10 期，第 10—11 页。

定历史性权利有关事项、国家通过国内司法实践确定本国关于历史性权利的相关主张、国家以国内立法或政府声明等形式主张历史性权利三种方式。

通过国家间协议确定历史性权利主张的实践目前较少，重要的有1974年《印度与斯里兰卡历史性水域边界与相关事项协议》、1976年《印度与斯里兰卡关于马纳尔湾、孟加拉湾的划界及其他事项协议》、1982年《越南和柬埔寨关于历史性水域的协议》等。另有一些国际文件也曾处理历史性权利的问题，如1972年雅温德的非洲十六国会议的建议案。[1]

关于历史性权利的国内司法实践，最主要的是美国国内法的相关实践。美国于1953年通过了《水下陆地法》（Submerged Land Act），该法划定了州与联邦水域的界限，部分州基于历史性权利，主张部分水域具有历史性内水地位，从而主张比《水下陆地法》之规定更为广阔的水域，引发了一系列的国内司法判例。

部分国家通过国内立法，明确主张部分水域的历史性权利地位。在可获得的国家海洋立法中，截至目前共有11个国家在国内法中明确规定有关历史性权利的内容。这些国家分别是澳大利亚、中国、萨尔瓦多、印度、斯里兰卡、巴基斯坦、菲律宾、俄罗斯、加拿大、肯尼亚和毛里求斯。某些国家曾以立法形式规定历史性权利但后又放弃了该类主张。[2] 另外一些国家则以政府声明、公告等方式宣布历史性权利，如利比亚锡德拉湾（Gulf of Sidra）[3]等。

（一）菲律宾

1973年《菲律宾联邦宪法》第1条规定："国家领土包括菲律宾群岛，包括群岛内所有的岛屿与水域，以及所有基于历史性权利或法定所

〔1〕 See "African States: Conclusions of the Regional Seminar on the Law of the Sea", *International Legal Materials*, Vol. XII, No. 1, 1973, p. 210.

〔2〕 例如，《塞舌尔1977年第15号海洋区域法》规定："（1）总统得通过政府公报发布命令，确定历史性水域的界限；（2）塞舌尔的主权权利包括且永远包括历史性水域、历史性水域下方的海床及其底土，以及历史性水域上方的空域。"Seychelles Maritime Zones Act No. 15 of 1977, Section 8, available at: http://extwprlegs1.fao.org/docs/pdf/sey2120.pdf & last accessed on 10 September 2018.

〔3〕 See Declaration of 10 October 1973, reprinted in John M. Spinnato, "Historic and Vital Bays: An Analysis of Libya's Claim to the Gulf of Sidra", *Ocean Development & International Law*, Vol. 13, 1983, pp. 67-68.

有权而从属于菲律宾的领土,包括领海、空气空间、底土海床……群岛中各岛屿周围、岛屿之间以及连接群岛中各岛屿的水域,无论宽度与深度,构成菲律宾内水。"[1]

(二)印 度

1976年《印度领海、大陆架、专属经济区及其他海域法》第8条规定:"(1)中央政府可以通过官方公报,宣布邻接其陆地一带的水域为历史性水域;(2)印度的主权延伸至其历史性水域,同时及于该水域的海床、底土与空气空间。"[2]第10条进一步明确了第8条的"历史性水域"指的是保克湾(Palk Bay)和马纳尔湾(Gulf of Mannar)两个海湾。[3]

(三)斯里兰卡

1976年《斯里兰卡海域法》第9条规定:"(1)总统可以通过在公报上刊登宣言,宣布斯里兰卡历史性水域的界限;(2)斯里兰卡共和国对历史性水域及其水域上空(in and over the historic waters)行使主权、排他管辖权及控制权,该权利及于历史性水域中的岛屿、大陆架、海床与底土。"[4]第8条确认了1974年《印度与斯里兰卡历史性水域边界与相关事项协议》和1976年《印度与斯里兰卡关于马纳尔湾、孟加拉湾的划界及其他事项协议》中的内容,从国内立法的角度规定保克湾与马纳尔湾是历史性水域以及斯里兰卡在保克湾、马纳尔湾的界限。[5]

(四)巴基斯坦

1976年《巴基斯坦领海与海洋区域法》第7条规定:"(1)联邦政府可以通过在官方公报上发表声明,宣布邻接陆地的水域为历史性水域,并确定其界限;(2)巴基斯坦的主权延伸至历史性水域,并及于该水域之下的海床与底土,同时及于水域上空。"[6]但是,该立法并未明确指出

---

[1] 1973 Constitution of the Republic of the Philippines, Article 1.

[2] The Territorial Waters, Continental Shelf, Exclusive Economic Zone and other Maritime Zones Act of India, Act No. 80, 28 May 1976, Article 8.

[3] The Territorial Waters, Continental Shelf, Exclusive Economic Zone and other Maritime Zones Act of India, Act No. 80, 28 May 1976, Article 10.

[4] Maritime Zones Law of Sri Lanka, Act No. 22, 1 September 1976, Article 9.

[5] See Maritime Zones Law of Sri Lanka, Act No. 22, 1 September 1976, Article 8.

[6] Territorial Waters and Maritime Zones Act of Pakistan, 22 December 1976, Article 7.

其所称历史性水域的位置名称。[1]

(五)萨尔瓦多

1983 年《萨尔瓦多宪法》第 84 条规定:"丰塞卡湾是一个具有半闭海性质的历史性海湾。"[2]

(六)加拿大

1996 年《加拿大海洋法》第 5 条第 3 款规定:"在本条第 2 款规定的加拿大领海以外的其他海域,领海基线从加拿大行使历史性所有权或其他主权权利的外部界限起算。"[3]根据该法的规定,哈德逊湾(Hudson Bay)、哈德逊海峡(Hudson Strait)和北极群岛(Arctic archipelago)内水域分别为其历史性海湾、历史性海峡和历史性内水。

(七) 俄罗斯

1985 年《俄罗斯 4450 号宣言》声明:"乔沙湾(Cheshskaya Bay)和拜达拉塔湾(Baidaratskaya Bay)历史上就属于苏联,地位为内水。"[4]1995 年《俄罗斯大陆架法》第 49 条规定:"连接波沃罗特内角(Cape Povorotny)与达利尼角(Cape Dalniy)南部各小岛形成的基线北段所围成的品仁纳湾(Penshinskaya Bay)水域为内水,海湾为历史性海湾。"[5]

(八) 中　国

1998 年《中华人民共和国专属经济区和大陆架法》第 14 条规定:"本法规定不影响中华人民共和国享有的历史性权利。"但是,无论是

---

〔1〕 根据维基百科的资料,巴基斯坦所主张的历史性水域为印度河流域的部分水域。Wikipedia:Indus Waters Treaty,available at:http://en. wikipedia. org/wiki/Indus_Waters_Treaty,last accessed on 10 September 2018.

〔2〕 El Salvador's Constitution,1983,Article 84.

〔3〕 See Oceans Act (S. C. 1996,c. 31),Article 5,available at:http://laws-lois. justice. gc. ca/eng/acts/O-2. 4/FullText. html, last accessed on 10 September 2018. 该条第 2 款规定,加拿大领海从连接固定基点的低潮线起算,以及利用低潮高地确定领海基线的情形,属于领海基线划定的一般情形,而第 3 款则规定了当历史性权利(历史性所有权)存在时,领海基线的划定方法。

〔4〕 Declaration of Russia, No. 4450, 1985, available at: http://www. un. org/Depts/los/LEGISLATIONANDTREATIES/STATEFILES/RUS. htm, last accessed on 10 September 2018.

〔5〕 Federal Law on the Continental Shelf of the Russian Federation,1995,Article 49,available at:http://www. un. org/Depts/los/LEGISLATIONANDTREATIES/STATEFILES/RUS. htm, last accessed on 10 September 2018.

《专属经济区和大陆架法》还是中国的其他国内立法，都没有明确指出中国享有历史性权利的水域所在的精确地理范围。

（九）澳大利亚

1987 年，澳大利亚依据其 1973 年《海洋与水下陆地法》发表宣言，宣布安克舍斯湾（Anxious Bay）、恩坎特湾（Encounter Bay）、拉瑟佩德湾（Lacepede Bay）和里沃利湾（Rivoli Bay）为其历史性海湾，并附上了四个海湾的具体经纬度。[1]

（十）肯尼亚

1989 年，肯尼亚根据《海洋区域法》宣布安格瓦那湾（Ungwana Bay）为其历史性海湾。[2]

（十一）毛里求斯

毛里求斯在 1977 年第 13 号《海洋区域法》中规定："毛里求斯的主权权利包括且永远包括历史性水域、历史性水域下方的海床及其底土，以及历史性水域上方的空域。"[3] 2005 年第 2 号《海洋区域法案》取代了旧法，在第十一节中规定："总理得根据法规确定毛里求斯历史性水域之界限。"[4]根据有关规定，毛里求斯在罗德里格斯岛（Island of Rodrigues）为马图林湾（Mathurin Bay）划设了历史性海湾封口线。[5] 毛里求斯还在 2017 年的《海洋区域（海洋科考行为）法规》中强调其管辖区域包括历史性水域。[6]

特别值得注意的是，虽然越南并未通过立法主张历史性权利，但越南有两次外交主张历史性权利的实践。越南曾在与中国进行北部湾划界谈判时，主张北部湾是两国共同的历史性海湾，属于越南一侧的水域是其历史性水域。[7] 但该提案被中国拒绝。

---

[1] See Australia's Proclamation of 19 March 1987, Pursuant to Section 7 of the Seas and Submerged Lands Act 1973.

[2] See Maritime Zones Act Cap. 371 of 1989, Section 3 (3).

[3] Maritime Zones Act No. 13 of 1977, Sections 2 & 8.

[4] Maritime Zones Act No. 2 of 2005, Section 11.

[5] See Bureau of Intelligence and Research, U. S. Department of State, "Limits in the Sea, No. 113 Mauritius: Archipelagic and other Maritime Claims and Boundaries", 2014, p. 6.

[6] See Maritime Zones (Conduct of Marine Scientific Research) Regulations 2017, Section 2 (e).

[7] 参见海洋国际问题研究会编：《中国海洋邻国海洋法规和协定选编》，海洋出版社 1984 年版，第 117—121 页。

1982 年越南和柬埔寨签署《关于历史性水域的协议》，和柬埔寨共同声索对泰国湾部分水域具有历史性权利，这些水域具有历史性内水的地位（但未划界）；两国主张这些水域 "具有独特的地理特征和对于两国国防和经济的极端重要性，长久以来就属于越、柬两国"[1]。应当注意的是，该水域未与越南大陆相邻接，也并不属于其历史性海湾。在这些水域中，两国可以联合监督、开发、巡航、保护渔民的渔业习惯，甚至开发大陆架上的油气。这些主张和行动遭到了泰国（也在泰国湾主张了历史性水域）和美国的反对。[2]

除此以外，还有委内瑞拉、阿根廷、保加利亚、多米尼加、埃及、法国、荷兰、挪威、葡萄牙、危地马拉、意大利、巴拿马、斯洛文尼亚、瑞典、泰国、突尼斯、英国、乌克兰、美国等国主张过历史性水域或其他历史性权利。[3]

通过梳理主张历史性权利的国家的国内立法，可以看到：首先，通过国内立法表明历史性权利主张的国家广泛分布于亚洲、北美洲、南美洲、欧洲、大洋洲等，历史性权利是一种广泛存在的国家实践；其次，历史性权利的表现呈现多样化，各国国内立法中的历史性权利主张涉及海湾、海峡、群岛之间的水域和其他类型的水域；最后，各国国内立法反映的历史性权利主张并非内容整齐划一的权利，这从侧面证明了每一项历史性权利的具体内容取决于在特定时空背景下产生权利的惯例，历史性权利的内容是根据个案来确定的。

以国内立法宣告国家的历史性权利主张，表明国家将某一水域纳入国家管辖的意图，是国家公开行使权力的重要表现形式之一，也是证明历史性权利公开性的证据之一。部分国家的立法明确规定享有历史性权利的水域的精确地理范围，这可以作为历史性权利主张的重要依据之一。但是，也应当注意，一项历史性权利的形成是一个漫长的历史过程，是国家基于重要利益，长期对一定水域行使国家权力而形

---

[1]　The Agreement on Historic Waters of Vietnam and Kampuchea, 7 July 1982. 越南与柬埔寨宣称的历史性水域图，参见 Ramses Amer, "Border Conflicts between Cambodia and Vietnam", *IBRU Boundary and Security Bulletin*, Summer 1997, p. 81。

[2]　See Clive Schofield, "Maritime Claims, Conflicts and Cooperation in the Gulf of Thailand", *Ocean Yearbook*, Vol. 22, 2008, p. 92.

[3]　See Appendix, in Clive R. Symmons, *Historic Waters and Historic Rights in the Law of the Sea: A Modern Appraisal*, 2nd ed., 2019, Brill Nijhoff, pp. 437-440.

成的权利。因此，从逻辑上看，并非因为国内立法才开始主张历史性权利，而是先有国家重大利益为驱动力，国家对水域行使权力，继而形成惯例，才发展为历史性权利，最后以立法形式予以确定或重申。这也是许多国家并未有正式立法，但同样可以主张历史性权利的原因。因而，国内立法的作用，不在于宣告历史性权利的成立，而在于对内对外同时公开确认一项业已形成的权利。

以下选取加拿大和美国关于历史性权利的代表性实践进行具体分析。

二、加拿大的历史性权利实践

加拿大是世界上主张历史性权利的国家之一，其主张的历史性权利水域面积巨大，涉及多种水域，主要有历史性海湾、海峡中的历史性水域（历史性海峡）以及群岛中的历史性水域。

（一）哈德逊湾的历史性海湾主张

哈德逊湾位于加拿大东北部，是世界上面积最大的历史性海湾。海湾长 1370 公里，宽 1050 公里，在东部通过哈德逊海峡与大西洋相连，海湾的范围在西经 78°至西经 95°、北纬 51°到北纬 70°之间。海湾的南部是一片向内凹陷的水域，被称为"詹姆士湾"（James Bay）。[1]

加拿大对哈德逊湾的历史性权利来源于英国人 17 世纪初以来的一系列探险与经营活动，后随鲁伯特地（Rupert's Land）的主权转让而移交给加拿大。1906 年，加拿大外交部宣布哈德逊湾为历史性海湾。在从英国处取得对鲁伯特地与哈德逊湾的主权后，加拿大于 1913 年开始对海湾进行大规模的测量，并于其后建立了该地区唯一的深水港丘吉尔港（Port of Churchill）。[2] 至此，哈德逊湾成为世界上最著名的历史性海湾，也是关于历史性海湾最重要的国家实践之一，其有力地证明了国家可以基于历史性所有权，取得海湾的主权。[3]

---

〔1〕 "Hudson Bay", Wikipedia, available at：http://en. wikipedia. org/wiki/Hudson_Bay#cite_note-3, last accessed on 10 September 2018.

〔2〕 "Hudson Bay", Wikipedia, available at：http://en. wikipedia. org/wiki/Hudson_Bay#cite_note-3, last accessed on 10 September 2018.

〔3〕 哈德逊湾历史性权利形成的具体过程，可参见李任远：《国际法中的历史性权利研究》，法律出版社 2018 年版，第 93—98 页。

（二）哈德逊海峡的历史性权利主张

哈德逊海峡是加拿大东北部的海峡，位于巴芬岛（Baffin Island）与魁北克北部海岸之间，是连接哈德逊湾与大西洋之间的海峡，海峡约 450 海里长，宽度从 50 海里到 150 海里不等。哈德逊海峡实际上位于哈德逊湾与北极群岛之间，其地位与哈德逊湾的历史性海湾地位密切相关。

加拿大对哈德逊湾与哈德逊海峡的权利继承自英国对该地区的权利。英国对哈德逊海峡确立权利，实际上与其对哈德逊湾确立主权是同一个过程，均始于 17 世纪哈德逊发现哈德逊湾以及 1668 年以来，英国对鲁伯特地、哈德逊湾以及哈德逊海峡所逐步确立的历史性所有权。自哈德逊湾公司成立并在北美从事贸易以来，哈德逊海峡是哈德逊湾的重要出海口，一直是商贸的重要通道，因而，哈德逊湾与哈德逊海峡实际上构成一个整体。1870 年，加拿大取得了鲁伯特地的所有权，同时继承了对哈德逊湾以及哈德逊海峡的权利。[1] 1973 年，加拿大主张哈德逊海峡是其历史性内水。[2] 此外，加拿大还主张多个海峡和其他水域为其历史性内水。哈德逊海峡的历史性内水地位，表明历史性所有权不仅可以存在于海湾，也可以存在于海峡等其他海域；同时，哈德逊海峡的历史性所有权作为历史性权利的一种，也表明历史性权利具有多样性，可以存在于不同海域。

（三）北极群岛间水域的历史性权利主张

北极群岛是加拿大西北领土的组成部分，群岛由 36563 个岛屿组成，覆盖的总面积为 140000 平方公里。岛屿之间以及岛屿和大陆之间被许多水道所分隔，这些水道被总称为西北航道（Northwestern Passages）。[3] 加拿大主张北极群岛内的水域为其历史性水域。加拿大对北极群岛以及北极群岛水域的权利于 1880 年继承自英国。

1. 英国人发现北极群岛及水域

自 16 世纪起，英国人发现北极群岛各个岛屿并确立岛屿主权，同英国人通过航行发现水域并确立对水域的历史性权利，实际上是同一

---

〔1〕　Edward Butts, *Henry Hudson: New World Voyager*, Dundurn Press Ltd., 2009, p. 170.

〔2〕　Donat Pharand, *Canada's Arctic Waters in International Law*, Cambridge University Press, 1988, p. 111.

〔3〕　"Arctic Archipelago", Wikipedia, available at: http://en. wikipedia. org/wiki/Canadian_Arctic_Archipelago#cite_note-dispute-5, last accessed on 10 September 2018.

个历史过程。[1] 英国发现、开辟北极群岛水域是一个官方为主导,民间力量同时发挥重要作用的水域探险与航道开辟过程。

2. 加拿大对北极群岛的管理

从英国处接管北极群岛以后,加拿大对北极群岛采取了一系列的管理措施。由于有少数美国人曾在佛罗比舍海湾(Frobisher Bay)以及坎伯兰海峡(Cumberland Sound)出现,加拿大派出船队对该地进行占领,同时告知当地人以及外国人必须注意加拿大的法律,尤其是加拿大的习惯法。船队按照政府的指令在巴芬湾进行主权宣示,升起加拿大国旗。[2] 其后,加拿大政府多次派遣船队巡视哈德逊湾以及北极群岛水域,在该水域进行科考活动、签发渔业许可。[3]

从1922年起,加拿大每年派出皇家骑警队巡视北极群岛在内的北极地区,骑警队在许多岛屿上都建立了哨所。同时,加拿大对在此进行补给任务的美国船舶进行管理,美国海军进入此地区需要征得加拿大政府的同意。[4]

3. 关于北极群岛水域的历史性权利主张

加拿大主张北极群岛水域为历史性水域,而实际上这项权利最初继承自英国。英国对北极群岛及其水域的发现与管理有四个重要特点。

第一,英国人最先发现了北极群岛及其相关水域。英国人早在1553年首先发现了北极群岛相关岛屿,在16世纪率先完成对北极群岛的探险。因此,在初始权利的确立上,英国人处于优势地位。

第二,从探险的具体情况看,英国对北极群岛的探险次数多、范围广。从16世纪到19世纪后期,目前已知英国在北极群岛的探险项目总共73项,仅"寻找富兰克林"这一项探险项目就有70次探险。[5] 探险范围覆盖了几乎所有北极群岛的陆地与水域,且达到北极地区。英国对北极群岛水域探索与发现的深度与广度,由此

---

[1] 参见李任远:《国际法中的历史性权利研究》,法律出版社2018年版,第99—101页。

[2] Donat Pharand, *Canada's Arctic Waters in International Law*, Cambridge University Press, 1988, p. 114.

[3] 李任远:《国际法中的历史性权利研究》,厦门大学2014年博士学位论文,第101—102页。

[4] Donat Pharand, *Canada's Arctic Waters in International Law*, Cambridge University Press, 1988, p. 120.

[5] 英国探险者于1557年至1846年在北极群岛地区的航线图,参见 Donat Pharand, *Canada's Arctic Waters in International Law*, Cambridge University Press, 1988, p. 115.

可见一斑。

第三，英国对北极群岛水域的探索与管理，实际上是一种官方为主导，官方与民间力量相结合的探索与管理方式，且具有较强的持续性。发现北极群岛的过程，尤其是"寻找富兰克林"这一重要的探险项目，由议会、媒体与民间共同提倡，由海军部派遣船队实行，这种探险带有很强的国家性质，实际上是国家权力在北极群岛水域的延伸。在官方力量的带动下，民间形成探险热潮，积极加入探险活动，客观上推动了英国对北极群岛及其水域的发现、占领、开发与利用。官方为主导、民间力量积极参与，这是北极群岛水域历史性权利确立过程最重要的特点，这一点与中国在南海的历史性权利确立过程有相似之处，值得注意。

第四，英国对北极群岛水域的探险具有很强的持续性与稳定性。1553 年到 1880 年这 300 多年的时间中，平均不到 5 年便有一次航海探险计划，而每次探险计划包含了多次航海探险活动。在这 300 多年间，英国在北极群岛的探险活动不计其数。这在当时的自然环境与技术背景之下，实属不易。英国的探险活动还具有排他性，除了早期有部分国家在北极群岛外围水域进行探险，群岛中绝大部分航道都是由英国人探索发现。英国对北极群岛的探索与发现，具有稳定性、持续性，3 个多世纪以来，已经形成了惯例，并且得到其他国家的默认，成为一项历史性权利。

加拿大在继承英国对北极群岛的历史性权利以后，采取了宣示主权、实际占领、实施渔业许可制度、进行科学考察、对来往船舶进行管理等方式，保持其对水域的管辖权。英国从 16 世纪到 19 世纪对北极群岛及其水域的发现与探索，实际上为加拿大的历史性权利（历史性水域）主张奠定了关键的基础，正是英国早期在长达 3 个多世纪的时间里，投入了大量的人力物力，对北极群岛的几乎所有水域进行了几近全方位的探索，才使加拿大的历史性权利主张有了关键依据。综合考察英国在北极群岛探险情况，英国对该群岛及其水域的探索、发现、占有与利用，时间早、次数多、覆盖面广，体现出持续性、稳定性与很强的独占性，符合历史性权利成立的要素。同时，应当特别注意，英国对北极群岛及其水域的探索，实际上是同一个过程，对群岛陆地是通过航道的开辟与探险发现的，群岛水域权利的产生与陆地领土主权的取得过程无法完全分割，且该过程是以官方推动、民间积极参与的方式推进，官方与民间成为发现与管理群岛与水域的共同体，相互依赖，相互促进。这一点对中国南海历史性权利的证成具有重要的参考价值。

三、美国的历史性权利实践

（一）美国国内的司法实践

由于特殊的联邦政治架构，美国出现了一系列各州与联邦之间争夺对沿岸海域及其底土之权利的诉讼案件。其中，比较重要的案件有美国诉加利福尼亚州案（1965 年）、美国诉路易斯安那州案（1969 年）、美国诉阿拉斯加州案（1972 年）以及阿拉斯加州诉美国案（2005 年）。[1] 这些案件是由美国《水下陆地法》的颁布和实施所引起的。根据 1953 年《水下陆地法》，各州海岸线 3 英里之内的区域为各州的可航行水域（navigable waters）。在可航行水域内，各州享有对水域及其陆地的所有权、对水下陆地及其水域中的自然资源的权利。各州可航行水域以外的地区的水域以及水下陆地的权利均为联邦所有，各州不得主张任何权利。[2] 该法案划定了州与联邦之间对沿岸水域的所有权和管辖权的地理范围，但如果各州在 3 英里以外的水域拥有历史性权利，则各州可以依据历史性权利向联邦就更大宽度的水域主张权利。加利福尼亚州、路易斯安那州以及阿拉斯加州均提出了这样的主张。

1. 美国诉加利福尼亚州案（1965 年）

在该案中，加利福尼亚州主张蒙特雷湾（Monterey Bay）、圣塔莫妮卡湾（Santa Monica Bay）以及圣佩德罗湾（San Pedro Bay）是加利福尼亚州的历史性海湾。联邦最高法院认为，虽然依据 1958 年《领海及毗连区公约》第 7 条的规定，历史性海湾不适用《领海及毗连区公约》规定的 24 海里规则，但历史性海湾是国家历史上主张维持占有，

---

〔1〕　除此以外，涉及历史性权利的美国司法案例还有：美国诉佛罗里达州案（1975 年）、美国诉缅因州案（1975 年）、罗德岛与纽约州边界案（1985 年）、马萨诸塞州边界案（1985 年）、阿拉巴马州与密西西比州边界案（1985 年）和美国诉阿拉斯加州案（1997 年）等。Anastasia Telesetsky, "Maritime Historic Rights in United States Jurisprudence", *Korean Journal of International and Comparative Law*, Vol. 7, 2019, pp. 195-204.

〔2〕　See Submerged Land Act, 1953, Articles 1301, 1302, 1311, available at: https://www.law. cornell. edu/uscode/text/43/chapter-29, last accessed on 10 September 2018.

得到国际社会默认的海湾。加利福尼亚州不得提出历史性海湾主张，除非该主张得到联邦的支持或者有证据证明其对所主张的海域维持控制。在本案中，没有证据证明加利福尼亚州对该水域保持控制。作为一般内水的例外，对历史性内水的证明应适用严苛的证明标准（rigorous standard of proof）。联邦最高法院认为，加利福尼亚州提供的证据中，只有关于管辖权的立法声明，而无进一步的证据表明加利福尼亚州对该水域进行主动和持续的控制，故而这一证据并不足以使一项主张成立。美国否认本案中的所有历史性内水主张，但若证据清楚且毫无疑义（clear beyond doubt），联邦的否认并不具有决定性的意义。然而在本案中，由于加利福尼亚州对所主张水域行使持续和排他占有的证据存疑，联邦的否认便具有了决定性的意义[1]。该案中，联邦最高法院将历史性内水作为联邦对水域管辖权的例外，对权利的证明适用"清楚且毫无疑义的标准"，该证明标准对后来的若干案件产生了深远影响。

2. 美国诉路易斯安那州案（1969 年）

在该案中，路易斯安那州主张密西西比三角洲所有的水域为历史性海湾。美国联邦最高法院认为，路易斯安那州所提出的证据尚存可疑之处，并不能使其主张"路易斯安那州争论之水域已行使持续及排他的统治"成立[2]。

3. 美国诉阿拉斯加州案（1972 年）

该案争议的焦点是库克湾（Cook Inlet）是否为阿拉斯加州的历史性内水。1972 年，阿拉斯加联邦地区法院判决阿拉斯加州胜诉，库克湾为历史性内水（历史性海湾），该判决在 1974 年联邦上诉法院第九巡回法庭的二审中得到维持。1975 年，该案上诉至美国联邦最高法院，终审判决阿拉斯加州败诉。通过援引联合国 1962 年《包括历史性海湾在内的历史性水域法律制度》报告，联邦地区法院和最高法院在考察阿拉斯加州的历史性水域主张是否成立时均考虑了三个方面的问题：行使主权的行为、行使主权的持续性以及他国的态度[3]。尽管已

---

〔1〕 United States v. California, 381 U. S. 139 (1965), available at: https://supreme. justia. com/cases/federal/us/381/139/, last accessed on 10 September 2018.

〔2〕 See United States v. Louisiana, 394 U. S. 11 (1969), available at: https://supreme. justia. com/cases/federal/us/394/11/, last accessed on 10 September 2018.

〔3〕 See United States v. Alaska, 422 U. S. 184 (1975), available at: https://supreme. justia. com/cases/federal/us/422/184/, last accessed on 10 September 2018.

有两个先例，本案初审和终审判决在考察阿拉斯加州的主张是否满足历史性内水的构成要素时得出了不一样的结论，联邦最高法院贯彻了其在历史性内水认定方面采取更严格的证明标准的做法。

在考虑是否存在对库克湾行使主权的行为时，阿拉斯加州联邦地区法院认为，从 1906 年《外国人捕鱼法》[1]（The Alien Fishing Act of 1906）实施以后到 1960 年《阿拉斯加州地位法》（Alaska Statehood Act）实施之前，争议水域一直由联邦管辖，联邦排除外国人捕鱼的行为以及在水域中设置渔业保护区并进行巡逻的行为便是其管辖权行使的体现。[2] 联邦最高法院则认为，虽然 1906 年《外国人捕鱼法》要求区别对待本国渔船和外国渔船，但该法令适用于"美国管辖下的阿拉斯加水域"；就库克湾而言，可推定该法令仅适用于库克湾距离海岸 3 英里内的水域，也没有证据显示该法案曾经在库克湾距离海岸 3 英里之外的水域实际执行过。[3] 在《阿拉斯加州地位法》实施以后，阿拉斯加州继承了联邦对争议水域的管理权。在考察案情后，联邦地区法院认为，在《阿拉斯加州地位法》实施以后，阿拉斯加州曾在谢利科夫海峡（Shelikof Strait，该海峡邻接库克湾湾口西南侧）扣押过日本渔船，该行为构成州对争议水域行使主权的行为。[4] 联邦最高法院虽然也认同阿拉斯加州扣押渔船的行为构成对争议水域行使主权的行为，却认为由于执法行为发生在库克湾水域之外，美国联邦政府在该事件发生之时并未明确支持库克湾的历史性内水地位，且不能认为日本政府对该执法行为表示默认，故该事件不足以证明库克湾的历史性内水地位。[5]

4. 阿拉斯加州诉美国案（2005 年）

该案的争议点在于亚历山大群岛（Alexander Archipelago）周围的水域是否构成阿拉斯加州的历史性内水。由于美国最初是从俄国通过购买土地而获得对阿拉斯加的主权，联邦最高法院分别审查了阿拉斯加在俄国统治时期以及主权归属美国以后水域的法律地位问题。联邦最高法院主要考虑的是，阿拉斯加州在其所主张的海域内是否排除了

---

[1] 该法因 1960 年《阿拉斯加州地位法》的实施而废止。

[2] United States v. Alaska, 352 F. Supp. 819-820 (1972).

[3] United States v. Alaska, 422 U. S. 184 (1975).

[4] United States v. Alaska, 352 F. Supp. 819-820 (1972).

[5] United States v. Alaska, 422 U. S. 184 (1975).

其他国家船舶的无害通过。在考察了1824年美国与俄国之间签订的一个涉及通航的条约、争议水域俄国的军舰问题、俄国逮捕美国"洛里奥"号（Loriot）船舶事件、1886年美国国务院写给财政部长的信函以及美国在1903年阿拉斯加仲裁案中的相关态度对本案的影响等几个问题后，联邦最高法院认为，在原本是亚历山大群岛周围水域，相关的当事方并未排除外国船舶的无害通过，因而在该水域的历史性内水主张不成立。[1]

（二）美国对待历史性权利的态度与历史性权利的证明标准

从上述一系列案件来看，历史性权利的作用在于突破1953年的《水下陆地法》对美国各州管辖水域的地理范围限制，扩大各州主张的可航行和可开发水域的范围。依据《水下陆地法》的规定，各州在其海岸线3英里以内的可航行水域内享有对水域以及水下陆地的所有权，也享有对其中的自然资源的权利。据此，可航行水域的法律地位实际上等同于《公约》意义上的国家内水。所以，这一系列案件中各州主张历史性权利的水域类型必然为内水，案件的证明标准也必然依循内水法律地位的证明而采取较高的证明标准，渔业规章、批准养殖和采矿，甚至航行管理都可能不被接受为权力行使的行为。[2]可能恰恰是基于这样的国内法律实践，美国在国际上对历史性权利主张的类型理解比较单一，对"狭义的历史性权利"持怀疑态度。应当看到，这一系列关于历史性权利的美国国内司法实践，只代表了历史性权利众多类型中的一种。如前所述，为历史性权利所支配的水域在性质上除了可以等同于《公约》所称内水，还可以相当于其他类型的国家管辖水域，甚至有一些历史性权利并不针对整个海域空间，而是针对某一项具体的海上活动。

至于历史性权利的证明标准，美国联邦最高法院在前述美国的国内司法判例中总体上要求采用"清楚且毫无疑义"的标准，但是在不同案件中具体运用该证明标准却存在明显差别。这种差别集中体现1975年联邦最高法院美国诉阿拉斯加州案与2005年联邦最高

---

[1]　Alaska v. United States 545 U. S. 75（2005），available at: https://www. law. cornell. edu/supct/html/128ORIG. ZO. html，last accessed on 10 September 2018.

[2]　See Anastasia Telesetsky, "Maritime Historic Rights in United States Jurisprudence", *Korean Journal of International and Comparative Law*, Vol. 7, 2019, p. 206.

法院阿拉斯加州诉美国案上。联邦最高法院在前一个案例中主要考察有关当局是否在争议水域中排除外国人的捕鱼行为，而在后一个案件中则主要考察有关当局是否在水域中排除外国船舶的无害通过。毫无疑问，排除外国人的捕鱼行为既体现了主权，也表示了州对水域中的渔业资源享有专属权利，作为建立权利主张的依据，这样的行为是有效的。但是，必须认识到，单纯的渔业管辖权的实施确实不同于排除外国船舶的无害通过。因为根据现代海洋法的相关规则，沿海国无论是在内水还是在领海之内都可以实施渔业管辖权，但是只有在内水中才能对未经授权在其中航行的一般外国船舶行使管辖权，也只有在内水中才可以排除无害通过。由此可见，虽然这两个案例都在讨论"可航行的水域"，但在具体的案件背景下相关当事方对争议水域主张的历史性权利在权利内容和强度方面是有差别的。既然历史性权利有不同的类型，各类权利在强度和具体内容方面有差异，就应该考虑根据不同类型历史性权利的特点在证明标准方面有所区别。

本节小结

关于历史性权利的国家实践，广泛分布在亚洲、大洋洲、北美洲、南美洲、非洲以及欧洲。[1] 从其存在的水域考察，历史性权利存在于各种水域中，既广泛存在于海湾中，也可存在于海峡、群岛周围水域甚至河流中。这一点与联合国 1962 年《包括历史性海湾在内的历史性水域法律制度》报告关于历史性权利可以存在于多种水域中的论断是一致的。

就国家的实践而言，无论何种水域，只要国家在其中有行使国家权力的行为，这种行为得到其他国家的容忍，经过较长的时间，成为稳定的惯例，就可形成一项历史性权利。从历史性权利的权利内容考察，历史性权利的内容与历史性权利形成过程中国家行使权力的内容直接相关。因而，在国家实践层面，历史性权利并非一项单一内容的权利。可以认为，历史性权利这一概念所表达的是一种权利的产生方式，即国家依据在某一区域（通常是水域）长期行使权力的惯例，可

---

〔1〕　联合国 1957 年关于历史性海湾的研究报告囊括了欧洲国家的实践。See Historic Bays: Memorandum by the Secretariat of the United Nations, U. N. Doc. A/CONF. 13/1, 1958.

以对其主张历史性权利。在这个意义上，历史性权利属于习惯国际法的内容，而不是一般国际法规则的例外。[1]

需要注意的是，历史性权利中惯例（usage）的概念，有别于习惯法中的习惯（custom）的概念，诚如联合国在报告中所言，惯例这一术语有两个意思：一方面可以表示一种普遍化的行为模式，即很多人同时以相同或相似的方式做出某些行为，《国际法院规约》第 38 条的中文本将之译为"通例"（general practice）；另一方面可以表示同一主体对某些相同或相似行为的重复。对这两种意义上的惯例进行区分很重要，因为前一种意义上的惯例构成了习惯法的基础，而后一种意义上的惯例所产生的是一项具体的历史性权利。[2]

第四节　涉及对海域的历史性权利主张的国际司法和仲裁实践

20 世纪初到 21 世纪，有一些国际司法和仲裁案件涉及国家对海域的历史性权利主张。1910 年北大西洋渔业仲裁案标志着历史性权利正式进入国际司法与仲裁实践的视野；在 1951 年国际法院英挪渔业案中，历史性权利对直线基线规则的形成产生了重要影响；两个有关丰塞卡湾的案件对历史性权利重要特点的阐明产生了重要作用；2006 年巴巴多斯与特立尼达和多巴哥仲裁案是关于历史性捕鱼权的重要案件。这些国际司法和仲裁实践对于全面理解历史性权利的样态、构成要素以及证明标准都有关键的指引作用。

一、北大西洋渔业仲裁案

1818 年，英国与美国签订条约，英国依据条约授予美国在其当时所属的北美海岸及沿岸相关的渔业权利。同时，条约规定美国放弃在部分海岸、海湾、河口湾和港口及其 3 海里的海域内进行捕鱼、晒鱼干和腌制渔获的权利。双方对该限权条款的适用范围存在争议，并于

---

〔1〕 另见刘晨虹：《中国南海历史性权利之"国际习惯法"说新解》，载《太平洋学报》2019 年第 9 期，第 2—5 页。

〔2〕 See Judicial Regime of Historic Waaters Lucluding Historic Bays—Study Prepared by the Secretariat, U. N. Doc. A/CN. 4/143, 1962, p. 15.

1909 年协议将争端提交常设仲裁法院仲裁。美国认为限权条款只适用于部分海湾，英国则认为该条款适用于所有海湾。仲裁庭裁定，该限权条款适用于所有海湾。

本案涉及 3 海里规则在海湾的适用是否存在例外的问题，因此涉及历史性海湾问题。美国认为，前述 3 海里规则在海湾的适用存在例外，这些例外经过了条约以及惯例的授权。仲裁庭认为："公约或者已经确立的惯例可以作为主张领湾（territorial bays）的基础，这些海湾可能可以被称为历史性海湾。这些主张在对这个问题缺少国际法规则的情况下是有效的。"[1]

德拉戈（Louis M. Drago）仲裁员在反对意见中对历史性海湾发表了更加详细的意见。他认为：3 海里虽然是适用于海湾的一般惯例，但存在例外；许多海湾，尽管其湾口宽度大于一般海湾，但由于远古惯例的授权，可以作为领海置于国家主权之下。他还列举了学者的观点、国际学术机构的观点、国家的主张等三个方面的证据证明历史性海湾的存在。德拉戈仲裁员首先引述了英国国际法学家韦斯特莱克（John Westlake）的观点。韦斯特莱克认为存在上述类型的海湾，如纽芬兰的康塞普申湾（Conception Bay）完全属于英国所有，切萨皮克湾（Chesapeake Bay）以及德拉维尔湾（Delaware Bay）属于美国所有等。国际法研究院在其 1894 年的年会上认为对于海湾的一般规则是湾口不超过 12 海里，但经过持续而确定的惯例授权，国家可以享有更大宽度的海湾。这种观点还得到了美国的认可，美国国会宣布对某些海湾享有专属管辖权，当国家主张管辖权的依据是为了保护本国安全，则可以不顾湾口宽度的大小。在递交给枢密院的关于纽芬兰地区康塞普申湾的意见书中，著名英国法官布莱克本（Lord Blackburn）指出，英国政府长时间在海湾行使主权，而且这种主张已经得到其他国家的默认，这表明海湾长时间为英国所排他占领，这种情形对于任何国家的仲裁庭来讲都是很重要的。另外，英国通过议会立法的形式在法律上宣告了海湾为其国家领土的一部分，这部分领土受纽芬兰的管辖。[2]

---

〔1〕　The North Atlantic Coast Fisheries Case, Award, 1910, R. I. A. A., Vol. Ⅺ, 2006, p. 197.

〔2〕　The North Atlantic Coast Fisheries Case, Dissenting Opinion of 7 September 1910, R. I. A. A., Vol. Ⅺ, 2006, pp. 205-206.

据此，德拉戈仲裁员认为，特定的某一类海湾可以称为历史性海湾，诸如美国的切萨皮克湾和德拉维尔湾，以及南美洲的拉普拉塔河河口湾（the great estuary of Río de la Plata）构成了自成一类的独特的海湾，且这些海湾无疑属于沿海国，无论海湾凹陷的深度以及湾口的宽度如何，当国家主张对海湾的主权时，相关的情况，如地理构造、远古的惯例以及首要的因素——国家自卫的要求，使这种主张正当化。英国对康塞普申湾、沙乐湾（Chaleur Bay）的主张就属于这一类。[1]

该案的判决以及仲裁员的个人意见对有关历史性权利的习惯国际法制度发展产生了较为深远的影响。首先，该案使得以历史性海湾为表现样态的历史性权利得到了国家实践、国际司法与仲裁实践、国际组织和国际法学者的支持和认可。

其次，该案指出历史性海湾产生的动因——防卫的需要。[2] 这一点对认识历史性权利在国际法中的正当性问题有重要作用。基于海湾的特殊地形，国家在海湾地区容易受到其他国家的攻击。正是基于保卫国家安全的考虑，部分国家对面积广大的海湾行使国家权力，随着时间的流逝而成为惯例，进而发展成历史性权利。所以，在海域中的某种重大利益是海洋法领域的历史性权利产生的动因。有关内容在后续的国际司法和仲裁案例中有进一步的发展。

最后，该案实际上肯定了惯例在历史性海湾形成过程中的作用。尤其是，该案指出远古惯例（immortal usage）在证成历史性权利中的作用，实际上是对历史性权利中的远古权利理论的肯定。远古权利是历史性权利中的一种类型，即形成时间久远的历史性权利，一般指在近代海洋法形成之前就已经存在的历史性权利。远古权利理论存在于物所处的状态之起源并不清楚的情形下，在这种情形下无法证明物所处的这种状态是合法还是非法，故此推定为合法。[3] 国家主张远古权利的作用在于，依据远古权利理论，国家不需要证明所有关于历史性

---

〔1〕 The North Atlantic Coast Fisheries Case, Dissenting Opinion, 1910, R. I. A. A., Vol. Ⅺ, 2006, p. 206.

〔2〕 The North Atlantic Coast Fisheries Case, Dissenting Opinion, 1910, R. I. A. A., Vol. Ⅺ, 2006, p. 206.

〔3〕 D. H. N. Johnson, "Acquisitive Prescription in International Law", *British Yearbook of International Law*, Vol. 27, 1950, p. 332.

权利的要素。[1]

二、与丰塞卡湾的历史性海湾地位有关的案例

丰塞卡湾位于中美洲太平洋地区，海湾的湾口宽度为 35 公里，覆盖了 3200 平方公里的水域。海湾有三个沿岸国，分别是萨尔瓦多、洪都拉斯与尼加拉瓜。[2] 在国际司法实践中，共有两个案件涉及丰塞卡湾的法律地位。第一个案件是 1917 年萨尔瓦多与尼加拉瓜之间的争端，案件由中美洲法院在 1917 年做出判决；第二个案件的当事方为萨尔瓦多和洪都拉斯，尼加拉瓜作为第三方参与该案，该案由国际法院在 1992 年做出判决。丰塞卡湾的法律地位是这两个案件中的核心问题，两个案件在丰塞卡湾法律地位的认定上有重要联系。

（一）1917 年中美洲法院萨尔瓦多与尼加拉瓜丰塞卡湾案

该案起因于 1916 年尼加拉瓜与美国签订了《布莱恩-查莫罗条约》（Brgan-Chamorro Treaty），条约授予美国建造通洋运河以及在丰塞卡湾建造军事基地的权利。萨尔瓦多认为，条约损害了其对丰塞卡湾享有的共同所有权。之后，两国同意将争端提交给中美洲法院解决。萨尔瓦多主张，从 16 世纪西班牙人发现海湾开始，海湾一直处在西班牙主权之下。中美洲共和国解体以后，西班牙对海湾的所有权由中美洲联邦共和国继承。中美洲联邦共和国对该海湾的排他所有权其后由萨尔瓦多、洪都拉斯与尼加拉瓜继承。被告尼加拉瓜则否认海湾共有，主张三个国家按照各自的海岸线享有丰塞卡湾对应部分的水域的权利。尼加拉瓜还认为，尼加拉瓜与洪都拉斯之间并不存在海湾的共有关系，而萨尔瓦多与尼加拉瓜既非邻国也非接壤国（neither a neighbor nor a co-boundary state），更不存在共有关系，尼加拉瓜据此否认丰塞卡湾的共有地位。[3]

中美洲法院认为，三个国家共有海湾，并不妨碍历史性海湾这一原则在该海湾的适用，因为这三个国家在历史进程中并非总是互相独

---

[1] See Special Master's Report by Walter Hoffman, United States v. State of Maine, October 1984, pp. 25-26.

[2] "Gulf of Fonseca," Wikipedia, available at: http://en. wikipedia. org/wiki/Gulf_of_Fonseca, last accessed on 10 September 2018.

[3] El Salvador v. Nicaragua, Central American Court of Justice, Judgment, 1917.

立，而是构成了单一国际政治实体的一部分。

从历史、地理以及周边国家的重大利益等三个方面进行审查后，法院认定丰塞卡湾是具有闭海性质的历史性海湾。

关于历史因素，中美洲法院认为，沿岸国家对丰塞卡湾的排他所有权的历史性起源是近四个世纪以来对水域的排他占有。1522 年海湾被发现并被卡斯提尔王朝作为皇家财产，1821—1839 年其归独立的中美洲联邦共和国所有。在中美洲联邦共和国解体后，萨尔瓦多、洪都拉斯与尼加拉瓜因为地理上的相互依存以及共同防御的目的，作为西班牙的继承者，共同继承了西班牙相应范围内的领土，这些领土包括海湾和群岛。在这三个政治时期，政府的代表公开确认其对海湾的和平占有与所有权，这意味着没有其他任何国家反对，也没有出现相反的情况；1850 年《克莱顿-布尔沃条约》（Clayton-Bulwer Treaty）与1902 年《海-庞斯富特条约》（Hay-Pauncefote Treaty）条约的签订使丰塞卡湾受到保护，也体现了对中美洲联邦主权与独立的尊重，这是正义原则的神圣体现。[1]

关于地理因素，中美洲法院分析了湾口与海湾内航道两个方面的情况。关于湾口情况，中美洲法院分析了当时若干有重要影响力的地图，包括美国海军地图、1884 年北美海军委员会（North American Naval Commission）制作和出版的地图、1838 年英国皇家海军船长爱德华·贝尔切（Edward Belcher）制作的地图，法院指出，尼加拉瓜地区和萨尔瓦多地区在海湾两个部分之间的界线互相交叉重合将丰塞卡湾封闭，使海湾成为一个纯粹位于中美洲联邦共和国管辖权之下的内部湾。同时，根据沿岸国的法律，其各自在海湾地区享有一个 4 里格（相当于 12 海里）的检验区，由于海湾的湾口宽度为 35 公里，从尼加拉瓜和萨尔瓦多的沿岸各自测量 4 里格的距离，检验区的界线必然出现重合从而将湾口封闭，海湾位于中美洲共和国的管辖之下。[2]

关于海湾内航道的情况，中美洲法院认为，丰塞卡湾湾口水深在4.3 米—7.6 米（14 英尺—25 英尺）之间，湾内水域较浅，部分水域只有 0.9 米（3 英尺）深，海湾内只有两条深水航道，其他水域水深

---

〔1〕 El Salvador v. Nicaragua, Central American Court of Justice, Judgment, 1917.

〔2〕 El Salvador v. Nicaragua, Central American Court of Justice, Judgment, 1917.

过浅且沙洲密布，属于航行的危险水域。[1] 湾内的地理情况决定了三个沿岸国必须共用航道。

中美洲法院还考虑了三个沿岸国在丰塞卡湾的重大利益：丰塞卡湾中优良的港口可以为船舶的建造和修理提供方便；海湾沿岸肥沃的土地以及三个国家之间的当地交通在经济上具有重要的价值；海湾作为太平洋地区不可或缺的中转站，是两个大洋之间的要道。[2]

中美洲法院考虑上述因素，认为丰塞卡湾属于历史性海湾这一特殊种类的海湾，而且丰塞卡湾是萨尔瓦多、洪都拉斯与尼加拉瓜的专属财产。具体而言，距离海岸 1 里格（3 海里）的领水[3]（territorial waters）是各国行使排他管辖权的水域，而在 3 海里以外的水域则为三个国家共同所有的水域。

总体上，该案在多方面对历史性海湾的性质和构成要素的诠释，奠定了后续国际法上对历史性权利相关问题的基本认识框架。首先，该案的裁决肯定了国家可以基于历史性海湾主张更大面积的海洋权利，这是历史性权利的最基本作用。其次，该案使得北大西洋渔业仲裁案提出的重大利益从安全利益拓展到经济利益。最后，该案明显体现了每项历史性权利内容都具有个案的特殊性，因此不能与以《公约》为代表的现代海洋法规则所确立的国家管辖海域类型进行简单的对应。毕竟，在该案中，沿岸国对丰塞卡湾历史性权利的产生时间早于现代海洋法中内水概念的产生时间，产生在前的权利与产生在后的法律概念之间存在差异，是一种符合逻辑的客观现象。这种差异性在 1992 年的萨尔瓦多和洪都拉斯之间的海洋划界案中得到国际法院的进一步肯定。

（二）1992 年国际法院萨尔瓦多与洪都拉斯领土、岛屿和海上边界争端案

萨尔瓦多与洪都拉斯于 1986 年将关于一系列边境岛屿和水域的争端提交国际法院判决。尼加拉瓜申请作为第三方参与诉讼，国际法院

---

〔1〕 El Salvador v. Nicaragua, Central American Court of Justice, Judgment, 1917.

〔2〕 El Salvador v. Nicaragua, Central American Court of Justice, Judgment, 1917.

〔3〕 在早期，"领水"是一个含义并不明确的术语，在海洋法发展早期经常见诸学者的著作以及部分判决中，该术语有时被用来指称内水，有时也被用来指称领海。联合国国际法委员会后来定义了"内水"与"领海"而不再使用"领水"这一术语，使这一争论最终结束。Juridical Regime of Historic Waters Including Historic Bays—Study Prepared by the Secretariat, U. N. Doc. A/CN.4/143, 1962, p. 22.

设立的特别分庭审理了此案。经过审理，国际法院认为尼加拉瓜的利益将受到关于丰塞卡湾法律地位事项判决的影响，除此之外，尼加拉瓜的利益不受案件其他事项判决的影响，因此裁定允许其作为第三方参与本案关于丰塞卡湾法律地位的有关事项。[1] 国际法院特别分庭于1992年对案件做出判决。

由于1917年中美洲法院判决对丰塞卡湾之法律地位的判断与该案的海洋划界问题直接相关，国际法院必须对1917年中美洲法院判决的效力做出决定。国际法院特别分庭认为，1917年中美洲法院的判决对该案没有拘束力，理由是：第一，在1917年案件中，只有萨尔瓦多是该案的当事方；第二，1917年争端的主要问题之一是尼加拉瓜签订《布莱恩-查莫罗条约》所应承担的责任以及条约对萨尔瓦多的影响，这些都不属于该案的内容。但是，国际法院认为，由于1917年的判决是由一个适格法院所做出的与该案有关的先前判决，按照《国际法院规约》第38条的规定，1917年的判决可以作为确定国际法规则的补充性来源。[2]

在海湾法律地位方面，国际法院特别分庭认为，海湾由西班牙航海家安德烈斯·尼诺（Andres Nino）于1522年发现并以其航行赞助人——当时西班牙布尔戈斯市主教胡安·罗德里格斯·德·丰塞卡（Juan Rodriguez de Fonseca）的名字命名。西班牙王国在此后主张并和平、持续地行使了主权，这没有受到其他国家严正的或者是持续性的反对。国际法院特别分庭接着概述了中美洲国家的发展史，认为中美洲联邦共和国基于继承享有在海湾的权利。国际法院特别分庭最终也承认，海湾由三个国家共同所有，在1里格（3海里）海域范围之内三个国家各自拥有所有权。对于海湾中1里格（3海里）以外的水域，分庭认同中美洲法院的意见，认为海湾在3海里以外的水域是三个国家享有共同主权的历史性水域。[3] 分庭指出，1里格以外的湾内水域

---

〔1〕 Case Concerning the Land, Island and Maritime Frontier Dispute (El Salvador v. Honduras), Application of Nicaragua for Permission to Intervene, Judgment of 13 September 1990, Judgment, I. C. J. Reports, 1992, p. 137.

〔2〕 Case Concerning the Land, Island and Maritime Frontier Dispute (El Salvador v. Honduras), Judgment of 11 September 1992, I. C. J. Reports, 1992, pp. 600- 601. [hereinafter El Salvador and Honduras Case]

〔3〕 El Salvador and Honduras Case, Judgment, I. C. J. Reports, 1992, pp. 589, 593-597, 601-602.

是内水，并特别解释了 1917 年中美洲法院在案件中将该水域称为"领水"的问题。该措辞在当时并不经常用于指代内水或者国家水域，也并不必然甚至不经常用来指称领海，中美洲法院只是意在表明丰塞卡湾是一个存在主权主张的水域。国际法院特别分庭进一步指出，"承认沿岸'领水'以内专属性的'海岸带'为三个国家共同的财产无疑相对于现代海洋法来讲是一个不规则的概念，无论如何，该海岸带的法律地位是经过实践所牢固树立起来的"[1]。

国际法院特别分庭阐述了丰塞卡湾内沿岸 3 海里之内的水域与通常意义上海湾内的内水的法律地位不相冲突的原因有三：其一，《公约》第 10 条的海湾规则不适用于多国海湾。其二，海湾有三个沿岸国，沿岸国的船舶必须穿过主要航道，在海湾与大洋之间航行，类似的无害通过也出现在群岛国内水与被直线基线划为内水的水域中。其三，三个沿岸国的船舶在 3 海里以内享有无害通过权已经为实践所承认，这一点也是沿岸国船舶在湾内海岸带航行所需[2]。

由此可见，历史性权利之权利内容的独特性，事实上也是所有历史性权利的共性。历史性权利产生于惯例，不同背景下各惯例内容均可能存在差异。在此意义上说，每一个历史性权利的内容均需要依据个案确定，历史性权利本身并不是，也不应是与现代海洋法下海洋权利和海域类型一一对应的概念。

三、英挪渔业案

该案是分析历史性权利对直线基线规则影响的重要案例。1906 年开始，英国与挪威因为英国渔船在挪威周围海域的捕鱼行为，陆续发生争议。1935 年，挪威颁布了皇家法令，根据这项法令，挪威在北纬 66°28′08″ 以北建立了专属渔区。挪威选取其沿岸外缘的高地、岛屿和礁石的 48 个点作为基点，用直线把这些基点连成直线基线，宣布基线向海一侧 4 海里的海域为挪威的专属渔区，区域内水域实际上为内水[3]。挪威的划界主张包括其在北极圈以内的所有大陆海岸、岛屿、小岛、岩礁、暗礁。这个地区被称为石垒，该海岸不包括任何海湾

---

〔1〕　El Salvador and Honduras Case, Judgment, I. C. J. Reports, 1992, p. 592

〔2〕　El Salvador and Honduras Case, Judgment, I. C. J. Reports, 1992, pp. 592-593.

〔3〕　Anglo-Norwegian Fisheries Case, Judgment, I. C. J. Reports, 1951, p. 124.

和峡湾。英国于 1948 年就挪威划界的合法性问题向国际法院提起诉讼。

国际法院在判决中认为，挪威大陆的海岸不像其他国家的海岸一样构成海陆之间的清晰分界，真正重要的、构成挪威海岸线的是石垒的外部边界。由于挪威大陆西部邻接石垒，石垒构成大陆的一部分，在划定挪威的领水时必须考虑石垒的外部边界，这是由挪威的地理情况决定的。[1] 海岸的情况要求将整个海岸视为一个整体，采用不同的划定界线的方法，这种方法允许划界在合理的范围内背离海岸的物理界线。关于直线基线的合法性，国际法院进一步考虑了三个因素。第一个因素是领海对陆地领土的高度依赖，陆地使得沿岸国有权主张沿岸水域。直线基线必须总体符合海岸的一般走向，对海岸的偏离不能超过一定限度。第二个因素是海洋与陆地的联系，这是最为重要的一点。直线基线的选择必须使基线内的水域充分靠近海岸以使水域处在内水制度之下。第三是地理以外的因素，在本案中是指国家在该地区的经济利益，要求这些经济利益的重要性已经得到惯例清楚证实。[2] 国际法院认为挪威的划界制度是一般国际法在特定案件中的适用。据此，国际法院判定挪威的直线界线具有合法性。

关于历史性权利，本案中国际法院将其与海岸走向、水陆联系等地理因素并列，作为挪威直线基线主张正当化的考虑因素。对于挪威的历史性权利，法院主要考察了挪威重大的渔业利益、惯例以及其他国家的态度三个方面。法院认为：这片海域中渔业资源丰富，挪威渔民从远古时期就开始利用其中的资源。同时，国际法院考察了其他相关情况，认定挪威直线基线的划界制度是由挪威特定的地理情况所决定的，在争端发生以前已经得到持续且足够长时间的实践所巩固，其他国家的态度证明挪威的做法并不违背国际法。[3] 由此可见，历史性权利是英挪渔业案中挪威直线基线正当化的重要因素之一。[4]

---

〔1〕　Anglo-Norwegian Fisheries Case, Judgment, I. C. J. Reports, 1951, pp. 127-128
〔2〕　Anglo-Norwegian Fisheries Case, Judgment, I. C. J. Reports, 1951, pp. 127, 129, 133.
〔3〕　Anglo-Norwegian Fisheries Case, Judgment, I. C. J. Reports, 1951, pp. 127, 139.
〔4〕　在历史性权利和《公约》关系的部分，对此做进一步的讨论。

四、与历史性捕鱼权有关的国际司法和仲裁实践

(一) 渔业管辖权案

最早触及历史性捕鱼权问题的案例是国际法院审理的、因冰岛单方面扩大专属渔区引发的两个渔业管辖权案。

1971 年，冰岛宣布将专属渔区从原来的 12 海里扩大到 50 海里，并于 1972 年 7 月制定法规禁止外国船只在专属渔区内开展渔业活动。基于 1961 年的协议，英、德两国在 1972 年先后就冰岛单方面扩大专属渔区的行为向国际法院提起诉讼，争取本国在争议水域的渔业传统利益。英国和德国并未明确提出历史性捕鱼权主张，而是基于"公海自由"原则要求国际法院判决冰岛 50 海里专属渔区违反国际法。然而，国际法院判定英、德两国在争议水域均拥有历史性捕鱼权，该权利是一种既得权利。此外，国际法院指出，两种渔业权都不是绝对的，都以对方的特殊利益为限度。[1]

值得注意的是，在本案中，英、德两国并未直接使用"历史性捕鱼权"或"传统捕鱼权"的措辞来描述其权利主张，而是强调本国在有关争议水域数个世纪持续从事渔业活动所产生的重大经济利益。[2]国际法院在认定英国和德国的历史性捕鱼权成立时，所考虑的核心因素也是重大渔业利益——渔业是沿岸居民赖以为生的营养和收入来源，也是当地经济的重要组成部分。这些重大渔业利益是在开发、利用渔业资源的长期实践中形成的，同时也反过来强化和推动渔业开发、利用行为。

(二) 突尼斯与利比亚大陆架案

突尼斯和利比亚是地中海南岸两个相邻的国家，两国基于自然延

---

〔1〕 Fishery Jurisdiction Case (United Kingdom v. Iceland), Merits, Judgment, I. C. J. Reports, 1974, paras. 69, 71; Fishery Jurisdiction Case (Federal Republic of Germany v. Iceland), Merits, Judgment, I. C. J. Reports, 1974, paras. 61, 63.

〔2〕 英国指出，本国渔船在争议水域从事渔业活动长达数世纪，并持续至今（诉讼时），公开数据显示，英国渔船在争议水域的底栖鱼类渔获量从 1920 年开始每一年都保持在稳定的水平，且冰岛水域是英国远洋捕捉底栖鱼类最重要的水域，对于英国的渔业和相关产业具有不可替代的意义。See Fishery Jurisdiction Case (United Kingdom v. Iceland), Merits, Judgment, I. C. J. Reports, 1974, paras. 63-64. 德国也以相同的理由提出其权利主张并举证证明。See Fishery Jurisdiction Case (Federal Republic of Germany v. Iceland), Merits, Judgment, I. C. J. Reports, 1974, para. 55.

伸原则确定大陆架的范围，由于延伸的走向相互重叠，两国存在大陆架边界争端。突尼斯主张在加贝斯湾（Gulf of Gabes）的邻接海域基于传统的海绵和章鱼捕鱼和管理活动拥有历史性捕鱼权。虽然突尼斯主张的是一种主权性质的历史性权利，但国际法院将其定性为一种与专属经济区概念相关的权利，并称之为"历史性捕鱼权"。国际法院在判决意见中并未否定突尼斯历史性捕鱼权主张的合法性，而是认为最终的划界方案不影响突尼斯行使其所主张的历史性权利，不论该权利的内涵为何。[1]

在该案中，国际法院明确指出历史性权利具有个案性，即：一般国际法没有为历史性水域或历史性海湾规定单独的制度，只是为每一个具体的、公认的历史性水域或历史性海湾的情形做了特殊规定。同时，考虑到案件发生时《公约》已经通过，国际法院进一步指出《公约》并未规定历史性权利、历史性水域的概念，历史性权利制度存在于习惯国际法中。[2]

（三）缅因湾区域海洋边界划界案

在该案中，考虑到 20 世纪 50—70 年代美国在缅因湾乔治浅滩（Georges Bank）的传统渔业遭遇加拿大和其他外国渔业的竞争和挤压，美国主张本国国民在争议区域的传统渔业活动应当被纳入专属经济区划界的相关情况加以考虑。国际法院认为，美国此项主张类似于一项历史性权利主张，但并未对美国的历史性捕鱼权是否成立做出评价。法院认为，随着 1977 年美国宣布 200 海里的专属渔区，美国在某一历史阶段内的渔业优势已经转化为专属渔区而取得法律上的垄断，故不能再依赖曾经的渔业优势地位来影响海洋划界。[3]

从历史性捕鱼权的构成上来说，该案的启示在于：国家对相关水域采取渔业养护措施有助于证明国家有效行使渔业权利。为应对渔业资源的不断衰竭，美国在 1976 年颁布《渔业养护和管理法》，并施行

---

〔1〕 Case Concerning the Continental Shelf (Tunisia v. Libya Arab Jamahiriya), Judgment of 24 February 1982, I. C. J. Reports, 1982, paras. 100, 105.

〔2〕 Case Concerning the Continental Shelf, Judgment, I. C. J. Reports, 1982, para. 100; 另见王军敏：《国际法中的历史性权利》，中共中央党校出版社 2009 年版，第 32 页。

〔3〕 Case Concerning Delimitation of the Maritime Boundary in the Gulf of Maine Area (Canada/ United States), Judgment of 12 October 1984, I. C. J. Reports, 1984, paras. 80-86, 233, 235. [hereinafter Gulf of Maine Case]

渔业养护和管理措施。依据该法，美国将依照严格的科学标准分析并决定美国渔民的鱼类可捕量，向外国分配剩余捕捞量，并详细评估特定类型的渔业安排对海洋环境的影响。[1]

另外，由于该案的核心问题在于专属渔区的划界，在历史性捕鱼权所产生的法律效果方面，国际法院所考虑的是该项因素能否构成影响专属经济区划界的相关情况。国际法院认为，缅因湾封口线之外的水域原是公海的一部分，对美国和其他国家开放，而其他国家事实上也在相关海域进行捕鱼。在1976年之前，美国从未采取强制措施禁止外国渔船在争议水域从事渔业活动。据此，国际法院认为美国所主张的捕鱼活动并不构成历史性捕鱼权，而即便美国的历史性捕鱼权成立，这种渔业上的优势已经被其后来主张的具有排他性的专属经济区权利所吸收，不具有影响海洋划界的独立地位。[2] 所以，不具有排他性的历史性捕鱼权主张很难构成专属经济区划界的相关情况。

（四）厄立特里亚与也门领土主权和海洋划界案以及卡塔尔与巴林海洋划界与领土问题案

在厄立特里亚与也门领土主权和海洋划界案中，两国在红海存在哈尼什群岛等岛礁的领土主权归属和相关海洋划界争端。仲裁庭在第一阶段裁决中认定，两国渔民在红海南部许多世纪以来的捕鱼、航行活动创设了某种"历史性权利"。厄立特里亚和也门两国国民在过去几个世纪在争议海域保持着社会、经济和文化上的联系，航行和捕鱼活动不受红海两岸政府的限制，仲裁庭认为这种根深蒂固的文化模式体现了共有物（res communis）的概念，并延续下来。[3]

在卡塔尔与巴林海洋划界与领土问题案中，巴林主张对巴林、卡塔尔两国北部的重叠海域的珍珠滩拥有历史性权利。巴林列举了对珍珠滩进行管辖和控制的一系列事实，其中包括19世纪初对采集珍珠的渔船征税，20世纪20年代以通知的形式规定珍珠采集季节和渔船应缴纳的费用。但是，国际法院最终否定了巴林主张的历史性捕鱼权可以成为影响大陆架划界的因素，其中一项理由就是巴林在争议海床上

---

[1] Gulf of Maine Case, Memorial of the United States, 27 September 1982, para. 87.

[2] Gulf of Maine Case, Judgment, I. C. J. Reports, 1984, para. 235.

[3] The Eritrea/Yemen Arbitration (First Stage), Award, 1998, R. I. A. A., 2006, p. 244, paras. 126-128.

采集珍珠的行为不能导致一项"排他性的准领土权利"（exclusive qua-si-territorial right），而另一项理由是巴林的珍珠采集业已经消失了相当长的时间。[1]

从这两个案例来看，国家从事捕捞活动的行为具有延续性，这是历史性捕鱼权有效成立的一项时间要素。至于捕捞活动具有排他性，一般并不是历史性捕鱼权成立的必要条件。多数学者认为，历史性捕鱼权是一种非排他性和非专属性的权利。例如，布卢姆（Yehuda Z. Blum）认为渔业管辖行为不能构成一种"排他性占有"的主张，只能构成特定权利的主张。[2] 布歇（Leo J. Bouchez）教授、邹克渊教授等学者也认为非主权性的历史性捕鱼权不具有排他性。[3] 这种权利的非排他性意味着历史性捕鱼权不能排除其他国家在同一水域也拥有类似或其他的权利。[4] 由此可见，国家不能仅凭长期的渔业捕捞活动对某片海域空间整体主张主权性的历史性权利，但是根据具体情况，长期的渔业捕捞活动可能支持在特定水域中对特定渔业资源的排他性的权利，也可能支持的是不针对特定渔业资源且不排他的权利。这既有实践的原因，也会受到地域性的宗教和文化因素的影响。

（五）巴巴多斯与特立尼达和多巴哥仲裁案

巴巴多斯与特立尼达和多巴哥是海岸相向的两个国家，存在专属经济区和大陆架主张的重叠。巴巴多斯主张其在两国海域中间线附近存在历史性捕鱼权，其渔民过去几个世纪一直在多巴哥岛的西北、东北和北部海域进行捕鱼，享有传统利益。同时，巴巴多斯主张历史性捕鱼权并未被《公约》或一般国际法废除，这种权利经过证明构成了

---

[1] See Case Concerning Maritime Delimitation and Territorial Questions between Qatar and Bahrain（Qatar v. Bahrain），Merits，Judgment of 16 March 2001，I. C. J. Reports，2001，paras. 236，640，643-644.［hereinafter Qatar and Bahrain Case］

[2] Yehuda Z. Blum，*Historic Titles in International Law*，Martinus Nijhoff Publishers，1965，pp. 247-248.

[3] See Leo J. Bouchez，*The Regime of Bays in International Law*，A. W. Sythoff，1964，p. 248；Zou Keyuan，"Historic Rights and Joint Development with Special Reference to the South China Sea"，in Wu Shicun，Hong Nong（eds.），*Recent Developments in the South China Sea Dispute：The Prospect of a Joint Development Regime*，Routledge，2014，pp. 72-73.

[4] Leonardo Bernard，"The Effect of Historic Fishing Rights In Maritime Boundaries Delimitation"，Papers from the Law of the Sea Institute，UC Berkeley-Korea Institute of Ocean Science and Technology Conference，held in Seoul，Korea，May 2012，p. 5.

调整临时中间线的"特殊情况"。最终,仲裁庭并没有支持巴巴多斯关于历史性捕鱼权的所有主张。

在该案中,历史性捕鱼权的构成要素再次受到检视。过去的国际司法和仲裁实践虽然反映出要求有关国家国民从事渔业捕捞活动的实践应持续比较长的时间,但究竟应该是多久,并没有确定的统一答案。巴巴多斯主张,最早从17世纪开始其就有本国远洋船队到多巴哥岛西北、东北和北部海域捕捉飞鱼。特立尼达和多巴哥对此提出反驳意见,仲裁庭也认为巴巴多斯提交的证据的数量和证明力均不足以证明飞鱼渔业构成一项传统,并且另有证据显示巴巴多斯在争议海域捕捉飞鱼的活动是在1978—1980年伴随冰船的引进才开始的。[1] 可以认为,持续性要求行使渔业权利的行为应经过一段足够长的时间,从而使渔业活动形成一项惯例,而巴巴多斯30年(从1978年到2006年仲裁庭裁决时)的飞鱼捕捞实践明显不符合持续性的要求,不足以形成一项历史性捕鱼权。

另外,国家在有关海域行使渔业权利所形成的渔业利益须具有较高程度的重要性即构成重大渔业利益时,才有可能构成足以影响专属经济区和大陆架划界的历史性捕鱼权。仲裁庭调查后承认巴巴多斯当地渔民对飞鱼渔业存在依赖,禁止巴巴多斯渔船在多巴哥岛附近捕鱼会对其经济造成有害影响,但这种伤害并非灾难性的。[2] 仲裁庭还进一步指出,即便巴巴多斯成功证明剥夺其捕鱼权对本国将造成灾难性的影响,也不能据此完全确定这种传统捕鱼利益足以构成对中间线进行调整的相关情况。

总之,由以上国际司法和仲裁案例可见,国际司法与仲裁机构对历史性权利的有关问题持较为谨慎的态度。一方面,这些案例都没有轻易确认历史性权利的存在以及对相关海域权利的影响,而是确立了相对较严格的认定标准,并且避免对历史性权利在一般国际海洋法中的地位做出评论;另一方面,这些案例没有否定历史性权利在当代国际法中可能起到的作用,都认为这一权利在海域划界等问题上需要得到认真的考量。更关键的是,从案例的发展可以看到,虽然国际司法和仲裁机构对历史性权利的认定保持着较高的标准,但并非认为这类

---

〔1〕 Barbados v. Trinidad and Tobago, Award, P. C. A., 2006, paras. 247, 266.

〔2〕 Barbados v. Trinidad and Tobago, Award, P. C. A., 2006, para. 267.

权利都是极端的、例外的存在，而是认为应该基于个案进行具体分析。

本章小结

国际法上的历史性权利制度始于 19 世纪。目前，广义的历史性权利包括两类：第一类是主权性的历史性权利，即历史性所有权，国家拥有历史性权原的水域即为历史性水域，包括历史性海湾、历史性海峡等；第二类是非主权性质的历史性权利，包括排他性的历史性权利，其可能具有类似于专属经济区或大陆架的海洋区域之法律效果，也包括非排他性的权利，即狭义的历史性权利，包括历史性捕鱼权、历史性航行权等。

联合国 1962 年的文件《包括历史性海湾在内的历史性水域法律制度》，为确定历史性水域的构成要素提供了重要的基本指引，包括三方面的因素：国家对主张的水域实际有效地行使国家权力；权力的行使具有持续性；其他国家的承认或默认。具体来说，权力的行使需要具有权威性（国家性）、持续性和一致性，满足时际法原则的要求，还需要得到其他国家，特别是利益相关的邻国的明示或默示承认，或至少是长期的容忍。至于狭义的历史性权利，其形成可能不需要证明国家权力的高度行使和其他国家的默认，只需要国家权力的参与和其他国家的容忍。而历史性权利中的远古权利，由于其产生时间甚至远早于公海自由原则，其证明标准将更低。

历史性权利的国家实践包括三大类：国际协议确定、国内司法实践确定、国内立法或政府声明等主张。国际司法和仲裁机构也处理了不少历史性权利相关的案件。通过对国家立法和司法实践、国际司法及仲裁实践的考察可以发现，历史性权利的主张实践具有高度普遍性，主张的形式、内容等又呈现出高度的多样性和个案性，其具体法律后果也不尽相同。由于各国历史上行使权力的实践之间存在差异，而实践又决定了历史性权利的内容与性质，故而历史性权利与现代海洋法中的权利并非一一对应的关系，不宜以后者的理论框架生搬硬套。加拿大对北极水域的历史性主张与中国在南海的历史性权利有类似之处，其成功经验值得我们借鉴。同样值得注意的是，南海争议当事国中的菲律宾和越南都是历史性权利的主张国，而且菲律宾成功将其历史性权利主张的主要内容推动成为《联合国海洋法公约》中的群岛国制度，而越南虽然已经默示放弃了其在北部湾的历史性水域主张，但其与柬埔寨仍在泰国湾有共同历史性水域的主张。从司法实践的角度看，国际司法和仲裁机构虽然对历史性权利的认定保持着较严格的标准，但并不认为这类权利就是一般国际法的例外，而是肯定其在现代海洋法中可能继续发挥作用，并认为应该基于个案进行具体分析。

第二章 历史性权利与《公约》的关系

　　各国对海洋空间主张的历史性权利往往先于《联合国海洋法公约》关于海域划分和赋权的法律框架而存在。《公约》作为后出现的法律规则是否对先在的、表现形式多样的国家历史性权利主张做出了处理？如果答案是肯定的，那么问题就成为：《公约》对历史性权利的问题以何种方式做出处理？这具体体现为三个方面的考虑：第一，《公约》对表现多样化的历史性权利的整体处理情况如何；第二，《公约》有关条款在何种程度上反映了历史性权利的哪些相关内容；第三，对于《公约》未予涵盖的历史性权利，应如何处理。对此，本章首先分析《公约》在制定过程中对不同类型历史性权利主张本身的处理情况；在此基础上，结合有关条款，分析不同类型的历史性权利主张与相关条款新赋予的海洋权利之间的关系，厘清历史性权利在具体条款层面对《公约》的影响；最后，再结合《公约》序言及其有关条款的具体情况，分析《公约》未明确规定的历史性权利类型与《公约》的关系。

第一节　《公约》制定过程中对各类历史性权利主张的讨论

一、对历史性海湾问题的讨论

　　在第三次联合国海洋法会议上，国家运用已被普遍接受的法律概念"历史性海湾"表达相关立场的方式有两种：一部分国家在向大会提交的条款草案中囊括历史性海湾相关规则；另一部分国家则在会议上直接阐述其历史性海湾主张。

　　涉及历史性海湾的国家提案有两个。第一个提案由希腊代表团提出，提案包括 6 款，其中第 6 款规定：适用于主权归属单一国家的海湾的一般规则不适用于历史性海湾。[1] 第二个提案是奥地利、玻利维亚、博茨瓦纳、布隆迪、白俄罗斯、苏联、捷克斯洛伐克、芬兰、联邦德国、匈牙利、老挝、莱索托、卢森堡、马里、蒙古、荷兰、巴拉圭、新加坡、瑞士、瑞典、乌干达、上沃尔特与赞比亚等国提交的《关于领海的草案条款》。其中，关于海湾的条款之第 6 款同样表明，关于海湾定义、封口线等一般性规则不适用于历史性海湾。[2]

在会议上仅表明自身的历史性海湾主张的国家包括巴拿马、危地马拉、洪都拉斯、萨尔瓦多等。

巴拿马强调保护其历史性海湾——巴拿马湾（Panama Bay），其代表表示："外国曾经剥夺了巴拿马共和国在巴拿马运河及其河床行使权利的资格。工业化国家也在巴拿马水域开发渔业资源。这就是为什么巴拿马主张并自 1967 年起行使其对 200 海里领海内生物和矿产资源保护和开发的专属权并宣布巴拿马湾是其历史性海湾。"[3]

危地马拉强调阿马蒂克湾（Amatique Bay）的历史性海湾地位，其代表认为："阿马蒂克湾是历史性海湾，地位为内水，一直处在危地马拉的主权之下。"[4]

洪都拉斯强调丰塞卡湾的历史性海湾地位，并强调丰塞卡湾的实践对历史性海湾一般问题的参考意义。其代表认为："丰塞卡湾表明国际海洋法中的一般情形，在讨论关于内水、领海、领海基线、历史性海湾的法律制度时参照丰塞卡湾是适当的；而且通过国际社会而不是

[1] Greece: Draft Articles, U. N. Doc. A/CONF. 62/C. 2/L. 22, Official Records of the Third United Nations Conference on the Law of the Sea, Vol. III, p. 200.

[2] Austria, Belgium, Bolivia, Botswana, Burundi, Byelorussian Soviet Socialist Republic, Czechoslovakia, Finland, Germany (Federal Republic of), Hungary, Laos, Lesotho, Luxembourg, Mali, Mongolia, Netherlands, Paraguay, Singapore, Swaziland, Sweden, Switzerland, Uganda, Upper Volta and Zambia: Draft Articles on the Territorial Sea, U. N. Doc. A/CONF. 62/C. 2/L. 33, Official Records of the Third United Nations Conference on the Law of the Sea, Vol. III, p. 212.

[3] Summary Records of Plenary Meetings, 35th Plenary Meeting, U. N. Doc. A/CONF. 62/SR. 35, Official Records of the Third United Nations Conference on the Law of the Sea, Vol. I, p. 145.

[4] Summary Records of Meetings of the Second Committee, 4th Meeting, U. N. Doc. A/CONF. 62/C. 2/SR. 4, Official Records of the Third United Nations Conference on the Law of the Sea, Vol. II, p. 106. [hereinafter Second Committee, 4th Meeting]

国内的制度来决定海湾的地位是合适的……洪都拉斯认为海湾水域的地位是内水，因此领海基线应该是连接海湾自然地理各点的线。"[1]

萨尔瓦多与洪都拉斯在丰塞卡湾存在争端，萨尔瓦多代表认为，以丰塞卡湾个案支持一般性的理念，与在会议上试图确立一个侵害他国已有权利的立场，这两种行为间存在差异，而洪都拉斯的行为属于后者，萨尔瓦多认为海洋法会议并非解决双边争端的合适平台。[2]

由此可见，历史性海湾这一问题引起部分国家的重视，但会议讨论海湾的侧重点在于单一国家的非历史性海湾（即法定海湾，juridical bays）的具体规则（包括海湾定义、海湾领海基线的划定等），而不涉及历史性海湾具体问题。因此，关于《公约》在历史性海湾这一问题上的态度，准确的定位应当是：《公约》明确认可历史性海湾的存在及其合法性，但未包含具体的规则。

二、领海项下对历史性水域的讨论

除了部分国家基于其海岸地理情况特别关注历史性海湾，还有一些国家从更宽泛的意义上专门表达了对历史性水域问题的立场。明确涉及历史性水域的条款草案有：1974 年第二轮会议上印度尼西亚所提交的《印度尼西亚：关于历史性水域的条款草案》，以及菲律宾提出的《菲律宾：历史性水域与领海划界草案修订本》。

印度尼西亚所提交的草案内容为：

> 在他国已经建立起主权、主权权利或者管辖权的陆地或水域，一国不得提出历史性水域主张。[3]

菲律宾所提交的草案包括 3 个条款，其内容如下：

> （1）领海可包括基于历史性所有权或权利，事实上为国家所拥有，并作为领海的水域；（2）公约中所规定的领海宽

---

[1] Second Committee, 4th Meeting, U. N. Doc. A/CONF. 62/C. 2/SR. 4, p. 108.

[2] Second Committee, 4th Meeting, U. N. Doc. A/CONF. 62/C. 2/SR. 4, p. 108.

[3] Indonesia: Draft Article on Historic Water, U. N. Doc. A/CONF. 62/C. 2/L. 67, Official Records of the Third United Nations Conference on the Law of the Sea, Vol. Ⅲ, p. 235.

度标准，不适用于基于历史性水域而作为国家领海的情形；
（3）任何国家，只要在公约批准之前已经取得了超过此条款
规定的最大宽度的领海，则不受此条规定的领海宽度之限
制。[1]

实际上，印度尼西亚的提案并不包括关于历史性水域的具体规则，
其仅表明要对新的历史性水域主张做出一定限制的立场。菲律宾的提
案则仅从本国情况出发，限定于讨论群岛国以历史性水域的形式主张
更宽的领海，而未覆盖所有类型的历史性水域问题。[2] 诚如菲律宾在
会议上的发言所述："第一次海洋法会议的准备文件指出历史性权利的
主张不限于海湾，也及于其他海域。而且国际法院法官菲茨莫里斯
《1951—1954 年国际法院的法律与程序：一般法律原则与法律渊源》
的文章也认可了这种观念……这些水域的主权在 1898 年由西班牙转至
美国，1932 年美国的法律就水域的地位进行规定。1946 年菲律宾独立
以后继续对水域行使主权并在宪法和法规中明确做了规定。菲律宾在
联合国海底委员会的提案称历史性水域的例外地位应当由实定法进行
规定，处在历史性权利之下的领海应当不受领海划界规则的规制。没
有有效的理由认为历史性海湾应该从国际法中被排除出去。如果没有
为其他历史性水域设定例外，菲律宾代表团接受 12 海里的领海将剥夺
菲律宾 23 万平方公里的领海。菲律宾代表团团长已经表明在第三次海
洋法会议上寻求通过成文国际法承认菲律宾现有领海边界的意愿。"[3]

从《公约》的条款规定考察，印度尼西亚与菲律宾两个关于历史
性水域提案的内容均未反映在《公约》中。《公约》的条款并没有提
及历史性水域这一概念，也没有在领海或内水的法律制度下特别设计
历史性水域的适用规则。

〔1〕　Philippines: Revised Draft Article on Historic Waters and Delimitation of the Territorial
　　　Sea, U. N. Doc. A/CONF. 62/C. 2/L. 24/Rev. 1, Official Records of the Third United Na-
　　　tions Conference on the Law of the Sea, Vol. Ⅲ, p. 202.
〔2〕　正如前文已经讨论过的，历史性水域在地理上的表现形式多样，比如历史性海峡、
　　　群岛周围的历史性水域等。
〔3〕　Summary Records of Meetings of the Second Committee, 5th Meeting, U. N. Doc. A/
　　　CONF. 62/C. 2/SR. 5, Official Records of the Third United Nations Conference on the Law
　　　of the Sea, Vol. Ⅱ, p. 111.

三、与群岛国有关的历史性权利问题的讨论

在第三次海洋法会议上，部分主张群岛国家地位的国家分别以各自的历史性权利为基础，提出群岛之间水域的特殊法律地位问题，典型代表便是菲律宾。早在第三次海洋法会议之前，1973 年《菲律宾宪法》规定，菲律宾群岛中的岛屿、水域与其他领土，依据历史性权利或法定所有权，属于菲律宾[1] 后来，菲律宾与印度尼西亚等国提出了关于群岛的提案，认为："群岛是一群岛屿，包括一群岛屿的一部分，岛屿与水域及其他自然地物相互联系，岛屿、水域及其他自然地物之间的联系非常紧密，以至于其成为一个地理、经济、政治的整体，或历史上被认为一个整体。"[2] 保加利亚等国也曾提出类似提案。会议经过讨论认为，历史上被认为是群岛国的国家不应该被剥夺此地位[3]

从前述提案来看，《公约》群岛国制度的形成受到历史性权利观念的影响。但值得注意的是，《公约》对群岛的定义中并没有直接使用"历史性所有权"或"历史性权利"这些概念。《公约》第 46 条的特殊措辞可能包含对更宽泛的历史性因素的考量。

四、历史性捕鱼权问题的总体讨论情况

在第三次海洋法会议上，有一些国家专注于提出针对整体海域的主权性质的历史性权利主张，另一些国家则从渔业资源的分配角度特别讨论了历史性（或传统）捕鱼权在《公约》制度中存在的空间问题。这种讨论在《公约》专属经济区制度的建立过程中有非常突出的表现。丹麦和伊朗是其中非常活跃且具有代表性的国家。

---

[1] See Construction of the Republic of Philippines (1973), Article 1; Summary Records of Meetings of the Second Committee, 30th Meeting, U. N. Doc. A/CONF. 62/C. 2/SR. 30, Official Records of the Third United Nations Conference on the Law of the Sea, Vol. Ⅱ, p. 227. [hereinafter Second Committee, 30th Meeting]

[2] Fiji, Indonesia, Mauritius and Philippines: Draft Articles Relating to Archipelagic States, U. N. Doc. A/CONF. 62/C. 2/L. 49, Official records of the Third United Nations on the Law of the Sea, Vol. Ⅲ, p. 220.

[3] Summary Records of Meetings of the Second Committee, 37th Meeting, U. N. Doc. A/CONF. 62/C. 2/SR. 37, Official Records of the Third United Nations on the Law of the Sea, Vol. Ⅱ, pp. 266-273.

由于丹麦本国三个分离的地理单元——丹麦本土、格陵兰和法罗群岛的渔业有其自身的特征，其在经济中分别具有独特的重要地位，以及丹麦地处水域相对狭窄的地区，本地区的所有国家一直在相邻国家间靠近海岸的这些水域中捕鱼，丹麦从其所在区域的海洋地理特殊性角度出发，强调尊重区域存在的历史性捕鱼模式（historic fishing patterns）。[1] 丹麦代表团提出，有这样地理特征的海域的渔业制度，应该充分考虑存在了很长时间并起到了满足有关各国需要的历史性捕鱼模式。丹麦认为："在闭海和半闭海中适用全球性的规则会出现扭曲性的结果，在海洋生物资源的开发方面尤其如此。丹麦地处闭海与半闭海地区，地区内的所有国家传统上都在相邻国家附近的海岸捕鱼。在这个特定地区捕鱼的国家都意识到物种的养护与开发必须视为一个有机体，而且这些地区的渔业通过协议做出安排。在这些相对狭窄的水域建立专属经济区，而不考虑相邻沿海国的利益，也不考虑相向国家的利益，会破坏长久有效且令人满意的历史性渔业模式。"[2]

丹麦关注的是沿海国和其他国家在专属经济区内对生物资源的平衡，而与此不同的是，伊朗则强调，沿海国的历史性捕鱼权是其主张比领海更宽的管辖水域的法律基础。伊朗代表认为："12 海里的界限虽然对于建立领海来说是合适的，但是不足以保护沿海国重大的渔业利益。现今（渔业发达国家的）渔船已经可以到达很远的地区，这对许多鱼类的生存以及对于发展中国家刚起步的渔业都构成威胁。必须意识到一点，沿海国对于其海岸邻接的水域有管辖权。伊朗政府意识到其沿岸水域中的某些鱼类面临枯竭甚至灭绝的危险，为了保护其渔业，在 1973 年 10 月 30 日通过颁布声明在波斯湾与阿曼海建立了专属渔业区。声明的依据有两个：一是伊朗沿岸居民的历史性权利，此项权利已经规定在 1958 年其所颁布的与领海有关的法律中；二是海域中的自然资源对伊朗社会和经济发展的重要性。"[3]

---

〔1〕 Second Committee, 30th Meeting, U. N. Doc. A/CONF. 62/C. 2/SR. 30, p. 227.

〔2〕 Summary Records of Meetings of the Second Committee, 38th Meeting, U. N. Doc. A/CONF. 62/C. 2/SR. 38, Official Records of the Third United Nations Conference on the Law of the Sea, Vol. Ⅱ, p. 275.

〔3〕 Summary Records of Meetings of the Second Committee, 23rd Meeting, U. N. Doc. A/CONF. 62/C. 2/SR. 23, Official Records of the Third United Nations Conference on the Law of the Sea, Vol. Ⅰ, p. 72.

但从会议的讨论情况考察，历史性捕鱼权并没有形成一个相对明确的讨论主题。对历史性捕鱼权的讨论，更多出现在界定沿海国对专属经济区内生物资源的权利性质的问题中。国家并未统一使用"历史性捕鱼权"，甚至可以说很少使用这一概念。或许因为国家并未特别重视形成有关"历史性捕鱼权"内涵的共识，在讨论新的专属经济区制度如何与各个海域既已形成的捕鱼现状相接洽时，各国总是使用五花八门的用语。这对解释历史性捕鱼权在《公约》制度框架下的法律地位带来了很大的不确定性。

五、相关讨论的特点

通过对《公约》缔约历史的梳理，可以看到与会国家对历史性权利问题的讨论呈现出以下特点。

（一）历史性权利是第三次联合国海洋法会议意欲制定规则的重要问题之一

从各轮会议讨论的情况、涉及问题的广度、发表意见国家的数量来看，历史性权利是《公约》制定过程中各方重视的问题。从会议讨论的情况来看，从第一轮会议开始，历史性海湾问题就引起了各方的关注，随着会议讨论主题的深度和广度不断拓展，历史性权利的其他相关问题不同程度地受到国家的重视。从会议的官方记录来看，与第二委员会的工作有关的若干文件都涉及历史性权利的相关问题。从具体问题的涉及面考察，本届会议中讨论的历史性权利相关问题集中在历史性海湾、历史性水域、领海划界中的历史性权利、群岛国的历史性权利以及历史性捕鱼权（特别是在专属经济区制度项下）。从发表意见的国家考察，数十个沿海国以及部分内陆国均对相关问题发表过意见。这些事实证明历史性权利是《公约》制定过程中意欲涉及的问题。

（二）第三次联合国海洋法会议未就历史性权利的一般性问题展开讨论

通常情况下，将历史性权利作为主题事项制定可适用的法律规则，首先应该解决的是包括历史性权利的定义、构成要素和性质在内的一般性问题。

关于历史性权利的构成要素，如上文所述，联合国曾在 1962 年《包括历史性海湾在内的历史性水域法律制度》的报告中做过有限的探讨。但是，报告开篇即已言明，其目的只是展现一些初步或暂时性的研究成果，为这一主题的探讨与分析提供引导，并非为解决问题提供完整的方案。[1] 因此，具有普遍适用意义的历史性权利构成要素一直有争议，悬而未决。

虽然第三次海洋法会议明确表现出对历史性权利设定规则的意愿，但是这种意愿从未达到澄清关于历史性权利的一般性问题的程度。因此，《公约》的缔约国不可能在一般性问题上形成任何共识，《公约》的条款也就不可能为此提供指引。也恰恰因为这一点，对《公约》相关具体条款的理解存在很大的不确定性。

（三）第三次联合国海洋法会议对历史性权利的讨论呈现分散的状态

尽管历史性海湾的概念由来已久，并且一直是第三次海洋法会议讨论的重要问题，还有部分国家在会议上提出了各自关于历史性海湾的主张，但缔约国总体上未就具体问题达成协议。

就历史性水域而言，尽管联合国在 1962 年《包括历史性海湾在内的历史性水域法律制度》中表示历史性水域可以存在于海湾以外的其他水域，但第三次海洋法会议并未对该份报告中提及的"历史性水域"展开深入讨论，因而对究竟历史性水域可以存在于哪些水域、国家对其权利性质为何，均未达成任何共识，也就不可能形成相应的规则。

至于历史性捕鱼权，参会国家在第三次海洋法会议中甚至都没有使用统一的措辞描述相关主题，所以我们很难判断最终形成的《公约》规则是否真正触及狭义的历史性权利。

除了前述经常被提及、与历史性权利这一主题事项相关的概念，对于历史性权利在海域中是否还有其他表现形式，参会国家在第三次海洋法会议的讨论中从来没有做过探索，也从未提出任何具体主张，所以《公约》规则同样不可能对该问题做出回应。

可见，缔约过程中从未澄清各种类型历史性权利的内涵，也就不可能针对各种历史性权利在《公约》框架下的地位形成精确而完整的规则。

（四）《公约》部分条款提及某些类型历史性权利的法律效果

从最终达成的《公约》条款措辞考察，尽管《公约》没有形成与

---

[1] Juridical Regime of Historic Waters Including Historic Bays—Study Prepared by the Secretariat, U. N. Doc. A/CN. 4/143, 1962, p. 5.

历史性权利的核心内容有直接关联的任何条款，但确实有一些条款以"提及"的立法技术规定了某些类型的历史性权利对《公约》规定权利的影响问题。

在公约中直接提及"历史性所有权"和"历史性海湾"措辞的条款包括第10、第15和第298条。第10条处理了主权属于单一国家的海湾问题，其中第6款明确规定前5款建立的关于海湾的一般规则并不适用于"历史性海湾"。第15条处理的是海岸相邻或相向国家的领海划界问题，其中的"但书"部分明确表示如果在特定海域存在"历史性所有权"，将会排除在该海域对《公约》确立的领海划界规则，即等距离中间线规则的适用。第298条和前述条款明显不同，是一个程序性条款。它解决的是《公约》项下强制争端解决机制的任择性例外问题，其中第1款（a）项（i）目引入"历史性所有权"作为触发例外的一个事项。

另外，还有一些条款并未提及与历史性权利直接相关的、已经获得某种共识的法律概念，但是这些条款使用了某些会让人们对历史性权利产生联想的概念或用语，诸如"经长期惯例清楚地证明"（第7条关于直线基线的适用规则）、"在历史上已被视为"（第46条关于群岛水域的定义）、"传统捕鱼权"（第51条关于其他国家在群岛水域中的权利）以及"惯常"（第62条关于沿海国专属经济区中生物资源的利用和养护）。

根据对国家在第三次海洋法会议中对历史性权利相关问题讨论情况的分析，历史性权利与《公约》关系的现状可以概括为：一方面，在《公约》制定过程中，大会有就历史性权利相关问题制定规则的意向，且就其中的部分问题展开了一定的讨论，但讨论的深度与广度均远未触及关于历史性权利内涵和外延的所有重要问题，因而《公约》条款不可能在历史性权利的定义和构成要素等方面形成规则；另一方面，在讨论不同海域中沿海国和其他国家的海洋权利分配时，部分国家主张纳入某些类型的历史性权利作为权衡的因素，而最终达成的某些《公约》条款确实在权利分配中明确给予某种历史性权利特殊地位，还有一些条款则提到了部分可能令人联想到历史性权利的权利分配之衡平因素。从这个意义上说，尽管历史性权利整体上并不属于《公约》调整的事项范围，但是《公约》对历史性权利总体持肯定态度。

在总体分析的基础上，要准确定位历史性权利与《公约》之间的关系，尚需详细分析前文提及的《公约》具体条款，进一步明确历史性权利对《公约》条款中的权利分配究竟产生了何种程度的影响。因而，下文将在微观层面揭示历史性权利与《公约》的关系。

第二节 《公约》的规则关系条款对理解历史性权利与《公约》关系的意义

《公约》作为一项谈判耗时长久、调整内容范围广泛的多边条约，对《公约》与其他国际法规则下权利和义务的关系问题部分地做出处理，这主要体现在《公约》第311条和序言第8段上。根据前文的分析，海洋法领域的历史性权利是根据习惯国际法产生的，其与《公约》的赋权条款所创设的沿海国海洋权利之间的关系，对于《公约》缔约国来说，总体上要受《公约》第311条和序言第8段的影响。

一、《公约》第311条的意义

《公约》第311条的标题为"同其他公约和国际协定的关系"。该条含有如下6款规定：

1. 在各缔约国间，本公约应优于一九五八年四月二十九日日内瓦海洋法公约。

2. 本公约应不改变各缔约国根据与本公约相符合的其他条约而产生的权利和义务，但以不影响其他缔约国根据本公约享有其权利或履行其义务为限。

3. 本公约两个或两个以上缔约国可订立仅在各该国相互关系上适用的、修改或暂停适用本公约的规定的协定，但须这种协定不涉及本公约中某项规定，如对该规定予以减损就与公约的目的及宗旨的有效执行不相符合，而且这种协定不应影响本公约所载各项基本原则的适用，同时这种协定的规定不影响其他缔约国根据本公约享有其权利和履行其义务。

4. 有意订立第3款所指任何协定的缔约国，应通过本公约的保管者将其订正协定的意思及该协定所规定对本公约的修改或暂停适用通知其他缔约国。

　　5. 本条不影响本公约其他条款明示许可或保持的其他国际协定。

　　6. 缔约国同意对第一三六条所载关于人类共同继承财产的基本原则不应有任何修正，并同意它们不应参加任何减损该原则的协定。

　　由此可见，虽然第311条各款总体上确立了《公约》创设的权利与义务的优势地位，但是这种优势地位建立在《公约》和其他条约的关系之上。对于《公约》和一般国际法之间的关系，第311条确立的处理规则并不予以调整。从条约用语的通常含义看，第311条所提到的"国际协定"尽管表现形式多样，但无论何种形式都不能被解释为涵盖了包括习惯国际法在内的一般国际法规则。

　　《公约》的缔约历史也显示，第311条仅用于处理《公约》和其他条约之间的关系。在《公约》外交谈判会议中，各方在"和其他公约的关系"议题下对该条款进行了讨论。在讨论过程中，非正式全体会议的主席将这一条款界定为处理"和其他公约的关系"[1]。在《公约》第311条的谈判过程中，各方多次提及《维也纳条约法公约》第30条"关于同一事项先后所订条约之适用"[2]，但未提及除国际协定外的其他国际法规则，也没有试图确立处理《公约》和包括习惯国际法在内的一般国际法规则关系的规则。一些权威海洋法学者就认为："第311条对若干可以相互独立的问题做出规定，这些问题的共同特点就是事实上或未来可能存在另一条约就《公约》规定的某一事项和《公约》产生交集"[3]

　　事实上，与《公约》第311条相似的条款在其他双边、多边条约中也普遍可见。这类条款旨在处理有关条约与其他国际协定的关系，而不涉及条约与一般国际法的关系。

〔1〕 Shabtai Rosenne and Louis B. Sohn（eds.），*United Nations Convention on the Law of the Sea 1982：Commentary*，Martinus Nijhoff Publishers，Vol. Ⅴ，1989，pp. 233-234.

〔2〕 Shabtai Rosenne, Louis B. Sohn, *United Nations Convention on the Law of the Sea 1982：Commentary*，Martinus Nijhoff Publishers，Vol. Ⅴ，1989，pp. 232，236.

〔3〕 Shabtai Rosenne, Louis B. Sohn, *United Nations Convention on the Law of the Sea 1982：Commentary*，Martinus Nijhoff Publishers，Vol. Ⅴ，1989，p. 242.

所以，第 311 条所确立的不同来源的条约规则之间关系的处理规则，至少无法直接适用于判断依据习惯国际法规则所产生的历史性权利和依据《公约》赋权条款所产生的沿海国海洋权利之间的关系。

二、《公约》序言的意义

《公约》序言第 8 段规定："确认本公约未予规定的事项，应继续以一般国际法的规则和原则为准据。"这就需要我们回答：序言第 8 段的法律地位如何？其对处理《公约》与历史性权利的关系有何影响？

在《公约》起草过程中，《公约》的序言与最后条款被作为一个议题一并讨论。对序言的讨论始于第四轮会议。会议伊始，多个与会国就将序言作为重要问题对待。土耳其认为："序言与最后条款问题（至目前）仍未讨论，但这两个问题非常重要。"[1] 联邦德国认为，序言与最后条款的起草是大会应首要考虑的事项[2]。希腊、乌拉圭、哥伦比亚、澳大利亚、南斯拉夫、突尼斯等多个国家均认为序言的起草工作是公约起草工作的重要事项。与此同时，大会主席提出，序言与最后条款的讨论，应当采取与《公约》其他条款相同的方式[3]。由此可见，就《公约》结构的完整性而言，序言的重要性不言而喻。更重要的是，根据对《维也纳条约法公约》第 31 条有关条约解释通则之规定的理解，序言对条约的解释有实质性影响。鉴于《公约》序言第 8 段实际上处理的是《公约》规则与一般国际法规则的关系，结合前文对第三次海洋法会议讨论历史性权利的情况分析，序言第 8 段对具体考虑历史性权利与《公约》项下创设的国家海洋权利之间的关系，具有指引的意义。

---

〔1〕 Summary Records of Meetings of the General Committee, 19th Meeting, U. N. Doc. A/CONF. 62/BUR/SR. 19, Official Records of the Third United Nations Conference on the Law of the Sea, Vol. Ⅴ, p. 90.

〔2〕 Summary Records of Plenary Meetings, 68th Plenary Meeting, U. N. Doc. A/CONF. 62/SR. 68, Official Records of the Third United Nations Conference on the Law of the Sea, Vol. Ⅴ, p. 71.

〔3〕 Summary Records of Plenary Meetings, 70th Plenary Meeting, U. N. Doc. A/CONF. 62/SR70, Official Records of the Third United Nations Conference on the Law of the Sea, Vol. Ⅴ, pp. 71-74.

　　在第五轮会议结束之前，第三次联合国海洋法会议请求联合国秘书处起草关于序言与最后条款的选择文本，该文本是序言的最初始版本，该文本的最后一段为："确认习惯国际法将继续调整当前公约条款所未明示规定的事项。"[1]可见在《公约》谈判过程中，与会国家就预见了《公约》存在未予涵盖的事项。在第六轮会议中，大会形成了《公约》的《非正式综合协商文本》，序言的最后一段为："确认习惯国际法将继续调整当前公约条款所未明示规定的事项。"[2]以上述文本草案为基础，不同国家对《公约》与其他法律渊源的关系提出了诸多意见。七十七国集团的提案为："确认其他不与当前公约相冲突的国际法规则，将继续调整公约条款未明确调整的事项。"[3]此外，部分国家认为，《公约》未规定的事项继续由习惯国际法调整。持这一观点的国家有葡萄牙、瑞士、联邦德国、智利、哥伦比亚等[4]。根据会议记录，只有印度对在序言中写入习惯法相关内容持反对意见。[5]

　　从上述讨论意见可知，与会国和会议在制定该序言内容时持有两个基本态度：第一，存在《公约》未调整的海洋法事项；第二，《公约》未调整的海洋法事项应由其他法律规范调整。

　　在《七十七国草案》之后，这两点在会议中都得到了更进一步的讨论与细化。从 1980 年 3 月 10 日开始，序言的相关问题在六次非正式全体会议中得到了讨论，内容包括联合国秘书处受委托起草的文本、《七十七国草案》以及《非正式综合协商文本（第一次修订版）》。大多数代表团倾向于同意七十七国集团的草案。

---

[1] Draft Alternative Texts of the Preamble and Final Clauses Prepared by the Secretary-General, U. N. Doc. A/CONF. 62/L. 13, Official Records of the Third United Nations Conference on the Law of the Sea, Vol. Ⅵ, p. 125.

[2] Informal Composite Negotiating Text, U. N. Doc. A/CONF. 62/Wp. 10, Official Records of the Third United Nations Conference on the Law of the Sea, Vol. Ⅷ, p. 6.

[3] Draft Text of Preamble Proposed by Fiji on Behalf of the Group of 77, U. N. Doc. A/CONF. 62/L. 33, Official Records of the Third United Nations Conference on the Law of the Sea, Vol. Ⅸ, p. 188.

[4] See Summary Records of Plenary Meetings, 96th Plenary Meeting, U. N. Doc. A/CONF. 62/SR. 96, Official Records of the Third United Nations Conference on the Law of the Sea, Vol. Ⅸ, p. 34. [hereinafter 96th Plenary Meeting]; Summary Records of Plenary Meetings, 98th Plenary Meeting, U. N. Doc. A/CONF. 62/SR. 98, Official Records of the Third United Nations Conference on the Law of the Sea, Vol. Ⅸ, pp. 40-41, 44.

[5] See 96th Plenary Meeting, U. N. Doc. A/CONF. 62/SR. 96, p. 35.

基于以上意见，大会主席于 1980 年 3 月 14 日准备了第一份序言草案，经过继续协商，非正式全体会议对该草案又进行了两次修改。正是这两次修改，使《公约》关于未予规定事项的规则最终定型。大会主席在第一次修改稿中删除了"与当前公约不相冲突"中的"不相冲突"一词，并删除了"公约明示规定"中的"明示"一词。[1] 删除"不相冲突"一词，表明《公约》并不具有高于其他国际法原则与规则的效力。因为，依据一般国际法原理以及《国际法院规约》第 38 条，条约、习惯法以及一般法理原则均为国际法的渊源，条约并不具有必然高于其他法律渊源的效力。删除"明示"一词，其原因可能与多数国家在《维也纳条约法公约》缔约过程中要求删除其序言草案最后一段的"明示"一词的原因类似——避免在条约解释的过程中造成不必要的困难。[2]

其后，非正式全体会议对主席的序言草案进行了第二次修改。原来第 7 段在顺序上变为第 8 段。在原提案的基础上，加入了"原则"一词，使得《公约》未予规定的事项的准据法由原来的"国际法规则"扩充为"国际法的规则和原则"。这一改动主要是为了与《国际

---

〔1〕　See Report of the President on the Work of the Informal Plenary Meeting of the Conference on the Preamble, U. N. Doc. A/CONF. 62/L49/ADD. 2, Official Records of the Third United Nations Conference on the Law of the Sea, Vol. XIII, pp. 79-80.

〔2〕　在缔结一项多边条约的过程中，于该条约序言的最后一段总体性地处理条约与习惯国际法关系的做法，在联合国的国际法编纂时代起源于 1961 年《维也纳外交关系公约》的缔约过程。当时，作为缔约国的瑞士注意到在序言中引入这样一段话的重要性。此后，在 1963 年和 1968 年缔结《维也纳领事关系公约》和《维也纳条约法公约》的过程中，瑞士同样作为缔约国要求在最终的条约文本中插入这样的序言段落，而每次瑞士的提案都得到大多数缔约国的总体尊重。在《维也纳外交关系公约》和《维也纳领事关系公约》的序言最后一段，最终被采纳的措辞都是："凡未经本公约明文规定（expressly regulated）之问题应继续适用习惯国际法之规例。"但是，在《维也纳条约法公约》的缔约过程中，大多数支持瑞士关于序言的提案的缔约国对提案中使用"expressly"一词表示反对，认为会不恰当地造成条约解释的困难。所以，《维也纳条约法公约》序言最后一段的文本中没有出现"expressly"一词。See Official Records of the United Nations Conference on Diplomatic Intercourse and Immunities（Summary records of the plenary meetings and of the meetings of the Committee of the Whole）, U. N. Doc. A/CONF. 20/C. 1/SR. 39, U. N. Doc. A/CONF. 20/L. 2; Official Records of the United Nations Conference on the Law of Treaties, Second Session（Summary records of the plenary meetings and of the meetings of the Committee of the Whole）, U. N. Doc. A/CONF. 39/SR. 31, U. N. Doc. A/CONF. 39/SR. 32.

法院规约》第 38 条相对应。《国际法院规约》第 38 条规定了国际法院解决争端所应适用的法律，常被作为判定国际法渊源的依据。依据该条，国际法的渊源通常包括国际条约、习惯国际法以及一般法律原则。第二次修改后的序言文义契合第三次联合国海洋法会议的立法意图，序言中的"一般国际法规则与原则"实际上包括其他普遍性国际条约、习惯国际法以及一般法律原则。经过这些细微的改动，该二次修改序言草案被调整为："确认当前公约未予以规定的事项，应继续以一般国际法的规则与原则为准据"[1] 该文本获得了足够多国家的支持，被主席纳入《由主席准备的序言文本（基于大会非正式全体会议的建议）》，并提交大会[2] 最终，除了将"当前公约"改为"本公约"，《公约》序言第 8 段的文本与这一文本的内容保持一致："确认本公约未予规定的事项，应继续以一般国际法的规则和原则为准据。"

可见，序言作为《公约》必不可少的组成部分，肯定了《公约》未予规定的事项仍然受到其他渊源的国际法原则和规则调整。结合前文对《公约》缔约过程的整体梳理分析来看，由于关涉历史性权利内涵和外延的一般性问题明显缺乏《公约》规则予以确定，这些事项显然属于继续以一般国际法的规则和原则为调整依据的事项，而且相对于《公约》的一般规定而言属于特别法（ lex specialis ）内容[3] 但是，正如前文已指出的那样，对于历史性权利在《公约》对不同海域的权利分配中所具有的法律效果，《公约》的某些条款又确实有所涉及。所以，仅依赖序言最后一段，并不能得到关于历史性权利与《公约》关系的全部结论。

---

[1] Text of the Preamble Prepared by the President as the Recommendation of the Informal Plenary Meeting of the Conference, U. N. Doc. A/CONF. 62/L. 49, Official Records of the Third United Nations Conference on the Law of the Sea, Vol. XIII, p. 79.

[2] Report of the President on the Work of the Informal Plenary Meeting of the Conference on the Preamble, U. N. Doc. A/CONF. 62/L 49/ADD. 2, p. 80.

[3] See Sophia Kopela, "Historic Titles and Historic Rights in the Law of the Sea in the Light of the South China Sea Arbitration", *Ocean Development & International Law*, Vol. 48, No. 2, 2017, p. 184; Ma Xinmin, "Merits Award Relating to Historic Rights in the South China Sea Arbitration: An Appraisal", *Asian Journal of International Law*, Vol. 8, 2018, pp. 14-17.

第三节　《公约》的赋权条款对历史性权利与
《公约》关系的处理

一、领海法律制度下的相关条款

（一）《公约》第10条对"历史性海湾"的处理

在第一次联合国海洋法会议之前，一些国际机构与学术组织曾提出多个关于历史性海湾的条款草案。1894—1929年，国际法研究院、国际法协会、国际法学家委员会、日本国际法学会、美国国际法研究院等多个组织，均提出与历史性海湾有关的草案。[1] 但这些草案往往只是原则性地规定在有惯例支持的情况下，沿海国可以对面积更大的海湾主张权利。至于如何认定历史性海湾的存在，历史性海湾的法律地位等具体内容，草案均未涉及。《公约》第10条直接继承了1958年《领海及毗连区公约》第7条的规定。第7条的具体内容源于第一次海洋法会议第八次会议上由国际法委员会提交给联合国大会的草案。该草案并未提及历史性海湾，表明国际社会在历史性海湾的实质内容上始终没有达成具体的协议，也无从制定具体的条约规则。

造成历史性海湾问题始终缺乏详细规则的原因主要有两方面。一方面，国家对于是否应该尊重历史性海湾的主张有很大分歧。早在1930年海牙国际法会议讨论历史性海湾有关问题时，大会评论员就指出，筹备委员会对该问题的预期过于乐观，事实上这一争论漫长而无法得出结论，因为这个问题在过去引起了很大的争议。[2] 在第一次联合国海洋法会议上，不同国家对历史性海湾问题也存在不一致意见。英国、秘鲁、荷兰、泰国、匈牙利、西班牙、澳大利亚、智利、苏联等国家认为应当尊重历史性权利或历史性海湾。联邦德国特别提到，历史性所有权应当受到尊重，但是要确立关于历史性海湾普遍适用的规则很困难。沙特阿拉伯认为，历史性海湾应当根据各自的情况区别

---

〔1〕 See Historic Bay: Memorandum by the Secretariat of the United Nations, U. N. Doc. A/CONF. 13/1, 1958, pp. 14-15, 18; Merrill Wesley Clark, *Historic Bays and Waters: A Regime of Recent Beginnings and Continued Usage*, Ocean Publications, 1990, p. 29.

〔2〕 Merrill Wesley Clark, *Historic Bays and Waters: A Regime of Recent Beginnings and Continued Usage*, Ocean Publications, 1990, p. 39.

对待。也就是说，沙特阿拉伯认为不存在关于历史性海湾的统一规则。比利时认为，应当为历史性海湾建立特殊制度[1]。另一方面，主张历史性海湾的国家实践差异过大，难以从中抽象出具有普遍性的一般规则。正如印度代表所言，每一个历史性海湾都具有自己的特征。因此难以制定出周全的统一规则。[2]

从缔约的结果来说，《公约》第 10 条第 6 款指出第 1—5 款的规定不适用于所谓"历史性"海湾，也不适用于采用第 7 条所规定的直线基线法的任何情形。这种处理方式仅限于承认历史性海湾存在的合法性，表明各国既不对历史性海湾制定规则，也不欲使《公约》项下建立的任何规则适用于历史性海湾。

（二）《公约》第 15 条对"历史性所有权"的处理

《公约》第 15 条规定："如果两国海岸彼此相向或相邻，两国中任何一国在彼此没有相反协议的情形下，均无权将其领海伸延至一条其每一点都同测算两国中每一国领海宽度的基线上最近各点距离相等的中间线以外。但如因历史性所有权或其他特殊情况而有必要按照与上述规定不同的方法划定两国领海的界限，则不适用上述规定。"

从目前公开的相关会议资料来看，国家对影响领海划界规则之具体适用的历史性所有权讨论得比历史性海湾少得多。该条的"但书"部分仅指明当争议海域存在历史性所有权时，领海划界一般应适用的中间线就不再适用。也就是说，历史性所有权是领海划界之中间线规则的例外。至于沿海国如何主张历史性所有权以及这种主张和沿海国领海之间的具体关系如何，《公约》第 15 条的规定无法提供任何明确的指引。

（三）历史性权利与《公约》直线基线规则的关系

《公约》第 7 条第 1 款规定："在海岸线极为曲折的地方，或者如果紧接海岸有一系列岛屿，测算领海宽度的基线的划定可采用连接各适当点的直线基线法。"该条第 5 款规定："在依据第 1 款可以采用直线基线法之处，确定特定基线时，对于有关地区所特有的并经长期惯

---

[1] Summary Records of Meetings and Annexes, U. N. Doc. A/CONF. 13/39, Official Record of the United Nations Conferences on the Law of the Sea, Vol. Ⅲ, 1958, pp. 8, 11, 17, 22, 30, 58, 61, 190-192.

[2] Juridical Regime of Historic Waters Including Historic Bays—Study Prepared by the Secretariat, U. N. Doc. A/CN. 4/143, 1962, p. 3.

例清楚地证明其为实在而重要的经济利益，可予以考虑。"《公约》第7条第5款并未像第10条和第15条一样使用明确指向历史性权利的概念，而是采用"经长期惯例证明……的经济利益"这样可能引起条约解释不确定性的措辞。

在英挪渔业案的背景下，国际法院的判决显然将历史性所有权视为挪威直线基线主张合法化的法律基础之一。从该案判决对直线基线合法性的阐述与《公约》第7条的规定来看，第7条的整体措辞显然在很大程度上移植了国际法院判决的相关表述，这在第三次海洋法会议讨论直线基线规则的过程中已经得到确认。但是，国际法院在判决中的表述成为《公约》规则之后，对这些脱离了英挪渔业案特定背景的措辞可能产生不同于英挪渔业案的解释。

首先，在证明标准上，所谓"历史性所有权"的证明显然高于《公约》第7条第5款所说的仅需要"经长期惯例清楚地证明"的经济利益。毕竟，1962年《包括历史性海湾在内的历史性水域法律制度》中尝试确立的历史性所有权构成要素不仅需要有长期惯例存在，还需要其他国家对惯例的默认。也就是说，历史性所有权的证成需要行使主权的国家实践存在和其他国家对这种实践的承认态度。

其次，即便"经长期惯例清楚地证明"的经济利益事实上构成某种历史性权利，这种历史性权利也并不一定是指向国家对特定海域的主权的"历史性所有权"，也可能是其他类型的历史性权利。

最后，直线基线适用的地区可能存在不同。英挪渔业案中直线基线适用的地区仅限于大陆沿岸的特定地区，但《公约》第7条则没有这一限制。在紧接海岸有一系列岛屿的情况下，沿海国可以划定直线基线。而从本书第三编的分析可知，这一适用情形可以进一步细分为：第一，在大陆紧接海岸有一系列岛屿的情况下，可以采用类似于挪威的直线基线方法划定领海基线，类似的实践有智利在智利群岛（Chilean Archipelago）的实践、芬兰在奥兰群岛（Aaland Archipelago）的实践等；[1]第二，在群岛的情况下，当紧接一个岛屿的海岸有一系列岛屿，依据该条规定，对于这样的群岛，可以在群岛中适用直线基线。从这一点来说，《公约》第7条为非群岛国类型的群岛之中的历史性权

---

[1] See Sophia Kopela, *Dependent Archipelagos in the Law of the Sea*, Martinus Nijhoff Publishers, 2013, pp. 77-78.

利主张留下了空间。

二、群岛国制度中的相关条款

在第三次联合国海洋法会议上，众多与会国家对群岛问题提出草案或者发表意见。在群岛议题项下，对群岛规则的适用范围大致有两种主要的意见：一种观点认为应当为群岛国建立特殊的群岛制度；另一种观点则强调群岛的特殊权利应平等地适用于群岛国和非群岛国的群岛。至于群岛主张的依据，与会国家一般会从地理、历史、政治整体性阐明各自的具体主张。在历史性因素方面，部分国家直接采用了历史性权利描述权利主张依据，如菲律宾；部分国家虽然未采用历史性权利这一措辞，但其国内立法或其他国家实践却表明其主张的依据是历史性权利，例如加拿大、澳大利亚等；还有部分国家在提出群岛权利主张时虽然强调历史因素，但未表明是在历史性权利的意义上描述其主张依据。所以，分析历史性权利与《公约》群岛制度的关系需要考虑两个方面的问题：其一，历史性权利在多大程度上影响了《公约》群岛国制度的规则制定；其二，《公约》群岛国制度与非群岛国群岛的历史性权利之间的关系如何。

（一）群岛国制度中的历史性权利因素

《公约》第 46 条规定，群岛是指一群岛屿，包括若干岛屿的若干部分、相连的水域和其他自然地形，彼此密切相关，以致这种岛屿、水域和其他自然地形在本质上构成一个地理、经济和政治的实体，或在历史上已被视为这种实体。

从缔约历史来看，该条款所确立的群岛构成要素显然受到历史性权利主张的影响。在第三次海洋法会议中，菲律宾作为在群岛问题上有特别相关利益的国家，从第一轮会议开始就积极发表其对适用于群岛的法律规则的意见。菲律宾认为：其有超过 7100 个岛屿，4100 万人口，30 万平方公里，包含不止一群岛屿，菲律宾的陆地、水域与人民构成了一个固有的地理、经济与政治上的整体，历史上这一整体已被认可；整体性的基本考虑使国际法认可群岛国家，采用连接最外缘各岛屿与干礁的最外缘各点的基线划定方法成为必要，而且群岛国的领海应当或可以从该基线开始计算；基线内的水域，不论其深度、与海岸的距离，以及相应的所有海床、底土和邻接的上空，均处在群岛国的排他管辖之下；对这些水域的主权以及管辖权对于群岛国家而言至关重要，这不仅出于经济考虑，也基于国家安全以及领土的不可分割性。基于上述前提，菲律宾早在 1961 年就通过国内立法规定其群岛基线，同时规定基线内的水域为内水。[1] 1973 年《菲律宾宪法》第 1 条进一步确认了这一法律立场："菲律宾的领土由菲律宾群岛构成，包括其中所有的岛屿与水域，以及所有依据历史性权利或所有权而属于菲律宾的领土。"[2] 在第二轮会议上，菲律宾仍旧依据历史性权利主张群岛水域。它认为："在菲律宾群岛中，各岛屿周围、之间以及连接岛屿的水域一直作为各岛屿交往的主要通道，使人民处在相同的国家与主权之下。与其他国家的相关水域相比，如哈德逊湾，国家依据历史性所有权将该海湾作为内水的一部分，而菲律宾的这些水域面积相对狭小。然而，保护这些水域免受侵犯，对菲方国家安全至关重要。"[3]

此外，菲律宾在第二轮会议上与印度尼西亚、斐济、毛里求斯等国提出了《关于群岛国家的草案条款》。但是，该提案所使用的措辞与菲律宾单独表达其法律立场时所使用的措辞不同，并没有明确提到"历史性权利"或"历史性所有权"。该提案第 1 条第 3 款规定："群岛是一群岛屿，包括一群岛屿的一部分，岛屿与水域及其他自然地物相互联系，岛屿、水域及其他自然地物之间的联系非常紧密，以至于其成为一个地理、经济、政治的整体，或历史上被认为一个整体。"[4] 巴巴多斯也提出了关于群岛国的提案，其内容与菲律宾等国的上述提案基本一致。印度尼西亚、毛里求斯、墨西哥、新西兰、挪威等也提出了内容基本相同的提案。[5] 这些提案所采用的措辞基本都转化成了

---

[1] Summary Records of Plenary Meetings, 29th Meeting, U. N. Doc. A/CONF. 62/ SR. 29, Official Records of the Third United Nations Conference on the Law of the Sea, Vol. Ⅰ, p. 124.

[2] Construction of the Republic of Philippines (1973), Article 1.

[3] Summary Records of Meetings of the Second Committee, 36th Meeting, U. N. Doc. A/CONF. 62/C. 2/SR. 36, Official Records of the Third United Nations Conference on the Law of the Sea, Vol. Ⅱ, p. 264.

[4] Fiji, Indonesia, Mauritius and Philippines: Draft Articles relating to Archipelagic States, U. N. Doc. A/CONF. 62/C. 2/L. 49, p. 220.

[5] See Canada, Chile, Iceland, India, Indonesia, Mauritius, Mexico, New Zealand and Norway: Working Paper, U. N. Doc. A/CONF. 62/L. 4, Official Records of the Third United Nations Conference on the Law of the Sea, Vol. Ⅲ, p. 82.

《公约》第46条之群岛定义所采用的用语。显而易见，《公约》第46条的规定包含了以历史性权利为基础主张群岛的法律地位，但是所使用的措辞囊括的是可以做更宽泛的条约解释的历史因素。"历史上被认为是一个整体"这样的措辞可能会影响群岛地位主张所需要证明的事实构成和证明标准的设定。但是，目前公开的关于《公约》缔约历史的官方记录无法为这一措辞的准确含义提供明确的指引，国际司法或仲裁实践也未能检视这一措辞的具体含义。[1]

（二）群岛国制度与非群岛国历史性权利的关系

自第三次海洋法会议的第一轮会议起，群岛的权利问题一直是与会国家讨论的重点之一。然而，国家对于《公约》建立的群岛法律制度所具有的适用范围有分歧。一部分国家主张《公约》应当为群岛国建立特殊的制度，主要有汤加、英国、巴林、阿尔巴尼亚、塞浦路斯、突尼斯、塞拉利昂、几内亚比绍、印度尼西亚、菲律宾等。另一部分国家则持不同的法律立场，认为《公约》建立的群岛法律制度应当无差别地适用于群岛国以及非群岛国的群岛。这些国家包括法国、加拿大、希腊、西班牙、中国、哥伦比亚、葡萄牙、秘鲁、意大利、洪都拉斯、厄瓜多尔、阿根廷、委内瑞拉等。各国在《公约》群岛制度之适用范围上的分歧无法调和，直接导致群岛国和非群岛国的群岛问题被切割而分别处理。虽然随着《公约》缔约议程的不断推进，前一种对《公约》制度适用范围的理解逐渐占据上风，但是一些缔约国始终坚持非群岛国家主张群岛法律地位的权利。[2]

遗憾的是，缔约国仅对适用于群岛国之群岛的法律规则展开了充分而深入的讨论，并且最终形成《公约》群岛国法律制度下的详细规则，而非群岛国的群岛问题则变成了《公约》的遗留问题。虽然第二轮会议曾出现过否定非群岛国之群岛权利的方案，但该方案并未获得任何支持，且此后也未能以任何形式再次出现。这既表明《公

---

[1] 在菲律宾单方面提起"南海仲裁案"之前，从来没有一个国家通过国际司法或仲裁来裁决其在《公约》第46条项下可能具有的法律地位以及可能享有的海洋权益。"南海仲裁案"虽然涉及《公约》第46条的适用问题，该案实体裁决首先就否定了中国作为大陆国家适用该条之群岛定义的可能性。《公约》第46条之群岛定义的各项构成要素究竟应该满足何种法律标准，从未得到任何国际司法或仲裁机构的检视。

[2] 有关讨论分析详见本书第三编第一章第一节。

约》本身无意否定非群岛国之群岛权利主张的合法性，也表明意图
否定非群岛国主张群岛权利的意见未能成为国际社会的大多数意见。
所以，非群岛国的群岛权利主张属于《公约》未予规定的事项，包
括其中可能存在的历史性权利问题，仍然由一般国际法的原则和规
则调整。

三、专属经济区和大陆架法律制度中的相关条款

（一）《公约》第 62 条对历史性捕鱼权的处理

1. 传统海洋国家保护其捕鱼利益的诉求

第三次海洋法会议召开之时，恰逢国际社会经历去殖民化浪潮，
许多曾经的殖民地独立成为主权国家。这些新国家在全球范围内建立
国际经济新秩序的诉求也充分反映在《公约》的缔约过程中。这些新
国家中的沿海国力争将主权向更广阔的海域推进，以确保从海洋中获
得更丰富的生物和非生物资源，弥补其在经济上的劣势。然而，将国
家主权向大面积的海域拓展，毫无疑问会遭到传统海洋大国的反对。
作为平衡发展中沿海国和海洋大国利益的概念，主要为经济目的的
"专属经济区"应运而生。[1]

然而，问题并没有因此彻底解决，《公约》主要按照地理禀赋赋予
国家海洋权利的方式，可能导致处于同一地理区域或分区域的发展中
国家之间出现经济利益分配的不公平。一些地理不利或完全处于内陆
的发展中国家，可能因为邻近的其他具有地理优势的国家获得大面积
的专属经济区而遭受经济上的不利，一些渔业资源丰富的传统渔场所
在海域尤其如此。所以，从第二委员会全体大会的 1974 年第 4 次会议
到 1978 年第 58 次会议，缔约国一直在讨论如何平衡"专属经济区"
可能带来的国家间海上权益不平衡现象。那么，《公约》建立的专属经
济区制度是否可处理沿海国的权利和其他国家的历史性捕鱼权之间的
关系？如果是，又是如何处理的？这是两个需要回答的问题。

《公约》第 62 条第 1 款要求沿海国应在不妨害第 61 条的情形下促

---

[1] 专属经济区的国家实践最早起源于沿海国对生物资源的"优先权"（preferential rights）。See Sourabh Gupta, "Historic Fishing Rights in Foreign Exclusive Maritime Zones: Preserved or Proscribed by UNCLOS?", *Korean Journal of International and Comparative Law*, Vol. 7, 2019, pp. 234-237.

进专属经济区内生物资源最适度利用的目的。第 2 款要求沿海国在没有能力捕捞全部可捕量的情形下，应通过协定或其他安排，并根据第 4 款所指的条款、条件、法律和规章，准许其他国家捕捞可捕量的剩余部分。第 3 款规定沿海国在根据本条准许其他国家进入其专属经济区时，应考虑所有有关因素，包括该区域的生物资源对有关沿海国的经济和其他国家利益的重要性等；《公约》第 69 条和第 70 条的规定，该分区域或区域内的发展中国家捕捞一部分剩余量的要求，以及尽量减轻其国民惯常在专属经济区捕鱼或曾对研究和测定种群做过大量工作的国家经济失调现象的需要。其中，"惯常（habitually）在专属经济区捕鱼"这一措辞在语义的指向上相对模糊，仅从条约用语的通常含义角度，难以对《公约》的专属经济区制度是否处理了其他国家在沿海国专属经济区中的历史性捕鱼权这一问题提供确定的答案。对此，要获得更多的指引，还是要借助国家在《公约》制定过程中对专属经济区制度的相关讨论。

2. 第 62 条所用措辞的演进

（1）与会国对措辞的多样化选择

在第二委员会第 4 次全体会议上，古巴表示支持国家管辖的海域范围延伸至 200 海里的距离，同时提出由于许多沿海国家无法充分利用其海域内的鱼类资源，应当允许其他国家根据特许或许可而不受歧视地进入该海域捕鱼。至于允许其他国家分享沿海国专属经济区内生物资源的问题，古巴认为有必要使内陆国和地理不利国在同一区域或分区域的国家管辖下的区域内享有获得生物资源的权利，特别是要保护地理不利国在它们一直捕捞的地区内捕鱼的权利。[1]

在第二委员会第 23 次全体会议上，斯里兰卡认为"专属经济区"的概念已经得到国际社会的普遍接受，在专属经济区内的渔区之排他性，与沿海国允许其他国家开发该区域以确保资源得到最佳利用而造福整个国际社会的可能性之间，并不矛盾。在确定哪些国家可以获准利用专属经济区的资源时，斯里兰卡在肯定沿海国可以自行裁量的基础上，提供了一些参考标准，包括：同一区域相邻的发展中内陆国家，同一区域相邻的发展中地理不利国，相邻的沿海国，传统上在该地区

---

〔1〕 Second Committee, 4th Meeting, U. N. Doc. A/CONF. 62/C. 2/SR. 4, pp. 104-105.

捕鱼的国家以及遵守沿海国的法规、条例和条件的国家等。与此同时，斯里兰卡并不支持授予地理不利国和内陆国家在沿海国专属经济区中享有对生物资源的优先权，但又认为：如果另一个相邻的国家的大部分国民人口依靠捕鱼为生，并且这种权利是建立在长期使用的基础之上的，该发展中国家的国民所享有的历史性权利将有可能得到承认。[1]

在第二委员会第 30 次会议上，扎伊尔（现刚果民主共和国）作为非洲国家强调沿海国对其专属经济内所有生物资源和矿物行使永久主权（permanent sovereignty），虑及区域团结原则的重要性，认为一些地理不利国对在沿海国专属经济区中的某些历史性权利可以提出合法要求。与此同时，丹麦考虑到其处于一个水域相对狭窄的地区，该地区的所有国家在历史上都在靠近邻国海岸的海域捕鱼，从而建议具有这种地理特征的区域渔业制度应适当考虑长期以来有效地使有关国家满意的历史捕鱼模式（historical pattern of fishing），在这些区域可以建立或者维持区域性安排（regional arrangements）。当然，丹麦充分认识到发展中沿海国家将其渔区延伸至 200 海里的需要，因而与比利时、卢森堡、意大利、联邦德国、法国、爱尔兰、荷兰等国共同提议：鉴于渔业的产业结构和地理条件因地区而异，拟议的新渔业制度的核心是赋予沿海国在其广阔的沿海区域扩展其渔业区的权利，同时沿海国也应当考虑其他合法利益，特别是同一区域其他国家的权利、传统捕鱼权、发展中国家的特殊需求以及那些完全以渔业为生的国家或地区。此外，苏联指出，溯河产卵种群的鱼源国对经济区内的溯河产卵物种及其他生物资源享有主权权利，其他国家捕捞溯河产卵鱼群应根据沿海国家和其他有关国家之间的协议进行。苏联强调，与沿海国共同参与恢复溯河产卵鱼类种群的国家和传统上捕捞这些物种的国家（states that had traditionally fished for those species）应享有渔业优先权。[2]

（2）最终被采纳的公约措辞

经历前文所提及的多次会议讨论之后，第二委员会全体会议的与会国对与"沿海国优先权利或对领海以外资源的其他非专属管辖权"

---

[1]　Second Committee, 23rd Meeting, U. N. Doc. A/CONF. 62/C. 2/SR. 23, p. 186.
[2]　Second Committee, 30th Meeting, U. N. Doc. A/CONF. 62/C. 2/SR. 30, pp. 227-229.

相关的问题仍旧争执不下。认为其他国家在沿海国的专属经济区内对生物资源享有优先权的观点渐处下风。多数与会国逐渐接受的观点是：沿海国在其专属经济区中对生物资源享有主权权利，仅在其同意的基础上，其他国家才得进入沿海国专属经济区分享生物资源。

在此背景下，与会国几乎不再提到其他国家的"历史性捕鱼权"或"传统捕鱼权"的字眼，而更多采用"惯常"这一措辞作为支持其他国家分享沿海国专属经济区内生物资源的合理理由。比如，在第 31 次全体会议上，挪威认为沿海国应当考虑惯常地在该区域捕捞的国家的准入权；加纳代表表示支持冰岛代表在上一次会议中发表的观点，认为优先权利的概念只能通过历史惯例（historical usage）获得最低限度的支持；芬兰指出，《公约》应当考虑惯常在沿海国渔区捕捞的国家以及发展中国家和内陆国家的利益，而经济上严重依赖渔业的沿海国的权利也需要特殊条款加以维护[1]。到了第二委员会第 58 次会议时，第二委员会的工作即将结束，联邦德国认为第 NG4/9/Rev. 2 号文件（第二委员会主席对《公约》第 62 条第 2 款提出的妥协建议文本）[2]仅在极其有限的程度上满足了德意志民主共和国对内陆和地理不利国有途径进入海洋的期望，它没有以任何方式弥补其渔民因在其传统渔场建立经济区而遭受的损失。[3]

最终形成的《公约》第 62 条的文本反映了第二委员会工作过程中与会国的主流意见：其他国家只有在沿海国同意的情况下才能够进入其专属经济区捕捞生物资源，沿海国在自由裁量的过程中可以考虑其他国家国民惯常捕鱼的情形。从第二委员会工作的整个过程来看，似乎可以这样说：《公约》的专属经济区法律制度并未容许其他国家惯

〔1〕 Summary Records of Plenary Meetings, 31st Plenary Meeting, U. N. Doc. A/CONF. 62/SR. 31, Official Records of the Third United Nations Conference on the Law of the Sea, Vol. I, pp. 120-126.

〔2〕 Compromise Suggestions by the Chairman of NG. 4, Reports of the Committees and Negotiating Groups on negotiations at the resumed seventh session contained in a single document both for the purposes of record and for the convenience of delegations, U. N. Doc. A/CONF. 62/RCNG/1, Official Records of the Third United Nations Conference on the Law of the Sea, Vol. X, p. 93.

〔3〕 Summary Records of Plenary Meetings, 58th Plenary Meeting, U. N. Doc. A/CONF. 62/C. 2/SR. 58, Official Records of the Third United Nations Conference on the Law of the Sea, Vol. XI, p. 65.

常从事捕鱼的这一利益以"历史性捕鱼权"的形式得到释放，而仅规定在沿海国同意的情况下，对有关利益予以最低限度的满足。从这点来看，"惯常捕鱼"的利益并未构成一种法律上的权利，历史性捕鱼权与惯常捕鱼所享有的利益是不同的概念。后者可能包含前者，即满足一定条件的惯常捕鱼的利益可能构成历史性捕鱼权，但并非所有惯常捕鱼的利益都属于历史性捕鱼权。[1]

同时，我们应注意的是，《公约》谈判过程中和生效以后的国家实践，包括一些双边或区域性的渔业协定，都确认了在领海和专属经济区的历史性捕鱼权或传统捕鱼权的继续存在。[2] 考虑到《公约》第56条第2款的规定，沿海国对专属经济区内其他国家的利益应适当顾及（due regard），这其中也可能包括一般国际法规定下的历史性权利。

（二）《公约》关于大陆架制度的第77条

《公约》第77条对沿海国在大陆架上的权利性质做出了界定。该条第2款明确指出，沿海国为勘探大陆架和开发其自然资源的目的而对大陆架行使的主权权利是专属性的，即：如果沿海国不勘探大陆架或开发其自然资源，任何人未经沿海国明示同意，均不得从事这种活动。

从《公约》缔约历史的角度来看，在讨论专属经济区内沿海国和其他国家对海洋资源的权利分配时，虽然缔约国普遍认为至少内陆国和地理不利国应该有公平参与开发生物资源的权利，但是对于非生物资源，发展中国家纷纷表示不能够容忍其他国家参与沿海国的资源开发活动。比如，在第二委员会第34次全体大会上，肯尼亚等国反对内陆国和其他地理不利国参与开发相邻沿海国经济区内的非生物资源，因为经济区制度替代了大陆架制度，而后者存在的基础是沿海国领土的自然延伸。泰国等国亦指出，由于不可再生资源终将耗尽，因此将这些资源保留给归其管辖的沿海国专用是合理公平的。[3] 在第二委员

---

〔1〕 菲律宾"南海仲裁案"裁决则混淆了这两个概念。The SCS Arbitration, Award, P. C. A., 2016, para. 804（b）.

〔2〕 See Sophia Kopela, "Historic Titles and Historic Rights in the Law of the Sea in the Light of the South China Sea Arbitration", *Ocean Development & International Law*, Vol. 48, 2017, pp. 707-708.

〔3〕 Summary Records of Meetings of the Second Committee, 34th Meeting, U. N. Doc. A/CONF. 62/C. 2/SR. 34, Official Records of the Third United Nations Conference on the Law of the Sea, Vol. Ⅱ, pp. 252-255.

会第 35 次全体会议上，利比里亚在其提案中指出，发达的地理不利国以及一些在陆地上拥有矿产资源的内陆国不应要求分享海洋资源。新加坡也认为，如果允许发达的内陆国获取这种资源，将造成一个更加荒谬的局面。[1]

在这样的缔约氛围中，没有国家提出其他国家是否可以依据历史性权利或历史性因素主张分享沿海国大陆架上的非生物资源问题。

然而，总的来说，从对专属经济区和大陆架制度的《公约》条文来看，都不能得出这些海域明确排除了历史性权利的适用。在"缺乏明确相反的禁止性规定的情况下，划界背景下的主权转移不能被解释为消灭了使用陆地（海洋资源）的传统权利"[2]。

四、《公约》争端解决机制中的相关条款

除了前文已经分析过的《公约》实体条款，在处理程序性事项的部分，涉及强制争端解决机制之管辖权任择性例外的第 298 条直接提及了"历史性所有权"。该条第 1 款规定：一国在签署、批准或加入本《公约》时，或在其后任何时间，在不妨害根据第十五部分第一节所产生的义务的情形下，可以书面声明对于关于划定海洋边界的第 15、第 74、第 83 条在解释或适用上的争端，或涉及历史性海湾或所有权的争端，不接受第十五部分第二节规定的一种或一种以上的导致有拘束力裁判的强制程序。

该条款的规定仅表示在国家未发表书面声明的情况下，第十五部分第二节规定的解决关于《公约》解释和适用争端的国际司法机构或特别仲裁庭可以处理涉及历史性海湾或所有权的争端。也就是说，对有关《公约》解释和适用的争端有管辖权的国际性法庭可以根据《公约》第 293 条适用《公约》和与《公约》不冲突的其他国际法规则解决涉及历史性海湾或所有权的争端。但是，该条规定将涉及历史性海

---

[1]　See Summary Records of Meetings of the Second Committee, 35th Meeting, U. N. Doc. A/CONF. 62/C. 2/SR. 35, Official Records of the Third United Nations Conference on the Law of the Sea, Vol. II, p. 259.

[2]　In the Matter of An Arbitration before a Tribunal Constituted in Accordance with Art. 5 of the Arbitration Agreement between the Government of Sudan and the Sudan People's Liberation Movement/Army on Delimiting Abyei Area, Arbitral Tribunal, Final Award, 2009, para. 753.

湾或历史性所有权的争端纳入《公约》的争端解决机制，并不意味着《公约》为这类争端的解决提供了全部的实体规则作为裁断当事国具体诉求的法律依据。从这个意义上说，第 298 条并不意味着《公约》包含了处理其项下创设的国家海洋权利与先于《公约》存在的历史性权利之关系的全部规则。只要《公约》第十五部分第二节项下的国际性法庭确立了对涉及历史性海湾或历史性所有权的争端的管辖权，这些国际性法庭就有可能根据与《公约》不相冲突的其他国际法规则（包括其他条约规则、习惯国际法规则以及一般法律原则）做出实体裁决。

本章小结

通过分析《公约》相关条款的含义并全面梳理这些条款的缔约历史，可以看到历史性权利与《公约》创设的海洋权利之间的关系，体现为以下三个方面。

第一，就历史性权利与《公约》整体关系而言，在《公约》制定过程中，各方曾试图就历史性权利制定规则，但由于争议过大，且对历史性权利内涵和外延并未展开讨论，与会各方无法就历史性权利的定义、种类和构成要素等一般性问题达成共识。故而《公约》没有针对历史性权利的一般问题制定具体规则。

第二，就《公约》序言与历史性权利的关系而言，从《公约》的制定过程考察可知，序言被赋予重要作用，其中第 8 段关于《公约》未定事项法律适用之规定，是处理《公约》与其他法律规则、原则关系的核心依据。依据《公约》序言第 8 段，《公约》未规定的事项并非无效，而是继续受其他法律渊源的调整。《公约》的制定过程表明，序言第 8 段所指的"一般国际法的规则和原则"与《国际法院规约》第 38 条对国际法渊源的规定相呼应。因此，《公约》未定事项应继续受习惯国际法、一般法律原则的调整，并可参照判例与权威最高之公法学家学说；同时，在当事国同意的情况下，亦可按照公允及善良原则确定当事方的权利和义务。基于此，历史性权利总体上属于《公约》未规定事项，主要受习惯国际法调整。

第三，就历史性权利与《公约》具体条款的关系而言，虽然《公约》并未针对历史性权利建立具体规则，但历史性权利对《公约》所创设的国家海洋权利产生了一定影响，因而《公约》的部分条款在沿海国和其他国家之间分配海洋权利时考虑了不同类型历史性权利在《公约》框架下可能产生的法律效果。

这些影响主要表现在下列五方面：（1）《公约》第 10 条肯定了历史性海湾的合法地位，但排除"法定海湾"的相关规则在历史性海湾问题上的适用，未制定历史性海湾的具体规则。（2）《公约》第 15 条肯定了历史性所有权对领海划界的影响，使得历史性所有权成为领海划界之等距离中间线规则的例外情况。（3）《公约》第 7 条第 5 款是对大陆国家沿岸群岛历史性权利的继承与发展，但由于并未使用任何与历史性权利直接相关的措辞，可能在实践层面影响证明对象和证明标准。（4）《公约》第四部分的群岛国制度在形成过程中受到国家历史性权利主张的影响，但是在措辞的运用方面与《公约》第 7 条第 5 款存在类似现象，因此非群岛国群岛的历史性权利问题属于《公约》制定过程中的遗留事项，不受《公约》调整。（5）从《公约》第五部分的缔约过程来看，各国在创设专属经济区制度时可能考虑了非沿海国的历史性捕鱼权问题，但最终第 62 条仅规定：在沿海国同意的情况下，可以允许惯常在其专属经济区捕鱼的其他国家国民捕捞生物资源。这可能产生两种相反的解读：一种是《公约》专属经济区制度处理了历史性捕鱼权问题，而且仅允许其他国家的历史性权利以最低限度的方式得以实现；另一种则是仅处理了一种未及于历史性捕鱼权的"惯常捕鱼利益"，而未规定历史性捕鱼权在专属经济区划界等问题上的影响。前一种观点目前获得的支持较多。

第三章　中国在南海的历史性权利主张

2016年7月12日，中国政府在菲律宾"南海仲裁案"最终裁决发布的当天就发布了《中华人民共和国政府关于在南海的领土主权和海洋权益的声明》。在该声明中，中国政府重申了在南海的领土主权和海洋权益及其在国际法上的依据，有关内容如下：

一、中国南海诸岛包括东沙群岛、西沙群岛、中沙群岛和南沙群岛。中国人民在南海的活动已有2000多年历史。中国最早发现、命名和开发利用南海诸岛及相关海域，最早并持续、和平、有效地对南海诸岛及相关海域行使主权和管辖，确立了在南海的领土主权和相关权益。

第二次世界大战结束后，中国收复日本在侵华战争期间曾非法侵占的中国南海诸岛，并恢复行使主权。中国政府为加强对南海诸岛的管理，于1947年审核修订了南海诸岛地理名称，编写了《南海诸岛地理志略》和绘制了标绘有南海断续线的《南海诸岛位置图》，并于1948年2月正式公布，昭告世界。

二、中华人民共和国1949年10月1日成立以来，坚定维护中国在南海的领土主权和海洋权益。1958年《中华人民共和国政府关于领海的声明》、1992年《中华人民共和国领海及毗连区法》、1998年《中华人民共和国专属经济区和大陆架法》以及1996年《中华人民共和国全国人民代表大会常务委员会关于批准〈联合国海洋法公约〉的决定》等系列法律文件，进一步确认了中国在南海的领土主权和海洋权益。

三、基于中国人民和中国政府的长期历史实践及历届中国政府的一贯立场，根据中国国内法以及包括《联合国海洋法公约》在内的国际法，中国在南海的领土主权和海洋权益包括：

（一）中国对南海诸岛，包括东沙群岛、西沙群岛、中沙群岛和南沙群岛拥有主权；

（二）中国南海诸岛拥有内水、领海和毗连区；

（三）中国南海诸岛拥有专属经济区和大陆架；

（四）中国在南海拥有历史性权利。

中国上述立场符合有关国际法和国际实践。[1]

…………

这是中国政府第一次明确表示在南海拥有"历史性权利"。尽管1998 年我国的《专属经济区和大陆架法》第 14 条规定该法不影响中国享有的历史性权利，但是该条并没有明确中国享有历史性权利的地理范围。该声明强调：中国人民在南海的活动已有 2000 多年历史，这是促进中国从国家行为层面对南海诸岛以及相关海域行使主权和管辖权的基础，在私人行为和官方行为互动的基础上，中国确立了对南海诸岛的领土主权，并且确立了对南海相关海域的历史性权利。诚然，每项历史性权利都是独特的国家实践经历漫长的历史性进程凝结而成，在权利内容和性质方面都有个案性。我们并不能仅仅通过表明历史性权利主张，就当然获得关于其权利内容和性质的确切理解。"历史性权利"一词根据不同的事实背景可能呈现出不同的表现形态：可能是主权性的，也可能是非主权性的；可能是排他性的，也可能是非排他性的；可能是针对海域空间整体的，也可能只针对某种海上活动。因此，对于中国在南海享有的历史性权利，需要结合相应的证据资料，对中国长期以来在南海的国家实践进行全面分析，才能更明确地描绘这种权利主张的轮廓。

第一节　权利主张的地理范围认知与构成惯例的海上行为

一、历史资料的筛选与权利证成的证据

自韩振华先生主编的《我国南海诸岛史料汇编》于 1988 年出版以

---

[1]　《中华人民共和国政府关于在南海的领土主权和海洋权益的声明》，2016 年 7 月 12日，载《人民日报》2016 年 7 月 13 日，第 1 版。

来，对南海史料的收集和整理逐渐朝着多元化的趋势发展。20 世纪 90 年代的部分研究注重在国家档案等史料的价值层面论述南海问题；近年的很大一部分研究成果专注于民国时期对南海的经济开发和管理活动的挖掘。随着南海争端日益白热化，有一部分研究从地图与主权观念关系的角度分析南海的法律地位；另有一部分研究则分析中国的周边国家和其他域外国家对待南海的立场。这些多维度的历史研究在最大程度上发掘了有关南海的各种文件和资料。但是，我们从法律角度审视这些历史资料时，应当保有相当程度的谨慎。这些纷繁芜杂的历史资料只有满足国际法上的证据标准，才能构成在法律上支撑中国历史性权利的证据。根据不同的待证事实，成为证据的各种历史资料又需按照其不同的证据属性发挥不同的证明力。[1]

根据本书第一编的研究，从满足证据标准的角度来看，部分被发掘的历史资料存在一些比较明显的问题。首先，就中国在南海的历史性权利之地理范围这一待证事实而言，部分历史资料所载内容缺乏足够的准确性。其次，部分学者所引述的资料，原文已经散佚，所引述的内容来源于其他文献的记载，而文献的来源存在问题。例如，部分学者在论及南海问题时，曾引用《诸蕃志》中的有关内容，但《诸蕃志》原文均已佚失，现今所引的有关内容多出自《永乐大典》，而《永乐大典》大部分也已佚失。因而在证明中国南海历史性权利时，应当避免过多使用此类典籍。最后，目前学者研究所发掘和引用的不少历史资料对于中国对南海海域空间的历史性权利证明来说属于传闻证据，特别是清末以前的诸多历史资料。在证据法上，传闻证据与原始证据相比，其证明力是比较弱的。

所以，要证明中国在南海的历史性权利，历史资料并非越古老越好。历史资料的运用必须有效地同权利主张所涉的待证事实相结合，才能真正发挥作用。如果中国在南海的历史性权利是一种对整体海域空间的专属支配权，那么对国家管辖和控制海域的直接证据的要求是比较严格的。如果中国在南海的历史性权利只是历史性捕鱼权之类的非主权性、非排他性的权利，相应的待证事实之复杂程度也会减弱，证明标准也会有所不同。

---

[1]　对中国历代有关南海资料的概述和证据效力分析，可参阅李任远：《国际法中的历史性权利研究》，法律出版社 2018 年版，第 224—234 页。

二、中国在南海活动情况的分析

（一）清代及之前中国在南海的相关活动

1. 三国时期

三国时期的《扶南传》记载："涨海中，到珊瑚洲，洲底有盘石，珊瑚生其上也。"[1]该书为三国孙权手下中郎康泰出使扶南国（今柬埔寨）后所作。

依据学者的考证，此时的"珊瑚洲"指的是西沙群岛与南沙群岛。当时，中国渔民已经经常在南海捕鱼。据不同文献记载，渔民在南海捕获珊瑚、玳瑁和海螺等等。[2] 所以，可以说中国人最迟于汉代，就在航行和生产实践中先后发现南海诸岛并在其中的水域航行，对这些水域的形态形成了一定的认识。

2. 隋　朝

隋朝有关的历史典籍中，提到南海地区的有《隋书》以及《通典》。

长孙无忌所著的《隋书》记载了屯田主事常骏和虞部主事王君正应召出使马来半岛的航程中穿过了西沙群岛所在的南海水域："大业三年（607年），常骏等自南海郡乘舟，昼夜二旬，每值便风，至焦石山，而过东南，泊陵伽钵拔多洲，西与林邑相对，上有神祠焉。"[3]杜佑撰写的《通典》进一步验证了前述事实。[4] 这两份典籍表明，不只在私人层面，在官方层面，也通过航行行为对南海诸岛及其海域有所认识。

3. 唐　朝

进入唐代，根据《旧唐书》的记载，海南设崖州都督府，总管崖州（原珠崖郡）、儋州（原儋耳郡）、振州（原临振郡），南海诸岛列入崖州

---

〔1〕 见〔宋〕李昉：《太平御览》，卷六十九，地部三十四，洲，第3页，引清嘉庆十七年（1812年）鲍氏校宋版。转引自韩振华主编：《我国南海诸岛史料汇编》，东方出版社1988年版，第25页。

〔2〕 参见韩振华主编：《我国南海诸岛史料汇编》，东方出版社1988年版，第25—27页。

〔3〕 〔唐〕长孙无忌：《隋书》，卷八十二，列传卷第十七，赤土传，见《二十五史》，《隋书》，开明书店版，第191页。转引自韩振华主编：《我国南海诸岛史料汇编》，东方出版社1988年版，第29页。

〔4〕 〔唐〕杜佑：《通典》，卷一百八十八，边防四，南蛮下，赤土，第7页，1901年上海图书集成局据武英殿聚珍版校印本。转引自韩振华主编：《我国南海诸岛史料汇编》，东方出版社1988年版，第30页。

都督府所辖疆域，隶属振州，振州疆域"西南至大海千里"[1]。

　　从证据的类型来看，《旧唐书》这段记录是对中国官方行为的一种描述，而非直接记录。从内容上看，虽然中国对"西南至大海千里"有明确的管辖意识，但是这种措辞本身并不是对管辖范围的准确的地理描述。考虑到中国古代"普天之下，莫非王土"的疆域观念和现代主权国家的领土观念之间并不能完全等同，《旧唐书》只能说明中国有将南海诸岛及其周边海域纳入国家管辖范围的意识。

　　4. 宋　　朝

　　宋朝关于南海诸岛的记载较多，相关史料相较之前朝代更加清晰地描述了中国在南海的管辖范围。

　　根据《诸蕃志》与《武经总要》记载，南海被中国视为处于其管辖之下。《诸蕃志》记载："东则千里长沙，万里石塘。……四郡凡四十一县，悉隶广南西路。"[2]《武经总要》记载："广州南海郡，古百粤也，皆蛮蜒所居，自汉以后入为郡县，唐为清（靖）海军节度。"[3]

　　与此同时，有关史料还记载了宋朝政府派兵到南海巡视的行为。《武经总要》记载："广州南海郡……命王师出戍，置巡海水师营垒……从屯门山，用东风西行，七日至九乳螺洲，又三日至不劳山。"[4]依据本段的记载，此次派兵巡视的原因是这一带有海盗，水师巡视是一种维护海上安全的行为，也是维护海上贸易秩序的行为。水师巡航视察了面积广大的海域，九乳螺洲即西沙群岛，不劳山为今天越南的占婆岛，此次巡航到达了西沙群岛与占婆岛以南的地区。

　　由此可见，中国至迟在宋代就已对南海诸岛及其附近水域通过纳入版图、水师巡航等方式实施管辖。国家派遣水师在南海诸岛的附近水域进行巡航，维护了海上秩序，因此无论海上的来往贸易还是渔民的捕鱼行为，都处在中国的保护和管辖之下。

---

［1］《西南中沙群岛志》，载海南史志网，http://www.hnszw.org.cn/data/news/2009/06/43658/，最后访问时间：2018 年 9 月 10 日。

［2］〔宋〕赵汝适：《诸蕃志》，卷下，志物，附载海南条，函海本。转引自韩振华主编：《我国南海诸岛史料汇编》，东方出版社 1988 年版，第 32 页。

［3］〔宋〕曾公亮：《武经总要》，前集卷二十，广南东路，第 15—16 页，宋庆历四年（1044 年）成书，1959 年中华书局上海编辑所据明正德间刊本影印。转引自韩振华主编：《我国南海诸岛史料汇编》，东方出版社 1988 年版，第 37 页。

［4］〔宋〕曾公亮：《武经总要》。转引自韩振华主编：《我国南海诸岛史料汇编》，东方出版社 1988 年版，第 37 页。

5. 元 朝

时至元朝，南海仍然是中国重要的海上航道。中国政府还对南海地区进行了精确的测量。

宋濂所编《元史》第48卷之天文志记载了太史郭守敬在元帝许可下进行四海测绘。[1] 在南海的经纬度测量从元制转化为现在的360度制，得到所测的"南海"、"琼州"和"雷州"纬度分别是北纬14°47′、19°28′和20°27′。现在的西沙群岛及其周边海域位于北纬15°47′和17°8′之间，与元朝测量的14°47′差1°左右。[2]

6. 明 朝

到明朝，中国政府已经通过地图显示南海作为其管辖的地理范围。官方绘制的《自宝船厂开船从龙江关出水直抵外国诸番图》[3]（俗称"郑和航海图"）与《通外国图》中均绘有"石星石塘""万生石塘屿""石塘"，这些地名对应的是东沙群岛与中沙群岛、南沙群岛和西沙群岛。同时，中国政府保持海军巡逻南海地区的做法，这在《琼山县志》卷十四"金石"条中有相应记载。据《康熙琼州府志》记载，明朝历次派出精锐海军前往周边国家并抚护各国朝贡物品入京，这也辅助证明南海地区处在明朝海军巡辖之列。此外，《广东通志》记载了明朝水师打击海盗的情况："海寇，有三路，设巡海备倭官军以守之，春末夏初，风迅之时，督发兵船出海防御，中路自东莞县南头城，出佛堂门，十字门，冷水角，诸海澳。"[4] 派遣水师巡视南海显示了中国在南海地区的国家主权意识。从当时的观念出发，打击海盗表明中国维护海洋领土安全的意志。长期、持续地对经过此水域的外国船队实施护航显示出中国与当时航海技术相匹配的海上控制能力。

此外，南海在明朝时期继续作为中国渔民的传统渔场以及商人通商航行的重要航道。对南海诸岛以及岛礁周围海域的考古发现表明，明朝年间中国人民在南海诸岛及其海域有大量的活动。

---

〔1〕 韩振华主编：《我国南海诸岛史料汇编》，东方出版社1988年版，第46页。
〔2〕 韩振华主编：《我国南海诸岛史料汇编》，东方出版社1988年版，第47页。
〔3〕 该图制作于郑和第六次下西洋之后，全体下洋官兵守备南京，其时正值明宣宗朱瞻基酝酿再下西洋之际，因此其下令将郑和船队历次下西洋航程综合整理，绘制成整幅下西洋全图。
〔4〕 韩振华主编：《我国南海诸岛史料汇编》，东方出版社1988年版，第52—53、第86—87页。

7. 清　朝

救助在南海遭遇海难的外国船舶，维护海域安全是中国清代在南海行使国家权力的重要方面。根据清乾隆二十一年（1756 年）兵部尚书兼都察院右都御史杨应琚的题本[1]记载，外国船舶多次在万州九洲洋（此为七洲洋的别称，今为西沙群岛及其周围海域）海域遇难，船员由清政府遣送回国，对于受损的船舶"验其原船，可修即与修，齐发遣。如已破烂难修，又无便船可搭者，酌量捐给发遣，统于岁底题报并请"[2]。这段记载表明，清朝时期中国的一项基本政策是将因意外进入南海海域的外国船舶遣送回国，而若船舶受损严重无法修理，中国将视情况给予一定的援助。

当今出于人道主义的目的，对于在海上遇难而不能自救的船舶，国际法要求不论其所处的水域，相关国家都应该予以援助，因而海难救助行为并不能被视为国家管辖地理空间的表现。但是，该题本所反映的清政府处理海上遇难船舶的惯例，并不能简单地视为与国家管辖行为无关，而应根据时际法原则进行判别。该惯例强调的是对因意外飘至万州九洲洋面的外国船舶予以救助，而非要求负责地方军务的官员救助海上遇难的船舶。所以，该项海上救助的惯例背后带有明确的区分海上管辖空间的主权意识，表明清政府将南海地区置于中国的管辖之下。还需指出的是，该题本体现出对海难救助费用的安排是"统于岁底题报并请"，直接由国家财政拨款。这和现代海难救助法律制度项下的救助费用的偿付原则（无效果、无报酬）和具体安排（通常通过救助合同协商实现）完全不同。可见，清朝常态化的海上救助管理是中国对南海地区进行管辖的重要体现。同样地，打击海盗也是清朝政府在南海地区实施管辖的一项措施。清政府并没有将海盗行为视为一种国际罪行，也并未将海盗视为"全人类公敌"，而是将之视为发生在中国管辖地理区域内的扰乱秩序的行为，故不宜将这类行为同今天打击海盗的行为相提并论。为了维护管辖区域的安全，清朝水师在南海地区打击海盗，收缴大量的武器装备。[3] 考虑到清朝当时一系列

---

[1]　题本是一类奏章，指中国明清时期高级官员向皇帝报告政务的文书。参见"题本"，载汉典网，https://www.zdic.net/hans/题本，最后访问时间：2019 年 9 月 9 日。

[2]　韩振华主编：《我国南海诸岛史料汇编》，东方出版社 1988 年版，第 68 页。

[3]　参见云南历史研究所编：《清实录：越南缅甸泰国老挝史料摘抄》，昆明人民出版社 1985 年版，第 300—307 页。

闭关政策的背景，其卫国守土维护主权的性质更加明显。

此外，南海不仅是当时的重要航道，还是中国的传统渔场。不同版本的《更路簿》分别记录了西沙和南沙群岛及其周围海域逾百条航线。[1] 从这些记录看，当时的渔民捕鱼作业和航行的区域已经遍及西沙群岛的所有岛礁及岛礁间的水道，也覆盖了南沙群岛大部分岛礁和水道。1935—1974 年，中国考古人员及渔民曾多次在东沙群岛、西沙群岛等地发现了大量古钱币，这些古钱币所属的年代从唐代以前至清代。[2] 考古人员还在南海诸岛上发现了大量的小庙、瓷器、墓地[3]，如琛航岛西北角的小庙里曾发现明代龙泉窑的瓷器。[4] 从岛上发现的文物的次数、文物年代的连续性可以看到，中国民间利用南海的活动是长期、有序进行的，庙宇表明在南海的部分岛礁上不仅有渔民居住，且有宗教生活。这从一个侧面表明，南海部分岛礁上很可能在清朝已经形成了一定的人类族群。中国渔民在南海的开发活动并不是单纯的民间行为，而是在国家权力的管理和保护之下的活动。国家力量的参与表现在两个方面：一是采取将南海地区纳入海防，进行巡航等维护海域总体安全与和平的一般性保护行动。二是对侵害渔民权利的特定事件所采取的行动，如抓捕海盗，处理侵害中国渔民权益的特定事件等。例如，清政府就 1907 年日本人西泽吉次侵害中国渔民权益的事件与日本政府交涉，维护了中国渔民权益。[5]

（二）民国时期中国在南海的相关活动

1. 海洋法律观念："领海"与"海疆"之辩

民国时期中国在南海的活动比过去任何时期都更为全面和多样。19 世纪中叶，随着中西方海上交往的增多，"领海"和"公海"二分的欧洲公法观念借由 1864 年丁韪良翻译并出版的美国国际法学家亨利·惠顿（Henry Wheaton，1785—1848 年）的《国际法原理》（*Ele-*

---

[1] 参见曾昭璇、曾宪珊:《清〈顺风得利〉（王国昌抄本）更路簿研究》，载《中国边疆史地研究》1996 年第 1 期，第 86—103 页。

[2] 参见韩振华主编:《我国南海诸岛史料汇编》，东方出版社 1988 年版，第 100—102 页。

[3] 参见韩振华主编:《我国南海诸岛史料汇编》，东方出版社 1988 年版，第 105—122 页。

[4] 广东省博物馆:《西沙文物》，文物出版社 1974 年版，第 8 页。

[5] 参见吕一燃:《日商西泽吉次掠夺东沙岛资源与中日交涉》，载《中国边疆史地研究》1994 年第 3 期，第 1—10 页。

ments *of International Law*）传入中国。[1] 20 世纪初，留日学生大量引进日本国际法学者的著作，促进"领海"观念的进一步传播。1902 年 9 月 16 日和 21 日的《外交报》连续登载《纪各国会议领海事》，提出："于海面立一定界限，由滨海之国管辖，谓之领海。"[2] 1930 年，国际联盟召开国际法典编纂会议，47 个国家政府的代表参加了这一会议，中国政府派员与会。国民政府代表在会上声明赞同采用 3 海里领海制。1931 年，国民政府行政院第 21 次会议通过建议案，议定领海界限为 3 海里，海关缉私范围为 12 海里。[3]

在当时的中国政府接受现代海洋法关于"领海"和"公海"二元区分的观念背景下，要考察当时中国在南海活动的法律意义，必须首先理解当时中国是如何看待过去的海疆，尤其是南海区域的问题。

明清时期，出于海防需要，中国政府将中国疆域内的海域划分为内洋和外洋。[4] 内洋由行政和军事力量监管，外洋由军事力量专管，即"内洋失事，文武并参；外洋失事，专责官兵，文职免其参处"。[5] 虽然史料中对内洋和外洋划分的地理范围标准并无精确描述，[6] 只有根据水深和海底地形对内洋和外洋适用的船型有所区分，[7] 但是当内

---

〔1〕　参见〔美〕惠顿：《万国公法》，丁韪良、何勤华译，中国政法大学出版社 2003 年版，第 133、第 136 页。其中，"大海"为"公海"在该书中的译法。在"管沿海近处之权"款目中提出："各国所管海面、及澳湾长矶所抱之海，此外更有沿海各处，离岸十里之遥，依常例亦归其管辖也。盖炮弹所及之处，国权亦及焉，凡此全属其管辖，他国不与也。"在"大海不归专管之例"款目中提出："洋海离岸既远，各国可否专管，前有名师议及，今则不复有此议，而公法论之无二致矣。诚以大海本万国公用，与天气日光理同，无人可私据之，而阻万国通行往来耳。"

〔2〕　《纪各国会议领海事》，载《外交报》1902 年 9 月 16 日；《纪各国会议领海事》，载《外交报》1902 年 9 月 21 日。见张元济：《外交报汇编》（第一册），国家图书馆出版社 2009 年版，第 149—166 页。

〔3〕　立法院编译处：《中华民国法规汇编》（第 4 编），中华书局 1934 年版，第 715 页。

〔4〕　"外洋"在清代的历史文本中有时用于指代外国或外国管辖的海域。

〔5〕　《钦定大清会典则例》（卷 26），"吏部·考功清吏司·盗贼"，http://www. wenxue100. com/book_LiShi/318. thtml，最后访问时间：2018 年 9 月 1 日。

〔6〕　王宏斌认为其标准是离岸距离，他指出："凡是靠近海岸和南澳岛岸的岛礁和洋面均划入内洋，凡是远离海岸和岛岸的岛礁和洋面均划入外洋。"参见王宏斌：《清代前期广东内外洋划分准则》，载《广东社会科学》2016 年第 1 期。

〔7〕　参见《钦定大清会典则例》（卷 135），"工部·都水清吏司·船政"，http:// www. wenxue100. com/book_LiShi/318. thtml，最后访问时间：2018 年 9 月 1 日。

洋和外洋并列时，它们指的都是中国管辖范围内的海域，只是内政管辖的运作机制有所区分。

1864 年，虽然清政府利用欧洲传来的"领海"观念，解决了普鲁士在大沽口拦江沙海域扣留丹麦商船的事件，但这并不代表"领海"已被清政府全盘接受，而是一种"借彼国事例以破其说"[1]的手段。时至 1905 年，两江总督周馥在奏折中陈表渔业振兴之事时论及"领海"观念与"海疆"观念的问题。他认为，西方海洋法律观念中的以 3 海里为限"领海"并不能解释中国在更宽阔的海域所享有的领有权。[2] 1926 年，在民国海岸巡防处致函各省提出将 3 海里的领海界线作为捕鱼标准界线时，各省相关机构有意见表明 3 海里领海的观念并不适合中国的现状，呼吁政府"重新修正"领海界线。[3]

20 世纪 30 年代，法国觊觎中国西沙群岛，多次与国民政府进行外交交涉。国民政府采用 3 海里领海制，使法国政府增加了一项对西沙群岛提出非法主张的理由。1932 年，法方向中国驻法使馆发出照会："贵使馆声称，'西沙群岛为贵国广东省海疆之一部分，并承认该岛距琼崖百四十五海浬'。查贵国出席一九三〇年海牙国际公法编纂会议[4]代表既同意采纳三海浬原则以划领海，则该岛不能认为贵国领土。"[5]对此，外交部回应称："法方谓'西沙群岛距琼崖百四十五海浬，贵国出席一九三〇年海牙国际公法编汇会议代表既同意采纳三海浬原则以划领海，则该岛不能认为贵国领土'。查此案与三海浬原则毫无关系，盖本国代表在一九三〇年，编汇国际法典会议，同意采纳三

---

〔1〕《筹办夷务始末：同治朝》（卷 27），中华书局 2008 年版，第 26 页。

〔2〕参见《光绪朝东华录》，中华书局 1958 年版，第 5343—5344 页。转引自刘延华：《民国时期我国对南海海域性质的认识》，2017 年 12 月 25 日，载中国南海研究院，http://www.nanhai.org.cn/review_c/245.html，最后访问时间：2018 年 9 月 1 日。

〔3〕参见《本埠新闻：郭振馨商榷领海界线书》，载《申报》1926 年 4 月 27 日。

〔4〕此处所指的"国际公法编纂会议"与本段下文提及的"国际公法编汇会议""编汇国际法典会议"指 1930 年依据国联决议召开的多边会议，旨在推动国际法的编纂工作。该会议一般称为"1930 年海牙国际法会议"或"海牙国际法会议"。

〔5〕《为录送关于西沙群岛案本馆文件请查核由》（1947 年 1 月 20 日法 34 字第 17 号），附件一：《驻法公使馆致外交部公函稿件抄件》（1933 年 10 月 27 日总字 549 号），载中国台湾地区"外交部"研究设计委员会编印：《"外交部"南海诸岛档案汇编》（上册），1995 年，Ⅱ（2）：199。

海浬原则固属实在，但其采纳此项原则之意，在承认国家领海范围以三海浬为限，而不在限制本国之海疆。准是以观，上述三海浬范围适用于我国时，自应以我国近海各处领土之边疆为起点，而不限于琼崖。"[1]

在南海断续线绘制之时，国民政府内政部方域司司长傅角今发表文章《我国领海界问题之研讨》。他指出：领海是"沿海国家自低潮线起，按一定距离向外保有之海水面"，沿岸国在领海中享有战时中立权、海关缉私权、渔业权，而海关缉私、捕鱼范围可不以领海为限。就海关缉私权而言，"然依照各国惯例，亦多有超然于领海界线之外，定一缉私范围者……"就渔业权而言，"领海界内捕鱼，为本国人民专利之事业……但各国成例，捕鱼范围，亦得以合理扩充，并不以领海为限"[2]。傅角今认为，在不限制航行自由的前提下，原则上应扩大领海界线，而对于南海诸岛，他提出了分别以四个群岛为整体绘制领海基线的设想。[3]

由此可见，在欧洲的领海观念自19世纪60年代传入中国之后，中国虽然在加入国际社会的过程中最终接受了这套观念，但是中国在对待南海海域的问题上始终没有放弃过去的开发和管辖南海的实践所形成的传统海疆权利，并且坚持在接纳来自西方世界的国际法观念的过程中，对南海问题予以特殊对待。根据中国过去的政府行为和民间私人行为，中国在南海形成的传统海疆权利是一种对自然资源进行开发与对海域进行管理的权利。这恰恰是现代海洋法上历史性权利法律制度所指的特殊国家实践。中国自民国时期之后在南海的活动就是在坚持这种传统海疆权利观念的基础上展开的。

---

〔1〕《为录送关于西沙群岛案本馆文件请查核由》（1947年1月20日 法34字第17号），附件四：《外交部民国二十三年四月三十日令驻法使馆文抄件》（欧字第3324号），载中国台湾地区"外交部"研究设计委员会编印：《"外交部"南海诸岛档案汇编》（上册），1995年，Ⅱ（2）：199。

〔2〕傅角今：《我国领海界问题之研讨》，载《地理教学》1947年第4期。转引自刘延华：《民国时期我国对南海海域性质的认识》，2017年12月25日，载中国南海研究院，http://www.nanhai.org.cn/review_c/245.html，最后访问时间：2018年9月1日。

〔3〕参见刘延华：《民国时期我国对南海海域性质的认识》，2017年12月25日，载中国南海研究院，http://www.nanhai.org.cn/review_c/245.html，最后访问时间：2018年9月1日。

2. 民国时期

20 世纪 30 年代，受到法国争夺南海诸岛领土主权和日本争夺南海渔业资源等诸多压力，中国一直在外交交涉过程中强调：南海诸岛以及周围海域处于中国长久以来形成的管辖范围内。与此同时，政府保持并逐步强化对南海利用活动的管理和控制。1911—1936 年，政府曾先后八次授权中国公民开发、利用东沙群岛与西沙群岛资源。1928年，广东省政府曾联合中山大学、建设厅等单位对西沙群岛进行全面调查，此次调查的内容涉及西沙群岛的位置、地形、土质土壤、气候、海流、交通、物产以及过去日本人在岛上非法经营的情况。[1] 同年，经广东省政府批准，西沙群岛上的资源（主要是鸟粪的开采）由中山大学管理，其后中山大学批准益农公司开发西沙群岛上的鸟粪资源。[2] 1947 年，国民政府行政院委托中元企业公司开发西沙群岛上的鸟粪资源。[3]

更重要的是，在其他国家和中国争夺在南海的权利之际，国民政府通过更加符合国际法主权宣示标准的行为，彰显中国对南海诸岛的领土主权及其周围水域的海洋权益。

1933 年，中国政府成立水陆地图审查委员会，并于 1934 年 12 月 21 日第 25 次会议上令其负担起审定中国南海各岛屿中英文名称并编制地图的职责。1935 年 1 月出版的《水陆地图审查委员会会刊》第 1 期公布了《中国南海各岛屿华英名对照表》，对照表中将南海诸岛分为东沙岛、西沙群岛、南沙群岛（今中沙群岛）和团沙群岛（今南沙群岛），总共 132 个岛礁。这是中国政府第一次较全面地公布南海诸岛的命名。1935 年 4 月出版的《水陆地图审查委员会会刊》第 2 期刊印了《中国南海各岛屿图》。[4]

二战期间，日本于 1938—1939 年先后侵占东沙群岛、西沙群岛和

---

〔1〕　参见陈铭枢、曾骞：《海南岛志》，神州国光社 1933 年版，第 553—558 页。

〔2〕　陈天锡编：《西沙岛东沙岛成案汇编》，（香港）商务印书馆 1928 年版，第 6 页。

〔3〕　韩振华主编：《我国南海诸岛史料汇编》，东方出版社 1988 年版，第 244—245 页。

〔4〕　参见《水陆地图审查委员会会刊》1935 年第 1 期，第 61—65、第 85—90 页；《水陆地图审查委员会会刊》1935 年第 2 期，第 68—69 页。值得注意的是，由于没有广泛搜集资料、征求专家意见和注意中国渔民为南海诸多岛礁定名，1935 年公布的 132 个南海岛礁中文名称绝大多数从西文名称翻译而来，沿用至今的历史名称只有 11 个：东沙岛（今东沙群岛之东沙岛）、西沙群岛、北礁、高尖石、北岛、中岛、南岛、石岛、海马滩和司令礁。

南沙群岛。1945 年日本战败并无条件投降，中国根据《开罗宣言》和《波茨坦公告》收回了包括台湾、澎湖列岛和南海诸岛在内的绝大部分失地。1946—1947 年，当时的海军司令部派兵舰前往接收南海诸岛。在完成接收行为之后，内政部方域司审定了南海诸岛地名 172 个，于 1947 年 12 月 1 日通过中央社正式公布《南海诸岛新旧名称对照表》，次日见报。较之《中国南海各岛屿华英名对照表》，《南海诸岛新旧名称对照表》有几个显著的变化：其一，岛、礁、滩的数量由原来的 132 个增加到 168 个。其二，对群岛的名字进行了一定的调整，原来的东沙岛和北卫滩、南卫滩合称东沙群岛，原来的南沙群岛改称中沙群岛，原来的团沙群岛改称南沙群岛。其三，在此次岛屿的命名活动中，参与收复行动的军舰以及对南海地区开发利用有重要影响的人物均被作为岛礁的名字。1947 年 12 月 16 日，《中央日报》第 9 版《地图周刊》刊登了由内政部方域司主持绘制的《南海诸岛位置略图》，[1] 图上用断续线段将南海诸岛和相关海域圈划起来。1948 年 2 月，《南海诸岛位置图》被收入由内政部方域司傅角今主编、王锡光等人编绘的《中华民国行政区域图》，由商务印书馆公开对外发行。

（三）民国时期之后中国在南海的相关活动

1. 中华人民共和国政府的活动

1949 年 10 月之后，中华人民共和国政府继续维持中国在南海地区的领土主权和海洋权益。

（1）发行地图

在管辖的地理范围上，官方出版或支持出版的中国地图都延续了 1948 年以断续线段圈划的方式将南海诸岛和相关海域划入中国版图的画法，使得在过去国家管辖活动和民间开发、利用活动基础上形成的，对南海海域空间的历史性权利所在地理范围以明确方式呈现。1953 年，经国务院审定，取消了海南岛与越南海岸之间的两段线，此后中国官方出版的地图，涉及南海都标有南海断续线九段。[2] 然而，仍然保留的断续线段所在的位置并没有发生变化。

---

〔1〕 中国台湾地区"内政部"编印：《"中华民国"南疆史料选辑》，2015 年，第 46 页。

〔2〕 贾宇：《历史性权利的意涵与南海断续线——对美国国务院关于南海断续线报告的批驳》，载《法学评论》2016 年第 3 期，第 93 页。

（2）对周边国家侵权活动的外交抗议

从 20 世纪 50 年代到 90 年代，周边国家频繁挑战中国在南海诸岛的领土主权，但是并没有质疑中国在南海海域的历史性权利。在此期间，中国外交部无数次通过公告和声明，对周边国家（特别是越南和菲律宾）侵占南海诸岛与侵犯中国领土主权和主权权利的行为表示抗议。[1] 其中有两份声明文件值得特别注意：1976 年 6 月 14 日外交部针对菲律宾在南沙群岛地区钻探石油发表的声明和 1980 年 7 月 21 日外交部就苏越合作勘探南海石油发表的声明。

在前一项声明中，中国抗议的是瑞典和菲律宾石油开采公司财团在南沙群岛的礼乐滩地区[2]进行石油钻探作业。中国外交部指出："南沙群岛，正如西沙群岛、中沙群岛和东沙群岛一样，历来就是中国领土的一部分。中华人民共和国政府曾多次声明，中国对这些岛屿及其附近海域拥有无可争辩的主权，这些地区的资源属于中国所有。任何外国派兵侵占南沙群岛的岛屿或在南沙群岛地区勘探、开采石油或其他资源，都是对中国领土主权的侵犯，都是不能允许的。任何外国对南沙群岛的岛屿提出主权要求，都是非法的、无效的"。[3]在该项简短的声明中，中国提出菲律宾在礼乐滩的石油钻探行为侵犯了中国的"领土主权"，但是并未明确被侵犯的中国权利的法律基础。在该份声明中，中国区分了"南沙群岛的岛屿"和"南沙群岛地区"，也就是区分中国对岛屿的权利和对海域的权利。但是，该声明没有限定"南沙群岛地区"和"附近海域"仅限于南沙群岛的领海。所以，中国在该项声明中重申的在南海的海洋权利并不能简单地被解释为只是在主张《海洋法公约》意义上的领海主权。

在后一项声明中，中国抗议的是当时苏联和越南签订的一项所谓在"越南南方大陆架"合作勘探、开采石油和天然气的协定。中国外交

---

[1]　参见韩振华主编：《我国南海诸岛史料汇编》，东方出版社 1988 年版，第 443—492 页。

[2]　礼乐滩位于北纬 11°20′、东经 116°50′，属于中国南沙群岛的组成部分，处于南海断续线内侧。礼乐滩距离太平岛最近处约 108 海里，最远处约 185 海里，而距离菲律宾巴拉望岛最近处约 108 海里，最远处约 173 海里。礼乐滩是南沙群岛地区最大的水下环礁，水深最浅处为 9 米，由多个暗礁组成，附油气资源丰富。

[3]　《我外交部发言人就菲律宾宣布在我南沙群岛地区钻探石油发表声明 任何外国对我国南沙群岛的岛屿提出主权要求都是非法的无效的》，1976 年 6 月 14 日，载《人民日报》1976 年 6 月 15 日，第 1 版。

部指出："中国方面认为有必要重申：西沙群岛、南沙群岛和东沙群岛、中沙群岛一样，历来就是中国领土的一部分，中华人民共和国对这些岛屿及其附近海域享有无可争辩的主权。上述区域内的资源理所当然地属于中国所有。任何国家未经中国许可进入上述区域进行勘探、开采和其他活动都是非法的，任何国家与国家之间为在上述区域从事勘探、开采等活动而签订的协定和合同都是无效的。"[1] 同样地，中国在该声明中并未指明被侵犯的中国权利的法律基础。而考虑到该项声明所抗议的区域部分位于南海断续线内，中国显然是将南海断续线内的水域作为管辖水域，而且中国重申的是对这片水域的整体空间主张的权利。

（3）国内立法

正如邹克渊教授所指出的，从 1958 年《中华人民共和国政府关于领海的声明》和 1959 年的官方宣传来看，中国早已对历史性权利，至少是历史性水域（内水）、历史性海湾等概念有所注意，并积极予以运用。[2] 随着《联合国海洋法公约》的谈判和最终通过，周边国家对南海地区的争夺不再限于对南海诸岛的领土主权，而扩展到了海洋权益，因此中国在南海地区依据《公约》享有的权利和根据习惯国际法享有的历史性权利也开始受到挑战。与此同时，中国开始进一步强化对南海断续线内海域的管辖。

1982 年，中国通过《中华人民共和国海洋环境保护法》，该法第 2 条规定："本法适用于中华人民共和国内水、领海、毗连区、专属经济区、大陆架以及中华人民共和国管辖的其他海域。" 1986 年，中国通过《中华人民共和国渔业法》，该法第 2 条规定："在中华人民共和国的内水、滩涂、领海、专属经济区以及中华人民共和国管辖的一切其他海域从事养殖和捕捞水生动物、水生植物等渔业生产活动，都必须遵守本法。" 渤海湾和琼州海峡已经通过 1958 年《中华人民共和国政府关于领海的声明》宣布为 "内海"，这两个历史性水域已被规定为内水，因此，除内水、滩涂、领海和专属经济区以外的属于中华人民共和国管辖的其他海域，就应包括中国对其享有历史性权利的南海断

---

〔1〕《我国外交部发言人发表声明 苏越合作勘采石油等非法协定无效》，1980 年 7 月 21日，载《人民日报》1980 年 7 月 22 日，第 1 版。

〔2〕 See Zou Keyuan, "Historic Rights in International Law and in China's Practice", *Ocean Development & International Law*, Vol. 32, 2001, p. 156.

续线线内水域。这一措辞是十分严谨的，与《中华人民共和国海上交
通安全法》（2016 年修正）第 2 条的"沿海水域"〔1〕和《中华人民共
和国海域使用管理法》第 2 条的"海域"（指中华人民共和国内水、领
海的水面、水体、海床和底土）严格区分开来。当涉及海洋环境保护
和渔业管理的管辖权时，我国立法就会强调"其他海域"。

"其他（管辖）海域"或"其他一切管辖海域"用语还出现在相
应的行政法规中，如 1983 年《中华人民共和国海洋石油勘探开发环境
保护管理条例》（第 2 条）、1985 年《中华人民共和国海洋倾废管理条
例》（第 3 条）、1996 年《中华人民共和国涉外海洋科学研究管理规
定》（第 2 条）等；部门规章如 1990 年《中华人民共和国海洋石油勘
探开发环境保护管理条例实施办法》（第 2 条）、2003 年中华人民共和
国国土资源部《海底电缆管道保护规定》（第 2 条）等。

1998 年，中国通过《中华人民共和国专属经济区和大陆架法》宣
告了根据《公约》享有的海洋权利，同时强调主张《公约》项下的权
利并不影响中国在海上的历史性权利。

此外，从 1999 年起，中国农业部门每年都以通告的方式，在南海
地区采取伏季休渔的政策管理渔业资源。1999 年《中华人民共和国农
业部关于在南海实行伏季休渔的通告》（以下简称《通告》）规定：

> 为养护和合理利用南海渔业资源，保障南海渔业和海洋
> 经济的可持续发展，维护广大渔民的长远利益，根据《中华
> 人民共和国渔业法》有关规定，我部决定，自 1999 年起在南
> 海海域实行伏季休渔。现通告如下：
> 　一、每年 6 月 1 日零时起至 7 月 31 日 24 时止，北纬 12
> 度以北的南海海域（含北部湾），禁止所有拖网（含拖虾、
> 拖贝）、围网及掺缯作业。
> 　二、伏季休渔期间，除持有南沙专项捕捞许可证前往北
> 纬 12 度以南的南沙海域生产的渔船外，所有拖网、围网及掺
> 缯作业渔船一律停港、封网。有关单位不得向其供油、供冰，
> 或收购、运销、代冻、储藏鱼货等。其他作业渔船不得变相

〔1〕　在《中华人民共和国海上交通安全法》（2021 年修订）的文本中，原第 2 条"沿海
水域"已被修改为"管辖海域"。

从事拖网、围网或掺缯作业。

三、伏季休渔期间，因资源调查、科研监测等特殊原因需要进入休渔区域从事拖网、围网或掺缯作业的，由省级渔业主管部门按规定逐级上报农业部批准，由农业部南海区渔政渔港监督管理局核发特许捕捞许可证后方可进行。

四、伏季休渔期间，有关南海区机动渔船底拖网禁渔区线以内的禁渔规定和幼鱼幼虾保护规定继续执行。

五、各级渔业行政主管部门及其所属的渔政渔港监督管理机构应在同级人民政府领导下，建立伏季休渔管理责任制，加强监督检查。对违反本通告的渔船、人员或有关单位，按照《中华人民共和国渔业法》及有关法律法规规定处罚。

希望广大渔民与生产单位自觉遵守，社会各界支持配合，确保南海伏季休渔的顺利实施。

特此通告。

一九九九年三月五日[1]

从《通告》的表述来看，休渔的场地为"南海海域"，在北纬12度以北和北纬12度以南的两个区域分别采取不同的休渔措施——北纬12度以北是禁渔，北纬12度以南是严格控制捕鱼。但是，南海海域的边界并没有在该通告中明确指出。依据《通告》的上位法《中华人民共和国渔业法》，其中提到的法律适用范围是包括内水的"中华人民共和国管辖的一切其他海域"，即根据中华人民共和国法律、中华人民共和国缔结、参加的国际条约、协定或者其他有关国际法，而由中华人民共和国管辖的海域。这再次说明，《通告》中所称南海海域不限于中国在南海诸岛拥有的、一般意义上的领海、专属经济区和大陆架，还包括中国享有历史性权利的水域，而其地理范围需要结合中国过去的国家实践来判断。

在《通告》实施后，农业部常务会议很快于1999年6月21日审议通过《中华人民共和国管辖海域外国人、外国船舶渔业活动管理暂行规定》（以下简称《暂行规定》），适用于外国人、外国船舶在中华

---

[1]　《中华人民共和国农业部关于在南海实行伏季休渔的通告》，1999年3月5日，载《中国水产》1999年第4期。

人民共和国管辖海域内从事渔业生产、生物资源调查等涉及渔业的有关活动。该法所称的"中华人民共和国管辖海域"在含义上和《中华人民共和国渔业法》的相关表述保持一致。[1] 1999 年至今，每一年伏季来临之前，中国农业部门都会专门发布当年在中国管辖的南海海域的伏季休渔通告，以养护南海海域的渔业资源。对于违反伏季休渔制度的船舶，不论其所属国籍，均按照相关的国内法律规章予以处罚。伏季休渔制度是中国强化其对南海海域之管辖的一个重要体现，也是中国长久以来管理南海海域渔业资源的一种延续。

（4）海上执法

2000 年之后，周边国家与中国在南海的海洋权益争夺日趋白热化。随着综合国力的增强，中国的海上管控实力也大幅提升。2006 年 7 月 20 日，经国务院批准，中国海监启动了东海定期维权巡航执法任务；2007 年 2 月 1 日，经上级批准，中国海监在成功实施东海巡航制度的基础上，将巡航区扩展到黄海、南海北部海域；2007 年 12 月，实施了对包括南海南部在内的中国全部管辖海域的定期维权巡航执法，至此确立全海域定期维权巡航执法制度。[2] 在南海的维权巡航路线以中国在南海所划的九段断续线（南海断续线）为据，并根据巡航时的具体情况进行调整。[3]

2. 中国台湾当局的活动

20 世纪 50—90 年代，面对周边国家侵占南海诸岛并侵犯中国的领土主权的局势，台湾地区几乎和大陆同步对每一次事件发表声明表示抗议。[4] 与此同时，台湾当局也采取了一些实际行动以维护中国在南海的领土主权和海洋权益。例如，1956 年 6 月，台湾组织"立威部队"前往南海巡防，重新驻防太平岛，并成立"南沙守备区"和"东沙守备区"。同年 9 月，台湾组建"宁远部队"前往南沙群岛巡查，

---

〔1〕《中华人民共和国管辖海域外国人、外国船舶渔业活动管理暂行规定》第 1 条规定："为加强中华人民共和国管辖海域内渔业活动的管理，维护国家海洋权益，根据《中华人民共和国渔业法》、《中华人民共和国专属经济区和大陆架法》、《中华人民共和国领海及毗连区法》等法律、法规，制定本规定。"

〔2〕参见《我国建立全海域维权巡航制度》，载《中国海洋报》2008 年 8 月 5 日，http://www.oceanol.com/guanli/zhencefg/3596.html，最后访问时间：2018 年 9 月 1 日。

〔3〕参见《新闻调查：巡航南海》，2012 年 7 月 22 日，载央视网，http://news.cntv.cn/china/20120722/108221.shtml，最后访问时间：2018 年 9 月 1 日。

〔4〕参见韩振华主编：《我国南海诸岛史料汇编》，东方出版社 1988 年版，第 513—520 页。

在北子礁附近截获了克洛马所率菲律宾船只，登船临检、讯问，扣留其航海日记、航行报告和执照，令其具结后将其释放。[1]

1992 年 8 月，台湾当局"行政院"核定在"内政部"成立"南海小组"，主导台湾当局南海政策的制定。1993 年 4 月和 5 月，台湾当局连续发布"南海政策纲领"（以下简称"纲领"）以及"南海政策纲领实施纲要分办表"。"纲领"的前言写道：

> 南沙群岛、西沙群岛、中沙群岛及东沙群岛，无论就历史、地理、国际法及事实，向为"我国"固有领土之一部分，其主权属于"我国"。
>
> 南海历史性水域界线内之海域为"我国"管辖之海域，"我国"拥有一切权益。"我国"政府愿在和平理性的基础上，及维护"我国"主权原则上，开发此一海域，并愿依国际法及联合国宪章和平解决争端。[2]

"纲领"的目标是：坚定维护南海主权，加强南海开发管理，积极促进南海合作，和平处理南海争端以及维护南海生态环境。在实施纲要部分，"纲领"强调要筹建海域巡逻警力、加强渔民服务以及探勘和开发可利用之资源。1994 年 4 月，台湾"警政署保七总队"派遣两

---

〔1〕《中国南海诸群岛文献汇编之九：海军巡弋南沙群岛经过》，台湾学生书局 1975 年版，第 163—172 页，转引自范宏伟、王虎：《台湾当局南海政策演变之研究》，载《台湾研究》2013 年第 5 期，第 44 页。

〔2〕"南海政策纲领"，1993 年 4 月 13 日，http://www.rootlaw.com.tw/LawArticle.aspx? LawID = A040040091060500-0820413，最后访问时间：2018 年 9 月 1 日。"纲领"中所称"南海历史性水域"的主张在 1998 年所谓"中华民国领海及邻接区法"中没有相关条款呼应。台湾"内政部"报请的所谓"中华民国领海及邻接区法"之草案第 6 条规定："'中华民国'之历史性水域及其范围，由'行政院'公告之。"对该条款草案的说明指出："'历史性水域'系指经由历史证据显示，为中国最早发现与命名、最早开发与经营、最早管辖与行使主权之固有水域，例如中国南海，兹为确保中国南海诸岛及四周海域主权权利，爰将历史性水域及其范围，明定由'行政院'公告之。"台湾"立法院"在最终通过的立法文本中删除了草案中有关"历史性水域"的条文。参见林正义、宋燕辉：《南海情势与中国应有的外交国防战略》，中国台湾地区"行政院"研究发展考核委员会编印，1996 年，第 125 页。虽然正式通过的所谓"中华民国领海及邻接区法"中没有写入有关"历史性水域"的条文，但这并不等于放弃了相关权利主张。

艘警艇赴南沙海域巡弋，进行护渔、打击走私与海盗。1995 年 3 月，台湾"保七总队"四艘巡逻艇前往南沙海域巡弋，遭到菲律宾和越南的抗议后，返航终止了巡逻任务。此后，"保七总队"停止了南沙巡护任务，到 2000 年"海巡署"成立后，又由其恢复了南海巡护。

2000 年之后，中国台湾当局在马英九的任期内更积极地维护中国在南海的领土主权和海洋权益。2010 年 5 月—2011 年 7 月，台湾当局就南海问题发表了九个声明，宣示在南海的主权和解决南海问题的立场。[1] 更重要的是，台湾当局重申了中国对南海之固有领域与传统渔场的主权和权益，确认"没有主权就没有渔权"之原则。[2]

本节小结

本节考察了历史上中国在南海行使国家权力的脉络。[3] 汉代至三国时期，已有明确的证据证明中国派遣官员巡视南海地区，体现了国家权力在本地区的正式存在，这是构成国家有效行使权力的重要依据。而且这个时期的记载表明中国在南海地区的活动已经到达西沙与南沙群岛海域，这和中国现代在南海地区提出主张的地理范围是基本吻合的。国家权力的存在、地理范围的基本确定以及民间捕鱼活动的开展，是这个时期中国管辖利用南海地区的重要特征。因此，可以认为，这个时期是中国在南海的历史性权利的发源时期。隋唐时期除将南海诸岛纳入中国版图以及派遣军舰进行巡航以外，南海也成为中国船舶来往的重要航道，中国在南海地区的活动开始增多。

宋元时期关于南海地区的记载明显增多，中国在南海地区的活动也进一步强化，南海诸岛及其海域依旧在中国的版图之中。随着海上通商贸易的发展，中国政府更加重视海上安全，维持并加强了水师的巡航，切实保护了海上贸易利益以及渔业利益。与此同时，中国政府

---

[1] 范宏伟、王虎：《台湾当局南海政策演变之研究》，载《台湾研究》2013 年第 5 期，第 44 页。

[2] 冯梁、王维、周亦民：《两岸南海政策：历史分析与合作基础》，载《世界经济与政治论坛》2010 年第 4 期。

[3] 本节主要根据联合国 1962 年的《包括历史性海湾在内的历史性水域法律制度》报告中的历史性权利要件论证我国历史性权利的存在，也借鉴了"远古权利"理论的论证逻辑。后者的详细适用可参见李任远：《国际法中的历史性权利研究》，法律出版社 2018 年版，第 270—278 页。

还加强对海域的科学测量，加强国家对南海地区的实际控制。经过前几个朝代的发展，宋元时代已经通过多种形式对南海地区行使实际的管辖和控制，在两个朝代长达数百年的时间里，中国对南海地区的管辖、控制和开发已经形成了稳定的局面，且没有受到其他国家的干扰。国家权力行使的长期平稳状态使中国已经取得了对南海地区的历史性权利。经过这个时期，中国对南海的历史性权利已经形成，其内容主要包括对海域的管辖和控制权，对资源的开采利用以及航行权等。

明朝时期官方出版的地图证明南海地区是中国的重要组成部分，南海是中国人民进行渔业作业的重要渔场，也是人民往来贸易的重要海上通道。为了保护中国人民的海上利益，明朝除派遣水师进行正常的巡航以外，还在海上开展打击海盗的活动，取得了显著成效。对于遇难船舶，明朝政府曾多次进行救助，甚至派遣船队护送经过南海的进贡船舶，这表明当时南海的海上安全是由明朝政府负责的。明朝的政府船舶更是多次通过南海来往于各国执行公务。基于明朝政府长期的管辖、航行与开发利用，中国在南海地区享有的管辖权、航行权以及包括历史性捕鱼权在内的开发利用的权利得到了巩固。相比宋元时期，明朝开始将南海地区纳入官方编绘的地图，明确其行政区划，在行使管辖的形式上也更加多样，频率更高，管辖权的行使向着更深和更广的方向发展。这个时期中国在南海的历史性权利更加成熟。

清朝时期中国对南海地区的管辖更加全面。清朝有大量的官方地图将南海地区划入中国版图，清朝政府多次派遣水师巡视南海，打击海盗，保障海上安全，并建立起常态化的海上救助机制。南海是中国渔民的传统渔场，而清朝时期中国渔民对南海地区的探索更是达到了新的高度，渔民对航道，尤其是对群岛内部水道有了非常详尽的了解和记载。中国人民经过长期的探索，付出了巨大的代价，终于逐步掌握了南海地区各处水道、航道的情况，中国人民是南海航道最早的开拓者，这一点和英国早期探索北极群岛水域的情况是相似的，这也是中国在南海主张历史性权利的依据之一。中国人民的捕鱼行为得到了政府的支持，清朝政府处理外国人非法开采岛屿资源、妨害中国渔民捕鱼的行为以及巡视海域的行为，都体现了国家对渔民渔业利益的保护，是国家行使属地管辖权的表现。因此，清朝时期中国人民对南海地区的开发利用已经完全是一种在国家管辖与保护之下的开发利用行为，这也是中国主张历史性权利的另一个重要依据。总之，清朝时期中国对南海地区的管辖既有国家权力行使的因素，也有民间参与的因素，国家管理与民间开发在深度和广度上都达到了前所未有的水平，南海地区处在中国的有效控制之下。这个时期中国对南海的历史性权利是一种对海域、海洋资源的综合管理和利用的权利，是对前朝已经成熟的历史性权利的继承和发展。

民国时期中国对南海地区的管辖和开发有了更进一步的发展。尽管国力处于非常有限的状态，但民国时期政府仍对南海诸岛和海域进行了多次详细的考察，巡视和测量了南海诸岛，并对其中的岛、礁、滩、沙等海洋地物进行了统一命名，出版了关于南海区域的现代化地图。这标志着中国对南海地区的管辖达到了新的高度。为了维护中国的海洋权益，国民政府多次对外国非法入侵南海地区的行为进行调查和抗议，在二战结束后派兵接收并驻守南海诸岛，对南海地区实施了有效管理。中国政府同时也加强了对南海地区的开发利用，多次通过行政授权促进南海地区资源的开发利用，并为资源的开发利用和航行安全在岛屿上建造了相关设施。民国时期中国在南海地区的活动表明，南海地区处在中国的有效控制和管辖之下，且得到了有效的开发利用，这个时期中国对南海地区的历史性权利得到维持，且由于国家在南海地区所行使的权力向着更广更深的程度拓展，中国的历史性权利在清代的基础上得到了进一步的发展。

中国在南海的领土主权以及在南海断续线内水域的历史性权利有充分的历史证据。新中国成立以来，由于南海地区蕴藏着极其丰富的资源逐渐广为人知，且南海是一个半封闭海，是重要的航道，具有重要的战略地位，有的周边国家开始非法侵占南海的岛礁和水域，严重侵犯了中国的合法权利。尽管如此，中国仍然通过海洋立法、渔业管理和巡航等实际活动以及通过外交渠道对他国的入侵及侵权行为表示抗议，维护经长期国家实践所累积形成的南海历史性权利。与此同时，中国台湾地区没有放弃中国在南海的历史性权利主张，中国台湾当局也通过实际行动维护中国在南海的海洋权益。

第二节 其他国家的态度

其他国家的态度对历史性权利的形成有一定影响。在历史性权利产生过程中，其他国家的明示同意或者一般性的容忍对历史性权利的形成有重要作用，但是其他国家的态度对历史性权利的作用只限于在权利形成的过程中，一旦权利形成，其他国家的反对也不能否定一项已经成熟的历史性权利的存在。

一、南海争议当事国的态度

（一）争议当事国提出南海主张的时间点

1. 菲律宾

1954 年和 1956 年，菲律宾人米兹（Morton Meads）和克洛马分别以私人身份对南沙群岛中的部分岛礁提出要求，但这一尝试均以失败告终。进入 20 世纪 70 年代，菲律宾公然侵占中国南沙群岛中的马欢岛、费信岛、中业岛、南钥岛、北子岛、西月岛、礼乐滩、司令礁等，并对其他 22 个岛礁提出要求。1971 年 7 月，菲律宾总统马科斯发表声明，对南沙群岛的部分岛礁提出正式的领土要求，强调 1956 年克洛马探险队提出要求的"自由地"的 53 个岛礁属于菲律宾，并将这些岛礁命名为"卡拉延群岛"（Kalayaan Island Group）。在菲律宾挑战中国对南沙群岛的领土主权之后，很快依据其所谓"卡拉延群岛"，主张相应的专属经济区。1978 年 6 月 11 日，菲律宾通过第 1596 号和第 1599 号总统令，分别宣布"卡拉延群岛"的确切方位坐标，[1] 将其划归菲律宾的专属经济区。[2] 被菲律宾划入其专属经济区的这部分海域显然位于中国的南海断续线范围以内。

2. 马来西亚

从 20 世纪 60 年代起，马来西亚在南沙群岛南部岛礁相关海域勘探和开发石油等自然资源。据报道，马来西亚曾于 1975 年抗议中国地图将中国南海断续线直接划至沙捞越和沙巴沿岸。1979 年 12 月，马来西亚官方出版一张大陆架地图，该图将大约位于东经 109°38′、北纬 6°18′的一点沿东北方向至大约位于东经 116°、北纬 8°40′一点所画一线南侧的岛礁全部划入马来西亚大陆架的范围之内，其中包括安波沙洲、柏礁、南海礁、司令礁、校尉暗沙、弹丸礁、皇路礁、

---

[1] See Presidential Decree No. 1596, 1978, available at：http：//www. officialgazette. gov. ph/ 1978/06/11/presidential-decree-no-1596-s-1978/, last accessed on 10 September 2018.

[2] Presidential Decree No. 1599, 1978, available at：http：//www. officialgazette. gov. ph/1978/ 06/11/presidential-decree-no-1599-s-1978/, last accessed on 10 September 2018.

南通礁等。[1] 1983 年，马来西亚占领弹丸礁并认为该礁从来就是其领土的一部分。

3. 越　南

越南于 1975 年发布了"关于'黄沙（帕拉塞尔）群岛'和'长沙（斯普拉特利）群岛'的白皮书"，称对"黄沙"群岛（中国的西沙群岛）和"长沙"群岛（中国的南沙群岛）拥有领土主权，以此对中国西沙群岛和南沙群岛全面提出非法的领土要求。此后，直至 1988 年，越南外交部不断发布各种声明，称其对"黄沙"群岛和"长沙"群岛拥有领土主权，并据此对整个南海海域、海床和底土提出海洋权利要求。越南还将其所主张权利的南海海域划分成 200多个对外油气招标区，从事石油和天然气等资源的勘探和开采活动。

4. 文　莱

文莱于 1987 年 12 月向中国发出照会，称南通礁在文莱大陆架范围内，并于 1988 年将南通礁划入其版图。除此之外，文莱主要根据《公约》关于沿海国专属经济区和大陆架的规定主张其自身海洋权利。此项权利主张与中国在南海的断续线所圈定的海域有重叠。

5. 印度尼西亚

印度尼西亚没有对中国南沙群岛之任何岛礁提出领土要求。但是，印度尼西亚依据《公约》在南海提出专属经济区和大陆架的海洋权利主张，其纳土纳群岛的专属经济区和大陆架与中国南海断续线范围内的海域存在重叠。值得注意的是，印度尼西亚政府在修订其华侨学校使用的中国地理和中国历史教科书时，采纳了包括南海断续线在内的中国地图，如其 1957 年出版的《初中中国地理》（第一册、第二册），1952 年出版的《高中历史》教科书等。[2]

（二）争议当事国南海主张的特点

首先，南海争端当事国中直接否定中国对南海海域历史性权利的国家主要是菲律宾、越南和马来西亚。

---

〔1〕　E. P. Farrell, *The Socialist Republic of Vietnam and the Law of the Sea：An Analysis of Viet-namese Behavior within the Emerging International Oceans Regime*, The Hague：Martinus Nijhoff Publishers, 1998, pp. 254, 256.

〔2〕　这些教科书在首页印有印度尼西亚国徽以及"印度尼西亚共和国教育部审定"字样，足见其官方性质。参见傅崐成：《南（中国）海法律地位之研究》，台湾 123 资讯有限公司 1995 年版，第 5 页。

其次，文莱和印度尼西亚直至 2019 年都未直接否定过中国对南海海域的历史性权利，而是根据《公约》赋予沿海国的权利主张其在南海的专属经济区和大陆架，由此产生了与中国南海的历史性权利所处地理范围的重叠，印度尼西亚甚至通过官方行为默认了南海断续线地图。

最后，否定中国对南海海域的历史性权利的国家都是在 1970 年之后才表示反对立场，远远晚于中国对南海进行管辖已经形成惯例的时间。可以说，其他南海周边国家在 1970 年之前对中国管辖南海海域的活动都表示沉默或至少是容忍，而在 1970 年之后主要是菲律宾、越南和马来西亚在挑战中国对南海海域的历史性权利的合法性。然而，这些挑战并不能真正否定在习惯国际法意义上中国通过漫长的国家实践所形成的对南海的历史性权利。

二、非南海争议国的态度

从可追溯的年代起至宋朝，中国对南海的历史性权利逐渐形成，但没有任何记载表明其他国家对中国关于南海海域的控制权提出异议。这些国家，尤其是与中国同处在南海地区的国家的沉默，构成了对中国对南海海域进行实际控制的容忍。

从宋朝到清朝末年，中国历代政府仍然以各种形式对南海海域进行管辖和控制。当然，考虑到当时的科技水平，这种管辖和控制活动在强度上不可能达到现代社会对国家管辖行为所要求的程度，但是仍然包括将南海海域纳入中国的疆域、发行地图、进行测量、派遣水师巡航等多方面的内容。包括其他南海周边国家在内，国际社会一直没有反对中国对南海海域的管辖和控制。明清时期东南亚诸国在南海的失事船舶多次接受中国政府的救助，其进贡船只也一直由中国水师的舰队护送经过南海海域前往朝贡地点，就是一个典型例证。另一个重要的例证，则是荷兰驻华大使馆于 1883 年发出照会要求清政府处理荷兰在东沙搁浅货物被劫掠的事件。[1] 这一事件表明当时荷兰也承认南海海域处于中国的管辖之下。

---

[1] 照会原文参见韩振华主编：《我国南海诸岛史料汇编》，东方出版社 1988 年版，第 142—143 页。

1930 年 4 月，远东气象会议在香港举行，国民政府海岸巡防处课长沈有琪代表东沙岛观象台前往参加。该会议承认东沙岛观象台是中国最重要的气象机关，并要求东沙岛观象台向远东船只每日提供远东各地的气象报告。大会还希望中国政府能在西沙群岛建造新的气象机关。[1] 此举表明与会各国承认东沙、西沙群岛是中国的领土，也表明与会各国认为包括东沙、西沙区域在内的南海海域处在中国的一般管辖之下，因此希望中国履行其作为权利所有国的法律义务，建造气象设施维护南海的航海安全。特别值得注意的是，本次大会到会的国家包括菲律宾、法属安南（今越南）等国。本次会议充分体现了国际社会对中国在南海历史性权利的认可。

更重要的是，中国政府于 1948 年以更符合现代国际法要求的方式对外公布了南海断续线，以重申中国在南海的主权和相关权益。此后的几十年中，国际社会对中国的断续线没有提出任何异议，并且有国家在其官方、民间地图上明确地标示断续线。

综上所述，虽然历史性权利形成所需要的时间长度是一个依据个案进行判断的问题，但在 1970 年以前，中国和平而有效地对南海海域进行管辖和控制，得到国际社会的普遍认可，中国在南海地区的行为符合历史性权利的习惯法的要求，中国对南海海域享有历史性权利。[2]

第三节　中国在南海的历史性权利的内容和性质

依据上文对历史性权利的分析，历史性权利的内容来源于国家长期行使权力的惯例。惯例的内容就决定了历史性权利的内容，而权利的内容又决定了其权利的性质。因而，中国南海历史性权利的内容与性质，必然取决于前文仔细梳理过的、中国历代政府在南海海域行使国家权力的情况。

一、权利的内容

从上文对南海历史性权利要素的分析可以看出，中国历代政府在

---

〔1〕　吴士存：《民国时期的南海诸岛问题》，载《民国档案》1996 年第 3 期。
〔2〕　学者刘晨虹扩展和深化了这一思路，认为中国在南海的历史性权利进一步属于南海区域的区域习惯法（regional customary law）和特殊习惯法（special customary law）。参见刘晨虹：《中国南海历史性权利之"国际习惯法"说新解》，载《太平洋学报》2019 年第 9 期，第 5—11 页。

南海最早的行为，一种是官员对相关海域进行巡航，另一种则是渔民对南海资源的开发利用。这两种行为，从三国时期就已经有明确记载，到隋唐时期，这两种行为的记载更多，活动范围更明确。宋元时期，政府派兵巡航的记载增多，且将南海地区纳入版图，对南海进行测量。捕鱼等开发利用资源的行为延续，利用南海航道通商的记载也逐渐增多。

到了明清时期，巡视南海、纳入海防、开发利用南海资源与航道的行为长期延续，且有了较多中国政府打击海盗、救助海难、护送来往船舶的记载。值得注意的是，中国海军在中国管辖的南海海域实施对遇难船舶的救助，其费用由中央政府通过统一的财政拨款负担。这种海难救助制度在后来清政府与西方国家签订的双边条约中都有出现。

民国时期，除以上行为外，政府授权开发南海资源、建筑灯塔、设置电台等措施逐步出现。依据上述中国在南海行使国家权力以及相关民间活动的情况，巡视海域与开发利用南海资源，是历史性权利中的两项最古老、最基本的内容。巡视海域，实际上是对海域的管辖权。开发利用海洋资源，也是中国在南海历史性权利的重要内容，但这并不能被简化成历史性捕鱼权和历史性航行权。

就目前来看，我们认为，可主张的权利内容及主张策略似应有以下六类。[1]

（一）开发和利用海洋资源的历史性权利

历史上，中国人民在南海的活动包括捕鱼、捕龟、采盐、采珊瑚，等等。利用海洋资源是世界各国主张历史性权利的普遍诉求，也必然是我们主张历史性权利的内容之一。

1. 应包括历史性捕鱼权或传统捕鱼权

历史性捕鱼权是学界普遍赞同的历史性权利内容之一，也是得到国家实践、国际司法及仲裁实践支持的权利之一。[2] 但是我国主张的

---

[1]　邹克渊教授对历史性权利可能包含的内容分类是较为齐全的，故根据其分类下的内容逐一进行讨论。See Zou Keyuan, Liu Xinchang, "The Legal Status of the U-shaped Line in the South China Sea and Its Legal Implications for Sovereignty, Sovereign Rights and Maritime Jurisdiction", *Chinese Journal of International Law*, Vol. 14, 2015, pp. 71-73.

[2]　相关案件包括渔业管辖权案、突尼斯与利比亚大陆架案、缅因湾区域海洋边界划界案、厄立特里亚与也门领土主权和海洋划界案、卡塔尔与巴林海域划界和领土问题案、巴巴多斯与特立尼达和多巴哥仲裁案。

权利不应仅限于捕鱼权，更不应该将这一权利进行单独主张。理由有二：其一，我国对南海资源的开发范围事实上远大于捕鱼，包括了各种生物和非生物资源的捕捞或开采。其二，历史性捕鱼权，或者传统捕鱼权，在某种程度上忽视了中国在南海对渔业的主权管辖行为，包括维护渔业和航行安全，对渔业进行征税等，而转换成强调在他国的权利范围内有权"例外"捕鱼，这对南海断续线的整体主张不利。除了捕鱼权，我们还可以主张对区域内渔业的管辖权，因为这也是我们历史上的活动之一。不过，这类管辖权可以适当"软化"，或与其他南海周边国家合作进行。

2. 是否存在开发和利用大陆架资源的权利

从历代人们在南海捕获海洋生物的情况来看，我国人民捕获海域中鱼类的历史实践这一点毋庸置疑。但历史资料同时表明，南海长期以来作为中国珊瑚、玳瑁、海螺的主要产地，也出产海参等水产品。[1] 中国渔民一直都在南海海域作业，捕捞这些水产品，而且这种利用跟其他渔业活动一样，在很长一段时间内是排他性的。珊瑚属于海底生物，而玳瑁一般生活在珊瑚礁区，以海绵等海洋生物为主要食物。这些海洋资源均属于现代海洋法意义上大陆架上的资源，海参与珊瑚也属于大陆架上的定居种生物。在国际法院 1982 年突尼斯与利比亚大陆架案中，阿雷夏加法官（Judge Aréchaga）发表的个别意见指出："捕获海绵在本案中是具有决定性作用的，尤其是考虑到按照 1958 年《大陆架公约》的第 2 条第 4 款——该条款在 1969 年被认定为习惯国际法的一部分，捕获海绵构成了该条款所规定的开采大陆架资源的行为。按照联合国国际法委员会的看法以及 1958 年《大陆架公约》的界定，捕获海绵的行为并不是作为一种捕获附着物种的捕鱼行为，而是作为一种开采大陆架资源的行为，这种行为和在大陆架上抽取油气资源是同等性质的。"[2] 该案判决本身亦不否定历史性权利在大陆架划界中的作用。从这一点看，中国在南海对资源主张的历史性权利，除了捕鱼权，至少还包括对大陆架定居种的权利。美国国内法院也曾经

---

〔1〕 参见韩振华主编：《我国南海诸岛史料汇编》，东方出版社 1988 年版，第 27、第 126 页。

〔2〕 Case Concerning the Continental Shelf, Judgment, I. C. J. Reports, 1982, p. 123, para. 81.

在判决中认为，历史性权利应当是及于底土的权利。[1]

一个潜在的问题是，沿海国依据大陆架制度享有的权利是一种固有（ipso facto and ab initio）的权利，[2] 这种固有的权利与其他国家在大陆架上的历史性权利，在性质上是否存在冲突呢？从法律规则产生的时间上看，大陆架制度是在 20 世纪 40 年代《杜鲁门公告》之后逐渐成为法律规则的。大陆架制度中的权利固有原则也是在这一时期产生的，历史性权利产生的时间要远远早于大陆架制度。新制度的产生并不能取代一项产生时间较早且依然有效的权利。[3] 阿雷夏加法官在突尼斯与利比亚大陆架案的个别意见中对这个问题发表了相似的见解："（大陆架权利的）'固有'原则是在日内瓦召开的第一届联合国海洋法会议上才开始出现的，适用这个原则的目的是保护沿岸国的权利，这些沿岸国既没有对其在大陆架上的权利发表任何声明，也没有能力勘探与开采大陆架上的资源。在最初提出该制度时，大陆架制度的提倡者，包括杜鲁门总统的顾问，均从历史性捕鱼权（包括对附着于海床的资源的开采权）上寻求依据。1958 年《大陆架公约》中引入的大陆架权利固有这一原则，不能减损或废除一项已经取得的、现存的权利。若非如此，则将有悖于基本的法律理念与基本的时际法规则。认为《杜鲁门公告》或《大陆架公约》减损或否定先前存在于大陆架上的权利的观点是荒谬的；事实正好与这种观点相反，这个原则吸取、包含了这些权利的因素。"[4] 学者科佩拉就认为，虽然一国理论上不能在他国大陆架上取得历史性的大陆架权利，但可以在两国主张重叠的大陆架区域通过主张历史性权利争取到更大的分配份额。而且，这种历史性权利也可以在非大陆架划界的场合起作用，即在除他国大陆架和两国主张重叠区域外的其他区域形成，并起到普遍（erga omnes）效果。[5]

---

〔1〕　参见［英］希金斯、哥伦伯斯：《海上国际法》，王强生译，法律出版社 1957 年版，第 113 页。

〔2〕　North Sea Continental Shelf, Judgment of 20 February 1969, I. C. J. Reports, 1969, p. 23, para. 19.

〔3〕　李任远：《国际法中的历史性权利研究》，法律出版社 2018 年版，第 176 页。

〔4〕　Case Concerning the Continental Shelf, Separate Opinion of Judge Jiménez de Aréchaga, Judgment, I. C. J. Reports, 1982, pp. 123-124, para. 82.

〔5〕　Sophia Kopela, "Historic Titles and Historic Rights in the Law of the Sea in the Light of the South China Sea Arbitration, Ocean Development & International Law, Vol. 48, 2017, p. 191.

若沿海国依据对大陆架表层资源的开发而主张底土以下的油气资源，是否有国际法上的依据呢？中国学者高之国法官和贾兵兵教授认为，中国在南海断续线内所主张并享有的历史性权利具体内容包括对矿藏等资源勘探、开发的权利。[1] 但也有不少观点认为，历史性权利是一项基于历史的权利，而开采油气则是现代才出现的行为，不可依据历史性权利主张大陆架上的油气资源。[2]

我们认为，对于国家能否依据历史上捕获海底定居种的行为来主张大陆架的油气资源，应当从两方面分析。

一方面，应当考察国家在历史上行使国家权力的情况。如果一国长期捕获大陆架上的定居种生物，且除捕获此类生物的行为以外，国家还对相关海域实施较多的管辖行为，使得该海域及其底土整体上处在一国的权力之下，则国家可依据开发利用底土定居种或者相关资源的行为，主张大陆架中的油气资源。反之，如果国家只有单纯的捕获利用海底定居种的行为，而无其他管辖的行为，相关海域并非处在国家权力之下，则难以依据单纯的捕获利用定居种的行为主张大陆架油气资源的权利。

另一方面，应当总体考虑国际法院的法官在上述个别意见中对阐述这一问题所可能产生的有限影响。一则，《国际法院规约》第38条将司法判例作为确定法律规则的补充资料，据此他的意见可能对这一问题的阐释产生影响。二则，依据《国际法院规约》第38条，权威公法学者的学说，同样是确定国际法规则的补充资料，但学者学说在这方面并不统一。三则，该意见属于法官个人发表的个别意见，其影响力可能低于法院的判决。因此，对于阿雷夏加法官这一意见，较合理的解读应当是，此意见为国家基于开发利用底土的行为，以历史性权利为依据主张大陆架中的油气资源提供了法学理论，但关于问题仍存

---

[1] 中国学者高之国和贾兵兵认为："'九段线'在经历60余年演变后，已经成为对历来属于中国的南海诸岛主权的宣示，并包括对在这些岛屿及其周围海域中从事渔业、航行，以及包括矿藏等资源勘探开发等其他海洋活动的历史性权利。" Zhiguo Gao and Bingbing Jia, "The Nine-Dash Line in the South China Sea: History, Status, and Implications", *American Journal of International Law*, Vol. 107, 2015, p. 108.

[2] See D. P. O'Connell, *The International Law of the Sea*, Vol. Ⅱ, Oxford University Press, 1984, p. 713; Yoshifumi Tanaka, *Predictability and Flexibility in the Law of Maritime Delimitation*, Hart Publishing, 2006, p. 301.

在一定争议。

中国历代在南海捕捞海底定居种生物，已有大量的历史资料为证，有持续的巡航、保护渔民等行为，从这一点上考察，中国基于开发利用海底定居种的行为主张对大陆架的油气资源，是有一定依据的。[1] 但仅凭此论据不能做到对该问题的阐述达到充分无疑义程度。故而，对于中国在南海可否依据历史性权利主张大陆架中油气资源的权利，较为合理的策略应是，中国可以在主张历史性权利时，将其作为主张的一部分，但不宜作为主要部分突出强调。且若与相关国家谈判解决南海争端时，可提出相关主张，但应综合考虑各种因素，制定务实方案，兼顾南海合作与共同开发的可行性。

（二）开展海洋科学考察的历史性权利

最迟至元代起，中国在南海区域就有水文、天文的考察，而且是政府官员主导的官方行政行为。[2] 此类权利主张的事实依据相对充分，相较于其他南海周边国家的各阶段历史，中国开展海洋科学考察活动的历史持续时间长、实践数量多。

应指出的是，《联合国海洋法公约》第十三部分规定了国家在"海洋科学研究"（marine scientific research）中的权利和义务，但并未规定该概念的具体含义。学界目前认为，"海洋科学研究"的一般含义已在《公约》谈判国之间取得共识，即以海洋环境中自然现象的有关问题作为对象进行的科学调查，而海洋环境一般又指的是海洋水体、海床及海洋底土和与水面紧邻的大气环境。[3] 因此，就该定义而言，中国历史上在南海进行的海洋科学考察的范围，要远大于《公约》项下"海洋科学研究"的外延，是指在海洋区域中进行的各类科学研究、考察和调查活动，包括不以"海洋环境"为对象的海上天文测量等。中国在历史上不仅进行了这类广泛的科学考察活动，而且对这些活动进行了管辖。这点可以依据的关键事实是：历史上，我国政府长期主导、"垄断"着南海地区的海洋科考行为。在西方殖民者的权力范围扩大至南海周边国家之前，除中国外的其他国家均没有也不可能涉及

---

〔1〕　参见李永：《历史性权利与大陆架关系初论——兼议中国在南海大陆架上的历史性权利》，载《海南大学学报（人文社会科学版）》2017年第4期，第6—9页。

〔2〕　参见韩振华：《我国南海诸岛史料汇编》，东方出版社1988年版，第46页。

〔3〕　See Alfred H. A., Soons, *Marine Scientific Research and the Law of the Sea*, Kluwer Law and Taxation Publishers, 1982, p. 124.

这方面的事务。而且，在列强以武力或武力威胁中国安全前，西方的科考活动同样征求了中国政府的意见。[1]

（三）海上执法的历史性权利

历史上，中国在南海地区的执法行为主要是巡航、打击海盗、海难救助，[2] 还包括后来的一些建设助航设施、授权开发等行为。即便从最低限度来看，我国也在维护海上捕捞、贸易、航行安全和秩序方面，行使了历史上的执法管辖权。虽然这一点会遭到国际上反对声音的抨击，但这是中国应该坚持的立场之一，也是中国目前在南海水域最显著的活动之一。

（四）是否存在历史性航行权

总体来说，学界主要以历史性航行权这一概念探讨历史性权利问题，但讨论较少，国家实践也比较缺乏，主要是因为这一项下的权利很大程度上已经被《联合国海洋法公约》吸收。综合来看，中国对航行权利的主张受到的质疑将是相关几种权利中最少的。然而，在南海水域，尤其是南海断续线内，强调历史性航行权，可能反而会削弱我们对于航行安全和秩序管辖权的主张，将处于这种管辖范围内的正常航行，转换为在他人管辖范围中的"例外"的航行，这对我们的总体的历史性权利主张是非常不利的。因此，不建议使用历史性航行权这一概念，而应将航行作为中国在南海断续线内当然的权能。

（五）是否存在建造人工设施的历史性权利

20 世纪开始，在技术条件允许的情况下，中国开始在南海诸岛建造如灯塔、天文台、广播台等人工设施。那么，这一段历史实践能否论证中国主张在南海断续线内建造人工设施的历史性权利？

应注意到这一主张有两个弱点。首先，与油气资源开采行为相似，在偏远的岛礁上建造人工设施严重依赖现代科学技术的进步和普及，故而注定此类实践难以形成持续、稳定的惯例，在时间因素上难以构成一项历史性权利。其次，这些设施建造的背景始于西方列强势力逐渐侵入南海之时，甚至有不少是对西方类似占领、建造行为的回应和

〔1〕 1883 年，德国进入我国南海地区对西沙和南沙群岛地区进行调查测量工作，即遭到广东当局抗议，德国因此停止了有关调查。参见韩振华主编：《我国南海诸岛史料汇编》，东方出版社 1988 年版，第 143 页。

〔2〕 参见韩振华主编：《我国南海诸岛史料汇编》，东方出版社 1988 年版，第 7—8 页。

反击，故中国的实践获得其他国家默认的要素也难以证成。再者，不存在借助历史性权利概念主张这类权利的必要性，因为关键设施的建设主要发生在南海诸岛中具有重要军事战略意义的岛礁和群岛内的水域，这完全可以凭借对南海诸岛整体及其附近海域的主权来主张建造人工设施的权利。

（六）是否存在对南海进行军事利用的历史性权利

虽然中国历史上在南海水域的活动，尤其是现代国际法意义上的主权活动，有许多是军事组织进行或主导的活动，但总体来说很难认定为一种军事目的的利用，比如打击海盗、天文测量、救助船难等。从外交策略上说，专门主张作为一种历史性权利的军事利用，也可能不必要地增加自身压力。我们认为，军事利用包含的关键权能，可以考虑在海上执法、航行的权利中主张和体现，不必单独作为一种历史性权利主张。

二、权利的性质

可以认为，中国在南海的历史性权利是一种对自然资源进行开发与对海域进行管理的综合权利，而非某种仅以个别海上活动为具体内容的权利，也不是无数此种权利的简单相加。中国政府和中国人民在南海断续线内从事相关海洋活动，都是这一历史性权利所包含的具体权能的体现。

从上面的分析来看，前文所梳理的中国历朝历代的私人活动和官方活动并不等同于一项又一项的历史性权利。从私人活动来看，中国民众在南海主要是利用南海的航道与开发南海的定居种和非定居种生物资源。如果仅有这些活动的长期存在，那么中国在南海的历史性权利或许仅是一项历史性捕鱼权或历史性航行权。然而，伴随着私人活动在南海的开展，中国历代政府也在加深对南海海域的认识，且逐渐以与时代相匹配的技术手段展示管辖南海海域的意图，并采取当时能够采取的实际行动对南海海域的海上活动进行控制。

考虑到海洋本身的物理特性，人类在海上的活动其广度和深度上都不及在陆地上的活动。而考虑到当时东亚社会的发展状况，一个沿海国在海上行使其国家权力的方式也是有限的。长久以来，中国在南海海域巡航、打击海盗和救助海难的行为，不能简单地从现代国际法既有的法律观念角度理解，否则就丧失了运用习惯法上的历史性权利制度评价特定的国家海上实践的意义。显然，巡航是一个主权国家对其管辖下的地理空间彰显国家权力存在的最典型方式，毋庸赘述。打击海盗和救助海难的定性相对复杂。在现代国际法上，海盗是"全人类公敌"，因而打击海盗与体现对地理空间的管辖意图无关，只关乎这种国际罪行的惩罚本身；海难对于任何海上航行的船舶来说都是巨大的灾难，因而救助海难也与对地理空间的管辖意图无关，只关乎一种普遍的人道主义情感。但是，这些现代国际法上的观念都是今天才得到普遍传播的。从中国早期的国家实践来看，无论是打击海盗还是救助海难，都不是从前述两种观念出发的，而是有一个共同的前提：在中国所辖的南海海域发生影响秩序安宁和航行安全的情况。打击海盗和救助海难背后所体现的是明确的国家管辖空间意图。所以，在私人活动的推动下所展开的这些官方活动，最终凝结成的是一种概括式对自然资源进行开发与对海域进行管理的权力。这种权力可以体现为开发和利用海洋资源、海洋科考等权利（权能），以及对上述行为的管辖权等，但绝非这些权利的简单相加。

需指出的是，如果将中国在南海的活动等同于一项或多项具体的历史性权利，可能有不利的法律和政策后果。历史性权利是习惯国际法规则所催生的，而此后缔约国数目庞大的《联合国海洋法公约》规则又以条约形式对沿海国的管辖海域进行普遍的赋权。前文已经比较详细地讨论过《公约》缔约过程中以及最后形成的条款如何对各种类型的历史性权利进行处理。尽管总体上《公约》并没有解决与历史性权利的本质有关的问题（包括内涵和构成要素），但是《公约》事实上对某些类型的历史性权利在《公约》建立的海域制度框架下所能产生的法律效果有所规定。可以说，《公约》完全尊重针对整体海域空间的历史性权利（历史性所有权），当这种历史性权利和依据《公约》所享有的对海域的权利相冲突时，《公约》所确立的解决冲突的规则是不适用的。但是，面对《公约》所确立的沿海国对海域空间的主权或主权权利与以具体海上活动为内容的历史性权利的平衡时，《公约》对后者做了弱化的处理，更多考虑的是最大限度满足前者。具体而言，《公约》没有采用"历史性权利"这样的措辞，而是采取更加偏向事实描述的表达——"惯常"；《公约》也没有赋予这类历史性权利优先权的地位，而是偏向对其做出比较多的限制。如果将中国在南海海域的历史性权利理解为一项或多项具体的历史性权利，这些权利在很大程度上会被《公约》项下的沿海国在管辖海域中的空间权利所稀释。这样的话，中国地图上的南海断续线存在的意义在很大程度上就丧失了。

三、权利的排他性和限制

中国在南海的历史性权利是对南海整体自然资源的开发与对海域的管理的综合性权利，这种历史性权利是具有专属性的。从管辖海上活动方面来看，中国历代政府长期在南海进行巡航、打击海盗和救助海难，维持海上秩序和安全。在采取这些活动时，中国政府有在该海域排除其他国家管辖的明确意识。比如，根据史料记载，中国政府在南海打击海盗时明确要求中国水师不得擅入"夷地夷洋"，当海盗团伙窜入"越南夷洋"时，则谕令越南国王协助抓捕。[1] 从对南海海域的资源利用方面来看，中国渔民对南海海域的定居种和非定居种生物资源的开采和利用有一定的排他性。明清以来流传于海南渔民间的《更路簿》，清楚地记录了这一史实，记载了海南渔民在南海海域捕鱼作业的地点、航线与航程等。20 世纪 30 年代列强与中国争夺在南海的海洋权利时，中国政府在对外交涉过程中强调了中国渔民作业的专属性。例如，在中法交涉西沙群岛和南沙群岛主权归属问题时，海南文昌县参议会代电称："查珊瑚九岛位于东、西沙群岛与吕宋岛之间，素为我国闽粤渔人捕鱼场所，乃我国南陲之地。"[2] 外国的一些历史资料也提到了中国渔民作业的专属性。例如，日本的一份调查报告就指出，在 20 世纪 30 年代南海海域的渔业仅为中国渔民独占，越南渔民欠缺相应的航海能力，只能在近海作业。[3] 1977 年，厦门大学韩振华先生等人对海南渔民进行调查访问，渔民蒙全洲口述："我在西、南沙群岛一带捕鱼作业几十年，从未见外国渔船或越南渔船到西、南沙来捕鱼。越南渔船用竹子编造，船小，出不了大海。他们渔船驶

---

〔1〕 参见《清仁宗实录》，华文书局 1985 版，卷五十八（嘉庆五年正月己卯）以及卷二百一（嘉庆十三年九月甲申）。
〔2〕 《关于法占九小岛一案事》（1933 年 10 月 5 日），载中国台湾地区"外交部"研究设计委员会编印：《"外交部"南海诸岛档案汇编》（上册），1995 年，Ⅱ（1）：089。
〔3〕 《新南群岛と安南渔夫问题》，载《南支那及南洋情报》1933 年第 5 卷第 1 期。

帆也跟我们渔船不同，风力大时，是把帆往上卷，挂在桅顶。"〔1〕

然而，中国历代政府虽然通过前述行为体现其对南海海域空间的整体管辖意图，但在南海海域中的航道利用方面，并未对外国船舶的通航进行限制，外国船舶的通航无须经过中国政府的批准。这种开放航道的情形可以理解为在南海海域的航行自由，但并不能因为所有船舶的航行自由就当然得出该海域是公海的结论。倘若得出这种结论，恰恰意味着是在用《公约》所建立的海域制度及逻辑来衡量所有海域，而没有考虑与《公约》这一条约规则并行的习惯法规则，也没有正视一种前《公约》规则、非西方传统海洋秩序的存在。南海海域允许航行自由而又在其他事项上处于国家管辖下，这恰恰是中国历代政府长期累积的国家实践所塑造的状态。正如前文所述，目前习惯国际法上的历史性权利法律制度强调的是一种海洋法律秩序中的权利产生方式，并没有对权利内容和性质塑造既定的模式。这一制度恰恰是现代海洋法能够对远在其之前就存在的国家实践予以理解、尊重和解释的张力所在。所以，根据前文梳理的中国在南海的活动，可以将上述行为视为中国历代政府通过积极的作为所创造的对南海自然资源进行开发与对海域进行管理的权利，而对所有船舶通航不予控制这一不作为，则可视为中国政府对南海海域空间之管辖权的自我限制，这正体现出一套独特的南海规则体系。

由此可见，中国对南海海域空间的历史性权利在权力的强度和内容的丰富程度上都不及主权。或许可以说，这种对南海海域的历史性权利在性质上类似于沿海国对专属经济区的主权权利，但是它在内容上并非仅以经济目的为导向。〔2〕中国在南海的历史性权利的这种特性是中国长期以来在南海海域的国家实践的特殊性所造就的。

四、权利的空间范围

中国政府一直主张在南海海域享有历史性权利，但重申这一历史

〔1〕韩振华主编：《我国南海诸岛史料汇编》，东方出版社 1988 年版，第 408 页。
〔2〕傅崐成教授等近年提出的"特殊历史性水域"概念与本书观点异曲同工。他指出中国对南海断续线内水域特殊的领有权，这种权能具有一定排他性，又不及于一般的"历史性水域"。参见傅崐成、崔浩然：《南海 U 形线的法律性质与历史性权利的内涵》，载《厦门大学学报（哲学社会科学版）》2019 年第 4 期，第 67—69 页。

性权利的《中华人民共和国政府关于在南海的领土主权和海洋权益的声明》也没有直接指明中国主张历史性权利的地理范围。不过，这并不意味着中国主张的历史性权利缺乏准确的地理范围，对这一范围的判定需要结合中国过往的国家实践。

中国在南海海域的管辖和经营所覆盖的地理范围并不是简单地通过一项国家行为即可确定的，这一地理范围也是伴随中国在南海的活动不断发展而得到明确的。前文提到过，在元代时中国政府曾经对南海地区做过测量，当时所测定的西沙群岛和南沙群岛的地理位置与今天通用的地理坐标系统所标记的位置误差不大。[1] 到清代，中国政府在南海海域对于中国管辖海域和外国管辖海域的界分有清晰的认识。比如，在打击海盗的过程中，中央政府命令中国水师不得进入"夷地夷洋"[2]，就是对这种界分意识的证明。对于中国在南海海域的管辖和经营范围，直到1948年《南海诸岛位置图》上的南海断续线正式出现，才有了符合现代国际法要求的比较明确的展示。结合前文对中国政府自民国时期起在南海活动的分析，可以看到，中国在南海海域的历史性权利所在的地理范围是南海断续线所标识的范围。自南海断续线在中国地图上绘制出来以来，中国政府一直通过立法在强化这一管辖范围，并且在海上的执法活动中也体现了这一管辖范围。

五、权利的法律效果

在菲律宾"南海仲裁案"中，仲裁庭依据有限的证据推断中国的历史性权利是一种勘探和开发资源的非专属性权利，并且通过对《公约》和历史性权利关系的分析指出这种历史性权利已经为《公约》的专属经济区和大陆架法律制度所否定。

但是，根据前文的分析，中国在南海的历史性权利是一种对自然资源进行开发与对海域进行管理的历史性权利，其在权利的强度上不及主权，在权利性质上类似沿海国对专属经济区和大陆架的主

---

[1]　参见韩振华主编：《我国南海诸岛史料汇编》，东方出版社1988年版，第47页。
[2]　参见《清仁宗实录》，华文书局1985版，卷五十八（嘉庆五年正月己卯）以及卷二百一（嘉庆十三年九月甲申）。

权权利，[1] 但在权利内容上又不限于以经济为目的，不仅包括了对海域中的资源进行勘探和开发，还包括对海域中的各类活动进行管辖。这种类型的历史性权利并非《公约》专属经济区制度在缔约谈判过程中所讨论过的"历史性捕鱼权"，而且《公约》大陆架制度在缔约过程中完全没有触及历史性权利的问题。所以，《公约》之中并没有任何规则用于处理这种类型的历史性权利。如果此类历史性权利和《公约》项下沿海国对专属经济区和大陆架的主权权利实际上发生冲突，只能通过国家之间协商来解决，因为这是习惯国际法规则所产生的权利和条约法规则所产生的权利之间的冲突。如果条约当中没有包含处理这种冲突的规则，对于条约的缔约国来说，并不能当然地否定习惯法规则所产生的权利。毕竟，习惯规则和条约规则之间的关系并不能简单地运用"特别法优于一般法"或"后法优于前法"的冲突规则来处理。[2]

本章小结

中国对南海地区的发现、开发、利用和管辖的历史至少始于汉代，并在随后的历史中逐渐细化、强化和综合化，到清朝和民国时期，出于对列强的骚扰和入侵的回应，中国在南海的活动达到了顶峰。20世纪40年代的中国地图出版，是对这种历史性权利的明确与重申，而非创设。此后，中国便依据这种历史性权利对南海地区继续进行控制、开发、管辖，并且对侵害这种权利的活动进行抗议。

南海周边其他国家对中国在南海主权、主权权利的抗议到了20世

---

〔1〕　这种海域制度是特殊的，但并非罕见，也并未被海洋法禁止。See Sophia Kopela, "Historic Titles and Historic Rights in the Law of the Sea in the Light of the South China Sea Arbitration", *Ocean Development & International Law*, Vol. 48, 2017, pp. 187-189.

〔2〕　对于国际法上的规则冲突问题，国际法学者更多关注的是条约规则之间的冲突，而较少讨论条约规则和习惯国际法规则之间的冲突。19世纪的一些国际法学家（比如惠顿）从实证主义的角度出发强调条约作为国际法的真实渊源具有一种超越性的地位。但是，这种观点已经不再被接受。在一些国内司法实践中，并不总是从"后法优于前法"或者"特别法优于一般法"的角度考虑问题，而且还有可能通过条约解释得出条约与习惯国际法规则一致的结论。1917年，昆西·赖特（Quincy Wright）曾经撰文讨论习惯国际法规则和条约规则发生冲突的情况应该如何处理，其结论恰恰显示了条约和习惯法规则之间互动的复杂性。See Quincy Wright, "Conflicts Between International Law and Treaties", *American Journal of International Law*, Vol. 11, No. 3, 1917, pp. 566-579. 到目前为止，在该问题上仍然没有特别明确的结论。

纪 70 年代才零星出现，而正式对南海断续线的抗议则到了 2009 年。这些抗议不仅比中国正式提出南海断续线晚了几十年，更难以否定中国上千年来积累发展而成的远古权利和历史性权利。非南海周边国家在各种重要场合均曾承认或默认了中国在南海的历史性权利。这表明中国历史性权利的行使和主张得到了足够的别国认可。

中国在南海的历史性权利是一种对自然资源进行开发与对海域进行管理的权利。中国政府和中国人民在南海断续线内从事相关海洋活动，对海域内生物和非生物资源的勘探、开发和利用、科学考察，以及相应的海上管辖和执法行为，都是这一历史性权利所包含的具体权能的体现。对南海海域资源的利用和对南海海上活动的管辖，这种历史性权利是具有专属性的，但并未达到主权的高度，它同时有一定的例外和限制，如历史性权利所在海域允许外国船只的通过。因此，中国对南海断续线内的水域享有的海域权利，除了其中岛礁所拥有的海域权利，其余部分则近似于《公约》中"专属经济区"或"大陆架"的权利。需再次提及的是，这只是一种对根源于历史的权利的方便理解，这种权利并不是专属经济区或大陆架权利，也不产生或依赖于《公约》，而是源自与《公约》并行不悖的习惯国际法（包括可能的东南亚区域习惯法）。

本编结论

国际社会自 19 世纪就将历史性权利作为一个国际法问题开始讨论，并试图制定规则。但历史性权利议题一直充满争议，其争议来自历史性权利的产生、构成要素、内容、性质、类型等多方面。造成复杂争议的主要原因在于，历史性权利是一项源自国家历史实践的权利，其实质在于对国家历史上长期行使权力的特定惯例的确权，是实然向应然的转化。历史性权利作为一项国际法中的权利，其实质主要在于确认一种历史事实的合法性。历史性权利并非内容统一的单一权利，而是一种权利产生方式。由于各国历史的复杂性和多元性，产生历史性权利的惯例内容千差万别，因而历史性权利的内容与性质均可能存在差别。

通过对国家实践、国际司法及仲裁实践的观察可以发现，海洋中的历史性权利可以存在于多个不同海域，如海湾、海峡、群岛等。从权利的性质考察，大致可分为主权性的历史性所有权、（非主权性的）排他性的历史性权利和非排他性的历史性权利，但是这种划分实际上并不是绝对的。由于各国在历史上行使权力的惯例之间存在差异，而惯例又决定了历史性权利的内容与性质，故而历史性权利的内容与性质，与现代海洋法特别是《联合国海洋法公约》下的权利并非一一对应的关系。从这个角度分析，排他性的历史性权利和非排他性的历史性权利这一措辞的使用，并非严格的法律定义，只是一种描述性的措辞。丰塞卡湾案中对历史性权利的裁决就印证了这一点。

从《公约》与历史性权利的关系看，该关系可以概括为：《公约》肯定了历史性海湾与领海划界中的历史性所有权，《公约》下的群岛国与直线基线制度受到了历史性权利的影响，但与历史性权利不完全等同。从《公约》的缔约过程和最后通过的文本来看，应当认为：一方面，关于历史性权利本质的一般性问题，《公约》并没有确立明确的规则，其仍然属于一般国际法调整的范围；另一方面，《公约》其实对某些类型的历史性权利在其海域制度框架下所产生的法律效果做出了处理。具体而言，《公约》完全尊重针对整体海域空间的历史性权利（历史性所有权），但对以具体海上活动为内容的历史性权利则做了弱化处理。

中国的历史性权利源自其历代对南海的管辖与开发，在漫长的历史时期，这些管辖和开发活动得到其他国家的默认和容忍。这一权利的空间范围通过南海断续线得以确定。由于中国历史上在南海的活动形式多样，有多种行使国家权力的行为，因而在南海断续线以内的历史性权利是对南海海域空间的一种对自然资源进行开发与对海域进行管理的权利。这种历史性权利具有专属性和排他性，并非无数单项历史性权利的简单叠加。考虑到《公约》没有对中国主张的这种类型的历史性权利在《公约》框架下的法律效果做出处理，中国所主张的历史性权利仍根据习惯国际法规则有效存在。当这种历史性权利和其他沿海国根据《公约》条款主张的海洋权利发生冲突时，应由相关国家之间协商解决。

第五编

南海断续线的外部质疑
与中国的法理应对

引 言

　　本编研究旨在了解和掌握国外学者和政府质疑南海断续线的观点和论据，深入剖析这些观点对中国维护南海合法权益、促进地区和平与发展的负面影响，提出系统反驳意见，并为维护中国在南海的主权与海洋权益提供思路和策略建议。

　　自 2009 年中国向联合国提交附有南海断续线地图的照会以及 2013 年菲律宾政府就中菲南海争议单方面提起仲裁以来，国外学者和官员以专著、论文、会议发言等形式，对中国南海断续线的法律地位（包括断续线的法律性质、合法性、地图的证明力等问题）以及断续线与南海争端解决和区域合作之间关系等方面的国际法问题进行了广泛讨论。本编所言的国外学者主要指的是非中国籍学者，或者其主要研究和任职经历具有国外背景的学者，这些学者主要从国际法、国际关系、历史学等视角讨论南海断续线的法律地位。本编选取的国外学者研究成果以直接评论南海断续线的论文为主，另包括在探讨南海岛礁主权、南海争端解决等问题时涉及断续线的论文和专著。研究成果的来源集中在权威的国际法学期刊上，例如美国国际法协会创办的《美国国际法杂志》（*American Journal of International Law*）、致力于海洋事务和海洋法研究的《海洋开发与国际法》（*Ocean Development and International Law*）等。

　　概言之，国外学者对南海断续线的质疑聚焦在断续线的法律性质、断续线的合法性、断续线地图的证明力、断续线对南海合作与争端解决的影响等四个方面。其一，在南海断续线的法律性质方面，有国外学者认为，1982 年《联合国海洋法公约》已经排除了中国在南海主张历史性权利和历史性水域的合法性，因而断续线的法律性质被限制为"纯粹的岛礁归属线"，不能被视为"历史性水域线"或"历史性权利线"。其二，就南海断续线有关主张的合法性问题，可分为两个方面：一方面是关于南海岛礁主权主张的合法性，针对中国学者从传统的领土取得方式角度论证中国的主权主张情况，有些国外学者着重挑战这一主张是否有足够的国际法依据和证据支持。另一方面是关于海域权利历史性主张的合法性，有的外国学者从两个方面来否定或质疑中国南海历史性主张的合法性：一是指出历史性水域、历史性权利概念与以《公约》为代表的现代国际海洋法体系相矛盾，特别是通过分析历史性主张与专属经济区和大陆架制度之间的矛盾，否认历史性主张在国际法上的可行性；二是认为中国在南海的历史性主张不能满足相关的构成要件的要求。其三，有的国外学者认为南海断续线地图不具有证明力，无法作为中国有关主张的证据。其四，南海断续线法律性质与合法性方面的不确定性，为南海岛礁领土争议和海域划界争议带来了更复杂的因素，有的国外学者关注断续线在争端解决中的作用、断续线与南海区域合作之间的关系，他们的观察结论并不乐观。[1] 本编将对这些质疑观点进行相应的回应和批驳，并在知己知彼的基础上，针对性地提出应对之策。

因篇幅所限，本编在归纳提炼前述四编主要论点的基础上，选取对南海断续线在法律地位、法理依据、历史依据等方面受到的挑战为主要研究对象，着重揭示南海周边其他国家、域外国家以及外国学者相关主张和论点存在的缺陷和错误，并提出巩固中国对南海断续线内的主权和海洋权利的未来策略。为此目的，本部分首先阐述中国关于南海断续线的法律地位与意涵，为之后反驳外国相关错误论点提供基础。

---

〔1〕 有关论述，可参阅黄瑶、黄靖文：《越、菲、美三国对南海断续线的质疑及中国的应对策略》，载朱锋主编：《南海局势深度分析报告》，世界知识出版社 2016 年版，第185—205 页；黄瑶：《越南学者近年来南海问题国际法研究：分析与展望》，载朱锋主编：《南海局势深度分析报告》，世界知识出版社 2016 年版，第128—139 页。

第一章　中国南海断续线的法律地位及意涵

由古至今，中国发现南海诸岛，对南海诸岛及相关水域进行开发、利用与管辖，并在此基础上逐渐形成了南海断续线。从 1936 年《中华建设新图》断续线始见雏形，至 1947 年由中华民国政府内政部方域司制定、1948 年正式公布《南海诸岛位置图》，该图在南海各组群岛外围海域以国界线的图例标注了 11 段线（10 段在南海，1段在东海）。断续线的形成与发展有数千年的渊源，在地图上出现雏形已有 80 多年的历史，而正式在地图上标注则有 70 多年的历史。多年来，南海断续线经历了局部的调整和变动，但是其基本形状、走向和囊括范围被保留下来，形成了今日的南海断续线。南海断续线是中国在南海地区各种领土、海洋权益主张的标志、载体和证据，其内涵随着国家实践与国际法的演进而不断发展和丰富。中国在南海断续线内的各项权利并不来源于南海断续线本身，而是有丰富的历史证据和法理依据的支持。[1] 然而，对于南海断续线的法律地位和所代表的权利内容和性质，学术界存在诸多争议，这些争议在 2013年菲律宾单方面提起的"南海仲裁案"中广受瞩目。例如，早期学术界有人主张南海断续线是中国在南海的国界线或历史性水域线，认为南海断续线产生初期可能借鉴了习惯国际法上的"历史性权利"和"历史性水域"等概念，因此，中国在南海断续线内全部水域享有主权。然而，这一观点不仅与中国历来的实践和立场不符，也缺乏国际

---

[1]　黄瑶、黄靖文：《对美国国务院报告质疑中国南海断续线的评析与辩驳》，载《国际法研究》2015 年第 3 期，第 16 页。

法上的依据。目前学界已经不再接受这一观点。[1]

　　简单来说，历经多年的演变，南海断续线已经成为对历来属于中国的南海诸岛领土主权的宣示，并且代表了中国在南海所享有的各种历史性权利。[2] 中国以南海断续线为基础主张的权利具有充分的历史依据和法理依据。一方面，其历史依据包括大量有历史延续性的开发、利用和管理南海地区的行为和历史事实。另一方面，以南海断续线为基础所主张权利的法理依据主要有三：一是一般国际法上的依据，以先占、有效控制等概念为代表的领土法规则和以时际法、承认或默认、禁止反言等为代表的现代国际法概念，均为中国对南海诸岛的领土主权和断续线内相关海域的权利提供了国际法基础；二是国际条约法上的依据，诸如《开罗宣言》《波茨坦公告》等国际条约为中国对南海断续线内南海诸岛的领土主权提供了基础，《联合国海洋法公约》也为中国对南海断续线内海域的权利主张提供了根据；三是习惯国际法上的历史性权利理论，为中国对南海断续线内海域所主张的管辖权、资源权利等提供了法理依据。

　　长期以来，部分国家政府和学者攻击中国官方未对南海断续线的性质及法律地位做出明确表态。2016 年 7 月 12 日，在回应菲律宾单方面提起的强制仲裁案最终裁决时，中国发表《中华人民共和国政府关于在南海的领土主权和海洋权益的声明》，这被视为中国政府对南海断续线内权利主张的澄清。在该声明中，中国政府指出："基于中国人民和中国政府的长期历史实践及历届中国政府的一贯立场，根据中国国内法以及包括《联合国海洋法公约》在内的国际法，中国在南海的领土主权和海洋权益包括：（一）中国对南海诸岛，包括东沙群岛、西沙群岛、中沙群岛和南沙群岛拥有主权；（二）中国南海诸岛拥有内水、领海和毗连区；（三）中国南海诸岛拥有专属经济区和大陆架；（四）中国在南海拥有历史性权利。中国上述立场符合有关国际法和

---

〔1〕　参见黄瑶：《中国在南海断续线内的合法权益不受裁决影响》，载黄瑶、黄靖文主编：《菲律宾南海仲裁案核心问题法理分析》，三联书店（香港）有限公司 2018 年版，第 166—172 页；高之国、贾兵兵：《论南海九段线的历史、地位和作用》，海洋出版社 2014 年版，第 21 页；Michael Sheng-Ti Gau, "The U-Shaped Line and a Categorization of the Ocean Disputes in the South China Sea", *Ocean Development & International Law*, Vol. 43, 2012, p. 62.

〔2〕　参见高之国、贾兵兵：《论南海九段线的历史、地位和作用》，海洋出版社 2014 年版，第 47—49 页；黄瑶、黄靖文：《对美国国务院报告质疑中国南海断续线的评析与辩驳》，载《国际法研究》2015 年第 3 期，第 16—17 页。

国际实践。"[1]由此可见，中国在南海断续线内拥有四个层次的权利，根据国际法，可以进一步归结为三种类型的权利：南海断续线内的领土主权、《联合国海洋法公约》规定的沿海国海洋权利与习惯国际法中的历史性权利，此乃南海断续线所包含的完整权利内容。然而，除了第二类权利属于《公约》项下中国作为缔约国当然享有的权利外，中国在南海的领土主权和历史性权利并不仅仅依赖中国提出主张的行为本身，而是深深植根于中国在南海地区历史悠久的持续实践中，并且有一般国际法依据和《公约》依据。本书认为，南海断续线是中国在南海核心权益主张的重要载体，也是一项合法的地图证据；经过中国的长期实践，南海断续线已发展为中国的岛礁归属线和历史性权利线的综合体。

第一节　南海断续线是岛礁归属线

实际上，南海断续线究竟代表中国何种权利主张，需要结合断续线地图本身的内容和绘制方法、断续线产生时的历史背景、中国政府在南海的权利主张等众多方面加以分析。

南海断续线的性质，亦即断续线所代表的中国在南海的权利主张。对此，中国多数学者认为，南海断续线是岛礁归属线，意指中国对断续线内的东沙群岛、中沙群岛、西沙群岛和南沙群岛拥有领土主权，这一领土主权涵盖构成上述各个群岛组成部分的所有自然地形，包括岛、礁、滩、沙。简言之，"岛礁归属线"说认为，南海断续线表明线内的南海诸岛主权归属中国。国际海洋法法庭前任法官高之国指出，中国从未主张整个南海海域的主权，而是对线内的群岛及其附近海域提出主权主张[2] 中国台湾学者俞宽赐认为，18—19世纪，在地图上绘制"岛礁归属线"是表明主权、避免遗漏的常用做法，1898年美国与西班牙关于割让菲律宾群岛的《巴黎和约》、1887年《中法续议界务专条》等都是先例[3] 美国国务院于2014年12月发布的一份关于

---

〔1〕《中华人民共和国政府关于在南海的领土主权和海洋权益的声明》，2016年7月12日，载《人民日报》2016年7月13日，第1版。

〔2〕 Zhiguo Gao, "The South China Sea: From Conflict to Cooperation?", *Ocean Development & International Law*, Vol. 25, 1994, p. 346.

〔3〕 俞宽赐：《我国南海U形线及线内水域之法律性质和地位》，载海南南海研究中心编：《海南暨南海学术研讨会论文集》，2001年，第427—439页。

南海断续线的研究报告[1]认为,《南海诸岛位置图》用国界线的图例标注每一段线,形成一条 U 形分布的虚线,而虚线的绘图方式通常被用以概括地主张线内岛屿的主权。该报告在分析南海断续线地图的性质与目的时指出,在地图上通过画线来识别一组岛屿是有效、便捷且常见的做法。[2] 报告也认为,中国可以通过南海断续线对线内的岛礁主张主权,尽管这并不意味着美国支持中国的领土主权主张。

　　中国借助南海断续线地图表明中国对断续线内的南海诸岛即东沙群岛、西沙群岛、南沙群岛和中沙群岛拥有领土主权,并且对此有历史和法理两方面的依据。就历史依据而言,中国政府对南海诸岛管辖的历史表明,中国对断续线内四组群岛包括构成其组成部分的岛、礁、滩、沙自然地形拥有领土主权。中国政府在 1946 年完成收复、进驻南海诸岛的工作是《南海诸岛位置图》产生的历史背景,公布该图的直接目的是标明南海诸岛的位置和中国在南海享有的领土主权及其范围。自 1949 年以来,中国政府多次采取立法、行政、外交等多种措施,不断重申、确认和宣示对南海诸岛的领土主权。此外,中国对南海诸岛及相关海域的巡逻执法、资源开发和科学考察等活动从未中断过。[3] 2009 年,越南和马来西亚联合向联合国大陆架界限委员会(CLCS)提交南海地区 200 海里之外大陆架划界案,两国主张的大陆架范围深入南海中心,大面积覆盖了南海断续线内中国领土及其相关海域。对此,中国向联合国提交照会表示抗议,重申"中国对南海诸岛及其附近海域拥有无可争辩的主权",而附图便是一张南海断续线地图。因此,南海断续线是"岛礁归属线"的国家立场十分清晰。中国对南海

―――――――――

〔1〕 Office of Ocean and Polar Affairs, Bureau of Oceans and International Environmental and Scientific Affairs, U. S. Department of State, China's Maritime Claims in the South China Sea, No. 143, 2014, p. 1, https://www. state. gov/documents/organization/234936. pdf, last accessed on 18 November 2018. 关于此报告的研究与批驳,可参阅黄瑶、黄靖文:《对美国国务院报告质疑中国南海断续线的评析与辩驳》,载《国际法研究》2015 年第 3 期;贾宇:《历史性权利的意涵与南海断续线——对美国国务院关于南海断续线报告的批驳》,载《法学评论》2016 年第 3 期,第 85 页;贾兵兵:《驳美国国务院〈海洋疆界〉第 143 期有关南海历史性权利论述的谬误》,载《法学评论》2016 年第 4 期,第 76 页。

〔2〕 U. S. Department of State, China's Maritime Claims in the South China Sea, 2014, p. 11.

〔3〕 参见中华人民共和国国务院新闻办公室:《中国坚持通过谈判解决中国与菲律宾在南海的有关争议》,人民出版社 2016 年版。

断续线内四组群岛拥有领土主权，得到国际社会的广泛承认。因此，从南海断续线地图本身囊括的范围和绘制方法、南海断续线产生时的历史背景、中国政府在南海的领土主权问题上立场和政策等诸多方面推论得知，南海断续线是中国在南海的"岛礁归属线"。[1]

正如本书第二编所论证的那样，中国早在至少 2000 年前就发现了南海诸岛，并持续对南海诸岛行使国家权力。在之后与越南、菲律宾等国的对比中，中国对南海诸岛进行了程度更高的有效控制。中国对南海诸岛的主权也得到了国际条约和各国的承认和默认。中国对南海断续线的产生与民国时期收复南海诸岛直接相关，断续线既反映了历史上中国对南海诸岛行使领土主权的传统范围，也是二战后中国收复领土范围的表征与证明，"岛礁归属线"是南海断续线的基本要义之一。

第二节　南海断续线是历史性权利线

南海断续线也是一条历史性权利线，其意涵是：中国对断续线内水域拥有基于历史的权利，这些权利是基于中国历史上在南海长期的捕鱼、巡航、海难救助、打击海盗等国家实践所形成的。

在菲律宾"南海仲裁案"最终裁决公布后，中国官方发表的有关声明重申中国在南海断续线内水域享有历史性权利，但并未明晰该历史性权利的性质和内涵。多数中国学者认为，中国通过南海断续线主张的权利，除了对断续线内南海诸岛的领土主权，也包括对断续线内相关海域的历史性权利（航行权、对生物和非生物资源的开发权等）。[2] 就断续线内历史性权利的内涵而言，已明确的一点是，南海断续线不是一条"历史性水域线"，因为中国并没有对南海断续线内

---

〔1〕　黄瑶：《中国在南海断续线内的合法权益不受裁决影响》，载黄瑶、黄靖文主编：《菲律宾南海仲裁案核心问题法理分析》，三联书店（香港）有限公司 2018 年版，第137—140 页。

〔2〕　参见黄瑶：《中国在南海断续线内的合法权益不受裁决影响》，载黄瑶、黄靖文主编：《菲律宾南海仲裁案核心问题法理分析》，三联书店（香港）有限公司 2018 年版；贾宇：《南海断续线的法理意涵》，载《社会科学战线》2015 年第 4 期，第 207页；张祖兴：《评南海仲裁案仲裁庭对历史性权利相关问题的处理》，载《东南亚研究》2016 年第 6 期，第45 页。

全部水域主张主权，在实践中也没有把断续线内的全部水域视作内水或领海。自 1948 年中国政府公布南海断续线地图以来，中国政府从未限制外国船只的航行自由和外国飞机的飞越自由。[1]

在长期的历史过程中，中国通过持续的巡航、捕鱼、通航、打击海盗、海难救助以及科学测量与调查等活动，在南海取得了历史性权利。[2] 历史上，中国在南海的管理活动还得到南海周边其他国家的支持和协助。[3] 自 1948 年南海断续线地图公布以来，中国在南海的历史性权利主张通过实践得到延续和强化，在断续线内积极开展资源开发、执法维权、测量调查、科学考察、定期巡航等活动。中国所主张的历史性权利是通过各个历史阶段累积而成的。从中国的有关各项实践来看，中国在断续线内所主张并享有的历史性权利包括对南海自然资源的开发利用权利和对南海海域进行管理的综合权利，具体内容包括典型的历史性捕鱼权、历史性航行权，以及为行使前述权利所必要的对相关海域的管辖权。1982 年《公约》并没有否定基于习惯国际法形成的历史性权利，2016 年"南海仲裁案"仲裁庭基于对中国历史性权利主张内涵和性质的错误认识，否认中国主张的合法性。因而，无论裁决在管辖权和实体问题上是否有依据，有关裁决结果都不能限制中国继续在南海断续线内主张历史性权利。

不可否认，中国在长期的历史过程中形成的在南海的历史性权利存在一定模糊性，但这主要是客观原因造成的。正如郑志华博士所指出的，这主要是由于海洋法本身尚不完备、有关历史性权利的国际法

---

〔1〕 2012 年 2 月 29 日中国外交部新闻发言人洪磊在例行记者会上指出："南海争议的核心是部分南沙岛礁领土主权争议和南海部分海域的划界争议。需要指出的是，没有任何国家包括中国对整个南海提出主权声索……事实证明，南海的航行自由和安全从来不是问题，没有因为南海争议受到任何影响。"《2012 年 2 月 29 日外交部发言人洪磊举行例行记者会》，载中华人民共和国外交部网站，http://www.fmprc.gov.cn/mfa_chn/wjdt_611265/fyrbt_611275/t909551.shtml，最后访问时间：2016 年 8 月 10 日。

〔2〕 参见《中国外长王毅就所谓南海仲裁庭裁决结果发表谈话》，载中华人民共和国驻多伦多总领馆网站，2016 年 7 月 14 日，http://www.fmprc.gov.cn/ce/cgtrt/chn/xw/t1381310.htm，最后访问时间：2016 年 8 月 10 日；袁古洁、李任远：《历史性权利对海洋权利的影响——兼及中国南海权利主张》，载《中山大学法律评论》2014 年第 3 期，第 181—183 页。

〔3〕 参见傅崐成：《南（中国）海法律地位之研究》，台湾 123 资讯有限公司 1996 年版，第 62—85 页。

理论存在缺陷、缺乏统一的标准造成的。[1]

第三节　南海断续线是一项有较强证明力的地图证据

基于本书第一编有关国际法证据规则的论述可以认为，1948 年中国政府正式公布的《南海诸岛位置图》中画出的南海断续线，是一项在国际法上具有较强证明力的地图证据，是中国在南海各种主张的标志、载体和证据，制作、公布南海断续线地图本身构成对中国在南海的领土主权和其他权利的宣示和行使，南海断续线对论证中国对南海诸岛的领土主权和相关海域管辖权有重要的证据意义和作用。

首先，南海断续线地图是一项官方证据，是中国国家意志的体现。如前所述，1948 年中国政府正式公布《南海诸岛位置图》时，该图在南海各组群岛外围海域以国界线的图例标注了 11 段线。多年来，这条断续线经历了局部的调整和变动，虽然有一定的调整[2]，前后并不完全一致（北部湾的两段因划界而消除，各段线的位置也有细微差别），但是南海断续线地图具有稳定性、前后一致性，正如学者所言，"地图的前后一致要求并非绝对，但应当保持基本上的一致性"[3]。在 70 余年的历程中，海洋法不断发展变化，但南海断续线的大体方位、位置和圈定的范围基本不变。

其次，断续线地图是中国在南海管辖范围的主张和证据，也得到了其他国家的承认或默认。[4] 且 1948 年该地图公布以来，在很长的时间内其他国家未表达不同的意见，得到别国包括南海周边其他国家的承认或默认。中国对南海诸岛拥有主权的事实早已反映在世界各国出版的多种地图中，印度西亚尼、日本等国政府审订的官方地图或教

---

〔1〕　郑志华：《中国南海 U 形线地图的可采性与证明力》，载《外交评论》2013 年第 4 期，第 37 页。

〔2〕　参见高之国、贾兵兵：《论南海九段线的历史、地位和作用》，海洋出版社 2014 年版，第 6—19 页。

〔3〕　Ahmed Abou-EL-Wafa, "Les Différends Internationaux Concernant les Frontières Terrestres dans la Jurisprudence de la Cour Internationale de Justice", *Collected Courses of the Hague Academy of International Law*, Vol. 343, 2010, p. 9.

〔4〕　See Keyuan Zou, "The Chinese Traditional Maritime Boundary Line in the South China Sea and Its Legal Consequences for the Resolution of the Dispute over the Spratly Islands", *International Journal of Marine and Coastal Law*, Vol. 14, 1999, pp. 49-50.

科书上甚至绘制刊行了断续线。[1]

最后，断续线地图能与诸多其他证据互相佐证，形成证据法上的确证。[2] 中国人民在南海的活动已有 2000 多年历史。中国最早发现、命名、开发和利用南海诸岛及其相关海域，最早并持续、和平、有效地对南海诸岛及相关海域行使主权和管辖，确立了在南海的领土主权和相关权益。在此过程中形成的一大批地图、官方文件、民间著作等多种形式的证据均能与断续线地图一道，共同证明中国在南海的各项权利主张。

---

[1] 例如，1954 年联邦德国出版的《世界大地图集》、1954—1967 年苏联出版的《世界地图集》、1957 年罗马尼亚出版的《世界地理图集》、1968 年民主德国出版的《世界普通地图》和法国出版的《哈克世界大地图集》、1970 年西班牙出版的《阿吉拉尔大地图集》以及 1973 年日本出版的《中国地图集》。参见外交部：《中国对西沙群岛和南沙群岛的主权无可争辩》，1980 年 1 月 30 日，载《人民日报》1980 年 1 月 31 日，第 3 版；王立君：《南海诸岛的主权归属及其水域的法律属性》，载《政治与法律》2016 年第 1 期，第 105 页；丁铎、林杞：《日韩两国发行的部分地图中涉南海诸岛标注情况述评》，载《边界与海洋研究》2018 年第 3 期，第 125—126 页。

[2] 参见郑志华：《中国南海 U 形线地图的可采性与证明力》，载《外交评论》2013 年第 4 期，第 35 页。

第二章　对南海诸岛非法领土主张的反驳

如前所述，中国对南海诸岛的领土主权是在漫长的历史过程中确立的，具有充分的历史依据和法理基础。然而，世界海洋形势的发展变化——特别是 20 世纪 70 年代以来南海地区发现大量油气资源的报道，以及 1982 年《联合国海洋法公约》的通过，引起了南海周边国家的高度关注，各国纷纷提出要求。南海争议除中国之外涉及东盟的五国：越南、菲律宾、马来西亚、文莱和印度尼西亚。其中，越南是所有争议国中唯一对中国南沙群岛和西沙群岛同时提出非法领土要求的国家，而印度尼西亚没有对南海断续线内的任何岛礁提出领土要求，其以纳土纳群岛为基础划定的专属经济区和大陆架同南海断续线内的海域存在重叠，这一问题将在历史性权利部分讨论。南海周边其他国家和域外国家（包括亚太地区大国和西方国家）表示在南海的领土主权问题上保持中立。[1]

---

[1] 例如，美国虽然一直打着航行自由旗号在南海活动，但是明确表示在南海领土主权问题上保持中立。在"南海仲裁案"裁决发布后，新加坡外交部长也表示不对南海领土主权问题发表意见，并呼吁各方保持克制。见信强：《"五不"政策：美国南海政策解读》，载《美国研究》2014 年第 6 期，第 51 页；Julian Ku, "Why the U. S. Can't Take Sides in South China Sea Sovereignty Disputes, Even Against China", *Lawfare*, 19 June 2017, https://www. lawfareblog. com/why-us-cant-take-sides-south-china-sea-sovereignty-disputes-even-against-china, last accessed on 17 December 2018；"南海仲裁案"裁决颁布前后，欧盟内部虽然有声音要求中国"遵守"裁决，但是欧盟各国一致表示不会在南海领土争端上站队。See Council of the European Union, "Declaration by the High Representative on Behalf of the EU on Recent Developments in the South China Sea", https://www. consilium. europa. eu/en/press/press-releases/2016/03/11/hr-declaration-on-bealf-of-eu-recent-developments-south-chinasea/, last accessed on 16 October 2018；European External Action Service, European Commission, "Declaration on the Award Rendered in the Arbitration between the Philippines and China", https://eeas. europa. eu/headquarters/headquarters-Homepage/6873/declaration-award-rendered-arbitration-between-philippines-and-china_en, last accessed on 16 October 2018；Charissa Yong, "Singapore Takes No Position on South China Sea Claims, Calls for Restraints", *The Straits Times*, 12 July 2016, https://www. straitstimes. com/asia/se-asia/spore-takes-no-position-on-s-china-sea-disputes, last accessed on 17 December 2018.

本书第二编已从先占、有效控制、国际条约和禁止反言等国际法理层面对中国、越南、菲律宾、文莱、马来西亚等五国在南海的领土主张进行了较全面的研讨，认为文莱和马来西亚试图通过《联合国海洋法公约》有关制度对中国南沙群岛部分岛礁提出领土要求缺乏领土法上的依据，而中国在南海断续线内的领土主权明显优于越南和菲律宾的领土要求及其主张，并对越南、菲律宾对中国在南海的领土主张以及有关依据的质疑进行了回应。鉴于此，本编将主要揭示越南、菲律宾、文莱、马来西亚四国在南海岛礁领土问题上的有关主张及其在事实、法律和逻辑上的谬误。

第一节　对越南在南海非法领土主张的反驳

越南对西沙群岛与南沙群岛均提出了非法的领土要求。西沙群岛已完全置于中国主权和实际控制之下，中国政府不承认中越之间存在关于西沙群岛的领土争议。尽管不存在领土争议，但并不妨碍本书对越南就西沙群岛提出的非法主张进行批驳，以正视听。

1974 年，中国在西沙群岛海战中将南越西贡势力彻底逐出西沙群岛，实现了对西沙群岛的全面控制。此后，南越西贡当局发表声明，对整个中国西沙群岛和南沙群岛提出了非法领土要求。越南在实现北南统一后，又陆续于 1975 年、1979 年、1981 年发布三份"白皮书"，并于 1988 年、2011 年分别发布"'黄沙群岛'和'长沙群岛'与国际法""越南对西沙群岛不容置疑的主权"两份文件，违背其先前做出的对中国拥有南海诸岛领土主权的承认，从整体上对中国西沙群岛和南沙群岛提出非法的领土要求，并且炮制了一系列所谓的涉及"经济活动"、"有效管理"和"国际承认"的证据。[1] 这五份文件基本梳理了越方有关主张及其收集的有关南沙群岛和西沙群岛的事件和文献，阐述了越南政府在两群岛领土问题上的基本立场。

---

[1] 前四份文件均来自戴可来、童力编：《越南关于西、南沙群岛主权归属问题文件资料汇编》，河南人民出版社 1991 年版；2011 年文件为 National Committee for Border Affairs, Ministry of Foreign Affairs of the Socialist Republic of Vietnam, "The Indisputable Sovereignty of Viet Nam over the Paracel Islands", 2011, 原载越南外交部官方网站，该链接目前已经失效；该报告可见：https://southeastasiansea. wordpress. com/2013/02/05/the-indisputable-sovereignty-of-viet-nam-over-the-paracel-islands/。

　　然而，与中国多次南海立场声明不同，越南没有对文献史实方面的证据进行筛选、整理，而是以时间顺序堆砌材料。越南这样做，一方面为自身立场和论点的调整留下空间，另一方面似乎可以给国际社会留下越南主张证据充分的印象，同时掩盖其缺乏系统、完整的法理依据的缺陷。这五份文件的用语、表述十分宽泛、模糊，并未完全根据国际法来组织其语言，说服力十分有限，具体体现在：其一，越南方面的论点一直在不断调整变化，前后矛盾（特别是在南沙群岛领土问题上）。其二，法律依据缺乏系统性，选择性适用国际法和有关材料，且对于越南政府以往做出的几个对其不利的声明的回应极为含糊甚至避而不谈。其三，越南根据自身政治需求调整其领土主张的行为非常明显。例如，1975年文件中越南针对菲律宾在南沙群岛的主张提出了异议，而后四份文件则淡化其与菲律宾、文莱、马来西亚等国在南沙群岛的争端，大有联合其他三国先对抗中国、后内部处理之意。

一、越南对西沙群岛领土主张的非法性

　　在1975年、1979年、1981年发布的三份"白皮书"中，越南提出，从17世纪开始，越南（安南）就对所谓"黄沙"进行开发；1816年，阮朝第一位皇帝嘉隆通过"插旗"，正式领有了"黄沙群岛"，从而确定越南对该岛的所谓"主权"[1]。此后，安南以及以后的法国殖民政府都通过不同的管理手段强化了对"黄沙群岛"的"主权"。越南所提之"领土主张"根本不具有合法性：一是越南提出"领土主张"时，中国已合法拥有西沙群岛的主权；二是越南提出的非法领土要求及其主张和法理依据前后不一致，具有明显的投机性，甚至出现前后矛盾的情况；三是越南堆砌的证据材料并不都能证明其对中国西沙群岛曾行使"主权"或有行使"主权"的意图和行为。

（一）越南"领土主张"的根本前提违反国际法

　　如前文所述，越南对南沙群岛、西沙群岛提出非法领土主张的主要理由是其在17世纪对所谓的"黄沙群岛"进行"开发"和"插旗"。越南这一主张本质上意图通过国际法中的先占（occupation）对西沙群岛

---

[1]　戴可来、童力编：《越南关于西、南沙群岛主权归属问题文件资料汇编》，河南人民出版社1991年版，第13页。

与南沙群岛提出领土主张。越南的这一非法主张存在两个问题。

第一，西沙群岛不存在先占的前提。如本书第二编所述，"在实施先占行为时，所占领的土地应为无主地，即该领土在当时并不处于任何国家的主权之下，这是先占的一个必要条件"[1]。但西沙群岛在越南提出所谓的"先占"之时，显然不是无主地。早在汉代，中国已经发现了南海诸岛，此后历朝历代逐步加强了对南海诸岛的管控，此处不再赘述。仅就西沙群岛而言，元代郭守敬就曾对西沙群岛进行测量。[2] 这一点足以证明，越南声称对西沙群岛所谓的"先占"之时中国早已发现了西沙群岛，西沙群岛不是无主地，越南通过先占取得所谓"主权"一说，前提与事实相悖，因而于法无据。

第二，中国早在越南提出非法领土主张之前已经对西沙群岛享有主权。在15世纪和16世纪，单纯的发现具有取得领土主权的效力。[3] 曾任国际法院法官的埃利亚斯也认为："在16世纪，习惯国际法承认，单纯对陆地的发现便可作为取得领土权利的缘由之一，发现者由此可获得主权。"[4] 中国早在汉代就发现了西沙群岛，历朝历代总体上不断加强对西沙群岛的管控。依据当时先占的国际法原则，中国早已取得西沙群岛的主权。在中国已经享有对西沙群岛主权的前提下，越南对西沙群岛提出领土主张是对中国主权的侵犯。

第三，越南对西沙群岛的非法领土主张，持续侵犯中国对西沙群岛的领土主权。先占的标准在近代发生了变化。到18世纪，国际法要求对无主地实施先占的国家必须对土地实施有效占领。如胡伯在帕尔马斯岛仲裁案的判决中所言，18世纪中叶以来，尤其是到了19世纪，国际法要求一国只有在对所占据的领土实施了有效控制的情况下才能通过先占取得领土主权。[5] 尽管国际法的发展对国家维持领土主权提出了新的要求，但中国仍然有效维持对西沙群岛的主权。清代郭嵩焘

[1] Western Sahara, Advisory Opinion, I. C. J. Reports, 1975, p. 39, para. 79.
[2] 韩振华主编：《我国南海诸岛史料汇编》，东方出版社1988年版，第46页。
[3] J. H. W. Verzijl, *International Law in Historical Perspective*, Vol. 3, A. W. Sijthoff, 1970, p. 395.
[4] T. O. Elias, "The Doctrine of Intertemporal Law", *American Journal of International Law*, Vol. 74, 1980, p. 287.
[5] See Island of Palmas Case (USA v. Netherlands), Award of 4 April 1928, R. I. A. A., Vol. II, 2006, p. 846.

的《使西纪程》记载："柏拉苏岛（西沙群岛）……中国属岛也。"[1]
清代张德彝《随使日记》记载："在赤道十七度三十七分，左近巴拉赛
小岛（西沙群岛）中国属岛也。"[2]不仅如此，时任越南总理范文同、
时任越南外交部副部长雍文谦等多次承认中国对西沙群岛的主权。[3]
可见，在中国已确立起西沙群岛主权的前提下，越南对西沙群岛的领
土主张既不存在可以先占的前提，又持续侵犯中国对西沙群岛的主权。

（二）越南的主张前后不一致

虽然越南发布的这五份文件中引用的历史资料和事件高度重合，但
其提出的法律依据却存在前后矛盾之处。这些矛盾之处反映出越南官方
对于其所谓"黄沙""长沙"主权的理解前后不一，表现了其投机性。

在西沙群岛方面，越南在很大程度上将其主张建立在发现和先占原
则上，提出越南在历史上对西沙群岛进行了持续的开发、管理，且没有
受到中国的反对；而法国殖民越南后，法国代表越南进一步加强对西沙
群岛的管理。这是 1975 年、1979 年、1981 年三份文件的基本立场。

然而，1988 年，越南又提出应当以有效控制原则为判定西沙群岛
和南沙群岛领土争端的基本依据。越南主张，要"客观""中立"地
判定中越领土主权之争，有关的原则应当是马克斯·胡伯在帕尔马斯
岛仲裁案中提出的"有效控制原则"，而其他"初次发现规则""先占
规则"等是"过时的"或"不恰当"的。[4]在 1988 年的这份文件
中，越南的基本主张变成了：越南自 17 世纪起就对"黄沙"行使有效
控制和管辖，因此对这一无主地取得了主权。然而，越南在该文件中
并未列出与前述三份文件不同的证据，也即是仅仅更改了自己的法律
主张。显然，"黄沙"在 17 世纪前是无主地的这种观点不符合事实。
根据前面几编的研究，中国在"西沙群岛"的开发、管理历史远远早
于 17 世纪，根据时际法原则，以及当时普遍承认发现和象征性行为法
律效力的国际法，中国在西沙群岛的活动已经完全使中国取得并确立

---

〔1〕〔清〕郭嵩焘：《使西纪程》，辽宁人民出版社 1994 年版，第 6 页。

〔2〕 韩振华主编：《我国南海诸岛史料汇编》，东方出版社 1988 年版，第 126 页。

〔3〕 陈荆和：《西沙群岛与南沙群岛：歷史的回顾》，創价大学アジア研究所，1989，53
　　 頁；《范文同总理致函周总理 越南尊重我国领海的规定》，载《人民日报》1958 年
　　 9 月 22 日，第 3 版。

〔4〕 戴可来、童力编：《越南关于西、南沙群岛主权归属问题文件资料汇编》，河南人民出
　　 版社 1991 年版，第 101 页。

领土主权。因此，作为越南论点基础的"无主地"一说自然就站不住脚，后面的论证也就无从展开。应该说，从一开篇的理论定调，越南就有认识上的偏差。正如本书第二编中指出的，虽然在现代国际司法和仲裁实践中，有效控制起到越来越重要的作用，但"初次发现规则"和"先占规则"等却远未过时，仍然发挥着重要的作用，而且像"原始主权"这样的概念仍然是国际法院重要的分析工具。[1]

可能正是意识到这一点，越南 2011 年文件又放弃了 1988 年的观点，回归到越南自 17 世纪起就在"黄沙"取得"历史性主权"（historic sovereignty）并一直加以有效管理的法律主张。这个现象说明，越南内部对于如何认识、评价、衡量其在"黄沙"的历史活动存在相当大的争议，也使得其主张的说服力和可信程度大打折扣。

（三）证据问题

1. 缺乏官方材料印证

首先，通过对越南五份官方文件罗列的证据进行分析，我们发现可能被用来直接证明越南"在'黄沙群岛'主权"的证据包括：

1701 年，一位西方神父在从法国前往中国的"海后"号（Amphitrite）（据称是 17 世纪末第一艘进入南海的法国船）上写的一封信上记录："Paracel 是属于安南王国的一个群岛。"[2]

嘉隆皇帝的顾问阮文胜（J. B. Chaigneau）于 1820 年在他的《交趾支那录》（Memoire sur la Cochinchine）的补充说明中指出："交趾支那包括交趾支那、北部湾地区、一些无人近岸小岛以及由几个无人居住的岛礁、岩礁组成的 Paracel 群岛。"[3]

1837 年，法国人塔贝德主教（Jean-Louis Taberd）在其刊于《孟加拉皇家亚洲学会杂志》上的《交趾支那地理略记》（Note on the Geography of Cochinchina）中记载：1816 年嘉隆皇帝为了加强对其所谓"帕拉塞尔"的管控，通过在岛上插旗正式占有这些岛礁。他又在

---

〔1〕 See Sovereignty over Pedra Branca/Pulau Batu Puteh，Middle Rocks and South Ledge（Malaysia/Singapore），Judgment of 23 May 2008，I. C. J. Reports，2008，pp. 33-37，paras. 52-69. ［hereinafter Pedra Branca/ Palau Batu Puteh Case］

〔2〕 戴可来、童力编：《越南关于西、南沙群岛主权归属问题文件资料汇编》，河南人民出版社 1991 年版，第 11、第 63、第 74—75 页。

〔3〕 戴可来、童力编：《越南关于西、南沙群岛主权归属问题文件资料汇编》，河南人民出版社 1991 年版，第 63 页。

1838 年出版的《安南大国画图》（An Nam đại quốc họa đồ, The Map of the An Nam Empire）中将所谓"帕拉塞尔"列为交趾支那领土，并将当地人称为"葛鑛"（Cát Vàng）。[1]

在一篇出版于 1849 年题为《交趾支那的地理》的文章中，英国人谷兹拉夫（Gutzlaff）提到交趾支那皇帝占有"黄沙群岛"、建立商船队和小股军队向到那里捕鱼的外国人征税并保卫本国渔民的情形，并且采用了越南的命名"葛鑛"（Cát Vàng）。[2]

上述四份证据均为外国人以私人名义撰写的书信或文章，其证明力和真实性值得怀疑。越南主张自 17 世纪以来，越南就在"黄沙群岛"和平、持续、有效地行使主权和管辖权，但偏偏最关键的越南官方文献中却缺乏类似记载，使这些零散的私人记录缺乏足够权威印证。

需要特别指出的是，1816 年所谓"嘉隆皇帝插旗"事件向来被越南视作其正式主张"黄沙群岛"主权的标志。然而，越南提出的证据难以证明这个所谓"起点"的存在。越南的唯一证据是援引上述塔贝德主教的文章，里面记载 1816 年嘉隆皇帝为了加强对所谓"帕拉塞尔"的管控，通过在岛上插旗正式占有这些岛礁。除此之外，没有其他证据证明这一事件的存在。而越南反复引用由阮朝国史馆编写的官方史书《大南实录正编》，称该书记载了嘉隆皇帝于 1816 年占有"黄沙"诸岛和明命皇帝派人开发、管理诸岛等事件（其中第 52 卷详细记载了 1816 年嘉隆皇帝派遣部队乘船前往"黄沙"进行海道调查的事件），但令人疑惑的是，该史书唯独不提发生在同年的插旗事件。通过对越南档案和法国档案研究，不少学者也已提出对 1816 年"插旗"事件的质疑。例如，我国台湾地区学者陈鸿瑜通过对《大南实录正编》的研究发现，嘉隆皇帝并没有在 1816 年竖立国旗。[3] 谷名飞等学者通过对法国档案和有关历史资料的研究，提出所谓"插旗"事件，更

---

[1] 戴可来、童力编：《越南关于西、南沙群岛主权归属问题文件资料汇编》，河南人民出版社 1991 年版，第 13、第 75 页。

[2] 戴可来、童力编：《越南关于西、南沙群岛主权归属问题文件资料汇编》，河南人民出版社 1991 年版，第 76 页。

[3] 参见陈鸿瑜：《评析越南官方主张西沙群岛和南沙群岛主权之法理论据》，载《展望与探索》2014 年第 10 期，第 49—50 页。

可能是法国殖民当局为了抢夺西沙群岛而匆忙拼凑的张冠李戴之作[1] 因此，越南以 1816 年所谓的"插旗"事件作为其正式主张"黄沙群岛"主权的开端，实在难以自圆其说。

2. 越南官方记载无法证明其存在行使主权的意图

阮朝国史馆编写的《大南实录正编》是官方历史书，越南也在上述五份官方文件中反复援引书中记录[2] 其中提到的史料例如：

该书第 52 卷记录：1816 年，嘉隆皇帝"命水军及'黄沙队'乘船往黄沙，探度水程"。

第 104 卷记录：1833 年，明命皇帝命令工部大臣在"黄沙"岛屿上植树，"则人易识别，庶免著浅之误"，越南认为此举是越南履行国际责任的行为；

第 122 卷记录：1834 年，明命皇帝派人往"黄沙"描取图本；

第 154 卷记录：1834 年至 1835 年，明命皇帝下令在"黄沙"一座岛上建寺庙；

第 165 卷记录：1836 年，工部大臣建议应该每年都对"黄沙"进行调查活动以准确地绘制航海图，获得皇帝批准。同年，英国船只在"黄沙"沉没，明命皇帝提供援助，并遣送获救水手回国。

然而，即便这些事件为真，也不能证明越南在"黄沙群岛"有行使主权的主观意图，例如，1816 年"探度水程"只是为了了解从越南港口到"黄沙"的航线，并不是行使对特定岛屿的管辖权[3] 事实上，同一时期，欧洲诸多航海大国在全世界航行、勘察航道，这并不意味着它们在行使对有关海域中陆地领土的管辖权。此外，有关记载更无法证明越方所称的"黄沙群岛"即为中国西沙群岛。

3. 越南的非官方历史资料无法形成优势证据

相比之下，越南官员个人记录和民间记载则更为详细，时间上也

---

[1] 参见谷名飞：《再谈"嘉隆皇帝插旗"说的真实性——基于法国档案的研究》，载《南京大学学报（哲学·人文科学·社会科学版）》2018 年第 2 期，第 69 页。另见丁雁南：《史实与想象："嘉隆王插旗"说质疑》，载《南京大学学报（哲学·人文科学·社会科学）》2015 年第 4 期，第 88—101 页。

[2] 下文主要整理自越南五份官方文件（尤其是 1975 年、1979 年和 1981 年三份）中援引的资料。参见戴可来、童力编：《越南关于西、南沙群岛主权归属问题文件资料汇编》，河南人民出版社 1991 年版，第 14—16、58—60、77—80 页。

[3] 陈鸿瑜：《评析越南官方主张西沙群岛和南沙群岛主权之法理论据》，载《展望与探索》2014 年第 10 期，第 67 页。

可以追溯得更久远。越南五份文件大量依赖此类非官方记录，其中就包括：

1630—1653年，杜伯（Đỗ Bá，Công Đạo）以Dao Phu为笔名绘制了许多地图，构成《洪德版图》（Hong Duc Atlas）第三部分。该地图在所附的注释中标明：至少在17世纪时，越南当局就常派遣船只去“堺葛鐄”（Bai Cat Vang）采集附近沉船的货物。越南认为这一证据表明至迟于1653年（杜伯最晚的成书时间）“堺葛鐄”就已经成为越南“经济遗产”（economic heritage）的一部分。[1]

杜伯编制的《纂集天南四至路图书》（Toản tập Thiên Nam tứ chí lộ đồ thư，英文名：*The Handbook of the South's Road Map*，又称 *Route Map from the Capital to the Four Directions*）在广南地区广义府地图中的注解中提到“堺葛鐄”，并提到阮氏每年冬季派船去该地收取沉船货物。[2]

1774年由端郡公（Đoanquận công，Duke of the Đoan County）裴世达（Bùi Thế Đạt）绘制的越南南部地图《甲午年平南图》（Giáp Ng ọniên bình Nam đồ）也画了“堺葛鐄”。[3]

黎贵惇（Lê Quý Đôn，1726—1784年）是当时越南朝廷派往南方的官员，他于1776年编纂的《抚边杂录》（*Phủ biên tạp lục*，英文名：*Miscellany on the Pacification at the Frontier*）描述了阮朝1558—1775年南越的历史、地理和行政。其中记载，18世纪阮氏当局成立“黄沙队”派遣人员上岛采集贵金属、象牙、海龟等物。这一行为在当时并没有遭到反对。越南认为，这就表明阮氏王朝在“黄沙”享有主权。[4]

该书中还记载了1753年，安南10名军人被派往“黄沙”采海物，8人上岛，2人留船守望，突遇大风，船上2人被吹至海南清澜港。海南当局将2人送回安南。越南认为，此举表明当时的海南官员只关心2

---

〔1〕戴可来、童力编：《越南关于西、南沙群岛主权归属问题文件资料汇编》，河南人民出版社1991年版，第56页。

〔2〕戴可来、童力编：《越南关于西、南沙群岛主权归属问题文件资料汇编》，河南人民出版社1991年版，第73、102页。

〔3〕戴可来、童力编：《越南关于西、南沙群岛主权归属问题文件资料汇编》，河南人民出版社1991年版，第73页。

〔4〕戴可来、童力编：《越南关于西、南沙群岛主权归属问题文件资料汇编》，河南人民出版社1991年版，第8—10、第57、第73—74页。

名越南军人是否为间谍，并不关心他们在"黄沙"的采集活动，说明中国承认越南在"黄沙"的权利，并不认为越南侵犯了其领水。[1]

越南反复引用这几份文件，试图证明其所谓"堺葛鑛"或者"黄沙"与越南的历史紧密联系。但是，这些证据也不足以支撑越南的主权主张。

首先，越南恰恰没有证明的是所谓"堺葛鑛"和"黄沙"就是中国西沙群岛。学界已有诸多研究表明，越南的"堺葛鑛"和"黄沙"指的是越南沿海的小岛和沙洲，晚近时期西方航海家绘制地图时才用"Parcel"和"Paracel"等地名指称远离越南大陆的西沙群岛。[2]

其次，根据越南的档案，历史上越南经常进入"黄沙"地区并采集海物，这至多证明越南存在对"黄沙"的经济开发，但一般私人经济活动不产生取得领土主权的效力，[3] 而采集他国船只遗落在海中的物品，甚至都无法构成一般意义上的经济活动。这也和越南提出的另一份证据相吻合：约翰·巴罗（John Barrow）1806 年在伦敦出版的《交趾支那游记》（*A Voyage to Cochinchina*）详细记载了交趾支那去"帕拉塞尔"地区的船只和经济开发情况。越南认为，这份证据说明"帕拉塞尔"是越南经济版图（economic world）的一部分。[4] 然而，越南自身的官方史书就记载了中国同时期的开发活动。越南官方史书《大南实录正编》记载：1834 年，监城队长张福士等人受明命皇帝之命去"黄沙"描取图本，后向皇帝报告"此处海中沙渚广漠无涯，惟有清人往来攻鱼捕鸟而已"。而张福士采集的禽鸟海鲜，"多是奇物，

---

〔1〕 ［越］黎贵惇编：《抚边杂录》，转引自陈鸿瑜：《评析越南官方主张西沙群岛和南沙群岛主权之法理论据》，载《展望与探索》2014 年第 10 期，第 48—49 页。

〔2〕 参见吴凤斌：《关于越南"黄沙"和"长沙"的问题——驳武海鸥〈越南对黄沙和长沙两群岛的主权非常明确，不容争辩〉一文的谬论》，载《南洋问题》1981 年第 3 期，第 88 页。另见许盘清、曹树基：《西沙群岛主权：围绕"帕拉塞尔"（Paracel）的争论——基于 16—19 世纪西文地图的分析》，载《南京大学学报（哲学·人文科学·社会科学）》2014 年第 5 期，第 19 页；李金明：《越南黄沙、长沙非中国西沙南沙考》，载《中国边疆史地研究》1997 年第 2 期，第 73 页。

〔3〕 See Sovereignty over Pulau Ligitan and Pulau Sipadan（Indonesia/Malaysia），Judgment of 17 December 2002，I. C. J. Reports，2002，p. 683，para. 140.［hereinafter Pulau Ligitan and Palua Sipadan Case］

〔4〕 戴可来、童力编：《越南关于西、南沙群岛主权归属问题文件资料汇编》，河南人民出版社 1991 年版，第 10—12 页。

人所罕见者，帝召侍臣观之"[1]这份如此重要的证据，越南却避而不谈。需要注意的是，按照越南的记载，越南上岛是季节性的行为，并且目的是获取"奇物"或获取经济利益；而张福士临时被派往岛上，岛上"惟有清人往来"，这说明清人在"黄沙"的活动具有相当高的频率。而且，暂且认为清人的"攻鱼捕鸟"只是私人行为，那么如果越南认为"黄沙"是其领土或者对其行使了有效管辖，为何受命于越南皇帝登岛的张福士等人不阻止清人？这段记载至少可以说明，当时无论是清朝还是越南均没有因为双方的上岛采集开发而产生冲突，因此，越南历史上对"黄沙"纯粹的经济开发行为至少并不是排他性的，自然也并不意味着越南行使了主权。

因此，越南的证据不足以证明其在历史上行使了主权或管辖权。越南也意识了到这一点，因此在后来的文件中强化了对法国殖民统治时期资料的依赖。

4. 法国殖民统治时期的资料并非都具有对领土主权的证据价值

法国是近现代国际法的主要推动者和获益者之一，作为殖民大国更是对领土法谙熟于心。因此，法国殖民时期的资料记录总体上比较详细、保存相对完好，也具有较高的相关性[2]其中被越南援用的有关事件包括：

基础设施建设：1899年印度支那总督保罗·杜美（Paul Doumer）向巴黎提议要在西沙群岛珊瑚岛建灯塔。但完成在"黄沙"建灯塔的可行性研究后，该工程由于缺乏经费支持未能进行；1929年，佩里埃-德·鲁维尔（Perrier-De Rouville）代表团提议在"黄沙"四角设立灯塔；1937年，总工程师高缇耶（Gauthier）考察"黄沙群岛"，寻找建立灯塔和水上飞机场的地点，并研究了可供人定居的条件。

海关巡逻：1920年开始，印度支那海关当局对"黄沙群岛"进行巡逻，防止非法贸易。

科学考察：1925年开始，法国殖民当局和私人机构开始对"黄沙

---

[1] 原文见《大南实录正编》，第1纪，卷122，越南国家图书馆1844年，第23页。转引自陈鸿瑜：《评析越南官方主张西沙群岛和南沙群岛主权之法理论据》，载《展望与探索》2014年第10期，第49页。

[2] 下面引述的资料整理自越南五份官方文件。参见戴可来、童力编：《越南关于西、南沙群岛主权归属问题文件资料汇编》，河南人民出版社1991年版，第17—23、第80—83、第103—104页。

群岛"进行科学考察。1925 年,"德拉内桑"号（De Lanessan）船开往"黄沙群岛"进行科学考察。后续法国"警报"号、"阿斯特罗巴尔"号、"总工程师吉罗"号等也对"黄沙群岛"进行了考察。越南认为,这些科考以及后来出版的科考报告说明法国在"黄沙"的管辖权是"牢固而和平的","这些经过长期研究后完成的科学成就,只能是一个对这些岛屿最充分行使主权的国家所能得到的"。

象征性行为:1938 年,法国在"黄沙"竖"主权"碑。1933 年、1938 年、1939 年,法国人数次调整"帕拉塞尔"的行政归属。1938年 3 月,保大皇帝下令将"黄沙群岛"从南义省（Nam Nghia）划入承天 [Thừa Thiên（Huế）Province] 省。同年 6 月 15 日,印度支那总督约瑟夫·儒勒·布利维尔（Governor General Joseph Jules Brévié）签署法令在承天省下为"黄沙群岛"设立行政部门。

批准外国采矿:1927 年,日本三菱物产会社向法国印度支那当局请求在"黄沙"部分岛屿上开采磷矿。

如上所述,法国殖民时期的材料的法律效力也值得商榷。首先,虽然《中法会订越南条约十款》和《中法新约》分别于 1884 年和1885 年签订,法国自此成为越南保护国,但法国在"黄沙"的大规模有记录活动以及积极主张黄沙主权直到 1920 年之后才开始,这似乎与越南所谓的历史上持续、有效、和平地行使"主权"的主张有矛盾。其次,海关巡逻等行政行为需要具有对西沙群岛的针对性[1],即除非海关的相关行政行为是在"黄沙群岛"各岛上做出或是针对岛上,否则海关船只巡逻抵达西沙群岛有关海域并不意味着对"黄沙"行使领土主权。最后,越方所称法国殖民当局有建造灯塔的计划,实际上却从未付诸行动,不构成国际法上行使主权的意图和行动。而且,考虑到殖民时期各殖民帝国开拓航路和市场的需要,其有关的科学考察行为,都应进行更谨慎的考察,而不能简单视为与领土主权有关。

---

[1] See e. g. Island of Palmas Case （USA v. Netherlands）, Award of 4 April 1928, R. I. A. A., Vol. Ⅱ, 2006, p. 857; The Minquiers and Ecrehos Case （France/United Kingdom）, Judgment of 17 November 1953, I. C. J. Reports, 1953, pp. 55-57; Pulau Ligitan and Palua Sipadan Case, Judgment, I. C. J. Reports, 2002, pp. 682- 683, para. 136.

二、越南对南沙群岛领土主张的非法性

针对所谓"长沙群岛"的主权，越南在其 1975 年白皮书中主张：越南南部渔民经常来到"长沙"，甚至在岛上逗留相当长时间。越南这一主张的主要依据是 19 世纪潘辉注出版的《大南一统全图》的地图以"万里长沙"的名称将南沙群岛划为越南领土。1979 年白皮书基本延续了这一思路，但更为依赖 20 世纪 30 年代之后法国殖民时期的材料。

1981 年白皮书明确改变了这一思路。该份文件提出，16—18 世纪西方航海家的地图均将"黄沙"和"长沙群岛"画在一起，命名为 Paracels、Parcel 或 Pracel。这是试图将有关"黄沙群岛"的历史资料套用到"长沙群岛"上。

1988 年白皮书中，越南延续了将中国南沙群岛纳入所谓古代"黄沙"体系的主张，但又提出很长一段时间内，西沙群岛和南沙群岛是无主地，而从 17 世纪起，越南一直对两群岛行使有效占领，并有效、持续、和平地行使主权。

具体而言，在所谓"长沙群岛"方面，鉴于自身相关的史实、资料尤为缺乏，越南高度依赖法国殖民时期的资料。越南几份文件中反复提及的事件包括[1]：

1927 年，法国"德拉内桑"号船开往"长沙群岛"进行科考；

1930 年 4 月 13 日至 1933 年 4 月 12 日，法国政府在"长沙群岛"的主要岛屿（包括南威岛、安波沙洲、太平岛、南子岛、南钥岛、中业岛）派遣海军驻守；

1933 年 12 月，印度支那总督克劳泰默（M. J. Krautheimer）签署法令将前述六岛"并入"巴地省（Bà Ria）；

1938 年，法国在"长沙群岛"的太平岛上建立了气象观测点。

除法国殖民时期资料，引用较多的还有南越政权的一些行动：1956 年，西贡政权去"长沙"海巡，并颁布法令将"长沙"划归福绥省管辖，后续又对"长沙群岛"的行政隶属进行多次调整，等等。

---

[1] 参见戴可来、童力编：《越南关于西、南沙群岛主权归属问题文件资料汇编》，河南人民出版社 1991 年版，第 30—38、第 80—83 页。

为了弥补证据材料的缺乏，自 1979 年白皮书起，越南开始主张"黄沙群岛""长沙群岛"在历史上就被视作一个整体，都为"大长沙"或"万里长沙"，直到晚近时期因科技和绘图技术发展，两个群岛才被区分开来。借此，越南试图将其关于"黄沙群岛"的历史证据和资料也运用到"长沙群岛"上。

中国早在久远的古代就发现了南沙群岛并确立主权，相关历史文献的记载汗牛充栋，此处仅列举一二。宋代赵汝适的《诸蕃志》："……东则千里长沙、万里石塘，四郡凡十一县，悉隶广南西路。"[1] 其中万里石塘即南沙群岛。柯劭忞的《新元史》记载史弼经过"万里石塘"，将其作为中外的疆界[2] 明代《正德琼台志》对疆域做了记载："东则千里长沙、万里石塘，北至雷州、徐闻。"[3]其中万里石塘即南沙群岛。清代姚文枏《江防海防策》记载："过琼州七洲洋，有千里石塘、万里长沙，为南北洋界限。"[4]国民政府对包括南沙群岛在内的南海诸岛进行命名，二战以后对包括南沙群岛在内的南海诸岛进行接收。中华人民共和国成立以后，中国政府先后设立了"西沙、南沙、中沙群岛办事处"（1959 年），"广东省西沙、中沙、南沙群岛革命委员会"（1969 年）对包括南沙群岛的南海诸岛进行管理。1983 年，国务院授权中国地名委员会公布了南海部分岛礁地名[5] 2007 年 11 月，国务院批准设立县级市三沙市，下辖西沙群岛、中沙群岛、南沙群岛，2012 年将三沙市升格为地级市[6] 2020 年 4 月，经国务院批准，三沙市设立西沙区与南沙区[7]

可见，越南认为南沙群岛为无主地完全是无稽之谈，中国发现了

〔1〕 韩振华主编：《我国南海诸岛史料汇编》，东方出版社 1988 年版，第 32 页。
〔2〕 韩振华主编：《我国南海诸岛史料汇编》，东方出版社 1988 年版，第 45 页。
〔3〕 韩振华主编：《我国南海诸岛史料汇编》，东方出版社 1988 年版，第 34 页。
〔4〕 韩振华主编：《我国南海诸岛史料汇编》，东方出版社 1988 年版，第 163—164 页。
〔5〕 广东省地名委员会：《南海诸岛地名资料汇编》，广东省地图出版社 1987 年版，第 52—61 页。
〔6〕 《民政部关于国务院批准设立地级三沙市的公告》，载中华人民共和国民政部网站，http://www.mca.gov.cn/article/zwgk/mzyw/201206/20120600325063.shtml，最后访问时间：2021 年 4 月 24 日。
〔7〕 《民政部关于国务院批准海南省三沙市设立市辖区的公告》，载中华人民共和国民政部网站，http://www.mca.gov.cn/article/xw/tzgg/202004/20200400026955.shtml? from = timeline&isappinstalled =0，最后访问时间：2021 年 4 月 24 日。

南沙群岛，长期以来对南沙群岛实施了有效控制，南沙群岛的主权依法属于中国。由以上对越南主张的整理可见，越南对南沙群岛的主权主张缺乏更久远的历史证据。越南虽尝试将历史上的"黄沙"和"长沙"混为一谈，但并没有提供任何有力的证据。诚然，由于古代技术水平有限，古代地图不可能十分精确，但是越南应当解释清楚而未做到的是：从什么时候开始，由谁基于何种原因，将其所谓古代"黄沙"分为现在的"黄沙"和"长沙"？又为什么"黄沙群岛"保留了原有名称，而"长沙群岛"却无中生有？而且，上述五份官方文件中，最为详细、具体的1975年白皮书恰恰是将"黄沙""长沙"分开论述的。越南所有以先占为借口的领土主张，事实上均不成立，也不具有法律效力。

同时，与上述对"黄沙群岛"证据材料的分析相同，越南所谓科考、海巡等行为并不具有必然的证明力，在缺乏明确针对性的情况下，不足以证明越南对"长沙群岛"行使了有效管辖，更遑论取得"长沙群岛"的主权。

综上所述，我们可以得出以下结论：首先，早在越南声称的"先占"之前，中国已经先占取得了南沙群岛的主权，越南的任何"先占"均晚于中国数个世纪，不仅不具有取得领土主权的法律效力，而且构成对中国主权的侵犯。

其次，越南针对所谓"黄沙群岛""长沙群岛"提出的法国殖民时期材料，特别是关于海巡、科考等方面的证据不必然具有证据价值。更早的历史资料部分，越南无法证明与"长沙"有关，而"黄沙"的诸多资料又难以形成相互印证，无法形成完整的证据链条。

再次，越南方面难以证明其证据的真实性和相关性。其中，最典型的例子就是"黄沙""长沙"的具体指向问题，以及所谓"嘉隆皇帝插旗"的真实性问题。这些根本问题是动摇越南整个论证基础的缺陷，已有不少研究客观明确地揭露了这些问题。

最后，也是非常关键的一点是，以范文同公函为代表，直至1974年以前越南所发表的政府声明、正式照会、公开出版的地图和教科书，一直正式承认西沙群岛和南沙群岛自古以来就是中国的领土。[1] 越南

---

[1] 中华人民共和国外交部：《关于西沙群岛、南沙群岛问题的备忘录》，1988年5月12日，载《人民日报》1988年5月13日，第7版。

的五份官方文件同样漏洞百出。根据第二编的有关分析，越南对中国
领土的承认和默认将使其受到禁止反言原则的约束，越南对南沙群岛
的非法领土主张不具有法律效力。

第二节　对菲律宾在南沙群岛部分岛礁 和黄岩岛的非法领土主张的反驳

菲律宾曾是美国的殖民地，其固有领土范围是由 1898 年《美西和
平条约》、1900 年美西《关于菲律宾外围岛屿割让的条约》、1930 年
《关于划定英属北婆罗洲与美属菲律宾之间的边界条约》明确规定的。
后来，美国为菲律宾独立而制定的《1935 年宪法》第 1 条确认了这一
领土范围。[1] 而后，《菲律宾宪法》在 1973 年第一次修订时已不再援
引三个国际条约界限，提出："国家领土包括菲律宾群岛（包括群岛
内所有岛屿和环抱这些岛屿的水域），根据历史性权利或法律权利
（by historic right or legal title）属于菲律宾的所有其他领土，包括领
海、空气空间、底土、海床、岛架以及其他菲律宾拥有主权或管辖
权的海底区域。群岛各岛屿周围、之间和连接群岛各岛屿的水域，
不论其宽度与面积如何，均为菲律宾内水的组成部分。"[2] 但是无论
如何，菲律宾都无法否认，黄岩岛和所谓"卡拉延群岛"并不在菲律
宾群岛的范围之内。按照上述文件的规定，菲律宾的西部边界从未超
过东经 118°，南沙群岛和黄岩岛根本不在上述条约规定的菲律宾版图
内，中菲对这一点不存在任何争议[3]，菲律宾对这些岛屿提出领土要
求，在国际法上缺少依据，迄今为止，菲律宾对于南沙群岛有关岛礁
采取的占领行动都是非法的，违背《联合国宪章》和国际关系的基本
准则。

1946 年，菲律宾副总统兼外交部长埃尔皮迪奥·基里诺（Elpidio

---

〔1〕　The Official Gazette of the Republic of Philippines, The 1935 Constitution, https://
www. officialgazette. gov. ph/constitutions/the-1935-constitution/, 2019-10-20.

〔2〕　张祖兴：《菲律宾领土和海洋主张的演变》，载《东南亚研究》2017 年第 6 期，第41 页。

〔3〕　参见李金明：《菲律宾国家领土界限评述》，载《史学集刊》2003 年第 3 期，第67—
68 页；张祖兴：《菲律宾领土和海洋主张的演变》，载《东南亚研究》2017 年第 6
期，第38—41 页。

Quirino）提出要以国家安全的名义将南沙群岛纳入菲律宾领土。[1] 从
20 世纪 70 年代初起，菲律宾突破其本国的固有领土，推行领土扩张
政策，陆续侵占中国南沙群岛的 8 个岛礁。1978 年 6 月 11 日，菲律宾
总统马科斯颁布《第 1596 号总统令》，以邻近（proximity）、国家安全
等理由，对南沙群岛的 33 个岛礁、沙洲、沙滩以所谓的"卡拉延群
岛"的名义提出非法领土要求。[2] 菲律宾在 1970—1980 年先后对 8
个岛礁进行实际控制，包括在中业岛上驻兵和修建机场跑道。菲律宾
还于 2009 年修订《领海基线法》，宣布将南沙群岛部分岛屿及黄岩岛
划为菲律宾所属岛屿，该法随后于同年 3 月 10 日被菲律宾总统阿罗约
签署为第 9522 号总统令。

　　除了 2012 年中菲黄岩岛对峙事件后菲律宾外交部发布了一份立场
文件[3]中提到菲律宾主张黄岩岛主权的部分依据，菲律宾主张主权的
依据多是在政府发言人发言、声明中简要提及。

一、菲律宾所谓"卡拉延群岛"领土主张的非法性

　　二战结束后，刚刚独立的菲律宾出于国家安全考虑加强了对南沙
群岛的关注，但并未提出任何正式的领土要求。直到 1956 年所谓"克
洛马事件"后，菲律宾才开始以各种名义非正式、试探性地对南沙群
岛部分岛礁提出领土要求，并不断变换理由和借口。[4] 20 世纪 70 年
代始，菲律宾侵占南沙群岛部分岛礁并开始正式提出领土要求和有关
主张，概括起来菲方寻找的借口主要包括：邻近原则；岛礁位于菲律

---

〔1〕　See Ulises Granados, "Ocean Frontier Expansion and the Kalayaan Islands Group Claim:
　　　 Philippines Postwar Pragmatism in the South China Sea", *International Relations of the A-
　　　 sia-Pacific*, Vol. 9, 2009, p. 276.

〔2〕　总统令中的理由还包括：该区域的大部分是菲律宾群岛大陆边的一部分；根据国际
　　　 法确立的有效占领和控制；其他国家主权主张失效；基于法律、历史和公平原则
　　　 等。下文会详细论述。参见张祖兴：《菲律宾领土和海洋主张的演变》，载《东南亚
　　　 研究》2017 年第 6 期，第 42 页。

〔3〕　Department of Foreign Affairs, the Philippines, Philippine Position on Bajo de Masinloc
　　　 (Scarborough Shoal) and the Waters within Its Vicinity, 2012, https://www. officialga-
　　　 zette. gov. ph/2012/04/18/philippine-position-on-bajo-de-masinloc-and-the-waters-within-
　　　 its-vicinity/, last accessed on 22 April 2018.

〔4〕　参见谭卫元：《菲律宾政府对南沙群岛"主权诉求"的因由演变》，载《太平洋学
　　　 报》2014 年第 12 期，第 13 页；吴凤斌：《驳南越阮伪政权"白皮书"所谓拥有我
　　　 国西、南沙群岛主权的论据》，载《南洋问题研究》1979 年第 4 期，第 106 页。

宾 200 海里专属经济区内，所以应当归菲律宾所有；"卡拉延群岛"并非南沙群岛，而是无主地，菲律宾基于先占获得主权等。[1]

首先，地理"邻近"在国际法中从来不是国家取得领土主权的方式。仲裁员胡伯在帕尔马斯岛案的裁决中裁定，国际法中显然不存在这样的规则，即可以单纯基于岛屿最邻近一国的事实而对领水以外的岛屿主张主权。[2] 而且从地理上看，菲方所称"卡拉延群岛"，实际上是中国南沙群岛的组成部分，并不属于菲律宾，菲律宾对其所谓"卡拉延群岛"缺乏任何一种因素上的联系，只是空间距离上的接近。因此，邻近原则并不能成为菲律宾主张主权的权源。从 20 世纪 50 年代起，菲律宾反复强调邻近原则，这仅仅是出于政治考量的主张，不构成国际法上的依据，此处不再赘述。[3]

其次，菲律宾认为"卡拉延群岛"位于菲律宾专属经济区内，从而取得其领土主权，这个观点同样毫无根据。专属经济区由 1982 年《公约》创设，目的是赋予沿海国从测算领海宽度的基线量起不超过 200 海里的海域内一定的主权权利。[4] 根据已经成为习惯法的"陆地统治海洋"原则，[5] 专属经济区是由陆地领土派生出来的海域，菲律宾作为沿海国不能把本国专属经济主张扩展到中国南沙群岛领土上，以此否定中国对南沙群岛的领土主权并进一步对中国提出非法的领土要求。[6]

最后，菲律宾认为战后南沙群岛是"无主地"的论点也缺乏依据。与中国、越南不同，菲律宾提出，二战之后，由于日本在"旧金山和约"的规定下放弃了南沙群岛的主权，且该"和约"没有明确规

---

[1] 黄德林：《评菲律宾对南沙群岛部分岛屿的主权主张》，载《法学评论》2002 年第 6 期，第 44 页。

[2] Island of Palmas Case (USA v. Netherlands)，Award of 4 April 1928，R. I. A. A. ，Vol. Ⅱ，2006，p. 854.

[3] 参见吴凤斌：《驳菲律宾侵犯我南沙群岛的一些所谓论据》，载《南洋问题研究》1979 年第 4 期，第 109—110 页。

[4] See Dolliver Nelson，"Exclusive Economic Zone"，*Max Planck Encyclopedia of Public International Law*，Online Edition，Last Accessed on：July 3rd，2018.

[5] See Bing Bing Jia，"The Principle of the Domination of the Land over the Sea：A Historical Perspective on the Adaptability of the Law of the Sea to New Challenges"，*German Yearbook of International Law*，Vol. 57，2014，p. 64.

[6] 参见黄德林：《评菲律宾对南沙群岛部分岛屿的主权主张》，载《法学评论》2002 年第 6 期，第 44 页。

定南沙群岛的归属，因此南沙群岛处于"地位未定"状态。菲律宾方面主张，"旧金山和约"以及此前的《开罗宣言》和《波茨坦公告》，实际上承认在二战期间日本对南沙群岛获得了领土主权，否则日本就无须放弃；根据"旧金山和约"的安排，日本放弃了对南沙群岛的领土主权，南沙群岛因此成为国际法上的无主地，这使得菲律宾公民克洛马在1955年的发现和占领成为可能。然而，这一解释完全是对二战处理日本问题的一系列条约的严重曲解。对"旧金山和约"的背景及性质已经在本书第二编第三章中详细讨论，此处不再赘述。此外，菲律宾对克洛马所谓"发现"所持的态度是前后不一致的。菲方在起初对克洛马的冷淡甚至疏远态度说明其缺乏主权占有的意图。[1]

二、菲律宾对黄岩岛领土主张的非法性

对于黄岩岛，菲律宾曾基于"邻近原则"主张黄岩岛主权；并声称黄岩岛位于菲律宾专属经济区内，因此菲律宾有开发黄岩岛资源的权利。然而，与上文对"卡拉延群岛"问题的分析相同，邻近原则和专属经济区学说都不具有取得领土主权的法律效力，菲律宾的主张于法无据。

2012年4月10日，中菲黄岩岛对峙事件发生后，菲律宾政府于4月18日发表题为《菲律宾关于巴霍的马辛洛克及其附近海域的立场》的文件（以下简称《立场文件》）。[2] 在该文件中，菲律宾明确放弃了基于邻近原则或黄岩岛位于其专属经济区/大陆架内的"事实"而对黄岩岛享有主权的论点，转而提出，其在黄岩岛的主权是建立在有效管辖和占领（如升旗、修建灯塔、科学研究、立法等）基础之上的，并提供了一些材料。菲律宾提出，1965年、1997年两次"升旗"，建造灯塔，1992年菲律宾海军对该灯塔进行修复并向国际海事组织申报列入《灯塔名录》等事件可以证明菲律宾在黄岩岛行使"主权"。另外，菲律宾还提出黄岩岛曾被用作美军靶场，菲律宾有关部门还曾

---

〔1〕　参见张良福：《试论第二次世界大战结束及抗日战争胜利后的西沙、南沙群岛处理问题——从历史事实和国际法分析西沙、南沙群岛主权属于中国》，载《中国国际法年刊（2015）》，法律出版社2016年版，第106页。

〔2〕　Department of Foreign Affairs, the Philippines, Philippine Position on Bajo de Masinloc (Scarborough Shoal) and the Waters within Its Vicinity, 2012.

联合菲律宾大学在该地区进行科学研究。[1] 根据第二编的论证，中国在关键日期 1997 年之前就已取得黄岩岛主权，因此，除非菲律宾能够证明中国放弃了黄岩岛的主权，否则其无法通过有效占领和管辖对抗中方的主权主张。因而，菲律宾若要挑战中方在黄岩岛的主权，必须证明其在 1997 年之前就已经在黄岩岛行使了有效控制和管辖；而 1997 年之后的行为原则上不具有证明力。事实上，菲律宾在 1997 年以前从未对中国对黄岩岛行使主权管辖和开发利用提出过任何异议，其国内立法、国际条约乃至一些官方发言都表明黄岩岛并非菲律宾领土。

进一步分析，2012 年菲律宾《立场文件》中所列举的行为真实性存疑，即便有关事件确实存在，也不足以支持其对黄岩岛的主权主张。

在一定意义上，升旗可以作为一国主张领土主权的证据，但是并没有证明领土主权归属的绝对效力。更何况，菲律宾 1965 年所谓的"升旗"行为不是官方活动，而 1997 年的"升旗"行为立马遭到了中方的反对，因此菲方主张的"升旗"行为无法证明其对黄岩岛进行了有效的管辖。事实上，早在 1997 年之前中国已经获得并且多次公开主张了对黄岩岛的主权，1997 年"升旗"也是导致双方争议明确化的标志性事件。

另外，菲律宾还提出其政府部门联合菲律宾大学在黄岩岛进行科考，但是没有提出任何具体时间、范围、程度予以佐证。即使菲律宾的确在黄岩岛进行过科考活动，这些事件对于菲律宾主权的证明力也相当有限。一般来说，科学研究活动不具有主权属性；但是，在一定情况下，官方科研活动或者政府批准在某一地区进行科研活动的行为，确实能够反映该国政府的控制和管辖能力。即便如此，中国显然在更早时间进行了更多次数的科考活动。例如，1977 年 10 月、1978 年 6 月、1985 年 4 月、1994 年中国科学院、国家海洋局等部门就组织在黄岩岛登岛考察。此外，中国政府有关部门曾于 1994 年、1995 年、1997 年和 2007 年先后四次批准无线电爱好者登岛进行无线电探险活动。相比于菲律宾模糊含混的"证据"，中国的科考活动目的明确、证明力更强。

---

[1] 参见高健军：《从国际法角度评菲律宾对黄岩岛的主权主张》，载《法学杂志》2012 年第 10 期，第 14 页；孔令杰：《中菲关于黄岩岛领土主权的主张和依据研究》，载《南洋问题研究》2013 年第 1 期，第 24 页。

可见，菲律宾对黄岩岛的主权主张于法无据。一则，国际法上不承认单纯依据地理上的"邻近"取得陆地领土主权；二则，在中国业已在黄岩岛建立起主权的情况下，菲律宾依法不能对黄岩岛实施有效控制；三则，菲律宾所主张的行为，也不足以支持其取得黄岩岛的主权。

第三节　对马来西亚和文莱关涉南沙群岛部分岛礁非法领土主张的反驳

一、马来西亚关于南沙群岛部分岛礁领土主张的非法性

马来西亚迄今尚未对其领土主张做出系统的解释，而仅通过地图、外交部发言等形式对南海部分岛礁提出了主权要求。马来西亚的主张包括弹丸礁、南海礁、簸箕礁、榆亚暗沙、光星礁、光星仔礁、皇路礁、卢康暗沙、曾母暗沙以及安波沙洲、柏礁和司令礁。[1]

从其官方声明来看，马来西亚试图通过《公约》中的大陆架制度对中国南沙群岛部分岛礁提出领土要求，并没有提出其他法理依据。马来西亚虽然并未明确提出有效控制的主张，但也可能利用其发布《领海与大陆架疆域图》和邮票、建设开发及行政执法等行为主张对有关岛礁的有效控制。本书第二编已经详细说明，无论是《公约》还是一般国际法均不支持通过主张大陆架范围而获得大陆架内海洋地物主权的行为。再者，马来西亚的所谓"有效控制"行为晚于南海主权争端形成的时间点，不具有国际法上的意义。

二、文莱关于南沙群岛部分岛礁领土主张的非法性

和马来西亚一样，文莱对于南通礁的主张也主要是建立在《联合国海洋法公约》关于沿海国专属经济区和大陆架的规定之上。文莱于1987年向中国发出照会，宣称南通礁在文莱大陆架范围内，并于1988年将南通礁划入其版图。本书第二编对此已有详尽论述。

综上所述，马来西亚与文莱对中国南沙群岛部分岛礁并未明确提

---

[1]　See J. Ashley Roach, "Malaysia and Brunei: An Analysis of their Claims in the South China Sea", *CNA Occasional Paper*, August 2014, pp. 10-14.

出有效控制的主张，其至主要是根据专属经济区和大陆架范围对中国南沙群岛有关岛礁提出一些权利主张，且未明确就有关权利主张的性质做出说明。其中马来西亚还采取了侵占并控制有关岛礁的活动，将来也可能明确以有效控制作为其主权要求的依据之一，但是有关活动持续时间短暂，实施的行为更少，显然无法满足有效控制理论对充分性和持续性的要求。更为重要的是，两国提出主权要求的依据主要是《公约》而非领土取得的国际法，这使得其所谓的领土要求在国际法上难以自圆其说，因为《公约》并不处理陆地领土主权问题。

本章小结

本章在第二编的基础上，针对越南、菲律宾、马来西亚和文莱对南海部分岛礁提出的领土主张，结合证据和领土取得的国际法规则，分析和揭示上述四国主张和论点的非法性。

自 20 世纪 70 年代以来，越南方面发布的官方文件对南海诸岛主权问题提出与之前立场相反的主张。越南方面没有对文献史实的证据进行筛选、整理，而是以时间顺序堆砌材料，暴露了其缺乏系统、不完整的法理和历史依据体系的缺陷，主要体现为：其一，越南方面的论点在不断调整变化，并没有前后统一的法律主张；其二，越南对于其在 1974 年以前做出的承认中国对西沙群岛、南沙群岛的主权的声明，无法做出有效的回应与解释，系出尔反尔行为，违反了国际法上的禁止反言原则；其三，越南提出的有关证据较弱，其所谓早期历史证据资料，如对"嘉隆皇帝插旗"的记载，缺乏权威材料的印证，而且难以保障其真实性和相关性，而法国殖民时期的材料也不具有必然的证明力。

在菲律宾方面，菲律宾对于南沙群岛和中沙群岛的黄岩岛的主权主张是渐进发展的。二战结束后，刚刚结束殖民统治并独立的菲律宾未提出任何正式的主权主张。直到 1956 年所谓"克洛马事件"后，菲律宾才开始以非正式的名义提出对部分南海岛礁的主权主张，所依赖的法律依据也不断变化。其理由主要包括：邻近原则；岛礁位于菲律宾 200 海里专属经济区内，所以应当归菲律宾所有；"卡拉延群岛"是无主地，菲律宾基于先占获得主权。然而，邻近原则和位于其专属经济区范围内并不能成为菲律宾主张主权的依据，多份国际条约也无法支持其二战后南沙群岛属于"无主地"的论点。

马来西亚与文莱并未明确指出其主张的国际法理依据，它们的理据主要是有关岛礁位于其专属经济区和大陆架范围内。虽然这两国确实在所占岛礁上进行了表观上的控制活动，将来也可能明确以有效控制作为其主权要求的依据之一，但是它们控制岛礁的持续时间更加短暂，实施的行为更少，完全无法达到有效控制的程度。此外，《公约》中的专属经济区和大陆架制度根本无法为它们的领土主张提供任何依据。

第三章 中国在南海历史性权利主张
面临的外部质疑与回应

第四编论述了中国在南海断续线内能够享有何种历史性权利，以及中国基于南海断续线主张的历史性权利是否符合国际法。关于中国到底在南海断续线内主张何种历史性权利，学界存在不同看法。有的学者认为，中国主张南海断续线内全部海域为领海或者内水，因而对全部水域行使主权；还有学者主张中国在南海享有的历史性权利仅为非主权性的资源权利的集合。[1] 这两种观点均是对其他国家实践和国际条约文本的解释和套用，未能结合南海的历史和现实情况。本编将结合第四编的研究，提出以下观点：中国在南海的历史性权利是一种开发利用海洋资源与管理海域的综合权利，而非仅以某种海上活动为具体内容的权利，也不是无数此种权利的简单相加，南海断续线是中国历史性权利的大致外部地理范围。中国政府和中国人民之所以能够在南海断续线内从事相关海洋活动，都是这一历史性权利所包含的具体权能的体现。

需指出的一点是，中国在南海的历史性权利主张是在历史过程中逐步形成的，而不是在 1947 年后随着南海断续线地图才提出来的。断续线地图的产生，其意义在于表明历史性主张的地理范围，直观地反映中国的历史性主张。这里简单提及一个术语——"历史性主张"（historic claim）。该词包括了习惯国际法中的历史性水域、历史性权利和《联合国海洋法公约》第 15 条指称的历史性所有权（历史性权原）、该公约第 10 条述及的历史性海湾等。由于中国对南海断续线的

---

[1] 李金明教授对此进行了比较详细的梳理，参见李金明：《国内外有关南海断续线法律地位的研究述评》，载《南洋问题研究》2011 年第 2 期。

性质未做明确表态，菲律宾、越南和美国等国对断续线内海域权利的认识主要分成历史性权利和历史性水域两种，并对中国这两种主张提出了质疑。而如前所述，中国学界目前已不再接受断续线内水域是中国的历史性水域的观点，因而下文的讨论限于断续线内历史性权利的合法性问题。

　　某些国家和学者对中国在南海断续线内历史性权利的贬损在菲律宾提起的"南海仲裁案"中得到集中体现[1]。因此，本编将聚焦"南海仲裁案"，以此来回应关于中国在南海历史性主张的不同意见。在该案中，菲律宾主张国际法历来不允许"九段线"（南海断续线）这种扩张性权利主张，而且即使中国在南海确实拥有历史性权利，该权利也因为《公约》的存在而归于消灭。据此，菲律宾请求仲裁庭宣布：中国在南海海域的权利是由《公约》确立的，其中包括领海和毗连区的权利、专属经济区的权利以及大陆架的权利，这些权利均衍生自陆地主权；并宣布中国基于南海断续线在南海的权利主张因违反《公约》而无效。该案仲裁庭认为，中国一直没有澄清其主张的历史性权利的内涵和范围。仲裁庭选择从既往中国的国家实践中反推历史性权利主张的内涵：鉴于中国并不反对南海的航行自由的一贯立场，仲裁庭推断中国并未主张"九段线"内海域全部是其领海或内水。同时，仲裁庭选择性地依据菲律宾提交的证据，推断中国主张对南海断续线内的生物资源享有开发和利用的历史性权利，并在此基础上推定中国无权在《公约》生效后主张这项历史性权利[2]。

　　在其他质疑中国在南海断续线内历史性主张的声音中，比较有影响的是美国的立场。2014年12月5日，美国国务院海洋与极地事务办公室发布名为《中国在南海的海洋主张》的报告，探讨了南海断续线在国际法上的地位。该报告认为，如果断续线地图标志中国对南海断续线内水域的主权主张（历史性水域或历史性所有权），或者是其中一些权利的集合（也即历史性权利），那么，中国的主张不能得到国

〔1〕　The South China Sea Arbitration（The Republic of Philippines v. The People's Republic of China），Award of 12 July 2016，P. C. A.，2016.〔hereinafter SCS Arbitration〕

〔2〕　SCS Arbitration，Award，P. C. A.，2016，paras. 180，192，208-211，213.

际法的支持。[1] 这种观点得到"南海仲裁案"仲裁庭的进一步发挥。下文将详述菲律宾和仲裁案仲裁庭的主要观点和结论，并对其进行批驳。

第一节 中国是否在南海提出了历史性权利主张

一、否定中国提出历史性权利主张的观点

（一）菲律宾声称中国直至 2009 年才提出历史性权利主张

菲律宾在"南海仲裁案"的第 1、第 2 项诉求中请求仲裁庭裁决：中国在南海的海洋权利不得超越《公约》所明确允许的范围，且中国在南海断续线内的历史性权利主张因违反《公约》而不具有法律效力。[2] 菲律宾的非法主张可归结为如下两点：

1. 声称中国在《公约》缔结前未提出任何南海历史性权利主张

菲律宾认为，在《公约》之前，中国在南海没有获得任何历史性权利，并且"海洋仅仅遵守两项原则：海洋自由原则，即禁止任何国家据为己有；以及直接邻近沿海国控制有限面积的原则，即禁止任何其他国家据为己有"，而中国的历史性权利主张不符合这两项原则。

菲律宾谎称，没有任何文件证明在 20 世纪初之前中国就任何南海地物展开过任何官方活动，中国的历史地图一贯表明中国的领土向南延伸到海南岛为止，且 14—16 世纪中国大部分时间都实施海禁政策，严厉禁止海上贸易和开发。另外，中国是在第二次世界大战之后才依据英文名称确定南海岛礁的中文名称。同时，1958 年《中华人民共和国政府关于领海的声明》提到南沙群岛"同大陆及其沿海岛屿隔有公海"，而不是隔有中国拥有特别权利的任何海域。最后，当中国于 2009 年 5 月明确主张历史性权利时，这立即引起了南海其他沿岸国的反对。基于这些理由，菲律宾认为，中国在断续线内没有任何历史性

---

[1] See U. S. Department of State, China's Maritime Claims in the South China Sea, 2014, p. 15. 关于越南、菲律宾和美国三国对中国在南海断续线内海域权利的历史性主张合法性的质疑分析，可参阅黄瑶、黄靖文：《对美国国务院报告质疑中国南海断续线的评析与辩驳》，载《国际法研究》2015 年第 3 期，第 196—204 页。

[2] SCS Arbitration, Award on Jurisdiction and Admissibility, 29 October 2015, P. C. A., p. 34, para. 101.

权利。[1]

这一观点也得到了某些学者的附和，他们认为并没有充分证据证明中国形成了历史性权利，至少在 2009 年之前，中国尚未提出历史性权利主张；[2]2009 年，中国通过外交照会提出历史性权利主张，此后其他国家一直在反对这一主张。[3]

2. 声称中国在 2009 年首次提出在南海的历史性权利主张

为证明中国正式提出历史性权利主张的时间点发生在 2009 年，且在此后与菲律宾和其他南海周边国家产生了有关历史性权利的争端，在"南海仲裁案"管辖权阶段，菲律宾援引了三份外交照会。[4]

其一，2009 年，越南、马来西亚向联合国大陆架界限委员会提交南海南部 200 海里以外大陆架划界案申请。对此，中菲随后分别向联合国秘书长呈交了两封照会。2009 年 5 月 7 日的中国照会重申："中国对南海诸岛及其附近海域拥有无可争辩的主权，并对相关海域及海床和底土享有主权权利和管辖权。"该照会附上一幅南海断续线地图。2009 年 8 月 4 日，菲律宾提交照会表示对"包含北婆罗洲在内地区的一些岛屿的领土主张存在争议"。其二，2011 年 4 月 5 日，菲律宾在另一封照会中针对中国 2009 年 5 月 7 日的照会提出了相反的主张，并声明："'卡拉延群岛'构成菲律宾不可或缺的一部分。"其三，2011 年 4 月 14 日，中国再发照会回应菲律宾[5]，指出："菲律宾所称的'卡拉延群岛'完全是中国南沙群岛的一部分。"同时，中国重申："中国对南海诸岛及其附近海域拥有无可争辩的主权，并对相关海域及海床

---

[1] SCS Arbitration, Award, P. C. A., 2016, paras. 192-199.

[2] Clive R. Symmons, "Historic Waters and Historic Rights in the South China Sea: A Critical Appraisal", in Shicun Wu, Mark J. Valencia and Nong Hong (eds.), *UN Convention on the Law of the Sea and the South China Sea*, Routledge, 2016, pp. 212-213.

[3] Yoshifumi Tanaka, "Reflections on Historic Rights in the South China Sea Arbitration (Merits)", *International Journal of Marine and Coastal Law*, Vol. 32, 2017, p. 483; Florian Dupuy and Pierre-Marie Dupuy, "A Legal Analysis of China's Historic Rights Claim in the South China Sea", *American Journal of International Law*, Vol. 107, 2013, p. 141.

[4] SCS Arbitration, Award on Jurisdiction and Admissibility, 2015, P. C. A., p. 64, paras. 164-168.

[5] 这四封照会分别是：Communication dated 7 May 2009 by China, Communication dated 5 April 2011 by China, Communication dated 4 August 2009 by Philippines, Communication dated 5 April 2011 by Philippines, 载联合国网站，http://www.un.org/depts/los/clcs_new/submissions_files/submission_vnm_37_2009.htm，最后访问时间：2019 年 11 月 1 日。

和底土享有主权权利和管辖权。中国在南海的主权及相关权利和管辖权有着充分的历史和法律根据。"菲律宾认为这些照会表明中菲之间存在有关历史性权利的争端，中国也是自此才开始公开其历史性权利主张。

（二）"南海仲裁案"仲裁庭仅根据有限的证据就接受了菲律宾的观点

对于菲律宾的以上观点，仲裁庭认为，在《公约》产生之前，尤其是二战之前，南海大部分地区都被视为公海，公海自由占上风，中国渔民自然可以自由开发南海，也无须其他国家明示或默示同意。[1]有学者认为，行使公海自由的行为并不能带来例外权利。[2]

关于中国是否有超出行使公海自由的活动，并且该活动是否得到他国默许，从而可能形成了某种历史性权利主张并获得合法地位的问题，仲裁庭认为，历史性权利大多数情况下是例外权利（exceptional rights）[3]，获得例外权利必须证明一国历史上就禁止或者限制他国国民在特定地区开发自然资源，且该种限制获得了他国默许。行使国际法允许的自由不能带来例外权利，因为国家无法默许他国行使一项合法权利。由此，仲裁庭认为，在《公约》形成之前，几乎南海所有海域都是公海一部分，公海自由原则支配南海，因此中国在南海从事的航行、贸易、捕鱼等活动不过是行使公海自由，因而也就没有形成历史性权利。至于非生物资源的开采问题，仲裁庭认为，对大陆架非生物资源的开采是近几十年来才可能享有的权利，根本不可能建立所谓的"历史性权利"。于是仲裁庭判定，中国在南海从未享有或建立其所主张的历史性权利。[4]

为了使论述看似完整，仲裁庭还讨论了在《公约》生效之后，中国是否形成了例外权利或管辖权。仲裁庭认为，嗣后实践可能修改《公约》规定，但是中国单方面主张历史性权利的行为不足以修改《公约》规定。相关的嗣后实践必须满足历史性权利形成的一般要件，亦即缔约国声称一项与《公约》不符的权利，其他缔约国对

---

〔1〕　SCS Arbitration, Award, P. C. A., 2016, paras. 268-269.

〔2〕　Yoshifumi Tanaka, "Reflections on Historic Rights in the South China Sea Arbitration (Merits)", *International Journal of Marine and Coastal Law*, Vol. 32, 2017, p. 483.

〔3〕　SCS Arbitration, Award, P. C. A., 2016, para. 268.

〔4〕　SCS Arbitration, Award, P. C. A., 2016, paras. 264-271.

此默认，而且经过足够长的时间后毫无疑问地证明这种权利并普遍默认其存在。虽然在《公约》生效后，中国在1998年《专属经济区和大陆架法》中主张享有历史性权利，但是并没有澄清其主张的性质和内容；在2009年外交照会做出后，其他国家也在不断反对中国的主张。[1]

二、对上述观点的反驳

（一）三份外交照会与中国在南海的历史性权利主张无直接关联

从照会内容可以看出，三份照会所涉主题并非中菲之间的历史性权利争议，而是两国在南海的领土主权争议。事实上，维护南海诸岛的领土主权是中菲两国递交照会的主要动因。越南和马来西亚提交的外大陆架划界案将南沙群岛部分岛礁置于马来西亚和越南的海洋管辖权范围内，而依据《大陆架界限委员会议事规则》附件一第5条，如果存在陆地或海洋争端，除非争端所有当事国事前表示同意，委员会不应当审议有关的划界案。据此，菲律宾和中国须及时提交反对意见，声明反对委员会审议相关外大陆架划界案。

中国在2009年5月7日照会中附上了南海断续线地图，并声明中国"对相关海域及其海床和底土享有主权权利和管辖权"。中国在2011年4月14日的照会中更具体地指出："中国南沙群岛拥有领海、专属经济区和大陆架。"菲律宾在2011年4月5日的照会中声明，有关区域的水域、海床和底土在性质上是《公约》规定的领海、专属经济区和大陆架。[2] 由此可见，中菲在南海存在重叠的海洋权利主张，且主张的权利内容都被表述为"主权"、"主权权利"和"管辖权"。中菲的上述照会均以《公约》作为本国海洋权利主张的法律依据，从未明确地将"主权权利和管辖权"与历史性权利相联系。

然而，仲裁庭认为中国在2009年照会中所附的断续线地图"描绘

---

[1]　SCS Arbitration, Award, P. C. A., 2016, para. 275.

[2]　菲律宾在2011年4月5日的照会中声明："关于这些区域，其水域、海床和底土的主权和管辖权或主权权利属于作为沿海国或群岛国的菲律宾，这些水域、海床和底土在性质上是由《海洋法公约》第3、第4、第55、第57、第76条所规定的领海、200海里专属经济区或大陆架。"

了一项似乎具有扩张性的海洋权利主张"[1]。但中国事实上并未声明该"扩张性"的权利主张是一项历史性权利主张，抑或是《公约》框架下的专属经济区和大陆架权利主张。仲裁庭在 2016 年裁决中认为："大部分'九段线'所包围的区域也落入了根据南沙群岛几处海洋地物所提出的专属经济区或大陆架权利主张范围内。"[2]在本案中，断续线地图与历史性权利主张之间的联系亦缺乏其他证据的支持。

此外，仲裁庭还注意到，中国在前述 2011 年的照会中提到"充分的历史和法律根据"[3]。实际上，照会中这句话的完整表述是"中国在南海的主权及相关权利和管辖权有着充分的历史和法律根据"。"历史根据"可能仅指支持岛礁主权的证据，而与历史性权利无关。

当对同一证据的解释存在不同结论时，仲裁庭本应选择其中更为客观、审慎的结论。在缺乏其他补充证据的情况下，前述照会既不能证明中国提出了历史性权利主张，也不能证明菲律宾在本仲裁案程序启动前对中国的历史性权利主张表示过积极的反对。可见，仅凭 2009 年后中国提交的有关南海领土主权和海洋权益的照会，并不能说明中国借机首次提出历史性权利主张。实际上，中国是否提出历史性权利主张，以及提出何种内容、性质的主张，均需回归到历史中去考察中国开发、经营南海的各类实践。菲律宾和仲裁庭在此方面的质疑和否认显然存在明显的事实和法理错误。

（二）中国在南海的历史性权利主张源自历史实践

历史性权利源于沿海国在历史演进过程中对海域的开发与利用。这些行为的长期而稳定存在的事实本身便反映了沿海国的历史性主张，历史性主张的性质和内容由沿海国在相关海域的具体实践所决定。以色列的布卢姆教授指出："历史性权利是一个漫长过程的产物，该过程包括一系列作为、不作为以及行为方式，并通过其积累的结果使这种权利得以产生和巩固，使之成为在国际法中有效的权利。"[4]

---

〔1〕 SCS Arbitration, Award on Jurisdiction and Admissibility, 2015, P. C. A., p. 65, para. 167.

〔2〕 SCS Arbitration, Award, P. C. A., 2016, pp. 86-87, para. 207.

〔3〕 SCS Arbitration, Award on Jurisdiction and Admissibility, 2015, P. C. A., p. 65, para. 167.

〔4〕 Yehuda Z. Blum, "Historic Rights", in Rudolf Bernhardt（ed.）, *Encyclopedia of Public International Law*, Instalment 7, North-Holland Publishing Co., 1984, pp. 120-121.

本书第四编的论述已指出，中国在南海断续线内水域的历史性权利有充分的历史证据，这些事实证据足以证明中国一贯在南海主张了历史性权利，该主张也并未因中国加入《公约》而被放弃或遭遇中断。

概言之，在汉代，中国已经发现了南海诸岛并经常在南海航行。[1] 这个时期的记载表明中国在南海地区的活动已经在一个基本确定的地理范围内进行（到达西沙与南沙群岛海域），这和中国现代在南海地区提出主张的地理范围是基本吻合的。之后的历朝历代，除了将南海诸岛纳入中国的版图以及派遣军舰进行巡航，南海也成为中国船舶来往的重要航道，中国在南海地区的活动开始增多。宋元时期，中国政府更加重视海上安全，加强水师巡航，开展海域测量，保护海上贸易与渔业，对南海地区的管辖、控制和开发已经形成了稳定的局面，没有受到其他国家的干扰。长时间地行使国家权力以及权力行使的平稳状态，使中国已经取得了对南海地区的历史性权利。经过这个时期，中国对南海的历史性权利已经形成，权利的内容主要有对海域的管辖和控制权、对资源开采利用的权利以及航行权。明清时期，中国对南海地区的管辖更加全面，这一点有大量的官方地图以及有关水师巡视、打击海盗、海上救助等官方记录佐证。此外，中国民众对南海的开发利用得到了政府的支持，成为一种在国家管辖与保护之下的开发利用行为，这也是中国主张历史性权利的另一个重要依据。近现代以来，中国历届政府均通过科学考察、统一命名、出版地图、派兵驻守等行为对南海诸岛及南海水域进行有效管理，中国对南海地区的历史性权利得到维持，而且中国在南海地区所行使的权力向着更广更深的程度发展。

（三）公海自由原则并不妨碍中国提出历史性权利主张

"南海仲裁案"仲裁庭在提出历史性权利的法理前提时认为，历史性权利在本质上是一项例外权利，指的是国家本不应享有，却在历史过程中形成并得到其他国家的默认后方能享有的那类权利。中国在南海所从事的航行、贸易和捕鱼等活动不过是在行使公海自由下的权利。故而，国家行使国际法所赋予的公海自由的情况是不会产生一项

---

〔1〕　韩振华主编：《我国南海诸岛史料汇编》，东方出版社1988年版，第23—24页。

特殊、例外的历史性权利的，因为其他国家不会对一项合法权利表达所谓的默认。[1] 然而，事实并非如此。

首先，公海自由原则在南海作为主导的区域海洋规则，这是晚近国际法发展的产物。从时际法的角度看，公海自由作为一项习惯国际法上的原则在 16 世纪之后才逐渐确立，而包括中国在内的一些国家从近海走向远洋的海上活动历史更为久远，那些始于远古的活动无法借助公海自由原则获得法理依据，因为海洋还曾一度被认为是国家主权征服的对象[2]，也就不以其他国家的默认为必要了。作为"远古权利"的历史性权利，其成立所应满足的要素更为有限。[3]

其次，仲裁庭对历史性权利法理基础的分析实际上不适用于它所指的中国的排他性历史性权利。公海自由原则允许沿海国在公海行使航行、飞越、捕鱼等权利，该权利同时为所有沿海国所享有。但是，若沿海国的历史实践反映了该国对某片公海海域内的资源或空间的排他性控制或垄断，则该实践已经超出了公海自由的范畴。正如仲裁庭指出的，若要论证中国在南海存在历史性权利，则须证明中国所从事的活动偏离了公海自由原则，须证明中国在南海开发资源的活动形成某种垄断。遗憾的是，仲裁庭选择性地无视本书前述的中国利用、管辖南海的历史事实，否认中国在历史上对南海资源形成控制和垄断的事实[4]。既然如此，仲裁庭对历史性权利法理基础的分析与论证所谓中国排他性历史性权利是否合法就不存在关联性了。

最后，仲裁庭关于历史性权利与公海自由原则之间关系的论述亦不符合国际法的理论和实践。

---

〔1〕　SCS Arbitration, Award, P. C. A., 2016, pp. 113-114, paras. 268-270.

〔2〕　［英］马尔科姆·N. 肖：《国际法》（第六版），白桂梅等译，北京大学出版社 2011 年版，第 436 页。实际上，从中世纪后半期起，海洋被视为"无主物"，英国、瑞典、丹麦、葡萄牙和西班牙等海洋大国企图瓜分整个海洋。参见孙书贤：《国际海洋法的历史演进和海洋法公约存在的问题及其争议》，载《中国法学》1989 年第 2 期，第 161 页。

〔3〕　在美国国内涉及历史性水域的案例中，如 1984 年的美国诉缅因州案，由美国最高法院指派的特别主事官（special master）采纳了"远古权利"的观点，并认为主张远古权利的州无须证明历史性所有权成立所必要的所有因素。See Clive R. Symmons, *Historic Waters in the Law of the Sea: A Modern Re-Appraisal*, Martinus Nijhoff Publishers, 2008, p. 4.

〔4〕　SCS Arbitration, Award, P. C. A., 2016, p. 114, para. 270.

仲裁庭以国际法院在 1984 年缅因湾区域海洋边界划界案的判决意见作为依据，论证中国行使公海自由的行为不能形成一项历史性权利。它认为："'缅因湾案'的法庭承认美国在乔治浅滩的历史性捕鱼活动只不过是行使国际法所允许的公海自由。"仲裁庭实际上曲解了国际法院关于该案的法律观点。20 世纪 50 年代后，美国和加拿大、苏联等国家都在缅因湾湾口之外的乔治浅滩大规模地捕捉扇贝类和鳕鱼类生物。国际法院的确认为缅因湾封口线之外的水域原是公海的一部分，对美国和其他国家开放，而其他国家事实上也在相关海域进行捕鱼。然而，国际法院为了该海域专属经济区划界的目的，决定不认可美国过去的捕鱼活动可以决定性地影响该海域划界的走向，理由是：随着 1977 年美国宣布 200 海里的专属渔区，美国在某一历史阶段内在该海域的渔业优势已经转化为专属渔区而取得法律上的垄断，故不能再依赖曾经的渔业优势地位来影响海洋划界。[1] 事实上，国际法院从未以公海自由原则为依据对美国在乔治浅滩是否存在历史性权利做出评价，该划界案的判决意见对于"南海仲裁案"仲裁庭的观点并无参考价值。缅因湾区域海洋边界划界案的情况与南海的情况不具有可比性。在"南海仲裁案"中，菲律宾通过第 3—7 项诉求否定中国在所谓"西菲律宾海域"主张专属经济区的合法性并得到仲裁庭的认同，相当于仲裁庭认为中国无法借助《公约》的专属经济区制度来转化和实现既得的传统捕鱼利益，这与美国的情况截然相反。即便仲裁庭不否认中国在有关海域的专属经济区权利，在仲裁庭无权审理中菲海洋划界争端的情况下，缅因湾区域海洋边界划界案有关传统捕鱼利益不能影响海洋划界的判决意见也与本次仲裁无关。

抛开缅因湾区域海洋边界划界案，1974 年英国与冰岛、德国与冰岛之间的渔业管辖权案对于阐释历史性权利与公海自由原则之间的关系更具有直接的启示意义。1971 年，冰岛宣布将专属渔区从原来的 12 海里扩大到 50 海里，并不顾英国和德国的反对，于 1972 年 7 月制定法规禁止外国船只在专属渔区内开展渔业活动。英、德两国在 1972 年先后就冰岛单方面扩大专属渔区的行为向国际法院提起诉讼，英国强

---

[1] Case Concerning Delimitation of the Maritime Boundary in the Gulf of Maine Area (Canada/ United States of America), Judgment of 12 October 1984, I. C. J. Reports, 1984, para. 235, pp. 341-342.

调本国在争议水域长期进行大规模的渔业捕捞活动，这对本国的渔业和相关产业具有不可替代的意义。[1] 德国也举证证明了和英国相似的情况。[2] 国际法院判定英、德两国在争议水域均拥有历史性捕鱼权，该权利是一种既得权利。国际法院还将历史性捕鱼权与沿海国的渔业优先权进行类比分析，认为两者都考虑了沿岸居民对渔业的依赖性，并涉及有效开发和养护鱼群资源等其他利益。国际法院认为，国家长期以来对公海渔业资源主张并实际享有的特殊和重大利益是历史性捕鱼权和沿海国渔业优先权在法理上的共性，并决定了两者在同一水域可以共存，两种渔业权都不是绝对的，均以对方的特殊利益为限度。[3] 可以认为，在公海自由原则下形成的重大渔业利益是国际法院认定英、德两国历史性捕鱼权成立的主要及首要依据。正如学者所指出的，国家的重大渔业利益也可以构成历史性权利的法理基础，[4] 该法理基础源自公海自由原则，并为公海自由原则所包容。

综合上述法理和国际司法实践的分析，公海自由原则不能作为检视中国在南海历史性权利主张是否存在的国际法渊源；退一步，即便承认公海自由原则在近代以来直至《公约》出现曾一度主导了南海地区秩序，中国在南海主张的历史性权利也不是所谓的"例外权利"，不是对公海自由的违背和偏离，而是公海自由原则所允许的一类既得权利。仲裁庭在适用公海自由原则时，不应将其与历史性权利二元对立。因此，中国在南海的非排他性历史性权利并不受仲裁庭的裁决意见所影响。

第二节　中国南海历史性权利主张的内容与性质

"南海仲裁案"仲裁庭错误判断中国历史性权利主张的内涵和依

---

〔1〕 Fishery Jurisdiction Case（United Kingdom v. Iceland），Merits，Judgment of 25 July 1974，I. C. J. Reports，1974，p. 28，paras. 63-64.

〔2〕 Fishery Jurisdiction Case（Federal Republic of Germany v. Iceland），Merits，Judgment of 25 July 1974，I. C. J. Reports，1974，p. 197，para. 55.

〔3〕 Fishery Jurisdiction Case（United Kingdom v. Iceland），Merits，Judgment，I. C. J. Reports，1974，pp. 29-31，paras. 66，69，71；Fishery Jurisdiction Case（Federal Republic of Germany v. Iceland），Merits，Judgment，I. C. J. Reports，1974，pp. 197-200，paras. 58，61，63.

〔4〕 参见李任远：《历史性权利法理基础研究——以海洋中历史性权利的产生与发展为视角》，载《太平洋学报》2015 年第 10 期，第 10—11 页。

据，它主要依赖三项证据来认定中国主张对南海断续线内生物和非生物资源拥有排他的历史性权利。[1]

首先，仲裁庭依据菲律宾的证据无法合理、充分推导出中国历史性权利主张的内容和性质。菲律宾呈交了三项证据，分别是：第一，中国海洋石油总公司在 2012 年公布南海地区九个开放招标区块；第二，2011 年 6 月 30 日，中国驻马尼拉大使馆照会菲律宾外交部，抗议菲律宾在断续线内公布石油开发区块；第三，2012 年 5 月，中国政府发布《农业部南海区渔政局关于 2012 年南海海域伏季休渔的公告》，规定："在北纬 12 度至'闽粤海域交界线'的中华人民共和国管辖的南海海域（含北部湾）"实施休渔。[2]

仲裁庭依赖菲律宾提交的三项证据，认为中国主张的历史性权利只是对南海生物和非生物资源的排他性权利。这个推论本身在逻辑上难以成立，故所得结论也偏离了中国在南海的实际主张，最终导致仲裁庭基于对中国主张的误读做出了进一步错误的实体裁判。

一方面，仲裁庭选择性地适用了 2009 年以后的证据，而直接无视中国和中国人民 2000 多年开发和利用南海的历史实践。[3] 仲裁庭所依赖的三项证据似乎指向一个事实：中国拒绝包括菲律宾在内的其他国家在断续线内开发和利用油气资源和生物资源，意在推导出中国对生物和非生物资源的排他性主张。然而，中国在南海的活动包括海防巡航、打击海盗、救助海难等等，其范围和强度远超对南海生物和非生物资源的开发。

另一方面，历史性权利作为受到习惯国际法所规范的一类权利，可能与《公约》规定的海洋权利在内容上发生重叠。国家行使权利的一些行为，既可以被解读为行使历史性权利的行为，也可以被视为行使《公约》所规定的海洋区域权利的行为。此时，必须根据相关语境对有关行为予以合理的解释，谨慎地将行使历史性权利的证据和行使《公约》下权利的证据区分开来，不可混为一谈。对于以上第一份证据，仲裁庭基于"毕生 16"区块与永暑礁之间的距离大于 200 海里的

---

〔1〕　SCS Arbitration, Award, P. C. A., 2016, paras. 214, 243.

〔2〕　See SCS Arbitration, Award, P. C. A., 2016, pp. 86-91, paras. 207-213.

〔3〕　参见中国国际法学会：《南海仲裁案裁决之批判》，外文出版社 2018 年版，第 213—241 页。

事实，认定中国主张《公约》之外的海洋权利[1]但仲裁庭并未解释如下问题：为何选取永暑礁作为参照点？除永暑礁外，是否存在距离"毕生16"区块更近的南海岛礁？此外，不排除一些距离"毕生16"更近的低潮高地也可能成为测距的参照点，毕竟低潮高地在一定条件下可以成为直线基线的基点，其低潮线也可能构成附近岛礁正常基线的一部分，从而表明中国基于南海诸岛在《公约》下的海域权利主张对相关区块油气资源的主权权利[2]相似逻辑也可适用于上述第二、第三份证据，仲裁庭认为受到中国抗议的菲律宾招标区块，以及中国伏季休渔的执行海域均基本位于《公约》允许中国主张的专属经济区和大陆架最大范围内[3]因此，这三项证据与历史性权利主张的联系并不明显，这三项证据的内容完全可以被合理地解释为中国在断续线内依据《公约》规定来主张和行使专属经济区和大陆架权利的行为，而并不反映中国历史性权利主张的性质。

其次，仲裁庭错误认识了中国的主张，所以基于此认识而对中国历史性权利的否定也是错误的、无效的。仲裁庭认为，中国在南海所从事的航行、贸易和捕鱼等活动不过是行使公海自由下的权利。但是，若沿海国的历史实践反映了该国对某片公海海域内的资源或空间的排他性控制或垄断，则该实践已经超出了公海自由的范畴。正如本书第四编所论证的那样，中国的历史性权利是对南海自然资源的开发与对海域的管辖权——对南海海域中的资源的利用和对南海海上活动的管辖，这种历史性权利是具有专属性的，却不等同于仲裁庭所认为的"对南海生物和非生物资源的排他性权利"。

---

[1] SCS Arbitration, Award, P. C. A., 2016, p. 87, para. 208；《中海油公布南海地区9个开放招标区块地理坐标》，中国新闻网，2012年6月27日，http://finance.chinanews.com/ny/2012/06-27/3989795.shtml，最后访问时间：2016年11月1日。

[2] 《公约》第7条："除在低潮高地上筑有永久高于海平面的灯塔或类似设施，或以这种高地作为划定基线的起讫点已获得国际一般承认者外，直线基线的划定不应以低潮高地为起讫点。"《公约》第13条第1款："低潮高地是在低潮时四面环水并高于水面但在高潮时没入水中的自然形成的陆地。如果低潮高地全部或一部与大陆或岛屿的距离不超过领海的宽度，该高地的低潮线可作为测算领海宽度的基线。"

[3] 2011年6月30日中国照会的相关英文表述是："Among the aforesaid blocks, AREA 3 and AREA 4 are situated in the waters of which China has historic titles including sovereign rights and jurisdiction." 仲裁庭认为中国采用"historic titles"而非"historic rights"，有可能是翻译错误，不代表中国在南海主张对南海的历史性所有权。See SCS Arbitration, Award, P. C. A., 2016, paras. 209, 227.

同时，也必须注意到，虽然中国历代政府通过前述行为体现对南海海域管辖的意图，但是在南海海域中的航道利用方面从未对外国船舶的通航进行限制。南海海域允许航行自由而在其他事项上又处于国家管辖下，恰恰是中国历代政府长期累积的对排他性历史性权利的一种自我限制和约束。这从侧面表明，中国对南海海域空间的历史性权利在权力的强度和内容的丰富程度上都不及主权，类似于《公约》专属经济区和大陆架制度下的"主权权利"，但是它在内容上并非仅以经济目的为导向，更不是如同《公约》用有限列举的方式所规定的几类专属性权利的集合，而是对南海的开发、利用以及管辖。

从对南海海域的资源利用方面来看，中国渔民对南海海域的定居种和非定居种生物资源的开采和利用有一定的排他性和垄断性，明清以来流传于海南渔民间的《更路簿》清楚地记录了这一史实，外国的一些历史资料也显示中国渔民直至 20 世纪 30 年代仍垄断着南海地区的渔业。当 20 世纪 30 年代开始有国家与中国争夺在南海的海洋权利时，中国政府在对外交涉的过程中强调了中国渔民作业的专属性。从管辖海上活动方面来看，无论是巡航，还是打击海盗，抑或是救助海难，中国历代政府在南海的活动有一个共同的目的：维系中国所辖海域的安宁和秩序。打击海盗和救助海难背后所体现的是明确的国家管辖意图。所以，在私人活动（例如捕鱼、航行等）推动下所展开的这些官方活动，最终凝结成的是一种概括式的对自然资源进行开发与对海域进行管理的权利。

基于以上分析，即便中国在南海的历史性权利主张确实具有排他性，也与仲裁庭基于无关证据所推理得出的结论南辕北辙，故仲裁庭对中国历史性权利主张的内容和性质做出了根本的误判，在此基础上所做的实体裁决并不妨碍中国继续合法地主张历史性权利。

第三节　中国的历史性权利与《公约》的关系

一、"南海仲裁案"仲裁庭对历史性权利与《公约》关系的意见

由于仲裁庭错误地判定中国主张的仅仅是对南海生物和非生物资源排他性的历史性权利，故仲裁庭在处理菲律宾提出的中国历史

性权利主张合法性问题时，主要论证了这一类对海洋资源的历史性权利与《公约》整体和某些具体制度之间的关系。仲裁庭的基本观点是：《公约》作为一项"海洋宪章"，全面地规定了一国所有的海洋权利主张。即便中国享有历史性权利，这些权利也因为加入公约而被取代。[1]

仲裁庭在考察了《公约》有关条文、公约谈判历史（尤其是专属经济区和大陆架部分）以及国际判例之后认为，"《公约》提供了一个能够包括所有海域或海底的全面海洋区域制度，规定并确定了有关界限"。由此，仲裁庭认为，《公约》的序言表明，《公约》旨在解决"与海洋法有关的一切问题"，并强调第三次海洋法会议上各国试图建立海洋秩序的愿望。另外，仲裁庭援引《公约》第309条规定（除非《公约》其他条款明示许可，对《公约》不得做出保留或例外），认为《公约》是个全面的、禁止保留的一揽子协议，因此判定公约全面地阐述了他国在沿海国专属经济区和大陆架内的权利，并且否认历史性权利存在的空间。[2] 仲裁庭意在说明，《公约》是缔约国在海洋中权利义务的"唯一标准"，从而制造出《公约》提供全面海洋法规则的错误印象。[3] 有学者认为，仲裁庭的这一裁决不仅澄清了既往学界和国际判例中几个模糊的概念，还澄清了《公约》与历史性权利的关系，凸显了《公约》的统治性地位。[4] 在仲裁案实体裁决发布之前，美国也发表了类似观点，认为《公约》的相关条款优于一般国际法下的历史性权利，当二者冲突时，《公约》优先。[5]

二、对上述观点的反驳

菲律宾"南海仲裁案"仲裁庭的上述论点在法律上完全不能成立，主要理由如下：

---

[1] SCS Arbitration, Award, P. C. A., 2016, paras. 235, 246, 253, 262.

[2] SCS Arbitration, Award, P. C. A., 2016, paras. 231, 245, 253, 261.

[3] 参见中国国际法学会：《南海仲裁案裁决之批判》，外文出版社2018年版，第189—190页。

[4] See e. g. Clive R. Symmons, "First Reactions to the Philippines v. China Arbitration Award Concerning the Supposed Historic Claims of China in the South China Sea", *Asia-Pacific Journal of Ocean Law and Policy*, Vol. 1, 2016, pp. 260-261.

[5] U. S. Department of State, "China's Maritime Claims in the South China Sea", 2014, p. 20.

（一）《公约》并非一部全面海洋宪章，其未规定的事项由一般国际法调整

《公约》序言部分指出："本着以互相谅解和合作的精神解决与海洋法有关的一切问题的愿望，并且认识到本公约对于维护和平、正义和全世界人民的进步做出重要贡献的历史意义……确认本公约未予规定的事项，应继续以一般国际法的规则和原则为准据。"

一般来说，条约的序言通常是用几段话介绍条约的背景与宗旨。"序言有时主要是包含一些政治性的声明。它也可能提及一个谈判国没有成功包括在条约正文的问题。"[1] 因此，缔约国往往不会在序言部分规定什么实质性内容。不过，在依照《维也纳条约法公约》解释条约时，序言往往被视为条约目的与宗旨的宣示而被引用[2]。 即便如此，序言的价值与条约正文相比不那么重要[3]。 如果条约正文文义清楚的话，序言是没有发挥作用的空间的。因此，对于条约正文的解释不可以仅建立在序言的基础之上。序言只能作为条约目的和宗旨的反映参照适用于对条约正文的解释中。

的确，《公约》序言第 1 段说明缔约国在召开第三次海洋法会议时希望解决与海洋法有关的一切问题，但是《公约》序言第 8 段"确认本公约未予规定的事项，应继续以一般国际法的规则和原则为准据"之规定就可以用来反驳仲裁庭持有的公约提供全面海洋法规则的观点和分析前提[4]。《公约》序言中包含对未予规定事项的处理，足以表明《公约》并未涵盖海洋法的所有事项，并非如仲裁庭所称，《公约》是一个覆盖海洋法所有事项的完备（comprehensive）公约。《公约》后续实践也体现了这一点。1995 年《执行 1982 年 12 月 10 日〈联合国海洋法公约〉有关养护和管理跨界鱼类种群和高度洄游鱼类种群的规

---

〔1〕　［英］安托尼·奥斯特：《现代条约法与实践》，江国青译，中国人民大学出版社 2005 年版，第 330 页。

〔2〕　《维也纳条约法公约》第 31 条规定："一、条约应依其用语按其上下文并参照条约之目的及宗旨所具有之通常意义，善意解释之。二、就解释条约而言，上下文除指连同弁言及附件在内之约文外，并应包括……"

〔3〕　［英］安托尼·奥斯特：《现代条约法与实践》，江国青译，中国人民大学出版社 2005 年版，第 331 页。

〔4〕　参见中国国际法学会：《南海仲裁案裁决之批判》，外文出版社 2018 年版，第 190—191 页；Xinmin Ma，"Merits Award Relating to Historic Rights in the South China Sea Arbitration：An Appraisal"，*Asian Journal of International Law*，Vol. 8，2018，pp. 13-14.

定的协定》就是在公约通过还未生效时，国际社会针对有关鱼类进行管理保护而通过的。另外，国家管辖范围外海洋遗传生物多样性的谈判也可以说明这一点。[1] 诚然，这些后续讨论都是在《公约》框架内进行的，但这些讨论的内容恰恰针对《公约》没有明文规定的内容，是对《公约》的补充。因此，仅凭《公约》序言无法推导出《公约》具有全面性的结论，《公约》序言第8段，直接证明了《公约》的不完备性。该段表明《公约》无意否定《公约》之外权利的合法性，从而肯定了《公约》之外权利的合法性。

另一方面，仲裁庭依据《公约》第309条，认为该条具有"最大程度限制《公约》例外"的目的。[2] 第309条规定："除非本公约其他条款明示许可，对本公约不得做出保留或例外。"按照第三次海洋法会议主席许通美的总结，《公约》不允许保留的原因是其"构成了一个不可分割的整体……国家不可能挑选其喜欢的部分并丢弃不喜欢的部分……不允许根据《公约》主张权利的同时不愿意承担相应的义务。"[3] 由此可见，第309条意在维系《公约》的整体性，确保其大部分条款能够得到缔约国的普遍接受，而不允许缔约国对不想接受的条款进行保留，导致《公约》整体被割裂。这一点无法反映或推导出《公约》具有全面性的特点，无法证明《公约》涵盖了海洋法领域的全部规则。[4] 而且，《公约》全文也未出现"宪章"的用语，这既表明《公约》并未涵盖海洋法领域的所有事项，也表明其作为众多国际条约中的一个条约，并不具有高于其他条约或习惯法的效力。

《公约》是"一揽子协议"，也有人将其称为"海洋宪法"。[5] 诚

---

〔1〕　参见中国国际法学会：《南海仲裁案裁决之批判》，外文出版社2018年版，第190—191页。

〔2〕　SCS Arbitration, Award, P. C. A., 2016, para. 245.

〔3〕　See Summary Records of Plenary Meetings, 185th Plenary Meeting, U. N. Doc. A/CONF. 62/SR. 185, Official Records of the Third United Nations Conference on the Law of the Sea, Vol. XVII, p. 21, para. 53. 转引自中国国际法学会：《南海仲裁案裁决之批判》，外文出版社2018年版，第192页。

〔4〕　参见中国国际法学会：《南海仲裁案裁决之批判》，外文出版社2018年版，第192—193页。

〔5〕　例如第三次海洋法会议主席许通美（Tommy T. B. Koh）将公约称为"海洋宪法"。See "A Constitution for the Oceans", Remarks by Tommy Koh of Singapore, President of the Third United Nations Conference on the Law of the Sea, available at: http://www. un. org/depts/los/convention_agreements/convention_historical_perspective. htm.

然，正如仲裁庭在裁决中所说的那样，《公约》将海洋划分成了数种不同的海洋区域，并且非常全面地规定了缔约国在各种海洋区域中的权利和义务；但是这并不意味着《公约》穷尽了各国在有关海域的权利和义务，更不能直接对其赋予"宪法"的地位而适用于所有的情形。

具体到历史性权利问题，《公约》的谈判历史表明，缔约各国在商讨《公约》文本时就提出过各种各样的方案，试图将历史性权利纳入《公约》体系中。然而，由于该问题过于复杂，各国未能就该问题达成一致。一些国家在谈判时已经意识到历史性权利与沿海国在专属经济区的专属性权利可能会产生冲突，并试图提出解决方案；然而，这样的讨论最终并没有持续下去，各国也无法就历史性权利问题达成一致，因而并没有将其纳入《公约》范围。[1] 因此，《公约》也没有明确规定历史性权利。[2] 事实上，《公约》不仅没有明确排除先于《公约》形成的权利，第三次海洋法会议上许多国家也并不希望放弃已经形成的历史性权利。[3] 这一点还获得了一些权威国际法学家的支持。就大陆架上的历史性权利而言，国际司法实践并没有排除历史性权利在划界中的作用。国际法院法官德·阿雷夏加就指出，大陆架制度并不能否定或者废除一国享有的既得或既存权利。[4]

---

[1] See Summary Records of Meetings of the Committee of the Whole, 8th Meeting, U. N. Doc. A/CONF. 19/C. 1/SR. 8, Official Records of the Second United Nations Conference on the Law of the Sea, Vol. I, p. 70, para. 41; Summary Records of Meetings of the Committee of the Whole, 15th Meeting, U. N. Doc. A/CONF. 19/C. 1/SR. 15, Official Records of the Second United Nations Conference on the Law of the Sea, Vol. I, p. 99, para. 29; Summary Records of Meetings of the Committee of the Whole, 24th Meeting, U. N. Doc. A/CONF. 19/C. 1/SR. 24, Official Records of the Second United Nations Conference on the Law of the Sea, Vol. I, p. 113, para. 7; Xinmin Ma, "Merits Award Relating to Historic Rights in the South China Sea Arbitration: An Appraisal" *Asian Journal of International Law*, Vol. 8, 2018, pp. 18-19; 雷筱璐:《论非主权性历史性权利与专属经济区和大陆架制度的并存与协调》, 载《法学评论》2016 年第 3 期, 第 100 页。

[2] 贾兵兵:《驳美国国务院〈海洋疆界〉第 143 期有关南海历史性权利论述的谬误》, 载《法学评论》2016 年第 4 期, 第 79 页。

[3] See Sophia Kopela, "Historic Titles and Historic Rights in the Law of the Sea in the Light of the South China Sea Arbitration", *Ocean Development & International Law*, Vol. 48, 2017, p. 186; Xinmin Ma, "Merits Award Relating to Historic Rights in the South China Sea Arbitration: An Appraisal", *Asian Journal of International Law*, Vol. 8, 2018, p. 18.

[4] Continental Shelf (Tunisia/Libyan Arab Jamahiriya), Judgment of 24 February 1982, I. C. J. Reports, 1982, para. 100; Continental Shelf (Tunisia/Libyan Arab Jamahiriya), Separate Opinion by Judge Jimenez de Aréchaga, Judgment of 24 February 1982, I. C. J. Reports, 1982, para. 82.

《公约》最终只在少数几个条款提及历史性权利，并没有做出具体规定。第 10 条第 6 款规定：前款规定不适用于所谓"历史性海湾"，也不适用于采用第 7 条所规定的直线基线法的任何情形。第 15 条"海岸相向或相邻国家间领海界限的划定"中规定了领海划界的中间线原则，但同时规定："如因历史性所有权或其他特殊情况而有必要按照与上述规定不同的方法划定两国领海的界限，则不适用上述规定。"第 298 条规定：就涉及历史性海湾或所有权的争端，缔约国可以声明不接受公约第十五部分的仲裁或诉讼管辖。上述三个条款是公约中包含"历史性"（historic）内容的全部条款，虽然这三个条款规范的内容不同，但其目的都在于将与历史性权利有关的事项赋予缔约国或争端方一定的选择权，交由争端方或者缔约国自行处理；争端方或者缔约国可以将有关事项排除出《公约》的管辖和适用范围。

仲裁庭在分析菲律宾的请求时确定了一个危险的前提：《公约》限定了缔约国海洋权利的范围。诚然，仲裁庭承认同一争端可能既受到《公约》调整，又受到其他法律调整。然而，仲裁庭认为，其他法律渊源对本案的影响以《公约》允许的范围（尤其是《公约》第 311 条允许的范围）为限。仲裁庭认为，虽然第 311 条规定的是《公约》和其他国际条约、协定的关系，但是处理不同国际法渊源之间的关系最重要的原则就是确定有关国家的意愿，因而第 311 条可以被推广适用至《公约》和其他国际法规范关系。[1]

需指出的一点是，虽然内容和效力均来自国家同意，但条约和习惯国际法本质上是性质不同的两种国际法渊源，二者之间也没有等级位阶差异。[2]

依照《维也纳条约法公约》第 31 条第 1 款文义解释、善意解释规则，可以依照《公约》第 311 条的字面含义当然地得出结论：《公约》第 311 条的目的也仅是调整公约与其他协议的关系，不能延展适用于《公约》和其他国际法渊源的关系。参照《公约》谈判历史可以发现，这样的"法律冲突条款"早在 1958 年"日内瓦海洋法公约"的讨论中就已经出现，《公约》加入第 311 条的目的纯粹是为了

---

〔1〕　SCS Arbitration, Award, P. C. A., 2016, paras. 231, 235-237.

〔2〕　See Maarten Bos, "The Hierarchy among the Recognized Manifestations（'Sources'）of International Law", *Netherlands International Law Review*, Vol. 25, 1978, p. 338.

处理越来越复杂的国际条约之间的关系问题[1]。这也就是说，第 311 条无法推广适用至《公约》和习惯国际法的关系。与此同时，仲裁庭并没有提出任何理由说明可以适用第 311 条来处理历史性权利习惯法与《公约》的关系[2]。

此外，仲裁庭还援引《维也纳条约法公约》，认为当《公约》生效前已经形成的权利义务与《公约》有关规定相抵触时，依照《维也纳条约法公约》第 30 条第 3 款的原则，《公约》的规定应当优先。然而，第 30 条规定的是"关于同一事项先后所订条约之适用"，也即关于同一事项先后订立的不同条约之间的关系，第 3 款规定的是："遇先订条约全体当事国亦为后订条约当事国但不依第 59 条终止或停止施行先订条约时，先订条约仅于其规定与后订条约规定相合之范围内适用之。"基于与上一段同样的理由，仲裁庭将《维也纳条约法公约》第 30 条第 3 款的规定扩大适用也是不妥的[3]。

综上，仲裁庭基于对《公约》所谓"宪法"地位的错误解读，以《公约》没有给中国历史性权利提供明确支持为由，错误判定中国在南海历史性权利主张不符合《公约》规定。而《公约》中唯一提到《公约》与习惯法关系的地方，也即《公约》序言第 8 段"确认本公约未予规定的事项，应继续以一般国际法的规则和原则为准据"之规定，却被仲裁庭选择性忽略了。

（二）历史性权利不属于《公约》调整范畴，其由习惯国际法调整

上文提到，缔约国未能就历史性权利问题达成一致，因而《公约》最终文本不包含历史性权利的内容。《公约》并没有穷尽海洋法的所有规则，历史性权利不归《公约》规范。因此，历史性权利继续由一般国际法规范。此处一般国际法指除《公约》之外的国际法渊

---

[1] See Alexander Proelss (ed.), *United Nations Convention on the Law of the Sea: A Commentary*, Beck/Hart, 2017, pp. 2010—2013.

[2] Sophia Kopela, "Historic Titles and Historic Rights in the Law of the Sea in the Light of the South China Sea Arbitration", *Ocean Development & International Law*, Vol. 48, 2017, p. 184.

[3] Sophia Kopela, "Historic Titles and Historic Rights in the Law of the Sea in the Light of the South China Sea Arbitration", *Ocean Development & International Law*, Vol. 48, 2017, p. 184.

源，其中就包括其他条约和习惯国际法。直接规范历史性权利的条约比较少，与历史性权利有关的国际法渊源主要是习惯国际法，就连反对中国历史性权利主张的学者也赞同这一点。[1] 在海洋上主张历史性权利依据的是一般国际法，虽然这样的主张和沿海国在专属经济区和大陆架中享有的主权权利有所重叠。[2] 事实上，历史性权利的概念产生时间远远早于 1982 年《公约》，甚至早于 1958 年 "日内瓦海洋法公约"，有关历史性权利的习惯法已经被视为海洋法既成的一部分。[3] 中国主张的历史性权利就是建立在习惯国际法上的，并不由《公约》调整。

（三）批准《公约》不意味着历史性权利被《公约》规定所取代

美国认为，中国批准《公约》就意味着中国放弃了在他国专属经济区享有的历史性权利或者传统捕鱼权主张，即便在半闭海亦是如此。仲裁庭认为，《公约》取代了《公约》以前产生的、与《公约》相抵触的权利和协议，《公约》并没有明文允许与《公约》相抵触的历史性权利继续存在，中国主张的历史性权利与《公约》相抵触，因此其自中国加入《公约》时起被取代。中国也未能在加入《公约》之后获得例外权利或管辖权。[4] 有学者借此提出，非主权性的历史性权利几乎已经没有法律上的意义和价值了，历史性（historicity）的作用越来越小。[5] 然而，这种观点是建立在历史性权利与《公约》互相冲突这

〔1〕 See Yoshifumi Tanaka, "Reflections on Historic Rights in the South China Sea Arbitration (Merits)", *International Journal of Marine and Coastal Law*, Vol. 32, 2017, p. 464.

〔2〕 See Xinmin Ma, "Merits Award Relating to Historic Rights in the South China Sea Arbitration: An Appraisal", *Asian Journal of International Law*, Vol. 8, 2018, p. 18.

〔3〕 See Clive Symmons, *Historic Waters in the Law of the Sea: A Modern Re-Appraisal*, Vol. 61, Brill Nijhoff, 2007, p. 296; Ted McDorman, "Rights and Jurisdiction over Resources in the South China Sea: UNCLOS and the 'Nine-Dash Line'" in S. Jayakumar, Tommy Koh and Robert Beckman (eds.), *The South China Sea Dispute and Law of the Sea*, Edward Elgar Publishing, 2014, pp. 152-153; Xinmin Ma, "Merits Award Relating to Historic Rights in the South China Sea Arbitration: An Appraisal", *Asian Journal of International Law*, Vol. 8, 2018, pp. 14-15.

〔4〕 SCS Arbitration, Award, P. C. A., 2016, paras. 257, 273.

〔5〕 See Clive R. Symmons, "First Reactions to the Philippines v. China Arbitration Award Concerning the Supposed Historic Claims of China in the South China Sea", *Asia-Pacific Journal of Ocean Law and Policy*, Vol. 1, 2016, p. 267; Yoshifumi Tanaka, "Reflections on Historic Rights in the South China Sea Arbitration (Merits)", *International Journal of Marine and Coastal Law*, Vol. 32, 2017, p. 483.

一前提上的，这一观点断然割裂了中国历史性权利形成和行使的连续性事实，也无视历史性权利是个渐进演化的动态概念。

前文已经论及，一国在长期的历史实践中形成的、非专属性或排他性的半闭海中的捕鱼权，并不因为该国加入《公约》而被放弃，它是与《公约》相并行的两个制度。[1] 除非国际法明确否定或禁止，历史性权利不因一国加入《公约》而失效。还有学者指出，基于历史性权利是一项被特定化的国际法制度（particularized regime），可以被视作特别法（lex specialis），因此无法被《公约》这样的一般性条约取代，除非《公约》做出明确规定。[2] 要正确理解历史性权利和《公约》的关系，必须回到历史性权利产生的背景和过程中进行分析。以历史性捕鱼权为例，近现代以来，随着各国海权意识和对海洋开发、管理、利用的能力增强，沿海国对海洋的主张也逐渐增加。在《公约》产生之前，沿海国通常依照习惯国际法划定一定面积的专属渔区，这就影响到其他长期在该地区捕鱼的国家的利益。为了换取其他国家的支持，沿海国在划定专属渔区时往往承认其他国家在这些区域内的历史性捕鱼权。可见，历史性捕鱼权的产生和沿海国对沿海地区生物资源的"专属性"主张是相伴而生的，并不矛盾。《公约》所确立的200海里专属经济区制度，极大地拓展了沿海国对渔业等生物资源利用的专属管辖权范围，但是并没有否定历史性捕鱼权，道理就在此。[3]

总之，在"南海仲裁案"中，仲裁庭不仅错误定位《公约》权利与《公约》之外权利的关系，而且错误定位中国历史性权利的内容，从而得出中国在南海断续线内所主张的历史性权利超出《公约》的范围，并为《公约》所废止的错误结论。

〔1〕　Sourabh Gupta, "Testing China's and the State Department's Nine-Dash Line Claims", *Pacific Forum CSIS*, 2014, p. 2.

〔2〕　See Sophia Kopela, "Historic Titles and Historic Rights in the Law of the Sea in the Light of the South China Sea Arbitration", *Ocean Development & International Law*, Vol. 48, 2017, p. 184

〔3〕　参见付玉、黄硕琳：《历史性捕鱼权的习惯国际法效力研究》，载《太平洋学报》2015 年第 4 期，第 85 页。

第四章 中国在南沙群岛整体性主张 面临的外部质疑与回应

南沙群岛，北起礼乐滩北的雄南礁，南至曾母暗沙，东至海马滩，西到万安滩，南北长 926 公里，东西宽 740 公里，水域面积约 82 万平方公里，由 230 多个岛、洲、礁、沙、滩及其相关海域组成[1] 中国向来将南沙群岛作为一个整体，主张对南沙群岛的概括性的主权及相关水域权利，即对该群岛的岛、礁、滩、沙等自然地形以南海断续线的方式概括性地提出领土主权与海洋权利主张。

本章以对南沙群岛提出非法主张的南海周边国家菲律宾、越南以及在南海问题上多次曲解中国立场的域外国家美国作为研究对象，分析这三国的政府和学界质疑或否定中国对南沙群岛整体性的领土主权与海洋权利主张并予以回应和反驳，重点对"南海仲裁案"的相关观点予以驳斥。

第一节 对有关国家质疑南沙群岛整体性主张的回应

1975 年，越南一反过去承认西沙群岛、南沙群岛属于中国领土的立场，对中国提出非法领土要求并侵占中国南沙群岛中部分岛礁[2] 20 世纪 70 年代以来，菲律宾开始觊觎并侵占中国南沙群岛部分岛礁，

---

[1] 《南沙群岛：230 多岛礁串起万里石塘》，2014 年 2 月 21 日，三沙市人民政府网 http://www.sansha.gov.cn/sansha/ssgk/201811/221ff1b5d4f04744a6071c5c6b7e0c64.shtml，最后访问时间：2018 年 1 月 14 日。

[2] 中华人民共和国外交部：《中国对西沙群岛和南沙群岛的主权无可争辩》，1980 年 1 月 30 日，载《人民日报》1980 年 1 月 31 日，第 1 版。

试图开发南沙群岛相关海域的油气资源和渔业资源，且近年来愈演愈烈，进而在 2013 年单方面将中菲南海争议诉诸强制仲裁。菲律宾"南海仲裁案"仲裁庭对菲律宾提出的第 4 项诉求与第 6 项诉求所做的裁决，既损害了中国对南沙群岛的整体领土主权，又损害了中国对南沙群岛的整体性海洋权利。从越南在"南海仲裁案"期间的官方声明来看，其在南沙群岛和南海断续线问题上与菲律宾保持相似的立场。[1]因此，本编对越南质疑中国南沙群岛整体性主张的回应和反驳一并在反驳"南海仲裁案"裁决中进行。

在通常情况下，若不存在群岛主权的争端，其他国家没必要专门强调群岛的整体领土主权。因此，外国官方直接针对中国在南海诸岛整体性主张的评论较少，更多的是从侧面针对中国的海洋权利主张的曲解与贬损。例如，2014 年 12 月 5 日，美国国务院网站发表《海洋界限——中国在南中国海的海洋主张》报告，该报告指出："如果中国地图上的南海断续线仅有意显示中国对其主张主权的岛屿，那么，若欲符合海洋法，中国在南海断续线内的海洋主张就是那些《公约》规定的，根据《公约》从中国的大陆海岸和那些满足《公约》第 121 条'岛屿'定义的陆地地物划定的海洋区域如领海、毗连区、专属经济区和大陆架……即使中国拥有这些岛屿的主权，这些符合第 121 条定义的岛屿所产生的海洋区域仍要接受与邻国的海洋划界。"[2]这种观点符合美国政府在大陆国家洋中群岛问题上的一贯立场[3]，在南海问题上，其实质是否定中国在南海的洋中群岛的整体性地位。

2015 年 10 月 27 日，美国"拉森"号军舰未经中国政府允许，擅自进入中国南沙群岛有关岛礁 12 海里内的邻近海域，引发中国政府的

---

〔1〕　例如，2014 年 12 月，随着"南海仲裁案"仲裁庭指定中国提交答辩状的期限将至，越南政府向仲裁庭提交立场文件，声明拒绝承认中国对西沙和南沙群岛的岛屿、水域，以及断续线内的历史性权利主张的合法性。见黄瑶、黄靖文：《对美国国务院报告质疑中国南海断续线的评价与辩驳》，载《国际法研究》2015 年第 3 期，第 196 页。

〔2〕　U. S. Department of State, "China's Maritime Claims in the South China Sea", 2014, pp. 23-24.

〔3〕　美国国务院海洋与极地事务办公室自 1970 年起不定期发布《海洋边界》（Limits in the Sea）系列文件，对各国的海洋边界进行研究与评论，其中多个文件涉及大陆国家洋中群岛的海洋权利主张，美国在该系列文件中对多个类似主张提出反对意见。See U. S. Department of State, Limits in the Sea, https://www. state. gov/e/oes/ocns/opa/c16065. htm, last accessed on 3 March 2018.

强烈抗议。中方认为"美方军舰有关行为威胁中国主权和安全利益","中方在自己的领土上开展建设，是主权范围内的事"[1] 美军舰进入中国南沙群岛的渚碧礁和美济礁邻近海域，渚碧礁和美济礁在自然状态下为低潮高地，它们是构成中国南沙群岛领土组成部分的自然地形，中国是在自己领土上进行岛礁建设[2] 鉴于中国尚未公布南沙群岛的领海基线，南沙群岛领海外部界限尚不明确，中方的抗议不是基于 12 海里领海内外国军舰未经允许不得进入的国内法依据，这从侧面再次说明，中国对南沙群岛整体上拥有领土主权，这一主权及于构成其组成部分的全部自然地形（包括岛、礁、滩、沙）。

本书第三编已经详细论证了南沙群岛的群岛地位和中国对南沙群岛的整体性领土主权和海洋权利。从国际法和国家实践的角度来看，大陆国家将群岛作为整体划定基线已经是一种普遍实践，得到国际社会的广泛认可，形成了一项习惯法中的权利。中国向来将断续线内的东沙群岛、中沙群岛、西沙群岛、南沙群岛作为整体拥有领土主权，并以此为基础主张整体性的海洋权利。上述美国国务院的报告试图肢解中国在南沙群岛的整体性领土主权和海洋权利，这种做法于法无据。菲律宾在其单方面提起的"南海仲裁案"中提出了类似的观点，且该案仲裁庭也支持了菲律宾的主张，有关裁决无视中国南沙群岛整体性的领土主权及海洋权利，损害了中国在南沙群岛的整体性领土主权和海洋权利。因此，下文将重点结合菲律宾"南海仲裁案"中涉及的南沙群岛整体性问题进行分析并予以回应及反驳。

第二节 对菲律宾"南海仲裁案"质疑南沙群岛整体性主张的回应

在对菲律宾"南海仲裁案"裁决涉及南沙群岛整体领土主权与群岛整体海洋权利展开回应之前，有一个问题必须注意并加以澄清。菲

[1] 韩硕、倪光辉：《中方就美舰进入我南沙岛礁近海提出严正交涉》，载《人民日报》2015 年 10 月 28 日，第 3 版。

[2] 对渚碧礁和美济礁自然状态下的地理状况，有学者根据百度百科、维基百科等网络资源做出总结，中国政府并未正式对两处岛礁是否为低潮高地做出定性。参见宋燕辉：《中菲南海仲裁案：有关低潮高地、岩礁和岛屿的主张》，载《中国海洋法学评论》2015 年第 1 卷，第 310 页。

律宾"南海仲裁案"仲裁庭用"海洋地物"(maritime features) 一词来指称南海地区的各种陆地形态（land features）是不正确的，可以说，美西方这一"海洋地物"用语包含了话语陷阱，因为南海地区的岛、礁、滩、沙等自然地形明明是 land features，却被他们说是 maritime features，刻意不当强化其构成海洋的组成部分，暗含其非陆地领土之义。因此，中国官方和学者应慎用"海洋地物"来指称中国南海诸岛的岛、礁、滩、沙等自然地形地物。

在菲律宾提起的"南海仲裁案"中，菲律宾在其第 4 项和第 6 项诉求中请求仲裁庭判定：

> （4）美济礁、仁爱礁和渚碧礁为低潮高地，不能产生领海、专属经济区或大陆架，并且不是能够通过先占或其他方式取得的地形；
>
> …………
>
> （6）南薰礁和西门礁（包括东门礁）为低潮高地，不能产生领海、专属经济区或大陆架，但是它们的低潮线可用以分别测量鸿庥岛和景宏岛的领海宽度的基线；[1]

这意味着，菲律宾要求仲裁庭就上述自然地形的法律属性和地位进行单独裁判，而忽视它们属于南沙群岛组成部分的事实，意欲否定中国对南沙群岛的整体性主张。

2016 年 7 月发布的"南海仲裁案"的实体问题裁决支持了菲律宾的这两项请求。仲裁庭认为，第一，依据《公约》第 46 条的规定，中国不符合群岛国的要求；第二，依据《公约》第 47 条的规定，南沙群岛不符合该条规定的水陆比例要求；第三，《公约》第 7 条直线基线规则不适用于南沙群岛；第四，除了上述三项，《公约》排除了其他适用群岛基线的可能；第五，尽管部分国家在近海群岛适用直线基线，但是并未形成此种与《公约》相悖的习惯法。[2] 仲裁庭还无视南沙群岛的群岛地位，将南沙岛礁完全按照单个岛礁对待，裁定美济礁、仁爱礁、南薰礁（南）、渚碧礁、西门礁等岛礁为低潮高地，不能成为领

---

〔1〕　SCS Arbitration, Award, P. C. A., 2016, para. 281.

〔2〕　SCS Arbitration, Award, P. C. A., 2016, paras. 572-576.

土取得的对象。这份裁决无视中国一直将南沙群岛为一个整体的历史和法律事实，非法侵害了中国对南沙群岛作为整体的领土主权和海洋权利。

一、"南海仲裁案"裁决对南沙群岛整体性权利的攻击

"南海仲裁案"有关裁决对南沙群岛整体性权利的攻击主要体现在两个方面。

其一，仲裁庭裁定部分海洋地物不能被占据为领土，这是对中国对南沙群岛整体领土主权的攻击。虽然仲裁庭强调裁决中的任何内容不应被理解为对陆地主权有影响，但仲裁庭在处理菲方所提交的第4项与第6项诉求时，先认定低潮高地在法律意义上不构成国家陆地领土的一部分；又将美济礁、仁爱礁、南薰礁、渚碧礁、东门礁等岛礁从南沙群岛中割裂开来，作为单个岛礁，分别裁定这些岛礁为低潮高地，不可据为领土。[1] 某一自然地物是否属于低潮高地，能否被占据为陆地领土，关系到沿海国对该地物能否享有领土主权，这显然涉及领土主权问题，属于领土法和习惯国际法范畴，而非海洋法问题或者《公约》适用和解释问题。在此，仲裁庭明显越权。

不仅如此，上述岛礁属于南沙群岛的组成部分，在有关自然地形构成群岛组成部分的情形下，不能将有关自然地形与群岛领土主权问题割裂开来进行讨论，而应该把有关自然地形放到群岛整体领土主权的背景中，适用有关群岛领土主权的国际法规则予以审查。仲裁庭就领土主权问题不具有管辖权，其越权地将有关海洋地形从群岛整体中剥离出来，仅仅审查作为单个自然地物的法律地位并得出错误的结论，在管辖权和实体问题（法律解释和适用）上一错再错，违背了《公约》有关规定，也违背了其关于不影响陆地领土主权的立场和承诺。有关结论不足为据。

其二，对于中国实践妄加揣测，企图以此否定中国对南沙群岛的整体性海洋权利。迄今中国尚未划定南沙群岛领海基线，然而仲裁庭却对中国有关实践妄加揣测，自以为是地把如何划定南沙群岛领海基线问题同南沙群岛是否具有整体性海洋权利问题混为一谈，从以下三

---

〔1〕 SCS Arbitration, Award, P. C. A., 2016, paras. 5, 309, 383.

个方面否定中国对南沙群岛整体性的海洋权利：一是仲裁庭自以为是地把《公约》关于群岛国的有关规定适用于中国南沙群岛，并依据此逻辑把中国对南沙群岛是否拥有整体性海洋权利与能否按照群岛规则划定领海基线联系起来，由此得出一个似是而非的结论，即中国不是群岛国，因此南沙群岛不得依据《公约》群岛国制度划定群岛基线，不具有整体性海洋权利。[1]　二是仲裁庭企图通过曲解《公约》第 7 条的直线基线规则适用于南沙群岛的可能性，否定中国南沙群岛的整体性海洋权利。仲裁庭认为，《公约》第 7 条在某些情况下可适用于"离岸群岛"（offshore archipelago），即本书所称的"洋中群岛"，从而使洋中群岛的基线获得类似于群岛基线的效果。但在任何情况下将该条适用于南沙群岛都违反《公约》。因为该条只能适用于海岸极其曲折，或紧接海岸处有一系列岛屿的情形，这种情形并不包括洋中群岛。而且，仲裁庭还认为，虽然《公约》并未排除可适用直线基线的其他情形，但《公约》第 7 条对直线基线的一般性授权，及《公约》第46、第 47 条对某些国家划定群岛基线的局部授权，排除了适用直线基线的其他可能性，特别是排除了不符合《公约》群岛基线适用条件的洋中群岛适用直线基线的可能性。三是仲裁庭在未对各国国家实践进行全面考察的情况下武断地认为，习惯法中并未建立起偏离《公约》规定的规则，从而允许中国的主张。[2]

然而，仲裁庭无论是企图通过肢解中国南沙群岛，对构成南沙群岛组成部分的自然地形的法律地位单独审议并妄加评说，还是把中国对南沙群岛是否拥有整体性海洋权利问题与沿海国如何划定洋中群岛的领海基线问题混为一谈，其裁决有关结论均于法于理无据，无损于中国对南沙群岛的整体性海洋权利。下文将对此予以详细分析。

二、仲裁庭非法破坏了南沙群岛主权的整体性

本质上，有关领土及其法律地位的国际法规则主要存在于习惯国际法中，国际条约中并无专门调整群岛领土主权的具体规则。考察既

---

〔1〕　SCS Arbitration, Award, P. C. A., 2016, para. 573
〔2〕　SCS Arbitration, Award, P. C. A., 2016, paras. 575-576.

有的国际司法与仲裁实践，不难发现，涉及群岛无论其岛礁数量抑或地理位置，一般情况下国际法庭都会做出整体的、统一的处理。南沙群岛构成一个法律整体，早已为国际实践所确认。"南海仲裁案"仲裁庭试图肢解南沙群岛，通过逐个审议构成群岛的自然地形来否定群岛整体的领土主权，这种企图肢解主权国家领土主权的做法，在管辖权和实体问题上都超越了仲裁授权，背离了现有国际司法与仲裁实践，有关做法严重违背国际法。

（一）仲裁庭对南沙群岛自然地物的处理方式背离国际司法与仲裁实践

在国际司法与仲裁实践中，地理、政治、经济、历史因素对群岛的整体主权具有影响，但这些因素均不妨碍主权的整体性。

过往部分案例依据条约并根据地理情况，对群岛的主权归属进行整体处理。例如，在 1977 年毕格尔海峡仲裁案以及 2012 年尼加拉瓜与哥伦比亚领土和海洋争端案中，有关条约分别确定了群岛主权归属，但需进一步确定群岛范围，此时地理因素对确定群岛范围有一定作用，从而也对群岛主权的范围有一定影响。在 1977 年的毕格尔海峡仲裁案中，仲裁庭认为：纳瓦里诺岛、皮克顿岛与勒诺克斯岛是一个整体，即 PNL 岛群，非常邻近 PNL 岛群地区的岛礁，所有权归属跟随 PNL 岛群。[1] 国际法院在 2012 年尼加拉瓜与哥伦比亚领土和海洋争端案中，依据 1928 年《巴塞纳斯-埃斯格拉条约》第 1 条的规定，提出：考虑到阿尔布科克礁与"东-东南礁"的地理位置，可以将它们视为圣安德烈斯群岛的一部分，[2] 因而其主权归属与圣安德烈斯群岛一致。

关于地理因素的作用，需要特别注意如下两点：其一，上述案件中，国际法庭对地理因素做出考察前，有关当事国之间的条约已经确定了群岛的领土主权。故而，单个岛礁在地理上邻近其他国家的事实并不能改变主权的归属。诚如国际法院在 1969 年北海大陆架案中明确

---

〔1〕 Dispute between Argentina and Chile Concerning the Beagle Channel, Award of 18 February 1977, R. I. A. A., Vol. XXI, 2006, p. 144, para. 104.

〔2〕 1928 年《巴塞纳斯-埃斯格拉条约》第 1 条规定："尼加拉瓜认可哥伦比亚对圣安德烈斯群岛、普罗维登西亚岛、圣卡塔利娜岛以及其他构成圣安德烈斯群岛的岛屿、小岛和礁享有完整的主权。"See Nicaragua and Colombia Case, Judgment, I. C. J. Reports, 2012, p. 28. paras. 52-53.

指出："单纯的邻近并不产生领土主权。"[1]其二，根据群岛的定义，群岛的界定包括多种因素，除了地理上的整体性，还包括政治、经济上的整体性。地理上的整体性往往只能协助确认群岛的范围，但是沿海国将群岛作为一个政治、经济实体的行为却同时构成对群岛领土的有效控制行为，从而成为领土主权的依据。群岛的主权取决于条约、有效控制等领土取得的国际法规则，当这些规则适用于群岛时，可能面临群岛范围的确定问题，在适当情况下可以基于地理上的整体性而对群岛范围进行推定，群岛的地理整体性在群岛主权取得方面的作用主要也在于此。诚如1998年厄立特里亚与也门领土主权和海洋划界案裁决所言，自然或物理上的整体性并非所有权的根源，而是在某种情况下对业已确立的所有权的范围的推定[2]。在此情况下，地理因素只在有关领土取得规则适用之时，对群岛主权的范围产生有限影响。

更多时候是不存在条约规定的情况，此时国际司法与仲裁机构侧重于从整体上考察群岛的政治、经济与历史，将其作为一个整体确定主权归属。在1953年敏基埃和埃克里荷斯群岛案中，国际法院认定埃克里荷斯群岛从13世纪起就被作为海峡群岛的一部分，处在英王的管辖权与主权之下。对于敏基埃群岛，依据1203年宪章及后续几个世纪英国泽西当局对该群岛的行政管理、立法、执行刑事程序，17世纪泽西岛法院三次处理敏基埃群岛海难事故的记录，泽西皇家法院处理沉船货物等行为，[3] 国际法院认为该群岛一直被英国作为一个整体进行管辖，故判决敏基埃与埃克里荷斯群岛的主权整体归属于英国。在1998年厄立特里亚与也门领土主权和海洋划界案中，莫哈巴卡斯、海科克斯与南礁群岛的主权归于厄立特里亚，而祖库尔·哈尼什、贾巴尔阿尔泰、祖巴尔群岛的主权属于也门。[4] 该案中确定群岛主权归属的依据是群岛的历史。在上述实践中，群岛的主权均是整体主权，有

---

〔1〕　North Sea Continental Shelf Cases, Judgment, I. C. J. Reports, 1969, para. 43.

〔2〕　The Eritrea/Yemen Arbitration (First Stage: Territorial Sovereignty and Scope of Dispute), Award of 9 October 1998, R. I. A. A., Vol. XXII, 2006, p. 315, para. 464.

〔3〕　The Minquiers and Ecrehos Case, Judgment, I. C. J. Reports, 1953, pp. 60, 65, 67-68.

〔4〕　The Eritrea/Yemen Arbitration (First Stage), Award, 1998, R. I. A. A., 2006, pp. 318-330, paras. 475-526.

别于单个地物的主权。

群岛的特殊性决定了将群岛拆分为单个自然地物处理并不可行，自然地形及其法律地位从属于群岛整体，群岛领土主权需要作为一个整体处理，主要理由有三：其一，部分国家的群岛地物数量众多，客观上无法也无必要单独确定其主权。例如，菲律宾有超过 7100 个岛屿[1]，无法对每一个岛礁实施有效控制，菲律宾有大量的未命名岛屿这一事实有力地证明了这一点。其二，部分群岛自然环境发生变化，其岛礁数量及其他方面的情况可能出现变化。其三，部分岛礁由于地理偏僻、难以靠近等原因，难以对单个自然地物的主权进行认定。在帕尔马斯岛仲裁案中，仲裁员也认为："主权的行使，不可能每时每刻存在于领土的每一部分。"[2]故而，国际司法与仲裁实践总体上以整体的方式对待群岛领土主权。而"南海仲裁案"仲裁庭却将南沙群岛同构成其组成部分的自然地物割裂开来，以裁定单个自然地物的法律地位之名处理群岛领土主权问题。这种处理方式无视并且企图否定南沙群岛整体的领土主权，既不符合基本法理，也完全背离了国际司法与仲裁实践，于法无据。

（二）南沙群岛不存在需要将自然地物单列处理的特殊情况

实践中，只有在无法确定部分自然地物是否属于群岛的情况下，才将该部分自然地物法律地位问题单列处理。在 2012 年尼加拉瓜与哥伦比亚领土和海洋争端案中，国际法院认为："不能完全依据争端所涉海洋地物的地理位置，或者当事方提供的关于圣安德烈斯群岛构成的历史记录确定该群岛的构成，因为这些材料没有充分澄清这一事项。"[3]法院据此才将圣安德烈斯群岛的部分岛礁做了分割处理，单独考察了部分岛礁的主权归属问题。

依据该案法理，将自然地形单列处理的方式受两个前提的限制：第一，无法确定一组自然地物是否构成一个群岛。对部分自然地物进行分割处理的本意，并非否定群岛领土主权的整体性，而是不确定自

---

[1] Summary Records of Plenary Meetings, 31st Plenary Meeting, U. N. Doc. A/CONF. 62/ SR. 31, Official Records of the Third United Nations Conference on the Law of the Sea, Vol. Ⅰ, p. 124. [hereinafter 31st Plenary Meeting]

[2] Island of Palmas Case (USA v. Netherlands), Award of 4 April 1928, R. I. A. A., Vol. Ⅱ, 2006, p. 840.

[3] Nicaragua and Colombia Case, Judgment, I. C. J. Reports, 2012, p. 29, para. 53.

然地物本身是否属于群岛，此时无法将自然地物放在群岛的背景下处理，才需要单独审查其领土法律地位。而在群岛及其组成确定无疑的情况下，人为地将有关自然地物从群岛中剥离，单独审查其领土法律地位，这与前述方法有着本质的区别。第二，在不得不对自然地物进行分割处理的情况下，对于自然地物的领土法律地位，事实上仍须尽量保持其从属于群岛的整体性。

在上述尼加拉瓜与哥伦比亚领土和海洋争端案中，国际法院判定七组海洋地物的领土法律地位时，多次考虑群岛的整体领土主权。首先，在考察哥伦比亚对龙卡多尔礁、基塔苏埃尼奥礁、塞拉纳礁的公共管理与立法时，国际法院注意到1920年的政府报告将三者作为圣安德烈斯群岛不可分割的整体[1]。其次，在考察哥伦比亚在阿尔布科克礁、东-东南礁、龙卡多尔礁、塞拉纳礁、基塔苏埃尼奥礁、塞拉尼拉礁、巴约努尔沃礁等处地物的有效控制行为时，也多次考虑有关自然地物之间的联系，将其中的不同自然地物作为整体组成部分，而非单独考察哥伦比亚对单个地物的控制情况。最后，即便国际法院将争议岛屿界定为阿尔布科克礁、东-东南礁、龙卡多尔礁、塞拉纳礁、基塔苏埃尼奥礁、塞拉尼拉礁、巴约努尔沃礁七个自然地物，也并非严格意义上的单一的自然地物。比如，塞拉尼拉礁包括三处沙洲，东-东南礁包括四处沙洲，在这些地物周围，实际上还存在其他较小的地物。因而，国际法院在处理上述岛礁的领土法律地位时，也采取了将其作为不同整体的处理方式。

反观菲律宾"南海仲裁案"，仲裁庭在切割处理单个岛礁等自然地物的领土法律地位时，明显背离了现有的国际司法实践。

其一，仲裁庭无视南沙群岛不存在需要将部分地物单列处理的特殊前提。依据1983年中国地名委员会公布的《我国南海诸岛部分标准地名》，仁爱礁、美济礁、赤瓜礁、南薰礁、西门礁等岛礁，赫然列于南沙群岛名录之下[2]，明确无误属于南沙群岛的构成部分，根本不存在无法确定上述自然地物是否属于南沙群岛构成部分的问题。在世界各国出版的地图上，有关自然地物构成南海群岛的组成部分也是显而

---

[1] Nicaragua and Colombia Case, Judgment, I. C. J. Reports, 2012, p. 36, para. 82.

[2] 《中国地名委员会受权公布我国南海诸岛部分标准地名》，载《中华人民共和国国务院公报》1983年第10号，第452—463页。

易见、不证自明的。因此,法律上并不存在需要将有关岛礁从南沙群岛中剥离予以单独处理的前提条件。但仲裁庭为了达成预先设想的结论,却仍然人为、强行地将上述地物按照单个自然地物处理,有关操作毫无依据可言。

其二,仲裁庭未考虑单个自然地物之间的联系。退一步来说,即便对群岛中的部分自然地物进行单列处理,也必须考虑有关自然地物之间的联系。譬如,在 2012 年尼加拉瓜与哥伦比亚领土和海洋争端案中,国际法院虽然将部分自然地物单列处理,但实际上考虑了不同自然地物之间的联系。而在"南海仲裁案"中,仲裁庭也承认"在评估维持人类居住及经济生活标准时,必须考虑在岛礁上人民为维持生活,利用邻近海洋地物,并形成关系网络的事实"[1]。但仲裁庭在有关裁决中实际上并未考虑有关自然地物之间的相互联系,而是将有关自然地物彼此分割,单独予以处理。

其三,仲裁庭对有关自然地物的分割方式严重不当。如上文所述,依据现有的国际司法实践,被单列处理的自然地物,并非严格意义上的单个自然地物,而是几组较小的自然地物。国际法院在处理该问题时事实上保持了各组自然地物的整体性。而在菲律宾"南海仲裁案"中,仲裁庭却将所涉的几个自然地物完全分割成单一的个体。仲裁庭甚至将作为一个整体自然地形的南薰礁分为南薰礁(南)与南薰礁(北)。这是仲裁庭为达到预设结论而故意为之。实际上,1935 年国民政府水陆地图审查委员会所公布的《南海诸岛各岛屿中英地名对照表》、1947 年国民政府内政部公布的《南海诸岛新旧名称对照表》、1983 年中国地名委员会公布的《我国南海诸岛部分标准地名》[2],均未见将南薰礁分为南薰礁(南)、南薰礁(北),而且学术著作、民间称谓等均未将南薰礁划分为两个岛礁。仲裁庭实际上也承认,菲律宾方面未将南薰礁作为两个自然地物对待。[3] 由此可见,为达到预设的结论,仲裁庭可以不顾历史,不顾基本地理事实,贯彻法律主观主义和法律极端主义,将南薰礁切分为两个自然地物,这种严重缺乏事实

---

〔1〕 SCS Arbitration, Award, P. C. A., 2016, para. 573.
〔2〕 韩振华主编:《我国南海诸岛史料汇编》,东方出版社 1988 年版,第 84、第 175、第 187—188 页。
〔3〕 SCS Arbitration, Award, P. C. A., 2016, pp. xix-xx.

基础和法律依据的做法相当荒诞。

　　仲裁庭有关美济礁与仁爱礁、南薰礁、渚碧礁、东门礁等岛礁自然地形领土法律地位的裁决，旨在否定中国对南沙群岛的整体领土主权，不仅在程序问题上超越了自己的管辖权，而且在实体问题上违背了国际法。南沙群岛符合国际法上的群岛定义。依据国际法，国家对群岛的领土主权是一种整体性的主权，而非对构成群岛组成部分的单个自然地物的领土主权。仲裁庭处理南沙群岛有关自然地物领土法律地位问题，其本身就在程序上超越了仲裁管辖权，将有关自然地物进行分割处理并单独裁定其领土法律地位，实际上是一而再，再而三地突破了法律底线，其意图就是否定中国对南沙群岛的整体领土主权，包括这一主权可以及于构成其组成部分的相关海洋自然地形。第一，仲裁庭突破群岛领土法律地位底线，无视南沙群岛的群岛地位，将群岛中的地物作为单个岛礁处理，损害了南沙群岛的整体领土主权。第二，仲裁庭突破不审议领土问题的底线，审议美济礁、仁爱礁、南薰礁（南）、渚碧礁、西门礁等岛礁的领土法律地位问题，并裁定有关自然地形为低潮高地，不可据为领土，企图将群岛中的海洋地物肢解为单一地物，否定地物的主权，同时也否定了南沙群岛整体的领土主权。第三，仲裁庭无视历史和基本地理事实，将南薰礁分割成南薰礁（南）、南薰礁（北）两个自然地形，这种做法严重缺乏事实基础和法律依据，未见先例。

　　仲裁庭在裁决菲律宾的第4项和第6项诉求时，将南沙群岛作为单个自然地物对待，裁定其领土法律地位，裁决有关结论存在严重错误，有必要详细分析。

三、仲裁庭非法否定南沙群岛的整体性海洋权利

　　总体上，仲裁庭为了达成预设的结论，构筑了错误的逻辑，一步步推进，试图以此否定南沙群岛整体性的海洋权利。首先，仲裁庭把南沙群岛拥有整体性海洋权利的可能性与划定其领海问题混为一谈，并把两者等同起来，构筑了一个错误的逻辑。不能用直线基线方法划定领海，就没有整体性海洋权利，这在国际法上完全是两个不同的问题，不能等同。其次，仲裁庭依据自己错误的逻辑展开"三段论"

称：对于洋中群岛，《公约》规定的群岛国制度与第 7 条直线基线规则穷尽了领海划界规则，排除了南沙群岛划定直线基线的可能性；《公约》第 7 条虽然在部分情况下可适用于洋中群岛，但南沙群岛并不满足该条的适用条件，因而不得适用该条；在这些规则以外并不存在允许像南沙群岛这样的大陆国家洋中群岛主张整体性的海洋权利之习惯法。由此，仲裁庭达到了自己预设的结论，即认定南沙群岛不得主张整体性的海洋权利。但是，仲裁庭的这些观点存在一系列错误。

（一）仲裁庭无视大陆国家洋中群岛总体上属于《公约》未予规定的事项之基本事实

仲裁庭认为，中国不是群岛国，南沙群岛不得依据《公约》群岛国制度划定群岛基线，且《公约》的群岛国制度及第 7 条的直线基线规则，已经排除了其他直线基线规则存在的可能性。[1] 仲裁庭对直线基线问题的认识，错误定位了群岛国与大陆国家洋中群岛应适用的法律之间的关系。

诚如上文所述，在第三次联合国海洋法会议上，大陆国家的群岛问题实际上由于与会国家的意见分歧并未详细讨论，成为悬而未决的问题。自第一轮会议起，部分国家认为群岛制度只适用于群岛国，如土耳其[2]、印度尼西亚[3]、苏联、毛里求斯[4]等。另一部分国家则主张群岛制度应平等适用于群岛国及大陆国家的群岛。如法国[5]、加拿

---

〔1〕 SCS Arbitration, Award, P. C. A. , 2016, para. 573.

〔2〕 Summary Records of Plenary Meetings, 39th Plenary Meeting, U. N. Doc. A/CONF. 62/SR. 39, Official Records of the Third United Nations Conference on the Law of the Sea, Vol. I , p. 170.

〔3〕 Summary Records of Plenary Meetings, 40th Plenary Meeting, U. N. Doc. A/CONF. 62/SR. 40, Official Records of the Third United Nations Conference on the Law of the Sea, Vol. I , p. 171.

〔4〕 Summary Records of Meetings of the Second Committee, 37th Meeting, U. N. Doc. A/CONF. 62/C. 2/SR. 37, Official Records of the Third United Nations Conference on the Law of the Sea, Vol. II , p. 269. [hereinafter Second Committee, 37th Meeting]

〔5〕 Summary Records of Plenary Meetings, 36th Plenary Meeting, U. N. Doc. A/CONF. 62/SR. 36, Official Records of the Third United Nations Conference on the Law of the Sea, Vol. I , p. 263.

大[1]、希腊[2]、西班牙[3]、中国[4]、哥伦比亚[5]、葡萄牙、秘鲁[6]、意大利[7]、洪都拉斯[8]、厄瓜多尔、阿根廷[9]、委内瑞拉[10]等。

由于与会各方对群岛制度究竟适用于所有群岛还是只适用于群岛国存在争议，与会国在前两轮会议中详细讨论了群岛国制度，但一直没有讨论大陆国家洋中群岛问题。在后续的会议中，与会国最终未就这一问题做出结论性的意见，导致在后续的会议中多国不断呼吁讨论该问题。在第7轮会议中，厄瓜多尔代表指出，会议几乎未触及非群岛国的群岛问题。[11] 土耳其也指出：大陆国家的群岛这一问题在先前的讨论中未涉及。[12] 希腊[13]、

---

[1] Summary Records of Plenary Meetings, 26th Plenary Meeting, U. N. Doc. A/CONF. 62/SR. 26, Official Records of the Third United Nations Conference on the Law of the Sea, Vol. I , p. 98.

[2] Summary Records of Plenary Meetings, 32nd Plenary Meeting, U. N. Doc. A/CONF. 62/SR. 32, Official Records of the Third United Nations Conference on the Law of the Sea, Vol. I , p. 129.

[3] Second Committee, 37th Meeting, U. N. Doc. A/CONF. 62/C. 2/SR. 37, p. 270.

[4] 31st Plenary Meeting, U. N. Doc. A/CONF. 62/ SR. 31, p. 125.

[5] Summary Records of Meetings of the Second Committee, 39th Meeting, U. N. Doc. A/CONF. 62/C. 2/SR. 39, Official Records of the Third United Nations Conference on the Law of the Sea, Vol. II , p. 280.

[6] Second Committee, 37th Meeting, U. N. Doc. A/CONF. 62/C. 2/SR. 37, p. 268.

[7] Summary Records of Meetings of the Second Committee, 40th Meeting, U. N. Doc. A/CONF. 62/C. 2/SR. 40, Official Records of the Third United Nations Conference on the Law of the Sea, Vol. II , p. 289. [hereinafter Second Committee, 40th Meeting]

[8] Summary Records of Meetings of the Second Committee, 3rd Meeting, U. N. Doc. A/CONF. 62/C. 2/SR. 3, Official Records of the Third United Nations Conference on the Law of the Sea, Vol. II , p. 100.

[9] Second Committee, 37th Meeting, U. N. Doc. A/CONF. 62/C. 2/SR. 37, p. 273.

[10] Second Committee, 40th Meeting, U. N. Doc. A/CONF. 62/C. 2/SR. 40, p. 286.

[11] Summary Records of Plenary Meetings, 90th Plenary Meeting, U. N. Doc. A/CONF. 62/SR. 90, Official Records of the Third United Nations Conference on the Law of the Sea, Vol. IX , p. 16.

[12] Summary Records of Plenary Meetings, 91st Plenary Meeting, U. N. Doc. A/CONF. 62/SR. 91, Official Records of the Third United Nations Conference on the Law of the Sea, Vol. IX , p. 18.

[13] Summary Records of Plenary Meetings, 103rd Plenary Meeting, U. N. Doc. A/CONF. 62/SR. 103, Official Records of the Third United Nations Conference on the Law of the Sea, Vol. IX , p. 65.

法国[1]、厄瓜多尔[2]、葡萄牙[3]、印度[4]等国在后续多轮会议强调该问题悬而未决。

直到第三次联合国海洋法会议结束，大会仍未就大陆国家的群岛问题展开讨论，有关问题并未写入《公约》条文。就此而论，大陆国家洋中群岛的海洋权利及其适用法律制度，是《公约》悬而未决、未能涵盖的法律问题。由此造成的实际情况是，《公约》第四部分规定了《公约》的群岛国制度，但是并未涉及非群岛国即大陆国家的洋中群岛问题。

从《公约》起草过程及其相关材料可以看到，《公约》并未取消大陆国家洋中群岛应该享有的海洋权利。在《公约》的起草过程中，曾在讨论材料中出现如下草案："沿岸国不能依据群岛或群岛水域概念，以其对位于海岸之外的一组岛屿行使主权或控制为由，主张权利。"[5]但这一条款由于部分缔约国的明确反对而最终未被采纳。这表明，《公约》本身未取消非群岛国群岛之权利，而是将该问题作为《公约》未予规定事项。

然而，"南海仲裁案"仲裁庭在裁决南沙群岛整体性权利问题时，却无视《公约》在制定过程中对群岛国与非群岛国的群岛问题不同处理的情况，罔顾《公约》群岛国规则并未涵盖大陆国家群岛相关问题的事实，未经全面考察《公约》生效后有关国际实践，错误地排除了《公约》之外大陆国家的洋中群岛依据习惯法规则划定领海基线并且

---

[1] Summary Records of Plenary Meetings, 127th Plenary Meeting, U. N. Doc. A/CONF. 62/SR. 127, Official Records of the Third United Nations Conference on the Law of the Sea, Vol. XIII, p. 30.

[2] Summary Records of Plenary Meetings, 126th Plenary Meeting, U. N. Doc. A/CONF. 62/SR. 126, Official Records of the Third United Nations Conference on the Law of the Sea, Vol. XIII, p. 19.

[3] Summary Records of Plenary Meetings, 190th Plenary Meeting, U. N. Doc. A/CONF. 62/SR. 190, Official Records of the Third United Nations Conference on the Law of the Sea, Vol. XVII, p. 90.

[4] Summary Records of Plenary Meetings, 187th Plenary Meeting, U. N. Doc. A/CONF. 62/SR. 187, Official Records of the Third United Nations Conference on the Law of the Sea, Vol. XVII, p. 38.

[5] Statement of Activities of the Conference During Its First and Second Sessions, U. N. Doc. A/CONF. 62/L. 8/Rev. 1, Official Records of the Third United Nations Conference on the Law of the Sea, Vol. III, p. 141.

主张整体性海洋权利的可能性。这是仲裁庭在解释和适用国际法原则和规则方面犯下的重大错误。

（二）仲裁庭非法排除了《公约》第7条适用于南沙群岛部分岛礁的可能性

对于《公约》第7条，仲裁庭认为在任何情况下将该条适用于南沙群岛都违反《公约》。因为该条只能适用于海岸极其曲折，或紧接海岸处有一系列岛屿的情形，这种情形并不包括离岸群岛。[1]

考证该条的来源，其和1958年《领海及毗连区公约》第4条第1款相同。该条实际上来自1951年国际法院英挪渔业案的实践，法院判决称："挪威海岸的石垒地形沿岸分布着大大小小的岛屿、小岛、岩礁、暗礁等构造，数量多达112000个。与其他国家不同，挪威的海岸并不构成陆地与海洋的边界，构成挪威大陆与海洋边界的是石垒的外部界限。"[2]可见，紧接大陆的海岸有一系列岛屿的情形是《公约》第7条第1款和1958年《领海及毗连区公约》第4条第1款的产生背景，即国际法允许在沿岸群岛（coastal archipelagos）划定直线基线。

但该条本身并不局限适用于大陆近岸有一系列岛屿的情形，在满足该条所规定条件的情况下，也可类推适用于群岛，包括部分大陆国家的洋中群岛。通常而言，该条适用于大陆国家洋中群岛需满足两个条件：其一，群岛整体分布密集，岛礁紧邻海岸，符合"紧邻海岸有一系列岛屿"之条件。在此种情况下，可以适用《公约》第7条，作为整体划定群岛基线的依据。其二，群岛局部的岛屿间距离较近，在群岛局部的岛屿间形成了"紧接海岸有一系列岛屿"的关系。在这种情况下，直线基线制度只能局部适用于群岛中每一组紧密相邻的岛屿，但群岛整体未必满足适用直线基线制度的条件。

从南沙群岛整体的分布情况来看，南沙群岛分布范围达82万平方公里。依据《我国南海诸岛部分标准地名》所载，南沙群岛共有岛、礁、滩、沙洲等自然地形192个群体和个体地理名称。南沙群岛整体形态分散，但局部岛礁分布紧密，形成多个岛礁群落。因此，尽管南

[1] SCS Arbitration, Award, P. C. A., 2016, para 575.

[2] Anglo-Norwegian Fisheries Case (United Kingdom v. Norway), Judgment of 18 December 1951, I. C. J. Reports, 1951, p. 127.

沙群岛的整体分布不符合《公约》第 7 条第 1 款所指的"紧接海岸有一系列岛屿"的情形，该条不可作为划定南沙群岛基线的整体依据，但就《公约》第 7 条第 1 款的规定而言，在南沙群岛局部岛礁分布符合"紧接海岸有一系列岛屿的情况"这一条件时，其仍可局部适用于南沙群岛。仲裁庭也认为，"在评估维持人类居住及经济生活标准时，必须考虑在岛礁上的人民为维持生活，利用邻近海洋地物，并形成关系网络的事实。"[1]但仲裁庭在裁决的有关部分却并未考虑、分析此种可能性。在本可适用该条的情况下未适用该条，这是仲裁庭在处理有关问题时的另一错误之处。

（三）仲裁庭错误否定大陆国家洋中群岛海洋权利的习惯法规则

关于"洋中群岛"一词，学界有几个相关的中英文用语，本书有必要进行简要界定与说明。从学理上划分，群岛分为沿岸群岛和洋中群岛两种类型。洋中群岛，通常指称远离大陆海岸，处在洋中的群岛。英文通常称为"mid-ocean archipelago"，也称为"outlying archipelago"，两者在国际法中的含义一致，不同国家、国际组织和学者在涉及群岛问题时，交替使用这两个词。但从使用频率观察，"mid-ocean archipelago"使用频率更高。"outlying archipelago"通常翻译为"离岸群岛"，而"mid-ocean archipelago"通常翻译为"洋中群岛"，也有学者翻译成"远洋群岛"。本书在讨论群岛问题时，英文术语采用"mid-ocean archipelago"，中文术语采用"洋中群岛"，取其远离大陆海岸而处在海洋中央之意。

菲律宾"南海仲裁案"仲裁庭认为习惯法中并未建立起偏离《公约》规定的规则，从而允许中国的海洋权利主张。[2]关于大陆国家洋中群岛的整体性海洋权利是否已经成为习惯法的问题，上文已经进行了分析。关于洋中群岛整体性海洋权利的国家实践，早在《公约》通过之前，国家实践中对群岛国与非群岛国的洋中群岛并未区分。丹麦、挪威、厄瓜多尔、冰岛、菲律宾[3]、西班牙、厄立特里

---

[1]　SCS Arbitration, Award, P. C. A. , 2016, para. 573.

[2]　SCS Arbitration, Award, P. C. A. , 2016, para. 576.

[3]　Certain Legal Aspects Concerning the Delimitation of the Territorial Waters of Archipelagos, U. N. Doc. A/CONF13/18, Official Records of the First United Nations Conference on the Law of the Sea, Vol. Ⅰ, pp. 297-298.

亚、苏丹、印度[1]等国均将洋中群岛作为一个整体主张海洋权利。这一实践得到了国际公法学家的肯定。哥伦伯斯在 20 世纪 60 年代已经认为："一组岛屿，无论在地理上还是在历史上构成一个群岛，应该作为一个组群对待。"[2]英国牛津大学的奥康奈尔教授在 20 世纪 80 年代就指出："一旦过境权问题能够得到解决，群岛原则很可能成为国际法的一项永久性制度。"[3]

在《公约》通过以后，上述国家实践并未受到影响且还有所发展，不少大陆国家将其洋中群岛作为整体提出了新的权利主张，如加拿大[4]、西班牙[5]、英国[6]等。这些实践从《公约》生效以前持续到《公约》生效以后，做出此类实践的国家不但没有减少，反而呈现增长趋势。这些国家在地理范围上具有广泛性，时间上具有延续性，代表了国际社会的一般实践。且这些国家实践基本上都是依据相应的国内法而实施，各大陆国家以立法的形式对其群岛提出整体性海洋权利主张，本身就代表了各国对这种权利的法律确信，且反对者只有极少数国家。故而，大陆国家的洋中群岛可以主张整体性的海洋权利，已经形成习惯法规则。仲裁庭认为大陆国家的洋中群岛可以主张整体性的海洋权利，迄今尚未形成习惯法规则，这一结论明显是错误的。

基于以上分析，"南海仲裁案"仲裁庭在处理南沙群岛部分自然地物的领土法律地位时，无视中国对南沙群岛的整体领土主权，无视国际法上已经确立的群岛领土主权的整体性，将南沙群岛部分自然地形从群岛整体中剥离单列处理，就其领土法律地位越权做出裁决，构成对中国对南沙群岛的领土主权的侵犯。该仲裁庭在裁决南沙群岛整体性海洋权利问题时，在处理《公约》与大陆国家洋中群岛整体性海洋权利的法律解释和适用上存在着明显的错误，并且不当否定了《公

---

[1] See Sophia Kopela, *Dependent Archipelagos in the Law of the Sea*, Martinus Nijhoff Publishers, 2013, pp. 127-138.

[2] C. J. Colombos, A. P. Higgins, *The International Law of the Sea*, London: Longmans, 1967, p. 120.

[3] D. P. O'Connell, "Mid-Ocean Archipelagos in International Law", *British Yearbook of International Law*, Vol. 45, 1971, p. 79.

[4] The Territorial Sea Geographical Co-ordinates (Area 7) Order of 10 September 1985, Canada.

[5] Law 44/2010 of 30 December, Canarian Waters, Spain.

[6] The Turks and Caicos Islands (Territorial Sea) Order 1989, UK.

约》第7条适用于南沙群岛部分岛礁群组的可能性，同时又不当否定了大陆国家洋中群岛被习惯法所确认的法律地位。因此，从总体上看，仲裁庭有关南沙群岛整体性海洋权利问题的裁定存在严重的错误，不足为据。

第五章　维护我国南海权益的意见和建议

近两年来，受域外大国争夺地区影响力等地缘政治竞争、南海争议当事国内部政治斗争等不确定性因素干扰，南海仲裁案的负面影响显现，南海问题仍是国际社会关注的热点，南海情况日趋复杂。本章拟结合南海局势的现状，分析中国在南海权益维护方面面临的挑战，探讨未来中国运用国际法进一步加强维护南海诸岛主权以及在南海断续线内合法权益的思路，提出有关建议。

第一节　善用国际法以有效维护我国南海权益

当今国际关系已日趋法治化、规范化。运用国际法捍卫国家权益是一种最具道义基础、最有话语影响力的手段，也是一国软实力和巧实力的重要组成部分。国际实践已表明，国际法的运用水平是大国实力的一部分。国际法是主权国家维护自身合法权益、抢占道德制高点的工具。国际法是一个维护国际公平、正义的"公器"，如果我们不主动地运用它，就会被对手拿来作为"私器"打击我们，在捍卫中国南海诸岛主权和在南海的海洋权利，包括与南海断续线有关的领土主权和海洋权益方面亦不例外。

随着改革开放和中国的崛起，我们在国际社会中学习、掌握并正确运用国际法的能力和水平在不断提高，这也在应对菲律宾"南海仲裁案"中得到了体现。然而，与美欧等一些公共外交水平较高的国家相比，我们仍存在一定的进步空间。[1] 基于多年来对南海问题的跟踪

---

〔1〕　参见何志鹏：《中国话语的法律表达——基于〈关于菲律宾共和国所提南海仲裁案管辖权问题的立场文件〉的思考》，载《海南大学学报（人文社会科学版）》2015年第2期，第13—15页。

研究，我们提出如下思考建议。

一、以相应的法律措施否定菲律宾"南海仲裁案"裁决

如前所述，2013 年 1 月 22 日，菲律宾就中菲之间在南海的争端提起强制仲裁，其声称依据的是《公约》第 287 条和附件七。该案仲裁庭发布了两份仲裁裁决：一是 2015 年 10 月 29 日公布的《关于管辖权和可受理性的仲裁裁决》，二是 2016 年 7 月 12 日发布的针对剩余管辖权和实体问题的裁决。在有关裁决中，仲裁庭超越《公约》关于仲裁管辖权的限制，以审理《公约》的解释和适用问题为名，对中国有关南海问题的立场和政策妄加裁断，支持菲律宾提出的绝大部分诉讼请求。这是一次国际政治势力背后操纵、打着国际法旗帜对中国在南海的领土主权和海洋权利发起的严峻挑战。对此，我们应该保持清醒的头脑，至少应该达成三项基本认识。

一是当今世界面临百年未有之大变局，国际力量格局正在发生深刻变化，但是在国际法这一上层建筑领域，美欧势力根深蒂固，相对于经济领域的形势，有关法学研究的发展是滞后的、迟缓的。在现有力量对比格局下，美欧在国际法领域仍然占据绝对的主导和统治地位。"南海仲裁案"有关裁决表明，经过美欧意识形态熏陶的法律人士，实际上并不能秉持公平正义之训，只要把涉及中国领土主权和海洋权利的问题交由国际司法或者仲裁审理，无论我们是否参与仲裁、如何应对，无论事实情况如何，我们拥有的法理依据多么充分，都不可能产生有利于中国的裁决。我们有过《凡尔赛和约》关于山东问题、李顿调查团关于日本侵略满洲问题，以及《雅尔塔协定》和"旧金山和约"关于二战后领土处置问题的教训。更为重要的是，我们没有任何理由把涉及 14 亿中国人民利益的领土主权和海洋划界问题交由对我们民族和历史没有任何了解的所谓西方法律人士决定，他们有什么资格、凭什么能够决定中国人的命运?! 早在 1949 年，毛泽东就宣布：中国人民站起来了。习近平总书记在庆祝中国共产党成立 100 周年大会上的讲话也指出，中华民族任人宰割、饱受欺凌的时代一去不复返了[1]

二是涉及"南海仲裁案"本身，有的西方人士认为，有关裁决否

---

[1] 习近平：《在庆祝中国共产党成立 100 周年大会上的讲话》，载中华人民共和国中央人民政府网，https://www.gov.cn/xinwen/202107/01/content_ 5621847. htm? jump =false，最后访问时间：2022 年 12 月 1 日。

定了中国这个主权，那个权利，或者认为中国不接受、不参与仲裁，不接受、不承认裁决，把裁决当作一张废纸，不能阻挡裁决被认为是有效的。固然，有人会这样想，这样说，而且人数还不会少，但是我国不会接受，也不会承认。并且正是基于国际法，基于国家主权原则，任何国际仲裁，其合法性的基础是当事国基于国家主权的明示同意，缺少这一点，仲裁庭成立及其管辖权都不具有合法性。中国不接受任何方式的强制，包括打着国际法名义，钻法律的空子，用法律包装的强制司法解决程序。质疑"南海仲裁案"的合法性，不仅涉及管辖权等程序问题，而且涉及对基本法律问题和有关事实的认定、国际法的适用包括对《公约》的解释和适用等实体问题。任何人都不应怀疑中国人民和中国政府维护国家领土主权和海洋权利的决心、意志和能力。

三是针对美欧等提出的"以规则为基础的国际秩序"，中国已经明确提出维护"以联合国为核心的国际秩序、以国际法为基础的国际秩序"。基于此，我们不能停留在声明"仲裁裁决是一张废纸"上，还需要从"反对一切以裁决为基础的言论和行动"着眼，特别是针对一些国家宣扬裁决有效论，且把裁决当作适用于南海的国际法并以此对抗中国在南海的领土主权和海洋权利，加强对裁决的批判，从根本上推翻裁决，消除其恶劣的影响。这是一场旷日持久的长期战斗。

鉴于上述，我们认为理论上可考虑四个方面的应对措施。

其一，中国学界应本着维护"以联合国为核心的国际体系和以国际法为基础的国际秩序"的精神，全面深入地加强对有关裁决的研究，更多地发表有关批判评论文章，质疑有关裁决，揭露其非法性，包括在事实认定和法律适用方面存在的谬误和漏洞，为中国政府不接受、不承认有关裁决的政策提供更多、更有力的法律支撑。

其二，坚持维护中国在南海的领土主权和海洋权利，坚决反对任何以裁决为基础的言论和行动，并把这一条原则落到实处，针对周边国家明里暗里试图以各种方式落实裁决的有关言论和行动，坚持以"言论对言论、行动对行动"制定由法律、舆论和实际行动所组成的综合反制应对措施。

其三，坚持南海问题由直接当事国通过双边谈判解决的政策，坚持平等协商，争取通过谈判就南海争议问题同有关当事国达成新的双边协议，就妥善管制争议达成地区、国家多边协议（例如"南海行为准则"）等，以此破解、削弱有关裁决结论及其负面影响。

其四，推动《联合国海洋法公约》相关条款的修订和完善，堵塞《公约》有关条款的漏洞，防止国际上一些势力利用第三方程序对中国在东海、南海的领土主权和海洋权利再次发起法律挑战。

二、及早做好南海法律斗争准备

南海法律斗争存在再度激化的可能，我们应未雨绸缪，高度重视和研判越南等其他南海争议当事国效仿菲律宾"南海仲裁案"，对中国展开"法律战"的可能性，及早做好应对南海新的"法律战"（lawfare）的策略准备。

所谓"法律战"，比喻当事方通过提起诉讼、仲裁等法律方式来解决纷争。"法律战"是指以法律为武器的战争，是用法律实现军事目标的一种作战方法[1]；美国加州大学圣芭芭拉分校的哈加副教授提出"国家法律战"（state lawfare）的概念，意指国家通过曲解并操纵国际法的方式，而不是无视对其不利的国际法来表明国家实践的合法性，为其违反国际法的行为辩解[2]。在"法律战"中，以法律为武器，法律规则是战斗的核心因素。菲律宾"南海仲裁案"打的就是"法律战"。

（一）应高度重视其他南海周边国家拟采取的法律行动

加强涉海洋法的国际司法与仲裁程序研究，是中国应对潜在海洋法律争端的当务之急。应对潜在的"法律战"，中国一则需加强对有关国际争端解决（诉讼、仲裁、调查、调解等）和咨询意见程序的研究；二则可考虑就南海问题与知名国际法律师保持接触，就应对潜在争端进行合作研究与咨询。

因应南海安全形势的复杂情况，针对个别南海周边国家可能利用《公约》下的第三方争端解决机制中的强制仲裁、强制调解程序在南海问题上发难的可能性，我们应做好应对的法理研究准备。菲律宾在

---

〔1〕 See Charles J. Dunlap, "Law and Military Interventions: Preserving Humanitarian Values in 21st Century Conflicts", 29 November 2001, pp. 2, 4 and 21 note 5, https://scholarship. law. duke. edu/cgi/viewcontent. cgi? article = 6193&context = faculty_scholarship, last accessed on 21 December 2019.

〔2〕 See Lisa Hajjar, "Lawfare and Armed Conflict: Comparing Israeli and US Targeted Killing Policies and Challenges against Them", *International Affairs*, January 2013, p. 8.

"南海仲裁案"的法律主张获得临时仲裁庭的全面支持后，个别南海争议当事国跃跃欲试。2014 年 12 月，越南政府曾发表了准备将与中国的南海争议诉诸国际司法仲裁的政策文件，公开支持菲律宾起诉中国的"南海仲裁案"，并声明中国南海断续线不合法[1]。2019 年《南华早报》报道称，越南可能效仿菲律宾"南海仲裁案"，针对中国另起新案[2]。据悉，2019 年中越万安滩海上对峙事件发生后，越南就有意提起国际仲裁[3]。越南外交学院南海研究中心主任陈长水（Tran Truong Thuy）曾提出要效仿菲律宾，根据《联合国海洋法公约》附件七，"切割""包装"与中国在西沙群岛的领土争端，在时机成熟时提交强制国际仲裁程序。此外，印度尼西亚虽然与中国无领土争端，但是其从纳土纳群岛划出的专属经济区和大陆架与南海断续线内的海域存在大面积重叠，也有报道称印度尼西亚可能将与中国的有关争端提交强制争端解决[4]。

假使南海争议当事将与中国的部分争议诉诸第三方国际争端解决机制，在程序上它们可能利用《公约》第十五部分有关规定。该部分主要规定了法律解决（包括诉讼和仲裁）和强制调解两大种类的争端解决方法。首先，由于中国没有指定《公约》第 287 条第 1 款下的争端解决机构，若他国提起法律程序，有关案件很可能将被提交依照《公约》附件七组建的临时仲裁庭解决，除非争端当事方另外达成协

---

[1] Socialist Republic of Viet Nam, "Statement of the Ministry of Foreign Affairs of the Socialist Republic of Viet Nam Transmitted to the Arbitral Tribunal in the Proceedings Between the Republic of the Philippines and the People's Republic of China" (14 December 2014) (Annex 468), in The Philippines' Supplemental Written Submission, Vol. Ⅷ (Annexes 466-499), P. C. A. , 16 March 2015.

[2] Richard Heydarian, "Vietnam's Threat of Legal Warfare Could Signal It Is Ready to Take an Even Bolder Stance on China", *South China Morning Post*, 16 November 2019, https://www. scmp. com/news/china/diplomacy/article/3037968/vietnams-threat-legal-warfare-could-signal-it-ready-take-even, last accessed on 1 December 2019；吴士存：《2020 年南海局势展望：动荡或将不期而至》，载《世界知识》2020 年第 1 期，第 30 页。

[3] 胡波：《地缘政治竞争回潮的亚太海洋安全形势》，载《世界知识》2019 年第 24 期，第 25 页。

[4] "Indonesia's New Year's message to China over the Natunas Dispute: A Game Changer?", ABS-CBN (5 January 2020), https://news. abs-cbn. com/overseas/01/05/20/indonesias-new-years-message-to-china-over-the-natunas-dispute-a-game-changer, last accessed on 6 January 2020.

议。其次，南海周边其他国家也有可能将有关渔业、海洋科研、海洋划界、历史性所有权等方面的争端进行包装，以此启动第十五部分第297条或第298条下的强制调解程序。最后，有关国家也可能效仿毛里求斯在查戈斯群岛咨询意见案中的做法，将南海问题（或南海问题的一部分）包装成咨询意见案，推动国际组织申请国际法院或国际海洋法法庭做出咨询意见，进一步将南海问题国际化、复杂化。[1]

在实体问题方面，有关国家可能借鉴或照搬菲律宾提起"南海仲裁案"的做法，包装自己的诉讼请求，尤其是涉及海洋环境保护、岛礁建设等方面的诉求。有越南学者表示，越南可以复制菲律宾在"南海仲裁案"中的部分诉求，要求仲裁庭针对中越有关争端，审议中国在南海的历史性权利、岛礁建设、执法活动等的合法性。[2] 另一方面，曾经担任菲律宾仲裁案代理律师的几位国际法学者也讨论了通过《公约》第十五部分提起有关气候变化诉讼的可能性。[3] 有关国家可能借助气候变化议题，提出其诉求。

我们应及早做好准备，应对个别南海国家可能发起的"法律战"。因为涉及领土主权和海洋划界的国际诉讼或仲裁需要长时间的策划、筹备和安排。诉讼请求的筛选和拟定、证据材料的收集和整理、诉讼（仲裁）策略的制订、法律观点的提出或反驳、论点或论据以及论证的推敲，以及庭审阶段的应对，等等，上述诸多环节、诸多事项都需充分准备和反复酝酿，非一朝一夕所能完成。不未雨绸缪而仓促应战，则难以取得好的效果。虽然从策略上讲，我们可以继续采取不参与、不接受、不承认的方式，但在国际舆论层面上会比较被动。建议政府

---

[1] 例如，菲律宾代理律师 Paul Reichler 已经代理毛里求斯在查戈斯群岛主权争端中采取了这一做法。See Paul Reichler, "The South China Sea Arbitration and Beyond: China's Approach to the Law of the Sea and the Rule of Law", *Japan Review*, Vol. 3, No. 2, 2020, pp. 4-12.

[2] Tran Thang Long, "Impacts of the Award of the Arbitral Tribunal in the Case between the Philippines and China", *Asia-Pacific Journal of Ocean Law and Policy*, Vol. 1, Issue 2, 2016, pp. 208-209.

[3] Philippe Sands 和 Alan Boyle 两位分别是伦敦大学学院和爱丁堡大学的国际法教授，均在"南海仲裁案"中担任菲律宾的代理律师。Philippe Sands, "Climate Change and the Rule of Law: Adjudicating the Future in International Law", *Journal of Environmental Law*, Vol. 28, 2016; Alan Boyle, "Litigating Climate Change under Part XII of the LOSC", *The International Journal of Marine and Coastal Law*, Vol. 34, 2019.

部门尽早谋划，针对可能出现的滥诉，在舆论、法律、外交等各个方面积极、充分地进行筹备。

　　针对可能的法律战，吸取应对菲律宾"南海仲裁案"的经验，可考虑就南海问题与知名国际法律师保持接触，就应对潜在争端进行咨询。短期看，适当接触、咨询具有国际声望的知名律师可为国家储备法律团队，以避免高水准及具有丰富国际法实务经验的律师被其他国家笼络殆尽；从长期看，咨询、委托国际法律师亦可增强我应对潜在诉讼的能力。中国和中国企业在国际贸易争端解决和国际投资仲裁中从被动应诉到主动出击的经验表明，国际法律师的经验对提高中国的应诉水平能起到极大的促进作用。为此，应及时拟订方案，做好以下三个方面应对工作。

　　第一，可以课题形式委托国际法律师或知名国际法研究机构对特定问题进行研究，为潜在诉讼做防范准备。这一方式也为其他国家采用。例如，日本政府资助英国国际法和比较法研究院（BIILC）就"《公约》第74条第3款和第83条第3款项下国家就尚未划界海域所负担的义务"进行了研究。这一课题组成员包括知名的国际海洋法学家罗宾·丘吉尔（Robin Churchill）、国际海洋法法庭前法官大卫·安德森（David Anderson）等。该机构已于2016年7月发布了其研究报告。[1] 这份报告也产生了巨大的学术和政策影响力，被广泛援引参考。考虑到中日之间东海海域尚未划界，日本政府赞助这一课题研究无疑有助于其决策，提升其立场观点的国际影响力。中国亦可仿效这一行为，将南海问题有关课题委托有名望的学术机构、智库或律师进行研究，并安排中方学者、律师协同研究。

　　第二，从应对针对中国的诉讼（尤其是应对越南提出的诉讼）的角度出发，可主动接触适合的、知名的、备受尊重的国际法律师，就争端可能涉及的法律问题进行咨询。这既能避免有能力的国际法律师被他国网罗，又可获得专业的法律意见，为政府考虑是否参与诉讼、如果参与诉讼采用何种策略等问题提供支持。一旦决定应诉，国际法

---

[1] The British Institute of International and Comparative Law, Report on the Obligations of States under Articles 74 (3) and 83 (3) of UNCLOS in respect of Undelimited Maritime Areas (2016), available at: https://www.biicl.org/projects/obligations-of-states-under-articles-743-and-833-of-unclos-in-respect-of-undelimited-maritime-areas, last accessed on 18 December 2019.

律师的参与更是必不可少。以日本为例，日本在应对澳大利亚和新西兰于国际法院提起的捕鲸案时，聘请了包括阿兰·佩雷（Alain Pellet）、沃根·洛威（Vaughan Lowe）和阿伦·波义尔（Alan Boyle，其在"南海仲裁案"中被菲律宾聘请）等一流的国际法律师。

第三，即便未来类似菲律宾"南海仲裁案"的诉讼，中国决定不应诉，仍可咨询和聘请国际法律师，从而有效影响司法机构的判断和决定。例如，在1978年国际法院的希腊诉土耳其爱琴海大陆架划界案中，土耳其并未参与诉讼程序，但仍聘请强大的律师团队准备了一份评论（observations）递交国际法院[1]，最终使国际法院认定其不具备管辖权。国内学者、律师与国际法律师的差距不在于智识，而在于经验。有效的辩论和说服，是国际法律师可以提供给中国政府的法律服务。

因此，出于应对针对中国面临的潜在诉讼的考虑，咨询国际法律师既可以在短期内通过提供服务的形式满足中国应诉或不应诉的需求，也可以在长期内通过助力学术研究的方式增强中国的国际法研究水平。相较于越南、菲律宾等发展中国家，中国更有能力吸引最优秀的国际法学者、国际法律师为中国提供最优质的服务。这一举措既能提高中国的应诉能力，又能帮助培养中国自己的国际法人才，应予以重视和考虑。

（二）应抓紧建立南海维权证据库

维护南海权益，政府牵头建立跨学科南海维权证据库势在必行。要维护我国在南海的领土主权和海洋权利，包括在南海断续线内的历史性权利，需要充足的法理依据和事实基础，包括法律证明证据材料。为此目的，应切实加强我国解决南海问题的历史和法律证据研究，将中国经略南海的悠久历史用法律语言精准全面地表述出来，并要注意防范南海历史虚无主义。国外许多专家都明白中国开发利用南海的历史悠久、文献丰富，历史对于支持中国的主张十分有利。但他们同时强调，南海周边其他国家历史上都在利用南海，"如果各方都强调自己的历史依据，就没法在解决争端上达成共识，因此，用历史依据不是

---

[1] Observations of the Government of Turkey on the Request by the Government of Greece for Provisional Measures of Protection, 26 August 1976, available at: https://www.icj-cij.org/en/case/62/written-proceedings, last accessed on 11 December 2019.

处理争端的好方法，历史不能成为解决主权争端的指导原则"[1]。这种观点事实上误解了中国的主张，并割裂了历史与现实的联系。历史是产生南海问题的原因之一，承认历史也是解决南海问题不得不正视的背景和基础[2]。国际法是根植于国家实践的，历史上的国家实践和地区实践也是构建地区秩序乃至构建国际法的重要前提[3]。中国坚持以历史的视角看待南海问题不意味着违反国际法，毕竟国际法有诸多不明确、不清晰的地方，无论是领土主权还是海洋划界的国际法规则都在不断地发展变化过程中。

相较于其他海洋主权争端，南海问题的历史跨度更大，南海相关历史资料存在数量大、精确度不高、针对性不强等问题有待克服。为此，可以通过政府牵头和学界合作的方式加以整理，形成有益于国际法在南海问题上进行解释和适用的证据链条。主要工作包括：（1）深入挖掘具有证据意义的历史资料和事实，对不同时期中国和其他国家有关南海问题的文字、地图、文物等证据内容进行广泛摸查、筛选、整理和翻译，从中找出有利的证据并加以复制和保存；（2）对提取出来的证据的真实性要进行认真对比，充分论证和严格确认；（3）对已经真实性确认的证据按照来源、性质进行分类，区分原始证据和传来证据、官方证据和民间证据、国内证据与国外证据；（4）对证据形成的时间进行区分，看哪些是历史性证据，哪些是现当代证据；（5）对证据的关联性进行划分，有的放矢地将证据置于主权争端、海域法律地位争端两大争端类型中；（6）依据国际法院和其他国际法庭或仲裁庭的有关实践，审慎地确定前述证据的可采性和证明力。

此外，证据问题的学理研究应注重跨领域、跨学科、跨地区的合作，可通过定期举办专题研讨会，召集法学、历史学、国际政治学和国际关系学等各领域专家学者，聚合海峡两岸暨香港、澳门多个研究

---

[1]　薛力：《理解南海争端：来自非声索国专家的观点》，载《东南亚研究》2014 年第 6 期，第 54 页。

[2]　See e. g. Jianming Shen, "International Law Rules and Historical Evidences Supporting China's Title to the South China Sea Islands", *Hastings International and Comparative Law Review*, Vol. 21, 1997; Hungdah Chiu, Choon-Ho Park, "Legal Status of the Paracel and Spratly Islands", *Ocean Development & International Law Journal*, Vol. 3, 1975.

[3]　See generally B. Fassbender and others (eds), *The Oxford Handbook of the History of International Law*, Oxford University Press, 2012.

平台的力量，并借助国外的研究机构，及时交流最新研究动态，全面分析和总结南海维权的机遇与挑战、困难与风险，努力寻求问题的突破点和解决方案。

三、加强学科建设，大力培养涉外法律人才

强大的国际法学科支撑是中国在南海进行法律维权的基础，也是中国持续不断进行南海维权的活水源头。以强大的学科建设为依托，在学术上可以对南海争端中的国际法问题进行全面深入研究，在实务上可以源源不断为中国输送急需的国际诉讼与外交人才，两者相互联系，相得益彰，共同服务于中国南海维权的大局。

加强国际法学科建设，应加强关涉南海问题的国际法基本理论与实践的研究，同时应当长期追踪与南海维权相关的国家法律实践。学科建设归根结底是人才的培养。需要加快培养和造就一大批能够在国际法律舞台上维护国家利益的高层次法律人才。[1] 国家海洋权益的维护尤应以国际公法和海洋法专业为主培养法学和法律人才。包括海洋法在内的国际公法人才，最重要的服务对象是国家，鉴于此，需要国家从战略储备的高度加大扶持力度，一方面改革我国国际法的教学、研究和人才培养体制，培养高端涉外法律人才；另一方面，引进国际一流人才，为我国国际法研究队伍和人才储备补充新鲜血液，从整体上有效提升运用国际法维护国家利益的能力。同时还应做好优秀涉外法律人才的出口。郑志华博士提议，由政府支持，在国内优秀律师事务所中挑选二到三家，建立国际公法的法律事务部门，培养中国籍的国际出庭律师。[2]

第二节　多措并举夯实南海断续线的法律地位

对于片面否定中国在南海断续线内的资源开发历史性权利、大幅缩小我国可主张的南海海域面积、全面否定我国南海立场主张的

---

〔1〕　参见赵劲松：《培养国际法俊贤　捍卫南海主权》，载《经济》2016 年第 23 期，第 94—95 页。

〔2〕　郑志华：《提高我利用国际法捍卫领土主权能力刻不容缓》，载《世界问题研究》第 217 期，第 4 页。

"南海仲裁案"最终裁决，我们还应用行动来证明该"裁决结果就是一张废纸"。

一、进一步加强对南海断续线内岛礁及海域的开发利用与管护

本书第二编已论及，国际司法和仲裁机构以有效控制规则判定领土主权归属的趋势愈发明显。中国当然不乏相关历史资料作为依据，但从现状来看，虽然非法占领不构成"有效控制"，且在争端关键日期后的行为一般不会对争端方法律立场产生影响，但中国应考虑逐步加强对南海诸岛的管理和开发措施，并兼顾关键日期对强化主权行为的证据选择可能产生的影响。

从国际司法实践上看，国际法院认为的可以用于证明国家对领土进行有效控制的主权活动包括以下八个方面：对有关领土的立法和行政控制行为；在有关领土上适用和执行刑事法律和民事法律的行为；对有关领土移民的管理；对捕鱼行为的管理；海军定期巡逻；在附近海域的石油开采行为；开展公共建设工程的行为。中国应积极开展上述活动以充分彰显主权。过往中国由于海上军事力量和行政管辖能力相对欠缺，对南海断续线内的实际管控存在疏失，成为外国置喙南海岛礁主权归属问题的主要借口。2013 年以来，我国通过岛礁建设和海事执法力量的整合，对海上事务的管控能力大大提升，有效扩大了中国在南海的民事存在。毋庸置疑，在平衡国际压力的前提下，维持和加强对南海有关岛礁及其附近海域的有效占领是维护我国南海主权的根本保障。譬如，可以通过适度旅游开发来维持南沙岛礁机场跑道等设施的运营，达到主权宣示的目的。

需留意的是，对南海诸岛的有效控制行为应遵守《公约》及其他国际法规则中关于海洋环境和生态保护的规定。同时，应落实好《中华人民共和国海岛保护法》，特别是加强对西沙群岛和南沙群岛中无人岛屿的综合管理。具体的措施可以借鉴韩国等海岛管理体系较为先进的国家，根据保护和开发的不同需求将无人岛屿予以分类。对应当予以严格保护的岛屿加强生态环境建设，如考虑建立自然保护区；对可利用的岛屿予以适度开发，发展生态经济，并完善岛上各类基础设施。具体实践可以从立法和执法两个层面进行，包括完善生物资源养护、海洋环境保护机制，为开展远洋渔业提供技术支持和安全保障，继续

推进油气资源勘探与开发进程等。

二、加快建立中国在南海问题上的国际话语权机制

国际舆论会影响争端国的主张、立场和声誉，也会影响国际争端的和平解决。从"南海仲裁案"来看，相比于美国、日本等国家，中国在发挥国际舆论的作用上还有一些不足。中国应当积极主动地组织和协调一些亲华国家，特别是非洲、拉美地区的友好国家，以及缅甸、柬埔寨等国家，与中国一起在国际社会传播、推动和发展相关主张。在南海争议不断升级的国际背景下，单打独斗不利于获得国际社会的广泛支持。当前，部分国家掌握了大量涉华涉海的资料和舆论工具，其中包括外交、媒体、智库等平台，它们可能通过塑造、控制这些平台的手段，制造或推动不利于中国的国际舆论，为增强域外国家干涉、挤压中国外交和战略空间造势。[1] 中国在此方面应积极作为，努力创造为国际社会认同、有利于理解和支持中国的良好舆论环境。对此我们提出以下三项对策建议。

首先，打造具有国际影响力的南海会议。在南海问题的国际舆论战中，越南的表现尤为突出。从 2009 年至今，越南每年举办南海国际会议，截至 2019 年年底已举办 11 届，会议规模和影响力不断扩大，参与的驻越使领馆和媒体机构数量增加较快。例如，2018 年 11 月 8—9 日，越南第十届"东海"（即我南海）国际研讨会（以下简称"南海会议"）在岘港市举行，会议主题是"为区域安全与发展而合作"。越南的"南海会议"由具有官方背景的越南外交学院、越南律师协会联合举办，邀请国内外专家学者参与，2009 年在河内举办第一届，前五届在河内和胡志明市轮流举办，从第六届开始，增加越南"东海"研究基金会为主办方，举办城市也扩展到岘港、头顿、芽庄等城市。鉴于该会议已经成为宣扬越南政府在"南海问题"上立场和观点的重要场合，且拥有一定国际影响力，我国应采取针对性举措。虽然我国国内相关研究会议时有召开，但规模较小且比较分散，缺乏国际影响力。

---

[1] 参见张海文、田秋宝：《关于南海国际舆论战及其主要特征分析》，载王缉思主编：《中国国际战略评论 2018》（下），世界知识出版社 2019 年版。

本书建议，应整合国内相关研究力量，由某一全国性学术团体（如中国国际法学会等）组织年度性的"南海问题国际会议"。我们应主动邀请国内外南海研究领域的专家学者与会发言，对于站在中国立场上发声的国际著名专家学者，可持续邀请，同时也在一定程度上容许国外持不同意见者参会发声，做好沟通交流，让世界更多学者听到、了解、理解中国的立场与法理依据。应邀请驻华外事机构和国内外媒体参与，消除对中国立场和法理依据的误解，让中国在南海问题上的合法立场与依据得到更好的传播。这对维护我国在南海的国家利益具有重要意义。

其次，翻译出版南海研究成果。建议将优秀的南海研究作品翻译成外文发行，作品包括两部分内容，一是专著，二是学术期刊或权威纸媒上发表的文章集。

最后，创建网络舆论平台，加强外宣工作。需着力做好两方面的工作：一是保持学界对"南海仲裁案"的驳斥。针对不少国家仍然拿中国不遵守"南海仲裁案"说事，中国学界仍需保持有理有据的驳斥。在对"南海仲裁案"结果进行批判和驳斥的过程中，可部分参考国外学者在国际会议中所提出的不同看法和意见，采用更容易被国外学者和民众所接受和理解的方式表达我国对"南海仲裁案"的态度和立场，及时回应部分外国媒体对中国立场与法理依据的曲解，消除部分外国媒体对中国立场与法理依据的误解。此外，发动不同学科参与到南海问题研究中，为中国南海有关立场、政策和主张建立证据体系。二是创建网络舆论平台，通过多种语言介绍南海争端的起源与发展，解释和说明中国对南海断续线内合法权益的历史证据和国际法依据，发布相关学术意见，通过媒体网络让世界听见中国的权利主张与法理依据。如何逐步让南海周边国家民众和学者听见、了解与理解中国的立场与其法理依据，并逐步消除误解、赢得周边国家与学者的支持，应是我国开展南海公共外交和民间外交的重要议题之一。

三、高度重视南海断续线在南海划界中的作用

虽然学者们对断续线的法律地位和性质的认识还存在一定差异，但相当一部分学者认为，南海断续线可以作为未来中国与南海周边其

他国家进行海洋划界的基础。[1] 这一观点同样具有法理和历史依据。在历史基础方面，从南海断续线产生的背景来看，断续线体现了中国单方面的划界意图，是与南海周边其他国家进行划界谈判的基础。就实践操作而言，我们认为，基于维护海洋秩序、海上执法等政策考虑，在南海不同的海洋区域宜采用同一界线。

南海断续线内的历史性权利是划界谈判中应当考虑的"有关情况"。就海域划界的原则而言，从国际海洋划界的实践来看，"公平解决"是海洋划界的指导思想和最终结果的检验标准。关于南海海洋划界问题，2016年7月13日国务院新闻办公室发布的《中国坚持通过谈判解决中国与菲律宾在南海有关争议》白皮书第126段指出："中国主张，同直接有关的当事国依据包括《公约》在内的国际法，通过谈判公平解决南海海洋划界问题。"白皮书第127段回顾道："1996年，中国在批准该《公约》时声明：中国将与海岸相向或相邻的国家，通过协商，在国际法基础上，按照公平原则划定各自海洋管辖权界限。""公平解决"海洋划界意味着在划界中需充分考虑一切"相关情况"。而从各国国家实践来看，在划界谈判中，缔约国可以自行约定应当被纳入考虑的"有关情况"，其范围较司法实践更广、适用更灵活。2018年东帝汶与澳大利亚调解案中，双方当事国的划界协议即为一例。结合南海的实际情况，中国在南海断续线内享有习惯国际法下的历史性权利，是对南海自然资源进行开发与对海域进行管理的权利。因此，中国的历史性权利应当被视为南海海域划界时应予考虑的"有关情况"，这样才能取得公平解决的结果。

四、争议管控与拓展合作并行

（一）争议管控与解决

南海岛礁主权和海洋权利争端的所有当事国均为《联合国海洋法公约》缔约国，在解决有关争端时应当考虑《公约》的争端解决制度。《公约》第十五部分"争端的解决"共分三节、20条。第一节"一般规定"规定了争端当事国有和平解决争端的义务，有权自行选

---

[1] 参见黄瑶、黄靖文：《对美国国务院报告质疑中国南海断续线的评析与辩驳》，载《国际法研究》2015年第3期，第16—17页；高之国、贾兵兵：《论南海九段线的历史、地位和作用》，海洋出版社2014年版，第20页。

择任何和平方法解决争端，仅在此种方法无法解决争端时才适用《公约》提供的争端解决程序，并提供了一套可供当事方自愿选择的调解规则。第二节"导致有拘束力裁判的强制程序"规定当第一节无法解决争端时，争端当事一方有权将争端单方面地提交具有管辖权的国际法庭；另一方同意与否均不妨碍程序的进行，程序产生的裁判结果对双方均有拘束力。此类有强制管辖权的国际司法机构包括国际法院、国际海洋法法庭、依据附件七组成的仲裁法庭，以及依据附件八组成的特别仲裁法庭。第三节规定了适用第二节所规定程序的"限制和例外"，同时规定了涉及专属经济区内生物资源的某些特殊争端在无法按照第一节获得解决的情况下，提交具有强制性的调解程序，但调解委员会的报告对当事国无拘束力。此外，《公约》附件五"调解"、附件六"国际海洋法法庭规约"、附件七"仲裁"和附件八"特别仲裁"为上述程序的运行规定了详细的规则。

中国有权利依照南海地区的发展情势和本国核心利益的需求灵活地选择、配置乃至设计具体的争端解决方法。"搁置争议、共同开发"是邓小平在20世纪70年代提出的解决中国周边岛礁领土争端的外交政策，该政策以"主权在我"为前提，既鲜明地反对他国侵占领土，同时优先考虑地区和平与发展做出临时安排，符合《公约》第74条第3款和第83条第3款规定的"应基于谅解和合作的精神，尽一切努力做出实际性的临时安排"的义务。实践证明，秉持"搁置争议、共同开发"的政策，无论南海问题所涉争端主体和内容如何复杂、域外大国怎样长期干预，在长期历史中均保持在可控的范围内，地区和平秩序和中国的周边外交未受过分不利的影响。相反，2013年菲律宾单方面提起具有强制性的仲裁程序一度令两国争端升级、关系恶化，虽在形式上援用了《公约》的争端解决制度，但在实质上却让争端和平解决的步伐倒退。

从南海问题的历史发展可见，违背当事国意愿，单方面加速涉海争端"国际化""司法化"的做法既不符合《公约》精神，也不符合国际政治的现实需要。同时，"南海仲裁案"和域外势力趁机扩大干涉的教训也让我们不得不反思，为了"搁置争议、共同开发"政策继续有效施行，中国应当提出更加积极的涉南海问题的争端解决具体办法，探讨南海地区建构多元化争端解决机制的可能性，突出"搁置争议、共同开发"政策中的管控争议、促进合作的主动面向。在此我们提出两项具体应对建议。

1. 在区域性制度安排中增设和平搁置争端条款

自 2014 年开始，中国政府一直倡导南海问题的解决必须基于"双轨思路"，亦即"有关具体争议由直接当事国在尊重历史事实和国际法基础上，通过谈判协商和平解决，南海和平稳定由中国和东盟国家共同加以维护"〔1〕 菲律宾"南海仲裁案"在 2016 年结束后，中国力推"双轨思路"在"南海行为准则"（以下简称"准则"）磋商中得到落实。2017 年 6 月，中国与东盟国家顺利并提前达成了"准则"框架。2019 年 8 月，各方提前完成了"准则"单一磋商文本草案的第一轮审读，朝着三年完成磋商的目标迈出了关键一步〔2〕 针对"准则"磋商文本的详细设置，已经有诸多研究成果提出宝贵的意见〔3〕 不可否认，南海问题解决起来艰难、耗时长。但这并不影响中国和东盟国家搁置争议、合作开发，保持区域的和平稳定。这不仅有中国政府一贯倡议的"搁置争议、共同开发"理念和实践作为基础，而且学界也为这一倡议提出了更有针对性、可操作性的"和平搁置争端"模式〔4〕 国外学者也有类似的倡议，例如借鉴《南极条约》体系的做法"冻结"南海的有关争端〔5〕 诚然，这些提议并不具体，还需要结合国家利益、国情，在与南海周边其他国家平等协商的基础上，探索和平搁置争端的具体操作方式。本书希望指出的是，在和平搁置争端基

---

〔1〕《坚持以"双轨思路"处理南海问题》，载人民网，2014 年 11 月 17 日，http://opinion. people. com. cn/n/2014/1117/c1003-26037500. html，最后访问时间：2019 年 4 月 26 日。

〔2〕《综述："南海行为准则"磋商推动地区和平稳定》，载新华社，2019 年 8 月 2 日，http://www. xinhuanet. com/world/2019-08/02/c_1124830992. htm，最后访问时间：2019 年 10 月 1 日。

〔3〕 黄瑶：《"南海行为准则"的制定：进展、问题与展望》，载《法治社会》2016 年第 1 期，第 23 页；Carlyle A. Thayer，"ASEAN，China and the Code of Conduct in the South China Sea"，*SAIS Review of International Affairs*，Vol. 33，2013，p. 75；Mingjiang Li，"Managing Security in the South China Sea: From DOC to COC"，*Kyoto Review of Southeast Asia*，2014，https://kyotoreview. org/issue-15/managing-security-in-the-south-china-sea-from-doc-to-coc/，last accessed on 25 April 2019.

〔4〕 黄瑶：《论人类命运共同体构建中的和平搁置争端》，载《中国社会科学》2019 年第 2 期，第 113 页。

〔5〕 参见 ［日］浦野起央：《南海诸岛国际纷争史》，杨翠柏等译，南京大学出版社 2017 年版。

础上探索共同开发有国际法理的支持，也有国际道义上的合理性。

南海周边国家众多，各沿海国国情、国力、文化和意识形态差异较大。南海是全球重要的贸易和航运通道，也蕴含大量的生物和非生物资源。虽然南海周边国家均为《公约》缔约国，但《公约》下设的强制争端解决机制无法解决南海问题的所有方面。在无法和平解决某个争端的情况下，争端当事国应该尝试达成和平不解决争端的合意。此前，中国已经有通过"搁置争议、共同开发"处理领土主权争端的外交实践。南海周边国家可以更进一步，将"搁置争议、共同开发"通过国际条约的形式固定为缔约国国际义务，以促进地区局势稳定与合作发展，此为"和平搁置争端条款"。[1]

事实上，在第三次联合国海洋法会议上，起草《公约》的谈判者们并没有期望争端缔约国能够积极主动地解决所有争端（尤其是涉及领土主权的争端），因此《公约》第311条允许缔约国"订立仅在各该国相互关系上适用的、修改或暂停适用本公约的规定的协定"，前提是这样的协议不会违反公约的目的、宗旨和基本原则，不会影响公约其他缔约国。

2. 尝试运用自愿调解等第三方争端解决政治方法

目前，南海地区并未就南海争端的最终解决方式达成一份有拘束力的区域性法律文件。尽管中国坚持通过谈判协商处理包括领土主权和海洋划界在内的南海问题的立场一以贯之，但中国这一思路并没有上升为一个稳定而强烈的地区共识。2002年中国与东盟国家签署《南海各方行为宣言》（DOC），其中第4条明确规定，由直接相关的主权国家通过友好协商和谈判，以和平方式解决它们的领土和管辖权争议。然而，该宣言整体上作为一份政治文件，导致其中南海各方就争端解决方法做出的承诺被菲律宾及"南海仲裁案"仲裁庭所否认，中国与南海周边其他国家的政治互信遭到严重破坏。其实，在国际争端的政治解决方法中，除了谈判与协商，还有其他选项，调解方法就是其中之一。我们认为，南海争议的解决可引入调解和其他无拘束力的第三方争端解决方法，此等新的思路或许更具可行性。

---

[1]　参见黄瑶:《论人类命运共同体构建中的和平搁置争端》，载《中国社会科学》2019年第2期，第113—136页。

在争端当事方直接谈判的基础上，尝试运用调解等不具有强制拘束力的第三方争端解决方法，是国家间争端解决的一种常见方式。《联合国宪章》第 2 条第 3 款就规定了各国有通过和平方法解决国际争端的义务。所谓"和平方法"包括仲裁、司法解决等法律方法和谈判、斡旋、调停和调解等政治方法。《联合国海洋法公约》虽然设置了一个全面的强制争端解决机制，但是《公约》争端解决机制将尊重当事国自行选择争端方法置于优先地位，始终支持当事国的意思自治。其第 280 条进一步明确："本公约的任何规定均不损害任何缔约国于任何时候协议用自行选择的任何和平方法解决它们之间有关本公约的解释或适用的争端的权利"，也即允许缔约国用各方选择的任何和平方法解决争端。在南海区域性制度安排中设置调解等不具有强制拘束力的第三方争端解决方法，可为《公约》争端解决机制在南海的有效适用提供基础保障。

调解是一种由第三方介入的争端解决方法，其定义可引用 1961 年由国际法研究院制定并通过的《国际调解程序规定》第 1 条来说明，该条规定：调解是解决任何性质的国际争端的一种方法，由争端当事方设立一个常设的或临时的委员会来处理争端，委员会基于当事方的请求，公正调查争端的事实，制定当事方易于接受的解决方案，或者向当事方提出争端解决的建议。[1] 倡导调解方法在南海问题解决中的适用，与该方法的独特优势密切相关。自愿调解具有相当大的优越性。[2] 其一，相比于双方直接谈判，第三方的介入可以避免一方利用优势地位操纵或强迫对方，也可以提升沟通过程中的合理性和透明度，更加有利于其他利益攸关者接受。其二，相比于诉讼、仲裁，调解中的争端方可以自由地控制、调整调解的节奏和议题，调解员选任条件、调解程序、保密性、调解结果的拘束力，都由当事方自行掌控，争端方和第三方可以自行决定对话的方式，还可以将政治、历史、文化、国际关系等因素纳入考量。调解可以涉及争端的多个维度、多个层面，而非仅是争端的法律层面。其三，争端方在程序和实体问题上有非常

---

[1] The Institute of International Law, The Regulations on the Procedure of International Concil-iation, 1961, http://www. idi-iil. org/en? s = conciliation.

[2] 关于此问题，可参阅黄瑶：《论国家间调解的优越性》，载《未名飞鸿——饶戈平教授从教四十周年纪念文集》，北京大学出版社 2018 年版。

大的掌控权，调解委员会也需要最大程度尊重争端各方的意思自治，为争端方谈判创造条件。程序上，谁来调解、如何调解均取决于争端各方的共同意愿。无论争端方是否达成最终协议，调解的结果都具有较强的可预见性与可控性，不会产生司法中可能出现的双方不可接受的不可预见结果，也就是说不会产生脱离争端方控制的情况。其四，由于调解结果对于争端方没有拘束力，调解给争端方做出让步留下余地，避免出现任何一方"丢脸"的情形，也避免了来自任何争端方或者第三方的"突击"和"意外"。[1]

调解不仅是《联合国宪章》中列出的一种争端解决的政治方式，也在《联合国海洋法公约》争端解决机制中占有重要地位。但需要注意的是，《公约》将调解分为自愿调解和强制调解两种程序。自愿调解规定在《公约》第 284 条，根据该条规定，争端一方可以邀请他方就任何涉及解释或适用《公约》的争端提交至调解进行解决，但是启动自愿调解的前提是其他争端方接受该邀请，并且各方就适用的调解程序达成一致。[2] 强制调解规定在《公约》第 297 条、第 298 条和附件五，在满足一定条件的情况下，争端一方可以单方面启动调解，无须其他争端方另行同意。收到启动强制调解通知的争端方有义务接受调解程序，[3] 但其是否接受调解，不影响调解程序的进行。[4] 另外，《公约》将强制调解的适用范围限制在海洋科学研究、渔业、海洋划界和历史性海湾或所有权等有关条款解释和适用方面的争端。[5] 东帝汶与澳大利亚调解案是《公约》生效以来第一起通过强制调解解决的

---

[1] J. G. Merills, *International Dispute Settlement*, Cambridge University Press, 2017, pp. 80-81.

[2] 参见《联合国海洋法公约》第 284 条："1. 作为有关本公约的解释或适用的争端一方的缔约国，可邀请他方按照附件五第一节规定的程序或另一种调解程序，将争端提交调解。2. 如争端他方接受邀请，而且争端各方已就适用的调解程序达成协议，任何一方可将争端提交该程序。3. 如争端他方未接受邀请，或争端各方未就程序达成协议，调解应视为终止。4. 除非争端各方另有协议，争端提交调解后，调解仅可按照协议的调解程序终止。"

[3] 参见《联合国海洋法公约》附件五第二节第 11 条："1. 按照第十五部分第三节须提交本节规定的调解程序的争端任何一方可向争端他方发出书面通知提起程序。2. 收到第 1 款所指通知的争端任何一方应有义务接受调解程序。"

[4] 参见《联合国海洋法公约》附件五第二节第 12 条："争端一方或数方对提起程序的通知不予答复或不接受此种程序，不应阻碍程序的进行。"

[5] 参见《联合国海洋法公约》第 297 条和第 298 条。

争端。[1] 中国若在南海问题的某些方面考虑使用调解程序，则需要谨慎评估强制调解程序有关条款的影响。

南海周边国家似乎对调解普遍持积极的态度，已通过并开放签署的《联合国关于调解所产生的国际和解协议公约》（以下简称《新加坡公约》）就是推动调解在解决国际争端中发挥更大作用的积极尝试。《新加坡公约》开放签署首日就有 46 个国家签署，其中包括中国、美国、印度等大国，也包括文莱、菲律宾、老挝、新加坡等东南亚国家。虽然该公约主要目的是保障解决商事争端的和解协议能够在缔约国国内法院执行，但从侧面反映出调解获得了越来越多国家的重视。尚未签署的国家也在积极探讨签署该公约的可能性。[2] 这也可以成为南海周边国家推动调解在解决地区争端中发挥更大作用的现实基础。

（二）进一步加强在南海不同领域的合作

2015 年，时任外交部副部长刘振民就指出，南海是各沿岸国人民的共同家园。各沿岸国应携起手来，大力推动海上务实合作，寻求一条创造性的思路，打造"南海命运共同体"，早日将南海建设成为"和平、合作、友谊"之海。[3] 为构建南海命运共同体，需要推进南海合作向深度和广度拓展。

南海周边国家在争议问题上的合作潜力随着中国实力的提升和南海局势的发展日趋变大。为此，我们提出两点建议：其一，深化海洋环境保护、海洋科学研究、联合搜救等低敏感度领域的合作。促成南海周边国家实行休渔制度，共同抵制非法捕捞和非法海产品的运输和销售，加大海上联合搜救和联合执法力度。此外，南海有数十条海底通信电缆将南海各国与世界其他国家联通，对于通信电缆的保护应当是周边国家共同利益之所在，此方面的合作可期。类似的主题还包括海洋科学研究、南海环境保护等。其二，对于高敏感度领域的合作，开启接触对话机制，调整各方利益，朝共同开发的方向逐步迈进。

---

〔1〕 可参阅杨文澜:《〈联合国海洋法公约〉下强制调解第一案——"东帝汶与澳大利亚强制调解案"述评》，载《国际法研究》2018 年第 3 期。

〔2〕 e. g. Kohe Hasan and Mohamed Fadhil, "Time for Indonesia to Join Singapore Convention on Mediation", *The Jakarta Post*, August 12, 2019, https://www.thejakartapost.com/academia/2019/08/12/time-for-indonesia-to-join-singapore-convention-onmediation. html.

〔3〕 《外交部刘振民副部长：各沿岸国应携手打造"南海命运共同体"》，载《南国都市报》2015 年 3 月 29 日，第 8 版。

至于南海油气或其他资源开发方面的合作，学者们认为，目前此方面合作仍面临政治意愿、合作海域和模式选择等问题的困扰，短期内"一步到位"难度较大。[1] 越南大型油田正在以平均每年约20%的速度减产，能源净进口量不断提高[2]；菲律宾的能源对南海油气资源的依赖也较大。如果推进南海周边国家在海域主张重叠区的油气共同开发，当前是比较有利的时机，但具体的合作内容需要发挥智慧协商沟通。

综上，展望未来，应做好应对南海局势新变化的长期准备和多重准备。首先，在研究层面，要鼓励和支持国内学者对南海断续线相关问题做好扎实的历史、法律和政治研究，以便在必要时驳斥各种不实观点，为我国的相关行动提供法理和政策支持。其次，在舆论层面，要了解有关方面对中国立场与法理依据解读的谬误与误解，及时与国外学者和民众加强沟通，驳斥谬误、防止曲解、消除误解、加强理解。再次，应未雨绸缪，高度重视和研判个别国家效仿菲律宾"南海仲裁案"，对我国展开"法律战"，并及早采取应对策略。最后，在实践操作层面，既要加大加强我国对南海的实际控制以及有效应对各种挑衅或海上单边行动，又要寻找可以缓和局势、开展合作的领域和方式。在条件成熟时，争取与相关方尽早达成"南海行为准则"，为南海合作提供一套有效的规则及规范。

---

[1] 吴士存、陈相秒：《中国-东盟南海合作回顾与展望：基于规则构建的考量》，载《亚太安全与海洋研究》2019年第6期，第51页。

[2] 参见覃丽芳：《越南油气业投资与贸易发展分析》，载《南海学刊》2018年第4期，第116页。

结束语

本书共分为五编（五个部分），以问题为导向论析南海断续线的合法性，包括法理依据和历史依据。第一编探讨国际法视角下历史资料的证据问题。从历史事实中提炼法律事实，这是一项前提性研究工作，为后续研究奠定基础，为中国的权利主张提供证据支撑。在此基础上，第二、第三、第四编分别围绕南海断续线内的岛礁主权、群岛整体性主权和海洋权利、历史性权利三方面问题，探寻翔实的国际法依据，并运用史实、国际司法判例和国家实践逐一加以分析，综合论证我国在南海断续线内的主权、主权权利和管辖权等。第五编则在前面研究的基础上，对国外代表性的错误观点进行批驳，进一步支持中国在南海问题上的立场和主张。

就客观事实的角度而言，中国开发及管辖南海断续线内的岛礁和相关海域是公开的历史事实；但从权利主张的角度而言，法律事实的认定与权利的成立并非不证自明。我们需要做好法理上的应对准备，在面对可能的国际司法或仲裁程序时，方能合理有效地提出有利于自己的论据，使用有利于本方的国际诉讼及仲裁策略。在历史证据方面，越南、菲律宾以及其他国家的有些学者，批评我们提出的一些证据具有不准确性、偏向性或事后性，而无法证明我国在南海的领土主权和海洋权益主张。针对这些不实之词，研究国际法有关证据的要求和实践，有助于中国从更为令人信服的法律角度证明中国开发及管辖南海地区的历史事实及其法律效力。本书第一编即讨论这一基础性问题。

目前，国际法上有关证据的规定，尤其是关于证据可采性和证明力的规定，数量较少而且不成体系。这些规则主要被规定在国际条约，特别是国际司法或仲裁机构的组织约章和内部程序规则中，其中以《国际法院规约》和《国际法院规则》最具代表性。除国际条约外，还有少数的证据规则存在于习惯国际法和一般法律原则中，这些法律渊源中的规则往往也来自国际司法或仲裁机构的实践。国际法上的证据由于没有严格明确的证据排除规则限制而具有普遍的可采性。只有在证据超过提出时限、来源非法等少数情况下，这些证据才可能根据国际法庭的自由裁量而不被采纳。在领土主权争端案件中，国际司法或仲裁机构通常会对比争端双方的主张或权源，并综合评价以支持更优的一方，这一点类似于国内法中的优势证据标准。

可以说，从宏观的证明标准到微观具体单个证据的证明力，都缺乏明确的国际法规则。基于此，第一编将国际司法案件涉及的证据分为五类，并逐一进行了详细考察。总的来说，这几类证据在国际诉讼或仲裁中起着至关重要的作用，但其具体的证明力又并非确定无疑，而是取决于个案裁量。考察得出两个重要结论：第一，没有哪个特定种类的证据具有绝对强的证明力，对诸如地图等证据，国际司法或仲裁机构对其的采信比较谨慎；第二，国际法庭裁量的标准一般是综合考虑证据的直接性、准确性、来源、中立性、一致性等因素。

本书进而对中国现有涉及南海主权问题的证据，主要是地图证据、政府文件和民间文献资料进行分析，发现中国现有史料收集和研究主要存在两个方面的问题：其一，学者在研究南海问题时过度依赖二手资料。从国际司法实践可知，国际法庭排斥的不是二手资料本身，而是排斥其中包含的不准确、不明确的信息；其二，中国对涉及南海地区主权问题的原始资料保存不完整，很多历史文件、地图的原本已佚失，部分信息缺失。为此，国内历史学界和法学界应当进行深度合作，对资料进行搜集和筛选工作，进而研判有关史料在法律上的可采性和证明力，最后形成完备的证据链条。

第二编从领土权源（也称领土所有权或领土权利来源）的理论框架入手，对南海断续线内岛礁领土主权归属问题进行分析。领土先占是一项重要的领土权利来源。与之有重要关联的领土发现和象征性占领等虽然不是完整的领土权源，但也具有建立初步权利的效力。中国是最早在南海地区进行活动的国家，也是最早发现和利用南海诸岛的国家。中国通过对南海诸岛的发现和象征性占领，在汉代就已对南海诸岛享有初步的权利。通过宋元时期的进一步管辖和主权行使行为，中国已完成对南海诸岛的先占，进而拥有其领土主权。在 18 世纪以前，虑及越南对中国的藩属关系，无论是从时间还是主权行使行为的强度和密度来看，越南的有关权利主张都明显弱于中国。

有效控制是国际司法和仲裁机构日益看重的一种事实性权利来源。有效控制规则是根据关键日期和时际法原则，对比进行有效控制的程度，使得有效控制程度更强的一方拥有更优的"有效控制"权利依据。在难以判定涉案领土的原始主权情况下，实施了更有效的控制的一方，将获得更优的权源。不过，有效控制并不能推翻已经建立的主权，除非享有主权的国家通过承认或默认的方式放弃了该主权。纵观历史，越、菲等国对有关岛礁的有效控制，显然弱于中国。而且，由于这些国家承认或默认了中国对南海诸岛行使主权的行为，其权利依据被进一步削弱。

通过研究与越、菲领土有关的国际条约和二战时期涉及日本所占领土的一系列条约可发现，越、菲在二战前并不能根据条约取得对西沙群岛、南沙群岛的主权，二战后也不能根据"旧金山和约"取得有关领土的主权。对这些条约进行文义解释和历史解释皆可得出西沙群岛和南沙群岛归还给中国的结论。

一国对他国主权的承认与默认是重要的国际法概念。它们虽然不能作为领土取得的直接权利来源之一，但可与其他因素一起影响领土主权的归属。历史事实表明，无论是对南海诸岛提出领土主张的国家还是第三国，都普遍对中国拥有南海诸岛的主权进行了承认或默认。此等承认与默认不仅削弱了越、菲主张的领土权源，强化了中国的权利依据，更构成了对越、菲的禁止反言限制，进一步降低了它们所提主张的有效性。

第二编的最后一章论及南海断续线是基于中国对南海诸岛及其周边水域的领土主权和主权权利划定的一条界线，它是中国对在该区域已有权利的确认、重申和具体化。这条线的产生与发展，与中国在南海诸岛的主权行使行为相对应，也是我国对南海诸岛行使主权的一项重要证据。作为证据载体的南海断续线地图符合国际法对地图证据的一般要求，并获得了周边国家的认可，具有重要的证据效力。

中国长期对南海断续线内的南海诸岛整体地主张主权和海洋权利，但群岛的整体性权利问题，在国际法中是一个缺乏系统研究的问题。第三编对该问题进行了专门探讨。

群岛是源于地理学的一个概念，但单凭地理的因素去判定某一群岛屿及相关水域是否构成一个群岛并不充分，还需要考察群岛在政治、经济和历史上的联系。如果一群或一组海洋地物在经济上密不可分，在政治上作为一个整体，那么法律上可被认定为一个群岛。此外，这种实体也可能是在历史上形成的。在群岛概念的形成过程中，整体性始终是核心要义。另一方面，一个国家将一群海洋地物作为一个整体进行管理，以使其形成政治、经济或历史实体的过程，也就是对群岛确立及行使主权的过程。而由于群岛中的海洋地物众多，且部分地物面积狭小，国家对群岛主权的确立与行使，通常不可能同时及于所有地物，而是基于对群岛中的主要地物的占有与控制，进而推定为取得、行使对整个群岛的主权。这种推定需综合考虑群岛的地理、政治、经济、历史等方面的情况。

因群岛在法律上可构成一个实体，于是国家自然地提出将群岛作为整体主张海洋权利的要求。国际法院在英挪渔业案中对挪威直线基线的认可，使得部分国家沿用挪威的做法，将沿岸群岛与大陆作为一个整体划定基线，这一实践得到了国际社会的广泛认可。同时，将洋中群岛（也称远洋群岛或远海群岛）作为整体主张海洋权利的国家实践也广泛存在。虽然第三次联合国海洋法会议并未就大陆国家的洋中群岛制定规则，使其成为《公约》未予规定事项，但大陆国家将其洋中群岛作为一个整体来划定基线的主张并未减少。大部分国家并未在其主张中明确指出这一类主张的法律依据。另一方面，综观国家实践，大陆国家将群岛作为整体划定基线已是一种普遍实践，并得到国际社会的广泛认可，形成了一项习惯法中的权利。在洋中群岛基线的划定方式上，又分为整体划定和分组划定基线的方式。虽然基线划定方式受岛礁地物分布和岛礁水陆比例的影响，但各国并未公布具体的地理分布或水陆比例数据，而是视具体情况而定，这方面的实践并未形成定式。

历史上，中国从多方面将南沙群岛、西沙群岛作为一个整体进行管辖，在政治、经济上一直视为一个实体，且在历史上也构成此种实体，其群岛法律地位得到了国际社会的承认。故而，这两组群岛符合国际法中群岛的认定标准，中国对南沙群岛、西沙群岛享有并行使整体性主权。考虑到南沙群岛的地理分布以及中国的一贯立场，中国较为可行的做法似应为，按照地理分布将南沙群岛分为若干组地物来划定基线。此外，中国在南海断续线内的各大群岛并非全部由岩礁组成的实体，而是存在着能够维持人类居住或本身经济生活的岛屿。因此，我国可在南海诸岛周边海域依法主张专属经济区和大陆架。

除了南海诸岛主权和整体性海洋权利,中国还可对南海断续线内的水域主张历史性权利,此乃第四编的研究重点。历史性权利这一议题从诞生伊始就充满争议,争议来自历史性权利的产生、构成要素、内容、性质、类型等诸方面。造成复杂争议的主要原因在于,历史性权利是一项源自国家历史实践的权利,其实质在于对国家历史上长期行使权力的特定实践的确权。因而,历史性权利作为一项国际法中的权利,其实质主要在于确认一种历史事实的合法性。历史性权利并非内容统一的单一权利,而是一种权利产生方式。由于各国历史的复杂性,产生历史性权利的惯例之内容千差万别,故而各国历史性权利的内容与性质均可能存在差别。

基于对相关国家实践和国际司法实践的考察,海洋中的历史性权利可存在于多个不同海域,如海湾、海峡、群岛等。从权利的性质考察,大致可划分为排他性的历史性权利与非排他性的历史性权利,但是这种划分实际上并不是绝对的。由于各国历史上行使权力的实践存在差异,而实践又决定了历史性权利的内容与性质,因此历史性权利的内容与性质,与现代海洋法中的权利并非一一对应的关系。从这个角度分析,排他性的历史性权利与非排他的历史性权利措辞的使用,并非严格的法律定义,只是一种描述性的措辞。丰塞卡湾案中的历史性权利印证了这一点。

《联合国海洋法公约》与历史性权利的关系可概括为:《公约》肯定了历史性海湾与领海划界中的历史性所有权,《公约》的群岛国与直线基线制度受到了历史性权利的影响,但与历史性权利不完全等同。通过研究《公约》的缔约过程和最后通过的文本可认为:一方面,就历史性权利的本质而言,《公约》并没有确立明确的规则,其仍然属于一般国际法调整的范围;另一方面,《公约》其实对某些类型的历史性权利在其海域制度框架下所产生的法律效果做出了规定。具体而言,《公约》完全尊重针对整体海域空间的历史性所有权,但缔约过程中未讨论以具体海上活动为内容的历史性权利,该类历史性权利成为《公约》未予规定事项。

中国的历史性权利源自历代对南海地区的管辖与开发,而且在漫长的历史过程中得到了其他国家的默认。这一权利的空间范围通过南海断续线得以确定。由于中国历史上在南海的活动形式多样,存在多种行使国家权力的行为，因而在南海断续线内的历史性权利是对南海海域空间的一种对自然资源进行开发与对海域进行管理的权利，包括了对南海资源的开发利用和对南海海上活动的管理与控制。这种历史性权利具有专属性和排他性，并非无数单项历史性权利的简单叠加。鉴于《公约》没有对中国主张的这种类型的历史性权利的法律效果做出处理，中国所主张的历史性权利仍可根据习惯国际法规则而有效存在。当这种历史性权利和其他沿海国根据《公约》规定所主张的海洋权利发生冲突时，则由相关国家之间协商解决。

南海问题极为复杂，涉及历史、法律、文化、政治、民族，关涉的国家和人口众多。但究其实质，南海问题的核心是关于南海岛礁的领土争议。随着海洋竞争的加剧和国际规则的发展，南海有关争议还涵盖了历史性权利、整体性主张、航行自由等多维度问题。基于这一形势，第五编在前四编的基础上，梳理国外学者对中国立场的异议和质疑观点，并从法理上揭示其错误之处，重点揭批菲律宾所提的"南海仲裁案"裁决对我国在南沙群岛享有的整体性权利的侵害：一是该案仲裁庭裁定部分海洋地物不可据为领土，损害了南沙群岛的整体主权；二是仲裁庭非法否定了南沙群岛的整体性海洋权利。无论是仲裁庭切割处理南沙群岛地物的法律地位，否定部分地物可据为领土，从而侵犯中国对南沙群岛的整体主权，还是否定南沙群岛整体性的海洋权利，都于法无据。该仲裁庭在处理《公约》与大陆国家洋中群岛整体性海洋权利的关系问题上存在明显错误，且不当否定了《公约》第7条适用于南沙群岛局部岛礁群组的可能性，同时又错误否定了大陆国家洋中群岛海洋权利的习惯法地位，其对南沙群岛整体性海洋权利问题的裁定，存在严重错误。

菲律宾"南海仲裁案"提醒我们应未雨绸缪，善用国际法以有效维护我国南海权益，积极以相应的法律措施否定菲律宾"南海仲裁案"裁决，提前做好南海法理斗争尤其是"法律战"的应对方案，进一步加强对涉海国际法前沿问题研究，抓紧着手建立南海维权证据库，并做好人才储备，重视海洋法、国际法和涉外争端解决人才的培养，切实加强国际法的研究能力建设。展望未来，我们还应进一步加强对南海断续线内有关岛礁及相关海域的开发、利用、保护与管理，强化我国海洋权益的维护；抓紧建设国际舆论平台，利用南海会议、翻译作品和网络舆论等多种渠道宣传中国主张，加快提升中国在南海问题上的国际话语权；高度重视南海断续线在南海划界中的作用并在磋商"南海行为准则"进程中，优化并推动"搁置争议、共同开发"方案；可尝试使用自愿调解等政治性争端解决方法，并加强在南海低敏感度领域的合作。

参考文献

一、国际条约

（一）多边条约

1. 《国际法院规约》（1945 年 6 月 26 日），载王铁崖、田如萱编：《国际法资料选编》，法律出版社 1982 年版。

2. Treaty of Peace with Japan（with two declarations），signed at San Francisco，8 September 1951，136 U. N. T. S. 45，No. 1832，1952. 中文本见"旧金山对日合约（1951 年 9 月 8 日）"，载《国际条约集（1950—1952）》，世界知识出版社 1959 年版，第 333—352 页。

3. 1943 年《开罗宣言》，见《中美英三国开罗宣言（1943 年 12 月 1 日）》，载《中国近代对外关系史资料选辑（1840—1949）》，上海人民出版社 1977 年版，第 202 页。

4. 1945 年《波茨坦公告》，见《美英中促令日本投降之波茨坦公告（1945 年 7 月 26 日）》，载《中国近代对外关系史资料选辑（1840—1949）》，上海人民出版社 1977 年版，第 282—284 页。

5. 1954 年《日内瓦协定》，见《关于在印度支那三国停止敌对行动的三个协定》，载《国际条约集（1953—1955）》，世界知识出版社 1960 年版，第 169—200 页。

6. 《关于在越南停止敌对行动的协定》，1954 年 7 月 20 日，载《国际条约集（1953—1955）》，世界知识出版社 1960 年版，第 169—182 页。

7. 《"关于在越南停止敌对行动的协定"附件》，载《国际条约集（1953—1955）》，世界知识出版社 1960 年版，第 182—184 页。

（二）双边条约

1. Treaty of Peace between the United States of America and Spain, signed at Paris, December 10 1898, U. S. Congress, 55th Cong., 3rd sess., Senate Doc. No. 62, Part 1, Washington：Government Printing Office, 1899. 中文本见《美国和西班牙和平条约（1898 年 12 月 10 日）》，载《国际条约集（1872—1916）》，世界知识出版社 1986 年版，第 156—162 页。

2. Cession of Outlying Islands of Philippines, Convention signed at Washington, November 7, 1900, supplementing article Ⅲ of treaty of December 10, 1898, 31 Stat. 1942, Treaty Series, No. 345. 中文本见《西班牙和美国为割让菲律宾外围岛屿的条约（1900 年 11 月 7 日）》，载《国际条约集（1872—1916)》，世界知识出版社 1986 年版，第 210—211 页。

3. Mutual Defense Treaty between the Republic of Philippines and the United States of America, 13 August 1951.

4. The Agreement on Historic Waters of Vietnam and Kampuchea, 7 July 1982.

5. 1885 年《中法会订越南条约十款》，见"越南条款"，载王铁崖编：《中外旧约章汇编》（第一册），生活·读书·新知三联书店 1957 年版，第 466—469 页。

6. 1887 年《中法续议界务专条》，见"续议界务专条"，载王铁崖编：《中外旧约章汇编》（第一册），生活·读书·新知三联书店 1957 年版，第 513 页。

7. 1952 年"日台和约"，见《附录十六"中华民国"与日本国和平条约（最后文本)》，载中国社会科学院近代史研究所译：《顾维钧回忆录》（第九分册），中华书局 1989 年版，第 732—733 页。

8. 《中华人民共和国政府和日本国政府联合声明》，载《人民日报》1972 年 9 月 30 日，第 1 版。

9. 《中华人民共和国和日本国和平友好条约》，载《人民日报》1978 年 8 月 13 日，第 3 版。

二、国家立法

（一）中国法律、法规与条例

1. 《钦定大清会典则例》，载文学 100 网站，http://www. wenx-

ue100. com/book_LiShi/318. thtml。

2. 《水陆地图审查条例施行细则》，1936 年 9 月 8 日国民政府修正公布，载《中华民国法规大全》（第五册），商务印书馆 1936 年版。

3. 《中华人民共和国海洋环境保护法》（1982 年）。

4. 《中华人民共和国海上交通安全法》（1983 年）。

5. 《中华人民共和国渔业法》（1986 年）。

6. 《中华人民共和国专属经济区和大陆架法》（1998 年）。

7. 《中华人民共和国管辖海域外国人、外国船舶渔业活动管理暂行规定》（1999 年）。

8. 《中华人民共和国海域使用管理法》（2001 年）。

9. 《中华人民共和国海洋石油勘探开发环境保护管理条例》（1983 年）。

10. 《中华人民共和国海洋倾废管理条例》（1985 年）。

11. 《中华人民共和国涉外海洋科学研究管理规定》（1996 年）。

12. 《中华人民共和国海洋石油勘探开发环境保护管理条例实施办法》（1990 年）。

13. 中华人民共和国国土资源部《海底电缆管道保护规定》（2003 年）。

（二）外国法律、法规与条例

1. The 1935 Constitution of the Republic of Philippines.

2. Constitution of the Republic of the Philippines，1973.

3. The Philippine Independence Act，24 March 1934.

4. Presidential Decree No. 1596，"Declaring Certain Area Part of the Philippines Territory and Providing for their Government and Administration"，11 June 1978.

5. Presidential Decree No. 1599，"Establishing an Exclusive Economic Zone"，11 June 1978，the Philippines.

6. Republic Act No. 9522，"An Act to Amend Certain Provisions of Republic Act No. 3046，as amended by Republic Act No. 5446，to Define the Archipelagic Baselines of the Philippines，and for Other Purposes"，SEC. 2（b），*Law of the Sea Bulletin*，No. 70，2009.

7. Law of the Sea of Viet Nam，Law No. 18/2012/QH13，21 June 2012.

8. The Territorial Waters, Continental Shelf, Exclusive Economic Zone and other Maritime Zones Act of India, Act No. 80, 28 May 1976.

9. Maritime Zones Law of Sri Lanka, Act No. 22, 1 September 1976.

10. Territorial Waters and Maritime Zones Act of Pakistan, 22 December 1976.

11. Declaration of Russia, No. 4450, 1985.

12. Federal Law on the Continental Shelf of the Russian Federation, 1995.

13. The Turks and Caicos Islands (Territorial Sea) Order, 1989, UK.

14. Proclamation (Maritime Zone) No. 1 of 1993, UK.

15. Decree 99-324 of 21 April 1999 Saint-Martin, Saint Barthelemy, Guadeloupe and Martinique, 1999, France.

16. Decree of the President of the Republic No. 816 of 26 April 1977 containing regulations concerning the application of Law No. 1658 of 8 December 1961 authorizing Accession to the Convention on the Territorial Sea and the Contiguous Zone, adopted at Geneva on 29 April 1958, and Giving Effect to that Convention, Italy.

17. Royal Decree No. 2510/1977 of 5 August 1977, Spain.

18. Act No. 15/1978 on the Economic Zone of 20 February 1978, Spain.

19. Law 44/2010 of 30 December, Canarian Waters, Spain.

20. Ordinance No. 599 of 21 December 1976 on the Delimitation of the Territorial Sea around the Faroe Islands, Denmark.

21. Royal Decree of 25 September 1970 concerning the Delimitation of the Territorial Waters of Parts of Svalbard, Norway.

22. Regulations relating to the Limits of the Norwegian Territorial Sea around Svalbard, Royal Decree of 1 June 2001, Norway.

23. Decree on the Application of the Act on the Delimitation of the Territorial Waters of Finland, No. 993, 31 July 1995.

24. Proclamation of 4 February 1983 (Proclamation of the inner limits: the baseline), pursuant to section 7 of the Seas and Submerged Lands Act 1973, Australia.

25. Australia's Proclamation of 19 March 1987, Pursuant to Section 7

of the Seas and Submerged Lands Act 1973.

26. Submerged Land Act, 1953, U. S. Code.

27. The Territorial Sea Geographical Co-ordinates（Area 7）Order of 10 September 1985, Canada.

28. Oceans Act（S. C. 1996, c. 31）, Cananda.

29. Act No. 23. 968 of 14 August 1991, Argentina.

30. Decree of Chile No. 416 of 14 July 1977.

31. Supreme Decree No. 959-A of 28 June 1971 prescribing straight baselines for the measurement of the Territorial Sea, 1971, Ecuador.

32. El Salvador's Constitution, 1983.

33. Act No. 2/85 of 17 May 1985 of Guinea-Bissau.

34. Seychelles Maritime Zones Act No. 15 of 1977.

35. Declaration of 10 October 1973, Libya.

36. Maritime Zones Act Cap. 371 of 1989, Kenya.

37. Maritime Zones Act No. 13 of 1977, Mauritius.

38. Maritime Zones Act No. 2 of 2005, Mauritius.

39. Maritime Zones（Conduct of Marine Scientific Research）Regulations 2017, Mauritius.

三、各国官方文件

（一）中国官方文件

1. 文　件

（1）《中国南海各岛屿华英名对照表》，载《水陆地图审查委员会会刊》1935 年第 1 期，第 61—65 页。

（2）《南海诸岛新旧名称对照表》，中华民国内政部方域司印，1947 年 10 月版。另见傅角今主编：《南海诸岛地理志略》，商务印书馆 1947 年版，第 83—94 页；《中国南海诸群岛文献汇编之十》，台湾学生书局 1981 年版，第 201—212 页。

（3）中华人民共和国外交部：《中国对西沙群岛和南沙群岛的主权无可争辩》，载《人民日报》1980 年 1 月 31 日，第 1 版、第 3 版。另见《中华人民共和国国务院公报》1980 年第 1 号，第 19—28 页；中国国际法学会主编：《中国国际法年刊（1982）》，中国对外翻译出版公司 1982 年版，第 454—462 页。

（4）中华人民共和国外交部：《关于西沙群岛、南沙群岛问题的备忘录》，载《人民日报》1988 年 5 月 13 日，第 7 版。另见《中华人民共和国国务院公报》1988 年第 12 号，第 396—398 页；中国国际法学会主编：《中国国际法年刊（1989）》，法律出版社 1989 年版，第 662—664 页。

（5）《中华人民共和国政府关于菲律宾共和国所提南海仲裁案管辖权问题的立场文件》（2014 年 12 月 7 日），中华人民共和国外交部受权发表，载中国国际法学会主办：《中国国际法年刊（2014）》，法律出版社 2015 年版，第 747—770 页。

（6）中华人民共和国国务院新闻办公室：《中国坚持通过谈判解决中国与菲律宾在南海的有关争议》（2016 年 7 月 13 日），载《人民日报》2016 年 7 月 14 日，第 10—11 版。另见《新华月报》2016 年第 15 期。

（7）《中国地名委员会受权公布我国南海诸岛部分标准地名》，载《中华人民共和国国务院公报》1983 年第 10 号，第 452—463 页。

2. 声　明

（1）《中华人民共和国中央人民政府外交部部长周恩来关于美英对日和约草案及旧金山会议的声明》，载《人民日报》1951 年 8 月 16 日，第 1 版。

（2）《中华人民共和国政府关于领海的声明》，载《人民日报》1958 年 9 月 5 日，第 1 版。另见《中华人民共和国国务院公报》1958 年第 27 号，第 575 页。

（3）《中华人民共和国政府关于中华人民共和国领海基线的声明》，载《人民日报》1996 年 5 月 16 日，第 4 版。

（4）《中华人民共和国政府关于在南海的领土主权和海洋权益的声明》，载《人民日报》2016 年 7 月 13 日，第 1 版。

（5）《外交部发言人关于南沙群岛主权问题的声明》，载《中华人民共和国国务院公报》1956 年第 21 号，第 469—470 页。

（6）《中华人民共和国外交部关于南越当局侵犯我国领土主权劫走我国渔民的声明》，载《中华人民共和国国务院公报》1959 年第 4 号，第 63 页。

（7）《中华人民共和国外交部抗议南越当局侵犯我国领土主权、劫掠和虐待我国渔民的非法行为的再次声明》，载《中华人民共和国国务院公报》1959 年第 7 号，第 111—112 页。

（8）《中华人民共和国外交部发言人就苏联和越南签订所谓在"越南南方大陆架"合作勘探、开发石油和天然气的协定事发表的声明》，见《我国外交部发言人发表声明 苏越合作勘采石油等非法协定无效》，载《人民日报》1980 年 7 月 22 日，第 1 版。另见中国国际法学会主编：《中国国际法年刊（1982）》，中国对外翻译出版公司 1982 年版，第 463—464 页。

（9）《中华人民共和国外交部发言人关于我对南沙群岛弹丸礁拥有主权的声明》，载中国国际法学会主编：《中国国际法年刊（1984）》，中国对外翻译出版公司 1984 年版，第 490 页。

（10）《中华人民共和国外交部发言人关于南沙群岛的声明》，见《外交部发言人发表声明 中国舰船考察南沙群岛纯属主权 越南阻挠我合法行动必须承担全部责任》，载《人民日报》1988 年 2 月 23 日，第 1 版。另见中国国际法学会主编：《中国国际法年刊（1989）》，法律出版社 1989 年版，第 656 页。

（11）中华人民共和国农业部：《中华人民共和国农业部关于在南海实行伏季休渔的通告》，载《中国水产》1999 年第 4 期。

（12）《南海政策纲领》，载植根法律网，http://www. rootlaw. com. tw/LawArticle. aspx？LawID = A040040091060500-0820413。

3. 外交照会

《1958 年 9 月 14 日越南民主共和国政府总理范文同致中华人民共和国国务院总理周恩来的照会》，见吴远富：《范文同公函的效力无法否定》，载《北大国际法与比较法评论》（第 10 卷），北京大学出版社 2013 年版，第 79 页。

（二）外国官方文件

1. 越　南

（1）Statement on the Territorial Sea，the Contiguous Zone，the Exclusive Economic Zone and the Continental Shelf of 12 May 1977，Vietnam.

（2）Statement of 12 November 1982 by the Government of the Socialist Republic of Viet Nam on the Territorial Sea Baseline of Viet Nam.

（3）Information and Press Department，Ministry of Foreign Affairs，Socialist Republic of Vietnam，"Vietnam's Sovereignty over the Hoang Sa and Truong Sa Archipelagoes", Hanoi, 1979.

(4) Ministry of Foreign Affairs, Socialist Republic of Vietnam, "White Paper On the Hoang Sa (Paracel) & Truong Sa (Spratly) Islands", Saigon, 1975.

(5) Ministry of Foreign Affairs, Socialist Republic of Vietnam, "The Hoang Sa and Truong Sa Archipelagoes: Vietnamese Territories", 1981.

(6) Ministry of Foreign Affairs, Socialist Republic of Vietnam, "The Hoang Sa (Paracel) and Truong Sa (Spratly) Archipelagoes and International Law", 1988.

(7) The National Committee for Border Affairs and Ministry of Foreign Affairs, Socialist Republic of Viet Nam, "The Indisputable Sovereignty of Viet Nam over the Paracel Islands", 2011.

(8) Socialist Republic of Viet Nam, "Statement of the Ministry of Foreign Affairs of the Socialist Republic of Viet Nam Transmitted to the Arbitral Tribunal in the Proceedings Between the Republic of the Philippines and the People's Republic of China" (14 December 2014) (Annex 468), in The Philippines' Supplemental Written Submission, Vol. VIII (Annexes 466-499), P. C. A. , 16 March 2015.

2. 菲律宾

Department of Foreign Affairs, the Philippines, "Philippine Position on Bajo de Masinloc (Scarborough Shoal) and the Waters within Its Vicinity", 2012.

3. 美　国

(1) Bureau of Intelligence and Research, U. S. Department of State, "Limits in the Sea, No. 13 Straight Baselines: Faeroes", 1970.

(2) Bureau of Intelligence and Research, U. S. Department of State, "Limits in the Sea, No. 42 Straight Baselines: Ecuador", 1972.

(3) Bureau of Intelligence and Research, U. S. Department of State, "Limits in the Sea, No. 80 Straight Baselines: Chile", 1978.

(4) Bureau of Intelligence and Research, U. S. Department of State, "Limits in the Sea, No. 99 Straight Baselines: Vietnam", 1983.

(5) Bureau of Intelligence and Research, U. S. Department of State, "Limits in the Sea, No. 103 Straight Baselines: Colombia", 1985.

（6）Bureau of Intelligence and Research, U. S. Department of State, "Limits in the Sea, No. 107 Straight Baselines: U. S. S. R", 1987.

（7）Bureau of Intelligence and Research, U. S. Department of State, "Limits in the Sea, No. 113 Straight Baselines: Djibouti and Oman", 1992.

（8）Bureau of Intelligence and Research, U. S. Department of State, "Limits in the Sea, No. 116 Straight Baselines: Albania and Egypt", 1994.

（9）Bureau of Intelligence and Research, U. S. Department of State, "Limits in the Sea, No. 118 Straight Baselines: Pakistan", 1996.

（10）Bureau of Intelligence and Research, U. S. Department of State, "Limits in the Sea, No. 121 Straight Baselines: South Korea", 1998.

（11）Bureau of Intelligence and Research, U. S. Department of State, "Limits in the Sea, No. 122 Straight Baselines: Thailand", 2000.

（12）Bureau of Intelligence and Research, U. S. Department of State, "Limits in the Sea, No. 124 Straight Baselines: Honduras", 2001.

（13）Bureau of Intelligence and Research, U. S. Department of State, "Limits in the Sea, No. 140 Mauritius' Maritime Claims and Boundaries", 2001.

（14）Office of Ocean and Polar Affairs, Bureau of Oceans and International Environmental and Scientific Affairs, U. S. Department of State, "China's Maritime Claims in the South China Sea", No. 143, 2014.

（三）国际文件

1. 第一次联合国海洋法会议文件

（1）Certain Legal Aspects Concerning the Delimitation of the Territorial Waters of Archipelagos, U. N. Doc. A/CONF/13/18, Official Records of the First United Nations Conference on the Law of the Sea, Vol. I.

（2）First Committee, U. N. Doc. A/CONF. 13/39, Official Records of the United Nations on the Law of the Sea, Vol. III.

（3）Second Committee, U. N. Doc. A/CONF. 13/40, Official Records of the United Nations on the Law of the Sea, Vol. IV.

（4）Historic Bay: Memorandum by the Secretariat of the United Nations, U. N. Doc. A/CONF. 13/1, Official Records of the United Nations

Conference on the Law of the Sea, Vol. I, 1958.

2. 第二次联合国海洋法会议文件

（1）Verbatim Records of the General Debate, Official Records of the Second United Nations Conference on the Law of the Sea, U. N. Doc. A/CONF. 19/9, 1960.

（2）Summary Records of Meetings of the Committee of the Whole, 8th Meeting, U. N. Doc. A/CONF. 19/C. 1/SR. 8, Official Records of the Second United Nations Conference on the Law of the Sea, Vol. I.

（3）Summary Records of Meetings of the Committee of the Whole, 15th Meeting, U. N. Doc. A/CONF. 19/C. 1/SR. 15, Official Records of the Second United Nations Conference on the Law of the Sea, Vol. I.

（4）Summary Records of Meetings of the Committee of the Whole, 24th Meeting, U. N. Doc. A/CONF. 19/C. 1/SR. 24, Official Records of the Second United Nations Conference on the Law of the Sea, Vol. I.

3. 第三次联合国海洋法会议文件

（1）Canada, Chile, Iceland, India, Indonesia, Mauritius, Mexico, New Zealand and Norway: working paper, U. N. Doc. A/CONF. 62/L. 4, Official Records of the United Nations Third Conference on the Law of the Sea, Vol. III.

（2）Bahamas: Draft Articles on Archipelagic States, U. N. Doc. A/CONF. 62/C. 2/L. 70, Official Records of the United Nations Third Conference on the Law of the Sea, Vol. III.

（3）Summary Records of Meetings of the Second Committee, 36th Meeting, U. N. Doc. A/CONF. 62/C. 2/SR. 36, Official Records of the United Nations Third Conference on the Law of the Sea, Vol. III.

（4）Summary Records of Meetings of the First Committee, 6th Meeting, U. N. Doc. A/CONF. 62/C. 1/SR. 6, Official Records of the Third United Nations Conference on the Law of the Sea, Vol. II.

（5）Summary Records of Meetings of the Second Committee, 36th Meeting, U. N. Doc. A/CONF. 62/C. 2/SR. 36, Official Records of the Third United Nations Conference on the Law of the Sea, Vol. II.

（6）Summary Records of Plenary Meetings, 40th Plenary Meeting, U. N. Doc. A/CONF. 62/SR. 40, Official Records of the Third United Nations Conference on the Law of the Sea, Vol. I.

(7) Summary Records of Meetings of the Second Committee, 39th Meeting, U. N. Doc. A/CONF. 62/C. 2/SR. 39, Official Records of the Third United Nations Conference on the Law of the Sea, Vol. II.

(8) Summary Records of Plenary Meetings, 31st Plenary Meeting, U. N. Doc. A/CONF. 62/SR. 31, Official Records of the Third United Nations Conference on the Law of the Sea, Vol. I.

(9) Summary Records of Plenary Meetings, 26th Plenary Meeting, U. N. Doc. A/CONF. 62/SR. 26, Official Records of the Third United Nations Conference on the Law of the Sea, Vol. I.

(10) Summary Records of Meetings of the Second Committee, 36th Meeting, U. N. Doc. A/CONF. 62/C. 2/SR. 36, Official Records of the Third United Nations Conference on the Law of the Sea, Vol. II.

(11) Summary Records of Plenary Meetings, 42th Plenary Meeting, U. N. Doc. A/CONF. 62/SR. 42, Official Records of the Third United Nations Conference on the Law of the Sea, Vol. I.

(12) Summary Records of Meetings of the Second Committee, 4th Meeting, U. N. Doc. CONF. 62/C. 2/SR. 4, Official Records of the Third United Nations Conference on the Law of the Sea, Vol. II.

(13) Summary Records of Plenary Meetings, 39th Plenary Meetings, U. N. Doc. A/CONF. 62/SR. 39, Official Records of the Third United Nations Conference on the Law of the Sea, Vol. I.

(14) Summary Records of Plenary Meetings, 37th Plenary Meetings, U. N. Doc. A/CONF. 62/SR. 37, Official Records of the Third United Nations Conference on the Law of the Sea, Vol. I.

(15) Summary Records of Plenary Meetings, 29th Plenary Meetings, U. N. Doc. A/CONF. 62/SR. 29, Official Records of the Third United Nations Conference on the Law of the Sea, Vol. I.

(16) Summary Records of Plenary Meetings, 35th Plenary Meetings, U. N. Doc. A/CONF. 62/SR. 35, Official Records of the Third United Nations Conference on the Law of the Sea, Vol. I.

(17) Summary Records of Meetings of the Second Committee, 37th Meeting, U. N. Doc. A/CONF. 62/C. 2/SR. 37, Official Records of the

Third United Nations Conference on the Law of the Sea, Vol. II.

(18) Summary Records ofMeetings of the Second Committee, 3rd Meeting, U. N. Doc. A/CONF. 62/C. 2/SR. 3, Official Records of the Third United Nations Conference on the Law of the Sea, Vol. II.

(19) Summary Records of Plenary Meetings, 36th Plenary Meetings, U. N. Doc. A/CONF. 62/SR. 36, Official Records of the Third United Nations Conference on the Law of the Sea, Vol. I.

(20) Summary Records of Plenary Meetings, 32th Plenary Meetings, U. N. Doc. A/CONF. 62/SR. 32, Official Records of the Third United Nations Conference on the Law of the Sea, Vol. I.

(21) Summary Records of Meetings of the Second Committee, 40th Meeting, U. N. Doc. A/CONF. 62/C. 2/SR. 40, Official Records of the Third United Nations Conference on the Law of the Sea, Vol. II.

(22) Ecuador: Draft Article on Archipelagos, U. N. Doc. A/CONF. 62/C. 2/L. 51, Official Records of the Third United Nations Conference on the Law of the Sea, Vol. III.

(23) Summary Records of Plenary Meetings, 90th Plenary Meeting, U. N. Doc. A/CONF. 62/SR. 90, Official Records of the Third United Nations Conference on the Law of the Sea, Vol. IX.

(24) Summary Records of Plenary Meetings, 91st Plenary Meeting, U. N. Doc. A/CONF. 62/SR. 91, Official Records of the Third United Nations Conference on the Law of the Sea, Vol. IX.

(25) Summary Records of Plenary Meetings, 103rd Plenary Meeting, U. N. Doc. A/CONF. 62/SR. 103, Official Records of the Third United Nations Conference on the Law of the Sea, Vol. IX.

(26) Reports to the Plenary Conference, U. N. Doc. A/CONF. 62/91, Official Records of the Third United Nations Conference on the Law of the Sea, Vol. XII.

(27) Summary Records of Plenary Meetings, 127th Plenary Meeting, U. N. Doc. A/CONF. 62/SR. 127, Official Records of the Third United Nations Conference on the Law of the Sea, Vol. XIII.

(28) Summary Records of Plenary Meetings, 126th Plenary Meeting, U. N. Doc. A/CONF. 62/SR. 126, Official Records of the Third United Na-

tions Conference on the Law of the Sea, Vol. XIII.

(29) Report of the Chairman of the Second Committee, U. N. Doc. A/CONF. 62/L. 51, Official Records of the Third United Nations Conference on the Law of the Sea, Vol. XIII.

(30) Summary Records of Plenary Meetings, 135th Plenary Meeting, U. N. Doc. A/CONF. 62/SR. 135, Official Records of the Third United Nations Conference on the Law of the Sea, Vol. XIV.

(31) Summary Records of Plenary Meetings, 136th Plenary Meeting, U. N. Doc. A/CONF. 62/SR. 136, Official Records of the Third United Nations Conference on the Law of the Sea, Vol. XIV.

(32) Summary Records of Plenary Meetings, 139th Plenary Meeting, U. N. Doc. A/CONF. 62/SR. 139, Official Records of the Third United Nations Conference on the Law of the Sea, Vol. XIV.

(33) Draft Convention on the Law of the Sea, U. N. Doc. A/CONF. 62/L. 78, Official Records of the Third United Nations Conference on the Law of the Sea, Vol. XV.

(34) Summary Records of Plenary Meetings, 191st Plenary Meeting, U. N. Doc. A/CONF. 62/SR. 191, Official Records of the Third United Nations Conference on the Law of the Sea, Vol. XVII.

(35) Greece: Amendments, U. N. Doc. A/CONF. 62/L. 123, Official Records of the Third United Nations Conference on the Law of the Sea, Vol. XVI.

(36) Summary Records of Plenary Meetings, 162nd Plenary Meeting, U. N. Doc. A/CONF. 62/SR. 162, Official Records of the Third United Nations Conference on the Law of the Sea, Vol. XVI.

(37) Summary Records of Plenary Meetings, 190th Plenary Meeting, U. N. Doc. A/CONF. 62/SR. 190, Official Records of the Third United Nations Conference on the Law of the Sea, Vol. XVII.

(38) Summary Records of Plenary Meetings, 187th Plenary Meeting, U. N. Doc. A/CONF. 62/SR. 187, Official Records of the Third United Nations Conference on the Law of the Sea, Vol. XVII.

(39) Statement of Activities of the Conference During Its First and Second Sessions, U. N. Doc. A/CONF. 62/L. 8/Rev. 1, Official Records of the

Third United Nations Conference on the Law of the Sea, Vol. Ⅲ.

(40) Summary Records of Plenary Meetings, 69th Plenary Meeting, U. N. Doc. A/CONF. 62/SR. 69, Official Records of the Third United Nations Conference on the Law of the Sea, Vol. V.

(41) Summary Records of Plenary Meetings, 70th Plenary Meeting, U. N. Doc. A/CONF. 62/SR70, Official Records of the Third United Nations Conference on the Law of the Sea, Vol. V.

(42) 21st Meeting of the General Committee, U. N. Doc. A/CONF. 62/BUR/SR. 21, Official Records of the Third United Nations Conference on the Law of the Sea, Vol. Ⅵ.

(43) Note by the President of the Conference, U. N. Doc. A/CONF. 62/L. 12/Rev. 1, Official Records of the Third United Nations Conference on the Law of the Sea, Vol. Ⅵ.

(44) Draft alternative texts of the preamble and final clauses prepared by the Secretary-General, U. N. Doc. A/CONF. 62/L. 13, Official Records of the Third United Nations Conference on the Law of the Sea, Vol. Ⅵ.

(45) Informal Composite Negotiating Text, U. N. Doc. A/CONF. 62/Wp. 10, Official Records of the Third United Nations Conference on the Law of the Sea, Vol. Ⅷ.

(46) Informal Composite Negotiating Text, revision 2, U. N. Doc. A/CONF. 62/Wp. 10/Rev. 2, Official Records of the Third United Nations Conference on the Law of the Sea, Vol. Ⅷ.

(47) Draft text of preamble proposed by Fiji on behalf of the Group of 77, U. N. Doc. A/CONF. 62/L. 33, Official Records of the Third United Nations Conference on the Law of the Sea, Vol. Ⅸ.

(48) Report of the President on the Work of the Informal Plenary Meeting of the Conference on the preamble, U. N. Doc. A/CONF. 62/L. 49/ADD. 2, Official Records of the Third United Nations Conference on the Law of the Sea, Vol. ⅩⅢ.

(49) Text of the Preamble Prepared by the President as the Recommendation of the Informal Plenary Meeting of the Conference, U. N. Doc. A/CONF. 62/L. 49, Official Records of the Third United Nations Conference on the Law of the Sea, Vol. ⅩⅢ.

（50）Austria, Belgium, Bolivia, Botswana, Burundi, Byelorussian Soviet Socialist Republic, Czechoslovakia, Finland, Germany (Federal Republic of), Hungary, Laos, Lesotho, Luxembourg, Mali, Mongolia, Netherlands, Paraguay, Singapore, Swaziland, Sweden, Switzerland, Uganda, Upper Volta and Zambia: Draft Articles on the Territorial Sea, U. N. Doc. A/CONF. 62/C. 2/L. 33, Official Records of the Third United Nations Conference on the Law of the Sea, Vol. III.

（51）Canada, Chile, Iceland, India, Indonesia, Mauritius, Mexico, New Zealand and Norway: Working Paper, U. N. Doc. A/CONF. 62/L. 4, Official Records of the Third United Nations Conference on the Law of the Sea, Vol. III.

（52）Fiji, Indonesia, Mauritius and Philippines: Draft Articles Relating to Archipelagic States, U. N. Doc. A/CONF. 62/C. 2/L. 49, Official records of the Third United Nations on the Law of the Sea, Vol. III.

（53）Greece: Draft Articles, U. N. Doc. A/CONF. 62/C. 2/L. 22, Official Records of the Third United Nations Conference on the Law of the Sea, Vol. III.

（54）Greece: Amendments, U. N. Doc. A/CONF. 62/L. 123, Official Records of the Third United Nations Conference on the Law of the Sea, Vol. XVI.

（55）Indonesia: Draft Article on Historic Water, U. N. Doc. A/CONF. 62/C. 2/L. 67, Official Records of the Third United Nations Conference on the Law of the Sea, Vol. III.

（56）Philippines: Revised Draft Article on Historic Waters and Delimitation of the Territorial Sea, U. N. Doc. A/CONF. 62/C. 2/L. 24/Rev. 1, Official Records of the Third United Nations Conference on the Law of the Sea, Vol. III.

（57）Summary Records of Meetings of the Second Committee, 4th Meeting, U. N. Doc. A/CONF. 62/C. 2/SR. 4, Official Records of the Third United Nations Conference on the Law of the Sea, Vol. II.

（58）Summary Records of Meetings of the Second Committee, 5th Meeting, U. N. Doc. A/CONF. 62/C. 2/SR. 5, Official Records of the Third United Nations Conference on the Law of the Sea, Vol. II.

（59）Summary Records of Meetings of the Second Committee, 23rd

Meeting, U. N. Doc. A/CONF. 62/C. 2/SR. 23, Official Records of the Third United Nations Conference on the Law of the Sea, Vol. Ⅰ.

(60) Summary Records of Meetings of the Second Committee, 30th Meeting, U. N. Doc. A/CONF. 62/C. 2/SR. 30, Official Records of the Third United Nations Conference on the Law of the Sea, Vol. Ⅱ.

(61) Summary Records of Meetings of the Second Committee, 34th Meeting, U. N. Doc. A/CONF. 62/C. 2/SR. 34, Official Records of the Third United Nations Conference on the Law of the Sea, Vol. Ⅱ.

(62) Summary Records of Meetings of the Second Committee, 35th Meeting, U. N. Doc. A/CONF. 62/C. 2/SR. 35, Official Records of the Third United Nations Conference on the Law of the Sea, Vol. Ⅱ.

(63) Summary Records of Meetings of the Second Committee, 38th Meeting, U. N. Doc. A/CONF. 62/C. 2/SR. 38, Official Records of the Third United Nations Conference on the Law of the Sea, Vol. Ⅱ.

(64) Summary Records of Meeting of the General Committee, 19th Meeting, U. N. Doc. A/CONF. 62/BUR/SR. 19, Official Records of the Third United Nations Conference on the Law of the Sea, Vol. Ⅴ.

(65) Summary Records of Plenary Meetings, 58th Plenary Meeting, U. N. Doc. A/CONF. 62/C. 2/SR. 58, Official Records of the Third United Nations Conference on the Law of the Sea, Vol. Ⅺ.

(66) Summary Records of Plenary Meetings, 68th Plenary Meeting, U. N. Doc. A/CONF. 62/SR. 68, Official Records of the Third United Nations Conference on the Law of the Sea, Vol. Ⅴ.

(67) Summary Records of Plenary Meetings, 70th Plenary Meeting, U. N. Doc. A/CONF. 62/SR70, Official Records of the Third United Nations Conference on the Law of the Sea, Vol. Ⅴ.

(68) Summary Records of Plenary Meetings, 96th Plenary Meeting, U. N. Doc. A/CONF. 62/SR. 96, Official Records of the Third United Nations Conference on the Law of the Sea, Vol. Ⅸ.

(69) Summary Records of Plenary Meetings, 98th Plenary Meeting, U. N. Doc. A/CONF. 62/SR. 98, Official Records of the Third United Nations Conference on the Law of the Sea, Vol. Ⅸ.

(70) Draft Text of Preamble Proposed by Fiji on Behalf of the Group of

77, U. N. Doc. A/CONF. 62/L. 33, Official Records of the Third United Nations Conference on the Law of the Sea, Vol. IX.

（71）Report of the President on the Work of the Informal Plenary Meeting of the Conference on the Preamble, U. N. Doc. A/CONF. 62/L 49/ADD. 2, Official Records of the Third United Nations Conference on the Law of the Sea, Vol. XIII.

（72）Official Records of the United Nations Conference on Diplomatic Intercourse and Immunities (Summary records of the plenary meetings and of the meetings of the Committee of the Whole), A/CONF. 20/C. 1/SR. 39, A/CONF. 20/L. 2.

（73）Official Records of the United Nations Conference on the Law of Treaties, Second Session (Summary records of the plenary meetings and of the meetings of the Committee of the Whole), A/CONF. 39/SR. 31, A/CONF. 39/SR. 32.

（74）Compromise Suggestions by the Chairman of NG. 4, Reports of the Committees and Negotiating Groups on negotiations at the resumed seventh session contained in a single document both for the purposes of record and for the convenience of delegations, U. N. Doc. A/CONF. 62/RCNG/1, Official Records of the Third United Nations Conference on the Law of the Sea, Vol. X.

4. 联合国其他文件

（1）International Court of Justice, Practice Direction IX (promulgated on 4 April 2002; amendment promulgated on 13 December 2006).

（2）International Law Commission, Forth Section, Report on the Regime of Territorial Sea, U. N. Doc. A/CN. 4/53, 1952.

（3）International Law Commission, Fifth Section, Third Report on the Regime of Territorial Sea, U. N. Doc. A/CN. 4/77, 1954.

（4）Report of the International Law Commission, Sixty-eighth Session, U. N. Doc. A/71/10, 2016.

（5）Juridical Regime of Historic Waters Including Historic Bays-Study Prepared by the Secretariat, U. N. Doc. A/CN. 4/143, Yearbook of the International Law Commission, Vol. II, 1962.

（6）Report of the Committee on the Peaceful Uses of the Sea-Bed and

the Ocean Floor beyond the Limits of National Jurisdiction (Sub-Committee
Ⅱ), U. N. Doc. A/AC. 138/SC. Ⅱ/L. 48, International Legal Materials,
Vol. 12.

(7) Official Records of the General Assembly, 26th Session, Sup-
plement No. 21, U. N. Doc. A/8241.

(8) UN Office for Ocean Affairs and the Law of the Sea, *Baselines:
An Examination of the Relevant Provisions of the United Nations Convention
on the Law of the Sea*, UN Publication, 1989.

(9) U. N. Office for Ocean Affairs and the Law of the Sea, *The Law of
the Sea: Baselines: National Legislation with Illustrative Maps*,
U. N. Publication, Sales No. E. 89. V. 10, 1989.

(10) Receipt of the submission made by the United Kingdom of Great
Britain and Northern Ireland to the Commission on the Limits of the Conti-
nental Shelf, CLCS. 45. 2009. LOS (Continental Shelf Notification), 14
May 2009.

(11) Juridical Regime of Historic Waters, Including Historic Bays,
U. N. Doc. A/CN. 4/143, Yearbook of International Law Commission, Vol.
Ⅱ, 1962.

(12) Regime of the Territorial Sea, U. N. Doc. A/CN. 4/61/Add. 1,
Yearbook of International Law Commission, Vol. Ⅱ, 1953.

(13) Report of the International Law Commission Covering the Work of
its Seventh Session, U. N. Doc. A/2934, Yearbook of International Law
Commission, Vol. Ⅱ, 1955.

(14) Report of the International Law Commission Covering the Work of
its Eighth Session, U. N. Doc. A/CN. 4/104, Yearbook of International Law
Commission, Vol. Ⅱ, 1956.

四、国际司法和仲裁案件和外国国内司法案例

(一) 国际法院判决

1. The Minquiers and Ecrehos Case, Judgment, I. C. J. Reports, 1953.

2. The Minquiers and Ecrehos Case, Individual Opinion of Judge Levi
Carneiro, I. C. J. Reports, 1953.

3. Case concerning the Temple of Preah Vihear (Cambodia v. Thailand), Merits, Judgment, I. C. J. Reports, 1962.

4. Case concerning the Temple of Preah Vihear (Cambodia v. Thailand), Separate Opinion of Judge Sir Gerald Fitzmaurice, I. C. J. Reports, 1962.

5. Frontier Dispute (Burkina Faso/ Republic of Mali), Judgment, I. C. J. Reports, 1986.

6. Territorial and Maritime Dispute between Nicaragua and Honduras in the Caribbean Sea (Nicaragua v. Honduras), Judgment, I. C. J. Reports, 2007.

7. Sovereignty over Pedra Branca/ Palau Batu Puteh, Middle Rocks and South Ledge (Malaysia v. Singapore), Judgment, I. C. J. Reports, 2008.

8. Territorial and Maritime Dispute (Nicaragua v. Colombia), Judgment, I. C. J. Reports, 2012.

9. Sovereignty Over Pulau Ligitan and Palua Sipadan (Indonesia/Malaysia), Judgment, I. C. J. Reports, 2002.

10. Western Sahara, Advisory Opinion of 16 October 1975, I. C. J. Reports, 1975.

11. Kasikili/Sedudu Island (Botswana/Namibia), Merits, Judgment, I. C. J. Reports, 1999.

12. Armed Activities on the Territory of the Congo (Democratic Republic of the Congo v. Uganda), Judgment, I. C. J. Reports, 2005.

13. Military and Paramilitary Activities in and against Nicaragua (Nicaragua v. United States of America), Merits, Judgment, I. C. J. Reports, 1986.

14. United States Diplomatic and Consular Staff in Tehran, Judgment, I. C. J. Reports, 1980.

15. Frontier Dispute (Benin/Niger), Judgment, I. C. J. Reports, 2005.

16. Application of the Convention on the Prevention and Punishment of the Crime of Genocide (Bosnia and Herzegovina v. Serbia and Montenegro), Judgment, I. C. J. Reports, 2007.

17. Legal Consequences of the Construction of a Wall in the Occupied Palestinian Territory, Advisory Opinion of 9 July 2004, I. C. J. Reports, 2004.

18. Pulp Mills on the River Uruguay (Argentina v. Uruguay), Judgment, I. C. J. Reports, 2010.

19. Case concerning Maritime Delimitation and Territorial Questions between Qatar and Bahrain (Qatar v. Bahrain) , Merits, Judgment, I. C. J. Reports, 2001.

20. North Sea Continental Shelf Cases (Federal Republic of Germany/ Denmark; Federal Republic of Germany/Netherlands) , Judgment, I. C. J. Reports, 1969.

21. Fisheries Jurisdiction (United Kingdom v. Iceland) , Merits, Judgment, I. C. J. Reports, 1974.

22. Fishery Jurisdiction Case (Federal Republic of Germany v. Iceland) , Merits, Judgment, I. C. J. Reports, 1974.

23. Frontier Dispute (Burkina Faso/Niger) , Judgment, I. C. J. Reports, 2013.

24. Land and Maritime Boundary between Cameroon and Nigeria, Judgment, I. C. J. Reports, 1998.

25. Land and Maritime Boundary between Cameroon and Nigeria (Cameroon v. Nigeria: Equatorial Guinea intervening) , Judgment, I. C. J. Reports, 2002.

26. Delimitation of the Maritime Boundary in the Gulf of Maine Area, Judgment, I. C. J. Reports, 1984.

27. Case concerning the Land, Island and Maritime Frontier Dispute (El Salvador v. Honduras) , Application of Nicaragua for Permission to Intervene, Judgment, I. C. J. Reports, 1990.

28. Case concerning the Land, Island and Maritime Frontier Dispute (El Salvador/Honduras: Nicaragua intervening) , Judgment, I. C. J Reports, 1992.

29. Territorial Dispute (Libyan Arab Jamahiriya/ Chad) , Judgment, I. C. J. Reports, 1994.

30. Maritime Delimitation in the Black Sea (Romania v. Ukraine) , Judgment, I. C. J. Reports, 2009.

31. Case concerning Sovereignty over Certain Frontier Land, Judgment, I. C. J. Reports, 1959.

32. Fisheries Case (UK v. Norway) , Judgment, I. C. J. Reports, 1951.

33. Nuclear Tests (Australia v. France) , Judgment, I. C. J. Re-

ports，1974.

34. Oil Platforms（Islamic Republic of Iran v. United States of America），Judgment，I. C. J. Reports，2003.

35. Anglo-Iranian Oil Co.（United Kingdom v. Iran），Judgment，I. C. J. Reports，1952.

36. Anglo-Norwegian Fisheries Case（United Kingdom v. Norway），Judgment，I. C. J. Reports，1951.

37. Anglo-Norwegian Fisheries Case（United Kingdom v. Norway），Separate Opinion of Judge Hsu Mo，Judgment，I. C. J. Reports，1951.

38. Barcelona Traction, Light and Power Company, Limited，Separate Opinion of Judge Sir Gerald Fitzmaurice，Judgment，I. C. J. Reports，1970.

39. Corfu Channel case，Judgment，I. C. J. Reports，1949.

40. Continental Shelf（Tunisia/Libyan Arab Jamahiriya），Judgment，I. C. J. Reports，1982.

41. Maritime Delimitation in the Caribbean Sea and the Pacific Ocean（Costa Rica v. Nicaragua）and Land Boundary in the Northern Part of Isla Portillos（Costa Rica v. Nicaragua），Judgment，I. C. J. Reports，2018.

42. Legal Consequences of the Separation of the Chagos Archipelago from Mauritius in 1965，Advisory Opinion of 25 February 2019，I. C. J. Reports，2019.

43. Fisheries Jurisdiction Case（United Kingdom v. Iceland），Merits，Judgment，I. C. J. Reports 1974.

44. Fishery Jurisdiction Case（Federal Republic of Germany v. Iceland），Merits，Judgment，I. C. J. Reports，1974.

（二）国际海洋法法庭判决

Delimitation of the Maritime Boundary in the Bay of Bengal（Bangladesh/Myanmar），Judgment，ITLOS Reports，2012.

（三）国际仲裁裁决

1. Island of Palmas Case（USA v. Netherlands），Award of 4 April 1928，Reports of International Arbitral Awards，Vol. Ⅱ，2006.

2. Legal Status of Eastern Greenland（Denmark v. Norway），P. C. I. J. Series A/B No. 53，1933.

3. The South China Sea Arbitration (The Republic of Philippines v. The People's Republic of China), Award of 12 July 2016, P. C. A., 2016.

4. The South China Sea Arbitration (The Republic of Philippines v. The People's Republic of China), Award on Jurisdiction and Admissibility, 29 October 2015, P. C. A..

5. The Eritrea/Yemen Arbitration (First Stage: Territorial Sovereignty and Scope of Dispute), Award of 9 October 1998, Reports of International Arbitral Awards, Vol. XXII, 2006.

6. Dispute between Argentina and Chile concerning the Beagle Channel, Award of 18 February 1977, Reports of International Arbitral Awards, Vol. XXI, 2006.

7. Honduras Borders (Guatemala, Honduras), Award of 23 January 1933, Reports of International Arbitral Awards, Vol. II, 2006.

8. The Guiana Boundary Case (Brazil v. Great Britain), Award of 6 June 1904, Reports of International Arbitral Awards, Vol. XI, 2006.

9. Arbitration between Barbados and the Republic of Trinidad and Tobago, relating to the delimitation of the exclusive economic zone and the continental shelf between them, Decision of 11 April 2006, Reports of International Arbitral Awards, Vol. XXVII.

10. Middle East Management and Construction Corp. v. The Islamic Republic of Iran, Award No. 202'292'2, 25 November 1985.

11. Arbitration on the Delimitation of the Continental Shelf (France-United Kingdom), Decisions of the Court of Arbitration dated 30 June 1977 and 14 March 1978, International Legal Materials, Vol. 18, No. 2, March 1979.

12. Bay of Bengal Maritime Boundary Arbitration between Bangladesh and India (Bangladesh v. India), Award of 7 July 2014, 2014.

13. El Salvador v. Nicaragua, Central American Court of Justice, Judgment of 9 March 1917.

14. Award of the North Atlantic Coast Fisheries Case (United Kingdom/United States), 7 September 1910, Reports of International Arbitral Awards, Vol. XI, U. N., 2006.

15. Dissenting Opinion of the North Atlantic Coast Fisheries Case

(United Kingdom/United States), 7 September 1910, Reports of International Arbitral Awards, Vol. XI, U. N. , 2006.

（四）其他案件

1. Eritrea-Ethiopia Boundary Commission, Decision Regarding Delimitation of the Border between the State of Eritrea and the Federal Democratic Republic of Ethiopia, 1 January 2002, International Legal Materials, Vol. 41, 2002.

2. Report and Recommendations of the Compulsory Conciliation Commission between Timor-Leste and Australia on the Timor Sea, 9 May 2018.

3. In the Matter of An Arbitration before a Tribunal Constituted in Accordance with Art. 5 of the Arbitration Agreement between the Government of Sudan and the Sudan People's Liberation Movement/Army on Delimiting Abyei Area, Arbitral Tribunal, Final Award, 2009.

（五）外国国内司法案例

1. United States v. California, 381 U. S. 139 (1965), https://supreme. justia. com/cases/federal/us/381/139/.

2. United States v. Louisiana, 394 U. S. 11 (1969), https://supreme. justia. com/cases/federal/us/394/11/.

3. United States v. Alaska, 352 F. Supp. 819-820 (1972) .

4. United States v. Alaska, 422 U. S. 184 (1975), https://supreme. justia. com/cases/federal/us/422/184/.

5. Alaska v. United States, 545 U. S. 75 (2005), https://www. law. cornell. edu/supct/html/128 ORIG. ZO. html.

6. United States v. Maine et al. 475 U. S. 89 (1986) .

五、学术文献

（一）著　作

1. 英文著作

（1）Robert Jennings, *The Acquisition of Territory in International Law*, Manchester University Press, 1963.

（2）Malcolm N. Shaw, *International Law*, 6th edn. , Cambridge University Press, 2008.

（3）Anna Riddell and Brendant Plant，*Evidence before the International Court of Justice*，British Institute of International and Comparative Law，2009.

（4）D. Sandifer，*Evidence before the International Tribunals*，University Press of Virginia，1975.

（5）Chittharanjan F. Amerasinghe，*Evidence in International Litigation*，Martinus Nijhoff Publishers，2005.

（6）Mojtaba Kazazi，*Burden of Proof and Related Issues：A Study on Evidence Before International Tribunal*，Kluwer Law International，1996.

（7）Surya P. Sharma，*Territorial Acquisition，Disputes and International Law*，Martinus Nijhoff Publishers，1997.

（8）Monique Chemilier-Gendreau，*Sovereignty over the Paracel and Spratly Islands*，Kluwer Law International，2000.

（9）Yehuda Z. Blum，*Historic Titles in International Law*，1st ed.，Martinus Nijhoff，1965.

（10）Myres S. McDougal，Harold D. Lasswell and Evan A. Vlasic，*Law and Public Order in Space*，Yale University Press，1963.

（11）Lưu Văn Lợi，*The Sino-Vietnamese Difference on the Hoang Sa and Truong Sa Archipelagoes*，Thế Giới Publishers，1996.

（12）Michael Akehurst，*A Modern Introduction to International Law*，5th ed.，George Allen & Unwin Publishers，1984.

（13）C. de Visscher，*Theory and Reality in Public International Law*，3rd ed. in French，translated by P. Corbett，Princeton University Press，1968.

（14）James Crawford，*Ian Brownlie's Principles of Public International Law*，8th Edition，2012.

（15）D. W. Greig，*International Law*，Butterworth，1978.

（16）Sophia Kopela，*Dependent Archipelago in the Law of the Sea*，Martinus Nijhoff Publishers，2013.

（17）Barry Hart Dubner，*The Law of Territorial Waters of Mid-Ocean Archipelagos and Archipelagic States*，Martinus Nijhoff，1976.

（18）Mohamed Munavvar，*Ocean States：Archipelagic Regimes in the*

Law of the Sea，Martinus Nijhoff Publishers，1995.

（19）R. P. Anand，*International Law and the Developing Countries*，Martinus Nijhoff，1987.

（20）Tullio Treves，Laura Pineschi，*The Law of the Sea*：*The European Union and Its Member States*，Martinus Nijhoff，1997.

（21）Donat Pharand，*Canada's Arctic Waters in International Law*，Cambridge University Press，1988.

（22）H. W. Jayewardene，*The Regime of Islands in International Law*，Martinus Nijhoff Publishers，1990.

（23）Clive R. Symmons，*Historic Waters in the Law of the Sea*：*A Modern Re-Appraisal*，Martinus Nijhoff Publishers，2008.

（24）Clive R. Symmons，*Historic Waters in the Law of the Sea*：*A Modern Re-Appraisal*，2nd ed. ，Martinus Nijhoff Publishers，2019.

（25）Shabtai Rosenne and Louis B. Sohn（eds. ），*United Nations Convention on the Law of the Sea 1982*：*Commentary*，Martinus Nijhoff Publishers，Vol. V，1989.

（26）Merrill Wesley Clark，*Historic Bays and Waters*：*A Regime of Recent Beginnings and Continued Usage*，Ocean Publications，1990.

（27）Leo J. Bouchez，*The Regime of Bays in International Law*，A. W. Sythoff，1964.

（28）Alexander Proelss（ed. ），*United Nations Convention on the Law of the Sea*：*A Commentary*，Beck/Hart，2017.

（29）Keyuan Zou，*Law of the Sea in East Asia*：*Issues and Prospects*，Routledge，2005.

（30）Sven M. G. Koopmans，*Diplomatic Dispute Settlement*：*The Use of Inter-State Conciliation*，T. M. C Asser Press，2008.

（31）J. H. W. Verzijl，*International Law in Historical Perspective*，Vol. 3：State Territory，A. W. Sijthoff，1970.

2. 中文著作

（1）孔令杰编著：《领土争端成案研究》，社会科学文献出版社2016 年版。

（2）张卫彬：《国际法院证据问题研究：以领土边界争端为视角》，法律出版社 2012 年版。

（3）吴士存：《南沙争端的起源与发展》（修订版），中国经济出版社 2013 年版。

（4）［英］伊恩·布朗利：《国际公法原理》，曾令良、余敏友等译，法律出版社 2002 年版。

（5）［英］马尔科姆·N. 肖：《国际法》（第六版），白桂梅等译，北京大学出版社 2011 年版。

（6）贾兵兵：《国际公法：和平时期的解释与适用》，清华大学出版社 2015 年版。

（7）李任远：《国际法中的历史性权利研究》，法律出版社 2018 年版。

（8）吕一燃主编：《南海诸岛：地理、历史、主权》，黑龙江教育出版社 2014 年版。

（9）张良福编著：《让历史告诉未来——中国管辖南海诸岛百年纪实》，海洋出版社 2011 年版。

（10）［英］劳特派特修订：《奥本海国际法》（上卷·第二分册），陈体强、王铁崖译，商务印书馆 1989 年版。

（11）中国南海研究院编：《黄岩岛十问》，海南出版社、三环出版社 2012 年版。

（12）傅崐成：《我国南海历史性水域法律地位之研究》，中国台湾地区"行政院"研究发展考核委员会，1993 年。

（13）［美］惠顿：《万国公法》，［美］丁韪良译，中国政法大学出版社 2003 年版。

（14）王军敏：《国际法中的历史性权利》，中共中央党校出版社 2009 年版。

（15）傅崐成：《南（中国）海法律地位之研究》，台湾 123 资讯有限公司 1996 年版。

（16）黄瑶、黄靖文主编：《菲律宾南海仲裁案核心问题法理分析》，三联书店（香港）有限公司 2018 年版。

（17）高之国、贾兵兵：《论南海九段线的历史、地位和作用》，海洋出版社 2014 年版。

（18）［日］浦野起央：《南海诸岛国际纷争史》，杨翠柏等译，南京大学出版社 2017 年版。

（19）中国国际法学会：《南海仲裁案裁决之批判》，外文出版社

2018 年版。

（20）［清］郭嵩焘：《使西纪程》，辽宁人民出版社 1994 年版。

（二）论 文

1. 英文论文

（1）Alain Pellet，"Article 38"，in Andreas Zimmermann，Christian Tomuschat，Karin Oellers-Frahm and Christian J. Tams（eds.），*The Statute of the International Court of Justice：A Commentary*，Oxford University Press，2012.

（2）Markus Benzing，"Evidentiary Issues"，in Andreas Zimmermann，Christian Tomuschat，Karin Oellers-Frahm and Christian J. Tams（eds.），*The Statute of the International Court of Justice：A Commentary*，Oxford University Press，2012.

（3）James A. Green，"Fluctuating Evidentiary Standards for Self-defence in the International Court of Justice"，*International & Comparative Law Quarterly*，Vol. 58，2009.

（4）Hong Thao Nguyen，"Vietnam's Position on the Sovereignty over the Paracels and the Spratlys：Its Maritime Claims"，*Journal of East Asia and International Law*，Vol. 5，2012.

（5）Jianming Shen，"International Law Rules and Historical Evidences Supporting China's Title to the South China Sea Islands"，*Hastings International and Comparative Law Review*，Vol. 21，1997－1998.

（6）Jianming Shen，"China's Sovereignty over the South China Sea Islands：A Historical Perspective"，*Chinese Journal of International Law*，Vol. 1，2002.

（7）C. H. M. Waldock，"Disputed Sovereignty in the Falkland Islands Dependencies"，*British Yearbook of International Law*，Vol. 25，1948.

（8）Georg Schwarzenberger，"Title to Territory：Response to a Challenge"，*American Journal of International Law*，Vol. 51，No. 2，1957.

（9）Hungdah Chiu，Choon-ho Park，"Legal Status of the Paracel and Spratly Islands"，*Ocean Development & International Law Journal*，Vol. 3，1975.

（10）Zhiguo Gao and Bingbing Jia，"The Nine-Dash Line in the South China Sea：History，Status，and Implications"，*American Journal of Inter-*

national Law, Vol. 107, No. 1, 2013.

(11) Zhiguo Gao, "The South China Sea: From Conflict to Cooperation", *Ocean Development & International Law*, Vol. 25, 1994.

(12) Erik Franckx and Marco Benatar, "Dots and Lines in the South China Sea: Insights from the Law of Map Evidence", *Asian Journal of International Law*, Vol. 2, No. 1, 2012.

(13) Giovanni Distefano, "The Conceptualization (Construction) of Territorial Title in the Light of the International Court of Justice Case Law", *Leiden Journal of International Law*, Vol. 19, Issue 4, 2006.

(14) T. O. Elias, "The Doctrine of Intertemporal Law", *American Journal of International Law*, Vol. 74, 1980.

(15) James D. Fry, Melissa H. Loja, "The Roots of Historic Title: Non-Western Pre-Colonial Normative Systems and Legal Resolution of Territorial Disputes", *Leiden Journal of International Law*, Vol. 27, 2014.

(16) Brian Taylor Sumner, "Territorial Disputes at the International Court of Justice", *Duke Law Journal*, Vol. 53, No. 6, 2004.

(17) D. H. N. Johnson, "Acquisitive Prescription in International Law", *British Yearbook of International Law*, Vol. 27, 1950.

(18) L. F. E. Goldie, "The Critical Date", *International & Comparative Law Quarterly*, Vol. 12, Issue 4, 1963.

(19) Gerald Fitzmaurice, "The Law and Procedure of the International Court of Justice, 1951-4: Points of Substantive Law. Part Ⅱ", *British Yearbook of International Law*, Vol. 32, 1955-1956.

(20) Roger O'Keefe, "Legal Title versus Effectivités: Prescription and the Promise and Problems of Private Law Analogies", *International Community Law Review*, Vol. 13, 2011.

(21) Robert Beckman, "The UN Convention on the law of the Sea and the Maritime Dispute in the South China Sea", *American Journal of International Law*, Vol. 107, 2013.

(22) Haydee B. Yorac, "The Philippine Claim to the Spratly Islands Group", *Philippines Law Journal*, Vol. 58, Issue 2, 1983.

(23) D. W. Bowett, "Estoppel before International Tribunals and Its Relation to Acquiescence", *British Yearbook of International Law*, Vol. 33,

1957.

（24）William Thomas Worster，"Maps Serving as Facts or Law in International Law"，*Connecticut Journal of International Law*，Vol. 33，2018.

（25）Robert W. Smith，"Maritime Delimitation in the South China Sea：Potentiality and Challenges"，*Ocean Development & International Law*，Vol. 41，2010.

（26）L. L. Herman，"The Modern Concept of Archipelago in International Law"，*Canadian Yearbook of International Law*，Vol. 23，1985.

（27）C. F. Amerasinghe，"The Problems of Archipelagos in the International Law of the Sea"，*International & Comparative Law Quarterly*，Vol. 23，1974.

（28）Suzanne Lalonde，Frédéric Lasserre，"The Position of the United States on the Northwest Passage：Is the Fear of Creating a Precedent Warranted?"，*Ocean Development & International Law*，Vol. 44，2013.

（29）Tullo Scovazzi，"The Establishment of Straight Baselines Systems：The Rules and the Practice"，in Davor Vidas，Willy Østreng，*Order for the Oceans at the Turn of the Century*，Hague：Kluwer Law International，2000.

（30）Gerald Fitzmaurice，"The Law and Procedure of the International Court of Justice，1951－54：General Principles and Source of Law"，*British Yearbook of Intentional Law*，Vol. 30，1953.

（31）Huan-Sheng Tseng，Ching-Hsiewn Ou，"The evolution and trend of the traditional fishing rights"，*Ocean & Coastal Management*，Vol. 53，Issues 5-6，2010.

（32）Leonardo Bernard，"The Effect of Historic Fishing Rights in Maritime Boundaries Delimitation"，Papers from the Law of the Sea Institute，UC Berkeley-Korea Institute of Ocean Science and Technology Conference，held in Seoul，Korea，May 2012.

（33）I. C. MacGibbon，"The Scope of Acquiescence in International Law"，in Malcolm N. Shaw（ed.），*Title to Territory*，Ashgate Publishing Company and Dartmouth Publishing Company，2005.

（34）Zou Keyuan，"Historic Rights and Joint Development with Special Reference to the South China Sea"，in Wu Shicun，Hong Nong（eds.），*Recent Developments in the South China Sea Dispute：The Prospect of a Joint Development Regime*, Routledge, 2014.

（35）Bing Bing Jia, "The Principle of the Domination of the Land over the Sea: A Historical Perspective on the Adaptability of the Law of the Sea to New Challenges", *German Yearbook of International Law*, Vol. 57, 2014.

（36）Clive R. Symmons, "Historic Waters and Historic Rights in the South China Sea: A Critical Appraisal", in Shicun Wu, Mark J Valencia and Nong Hong (eds.), *UN Convention on the Law of the Sea and the South China Sea*, Routledge, 2016.

（37）Clive R. Symmons, "First Reactions to the Philippines v. China Arbitration Award Concerning the Supposed Historic Claims of China in the South China Sea", *Asia-Pacific Journal of Ocean Law and Policy*, Vol. 1, 2016.

（38）Florian Dupuy and Pierre-Marie Dupuy, "A Legal Analysis of China's Historic Rights Claim in the South China Sea", *American Journal of International Law*, Vol. 107, 2013.

（39）Jinming Li and Dexia Li, "The Dotted Line on the Chinese Map of the South China Sea: A Note", *Ocean Development & International Law*, Vol. 34, 2003.

（40）Keyuan Zou and Xinchang Liu, "The Legal Status of the U-Shaped Line in the South China Sea and Its Legal Implications for Sovereignty, Sovereign Rights and Maritime Jurisdiction", *Chinese Journal of International Law*, Vol. 14, 2015.

（41）Michael Sheng-Ti Gau, "The U-Shaped Line and a Categorization of the Ocean Disputes in the South China Sea", *Ocean Development & International Law*, Vol. 43, 2012.

（42）Sophia Kopela, "Historic Titles and Historic Rights in the Law of the Sea in the Light of the South China Sea Arbitration", *Ocean Development & International Law*, Vol. 48, 2017.

（43）Ted McDorman, "Rights and Jurisdiction over Resources in the South China Sea: UNCLOS and the 'Nine-Dash Line'", in S. Jayakumar, Tommy Koh and Robert Beckman (eds.), *The South China Sea Dispute and Law of the Sea*, Edward Elgar Publishing, 2014.

（44）Tran Thang Long, "Impacts of the Award of the Arbitral Tribunal in the Case between the Philippines and China", *Asia-Pacific Journal of O-cean Law and Policy*, Vol. 1, Issue 2, 2016.

（45）Xinmin Ma, "Merits Award Relating to Historic Rights in the South China Sea Arbitration: An Appraisal", *Asian Journal of International Law*, Vol. 8, 2018.

（46）Yehuda Z. Blum, "Historic Rights", in Rudolf Bernhardt (ed.), *Encyclopedia of Public International Law*, Instalment 7, North-Holland Publishing Co., 1984.

（47）Yoshifumi Tanaka, "Reflections on Historic Rights in the South China Sea Arbitration (Merits)", *International Journal of Marine and Coastal Law*, Vol. 32, 2017.

（48）Zhiguo Gao, "The South China Sea: From Conflict to Cooperation?", *Ocean Development & International Law*, Vol. 25, 1994.

（49）Sophia Kopela, "Historic Fishing Rights in the Law of the Sea and Brexit", *Leiden Journal of International Law*, Vol. 32, 2019.

（50）Sourabh Gupta, "Historic Fishing Rights in Foreign Exclusive Maritime Zones: Preserved or Proscribed by UNCLOS?", *Korean Journal of International and Comparative Law*, Vol. 7, 2019.

2. 中文论文

（1）何家弘、姚永吉：《两大法系证据制度比较论》，载《比较法研究》2003 年第 4 期。

（2）张良福：《中国政府收复西沙、南沙群岛纪实（上）》，载《世界知识》2016 年第 23 期。

（3）孔庆江、吴盈盈：《1945—1949 年国民党政府与南海有关行为的国际法意义》，载《学术界》2019 年第 2 期。

（4）郑志华：《论国际法上地图证据的效力》，载《法商研究》2013 年第 2 期。

（5）鞠继武：《南海诸岛地名的初步研究——南海诸岛自古以来是我国领土的古地名证据》，载《南京师院学报（自然科学版）》1981 年第 2 期。

（6）林金枝：《石塘长沙资料辑录考释》，载《南洋问题》1979 年第 6 期。

（7）南溟子：《涨海考》，载《中央民族学院学报》1982 年第

1 期。

（8）赵焕庭：《南海名浅考》，载《热带海洋学报》2009 年第 3 期。

（9）吴清玉等：《抗战胜利后中国海军奉命收复南沙群岛实录》，载中国科学院南沙综合科学考察队：《南沙群岛历史地理研究专集》，中山大学出版社 1991 年版。

（10）黄明明：《领土法中的有效控制研究》，中山大学 2016 年博士学位论文。

（11）张良福：《试论第二次世界大战结束及抗日战争胜利后的西沙、南沙群岛处理问题——从历史事实和国际法分析西沙、南沙群岛主权属于中国》，载中国国际法学会主办：《中国国际法年刊（2015）》，法律出版社 2016 年版。

（12）张卫彬：《国际法上岛礁的"占有"与南沙群岛问题》，载《法商研究》2016 年第 5 期。

（13）张卫彬：《南海争端关键日期的确定》，载《法商研究》2018 年第 6 期。

（14）张卫彬：《争议领土主权归属仲裁证据规则研究——基于证据分量视角分析中菲南海主权争端》，载《太平洋学报》2015 年第 6 期。

（15）张卫彬：《国际法院解决领土争端中推定的适用问题——兼谈对解决我国南沙群岛主权争端的启示》，载《国际论坛》2012 年第 3 期。

（16）郑志华：《中国南海 U 形线地图的可采性与证明力》，载《外交评论》2013 年第 4 期。

（17）郑志华：《论国际法上地图证据的效力》，载《法商研究》2013 年第 2 期。

（18）罗欢欣：《国际法上的领土权利来源：理论内涵与基本类型》，载《环球法律评论》2015 年第 4 期。

（19）罗欢欣：《论南海仲裁案实体裁决中对陆地权源的非法处理——以仲裁庭对岛礁地位的认定为考察对象》，载《国际法研究》2016 年第 5 期。

（20）罗欢欣：《〈美国国际法杂志〉南海专刊文章述评》，载《北方法学》2016 年第 4 期。

（21）赵理海：《关于南海诸岛的若干法律问题》，载《法制与社会发展》1995 年第 4 期。

（22）高健军：《从国际法角度评菲律宾对黄岩岛的主权主张》，载《法学杂志》2012 年第 10 期。

（23）贾宇：《历史性权利的意涵与南海断续线——对美国国务院关于南海断续线报告的批驳》，载《法学评论》2016 年第 3 期。

（24）贾宇：《南海问题的国际法理》，载《中国法学》2012 年第 6 期。

（25）黄德林：《评菲律宾对南沙群岛部分岛屿的主权主张》，载《法学评论》2002 年第 6 期。

（26）司徒尚纪、许桂灵：《南海断续线内南海诸岛整体性的历史地理认识》，载《中国海洋大学学报（社会科学版）》2015 年第 4 期。

（27）黄瑶：《中国在南海断续线内的合法权益——以南海仲裁案裁决评析为视角》，载《人民论坛·学术前沿》2016 年第 23 期。

（28）黄瑶、凌嘉铭：《从国际司法裁决看有效控制规则的适用——兼论南沙群岛主权归属》，载《中山大学学报（社会科学版）》2011 年第 4 期。

（29）黄瑶、伍俐斌：《20 世纪上半叶中山大学维护西沙群岛主权的历史考察及法律意义》，载《学术研究》2015 年第 11 期。

（30）黄瑶、黄靖文：《对美国国务院报告质疑中国南海断续线的评析与辩驳》，载《国际法研究》2015 年第 3 期。

（31）伍俐斌：《从"主观意图"论〈开罗宣言〉和〈波茨坦公告〉的国际条约性质——纪念世界反法西斯战争和中国人民抗日战争胜利 70 周年》，载《太平洋学报》2015 年第 9 期。

（32）黄靖文：《南海仲裁案所涉低潮高地海洋权利和领土属性问题》，载黄瑶、黄靖文主编：《菲律宾南海仲裁案：核心法理分析》，三联书店（香港）有限公司 2018 年版。

（33）张磊：《关键日期视野下地图为中心的越南南海主张非法性问题》，载《河北法学》2018 年第 8 期。

（34）胡德胜：《驳菲律宾对黄岩岛的主权主张——领土取得的国际法视角》，载《河北法学》2014 年第 5 期。

（35）熊沛彪、张逦：《国际法上关键日期适用问题研究》，载

《云南大学学报（法学版）》2014 年第 2 期。

（36）丁铎：《领土主权与海域划界争端中地图的证明效力研究》，载《国际法研究》2016 年第 5 期。

（37）丁铎、林杞：《日韩两国发行的部分地图中涉南海诸岛标注情况述评》，载《边界与海洋研究》2018 年第 3 期。

（38）谷名飞：《再谈"嘉隆皇帝插旗"说的真实性——基于法国档案的研究》，载《南京大学学报（哲学·人文科学·社会科学）》2018 年第 2 期。

（39）张祖兴：《论"取得时效"在国际法上的地位》，载《外交评论》2011 年第 6 期。

（40）谭玉华：《权利与控制：1947 年永兴岛事件引发的中法西沙群岛之争》，载《中山大学学报（社会科学版）》2016 年第 5 期。

（41）谭玉华：《法国外交部档案馆藏 1955—1957 年南沙群岛档案选译》，载《南洋资料译丛》2017 年第 3 期。

（42）李金明：《越南黄沙、长沙非中国西沙南沙考》，载《中国边疆史地研究》1997 年第 2 期。

（43）李金明：《国内外有关南海断续线法律地位的研究述评》，载《南洋问题研究》2011 年第 2 期。

（44）蒋超翊：《通过国际法院的三个最新案例评"有效占领"的要件》，载中国国际法学会主办：《中国国际法年刊（2012）》，法律出版社 2013 年版。

（45）俞宽赐：《我国南海 U 型线及线内水域之法律性质和地位》，载《海南暨南海学术研讨会论文集》（2001 年）。

（46）刘楠来：《从国际海洋法看"U"形线的法律地位》，载钟天祥、韩佳、任怀锋编：《南海问题研讨会论文集》（2002 年），海南南海研究中心。

（47）王玫黎、谭畅：《论有效控制理论在南海岛屿主权争端中的运用——基于国际法院裁判案例的分析》，载《太平洋学报》2014 年第 5 期。

（48）郭渊：《从南海九小岛事件看民国学者对南沙主权之论证》，载《北方法学》2016 年第 1 期。

（49）宋岩：《国际法院在领土争端中对有效控制规则的最新适用——评 2012 年尼加拉瓜诉哥伦比亚"领土和海洋争端案"》，载

《国际论坛》2013 年第 2 期。

（50）疏震娅、张颖：《日本〈南海周边领土问题〉报告中的关键日期问题评析》，载《河海大学学报（哲学社会科学版）》2017 年第 3 期。

（51）鞠海龙：《近代中国的南海维权与中国南海的历史性权利》，载《中州学刊》2010 年第 2 期。

（52）李国强：《中国南海诸岛主权的形成及南海问题的由来》，载《求是》2011 年第 15 期。

（53）侯毅：《从地名演变看中国在南海诸岛的主权》，载《中国边疆学》2016 年第 2 期。

（54）丁雁南：《史实与想象："嘉隆王插旗"说质疑》，载《南京大学学报（哲学·人文科学·社会科学）》2015 年第 4 期。

（55）黄俊凌：《20 世纪 50 年代台湾当局维护南沙群岛主权的斗争》，载《当代中国史研究》2013 年第 1 期。

（56）李任远：《国际法中的历史性权利研究》，厦门大学 2014 年博士学位论文。

（57）李任远：《历史性权利法理基础研究——以海洋中历史性权利的产生与发展为视角》，载《太平洋学报》2015 年第 10 期。

（58）李金明：《南海断续线的法律地位：历史性水域、疆域线、抑或岛屿归属线？》，载《南洋问题研究》2010 年第 4 期。

（59）范宏伟、王虎：《台湾当局南海政策演变之研究》，载《台湾研究》2013 年第 5 期。

（60）曾昭璇、曾宪珊：《清〈顺风得利〉（王国昌抄本）更路簿研究》，载《中国边疆史地研究》1996 年第 1 期。

（61）吕一燃：《日商西泽吉次掠夺东沙群岛资源与中日交涉》，载《中国边疆史地研究》1994 年第 3 期。

（62）吴士存：《民国时期的南海诸岛问题》，载《民国档案》1996 年第 3 期。

（63）冯梁、王维、周亦民：《两岸南海政策：历史分析与合作基础》，载《世界经济与政治论坛》2010 年第 4 期。

（64）王宏斌：《清代前期广东内外洋划分准则》，载《广东社会科学》2016 年第 1 期。

（65）丁铎：《南海仲裁案仲裁庭处理〈联合国海洋法公约〉与一

般国际法关系问题探析》，载《南海法学》2017 年第 4 期。

（66）陈鸿瑜：《评析越南官方主张西沙群岛和南沙群岛主权之法理论据》，载《展望与探索》2014 年第 10 期。

（67）傅崐成、崔浩然：《南海 U 形线的法律性质与历史性权利的内涵》，载《厦门大学学报（哲学社会科学版）》2019 年第 4 期。

（68）李金明：《菲律宾国家领土界限评述》，载《史学集刊》2003 年第 3 期。

（69）李金明：《从历史与国际海洋法看黄岩岛的主权归属》，载《中国边疆史地研究》2001 年第 4 期。

（70）何志鹏：《中国话语的法律表达——基于〈关于菲律宾共和国所提南海仲裁案管辖权问题的立场文件〉的思考》，载《海南大学学报（人文社会科学版）》2015 年第 2 期。

（71）黄瑶：《论人类命运共同体构建中的和平搁置争端》，载《中国社会科学》2019 年第 2 期。

（72）黄瑶：《论国家间调解的优越性》，载黄瑶、陈文学、李赞编：《未名飞鸿：饶戈平教授从教四十周年纪念文集》，北京大学出版社 2018 年版。

（73）黄瑶：《"南海行为准则"的制定：进展、问题与展望》，载《法治社会》2016 年第 1 期。

（74）黄德明、黄赟琴：《从白礁岛案看领土取得的有效控制原则》，载《暨南学报（哲学社会科学版）》2009 年第 5 期。

（75）雷筱璐：《论非主权性历史性权利与专属经济区和大陆架制度的并存与协调》，载《法学评论》2016 年第 3 期。

（76）孔令杰：《中菲关于黄岩岛领土主权的主张和依据研究》，载《南洋问题研究》2013 年第 1 期。

（77）王秀梅：《白礁岛、中岩礁和南礁案的国际法解读》，载《东南亚研究》2009 年第 1 期。

（78）吴凤斌：《关于越南"黄沙"和"长沙"的问题——驳武海鸥〈越南对黄沙和长沙两群岛的主权非常明确，不容争辩〉一文的谬论》，载《南洋问题》1981 年第 3 期。

（79）吴凤斌：《驳南越阮伪政权〈白皮书〉所谓拥有我国西、南沙群岛主权的论据》，载《南洋问题研究》1979 年第 4 期。

（80）吴凤斌：《驳菲律宾侵犯我南沙群岛的一些所谓论据》，载

《南洋问题研究》1979 年第 4 期。

（81）贾兵兵：《驳美国国务院〈海洋疆界〉第 143 期有关南海历史性权利论述的谬误》，载《法学评论》2016 年第 4 期。

（82）贾宇：《南海断续线的法理意涵》，载《社会科学战线》2015 年第 4 期。

（83）贾宇：《试论历史性权利的构成要件》，载《国际法研究》2014 年第 2 期。

（84）谭卫元：《菲律宾政府对南沙群岛"主权诉求"的因由演变》，载《太平洋学报》2014 年第 12 期。

（85）信强：《"五不"政策：美国南海政策解读》，载《美国研究》2014 年第 6 期。

（86）许盘清、曹树基：《西沙群岛主权：围绕"帕拉塞尔"（Paracel）的争论——基于 16—19 世纪西文地图的分析》，载《南京大学学报（哲学·人文科学·社会科学）》2014 年第 5 期。

（87）薛力：《理解南海争端：来自非声索国专家的观点》，载《东南亚研究》2014 年第 6 期。

（88）杨文澜：《〈联合国海洋法公约〉下强制调解第一案——"东帝汶与澳大利亚强制调解案"述评》，载《国际法研究》2018 年第 3 期。

（89）袁古洁、李任远：《历史性权利对海洋权利的影响——兼及中国南海权利主张》，载《中山大学法律评论》2014 年第 3 期。

（90）曾皓：《论领土法的新发展——以国际司法判例为视角》，载《湘潭大学学报（哲学社会科学版）》2010 年第 3 期。

（91）张海文、田秋宝：《关于南海国际舆论战及其主要特征分析》，载王缉思主编：《中国国际战略评论（2018）》（下），世界知识出版社 2019 年版。

（92）张磊：《论有效控制规则视野下中业岛的主权归属》，载《河北法学》2016 年第 1 期。

（93）张祖兴：《评南海仲裁案仲裁庭对历史性权利相关问题的处理》，载《东南亚研究》2016 年第 6 期。

（94）张祖兴：《菲律宾领土和海洋主张的演变》，载《东南亚研究》2017 年第 6 期。

（95）周士新：《试论建构南海地区秩序的行为准则》，载《亚太安全与海洋研究》2018 年第 5 期。

（96）邹克渊、刘昕畅：《南海仲裁案与中国在南海的历史性权利》，载《东南亚研究》2017 年第 4 期。

（97）刘晨虹：《中国南海历史性权利之"国际习惯法"说新解》，载《太平洋学报》2019 年第 9 期。

（三）档案与资料

1. 英　文

（1）Publications of the Permanent Court of International Justice, Series D: Acts and Documents concerning the Organisation of the Court, No. 2 Preparation of the Rules of Court, 1922.

（2）Treaty Series, Publication of Treaties and International Engagements registered with the Secretariat of the League of Nations, Vol. CXXXVII, 1933, No. 1, 2, 3 & 4, No. 3164.

（3）Yearbook of International Law Commission (1956), Vol. II.

（4）American Journal of International Law Special Supplement, Vol. 23, 1929.

2. 中　文

（1）韩振华主编：《我国南海诸岛史料汇编》，东方出版社 1988 年版。

（2）戴可来、童力合编：《越南关于西、南沙群岛主权归属问题文件、资料汇编》，河南人民出版社 1991 年。

（3）中国台湾地区"内政部"编印：《中华民国南疆史料选辑》，2015 年。

（4）中国台湾地区"外交部"研究设计委员会编印：《"外交部"南海诸岛档案汇编》，1995 年。

（5）《中国南海诸群岛文献汇编之十》，台湾学生书局 1981 年版。

（6）陈天锡编著：《西沙岛东沙岛成案汇编》，香港商务印书馆 1928 年版。

（7）陈天锡、郑资约、杨秀靖编著：《南海诸岛三种》，郑行顺点校，海南出版社 2004 年版。

（8）广东省地名委员会编：《南海诸岛地名资料汇编》，广东省地图出版社 1987 年版。

（9）吴士存主编：《南海问题文献汇编》，海南出版社 2001 年版。

（10）萧德浩、黄铮主编：《中越边界历史资料选编》，社会科学文献出版社 1993 年版。

（11）王铁崖编：《中外旧约章汇编》（第一册），生活·读书·新知三联书店 1957 年版。

（12）《国际条约集（1872—1916）》，世界知识出版社 1986 年版。

（13）《国际条约集（1950—1952）》，世界知识出版社 1959 年版。

（14）《国际条约集（1953—1955）》，世界知识出版社 1960 年版。

（15）全国人大常委会办公厅研究室编写：《中国近代不平等条约汇要》，中国民主法制出版社 1996 年版。

（16）《中华人民共和国对外关系文件集（1956—1957）》（第四集），世界知识出版社 1961 年版。

（17）《中国近代对外关系史资料选辑（1840—1949）》，上海人民出版社 1977 年版。

（18）陈志奇编：《中华民国外交史料汇编》，台湾渤海堂文化公司 1996 年版。

（19）中华民国立法院编译处：《中华民国法规汇编》（第 4 编），中华书局 1934 年版。

（20）陈鸿瑜：《"外交部"南海诸岛档案汇编》，中国台湾地区"外交部"研究设计委员会，1994 年。

（21）张元济主编：《外交报汇编》（第一册），国家图书馆出版社 2009 年版。

（22）广东省博物馆：《西沙文物》，文物出版社 1974 年版。

（23）云南省历史研究所编：《〈清实录〉越南缅甸泰国老挝史料摘抄》，云南人民出版社 1986 年版，第 300—307 页。

（24）《筹办夷务始末：同治朝》，中华书局 2008 年版。

（25）《清仁宗实录》，华文书局 1985 年版。

（四）研究报告

1. Robert David Hogson, "Islands: Normal and Special Circumstances", Bureau of Intelligence and Research, U. S. Department of State, 1973.

2. The British Institute of International and Comparative Law, "Report on the Obligations of States under Articles 74 (3) and 83 (3) of UNCLOS in respect of Undelimited Maritime Areas", 2016, https://www.biicl.org/projects/obligations-of-states-under-articles-743-and-833-of-unclos-inrespect-

of-undelimited-maritime-areas.

3. The Institute of International Law, The Regulations on the Procedure of International Conciliation, 1961, http://www. idi-iil. org/en? s = conciliation.

4. Polite Dyspriani, Traditional Fishing Rights: Analysis of State Practice, The United Nations-Nippon Foundation Fellowship Programme 2010-2011, Division for Ocean Affairs and the Law of the Sea Office of Legal Affairs, New York, 2011.

(五) 其他文献资料

1. Andrea Gioia, "Historic Titles", *Max Planck Encyclopedia of Public International Law*, Online Edition.

2. Rüdiger Wolfrum and Mirka Möldner, "International Courts and Tribunals, Evidence", *Max Planck Encyclopedia of Public International Law*, Online Edition.

3. Marcelo G. Kohen, Mamadou Hébié, "Territory, Acquisition", *Max Planck Encyclopedia of Public International Law*, Online Edition.

4. Giuseppe Nesi, "Uti possidetis Doctrine", *Max Planck Encyclopedia of Public International Law*, Online Edition.

5. Dolliver Nelson, "Exclusive Economic Zone", *Max Planck Encyclopedia of Public International Law*, Online Edition.

6. Speech by H. E. Judge Rosalyn Higgins, President of the International Court of Justice, to the General Assembly of the United Nations, 1 November 2007.

7. Journal officiel de la République Française, 65th Year, No. 172, 25 July 1933.

8. Nuno Sérgio Marques Antunes, "Acquiescence", Max Plank Encyclopedia of Public International Law (online edition), https://opil. ouplaw. com/home/EPIL.

9. Luthfy Ramiz, "Traditional Nature of Traditional Fishing Right Recognition on the Timor Sea Based on International Law of the Sea", http:// www. academia. edu/17028957/TRADITIONAL _ NATURE _ OF _ TRADITIONAL_FISHING _ RIGHT _ RECOGNITION _ ON _ THE _ TIMOR _ SEA _

BASED_ON_INTERNATIONAL_LAW_OF_THE_SEA.

10. 《西沙群岛交涉及法占九小岛事》，载《外交部公报》第六卷第三号（1933 年 7—9 月）。

11. 《人民日报》观察家评论：《别想从中国人民手里占便宜》，载《人民日报》1956 年 6 月 28 日，第 4 版。

12. 《在西沙群岛发现祖国碑刻》，载《人民日报》1957 年 10 月 31 日，第 8 版。

13. 《菲政府听从美帝指示妄图侵占我团沙群岛 北京有资格人士指出：美菲如不放弃冒险计划，必引起严重后果》，载《人民日报》1950 年 5 月 20 日，第 1 版。

14. 《美国片面制定〈对日条约草案〉》，载《人民日报》1951 年 4 月 22 日，第 1 版。

15. 《美英对日和约草案》，载《人民日报》1951 年 8 月 16 日，第 4 版。

16. 《在美英所谓"对日和约草案定本"中 暴露美国阴谋侵犯我台湾南威等岛主权 中国人民绝对不能容忍美国这种强盗行为》，载《人民日报》1951 年 8 月 23 日，第 1 版。

17. 《范文同总理致函周总理 越南尊重我国领海的规定》，载《人民日报》1958 年 9 月 22 日，第 3 版。

18. 《越南政府强烈谴责美帝十分露骨的战争行动 对美国在越南及其附近水域的强盗行径提出严厉警告》，载《人民日报》1965 年 5 月 10 日，第 1 版。

19. 《外交部发言人重申 南沙群岛是中国领土 越南将其列入庆和省完全非法》，载《人民日报》1989 年 7 月 14 日，第 2 版。

20. 《我外交部发言人就菲律宾宣布在我南沙群岛地区钻探石油发表声明 任何外国对我国南沙群岛的岛屿提出主权要求都是非法的无效的》，载《人民日报》1976 年 6 月 15 日，第 1 版。

21. 林金枝：《西沙群岛和南沙群岛自古以来就是中国的领土》，载《人民日报》1980 年 4 月 7 日，第 4 版。

22. 邵循正：《我国南沙群岛的主权不容侵犯》，载《人民日报》1956 年 6 月 5 日，第 3 版。

23. 邵循正：《西沙群岛是中国的领土》，载《人民日报》1956 年

7 月 8 日，第 4 版。

24. 崔奇：《奇怪的"发现"》，载《人民日报》1956 年 6 月 5 日，第 4 版。

25. 史棣祖：《南海诸岛自古就是我国领土》，载《人民日报》1975 年 11 月 25 日，第 2 版。

26.《菲律宾政府对南沙群岛法律地位的声明》，载《光明日报》1956 年 6 月 1 日。

27.《菲对南沙久图染指》，载中国台湾地区"中央"日报 1956 年 5 月 28 日，第 6 版。

28. 黄瑶、卜凌嘉：《〈越南海洋法〉作用有限〉》，载《联合早报》（新加坡），2012 年 7 月 6 日。

29. 刘延华：《民国时期我国对南海海域性质的认识》，中国南海研究院，http://www.nanhai.org.cn/review_c/245.html。

30.《西南中沙群岛》，海南史志网，http://www.hnszw.org.cn/data/news/2009/06/43658/。

31.《菲律宾领土范围从未包括南沙群岛和黄岩岛》，中华人民共和国驻文莱达鲁萨兰国大使馆网站，https://www.mfa.gov.cn/ce/cebn/chn/zts/nhwt/t1372317.htm。

六、其　他

（一）问答、谈话

1.《2012 年 2 月 29 日外交部发言人洪磊举行例行记者会》，中华人民共和国外交部，http://www.fmprc.gov.cn/mfa_chn/wjdt_611265/fyrbt_611275/t909551.shtml。

2.《2019 年 7 月 17 日外交部发言人耿爽主持例行记者会》，中华人民共和国外交部，https://www.fmprc.gov.cn/web/fyrbt_673021/jzhsl_673025/t1681695.shtml。

3.《2019 年 10 月 24 日外交部发言人华春莹主持例行记者会》，中华人民共和国外交部，https://www.fmprc.gov.cn/web/fyrbt_673021/jzhsl_673025/t1710473.shtml。

4.《中国外长王毅就所谓南海仲裁庭裁决结果发表谈话》，中华人民共和国驻多伦多总领馆，http://www.fmprc.gov.cn/ce/cgtrt/chn/

xw/t1381310. htm。

　　5.《外交部刘振民副部长：各沿岸国应携手打造"南海命运共同体"》，载《南国都市报》2015 年 3 月 29 日，第 8 版。

（二）新闻报道、时事评论

　　1. Richard Heydarian，"Vietnam's Threat of Legal Warfare Could Signal It Is Ready to Take an Even Bolder Stance on China"，*South China Morning Post*，16 November 2019，https：//www. scmp. com/news/china/diplomacy/article/3037968/vietnams-threat-legal-warfare-could-signal-it-ready-take-even.

　　2. "Indonesia's New Year's message to China over the Natunas Dispute：A Game Changer?"，ABS'CBN，5 January 2020，https：//news. abs-cbn. com/overseas/01/05/20/indonesias-new-years-message-to-china-over-the-natunas-dispute-a-game-changer.

　　3.《菲律宾总统正式签署行政命令 将南海命名为"西菲律宾海"》，人民网，http：//world. people. com. cn/n/2012/0912/c57507-18993195. html。

　　4.《人民日报钟声：坚持以"双轨思路"处理南海问题》，人民网，http：//opinion. people. com. cn/n/2014/1117/c1003-26037500. html。

　　5.《综述："南海行为准则"磋商推动地区和平稳定》，新华网，http：//www. xinhuanet. com/world/2019-08/02/c_1124830992. htm。

　　6.《我国建立全海域维权巡航制度》，资源网（国土资源部信息中心主办），http：//news. cntv. cn/china/20120722/108221. shtml。

　　7.《新闻调查：巡航南海》，央视网，http：//news. cntv. cn/china/20120722/108221. shtml。

七、地图资料

（一）古代地图

　　1.《郑和航海图》，见中国台湾地区"内政部"编印：《中华民国南疆史料选辑》，2015 年，第 35 页。

　　2. 1767 年《大清万年一统天下全图》，黄千人编绘，该图放大、增补、重刻版见任继愈主编：《中国国家图书馆古籍珍品图录》，北京图书馆出版社 1999 年版，第 287 页。现藏于中国国家图书馆。[1]

3. 1818 年《大清一统天下全图》，朱锡龄编绘，见周敏民主编：《地图中国》，香港科技大学图书馆 2003 年版，第 174 页，第 48 图。该图藏于美国威斯康星大学密尔沃基分校图书馆。[2]

（二）近代地图

1. 1935 年《中国南海各岛屿图》，载《水陆地图审查委员会会刊》1935 年第 2 期，第 68—69 页。另见中国台湾地区"内政部"编印：《中华民国南疆史料选辑》，2015 年，第 45 页。

2. 1948 年《南海诸岛位置图》，见内政部方域司编制：《中华民国行政区域图》，商务印书馆 1948 年版。另见中国台湾地区"内政部"编印：《中华民国南疆史料选辑》，2015 年，第 51 页。该图藏于中国国家图书馆。

3. 1936 年《中华建设新图·海疆南展后之中国全图》，见白眉初：《中华建设新图》，北平建设图书馆 1936 年版，第二图《海疆南展后

---

〔1〕 该图另见：①中国测绘科学研究院编纂：《中华古地图珍品选集》，哈尔滨地图出版社 1998 年版，第 210—211 页。②鲍国强（国家图书馆古籍馆舆图组研究员）：《大清万年一统地理全图》，载于陈红彦主编：《古旧舆图善本掌故》，上海远东出版社 2017 年版，第 46—47 页。该文原载于国家图书馆、国家古籍保护中心编：《西域遗珍——新疆历史文献暨古籍保护成果展图录》，国家图书馆出版社 2011 年版，第 238—241 页（中大南校特藏部）。③席会东：《中国古代地图文化史》，中国地图出版社 2013 年版，第 114—115 页。④"中华舆图志编制及数字展示"项目组编著：《中华舆图志》，中国地图出版社 2011 年版（中大南校特藏部）。⑤世界数字图书馆，https：//www. wdl. org/zh/item/17879/。

〔2〕 具体信息可参见香港科技大学图书馆古籍及特藏阅览区，https：//lbezone. ust. hk/bib/b626740；https：//library. ust. hk/collections-resources/special-collections/map-catalog/；https：//julac. hosted. exlibrisgroup. com/primo-explore/fulldisplay？vid = HKUST &docid = HKUST_IZ21123471190003412。该图另见：世界数字图书馆，https：//www. wdl. org/zh/item/17879/。名为《大清一统天下全图》的地图主要有以下几个版本：（1）1714 年阎咏、杨禹江版，此为该类舆图的源头，后基本为摹绘/改绘版；（2）1725 年汪日昂版；（3）1817 年陶晋版；（4）1818 年朱锡龄版。参考文献：①席会东：《中国古代地图文化史》，中国地图出版社 2013 年版，第 116 页；②石冰洁：《从现存宋至清"总图"图名看古人"由虚到实"的疆域地理认知》，载《历史地理》2016 年第 1 期，第 371—372、第 374 页；③韩振华主编：《我国南海诸岛史料汇编》，东方出版社 1988 年版，第 89 页。

之中国全图》。[1]

4. 1939 年《中华民国南海各岛屿图》，见谭廉编：《中华民国南海各岛屿图》，中华舆地学社 1939 年版。该图藏于中国国家图书馆。

5. 1941 年《中华民国全图·中国南海各岛屿图》，见苏甲荣编：《中华民国全图》，日新舆地学社 1941 年版。该图藏于中国国家图书馆。[2]

6. 1946 年《南海诸岛位置略图》，见中国台湾地区"内政部"编印：《中华民国南疆史料选辑》，2015 年，第 46 页。[3]

（三）外国地图

1. 1942 年美国兰德公司《世界战争地图·远东地图》，见 Rand McNally and Company, "Map of the Far East", in "Lowell Thomas' War Map of

---

[1] 白眉初著的《中华建设新图》曾多次再版。第一版是由北平建设图书馆于 1935 年 8 月发行的版本，其中共有总图 7 幅，省区图 30 幅（电子版参见国家图书馆数据库"中国历史文献总库·民国图书数据库"、中大数据库"瀚文民国书库"）。该书于 1936 年由北平建设图书馆发行再版一册，较第一版新增了 5 幅总图，其中包括第二图《海疆南展后之中国全图》（参见林金枝：《南海诸岛范围线画法的由来演变》，载《南洋研究》1979 年第 4 期，第 81 页）。该书由北平建设图书馆于 1937 年 9 月再版时，其中第一图《海疆南展后之中国全图》与 1936 年版第二图画法完全相同。（参考文献：①北京图书馆善本特藏部舆图组编：《舆图要录：北京图书馆藏 6827 种中外文古旧地图目录》，北京图书馆出版社 1997 年版，第 55 页；②李剑：《中国在南海的历史性权利及证据目录》，厦门大学出版社 2018 年版，第 68—69 页；③韩振华主编：《我国南海诸岛史料汇编》，东方出版社 1988 年版，第 360 页。）

[2] 1937 年由上海的日新舆地学社出版、苏甲荣编的《中华省市地方新图》中的第五图亦附有《中国南海各岛屿图》（电子版参见：国图数据库"中国历史文献总库·民国图书数据库"、中大数据库"瀚文民国书库"）。该图亦藏于中国国家图书馆。该图是依据《水陆审查委员会会刊》的《中国南海各岛屿图》改制，地名标有中英文，其中，东沙群岛、西沙群岛、南沙群岛、斯卡巴洛礁（黄岩岛）和团沙群岛上有标注"属中国"。（参考文献：①北京图书馆善本特藏部舆图组编：《舆图要录：北京图书馆藏 6827 种中外文古旧地图目录》，北京图书馆出版社 1997 年版，第 55 页；②郑志华：《南海地图的法理解读与包容性海洋秩序的建构》，上海交通大学 2013 年博士学位论文，第 55 页；③温小平：《南京国民政府南海疆域地图编绘规范与出版审查》，载《云南师范大学学报（哲学社会科学版）》2019 年第 6 期，第 24 页。）

[3] 另见《为奉令筹商协助接收南海诸岛一案，抄附呈院原文等件函请查照由》，内政部函外交部（1946 年 10 月 9 日 方字第 0012 号），附件一，载中国台湾地区"外交部"研究设计委员会编印：《"外交部"南海诸岛档案汇编》（下册），1995 年，Ⅲ（1）：009。

the World", Rand McNally & Co. , 1942。该图藏于耶鲁大学贝内克珍本与手稿图书馆。[1]

2.《中国地图（Map of China）》，见《1939 年〈中国地图〉》，中国南海网，http://www. thesouthchinasea. org. cn/2016-07/19/c _53241. htm。该图藏于美国国会图书馆。[2]

3.《东海和中国海图》，见黎春芳主编：《越南地理草案》，越南河内文史地出版社 1957 年版，第 123 页，附图 6。

4.《越南地图集·东南亚》，见《越南地图集》，越南国家测绘局 1964 年版，第 5 图。

5.《世界地图集》，越南总理府测量和绘图局印制出版，1972 年。

---

〔1〕 《世界战争地图》共有 4 幅："Map of the Far East"，"Map of Southern Europe, the Mediterranean area and the Near East"，"War map of Pacific Ocean and the Far East"，"War map of Atlantic Ocean area, Eurasia and Africa"。图 11 为 Map of the Far East 的局部。具体信息可参见：耶鲁大学图书馆，http://findit. library. yale. edu/catalog/dig-coll:4373840；耶鲁大学贝内克珍本与手稿图书馆（Beinecke Rare Book and Manuscript Library），https://brbl-dl. library. yale. edu/vufind/Record/4172108。

〔2〕 另有该图的未上色版本，该幅名为 Map of China 的地图是根据 China Handbook 1937-1943（Compiled by Chinese Ministry of Information, published by the Macmillan Company, New York, 1943）再版。该书中文译名为《战时中华志》，为英文版中国年鉴，多伦多大学图书馆和耶鲁大学图书馆均有馆藏。该图电子版可参见：香港科技大学图书馆，https://lbezone. ust. hk/bib/b989405；耶鲁大学图书馆，http://findit. library. yale. edu/catalog/digcoll:4382666? _ga = 2. 34076129. 1734687377. 1581822849-908847758. 1581820806；耶鲁大学贝内克珍本与手稿图书馆（Beinecke Rare Book and Manuscript Library），https://brbl-dl. library. yale. edu/vufind/Record/4172737。

后 记

　　南海断续线（俗称"九段线"，又称"U形线"）的问题关乎南海法律和历史问题的核心。中国自古以来对南海岛礁与相关水域持续进行开发、利用与管辖，在此基础上形成南海断续线，作为中国在南海对岛礁主权与水域权利的证明与象征，断续线被正式载入中国官方地图已有至少70余年。南海断续线涉及中国在南海地区的核心利益——岛礁领土主权和诸多海洋权益，因此南海断续线无论是在理论上还是在实践中，都是一个重大而复杂的问题，研究该问题的意义和价值是毋庸置疑的。然而，如何研究南海断续线问题才能实现理论上的突破和创新？显然，仅仅从法律层面来研究是不够的，它还需要从历史、政治、地理、海洋科学、证据等多学科多领域角度展开研究，方能有所获益。

　　本书通过历史证据和法理依据论证南海断续线的合法性与正当性，有机综合了历史、国际法和国际政治等多学科视角和方法，侧重于从国际法上的证据、领土、海洋有机结合的维度，以事实和法理为依据，清晰论证并明确回应了当前南海断续线在法律理论构建上的重点和难点问题。就其研究的价值而言，本书从国际法视角探讨南海历史资料的证据可采性与证明力，并据此从领土取得、群岛占有、海域权利形成等维度全方位阐释南海断续线的功能和意涵，系统论证南海断续线从产生到巩固过程中所具有的坚实证据、历史和法律基础，在系统总结国外的批评和质疑后进行了全面而富有逻辑力的理论回应，进而提出了中国在国际上应如何维护其在南海断续线内合法权益的策略建议。

　　本书是国家社会科学基金重大招标项目"南海断续线的法理与历史依据研究"（项目批准号：14ZDB165）的最终研究成果，是汇聚一批学者多学科多角度知识和智慧的集体研究结晶。该项目的首席专家和主持人是中山大学法学院黄瑶教授，其五个子课题的负责人分别是：刘楠来教授（中国社科院国际法研究所）、司徒尚纪教授（中山大学地理科学与规划学院）、吴慧教授（国际关系学院法律系）、徐志良研究员（原国家海洋局南海分局政法处处长）、李红云副教授（北京大学法学院）。课题组的其他主要成员包括（排名不分先后）：李任远、张卫彬、张良福、张祖兴、郑志华、罗欢欣、余民才、张新军、李扬、伍俐斌、王承志、张亮、慕亚平、王翰灵、何田田、赵焕庭、吴继陆、沈固朝、许永杰、张晏瑲、白续辉、黄靖文、林兆然、徐琬晴、郑亦君、卢婧、廖雪霞、卜凌嘉、黄明明、易平、龚迎春、杨瑛、牛军凯、黄云静、王建廷、谭玉华、李宁利、高晨晨，等等。

本书由黄瑶和李任远拟定篇章结构安排、统稿和修改定稿，林兆然、黄靖文和徐琬晴协助修改书稿。此外，王薇和黄靖雯同学为书稿编辑和资料检索提供了帮助。

本书的撰写分工如下：

黄瑶：内容提要、结束语、后记，参与撰写第一编、第五编。

李任远：第三编，参与撰写第四编。

林兆然：第二编，参与撰写第四编和第五编。

李扬：第四编的主要撰写人。

徐琬晴：参与撰写第一编和参考文献。

卢婧：参与撰写第一编。

黄靖文：参与撰写第四编。

郑亦君：参与撰写第一编。

高晨晨：参与撰写第五编。

感谢南方海洋科学与工程广东省实验室（珠海）对本书出版给予的大力资助！学界多位专家在本书的成稿过程中提出了建设性意见，在此感谢各位专家的宝贵意见！书中错漏由作者负责。此外，本书的出版承蒙知识产权出版社领导的大力支持，薛迎春编辑和庞从容编辑不辞劳苦、尽心尽力为本书的出版付出了辛勤的劳动，谨此一并表示衷心的感谢！

黄　瑶

2023 年 1 月 26 日于广州康乐园